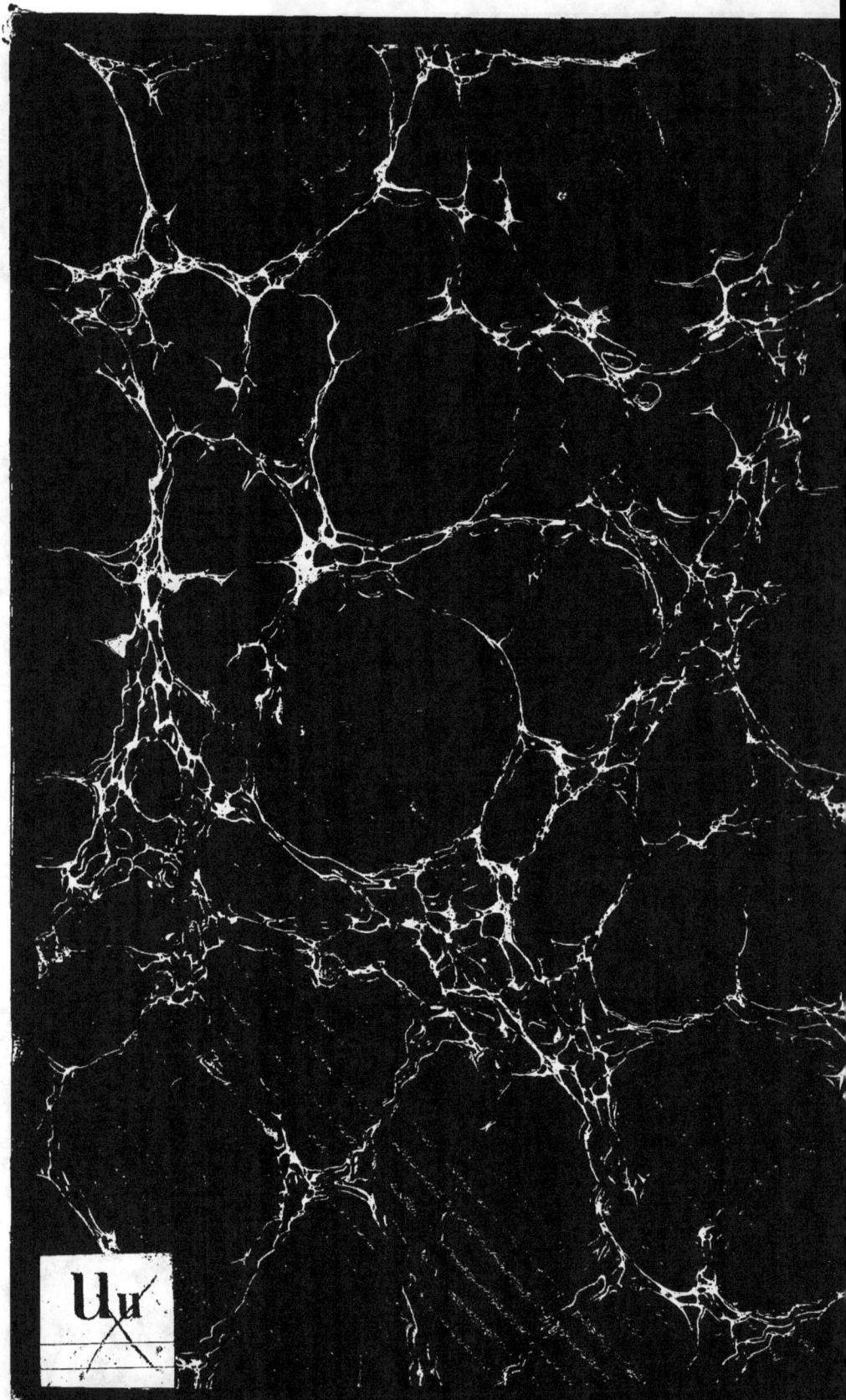

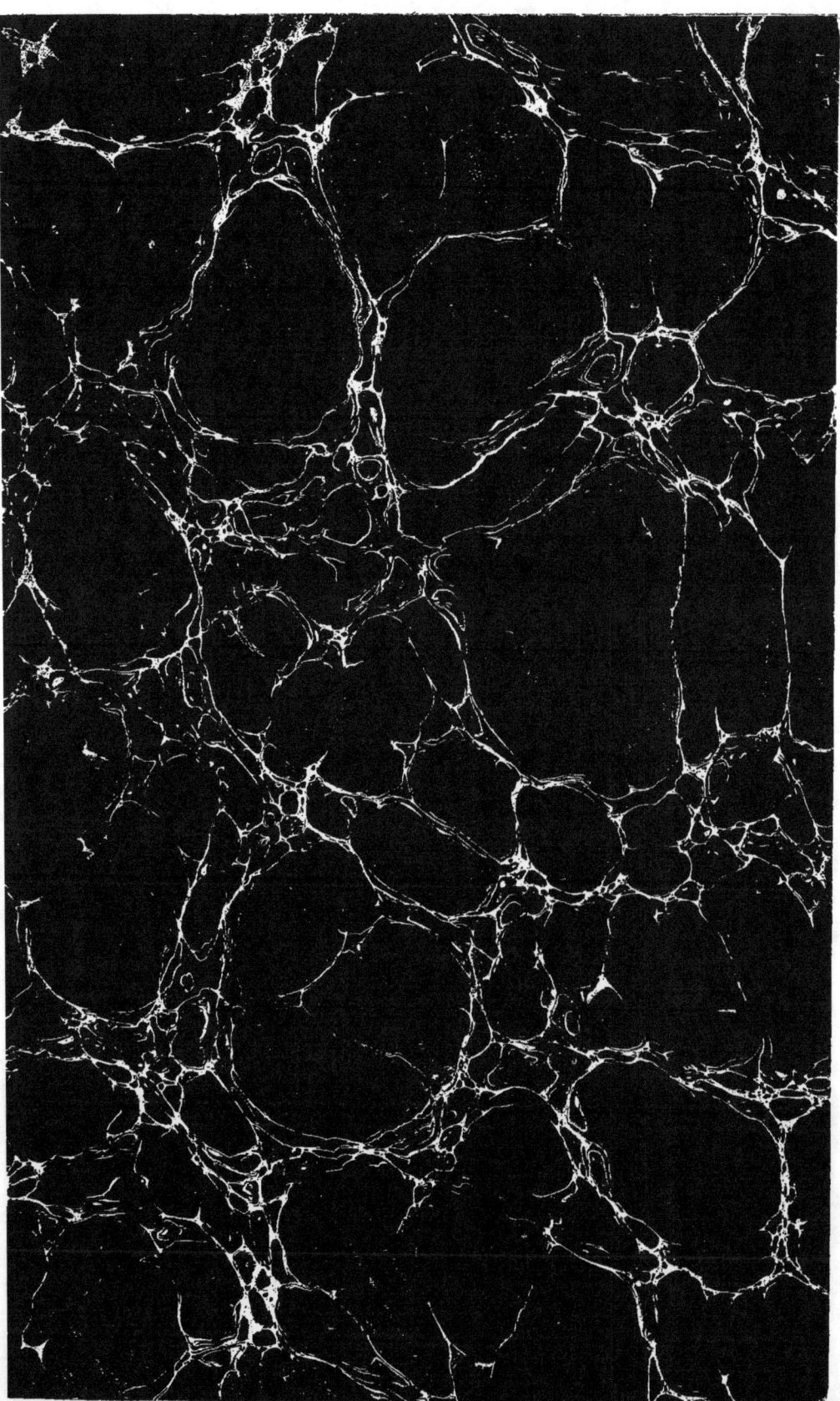

Utu-6130

HISTOIRE
COMPLÈTE
DE BORDEAUX

DEUXIÈME PARTIE

TOME II.

Bordeaux. — Imprimerie de J. DELMAS, rue Sainte-Catherine, 139.

HISTOIRE COMPLÈTE

DE

BORDEAUX

PAR

M. l'Abbé PATRICE-JOHN O'REILLY

CHANOINE HONORAIRE,

LICENCIÉ ÈS-LETTRES, CORRESPONDANT DU MINISTÈRE DE L'INSTRUCTION PUBLIQUE
POUR LES TRAVAUX HISTORIQUES,
MEMBRE CORRESPONDANT DE L'ACADÉMIE IMPÉRIALE DES SCIENCES,
BELLES-LETTRES ET ARTS DE BORDEAUX,
DE LA SOCIÉTÉ DES ANTIQUAIRES DE L'OUEST (A POITIERS),
DE LA COMMISSION DES MONUMENTS HISTORIQUES DE LA GIRONDE, ETC.

DEUXIÈME PARTIE. — TOME II

1ʳᵉ ÉDITION

> Non modo casus et eventus rerum, sed ratio
> etiam, causæque noscantur.
> TACITE.

> Historia testis temporum, lux veritatis, vita
> memoriæ, magistra vitæ, nuntia vetustatis.
> CICÉRON. (De Orator.)

BORDEAUX

CHEZ J. DELMAS, IMPRIMEUR,
Éditeur et propriétaire de l'Ouvrage,
RUE SAINTE-CATHERINE, 139,
Et chez les principaux Libraires de la ville.

PARIS

CHEZ FURNE, LIBRAIRE,
RUE SAINT-ANDRÉ-DES-ARTS, 45,
DIDIER, quai des Augustins, 35.

1858

CRITIQUES DU PREMIER VOLUME

DE LA DEUXIÈME PARTIE.

J'ai pris, dans mon *Prospectus*, l'engagement de publier les critiques impartiales et consciencieuses qu'on voudrait bien m'adresser au sujet de mon *Histoire de Bordeaux*. Jusqu'ici j'ai tenu ma parole, et j'espère m'y montrer toujours fidèle. Si j'ai avancé des erreurs, je voudrais que les hommes instruits les relevassent et me les fissent connaître; il se peut que je ne m'aperçoive pas de mes fautes et de mes défauts; mais une puérile vanité ne me portera jamais à désirer qu'on les cache; si des hommes savants découvrent dans mon travail des erreurs, des inexactitudes, comme j'écris pour le public, je désire qu'il les connaisse; c'est le seul et le meilleur moyen de s'assurer de la vérité, que je recherche dans mes pénibles labeurs et que je serai heureux de publier. Personne, que je sache du moins, n'a relevé une seule inexactitude de quelque valeur dans mon travail; il y en a cependant deux qui se sont glissées dans le second volume (1re partie) et que je m'empresse de porter à la connaissance du public, moi-même; elles sont sans importance, et mes lecteurs, au moins en général, s'en seront aperçus facilement; c'est pour moi un devoir de les signaler.

2e volume, 1re partie, page 21, ligne 4, on lit que Jeanne Darc était *des environs d'Orléans*. C'est une erreur. Jeanne Darc naquit, en 1412, à Domremy, près de Vaucouleurs, en Lorraine.

A la page 151, note, on lit: Louis XII, père de François Ier, il faut lire: Louis XII, beau-père.

A la page 156, ligne 9, il y a une faute typographique: Au lieu de *Gaulois*, il faut lire *Gantois* (les habitants de Gand).

J'ai reçu des lettres de plusieurs savants de Bordeaux et des départements voisins, au sujet du premier volume de la deuxième partie, par lequel j'ai commencé la série de mes publications. L'éloge forme le caractère distinctif de ces lettres; elles n'ont rien de particulier, rien de remarquable, sous le rapport historique; on n'y trouve que quelques rares observations sur le plan, sans portée, sans intérêt réel pour les lecteurs; je ne crois pas devoir les faire imprimer.

Il y en a une surtout que j'ai promis de publier; je m'empresse de le faire. C'est une réclamation inspirée par un sentiment que j'honore, et quoique ma responsabilité puisse s'abriter derrière le *Courrier Français*, 7 juin 1793, qui raconte le fait, la publication de la lettre suivante prouvera à l'honorable M. Fasileau-Duplantier mon empressement à désavouer toute intention de vouloir le blesser ou de lui déplaire. Si le fait est vrai, la sévérité de mon appréciation, comme historien, serait facilement comprise et aussi facilement défendue; le petit-fils, jaloux, à juste titre, de l'honneur de son grand-père, s'inscrit en faux contre le fait. Mon appréciation n'ayant plus, par conséquent, de raison d'être, je dois savoir bon gré à l'auteur de cette lettre des efforts qu'il fait pour modifier, à cet égard, mes idées et celles du public. Voici la lettre :

Monsieur O'Reilly,

Dans le premier volume de la 2me partie de votre *Histoire de Bordeaux*, je lis ces mots : « Duplantier fut traité de lâche par Ducos, et » cette injure est restée sur la mémoire de ce député, comme l'empreinte » du fer sur l'épaule du criminel. »

Duplantier est mon grand-père; je dois donc, à ce titre, rectifier une erreur que je veux bien croire involontaire. Le fait auquel vous faites allusion est rapporté dans le *Moniteur* du 7 juin 1793. Mon grand-père, repoussant les idées de fédéralisme, qu'il croyait aussi désastreuses pour le pays que les théories sanglantes des Jacobins, donne sa démission. Ducos monte à la tribune et s'exprime ainsi : « Le citoyen qui a eu la faiblesse d'âme de donner sa démission dans un instant où de nouveaux dangers viennent assaillir la patrie, a l'âme honnête et pure, mais il n'est pas, par son courage, au niveau des difficiles fonctions qui lui ont été confiées. »

En étudiant les causes des événements qui s'accomplissaient à cette époque, il serait facile d'expliquer tout à la fois la démission de Duplantier et l'exaltation de Ducos à l'égard de ce dernier, qui ne voulait ni du fédéralisme ni de la terreur, et qui néanmoins (tant est grande la force de la vertu), obligeait son adversaire politique à rendre hommage à son âme honnête et pure.

Remarquez, au surplus, la parfaite convenance des reproches de Ducos, dans une assemblée où les orateurs s'adressaient constamment des injures aussi grossières que blessantes. En l'absence de Duplantier, Paganel, dont il ne partageait certes pas les convictions, répliqua im-

DUPLANTIER
de la Gironde.

médiatement : « Il est important de détruire les impressions que pourrait faire le discours du préopinant, « et qui, continuant, s'écria : « Non, Duplantier n'est point un lâche, etc. »

Moins que tout autre, Monsieur, vous auriez dû méconnaître le caractère énergique de Duplantier et son dévoûment à la république ; ses antécédents à la Convention nationale devaient vous être connus. Devant continuer l'histoire de Bordeaux, son nom doit revenir bien souvent sous votre plume. En 1795, 96 et 97, il fut nommé Président du département de la Gironde ; par son énergie et ses talents, il comprima les menées des royalistes, et la tranquillité ne fut pas troublée un seul instant. Homme de science, il créa plusieurs sociétés savantes, constitua l'Académie de Bordeaux, etc., etc. En 1798, élu député, il fut peut-être le membre le plus important du conseil des Cinq-Cents ; le *Moniteur* fait foi de ses travaux.

J'ose espérer, Monsieur, que ces explications modifieront vos idées sur le caractère de mon grand-père, et qu'on ne pourra pas taxer de faible le conventionnel qui, fidèle à ses convictions républicaines, fut proscrit par Robespierre, président du département de la Gironde, député au conseil des Cinq-Cents, le quatrième en nom sur la liste de proscription du 18 brumaire, et qui préféra finir sa vie dans l'obscurité et le travail que de souiller sa bouche par un parjure.

Daignez agréer, Monsieur, l'assurance de ma considération distinguée.

FASILEAU-DUPLANTIER.

Après la publication du premier volume (2ᵐᵉ partie), Son Éminence le Cardinal Donnet m'a fait l'honneur de m'adresser une lettre que la *Guienne*, journal de Bordeaux, a publiée dans ses colonnes. M'étant engagé à donner au public un ouvrage sérieux, impartial et consciencieux, je désire que ce même public sache ce qu'en disent des hommes de mérite. La publication des critiques n'est pas seulement un acte de loyauté et de franchise de ma part ; c'est un devoir ; je le remplirai de mon mieux. Voici la lettre de Son Éminence le Cardinal-Archevêque :

Bordeaux, 15 janvier 1857.

MONSIEUR LE CURÉ,

Dans une lettre insérée au troisième volume de mes *Actes*, je parlais des travaux historiques dus à votre plume infatigable. Je veux faire aujourd'hui davantage en vous disant toute la satisfaction que m'a fait éprouver la lecture de votre premier volume de l'*Histoire de Bordeaux* (2ᵐᵉ partie).

Jusqu'à ce jour, les divers auteurs qui ont abordé l'étude de l'époque dont vous écrivez l'histoire, se sont crus obligés d'arborer le drapeau d'une opinion politique à laquelle ils ont rapporté tous les faits, tous les événements, sorte de lit de Procuste dans lequel ils étendaient violemment les hommes et les choses, sans trop s'inquiéter de la vérité philosophique ou historique. Tout le monde conviendra que vous avez suivi une autre marche, que vous avez procédé sans passion, sans parti pris, sincèrement et honnêtement.

Je vous ai lu pendant le cours de la tournée que je viens de faire dans le Bazadais. Ces lieux sont encore pleins du souvenir de vos veilles studieuses, et l'on sait être reconnaissant du monument historique que vous avez élevé, pendant votre séjour à Saint-Côme, à la gloire de cet intéressant pays.

Je commence, Monsieur le Curé, par vous féliciter de la fermeté de style et de l'analyse animée, quoique calme, avec laquelle vous présentez cette belle protestation des curés de Bordeaux, au sujet de la constitution civile du Clergé. Un seul, dont il est inutile de prononcer le nom, abandonna ses frères. Après avoir rappelé qu'il consacra les dernières années de sa vie au repentir et répara noblement sa faute, vous faites bien de terminer ce chapitre par cette maxime qui est de tous les temps : « L'apostasie n'a qu'un jour de triste gloire et des an-
» nées de honte et de mépris (p. 123). »

Ce qu'il y a évidemment de plus soigné comme exposition et comme rédaction, est ce qui a rapport aux Girondins. Les nombreux fragments que vous avez empruntés à ces magnifiques orateurs rendaient votre tâche difficile, il faut le reconnaître. Aussi vous êtes-vous aidé quelquefois du travail de M. de Lamartine et de M. Thiers : vous êtes loin d'avoir usé trop souvent de ce moyen, et vous méritez d'être loué pour le style et l'exposition de ces saisissants épisodes.

Je rappellerai particulièrement les deux coups d'œil d'ensemble sur les Girondins, qu'on lit aux pages 276, 278 et 374, 377. Vous me demanderez ce que j'entends par deux coups d'œil d'ensemble ; ordinairement on n'a besoin d'en mettre qu'un ; et voilà précisément le défaut de composition que je trouve dans quelques parties de votre ouvrage.

Pardonnez-moi ce petit mouvement d'orgueil national, Monsieur le

Curé, mais il me semble que c'est par là seulement que vous laissez deviner votre origine étrangère. Il y aurait eu avantage pour vous de faire marcher de front toutes les parties de votre travail. Vous voulez mettre en saillie les célèbres figures des Girondins, tribuns de talent, mais dépourvus de la haute intelligence qui est nécessaire à ceux qui gouvernent les peuples. Que faites-vous pour cela ? Vous consacrez une série de notices distinctes à ces noms. Vous interrompez le récit des faits historiques pour placer entre deux chapitres qui se suivent chronologiquement les six biographies complètes, d'où il résulte qu'il y a des faits, des mots saillants, qui se trouvent jusqu'à trois fois dans ce même volume (1). Vous devez aimer cette liberté de langage : il n'y a que la médiocrité qui ne saurait la comprendre. Puisque votre siége est fait, il ne me reste plus qu'à vous exprimer les éloges que méritent votre long et consciencieux labeur, ainsi que l'usage très-souvent heureux d'une langue qui ne fut pas celle de vos premières années. Il y a bien longtemps que vous vous servez de la nôtre : aussi peut-on vous rendre la justice qu'il n'y a point d'anglicisme dans votre style. Ce qu'une critique minutieuse pourrait vous reprocher, ce serait une répétition trop fréquente des mêmes expressions dans l'ironie, et une sorte d'empressement naïf à frapper fort, parce que vous êtes sûr de

---

(1) Son Éminence, dont le goût épuré et les connaissances littéraires sont parfaitement connus et très-honorablement appréciés partout en France, a bien voulu, selon ses bienveillantes habitudes envers les littérateurs et les artistes, encourager mes faibles efforts et m'éclairer de ses conseils. J'en suis profondément reconnaissant et je m'efforcerai toujours de mériter l'approbation d'un prince de l'Église qui s'estime heureux, à Paris comme à Bordeaux, de pouvoir protéger, honorer et récompenser les amis des arts et des belles-lettres.

Le plan dont parle Son Éminence le Cardinal-Archevêque de Bordeaux, est certainement le plus simple, le plus logique, mais le plus difficile d'exécution ; c'était d'abord le mien ; mais du moment que je mis la main à l'œuvre, je compris les difficultés que j'aurais à surmonter, si je voulais faire marcher de front des parties si peu homogènes, des talents si variés, des caractères si différents, des événements qui surgissaient si complexes et cependant si étrangement diversifiés. Je crus devoir et pouvoir modifier mon plan ; j'ai fait intervenir les Girondins, dans le cours de ma narration, toutes les fois que leur présence était nécessaire ; mais il me parut naturel et nécessaire de mettre à l'avant-scène ces géants de la parole, ces grands acteurs du sanglant drame de 1793 ; mes notices biographiques ne sont qu'une galerie, où ils paraissent individuellement, et tour à tour, avec leurs physionomies particulières ; mes lecteurs pourront mieux les y voir et par conséquent mieux les connaître.

frapper juste, sans vous mettre en peine de frapper avec grâce, variété ou distinction.

Il y a un compliment qu'on peut faire à un laïque, et qui ne se peut guère adresser à un prêtre. C'est l'éloge de la sincérité, de la pureté de la foi, du zèle ardent pour l'Église, de l'amour pour le vrai, de la haine pour le mal; cette dernière qualité a répandu beaucoup de mouvement, d'éclat et de salutaires mordants sur la peinture que vous avez faite (p. 368-370) de la municipalité terroriste de 93 à Bordeaux, dirigée par Isabeau et Tallien, et si horriblement servie par Lacombe.

Je répète que ce qu'il y a de mieux dans le volume, littérairement parlant, ce sont les notices biographiques.

La plus soignée est celle consacrée au plus célèbre des Girondins, à Vergniaud (p. 378), dont l'apathie naturelle, interrompue par de prodigieux éclats, lui donne une si étrange physionomie. — Guadet vient ensuite (p. 410) avec son austérité républicaine, son éloquence moins parée, mais plus profonde; — Gensonné (p. 429), bien plus terne, mais mordant, sarcastique; — Grangeneuve (p. 434), le meilleur de tous assurément (et il l'a prouvé par le courage héroïque qui l'a rendu supérieur à la faiblesse naturelle de son caractère), le meilleur de tous dis-je, parce qu'il y avait chez lui des vertus chrétiennes dont les autres n'avaient plus qu'un souvenir, que l'approche de la mort a pu seule ranimer. M. Rolland disait de lui que c'était une grande âme; et, quoiqu'il fût la moins brillante de ces six grandes figures, il méritait cet éloge.

Je ne puis vous dire, Monsieur le Curé, avec quelle satisfaction j'ai lu cette dernière étude, si consolante pour le cœur de quelqu'un que je suis en possession d'estimer et d'aimer depuis mon arrivée à Bordeaux.

Viennent enfin Ducos (p. 446) et son beau-frère Fonfrède (p. 553); le premier moins brillant que le second, l'un et autre inspirant le plus poignant intérêt.

Ce qui est émouvant au dernier degré, c'est le réveil de la foi plus ou moins prononcé dans ces âmes prêtes à paraître devant Dieu, c'est le discours de Vergniaud à la suite du dernier souper et du suicide de Valazé, c'est enfin la probabilité de la confession de ces infortunés (p. 470). Voilà un morceau d'histoire véritablement très-beau, et où notre cher Monsieur O'Reilly a été électrisé par le sujet. Je louerai aussi volontiers votre résumé général (p. 464-462), qui constitue le troisième coup d'œil d'ensemble. Il contient une part raisonnable de réprobation. J'y trouve cependant quelques expressions laudatives de trop. Vous savez les justes reproches que M. de Lamartine a encourus à cet endroit; vous avez voulu peut-être, là comme en d'autres passages, concéder quelque chose à la popularité de ces noms dans la contrée qui les a vus naître; j'aurais préféré que vos éloges ne fussent nettement adressés qu'aux talents, et qu'on en eût été plus sobre quand il s'agissait de certaines appréciations. Je veux cependant ajouter que ce reproche s'adresse surtout à quelques adjectifs dont vous n'avez pas assez mesuré la portée, ni par suite assez restreint l'emploi.

Telles sont, mon cher Curé, les impressions que j'ai reçues de la lecture de votre livre. Je suis persuadé que vous les accueillerez comme venant de la personne qui vous est le plus cordialement et le plus inaltérablement dévouée.

Agréez, etc.

ERRATA.

Page 7, ligne 14, au lieu de : *ne plus ni sortir*, lisez : *n'en plus sortir*.
— 12, — 12, au lieu de : *imprudemment*, lisez : *impudemment*.
— 21, — 4, au lieu de : *consacré*, lisez : *consacrée*.
— 28, — 15, au lieu de : *sera*, lisez : *serait*.
— 28, — 16, au lieu de : *ont été*, lisez : *avaient été*.
— 32, — 19, au lieu de : *qu'il en ignorait*, lisez : *qu'il ignorait*.
— 36, — 10, au lieu de : *il*, lisez : *ils*.
— 45, — 2, au lieu de : *et faiblesse*, lisez : *et par faiblesse*.
— 48, — 15, au lieu de : *de ne construire*, lisez : *ne construire*.
— 52, — 1, au lieu de : *en disperse*, lisez : *en dispersent*.
— 56, — 18, au lieu de : *son hideuse*, lisez : *sa hideuse*.
— 95, — 2, au lieu de : *comme les cris*, lisez : *comme il avait entendu les cris*.
— 103, — 11, au lieu de : *la famille*, lisez : *sa famille*.
— 132, — 18, au lieu de : *Note 24*, lisez : *Note 4*.
— 135, — 20, au lieu de : *atteint*, lisez : *éteint*.
— 146, — 12, au lieu de : *détestent*, lisez : *détestaient*.
— 146, — 15, au lieu de : *que leur attachement*, lisez : *où un attachement à la Convention les a toujours distingués*.
— 170, — 5, au lieu de : *a eu*, lisez : *avait reçu*.
— 170, — 5, au lieu de : *a caché*, lisez : *cacha*.
— 171, — 19, au lieu de : *promit*, lisez : *promet*.
— 172, — 12, au lieu de : *causé*, lisez : *causés*.
— 177, — 26, au lieu de : *ces horreurs*, lisez : *ses horreurs*.
— 155, — 23, au lieu de : *irretournable*, lisez : *introuvable*.

HISTOIRE
COMPLÈTE
DE BORDEAUX

DEUXIÈME PARTIE. — TOME SECOND.

LIVRE V.

CHAPITRE PREMIER.

État moral de Bordeaux pendant la Terreur. — Penchant des juges à condamner à mort, à l'amende, aux fers, pour les moindres fautes et même pour des actes de vertu. — État des négociants de Bordeaux. — Paroles d'Ysabeau et de Baudot.— Les escroqueries et vols des sans-culottes. — Ce que Necker en a dit. — Lettre de Tallien.— Paroles de Jullien et de Garnier (de Saintes).— Portrait de Peyren-d'Herval.

Nous venons de voir la mise en pratique du code draconien de la Convention ! On s'arrête avec stupeur en présence des innombrables atrocités du tribunal révolutionnaire de Bordeaux ! La plume nous est tombée quelquefois des mains, et semblait se refuser à enregistrer des sentences de mort prononcées sans aucune raison, aucun motif qui pût les justifier. L'indignation des bons citoyens était comprimée ; mais le peuple, égaré par de misérables démagogues, avait perdu

1793

Livre V.
Chap. 1.

1793

ses croyances et ses habitudes sociales ; il ne demandait pas mieux, en général, que de patauger dans le sang avec l'espoir d'arriver enfin au partage des terres, par une loi agraire et les modernes Gracchus qui formaient la Montagne. Le vrai peuple était au pouvoir ; c'était à des mains inhabiles qu'on confiait le gouvernail du vaisseau de l'État ; on ne sut pas éviter les écueils, et le naufrage était devenu une nécessité. Il est difficile de se faire une idée de ce qu'était Bordeaux pendant le règne de la Terreur, au moins pendant l'existence de cet infâme tribunal de sang où présidait Lacombe. D'un côté, l'exaltation des idées, l'ivresse des passions politiques, l'égarement des esprits faibles et le délire de la raison ; de l'autre, les honnêtes gens consternés : les uns pleuraient la perte de leurs parents, de leurs enfants, de leurs amis ; les portes et les fenêtres se fermaient sur le passage des malheureuses victimes qu'on traînait tous les matins devant Lacombe, pour les conduire de là au lieu du supplice, sur la place Dauphine ! Parmi les Bordelais de la haute classe, le deuil était général, la consternation profonde ; et dans chaque famille riche, vertueuse, religieuse ou monarchique, il régnait un silence morne et un triste pressentiment de quelque malheur qui ne manquait pas d'arriver bientôt après. Tous les jours de nouvelles victimes entassées dans le fatal tombereau ; tous les jours d'autres familles plongées dans le deuil et la misère, par la mort, les amendes et la confiscation ; la guillotine était sur la place Dauphine, toujours en permanence : à ses pieds un trou pour recevoir le sang des aristocrates, des prêtres, des religieuses, des nobles, sang qui se coagulait et se renouvelait tous les jours pour se figer de nouveau, et servir, faut-il le dire, d'aliment ou de boisson aux chiens alléchés par l'odeur ! La place Dauphine était devenue un gouffre où disparaissaient tour à tour la vertu, le négoce, la piété, le sacerdoce, la noblesse, l'innocence et tout ce qui se distinguait par une haute position sociale et les nobles sentiments du cœur.

On maudissait en secret les impitoyables tyrans, qui se servaient d'un simulacre de tribunal pour courber les Bordelais sous le joug de la terreur ; mais au dehors, ou en présence des domestiques et même des amis, le silence était un devoir ; c'était assez d'un murmure pour faire condamner à la mort : il fallait des preuves multipliées pour se faire absoudre ; une larme de la piété filiale, de la tendresse conjugale ou de l'amitié sur la fin déplorable ou prématurée d'un père, d'une mère, d'une épouse, d'un époux, d'un enfant, d'un parent, d'un ami, suffisait pour amener sur l'infâme sellette de Lacombe une nouvelle victime ! c'était assez d'un soupçon pour armer les organes de la justice républicaine. Des crimes, bon Dieu ! on en voyait partout ; c'en était un de prier le dimanche, de réciter un chapelet, d'avoir chez soi des images des saints, des gravures de piété, des Christs ou des objets religieux ou aristocratiques ; c'en était un de s'abstenir des assemblées des sections, d'improuver les mouvements anarchiques de la populace, de parler mal de Marat, Robespierre et Danton, et de ceux qu'on appelait les *vertueux législateurs* de la Montagne ; c'en était un d'avoir le beau, l'admirable Testament de Louis XVI, de plaindre son sort ou celui de son infortunée famille, de cacher sa fortune, son argenterie, ses subsistances ou ressources alimentaires, de recevoir des prêtres ou des nobles, d'exercer en faveur des persécutés les devoirs sacrés de l'hospitalité française ; c'en était un de se qualifier noble, d'embrasser un émigré, fût-il votre père, votre mère ou votre enfant ; c'était un motif de condamnation que d'avoir dans son pays la grande influence que donne la fortune réunie à la vertu, comme chez M. de Saluces, ou cette haute considération dont jouissait M. Dudon par son adresse et ses beaux talents ; c'était un crime d'être modéré comme M. Pery, d'avoir envoyé son fils à l'étranger pour échapper à ses bourreaux, comme M. Pelet d'Anglade ; de n'avoir rien fait pour la république, comme M. de Meslon. Mon Dieu ! c'était un crime de parler bien, d'agir bien, d'être modéré dans son langage et dans sa conduite, d'être riche, d'être trop pauvre pour pouvoir cultiver les terres; car, dans ce cas-là, on était accusé de vouloir affamer le peuple. C'est à cette occasion que le poète Delille disait avec raison :

« Le pauvre eut ses tyrans, le pâtre ses bourreaux ! »

C'était le monde moral, religieux et politique renversé ; c'était l'anarchie en action et l'annihilation de la vertu dans une société en délire, d'où Dieu avait retiré sa main pour laisser la place vide à toutes les exécrables suggestions de l'enfer, à toutes les misérables passions de l'humanité.

Les négociants avaient un grand tort; ils étaient coupables s'ils ne versaient dans les mains de Tallien, d'Ysabeau, leurs propres épargnes et le fruit de la sueur de leurs pères. Une amende de 100,000 liv., de 150,000 et même de 1,200,000, comme chez Peixotto, n'était qu'une correction fraternelle, une leçon de civisme républicain ! Par ces moyens, on arracha près de huit millions d'amendes aux Bordelais, sans parler des terres, des châteaux, des biens et meubles confisqués au profit de la république et des vertueux sans-culottes ! Un négociant, c'était alors quelque chose d'aristocratique, quelque chose de fier et même pire qu'un noble; il fallait humilier sa fierté, et la guillotine était là, en permanence, pour lui apprendre la sainte égalité de Marat. La république était la mère de tous les citoyens; le premier devoir pour les Français, selon sa morale, c'était de nourrir leur mère. Saturne dévorait ses enfants; la république alla plus loin : elle détruisit ses enfants et garda leurs écus ! Ysabeau avait raison de dire qu'à tout compter, « Bordeaux verserait plus de cent millions dans les » coffres de la république. » Il aurait dû dire dans les poches des républicains; car ils suivirent bien le conseil du trop célèbre Javogues : « Il faut que les sans-culottes profitent du » moment pour faire leurs affaires, n'importe par quels

» moyens. » Prud'homme, qui les connaissait bien, assure » que ceux qui se disaient des patriotes exclusifs n'étaient » que des voleurs. » Ils n'étaient que trop fidèles au conseil de Rewbel : « Allez dans toutes les maisons, forcez les cof- » fres-forts, prenez ce qui s'y trouve. » Quand on songe que les assignats n'étaient qu'un moyen détourné pour voler l'État, et que, d'après M. Thiers, il y avait pour *huit milliards* d'assignats en circulation en 1795, on peut se faire une idée de tout ce que ce mode légal, adopté par nos financiers sans-culottes, a produit pour les enrichir aux dépens de la France ! Pour avoir facilement de l'argent, Marat ne demandait que deux cent mille têtes d'aristocrates ; Baudot, qu'on a vu *travailler* à Bordeaux, le crut presque coupable de *modérantisme.* « Fussent-ils un million, disait-il pendant sa mission dans le » Haut et Bas-Rhin, détruisons-les entièrement ! » C'étaient les nobles, les négociants, les aristocrates, les riches, qu'il croyait trop nombreux en France. Tous les moyens étaient bons et licites ; faire sa fortune, voilà la fin. Vallette, secrétaire d'Ysabeau à Bordeaux, fit signer un arrêté par son maître, pour mettre en réquisition une énorme quantité de café et de sucre, destinée aux besoins de la république ; il la vendit pour son propre compte, et, par ce moyen digne de l'époque, il s'acheta de belles terres et un magnifique hôtel, avec un superbe équipage, dans le faubourg Saint-Germain !

Danton mourait de faim quand la révolution éclata : sa femme disait que, sans le secours d'un louis par semaine, qu'elle recevait de son père, il lui eût été impossible de vivre ! Il mourut opulent.

Nos proconsuls, à Bordeaux, faisaient ordonner par Lacombe qu'une partie des amendes serait consacrée à la construction d'*un hôpital favorable à l'humanité ;* l'hôpital n'a pas été bâti, mais Tallien acheta de belles terres dans la Normandie, lui qui commença sa carrière républicaine avec un salaire de 800 liv. par an ! Il épousa la dame Fontenay-Cabarrus, et,

Livre V.
Chap. 1.
—
1793

Histoire de la Révolution, liv. XXVI.

Livre V.
Chap. 1.

1793

après la chute de Robespierre, il ne communiqua plus avec les Jacobins. Né sans fortune, il monta son hôtel, se procura un bel équipage et fit courir le bruit que sa femme était très-riche ; cependant c'était un fait avéré qu'elle n'avait que 40,000 liv., et la famille Le Coulteux, qui avait assisté au premier contrat de cette dame, dit Prud'homme, ne se gênait pas pour le dire. Comment donc Tallien a-t-il acquis les biens immenses qu'il possédait dans la vallée d'Auche, en Normandie ? ces champs, ajoute toujours Prud'homme, qui lui rapportaient 15,000 liv. de rente ? Cela s'explique, dit l'auteur que nous citons, par l'argenterie que, conjointement avec Bertrand, l'horloger-maire de Bordeaux, il avait fait enlever des églises, des couvents et des maisons nobles des Bordelais. A Bordeaux comme à Paris, ceux qui se disaient des patriotes exclusifs n'étaient que des voleurs ! Comment donc Tallien est-il devenu si riche, lui qui n'avait que 18 liv. par semaine, et n'avait reçu de sa femme que 40,000 liv. ? Ce n'est pas dans ses missions qu'il a pu ramasser sa fortune, puisque dans son compte-rendu du 1er prairial (20 mai 1794), sa dépense se monte à 20,037 liv., sur laquelle somme le gouvernement ne lui ayant donné que 20,000 liv., ne lui devait que 37 liv., qu'il a été assez généreux pour ne pas réclamer. Si tous les députés avaient rendu leurs comptes à 37 liv. près, le trésor public ne serait pas dans l'état où on l'a laissé ; mais Tallien, ajoute toujours Prud'homme, ne fit pas figurer dans ses comptes *les fonds qu'il avait reçus à La Réole, à Bordeaux et autres lieux, pour des dépenses secrètes.*

Pour écarter tout soupçon à l'égard de sa probité, Tallien laissait à Ysabeau la manutention des fonds destinés à ces sortes de dépenses ; mais il n'a jamais rendu compte des trésors trouvés à Quiberon : leur quotité était un secret et l'est encore ! Rolland demandait souvent ces comptes ; Rolland, grâces à Tallien, en partie, fut sacrifié, et les comptes de la commune de Paris, les trésors de Quiberon, les dépouilles des victimes du 2 septembre, tout cela est encore inconnu, et mille autres choses encore !

Un historien nous dit que les révolutionnaires de Bordeaux ne firent passer aux hôtels de monnaies que 20,000 marcs d'argent, représentant une somme de 1,200,000 fr. environ, et provenant des couvents et de nos églises ; cela nous paraît inexact. Il n'a pas compté tout ce qui a été porté chez Bertrand, le maire-horloger, qui avait besoin de remonter ses affaires et qui n'y mit pas de délicatesse ; il ne comptait pas tout ce qui a été détourné par les agents inférieurs, par Charles et Chaussade, deux voleurs dont nous parlerons plus bas ; il ne comptait pas les vases sacrés et les ornements en drap d'or, galonnés d'or, qu'on portait sur le bureau de Lacombe, et qui allaient dans ses appartements pour ne plus ni sortir ni aller à l'hôtel de la monnaie ; il ne comptait pas les petits objets en or et en argent, les statues en argent, les burettes en vermeil qui s'attachaient aux mains gluées de Charles, ce misérable confident de Bertrand, voleur fieffé qu'on fit maire de Bordeaux. Il n'avait compté que l'état des rapports officiels, tout comme l'honnête Cambon ne constata que la somme de 30 millions provenant du pillage des églises en France, tandis qu'on a acquis la certitude d'en avoir retiré un milliard ! Mais qu'y a-t-il d'étonnant à tout cela ? Il fallait que les braves sans-culottes fissent leurs affaires, n'importe par quels moyens !

Necker, qui avait vu à l'œuvre les républicains de 1793, qui voyait leurs brigandages insensés, leurs honteux pillages, avait raison de dire : « Jamais, depuis la création du monde, » jamais cette fortune, réunie aux contributions annuelles, » ne fut entre les mains d'aucune autorité. Les richesses de » Salomon, les trésors du Mogol, les pillages de Tamerlan et » de Gengiskhan n'étaient rien auprès d'un pareil brigandage, » auprès d'une si large rapine (1). Amoncelez en imagination

---

(1) Les biens de la noblesse et du clergé.

» tout l'argent monnayé en France en ses plus beaux jours, » et tout l'argent monnayé de l'Europe ; doublez ensuite le » tout, et vous aurez l'idée de ce qui a été consommé par la » Convention. » On peut aussi se faire une idée de ce qui a été enlevé aux Bordelais sous l'infernale administration d'Ysabeau, qui écrivit à ses amis de la Montagne : « La tête des conspira- » teurs tombe sur l'échafaud ; la guillotine et de fortes amen- » des vont opérer le scrutin épuratoire du commerce... Toutes » les églises sont fermées. Bordeaux versera plus de cent mil- » lions dans les coffres de la république. » Quelle époque que celle où régnait dans notre ville Baudot, qui fit décréter : « que tous les citoyens qui étaient dans les villes rebelles, à » Lyon, Bordeaux et Marseille, et qui n'en sortiraient pas en » trois jours, seraient réputés émigrés (dignes de mort), et » leurs biens confisqués. » Grand Dieu ! rester dans Bor- deaux, on était digne de mort ! Sortir du pays, on était ré- puté émigré et digne de mort ! Quelle alternative que celle de ressembler à nos hommes de sang, ou de porter la tête sur l'échafaud dressé par la Terreur !

Quelle époque, dans nos annales, que celle où Tallien écri- vait de Bordeaux à ses frères de la Montagne, à Paris : « Soyez » sûrs que nous serons ici ce que nous étions à la Montagne... » ne composant jamais avec personne, et voulant faire triom- » pher partout la cause du peuple, en anéantissant l'aristo- » cratie et le fédéralisme. » On sait bien ce que c'était qu'un aristocrate, un fédéraliste ! Quelle époque, où Bordeaux re- cevait la loi du jeune Jullien, de la Drôme, homme féroce, tigre altéré de sang humain, qui, dans un moment d'enthou- siasme révolutionnaire, disait : « Si le lait est la nourriture » des vieillards, le sang est celle des enfants de la liberté, » qui repose sur un lit de cadavres ! » Quelle époque que celle où Garnier, de Saintes, faisait afficher sur les murs de Bordeaux, à l'adresse des gens peureux, qui soupiraient après la fin de leurs souffrances et de leurs tortures morales, cet

impitoyable arrêté, où il disait : « Jusques à quand, s'écrie-
» t-on, produira-t-on sous nos yeux le spectacle terrible de
» la permanence du supplice? Jusques à quand familiarisera-
» t-on les regards du peuple avec ces ruines sanglantes?
» Jusques à quand.....? Jusqu'à ce que Bordeaux ne compte
» plus d'ennemis dans son sein; jusqu'à ce qu'il n'y ait plus
» d'hommes qui s'épouvantent de la sauvegarde du peuple
» (la guillotine). Il n'y a que le crime qui tremble devant le
» spectacle qui rassure l'innocence. »

Et Peyren-d'Herval, que dirons-nous de lui? Misérable forcené qui, sous une figure d'homme, portait un cœur de bête féroce, et se distinguait par ses allures convulsives et ses yeux hagards, la férocité de son regard, ses mouvements d'énergumène et son épouvantable mine, qui affecta tellement un jour une pauvre dame enceinte, qu'elle accoucha de peur, en le voyant entrer dans son salon ! Un soir, il vint au théâtre ; à son approche, toutes les dames se levèrent avec précipitation, et s'éloignèrent du lieu où il voulut se placer. Se croyant offensé, il mit le sabre à la main, et fit cesser le spectacle. On donnait la *Papesse Jeanne*. Il interdit cette pièce, sous prétexte qu'elle était immorale; mais le public la demanda : on l'avait jouée à Paris, pourquoi ne le ferait-on pas à Bordeaux? Le lendemain, le tyranneau se vengea en faisant incarcérer tous les acteurs, et en les traduisant devant Lacombe, qui les réprimanda sévèrement.

Ce misérable était l'espion de la Convention, le tyran de nos tyrans, la terreur même des sans-culottes. Dégoûtés de leur position subalterne, ils le laissèrent faire, pour ne pas lui déplaire, et, pendant quelque temps, il était, lui seul, la personnification de la Terreur à Bordeaux. Ysabeau était instruit, mais paresseux ; il n'embrassa la cause de la Montagne que par lâcheté, et le temps qu'il ne donnait ni au sommeil ni à la table, il le consacrait à lire l'*Histoire des Tyrans*, comme pour mieux apprendre son métier. Tallien, l'impitoyable Tallien, ne s'occupait que de ses plaisirs et de sa maîtresse ; le misérable Peyren-d'Herval, avec une poignée de goujats, faisait seul la loi à toute une généreuse population, qui n'osait pas gémir sous le poids de ses chaînes !

Maintenant, qu'on jette un coup-d'œil sur les scènes de sang et de pillage qu'on vit à Bordeaux, sur les infâmes acteurs qui ont figuré sur ce théâtre de la mort, et qu'on dise si l'histoire ancienne nous offre quelque chose qui en approche. Nous venons de voir et de compter les victimes, nous avons vu et nous avons compté les terroristes et les bourreaux ! Que ne fit-on pas pour la dégradation des généreux enfants de Bordeaux ! pour étouffer dans les âmes l'amour de la vertu, la notion de Dieu, le respect des principes religieux, les sentiments de l'humanité, tout ce qui constitue et maintient l'ordre social ! Pour ces monstres, qui ont sali, ensanglanté nos rues, l'énergie républicaine n'était qu'une fureur aveugle, une haine profonde pour le bien, pour l'ordre, pour le passé. La société se composait de victimes et de bourreaux, d'êtres atroces et d'êtres terrorifiés ; il n'y eut plus de citoyens libres, plus de France, plus de Français ! C'était quelque chose de pire que Genséric et Attila, que ces hordes barbares, d'autant plus savantes que les Vandales ou les Visigoths dans la science pratique du mal, qu'elles sortaient d'un état social plus avancé, mais anthipathique à leur barbarie. Tous les départements avaient souffert de ce système. Lyon, Nantes, Paris surtout, ont eu leurs registres couverts du sang de leurs meilleurs citoyens ; mais à Bordeaux, il y avait peut-être plus de cynisme dans les procédés des coryphées républicains. Tous les Bordelais presque furent traités comme les ennemis de la France : on y trouva des hommes perfides, mauvais, dénonciateurs ; mais, heureusement, pas un seul Bordelais ne s'est trouvé au nombre des bourreaux.

Nous n'avons pas besoin de parler d'Ysabeau ; il est presque assez connu ; il figure, à côté de Tallien, dans la liste de nos grands scélérats. Ayant appris, en novembre 1796, que Prud'homme écrivait une *Histoire des erreurs, des crimes et des vols* commis pendant la révolution, il lui écrivit pour le prier de suspendre sa publication, au moins pour ce qui le regardait, jusqu'à ce qu'il lui eût fait passer des notes justificatives de sa conduite. Il déclare qu'il avait empêché beaucoup de mal et fait beaucoup de bien; qu'il avait été en danger d'être guillotiné pour sa bonne conduite, et avait été persécuté par les Robespierristes et les réactionnaires royalistes. Il rejette tous les crimes de l'époque sur Jullien, qui, dit-il, *était lié avec tous les assassins de la ville.* Il promit des renseignements positifs; mais Prud'homme ne les reçut jamais.

La mère de Jullien, indignée de voir son fils ainsi maltraité par Ysabeau, écrivit pour le défendre. Cette défense a été bien faible, devant les faits accablants de l'histoire ! La postérité regarde Jullien et Ysabeau comme des hommes de sang, des tyrans de Bordeaux. Les faits sont là ; la voix publique a prononcé, et aucun tribunal ne saurait réhabiliter leur mémoire.

CHAPITRE II.

La fête de la déesse Raison ordonnée par le Conseil de la Commune. — La proclamation à cette occasion. — Lettre des représentants au ministre. — La composition et marche du cortége de la comédienne Duchaumont, figurant la déesse. — L'intérieur de Saint-Dominique (Notre-Dame aujourd'hui). — Le temple de l'Être-Suprême. — Les temples décadaires. — Arbres de la liberté. — Paroles horribles de Tallien. — Suppression de l'état-major de l'armée, à Bordeaux. — L'arrêté des représentants à cet égard.

Livre V.
—
1793

Voir *le dernier chapitre du 1er volume.*

Après avoir vu nos tyrans à l'œuvre, la longue liste des victimes et des prévenus, les horribles scènes de pillage, de tyrannie et de carnage, qu'on ne rougissait pas de voiler sous un masque de légalité, nous allons reprendre notre narration au point où nous allions parler de la *fête de la Raison*.

N'ayant pas de Dieu, la république voulait bien une déesse; c'était la raison en délire, le paroxisme fiévreux d'une société malade, qui cherchait à s'étourdir dans ses folies et à se glorifier dans ses extravagances. On avait célébré, à Paris, la fête de la Raison, mascarade ridicule de sans-culottes sans raison, acte de démence, aux yeux des peuples civilisés, et un défi sacrilége jeté imprudemment à Dieu! Tous les détails de la cérémonie parisienne furent envoyés officiellement aux départements. Les frères et amis de Bordeaux ne pouvaient rester en arrière dans la carrière de la folie, et, le 7 frimaire an II (27 novembre 1793), le procureur-général de la Commune fit afficher la proclamation suivante, pour la célébration d'une fête semblable, afin de singer en tous points, même dans leurs bouffonneries impies, les démagogues de la capitale.

Le Conseil-général de la Commune fut donc convoqué pour le 27 novembre, à l'effet de délibérer sur la célébration de la future fête. Tustet, substitut du procureur de la Commune, lui adressa cette allocution :

« Les habitants de la commune de Bordeaux applaudissent
» au triomphe de la raison sur les préjugés. Ils manifestent
» ouvertement leur mépris pour tout ce qui tient aux super-
» stitions religieuses, dont ils ont été si longtemps les vic-
» times. Nous croyons, Citoyens, qu'ils sont prêts à manifester
» publiquement leurs opinions à cet égard.

» Cet heureux moment, amené par les soins pénibles des
» représentants que vous avez dans votre cité, est pré-
» cieux; il convient de le saisir avec empressement, comme
» la plus belle occasion d'accélérer le bonheur que le règne
» des lois prépare à l'espèce humaine. Vous y concourrez ef-
» ficacement, Citoyens, en assignant à la Raison un temple
» digne d'elle, en inaugurant ce temple un jour de décade,
» et en rendant cette fête aussi solennelle que les circon-
» stances peuvent le permettre.

» D'après la connaissance acquise sur les locaux où l'éta-
» blissement de ce temple peut être placé, nous pensons qu'il
» le sera avantageusement dans la ci-devant église Saint-Do-
» minique; nous pensons aussi que vous devez annoncer cette
» fête par une proclamation. En conséquence, nous requérons
» que la ci-devant église Saint-Dominique soit consacrée au
» temple de la Raison; que l'inauguration de ce temple soit
» faite le jour de la seconde décade de frimaire (10 décem-
» bre 1793); que les représentants du peuple, le général
» Brune, l'armée révolutionnaire, les corps constitués et le
» club National, soient invités à y assister; que l'ordre de la
» marche soit réglé, afin d'éviter la confusion dans une aussi
» respectable cérémonie, et, enfin, que tout soit annoncé par
» une proclamation. »

Le Conseil-général adopta les conclusions du réquisitoire,
et rédigea, séance tenante, la proclamation suivante :

« Citoyens,

» De toutes parts le cri de la raison se fait entendre, et

» tous les hommes disposés à la recevoir et à n'avoir plus
» qu'elle pour guide, lui élèvent des monuments sur tous les
» points de la république.

» Jusqu'ici des erreurs funestes à votre bonheur vous ont
» empêchés de reconnaître son influence; et soumis à des su-
» perstitions révoltantes, vous fermiez l'oreille aux doux ac-
» cents de sa voix.

» Citoyens, la force de la vertu rend parfait le triomphe
» de la raison; aussi l'hypocrisie et le fanatisme, ces enfants
» de l'orgueil et de la féodalité, ont courbé devant elle leur
» tête altière, qui maintenant roule dans la poussière.

» Citoyens, il en est de la raison et de la liberté comme de
» l'innocence et de la vertu, dont on ne sait le prix qu'autant
» qu'on en jouit soi-même, et dont le goût se perd sitôt qu'on
» l'a perdue.

» C'est à la loi, Citoyens, que vous devez votre retour à la
» raison et la jouissance des bienfaits inestimables de la liberté
» et de la justice; c'est cet organe salutaire de la volonté de
» tous qui a rétabli parmi vous l'égalité naturelle qu'on était
» parvenu à vous ravir; et comme il n'y a que la force de
» l'État qui fasse la liberté de ses membres, vos magistrats
» ont cru qu'il était de leur devoir de vous mettre à portée
» d'en connaître les principes, en consacrant parmi vous *un*
» *temple de la Raison*, à cette puissance de l'âme qui vous
» distingue de tout ce qui respire dans l'univers.

» Citoyens, c'est dans le temple de la Raison que votre
» cœur sera nourri et élevé aux plus sublimes vertus; c'est
» là où, en vous instruisant des préceptes de la saine morale,
» vous apprendrez que l'exercice des vertus sociales porte au
» fond du cœur l'amour de l'humanité, et que, si les sacrifices
» à la vertu coûtent souvent à faire, il est toujours doux de
» les avoir faits; c'est là, enfin, où vous apprendrez à sup-
» porter avec plaisir le doux fardeau d'une vie utile à vos
» semblables, et que si le plus méchant des hommes pouvait

» être un autre que lui-même, il voudrait être un homme de
» bien.

» L'inauguration de ce temple, déterminé à la ci-devant
» église Saint-Dominique, prépare une grande fête ; il est
» digne de vous de lui donner la célébrité qu'elle exige. C'est
» le moment de manifester, par le silence et la sagesse qui
» vous caractérisent, votre mépris pour les superstitions, avec
» lesquelles la cour de Rome vous tenait enchaînés à son char.

» Vos magistrats ne sauraient douter que votre esprit ne
» soit prêt à la manifestation de ce grand acte ; en conséquence,
» Citoyens, ils vous annoncent que la fête de la Raison, et
» l'inauguration de son temple, auront lieu le jour de la se-
» conde décade de frimaire ; ils vous invitent à y assister,
» avec le respect et la vénération dus à la plus auguste des
» cérémonies.

» Bordeaux, le 7 frimaire, l'an II de la république, une et indivisible (27 novem-
» bre 1793).

» *Signé* : Bertrand, *maire ;*

» Moutard, *secrétaire-greffier.* »

Cette emphatique proclamation, si peu digne, si peu française, sous le rapport de la pureté de la langue et du goût, où l'absurde se joint au ridicule, où la Raison parlant de la raison ne brille que par son absence, fut affichée partout en ville, et lue par tous les sans-culottes avec l'impatience d'une inquiète curiosité. De leur côté, les représentants, enchantés de la direction des esprits et de la tournure que prenaient les affaires, écrivirent, le 10 frimaire (30 novembre), au ministre, un Rapport, dont nous extrayons les passages suivants :

« La Commission militaire marche toujours révolutionnai-
» rement : les têtes des conspirateurs tombent toujours sur
» l'échafaud ; les suspects sont renfermés jusqu'à la paix ;
» les modérés, les insouciants, les égoïstes, sont punis par la
» bourse. Avant-hier, tous les sujets du Grand-Théâtre, au

» nombre de quatre-vingt-six, ont été mis en état d'arresta-
» tion (1). C'était un foyer d'aristocratie; nous l'avons détruit.
» La veille, la salle de ce spectacle avait été investie au mo-
» ment où plus de deux mille personnes y étaient, et tous les
» gens suspects qui s'y trouvaient réunis en grand nombre ont
» été incarcérés.

» Cette nuit, plus de deux cents gros négociants ont été
» arrêtés, les scellés mis sur leurs papiers, et la Commission
» militaire ne va pas tarder à en faire justice.

» La guillotine et de fortes amendes vont opérer le scrutin
» épuratoire du commerce et exterminer les agioteurs et les
» accapareurs. La raison fait ici de grands progrès; toutes les
» églises sont fermées; l'argenterie arrive en abondance à la
» Monnaie, et le décadi prochain nous célébrerons le triomphe
» de la philosophie.

» L'emprunt forcé va son train (2); la seule journée d'hier
» a vu verser dans la caisse du receveur du district 950,000
» livres. Bordeaux versera plus de cent millions dans les cof-
» fres de la république. »

On attendait avec impatience la magnifique fête de la Raison, commandée, dirigée et exécutée par des énergumènes.
On réunit tous les misérables sans-culottes de la ville, tous les
goujats, tous les êtres disgraciés de la nature, pour jouer des
rôles dans cette ignoble farce. Au jour convenu, ils se réunirent tous; et affublés des insignes de la royauté, des ornements
sacerdotaux qu'on avait enlevés aux églises, de cordons, de
décorations, de tous les emblêmes des puissances qui n'existaient plus, ils prirent leurs rangs respectifs dans cette mascarade burlesque. On y voyait un Pape, des évêques, des
prêtres, des rois, des membres du Parlement, de grands sei-

---

(1) Les acteurs furent acquittés, la directrice mise en prison jusqu'à la paix, et le caissier condamné à une amende. (Voir *Goy, Mayeur, Diatroselly, etc.*, dans le Supplément au tome 1er, 2e partie).

(2) L'emprunt forcé d'un milliard avait été voté le 28 août précédent.

gneurs, des négociants, quelques représentants de toutes les hautes positions sociales de l'ancien régime, et en tête de cette cohue, le buste du *divin Marat*, porté sur les épaules de quelques déguenillés, tous coiffés de leurs sales bonnets rouges ! Pour représenter le Pape, on avait choisi un nain, appelé Richefort, être informe, maussade et dégoûtant, qui, pendant les premières années de ce siècle, a souvent provoqué les risées des enfants de Bordeaux. Revêtu de ses habits pontificaux et coiffé d'une tiare rouge, on le hissa sur un grand cheval, d'où ce misérable Lilliputien distribuait ses facétieuses bénédictions à la foule ébahie. Derrière lui, venait un Israélite d'une énorme stature; quelquefois le nain se faisait descendre pour varier le tableau; alors le grand Israélite passait et repassait ses longues jambes sur la tête du risible pontife de ce peuple athée. Venait ensuite le char qui portait la déesse Raison; il était élégamment orné et pavoisé de couleurs républicaines. Au centre, sur un siége élevé, on voyait mollement inclinée, et presque à l'état de pure nature, la comédienne Duchaumont; elle figurait la déesse et foulait un crucifix et d'autres emblêmes religieux et monarchiques. Aux anglès et aux roues de son char, on avait suspendu des missels, des livres d'églises et des objets de piété. Puis venaient les représentants du peuple, les autorités constituées, l'armée révolutionnaire et le club National, qu'on pouvait appeler le Comité directeur des agitations locales, avec des figures composées pour en imposer au public; le cortége se mit en marche avec ses burlesques accoutrements, et escorté d'une foule compacte et peu respectueuse, dont les cris et les gestes cyniques contrastaient avec la gravité affectée des principaux baladins. Dans cette ignoble parodie des cérémonies religieuses, on croyait voir des hommes; hélas ! c'étaient des monstres à face humaine, des démons déguisés en histrions, le triomphe momentané de l'enfer sur l'église, l'ovation de l'impiété !

Après avoir suivi l'itinéraire promis, au bruit des chansons

Livre V.
Chap. 2.

1793

qui blessaient la pudeur et outrageaient le ciel, le cortége s'arrêta sur la place de la Comédie. Pendant que les autorités civiles et militaires défilaient vers le temple de la Raison (Notre-Dame), la déesse déclara, du haut de son Olympe roulant, que, de tous les acteurs de cette mascarade burlesque, aucun ne serait reçu dans son temple sans qu'il abdiquât ses dignités, renonçât à sa profession et se dépouillât de tous les emblêmes de la superstition et de la féodalité. Après un moment d'hésitation de la part des personnages en scène, un arlequin leur adressa une mercuriale bouffonne sur l'absurdité et l'inutilité de leurs anciennes professions, sur la nécessité de se régénérer, pour suivre à l'avenir le culte de la Raison. Le grotesque nain descendit gravement de sa monture; et ayant éprouvé un besoin naturel, se mit, sans gêne, sans façon, sous le char de la déesse, à la vue des frères et amis... Il n'y avait rien d'étonnant dans ce procédé; c'était un sans-culotte, enfant de la nature; il devait obéir à sa voix! La délibération ne fut pas longue : les néophytes de la Raison se mirent, avec un empressement joyeux, à se dépouiller de leurs ornements et de leurs costumes. On lança, dans un énorme bûcher déjà en proie aux flammes, des couronnes, des mitres, des costumes parlementaires, les défroques des moines et des religieuses, pendant que des cris redoublaient de tous côtés avec une rage infernale, et qu'une joie indicible déridait les fronts des principaux histrions de cette farce républicaine. C'était pour quelques Bordelais une apostasie solennelle, l'abjuration du passé; mais ce moment passé, Bordeaux rougit du délire de quelques-uns de ses enfants !

Fiers d'avoir abattu, disaient-ils, l'église et ses ministres, d'avoir triomphé des rois, des despotes, des seigneurs et des aristocrates, la horde montagnarde, dépouillée des emblêmes de l'ancien régime, pénétra dans le temple. On y avait préparé, au lieu où se trouve le maître-autel, un vaste amphithéâtre en forme de montagne, recouvert de gazon, sur les flancs duquel on voyait assis des ouvriers avec les attributs et les outils de leurs professions, au milieu des bustes du *divin* Marat, de Brutus et de plusieurs autres célébrités républicaines anciennes et modernes. Tout autour, on voyait des drapeaux, des bannières de diverses formes, avec des inscriptions différentes et faisant toutes allusion à quelques événements de la république. Parmi les autres, on y remarquait cette devise, qui rappelait une époque d'horrible mémoire : *Honneur aux salutaires journées des 2 et 3 septembre* 1792. C'était la glorification officielle du massacre de trois évêques et de plus de trois cents prêtres, qui n'eurent d'autres torts que celui d'être fidèles à leurs serments et à la foi de leurs pères ! Comme couronnement de cet échafaudage d'immoralité et de désordre, on avait planté au-dessus de ces drapeaux une bannière portant cette inscription : *Montagne sainte, l'univers attend de toi sa liberté!* Misérables histrions, bouffons hypocrites, vous trompiez le peuple : la liberté, le plus grand don, le plus bel apanage que Dieu ait donné à l'homme, vous l'avez déshonorée ! Votre liberté, c'était l'anarchie dirigée par vous. Jusqu'à vous, la république avait des charmes; vos crimes l'ont rendue impossible à tout jamais en France, dont elle allait faire un vaste cimetière ! La Montagne, disiez-vous, devait enfanter la Liberté ! Elle accoucha, mais c'était d'un avorton. Un soldat heureux, un ami de la fortune, le prit pour un monstre ; il l'étouffa dans son berceau !

Au pied de cette montagne, à la place de l'autel du Dieu des chrétiens, on voyait un peuple sans Dieu, spectacle étonnant, unique dans les annales de l'univers; on voyait, ce jour-là, le républicanisme des Montagnards tendant la main à une prostituée, qu'ils prenaient pour leur divinité ! Le buste de Marat, l'ignoble, le dégoûtant, l'exécrable Marat, mis à la place de l'image du Sauveur, et une comédienne presque nue recevant des héros de ces saturnales infâmes l'encens que la vertu réserve au Dieu créateur, sanctificateur et sauveur des

Livre V.
Chap. 2.

1795

hommes. Dévorée de honte et de remords, touchée peut-être de la grâce, en proie à ses remords ou frappée de la main vengeresse du Dieu trois fois saint, la malheureuse comédienne tomba malade bientôt après; mais dérobée aux regards des hommes, elle n'éteignit pas par la mort le souvenir de sa conduite impie !

Quelle époque que celle où l'homme, oubliant tout, s'oubliant lui-même, ose disputer à Dieu ses temples, pour les consacrer à la Raison, comme si Dieu n'était pas la raison éternelle qui éclaire tout homme venant en ce monde !

Dans un moment de délire, Paris, enivré du poison de la philosophie voltairienne, arracha à Dieu ses autels, et fit de Notre-Dame le temple de la Raison, représentée, par une comédienne. Le mal est contagieux de sa nature : toutes les villes, et Bordeaux l'une des premières, tous les bourgs, toutes les communes, entraînés par un vertige étourdissant, voulaient avoir des temples de la Raison, et, apostasiant la foi de la France et du monde, apportaient, dans plus de cinquante mille temples, leur encens sacrilége aux pieds de quelque fille de facile vertu, à quelque coureuse de coulisses ! O extravagance humaine ! rien de semblable ne se trouve dans les annales de l'humanité !

L'église Saint-Dominique (Notre-Dame aujourd'hui) ne garda pas longtemps son vocable républicain ! Bientôt après, Robespierre consentit, dans un moment de résipiscence, à octroyer à Dieu un brevet d'existence ! La Raison fut dépossédée, et son temple consacré à l'*Être-Suprême*, un dieu étranger, qui n'avait aucun rapport avec le Dieu des chrétiens, un dieu de la façon de Robespierre, qui pardonnait les meurtriers, sanctionnait le pillage et souriait aux pitoyables extravagances de la Montagne et de la France républicaine. Cette fois, du moins pour quelques jours, l'Être-Suprême était le dieu des Montagnards, et Robespierre était son prophète ! Aussi, quand on parlait un jour de Dieu devant un Montagnard, il répondit avec vivacité : *Tais-toi, il n'y a plus de bon Dieu, il n'y a qu'un Être suprême.* Depuis cette condescendance de Robespierre à reconnaître en France un *Être suprême*, l'église de Saint-André lui fut consacré, et, plus tard, les autres églises furent appelées les *temples décadaires*, parce qu'on s'y réunissait tous les décadis pour entendre lire les lois de la république, les nouvelles importantes, les arrêtés et les actes des autorités supérieures, et pour y prononcer des discours patriotiques.

Des actes publics de patriotisme, des manifestations officielles, des réunions, des clubs, voilà ce que désirait alors le peuple, à Bordeaux comme à Paris. On avait décrété que, dans chaque municipalité, on planterait un *arbre de la liberté* devant la Maison-Commune. On autorisa les sections de Bordeaux à avoir leurs arbres respectifs; mais que la priorité, dans cette circonstance, appartiendrait à la section Franklin, comme s'étant toujours distinguée par son civisme. Au jour fixé pour cette première cérémonie, tous les hommes en place, tous les patriotes, se rendirent en grande tenue sur la place Dauphine, où on exécutait les victimes condamnées à la mort par Lacombe. Tallien, qui y présidait, prononça ces horribles paroles, qui nous donnent la mesure de son humanité : « Pour que l'arbre de la liberté jette de profondes ra- » cines, il faut que le pied en soit arrosé par le sang des » fédéralistes et des aristocrates. » Cette épouvantable allocution fut traduite en faits par Lacombe et ses bourreaux !

On avait créé, comme nous l'avons fait observer, une armée révolutionnaire, pour porter la terreur dans les départements. Les divers corps qui la composaient inspiraient des craintes au gouvernement; ils étaient composés d'éléments hétérogènes, et, dans la Gironde, les chefs des corps militaires semblaient acquérir une influence trop grande, trop gênante, pour nos despotiques et jaloux proconsuls. Ils provoquèrent un décret de la Convention : il fut rendu le 20 frimaire an II (19 décembre 1793), pour la suspension ou la suppression de l'état-major de l'armée révolutionnaire qui était dans le département du Bec-d'Ambès. Investis du pouvoir de suspendre ou de supprimer, ou de modifier le gouvernement militaire à Bordeaux, Tallien et Ysabeau prirent un arrêté le 29 frimaire, en huit articles, précédés des considérants suivants :

« Considérant que les circonstances qui les avaient déter-
» minés (les représentants) à former une armée révolution-
» naire et à établir à Bordeaux le gouvernement militaire,
» n'existent plus ;

» Que les citoyens de Bordeaux et ceux du département
» du Bec-d'Ambès sont rentrés dans l'ordre, et ont reconnu
» l'autorité légitime de la Convention nationale ; que, s'il est
» encore beaucoup de malveillants dans ces contrées, ils peu-
» vent être facilement contenus par les Comités révolution-
» naires, etc., etc. ;

» Considérant qu'il est de la politique, de la sagesse et de
» la justice du législateur, de ne pas laisser exister trop long-
» temps au moins des pouvoirs qui puissent rivaliser entre
» eux et occasionner des secousses toujours dangereuses à la
» chose publique, et dont les ennemis de la liberté et de l'é-
» galité savent tirer avantage contre les patriotes ;

» Considérant que ce n'est pas dans le luxe, dans un vain
» appareil, ni dans le grand nombre d'agents que se trouve
» le bien du service public, mais dans leur activité, dans leur
» intelligence et surtout dans leur modestie et leur simplicité
» républicaines ;

» Considérant que la situation de Bordeaux, l'importance
» de son port, des côtes qui l'avoisinent, la proximité de la
» mer et plusieurs autres considérations majeures, imposent
» aux représentants du peuple le devoir de veiller à la con-
» servation de tous ces objets si importants pour la républi-
» que, et sur lesquels les malveillants fondent peut-être des
» espérances criminelles ;

» Arrêtent ce qui suit, etc., etc. :

» Art. 3. — Bordeaux étant considéré comme place de
» guerre, les troupes composant ci-devant l'armée révolution-
» naire, formeront désormais la garnison de cette place.

» Art. 4.—L'état-major attaché à l'armée révolutionnaire,
» sous quelque titre et avec quelque commission que ce soit,
» est supprimé, et il est défendu à tous les individus qui le
» composaient d'exercer aucune fonction, sous les peines les
» plus sévères. Ils se pourvoiront pardevant le ministre de la
» guerre, pour obtenir de l'emploi, selon leurs grades.

» Art. 5. — Les représentants du peuple nomment pour
» commandant de la place de Bordeaux, l'adjudant-général,
» chef de brigade, Darnaud, lequel est autorisé à choisir le
» nombre d'adjoints qui lui sera nécessaire, et dont l'état, les
» fonctions et les émoluments, seront fixés par les représen-
» tants du peuple.

» Art. 6. — Toutes les troupes faisant ci-devant partie de
» l'armée révolutionnaire à Bordeaux et aux environs, ainsi
» que celles cantonnées ou casernées, tant à Blaye que tout
» le long de la rivière de la Gironde, jusqu'à son embouchure,
» seront sous le commandement immédiat de l'adjudant-gé-
» néral Darnaud. Il est défendu, sous les peines les plus sé-
» vères, à tout individu, quel qu'il soit, et sous quelque pré-
» texte que ce puisse être, de s'opposer en aucune manière
» à l'exécution des ordres que le citoyen Darnaud donnera
» pour le bien du service.

» Art. 7.—La Commission militaire, établie à Bordeaux,
» continuera à remplir ses fonctions, etc., etc. »

D'après cet arrêté, il paraît clair que les deux représentants
en mission à Bordeaux, ne voulaient pas de contrôle dans la
ville, ni de puissance qui pût rivaliser avec la leur. Il était
signé par Ysabeau, Tallien, et Peyren-d'Herval, secrétaire de
la Commission et commissaire des guerres. Darnaud était trop
asservi sans doute à leur volonté pour ne pas se prêter à leurs

vues; ils écartèrent des officiers distingués, mais ils conservèrent toujours Lacombe et ses camarades sur le tribunal de sang. Lacombe et *consorts* n'avaient jamais porté une épée ; mais ils étaient bons à tout et prêts à tout ; ils étaient les horribles pourvoyeurs de la guillotine ! c'était tout ce qu'il fallait à Tallien et à ses amis.

« Le gouvernement, dit Baudot, ne marchait qu'à coups
» de sabre et de guillotine. »

Nos proconsuls étaient fiers de ces auxiliaires et se félicitaient de leur concours. « Nous nous attachons, dit Ysabeau,
» dans une lettre, à faire tomber les têtes des meneurs, à
» saigner fortement la bourse des riches égoïstes et à faire
» jouir des bienfaits de l'indulgence nationale les sans-cu-
» lottes. »

Et quelques jours plus tard, il informe ses amis de ses prouesses à Bordeaux.

« La Commission militaire marche toujours révolutionnai-
» rement : la tête des conspirateurs tombe sur l'échafaud. La
» guillotine et de fortes amendes vont opérer le scrutin épu-
» ratoire du commerce. La raison fait ici de grand progrès ;
» toutes les églises sont fermées...... Bordeaux versera plus
» de 100 millions dans la caisse de la république. »

Citer ces affreuses lettres, c'est faire connaître les tyrans de Bordeaux. Jamais peuple n'a été plus foulé ; jamais, ni les tyrans de Rome, ni Denis de Syracuse, n'ont autant méconnu les droits de l'innocence, la voix de la justice ou les devoirs de l'humanité, que ces misérables despotes qui forgeaient des chaînes au peuple en lui vantant les douceurs de la liberté. « Le désarmement, disent-ils dans une autre missive, s'exé-
» cute avec un zèle incroyable, et donnera des armes su-
» perbes et en grande quantité à nos chers sans-culottes. Il
» y a des fusils garnis en or : l'or ira à la monnaie, les fusils
» aux volontaires et les fédéralistes à la guillotine. »

CHAPITRE III.

Tallien et Mme de Fontenay. — Bruit de l'assassinat de Tallien. — Lettres anonymes. — Arrêté de Lacombe. — L'affaire des théâtres. — L'arrestation des artistes. — Mercuriale de Lacombe. — Essai des représentants pour supprimer la mendicité. — Arrêté contre les faillites. — Les vols et la conduite du maire Bertrand, de Charles et autres. — Suppression du Comité de surveillance. — La Commission de Trois. — Lettres anonymes contre Tallien et Thérésia. — Tallien rappelé à Paris. — Ses discours à la Convention. — Robespierre fait incarcérer Thérésia. — Tallien se déclare son ennemi et veut se venger. — Ysabeau change les administrateurs du département et du district, etc.

A l'époque où nous sommes arrivés, Tallien avait fait connaissance avec Mme de Fontenay, fille de M. Cabarrus, négociant espagnol, et employé aux finances, sous Charles III, en Espagne. Elle était jeune et spirituelle, et portait avec une fierté castillanne ses dix-neuf ans et une grande réputation de beauté ; elle détestait le despotisme des rois, aimait passionnément la liberté des Français, avant qu'elle ne dégénérât en anarchie, et, avec sa vive et riante imagination, se berçait de rêves de bonheur pour l'avenir de l'humanité. Cette jeune femme allait aux clubs, et se montrait sans crainte, mais avec réserve et une tenue décente, dans les réunions populaires. Douée d'un esprit gai, d'une grande flexibilité de caractère et pleine de sympathie pour les pauvres, elle se mettait à la portée de toutes les classes et s'en faisait aimer et admirer. Généreuse et noble, elle détestait les tyrans de quelque nom, de quelques titres qu'ils s'affublassent, soit rois, soit peuple ; elle condamnait les persécutions comme essentiellement liberticides, et ne déguisait pas sa profonde horreur pour l'effusion du sang ; elle paraissait en public presque toujours vêtue en amazone, coiffée d'un bonnet phrygien ou

Livre V.

1793

d'un élégant chapeau à panaches tricolores : en mouvement, elle aurait pu passer, dit un écrivain, pour l'une des Grâces ou quelque sylphide aérienne ; immobile, on l'aurait prise pour la statue de la Beauté.

Dona Thérésia Cabarrus savait manier la parole avec adresse : ses accents étaient de ceux qui émeuvent et électrisent la foule. Sensible et vive, elle communiquait ses impressions aux autres ; parler, pour elle, c'était épancher son âme tout entière pour gagner tous les cœurs. Elle était fière de ses succès, recherchée et aimée. Tallien ne fut pas insensible à ses charmes ; il conçut une vive passion pour elle, et cet incident romanesque dans sa vie proconsulaire ne contribua pas peu à adoucir la situation des Bordelais. Il la vit, l'admira et l'aima. Elle prit dans son cœur la place de la république ; mais elle n'avait que du mépris pour ses bassesses et de l'horreur pour ses crimes. Elle voulait repousser ses offres ; mais elle risquait sa tête et aurait eu à se reprocher de ne pas avoir profité d'une occasion de faire du bien aux Bordelais. Elle ne recula plus devant ses avances ; elle conquit Tallien, adoucit un monstre ; et, nouvelle Cléopâtre, elle vit ramper à ses pieds un parvenu tout-puissant, aussi hautain, aussi despote que César ou Antoine.

Sous l'empire de cette dame, Tallien supprima l'état-major de l'armée à Bordeaux, comme nous l'avons vu plus haut ; il suspendit les exécutions ordonnées par le trop obséquieux Lacombe, destitua les membres du Comité de surveillance, en expulsa quelques-uns, en fit emprisonner quelques autres, et comprima la grande ardeur de ses anciens séides. Dona Thérésia fit rendre la liberté aux suspects, le pardon à beaucoup de prétendus coupables et l'espérance à tous ; à sa voix, les prisons s'ouvrirent, Bordeaux respira, et l'amour transforma en jours de calme et de paix le temps orageux de la Terreur. Tallien ne lui refusait rien ; il la conduisait, avec lui, dans une calèche découverte, à travers les rues qu'il avait ensanglantées la veille ! Dans leurs courses ou promenades publiques, elle tenait d'ordinaire une lance à la main, et de l'autre étreignait le monstre fait homme ! Des acclamations spontanées et universelles l'accueillaient partout. On serait tenté de la prendre pour la déesse tutélaire de Bordeaux ou la divinité de la guerre.

Tallien, adouci, n'était plus à la hauteur de Peyren-d'Herval : on l'accusait de *modérantisme,* et peu s'en fallut qu'il ne fût dénoncé à la Convention. Il était content et heureux ; mais il se faisait des ennemis. On l'accusa de s'être relâché dans ses principes : on chargea Thérésia de mille crimes imaginaires ; c'était le temps de la réaction. Mille propos circulaient dans la foule : des pamphlets injurieux sortaient des imprimeries clandestines, et Paris comme Bordeaux était inondé de lettres anonymes contre l'indolent Ysabeau, contre Tallien, endormi au sein des plaisirs, et contre leurs agents inactifs. Tallien connaissait bien l'inconstance de la faveur populaire : comprenant le danger de sa nouvelle position, il crut redevenir un objet d'intérêt pour son parti, en répandant le bruit que des assassins avaient voulu attenter à sa vie. Cette nouvelle rencontra bien des incrédules ; mais comme il était possible de l'exploiter, pour la cause du désordre, elle servit à ranimer l'esprit républicain et à redonner un nouveau degré de recrudescence à l'exaspération des Jacobins. La Commission militaire elle-même prit part à cette détestable comédie, et se hâta de publier, le 26 frimaire an II (16 décembre 1793), au sujet des lettres infâmes et calomnieuses contre les représentants, et de l'assassinat de Tallien, un arrêté pour inviter les bons citoyens à dénoncer les auteurs, fauteurs et instigateurs des lettres anonymes et de l'assassinat de Tallien, les gens suspects ou qui avaient tenu des propos contre les représentants, les autorités constituées ou la liberté ; c'était agrandir la tâche de Lacombe et de la guillotine ; c'était un appel aux dénonciateurs pour moissonner de nouvelles victimes.

Quel désordre, quelle anarchie dans les esprits et dans les faits ! Le hautain, le cruel, l'impitoyable Tallien, s'appuyant sur un mensonge pour rattraper parmi ses amis l'influence et la popularité que l'amour lui avait ravies ! le misérable Lacombe, président et juge, souvent accusateur de ses victimes et toujours leur bourreau, faisant le préfet de police, publiant des arrêtés administratifs et des lois sans sanction ! tous les frères et amis s'acharnant contre un fantôme, au sujet d'un délit imaginaire ! Les coupables, comme on le présume bien, n'ont jamais été découverts.

Pour rassurer la Convention contre l'impression que ces lettres anonymes pourraient produire à Paris, Ysabeau écrivit, le 2 nivôse (22 décembre 1793), à la Convention, qu'un grand nombre de conspirateurs se trouvait dans les prisons; que bientôt le peuple sera vengé par leur juste supplice; qu'en moins de six heures après leur arrestation, Grangeneuve et son frère ont été exécutés, et que, tous les jours, la Commission militaire condamnait à mort plusieurs scélérats.

Mais un incident nouveau se présente comme une ombre au milieu de ce beau tableau. Les théâtres furent dénoncés comme les foyers d'une réaction royaliste, le lieu où se réunissaient les *muscadins;* c'est ainsi que les sans-culottes appelaient alors les jeunes gens de Bordeaux, à cause de l'élégance de leur mise, en opposition aux sales guenilles des amis de Marat. Il est curieux, à cette occasion, de voir faire et parler ces représentants et leurs agents subalternes, qui tous s'abandonnaient aux vices et aux crimes; qui tous vivaient dans le désordre et l'immoralité la plus dégoûtante, qui *crachaient à chaque instant,* selon la pittoresque expression de Babise, *la révolution;* il est curieux, dis-je, et instructif de voir ces tartufes sans-culottes prétendant leur pudeur effarouchée à la représentation de quelques pièces mille fois moins scandaleuses que leur conduite, telles que *La Vie est un Songe* et la *Tentation de saint Antoine.*

Tous ces artistes furent incarcérés et cités à la barre du tribunal de Lacombe, et jugés le 17 nivôse an II (6 janvier 1794). Écoutons le trop célèbre Lacombe, que ses propres amis ont fait guillotiner comme *prévaricateur, concussionnaire, exacteur, corrupteur des mœurs et de l'esprit public;* écoutons ce singulier moraliste, qui blâme ces acteurs *d'avoir tous contribué plus ou moins à la représentation de quelques pièces propres à alarmer la pudeur des âmes vertueuses et à corrompre les mœurs publiques par des tableaux de lubricité, surtout la comédie intitulée* : La Tentation de saint Antoine, *pièce scandaleuse, qui tend à faire passer le vice par tous les sens, en étalant des scènes entières de prostitution, etc.* Il finit son hypocrite mercuriale en recommandant fortement au directeur de ne prendre pour son théâtre épuré d'autre devise que *la liberté et bonnes mœurs! Dat veniam corvis, vexat censura columbas!*

Nous engageons le lecteur à lire les articles *Mayeur, Goy, Diatroselly,* dans le Supplément (au 1er volume, 2e partie).

Pendant tout ce temps, Bordeaux était plongé dans la plus affreuse misère : l'emprunt forcé sur les riches, le maximum pour les marchands et les producteurs, la nullité de l'industrie, l'anéantissement du commerce, la paralysie de tous les bras, la prison pour les innocents, le pillage pour et par les agents du gouvernement, la famine pour les pauvres, les assignats pour tout argent, les dénonciations comme frein pour les mécontents, et la guillotine comme raison suprême des puissants du jour; tout cela, assurément, était plus que suffisant pour faire connaître aux Bordelais toute l'étendue de leurs malheurs, sans y ajouter la dérision. C'en était une, en effet, que la proposition faite par Tallien, dans la séance du Conseil municipal, du 19 nivôse an II (8 janvier 1794), de détruire la mendicité. Le moyen qu'il conseillait, c'était d'établir des ateliers de travail, où les pauvres seraient tous les jours occupés; mais ce n'est pas tout que d'indiquer le moyen,

Livre V.
Chap. 3.

1793

il faut savoir s'il est praticable. Qui paierait les pauvres ouvriers? à quel genre de travail les occuperait-on? Questions difficiles à résoudre. Les riches qu'on dépouillait ne pouvaient plus payer les ouvriers; le faire, c'était s'exposer de nouveau aux dénonciations et aux accusations d'égoïsme, d'accapareur, d'aristocratie, crimes qui entraînaient la peine capitale; et, d'ailleurs, dans une société misérable, qui achèterait les ouvrages? Loin de pouvoir soutenir et encourager les ouvriers, les négociants, presque tous les commerçants, se hâtaient chaque jour de déposer leurs bilans. La prospérité de Bordeaux était anéantie, et jamais place de commerce ne s'est trouvée dans une si pénible position. Tout cela alarma les proconsuls et excita leur vive sollicitude. Tallien ne voulait pas de faillite : de concert avec Ysabeau, il prit deux arrêtés dans lesquels il menaçait de punir comme traître et conspirateur, c'est-à-dire, de la mort, tout négociant qui oserait se déclarer failli. Il était donc absurdement, ridiculement ordonné de par la loi et Tallien, aux Bordelais, d'avoir la prospérité au sein de la misère, de la gaîté dans leur deuil, et des ris et des grâces en présence de la guillotine, des pleurs et des tombeaux !

1794

Tallien ne se décourage pas : il envoie, le 20 nivôse an II (9 janvier 1794), les arrêtés à la Convention nationale, avec la lettre qui suit :

« Nous vous faisons passer, Citoyens collègues, deux ar-
» rêtés, que nous avons pris pour déjouer une nouvelle trame
» des conspirateurs de ce pays, qui voulaient, par des fail-
» lites frauduleuses, opérer un mouvement dont ils se pro-
» mettaient sans doute de grands succès. Nous croyons les
» avoir déjoués; car depuis la publication de nos arrêtés,
» tous les bilans déposés ont été retirés, et l'on n'entend plus
» parler de faillite. Nous vous prions de donner votre ap-
» probation à ces arrêtés, afin que cette mesure, qui, nous le

» croyons, assurera le commerce à la république, n'éprouve
» aucun retard ni aucune contradiction.

» L'esprit public prend tous les jours, à Bordeaux, une
» nouvelle force : la Commission militaire fait tomber les têtes
» des conspirateurs; le Comité de surveillance fait arrêter les
» hommes suspects; celui des subsistances procure du pain
» en abondance; la Société populaire fait trembler les Feuil-
» lants et les modérés; enfin, nous pouvons dire que Bordeaux
» se régénère tous les jours, et, qu'avec du courage, on pourra
» parvenir à rendre entièrement cette cité à la pureté des
» principes républicains.

» Salut et fraternité.   » *Signé :* Tallien. »

Mais cette pureté de principes n'était que dans la bouche de Tallien; le contraire se manifestait dans les faits. Nous avons déjà vu ce que c'étaient que l'intégrité, la probité et la pureté des principes chez ce républicain; et qu'était-ce donc que le maire Bertrand, son appui, son ami? Un misérable voleur, décoré par ses semblables d'une écharpe municipale ! Simple et pauvre horloger, il prônait la frugalité et la simplicité républicaines; porté sur le fauteuil de M. Saige par la bourrasque populaire, il changea d'allure : l'écharpe ne servit qu'à voiler ses forfaits et à en imposer au peuple. Au dehors, l'horloger-maire se donnait des airs de grand seigneur; au dedans, nouveau Lucullus, sa table était splendidement servie, et dans ses rapports avec les municipaux, il affectait une fierté déplacée, un ton de mépris et une arrogance impardonnable. Jamais homme n'avait si bien démenti ses principes de la veille par sa conduite du lendemain. M. Saige, ancien maire, l'un des hommes les plus recommandables de Bordeaux, venait d'être guillotiné. Bertrand s'empara de sa superbe voiture et de ses chevaux, et même de son cocher; il succédait à un honnête homme; mais comme tel, il ne le remplaçait pas. Il avait une loge au théâtre, dont il faisait

Livre V.
Chap. 3.

1794

Archives
de
l'Hôtel-de-Ville

Livre V.
Chap. 5.

1794

supporter les frais à la Commune; il vivait et agissait sans crainte, sans contrôle, car qui oserait contrarier, ou même suspecter la pureté des principes de l'ami de Tallien, du maire de Bordeaux?

Mais le plus grand mal n'était pas là. On avait déposé, dans les salles de l'hôtel de la Mairie, des masses considérables d'or et d'argent provenant des églises, des couvents et des maisons opulentes de Bordeaux; le maire Bertrand s'en était attribué la garde, sans qu'aucune délégation lui en eût été donnée par l'autorité supérieure. Aussi avide que peu délicat sur les moyens de se satisfaire, il s'était assuré du concours intéressé d'un orfèvre, voleur comme lui-même, et faisait fondre la nuit les riches métaux qu'on lui portait dans la journée, et dont il s'appropriait, sans se gêner, une partie considérable. Ces vols lui furent reprochés en plein Conseil municipal; on lui demanda pourquoi il n'avait pas tenu registre de toute l'argenterie déposée à la Mairie et de toute celle qu'on envoyait à la Monnaie; il s'excusait en prétextant qu'il en ignorait et cette formalité et son utilité.

Une plainte fut déposée contre ce malheureux Bertrand; mais il ne fut arrêté que le 4 mars suivant, comme prévenu de péculat. Il resta en prison toute l'année; mais le décret d'amnistie pour les délits révolutionnaires lui rendit la liberté l'année suivante.

Dans l'instruction de cette affaire, il fut prouvé qu'Ysabeau jeune, frère du représentant, avait eu part à cette dilapidation; que Charles, membre du club National, assisté du maire Bertrand, avait brisé les scellés chez Saige, et en avait emporté une énorme quantité de vins, des tableaux, des bustes, des étoffes précieuses, de l'argenterie et des liqueurs; que ce même Chaussade, qui avait osé reprocher à Bertrand ses nombreux vols, son manque de pureté de principes, ce même Chaussade, fils d'un chaudronnier de Limoges, qui avait commencé par être décrotteur à Bordeaux, puis commis ambulant dans les Douanes, puis sectionnaire et membre de la municipalité provisoire, etc.; dénonciateur fameux, ce misérable Chaussade avait soustrait frauduleusement la plus grande partie de la vaisselle plate qui se trouvait dans l'hôtel Saige. Toutes ces infâmies furent dénoncées à Ysabeau, qui, voyant son frère et ses amis jusqu'au cou dans la boue, en abandonna la poursuite, sous prétexte qu'on avait soustrait au dossier de l'affaire les pièces les plus importantes! Voilà quelques-uns des amis dont s'entourait Tallien, cet ennemi des faillites!

Ce ne fut pas seulement à la municipalité que se trouvaient les abus; partout on n'entendait parler que des malversations et des détournements des deniers publics. Un tel état de choses exigeait un prompt et efficace remède : on croyait le trouver dans un changement complet du personnel de tous les services et dans une modification radicale du Conseil municipal. Cette mesure devait s'exécuter à tous les degrés de la hiérarchie administrative. On croyait qu'en changeant les hommes, on changerait la nature des choses; mais obligé de puiser à la même source infecte, on n'y rencontrait que des éléments semblables. On destituait les agents de l'administration; mais en en prenant d'autres aussi corrompus et moins habiles, on ne faisait qu'augmenter le mal en le perpétuant, et le perpétuer en l'étendant. N'importe; il fallait un essai, et, en conséquence, par un arrêté du 23 pluviôse (11 février 1794), on supprima l'ancien Conseil de surveillance, pour en créer un nouveau, composé de douze membres; on institua aussi une Commission de Trois, composée des citoyens Anthony, juge-de-paix à La Réole; Coste jeune, membre du Comité de surveillance; et Dutasta, agent national près la commune de Bordeaux. Cette dernière Commission était chargée de se rendre dans les maisons d'arrêt pour interroger les détenus et s'informer des motifs de leur arrestation; *seulement*, est-il dit dans l'arrêté, *l'intention des représentants étant de pro-*

téger l'innocent et de faire punir le coupable, la Commission ne s'occupera ni des prêtres réfractaires, ni des émigrés, ni des chefs du fédéralisme, ni des membres de la Commission populaire, ni des négociants arrêtés pour cause et par mesure de sûreté générale.

Que signifient ces exceptions? Est-ce un moyen de transaction avec telle ou telle classe d'individus que les représentants se réservaient dans des vues intéressées? C'est probable. Est-ce pour désigner d'avance les cinq catégories des citoyens bordelais qu'on ne devait pas épargner, et que Tallien avait signalées à Lacombe? Cette supposition nous paraît s'harmoniser avec la conduite et les antécédents des proconsuls. Lacombe n'avait qu'à frapper; les victimes étaient connues d'avance.

Pendant tout ce temps, les lettres anonymes et les calomnies ne cessaient de circuler à Bordeaux et à Paris, contre Tallien et Dona Thérésia Cabarrus, qui avait maîtrisé ce monstre au profit de Bordeaux et de l'humanité; elle était toute-puissante auprès de lui, et Ysabeau, adroit et complaisant flatteur, approuvait sans restriction tout ce qu'elle voulait ou que son jaloux amant ordonnait. Si l'on avait changé la municipalité, c'était parce qu'elle le jugeait utile; si l'on avait destitué les membres du Comité de surveillance, c'était parce qu'ils s'étaient montrés ultra-révolutionnaires; enfin, si Tallien agissait, s'il n'agissait pas, c'était, aux yeux des Jacobins, la faute de Thérésia. La section Franklin s'en plaignait tout haut à Bordeaux et à Paris; et Tallien, reposant mollement au sein des plaisirs, ne se doutait pas de l'orage qui s'élevait contre lui à la Convention. Un jour, il en eut le pressentiment: connaissant l'inconstance du peuple et l'instabilité des choses de la république, craignant, d'ailleurs, une séparation éternelle, elle lui demanda son portrait, et le plus fameux artiste fut chargé de conserver sur la toile, au moins pour Thérésia, et de transmettre à la postérité ses exécrables traits. Pendant les séances qu'il accordait au peintre, à côté de Thérésia, le monde attendait respectueusement à la porte pour recevoir ses ordres. Mayeur, directeur des spectacles, venait là aussi lui soumettre les pièces à jouer et lui demander son heure : un jour, plus pressé que de coutume, il força la consigne, et, pénétrant hardiment dans le cabinet, il trouva ce souverain mollement incliné dans les bras de Thérésia, en présence du peintre, qui, pour sauver sa propre tête, faisait mentir son pinceau et s'efforçait d'embellir les traits du tyran de Bordeaux !

Ne sachant que penser des accusations portées contre Tallien à Bordeaux, le Comité de Salut public chargea Peyren-d'Herval, un de ses limiers, ex-moine, homme féroce, de surveiller sa conduite. Tout Bordeaux, Tallien et Ysabeau comme les autres, trembla à son arrivée : il haranguait les juges, les blâmait de leur lenteur, les menaçait eux-mêmes de la guillotine s'ils n'allaient pas plus vite. Il se lia avec Lacombe et avec Ysabeau jeune, homme plus sanguinaire encore que son frère le représentant, et ne fréquentait que les ultra-républicains, les Jacobins *pur sang*. Sa présence inspirait partout un dégoût insurmontable, au point que les jeunes gens de Bordeaux, qui formaient le cortége à cheval des proconsuls, les abandonnaient toutes les fois qu'ils apercevaient ce misérable moine, défroqué et métamorphosé en aide-bourreau.

Lacombe seul était à la hauteur de Peyren-d'Herval ; il avait bonne volonté et allait vite en besogne : quelques-uns de ses jugements étaient trop empreints de scélératesse pour ne pas inspirer une horreur générale. On tuait, on voulait bien tuer, mais il fallait au moins des prétextes ; Lacombe n'en avait pas besoin. C'est alors que Tallien et Ysabeau, d'après les conseils de Doña Thérésia, suspendirent la Commission militaire et supprimèrent le Comité de surveillance, présidé par Peyren-d'Herval. C'était un coup d'État ; les motifs

Livre V.
Chap. 3.

1794

Prudhomme.

Histoire des Erreurs, etc., etc.

4 Février.

allégués étaient que ce Comité était « composé d'ultra-révo-
» lutionnaires, dont le but était d'anéantir la liberté; qu'ils
» ne communiquaient pas avec les représentants du peuple,
» et que tous les bons citoyens réclamaient contre leur ty-
» rannie. En conséquence, ils arrêtèrent que les membres
» composant ce Comité, leurs adjoints, agents et employés,
» se rendraient sur-le-champ en état d'arrestation, et que les
» scellés seraient apposés sur tous leurs papiers. »

Tout cela était bien; il fallait du courage pour réaliser ce vœu de Dona Thérésia. Il expédièrent au Comité de Salut public une copie de cet arrêté, qui semble inspiré par la honte du passé plutôt que par la justice. Mais la lettre de Peyren-d'Herval les avait devancés à Paris, et la réponse du Comité de Salut public dévoile tous ces misérables assassins; elle portait en substance : « Qu'il est des circonstances où, si l'hu-
» manité réclame quelques égards, elles ne doivent jamais
» atténuer la vigueur du gouvernement.... Était-il politique
» de proclamer l'arrêté du 16 pluviôse (4 février), surtout à
» Bordeaux, où l'aristocratie mercantile a machiné le fédé-
» ralisme et tué l'esprit révolutionnaire? Cet esprit était-il si
» bien assis qu'il pût supporter sans danger cette éclatante
» mesure? Avait-il pénétré dans les comptoirs du négocian-
» tisme?....... Le Comité a donc cru utile de suspendre cet
» arrêté.....; il a cru devoir vous faire quelques observations
» rapides. Vous les pèserez dans votre prudence, et vous les
» comparerez avec la situation politique où vous êtes. »

Ces observations, dit Prud'homme, qui connaissait bien son monde, portaient qu'il n'était pas temps de mettre la justice à l'ordre du jour; qu'on ménageait trop les négociants; qu'il fallait révolutionner Bordeaux comme Lyon; que la Commission militaire s'était permise de condamner seulement à des amendes des hommes qui devaient porter leurs têtes sur l'échafaud, tandis que c'était avec du sang qu'on faisait la justice du peuple.

Voilà la réponse de Paris; c'était une censure directe de Tallien; c'était la pointe du poignard que la vengeance de Peyren-d'Herval dirigeait contre la poitrine du proconsul et de sa belle Thérésia ! Tallien se sentit atteint : il s'attendait à être arrêté de jour en jour; il fut seulement rappelé à Paris. Il quitta Bordeaux avec Thérésia le 22 février, et suivi de quatre républicains du club National, qui allaient témoigner à la Convention en faveur de son zèle et de son inaltérable patriotisme.

Depuis l'arrivée de Peyren-d'Herval à Bordeaux, la fureur des Maratistes de la section Franklin était portée à son comble; ils auraient voulu révolutionner le monde, et les cris de leur folie propagandiste s'élevaient au diapason de la rage. Ils envoyèrent des députés à la Convention, avec une adresse, pour qu'elle expédiât vite aux colonies des commissaires habiles, afin d'y propager les bons principes de la république française. Cette conduite étonna fort les Jacobins de la capitale, car on y disait alors que Bordeaux était devenu le centre d'une réaction fédéraliste ou royaliste; que Tallien et Ysabeau étaient partis pour les États-Unis sur un vaisseau chargé de plusieurs millions. Ces bruits se démentaient les uns les autres, et la Convention y découvrant les traces de quelque malveillance particulière, se montra moins hostile à nos proconsuls. Dans cet intervalle, Tallien était à Paris : il y resta *incognito* quelques jours pour étudier l'esprit public et laisser au temps le soin de calmer l'effervescence provoquée par des mensonges. Enfin, il se présenta le 12 mars à la Convention, rassura l'assemblée sur l'excellent esprit de Bordeaux, réfuta avec modération, mais en termes chaleureux, ses calomniateurs, qui disaient que le modérantisme était le caractère distinctif des Bordelais, et que les représentants n'y faisaient pas leur devoir.

Quelques jours plus tard, il monta encore à la tribune; et ayant entretenu la Convention longuement sur le même sujet, il tira de sa poche une lettre qu'il venait de recevoir de son collègue Ysabeau, à Bordeaux, et dont nous ne donnerons ici qu'un court extrait :

25 Ventôse an II (15 mars 1794).

« Bordeaux est dans la même situation où tu l'as laissé.
» Décadi dernier, j'ai parlé fortement, au temple de la Raison,
» sur la nécessité de conserver la chaleur révolutionnaire dont
» nous avons besoin, et sur les dangereux effets du modéran-
» tisme, qui s'accroche à toutes les branches. Ces vérités ont
» été vivement senties, et le résultat en a été l'arrestation de
» quelques-uns de ces oisifs qui abondent dans les grandes
» villes, et qui inspirent une juste défiance. J'ai tonné aussi
» contre l'agiotage, qui semblait vouloir se relever, et j'ai
» engagé les citoyens, au nom de leur propre intérêt, à dé-
» noncer les manœuvres sourdes des scélérats qui spéculent
» dans l'ombre sur la misère publique. Nous tenons déjà deux
» de ces messieurs, et leur affaire sera bientôt finie. Même
» inquiétude sur les subsistances, etc., etc. »

Voyant qu'on l'écoutait avec attention, Tallien ferma brusquement la lettre, et s'écria avec toute l'énergie que put donner le sentiment de sa force : « Il se trouve en ce mo-
» ment-ci à Paris un grand nombre d'intrigants bordelais; ils
» vont partout calomniant Bordeaux et les représentants qui
» y ont été envoyés. S'il ne s'agissait que de nous, je ne se-
» rais pas venu aujourd'hui fixer l'attention de la Convention
» nationale; mais ces calomnies sont, je le déclare, répandues
» par des hommes perfides, qui veulent perdre et affamer
» Bordeaux. Il est de mon devoir de rendre justice aux ha-
» bitants de cette commune; je répèterai ici ce que j'ai dit
» au Comité de Salut public : Bordeaux ne sera jamais révo-
» lutionnaire comme Paris, par exemple; mais les lois y se-
» ront toujours observées avec exactitude, et les mouvements
» révolutionnaires donnés par le centre suivis avec empres-

» sement. Bordeaux est entièrement rendu à la république.
» Mettez en réquisition ses vaisseaux, ses magasins, ses mar-
» chandises, et vous n'éprouverez point de résistance. Il est
» même quelques négociants que vous pouvez employer uti-
» lement dans les circonstances actuelles : forcez le commerce
» à réparer ses erreurs; présentez-lui-en les moyens; ordon-
» nez, et vous serez obéis.

» Telle est en ce moment, Citoyens, la situation politique
» de Bordeaux. Six mois d'une Commission pénible m'ont mis
» à même de juger les Bordelais, et je ne crois pas m'être
» trompé dans l'idée que je viens de vous donner de leur ca-
» ractère.

» Mais je dois ramener votre attention sur l'état actuel de
» ce département, par rapport aux subsistances; cet état est
» des plus affligeants. Depuis huit mois, ses infortunés habi-
» tants sont réduits à une demi-livre de pain par journée;
» dans le district de Cadillac règne, en ce moment, la disette
» la plus absolue ; les citoyens des campagnes se disputent
» l'herbe des champs; j'ai mangé du pain fait avec du chien-
» dent. A Bordeaux, pendant plusieurs jours, on n'a pas dis-
» tribué de pain, et on a été obligé d'y suppléer par du riz.

» Nous avons pris de grandes mesures pour approvisionner
» tout ce département : nous avons vu toutes nos opérations
» entravées et contrariées; nos réquisitions ont été annulées;
» nos grains ont été enlevés par les communes sur le terri-
» toire desquelles ils passaient; nos agents mis en état d'ar-
» restation et rebutés par des désagréments de tous les gen-
» res, etc. »

Ce tableau était fait pour affliger les hommes de cœur ; il n'était pas trop chargé, et ses couleurs étaient loin d'être trop noires ; c'était la vérité et toute la vérité. Jamais peuple n'a tant souffert sous les plus célèbres tyrans, que les Bordelais sous le règne des Conventionnels, sous l'action combinée de la faim, de l'injustice, de la mort, de tous les fléaux et de toutes les misères. Mais d'où vient-il que Tallien se donne un si formel démenti ? Dans sa lettre du 20 ventôse à la Convention, il avait dit que tout allait bien, et que le pain et les subsistances abondaient sur notre place. Aujourd'hui, il affirme le contraire ; il défend les Bordelais, et dit impudemment le contraire de ce qu'il avait avancé il y avait quelques jours. C'est qu'alors il était maître de ses positions ; il voulait se donner les airs d'un homme qui aurait surmonté toutes les difficultés. Bordeaux était heureux : les grains abondaient, tout allait bien, parce que Tallien était en place. Aujourd'hui, il n'en est pas de même ; il se sent attaqué en pleine Convention pour sa conduite à Bordeaux : il plaint les Bordelais, les exalte, les justifie ; c'est qu'il comprend bien la nécessité de se créer des partisans à Bordeaux et de se ménager l'amitié de ceux qu'il avait faits ou ses complices, ou ses victimes. Leurs plaintes auraient trouvé des échos à Paris : Robespierre lui-même aurait été bien aise de pouvoir humilier le proconsul de Bordeaux. Le proconsul était assez hardi pour intimider ses ennemis, qui craignaient toujours Ysabeau, encore à Bordeaux ; assez adroit et assez flatteur pour séduire les faibles et faire croire aux Bordelais qu'il était toujours leur ami. Est-ce donc si étonnant de trouver des contradictions de soi-même, des mensonges dans la bouche de ces assassins ?

Ne trouvant pas de prise sérieuse sur Tallien, Robespierre s'indigna de sa correspondance avec Dona Thérésia et de l'immense influence qu'elle avait acquise sur son esprit, au préjudice des intérêts de la république ; il ne parlait jamais de lui qu'avec mépris. « Ces hommes, disait-il, ne sont bons » qu'à rajeunir les vices ; ils inoculent au peuple les mau- » vaises mœurs de l'aristocratie ; mais, patience, nous délivre- » rons le peuple de ses corrupteurs, comme nous l'avons dé- » livré de ses tyrans. » Il avait voué une haine profonde à Thérésia pour avoir humanisé un monstre, qui, sans elle, aurait mieux servi ses desseins à Bordeaux ; il provoqua contre elle la sévérité de la Convention, et la fit jeter en prison, d'où elle ne sortit qu'après la chute de Robespierre, et pour épouser Tallien. Cette captivité imméritée jeta notre proconsul dans une rage difficile à décrire : il jura la perte de Robespierre ; et l'œil fixé tous les jours sur la prison de la belle Bordelaise, il redoubla de courage dans ses attaques violentes et réitérées contre son puissant adversaire, et réussit enfin à le culbuter.

Après le départ de Tallien pour Paris, Ysabeau resta quelque temps seul chargé du gouvernement supérieur et général du département. Les différentes administrations locales lui paraissaient défectueuses et mal orgarnisées ; il crut devoir les renouveler, et commença par rétablir, le 8 mars, le tribunal civil, qui avait été à tort supprimé. On n'avait respecté, dans la dissolution des corps constitués, que les justices-de-paix : les représentants en étendirent les pouvoirs et la compétence, selon les cas qui se présentaient. On leur accorda tout pouvoir de prononcer en dernier ressort dans des procès très-graves et compliqués. Le rétablissement d'un tribunal civil était un acte réparateur de l'infraction faite à la hiérarchie judiciaire : ce tribunal fut composé des citoyens Dupac, avocat ; Baron, notaire ; Dalon, praticien ; Dufresne, aux Chartrons ; Fadeville, marchand ; Gaube, ex-juge-de-paix, juges ; et de Boy, avocat, commissaire national.

Le même jour, on réorganisa l'administration du département et celle du district.

Le lendemain, 9 mars, on ordonna que tous les citoyens de Bordeaux allassent remettre leurs armes à leurs municipalités respectives, dans les vingt-quatre heures.

Tout allait au gré des républicains ; tout se nivelait sous leurs pas ; aussi Ysabeau, quelques jours plus tard, éprouva-t-il un certain bonheur à entretenir ses amis, dans sa lettre du 11 mars, de l'humiliation des Bordelais. Il assure, avec une certaine fierté républicaine, « que les arrestations continuent ;

Livre V.
Chap. 3.

1794

NOTE 2.

Livre V.
Chap. 3.

1794

Moniteur,
du 16 mars.

» qu'il a pris le parti de ne plus relâcher aucun ci-devant
» noble, même avec des preuves de patriotisme. La guillo-
» tine a fait justice d'un prêtre assermenté (l'abbé Galard,
» exécuté le 17 février), et l'échafaud se dresse (dans ce mo-
» ment-là) pour une religieuse. Voilà la réponse qu'il croit
» devoir faire aux modérés, qui avaient dit que la peine de
» mort était abolie. »

CHAPITRE IV.

Peyren-d'Herval. — Sa conduite à Bordeaux. — Conduite de Tallien à Paris. — Sa correspondance avec Ysabeau. — Son discours. — Conduite d'Ysabeau. — La statue de Clément V à la porte de Saint-André. — Jullien arrive. — Ysabeau est rappelé. — Sa lettre de Royan à Lacombe. — Conduite féroce de Jullien. — L'exécution des citoyens Desvignes et Vigneron. — Une nouvelle guillotine inventée par un Bordelais. — Les corps constitués renouvelés. — Garnier arrive à Bordeaux. — Son système d'épuration. — Sa conduite. — La fête du 14 juillet. — Rapport du citoyen Ed. Degrange. — Produit, en juillet 1794, de la vente des biens nationaux. — Conduite cruelle de Garnier envers les Bordelais. — Lacombe et Mitié au club National. — Discours de Garnier en leur présence.

Tallien, à Paris, s'abandonnait à sa rage contre Robespierre, qui avait emprisonné Dona Thérésia ; il cherchait une occasion de se venger, et entretenait toujours une correspondance active avec Ysabeau, qui était maître de Bordeaux. Il savait combien le public est inconstant et ingrat ; il craignait que les propos qu'on y tenait sur son compte ne s'accréditassent à Paris. Tout en parlant bien des Bordelais, il désirait qu'on y déployât beaucoup de sévérité, pour qu'on le regrettât. Il eut raison d'être content, car Peyren-d'Herval dirigeait les frères et amis de Bordeaux : on se mit à crier contre l'inaction du tribunal militaire ; on disait que les *aristocrates et les Girondins levaient la tête;* on se plaignait de ce qu'on n'avait fait périr encore que cent cinquante victimes, nombre insuffisant pour donner l'exemple à une *ville gangrénée d'aristocratie.* Peyren-d'Herval avait à ses ordres une nuée d'hommes de sang et de dénonciateurs stipendiés ; ils faisaient ensemble la liste des proscrits, et fixaient d'avance le jour de leur jugement et de leur mort ! Ces infâmes dénonciateurs étaient en grande partie étrangers à Bordeaux : c'étaient Chambert, La-

Livre V.

1794

Prudhomme.

Histoire des Erreurs, etc., etc., tome 5.

marque, Lalbri, Bonnel, Jogan, Bousquet, Maudrère, Latreille, Beillaud, Bouquet, Sergent, Dupuis, Joubert, etc., etc., etc. Ysabeau ne manquait pas de transmettre tous ces détails, et un tableau de ses propres faits et gestes à Tallien, qui en profitait avec empressement pour accabler de son mépris les gens qui l'accusaient d'avoir négligé les intérêts de la république à Bordeaux. Il n'oublia pas l'impression produite sur l'assemblée par la première lettre d'Ysabeau ; c'était pour lui un triomphe.

Quelques jours plus tard, il monta encore à la tribune, avec une autre lettre d'Ysabeau, où se trouvait une pompeuse description d'une belle revue passée au Champ-de-Mars de Bordeaux, en présence de Muller, général en chef de l'armée des Pyrénées, et où l'on exaltait avec emphase l'enthousiasme qui éclata le soir au temple de la Raison. Dans cette missive, Ysabeau déclarait que Bordeaux était animé du plus pur patriotisme et ne se plaignait pas, quoique sous les étreintes d'une famine cruelle ; que naguère esclave du royalisme, du fédéralisme et de l'aristocratie, il donnait alors les plus beaux exemples de patience et de vertus républicaines. « Les beaux » esprits, dit-il, les orateurs, les plumes élégantes, qui éga- » raient cette cité, ne sont plus ; les sans-culottes, qui leur ont » succédé dans les clubs et dans les places, savent mieux agir » que parler... » Nous avons donné un extrait de cette lettre à la fin du dernier chapitre.

Ysabeau était moins cruel en faits qu'en paroles ; à Paris, on mesurait le zèle et on appréciait la conduite des agents à la férocité de leur langage. Ysabeau le comprit, et cria de toutes les forces de ses poumons, tout en restreignant la liberté d'action des subalternes et laissant au bourreau quelques jours de repos. Mais pour ne pas paraître inactif et relâché, il fit porter à Bordeaux les cloches, les marmites en fer et en cuivre, établit des salpêtreries dans les églises, et mit un louable zèle à fondre des canons et à pourvoir l'armée d'artillerie et de poudre. Il avait cessé d'être sanguinaire; il ne l'avait été que par l'entraînement de l'exemple et faiblesse de caractère. On commençait à Bordeaux, si non à l'aimer, du moins à le haïr moins; non pas parce qu'il était bon, mais parce qu'il était devenu moins mauvais (1).

Dans ce temps, les Maratistes du Comité de Salut public, ne sachant que penser de la conduite des proconsuls, envoyèrent pour les surveiller le petit Jullien, âgé de dix-huit ans, jeune tigre altéré de sang, fils du député de la Drôme, ami intime de Peyren-d'Herval, et l'un des plus forcenés terroristes. Jullien vint à Bordeaux, et après avoir beaucoup vu, beaucoup entendu, il s'en retourna à Paris rendre compte de tout ce qu'il avait vu. On le renvoya à Bordeaux avec des pouvoirs très-étendus. La conduite d'Ysabeau ne lui paraissait pas assez terroriste; il s'en plaignit, et lui fit comprendre qu'il avait à côté de lui, non un égal, ni un rival, mais un maître ! Ébloui par ses énormes pouvoirs, il éclipsa Tallien, intimidait Ysabeau, se faisait escorter par les troupes; et arrivé à l'apogée de la toute-puissance, il signifia à Ysabeau l'ordre de quitter Bordeaux et de se rendre à la capitale, où la Convention le rappelait; mais un ordre du Comité de Salut public parvint le même jour à Ysabeau, pour réinstaller la Commission militaire, qu'on croyait suspendue, mais qui n'était en réalité que contenue dans les limites d'une certaine modéra-

---

(1) On peut se faire une idée de l'exaltation démagogique des Jacobins de Bordeaux, alors, par la circonstance suivante : Le 12 ventôse an II (2 mars 1794), le Conseil municipal fut convoqué au sujet de la question des tabacs et des contributions : On discutait cette matière, quand tout à coup un Jacobin se leva, et dit : « qu'il existait » sur la porte principale de la ci-devant église de Saint-André une sculpture représentant un ci-devant Pape, et qu'il demandait que le conseil prît des mesures pour » l'enlèvement de ce monument de la superstition. » On allait examiner cette question, quand un homme d'esprit, moins iconoclaste que notre Jacobin, s'écrie : « Bah ! » ce n'est là qu'un pape en pierre; celui-là ne lance pas les foudres du Vatican ; » laissons-le le portier du temple de l'Être suprême ! » Le ridicule, mieux que le raisonnement, sauva ce monument de sculpture; il y est encore.

Livre V.
Chap. 4.

1794

tion. Ysabeau se voyant reconnu encore comme proconsul, écrivit de suite à Lacombe la lettre suivante :

« Royan, le 17 prairial an II de la république, une et indivisible (22 mai 1794).

» *Au citoyen Lacombe, président de la Commission militaire*
» *établie à Bordeaux.*

» Je te fais passer, mon cher ami, l'arrêté du Comité de
» Salut public, qui ordonne à la Commission militaire de re-
» prendre sans délai ses fonctions. Tu rassembleras tes collè-
» gues et tu obéiras à cet ordre avec le zèle d'un républicain
» qui ne connaît que la soumission aux lois de sa patrie.

» Je reçois par le même courrier l'ordre de cesser mes
» fonctions à Bordeaux ; je n'examinerai pas les motifs qui
» ont pu changer ainsi d'un instant à l'autre les dispositions
» du Comité de Salut public ; je me rendrai au poste qui m'est
» assigné, après avoir pris quelques jours pour arranger mes
» papiers à Bordeaux.

» Salut et fraternité.

» Alexandre Ysabeau. »

Ysabeau quitta le pays, et voilà Jullien, jeune homme de dix-neuf ans, démagogue enragé, espion de ses égaux, le tyran de tous, le voilà maître de Bordeaux avec des pouvoirs illimités ! La Commission militaire recommence son abattis de têtes humaines ; les arrestations se renouvellent, et Lacombe se remet à l'œuvre. La guillotine fonctionne tous les jours ; et pour fanatiser le peuple, déjà trop exalté, Jullien faisait représenter deux fois par décade des pièces démagogiques et brûlantes de patriotisme. L'affiche portait que l'entrée du théâtre était gratuite, *de par et pour le peuple*. Ne trouvant pas les autorités assez actives ni assez intelligentes pour favoriser son zèle républicain, et pour l'aider à révolutionner Bordeaux, il institua un *jury populaire*, qui serait chargé, sous ses yeux, d'épurer le club National, pour y substituer une nouvelle association politique, attendu, disait-il, *qu'une grande ville ne saurait être bien administrée que tout autant qu'elle possèderait une bonne Société populaire.* Il voulait des hommes dociles; il en trouva selon ses désirs. Il prit donc un arrêté pour l'épuration des autorités constituées, le 9 juillet. La Terreur reprit son empire : la peur gagna de nouveau toutes les classes; il traqua les aristocrates et les Girondins comme des bêtes fauves; et n'ayant plus de nobles à livrer à la guillotine, il tourna ses regards sanguinaires vers les négociants, ces nobles du comptoir ; il attaqua leur égoïsme, inventa un nouveau crime qu'il qualifiait du nom de *négociantisme*, et sa cupidité, appuyée de la docile obséquiosité de Lacombe, s'en alimenta quelque temps en s'appropriant leurs écus. La fortune des commerçants et des industriels, voilà pour Jullien le crime de *négociantisme!*

C'est ce jeune Jacobin qui eut l'odieux *honneur* de guillotiner, le 20 juin, Salles, Barbaroux, Bouquey, et tous les Guadet de Saint-Émilion (1); il avait voué une haine si profonde aux Girondins, qu'il voulut raser les maisons où les Conventionnels proscrits avaient trouvé asile à Saint-Émilion et à Ambès; il avait donné à ses séides la consigne : *Guerre à mort à l'aristocratie mercantile, au négociantisme;* c'était la guerre aux écus par un pillard de la fortune publique et privée ! c'était le vol légalisé ! Les dénonciations étaient à l'ordre du jour; « on recommanda aux mères, dit M. A. Thierry, aux
» femmes et aux filles, de dénoncer leur fils, leur époux,
» leur père et leur frère, coupables de modérantisme; on me-
» naça en masse les vieillards, parce que la nature leur a mis,
» disait-on, le modérantisme dans les veines. Alors on vit
» sortir du proconsulat des proclamations où étaient tracés
» ces mots : *Le sang est le lait des enfants de la liberté!* »

Pendant toutes ces horreurs, les Bordelais ne vivaient pas:

(1) Nous avons donné les détails dans l'article biographique sur Guadet, chapitre IX, page 92 du Supplément au 1er volume (2e partie).

leur existence n'était qu'une agonie prolongée ; la mort planait au-dessus de la ville, comme un oiseau de proie qui cherche son aliment quotidien. Jullien était pour eux l'ange exterminateur. Tallien était cruel; Ysabeau paraissait l'être et criait beaucoup ; ils menaçaient toujours ; mais tout en se montrant impitoyables, ils ménageaient leur jeu. Jullien les effaça et les fit regretter; c'était la personnification de la Terreur, la cruauté incarnée. On l'avait choisi préférablement à d'autres, parce que son ultra-républicanisme était généralement connu : la liberté, pour lui, était une sorte de fanatisme ; il disait qu'il fallait faire de la France une seconde Lacédémone ; qu'on devait démolir tous les palais, tous les bâtiments de luxe, et de ne construire aucun édifice superbe, excepté les monuments publics.

La Convention craignait de l'arrêter dans ses excès ; d'un autre côté, c'était dangereux de l'abandonner tout à fait à sa fougue politique ; il avait besoin d'un mentor plus âgé que lui, ayant, par conséquent, plus d'expérience et capable d'arriver au même but par des moyens aussi sûrs et moins odieux. On lui envoya Garnier, de Saintes. Il arriva, et parut content du zèle de son jeune collègue ; tout allait bien, si bien, que si le 9 thermidor (27 juillet) n'était pas arrivé, le tribunal de Bordeaux eût surpassé celui de Fouquier ! Le 29 prairial an II (17 juin 1794), un nommé Desvignes, ancien municipal, et un nommé Vigneron, furent conduits au lieu du supplice. Desvignes fut guillotiné le premier ; la guillotine se dérangea. Comme il fallait du temps pour la réparer, il s'agissait de reconduire le malheureux Vigneron en prison. Vigneron s'y opposa, et soutint au bourreau qu'en arrangeant la corde d'une certaine façon qu'il indiqua, et au moyen d'un simple clou, le fatal couperet serait en état de trancher sa tête. On se rendit à son avis; mais il fallait trois quarts d'heure pour tout terminer. Pendant ce temps, le condamné parlait au peuple et plaignait les aveugles et les méchants qui applaudissaient à la mort des meilleurs citoyens. « Vous espérez un meilleur sort, disait-il, » mais en vain. Tout à l'heure je n'existerai plus; vous n'en » serez que plus malheureux, car vous n'aurez plus ni *Vigne* » ni *Vigneron.* » Ce calembourg sous la hache, en présence de la mort, témoigna d'un grand courage chrétien; c'était plus que du stoïcisme. Cependant il provoqua un rire général chez ces spectateurs barbares; Vigneron sourit lui-même, mais de pitié; et jetant un dernier regard de compassion sur ce pauvre peuple, il se retourna et livra sa tête au bourreau!

Dans quel temps, dans quel pays, s'est-on jamais ainsi joué de la vie des hommes? Les proconsuls désignaient les victimes : Lacombe signait leur arrêt de mort; mais la guillotine n'allait pas assez vite pour assouvir la soif de ces tigres altérés de sang. Un citoyen de Bordeaux inventa une autre guillotine, d'un mécanisme très-simple, qui devait d'un seul coup faire tomber quatre têtes à la fois. On la trouva chez un charpentier, à Bordeaux, après le 9 thermidor an II (27 juillet 1794).

Après le départ d'Ysabeau, Jullien ne trouva pas la municipalité à la hauteur de ses devoirs républicains, comme nous l'avons fait observer plus haut. Le 9 juillet, il en réorganisa une nouvelle, composée, cette fois-ci, de Jacobins *pur sang* et bien décidés à seconder leur jeune et audacieux proconsul. Non content d'avoir fait ce premier pas, il alla plus loin, et réorganisa le conseil de notables, et, par le même arrêté, ordonna qu'on recomposât, sur une base plus en rapport avec les idées du jour, le club National, qu'on regardait comme un corps constitué, une institution politique et gouvernementale, et qui était devenu la pépinière d'où l'on tirait les fonctionnaires publics pour les diverses administrations du pays.

Le Conseil-général de la commune fut convoqué pour le lendemain (10 juillet). Jullien y donna lecture de son arrêté, et déclara ensuite : « que, chargé par le Comité de Salut pu- » blic d'épurer les membres du Conseil-général de la commune » de Bordeaux, il s'est entouré des lumières des bons citoyens,

Livre V.
Chap. 4.

1794

NOTE 3.

Archives
de
l'Hôtel-de-Ville

» pour faire le choix des membres qui doivent le composer ;
» que plusieurs membres de l'ancienne municipalité ne se
» trouvant pas compris dans la nouvelle organisation, ne doi-
» vent pas, s'ils sont bons républicains, en concevoir aucune
» espèce de peine, et se rappeler que les fonctions publiques
» ne sont pas des distinctions ; mais qu'elles exigent de celui
» qui en est revêtu les lumières nécessaires pour remplir les
» grands devoirs qu'elles imposent. Il invite, en conséquence,
» ceux des anciens membres qui ne sont pas conservés, de
» se pénétrer de ces maximes, observant que le nombre des
» notables qui doivent composer le Conseil, n'étant pas com-
» plet, il se propose de choisir parmi eux ceux qui doivent
» remplir ces places, et que ce choix rejaillira sur ceux dont
» les principes seront attestés par les renseignements qu'il
» prendra à cet égard. »

Ayant prononcé la dissolution du Conseil, il procéda à l'installation du nouveau ; il rappela aux membres les devoirs attachés à leurs fortunes, la nécessité de les remplir avec zèle et fermeté, les récompenses que l'estime publique accorde aux bons magistrats. Il leur recommande de maintenir entre eux une union intime, d'écarter tout esprit contraire à la justice et à la liberté, et d'exercer toutes les vertus sociales, etc.

Le maire Thomas répondit à ce discours, et dit très-modestement qu'il ne s'attendait pas à être appelé à ces fonctions pénibles ; que son amour seul pour le bien public le déterminait à accepter la place de maire, pour laquelle il aurait la plus grande répugnance s'il ne consultait que ses forces. Après plusieurs autres mensonges apologétiques, il finit par déclarer que, « dans tous les cas, le bonheur de ses conci-
» toyens le dirigera dans ses travaux, etc. »

Dans la séance du 11 juillet, Jullien parla longuement encore, et fit prêter à tous les membres le serment de *bien et fidèlement s'acquitter des fonctions qui leur avaient été confiées, de maintenir la liberté, l'égalité et la république, une et indivisible, ou de mourir en la défendant.* Chaque membre, en levant la main, dit à haute voix : *Je le jure.*

Après un discours du maire Thomas, sur les devoirs des membres du Conseil-général, Garnier, de Saintes, qui était présent, parla beaucoup sur le même sujet, et leur recommanda de se pénétrer des maximes de Jullien, dont il loue la sagesse et les bonnes mesures administratives.

Garnier, comme nous venons de voir, applaudit à l'activité et au zèle de Jullien ; il paraissait devoir être cruel et impitoyable ; il l'eût été, si Robespierre avait vécu ; mais la mort du chef de la Montagne arrêta ses mauvais penchants. Quant à Jullien, naturellement dur, impitoyable, féroce, il resta ce qu'il était, un homme de sang ! Il ne négligea rien qui pût exciter l'enthousiasme républicain des Bordelais; il imagina tous les moyens possibles pour enflammer leur patriotisme; et le 14 juillet 1794, époque mémorable de la révolution, souvenir annuel de la chute de la Bastille, premier acte d'un peuple qui veut essayer sa puissance contre celle de ses rois, fournit à Jullien une heureuse occasion d'intimider les rares et craintifs défenseurs de l'ancien régime et d'exciter le zèle des patriotes. Tous les ans, à pareil jour, Bordeaux, à l'exemple de Paris, se livrait à toutes sortes de folies; on eût dit que ces bruyants anniversaires de la chute d'une prison d'État devait perpétuer à tout jamais la déchéance des rois et le triomphe de la démocratie !

Depuis plusieurs jours, on faisait des préparatifs pour cette fête, et l'on ne reculait devant aucune dépense. Au milieu du Champ-de-Mars, on éleva un simulacre de forteresse, qui, décoré de ses bastions et de ses tours formidables, représentait l'ancienne Bastille. On y mit des hommes affublés des insignes de la royauté; ils représentaient les anciens serviteurs du roi, et devaient défendre la place. Le peuple accourut en foule : l'attaque fut ordonnée, et, dans un moment, ces braves, qui n'avaient rien à craindre, ces héros démocrates, montent à l'assaut, renversent cet édifice factice et en disperse les débris. Bientôt après, sur ces ruines amoncelées, qui représentent une montagne, les vainqueurs de la Bastille vont planter à leur sommet un pavillon tricolore, qui flotte dans l'air, aux cris de *vive la république!* On enlève aux défenseurs du fort le drapeau royal; et tous ces héros, ivres de joie, ayant à leur tête les représentants et les autorités constituées, suivis d'une foule immense de tout âge et de toutes les conditions, des deux sexes, s'en vont se grouper autour de l'autel de la patrie, au milieu des cris discordants de ces forcenés, des hurlements effroyables des bacchantes échevelées et des chansons patriotiques! Le drapeau est brûlé au pied de la montagne, pendant que les vapeurs des cassolettes où l'on brûlait de l'encens, purifiaient et parfumaient l'atmosphère, aux cris de *vive la Montagne, vive la république, etc.* Les chants d'allégresse, les sons des instruments de musique, les applaudissements de la foule, cette discordance des bruits qui se confondaient dans les airs, une cacophonie abominable qui étourdissait tout le monde, voilà l'expression de l'amour de la liberté de ces démocrates abusés et en guenilles, qui mourraient de faim, se rivaient de nouvelles chaînes en se disant hommes libres et heureux! Vingt-huit mariages furent proclamés selon les vœux et les besoins de la nature, et jurèrent à la face du ciel et sur l'autel de la patrie de ne donner à la république que de généreux citoyens, de braves défenseurs, qui n'existeront que pour elle. Les festins, les danses, les amusements populaires succédèrent à cette bizarre cérémonie, où Jullien faisait le pontife, et des sans-culottes ses acolytes. On voyait, dressés sous les arbres séculaires qui bordaient les allées, des banquets fraternels, où chacun apportait son plat, sans distinction de rang. Dans chaque rue, sur les places publiques, à l'ombre de tentes ornées de feuillages, entrelacées de jasminées, de myrtes, de roses et de lauriers, les familles se réunissaient comme dans un repas commun, et offraient aux passants le vin de l'égalité, des poignées de main fraternelles, le baiser de l'amitié, accompagnés des toasts à l'égalité, à la liberté et à la perpétuité de la république !

Le 20 juillet, la pénurie des subsistances avait excité les plus sérieuses sollicitudes de l'administration, comme capable d'inspirer à la population les craintes les plus inquiétantes. Le Conseil-général s'assembla; et en son nom, Ed. Dégrange déclara que la Commission des approvisionnements avait donné l'assurance des secours immédiats et étendus. « Les arts et
» les sciences, dit-il, dont les ennemis de la liberté avaient
» voulu éteindre la flamme, devaient trouver auprès de nous
» secours et émulation. Un cours de botanique est ouvert aux
» amateurs de la nature.

» Les hospices, toutes les retraites de l'humanité souffrante
» ou débile n'offrent que des demi-secours. Nous les avons
» visités ; ils seront assujétis à un régime plus égal, plus con-
» cordant avec leur institution. Si des prêtres, ennemis des
» lois, foulent encore le sol de la liberté, que le patriotisme
» se rassure. Les navires sont prêts; bientôt les équipages
» étant rassemblés, ils iront succomber sous le poids des re-
» mords dans des asiles solitaires, où la contagion ne pourra
» atteindre qu'eux-mêmes ..... Tenir les routes en bon état,
» c'est travailler pour l'armée ; c'est l'objet de la constante
» sollicitude de l'administration. Fertiliser, peupler les lan-
» des, ouvrir des canaux, établir des moyens de communica-
» tion qui enrichissent le peuple, augmentent la reproduction,
» fécondent les terres; dessécher les marais, utiliser le sol
» stérile qu'ils infectent, rendre navigables les rivières, pro-
» voquer les projets de génie, tourner toutes ses vues vers
» tous les moyens possibles d'amélioration, etc., etc., etc. »

Voilà, selon l'administration, la pensée commune, la sollicitude la plus vive et la plus générale de l'administration départementale. On s'attendait naturellement à quelque chose de mieux, à quelque progrès dans le bien-être général; on le pouvait, on le devait, puisque les ressources financières ne manquaient pas. A l'époque où nous sommes arrivés, on avait retiré de la vente des biens nationaux :

Dans le district de Bordeaux.	1,315,970 liv.
Dans celui de Bazas.	2,408,676
Dans celui de La Réole.	1,196,759
Dans celui de Bourg (Blaye).	1,537,835
Dans celui de Lesparre.	654,353

Paris, sans doute, absorbait une grande partie de ces ressources : une partie s'en écoulait dans les poches des agents infidèles ; mais il en restait assez pour réaliser les vœux des citoyens, soulager un peu la misère publique, et entreprendre quelqu'un de ces travaux signalés par le rapport de M. Ed. Dégrange à l'administration générale ; on n'en a rien fait. La discorde semblait toujours l'élément vital de la malheureuse France, en 1794 ! Jullien et Garnier voulaient des excès ; en temps d'anarchie tout est permis, tout est violé. Le modérantisme était leur cauchemar de tous les instants ; il leur fallait un mobile pour agir, et les pacifiques sentiments des Bordelais furent mal compris, mal interprétés par les misérables qui ne savaient exploiter que le désordre. Jullien avait réorganisé la municipalité et le club ; mais cela ne lui suffisait pas. Il en conféra avec Garnier ; et reconnaissant qu'on n'avait rien fait de satisfaisant, ils conviennent qu'il faut prendre un système d'épuration plus large.

Sans raison légitime, ils n'avaient que des prétextes, ils se plaignaient des intrigants, des efforts constants de la malveillance des hommes perfides qui égaraient la confiance des citoyens par leurs calomnies et leurs propos anti-révolutionnaires. Mais ils n'avaient qu'une chose à faire, c'était de dévoiler les intrigants et les perfides, et de punir les calomniateurs ; ils n'en firent rien. Bordeaux était silencieux comme la mort. Les représentants ayant moissonné les nobles et les prêtres, il ne leur restait plus que les riches : leur crime était le négociantisme, c'est-à-dire leur fortune.

Ne pouvant pas agir, ils se contentaient de crier et de menacer. « Ce que l'intrigue croit avoir gagné de terrain par » l'astuce, disaient-ils, la vertu le reprend au double par sa » franchise. Eh! que nous importent au surplus le croasse- » ment d'une minorité turbulente, qui improuve quand la voix » du peuple les étouffe. Écrasons l'intrigant qui rampe, notre » conscience est là qui nous soutient. »

Cet état de choses ne pouvait plaire à l'âme ardente de Garnier; il prit un arrêté portant que pour effectuer une épuration complète de la société, le peuple se réunirait et nommerait, en sa présence, quinze épurateurs, vrais patriotes, qui formeraient une sorte de jury populaire, et tiendraient leurs séances épuratoires en public, pour recevoir les noms et examiner les titres des candidats pour cette nouvelle association. Avant leur agrégation, ils devaient répondre en public aux questions sur leur civisme, leurs sympathies pour la république, leurs opinions sur la mort de celui qu'on était convenu d'appeler le tyran, et sur tout ce qui constituait le vrai patriote; et prendre l'engagement, le décadi suivant, en présence du peuple, de soutenir et défendre les institutions républicaines, de faire partout et toujours la guerre aux conspirateurs, aux intrigants, aux hommes sans mœurs, et de diriger tous leurs efforts vers l'instruction et les vertus publiques.

Il regardait toutes les sociétés comme mal composées; l'épuration était son rêve de tous les jours. Il refusait d'autoriser les réunions des sections et de leurs Comités de surveillance, et n'avait permis que ce qu'on avait autorisé depuis le 20 novembre 1793, c'est-à-dire un comité de douze personnes, pour veiller à la distribution du pain aux sectionnaires.

Il se plaignait, dans son arrêté du même jour, des hommes froids et indifférents, qui ne se soucient pas de partager les lauriers de nos braves soldats : lâches par naturel, disait-il, ces hommes peuvent devenir dangereux par faiblesse, ou malveillants par intrigue. Obligés de se réunir aux héros que la patrie a appelés à se défendre, l'exemple de la bravoure peut en faire des soldats ; mais le muscadinage ou l'oisiveté n'en feront jamais de bons républicains.

Bordeaux, continue Garnier, fournit de ces hommes qui, ne voyant que leur existence isolée, cherchent à se perdre dans l'immensité d'une grande population, pour se soustraire à ce décret révolutionnaire, qui produit autant de héros que de soldats. La loi, dans un pays libre, n'est puissante qu'autant qu'elle n'excepte personne, et que personne n'a le droit de l'éluder ; c'est déjà un larcin assez grand fait à la liberté que de lui avoir ravi les moments consacrés à son affermissement.

L'homme qui, appelé à servir son pays, lui ravit sa jeunesse et son bras, est un traître ; et lorsque, rentrant victorieux dans leurs foyers, nos héros, au milieu de nos embrassements, nous narreront leurs dangers et les efforts de leur courage, ils repousseront avec indignation, au sein de leur société, ces êtres lâches et sans vigueur, qui, sourds par trahison aux cris de la patrie, quand elle était menacée, se rangent par crainte autour d'elle quand ils la voient triomphante.

Par un arrêté, pris à la suite de ce charlatanisme de paroles, il fut ordonné, sous les peines les plus graves, aux citoyens sujets à la première réquisition, de se rendre dans trois jours au chef-lieu du département, pour s'y faire inscrire.

Toutes ces mesures n'étaient, pour les habitants paisibles de Bordeaux, que des menaces de mort ! C'était toujours la Terreur avec ses craintes, ses tourments, ses éternelles exigences. Cependant, aux yeux des ultra-démocrates, ce ne fut pas assez encore. Le lendemain, 24 juillet, le peuple accourut en foule au club National, et fit comprendre à Garnier, par ses instances, ses accusations et ses méfiances, la nécessité d'une épuration plus efficace. Garnier se rendit au vœu de la populace, et par un nouvel arrêté, du 5 thermidor, créa un comité de trois personnes dans chaque section, devant lequel les chefs de famille étaient tenus de se présenter dans dix jours, pour y déclarer leurs noms, leur âge, le lieu de leur naissance, le nombre de leurs enfants, de leurs domestiques, de leurs locataires, et généralement tous ceux attachés à leur service ou demeurant, soit en passant, soit à toujours, chez eux, ainsi que leurs moyens d'existence. Les comités étaient autorisés à mettre en état d'arrestation les suspects ; mais à condition d'en référer au Comité de surveillance, qui devait s'entourer de tous les renseignements nécessaires pour statuer ultérieurement à leur égard.

Lacombe assista à cette séance; il y prit la parole, et termina son discours, rempli de haine et de misérables lieux communs contre les prêtres, les nobles et les honnêtes gens, par ces paroles : « Poursuivons, démasquons, anéantissons » tous les aristocrates; voilà, sans doute, la meilleure ma- » nière de répondre à nos calomniateurs ; et s'il fallait donner » à Garnier des preuves non équivoques de l'esprit public » qui anime déjà les Bordelais, je les présenterais à ses yeux » tels qu'ils se montrent aux séances de la Commission mili- » taire, applaudissant avec transport aux principes révolu- » tionnaires, à la mort de tous les ennemis de la république ! »

Le misérable ! il ne pensait pas qu'il était à la veille de poser lui aussi, aux applaudissements de la foule, sa tête sous la fatale hache dont il s'était servi pour trancher le fil de tant de nobles et vertueuses existences !

Mitié, président de la Commission militaire des Pyrénées-Orientales, se trouvait à cette séance ; il prit la parole après Lacombe, et exposa, en termes plus modérés que les siens, la ligne de conduite à suivre. Garnier parla ensuite et applaudit à la manière dont ils avaient développé leurs idées; ils s'accordaient sans s'être jamais vus ni connus. Voulant expliquer cet accord mystérieux entre les deux présidents, Garnier s'écrie : « C'est que les principes éternels de la justice et de la

» morale sont indépendants des lieux, des hommes et des
» circonstances; ils doivent toujours se trouver dans le cœur
» des vrais républicains. Brutus, Guillaume-Tell, Marat,
» quoique séparés par des distances énormes, avaient les
» mêmes principes, le même but, et, j'oserai le dire, les mêmes
» moyens. Pour faire une révolution, il faut, dans tous les
» temps, choquer les préjugés, les distinctions, les vieilles
» habitudes; il faut tâcher de les détruire, et ça ne peut être
» sans exciter les misérables passions de l'homme, dont les
» chocs multipliés empêcheraient de construire le nouvel édi-
» fice, si, par des moyens vigoureux, on ne s'efforçait de
» neutraliser l'effet de ces passions funestes. La terreur est
» donc alors nécessaire pour contenir les hommes faciles à se
» laisser égarer; la mort est nécessaire pour délivrer la patrie
» de ces infâmes oppresseurs. Oui, Citoyens, quoiqu'on en
» puisse dire, ce n'est que par la mort de tous ses ennemis
» que le peuple français assure le triomphe de sa liberté.....
» Mais cet aristocrate n'est pas dangereux ; s'il n'a rien fait
» pour la révolution, il n'a rien fait contre elle ; il est neutre,
» il garde le silence...... Il garde le silence !! Ah ! Citoyens
» pusillanimes, si vous pouviez lire dans son cœur, vous tien-
» driez un autre langage !.... Il garde le silence !.... Depuis
» quand ? Pourquoi ? Si les armées prussienne, autrichienne
» et espagnole, ayant à leur tête ces hardis scélérats d'émi-
» grés, souillaient notre territoire, renouvelant, entretenant
» encore leurs espérances criminelles, vous le verriez plus
» ardent peut-être que ne le sont la plupart des patriotes
» pour faire triompher la liberté; vous le verriez tremper ses
» mains impies dans le sang des bons citoyens, dans le vôtre,
» peut-être, malgré votre faiblesse et l'intérêt que vous au-
» riez pris à son sort....... J'entends les aristocrates me de-
» mander, avec l'accent d'une fausse pitié, qui déguise mal
» leurs craintes et leur rage : Quand donc verra-t-on finir
» ces mesures violentes ?.... Leur fin dépend uniquement de

» vous, scélérats; ne souillez plus de votre présence les re-
» gards du peuple justement irrité; disparaissez de la surface
» du globe... Le peuple ne veut plus vous entendre; il veut
» l'anéantissement de tous les ennemis de la république... »
Oui, oui, s'écrie-t-on de toutes parts; toute l'assemblée se
lève comme un seul homme, et répète dans les plus bruyantes
vociférations : *Oui, oui, périssent les aristocrates, vive la république!*

Le calme se rétablit enfin, et Garnier ajoute : « Et toi,
» Mitié, toi qui viens d'être le témoin de cette scène touchante
» et sublime, fais passer dans l'âme des législateurs compo-
» sant le Comité de Salut public, les sentiments qu'elle t'a
» inspirés; dis-leur que Bordeaux n'est plus cette commune
» rebelle à la voix de la patrie; qu'elle veut absolument ex-
» pier ses erreurs funestes; qu'elle marche à grands pas vers
» sa régénération..; dis-leur que les aristocrates, accoutumés
» à penser en sens contraire au peuple, se sont presque tous
» élevés contre l'infâme Commission militaire; dis-leur, en-
» fin, que la révolution n'est pas achevée dans Bordeaux;
» mais que, dans peu, cette commune, par les travaux de
» Jullien, disposé à me seconder dans toutes les mesures ré-
» volutionnaires, méritera bientôt le pardon et le baiser de
» la France entière..... »

Ce langage était capable d'exalter tous les esprits; il le fit :
c'était quelque chose qui ressemblait à la folie, et qui était
fait pour donner des vertiges aux hommes les plus sages. Des
adresses, des félicitations, arrivèrent de tous côtés; mais aucune n'égalait en énergie, et dans son mâle patriotisme, celle
de la commune de Lormont, qui renfermait dans ses murs
des démagogues exaltés et impatients. La Commission militaire avait été suspendue. Pour mettre tout à l'unisson dans
son système de terreur, il ordonna, le 11 thermidor (29 juillet), qu'elle reprît ses fonctions, se réservant la faculté de
l'épurer plus tard.

Livre V.
Chap. 4.

1794

A l'époque où nous sommes arrivés, il y avait près de deux mille prisonniers à Bordeaux et dans la banlieue ; au Fort-du-Hà, cinq cent quatre-vingt-deux prêtres destinés à la mort ou à la déportation, sans compter ceux détenus dans les pontons de Blaye, les prisons de La Réole, de Libourne, de Cadillac, de Bazas et de Lesparre.

CHAPITRE V.

La conduite de Garnier (de Saintes) à Bordeaux. — Lacombe est exécré à cause de ses boucheries. — On murmure contre lui. — Martignac le récuse comme flétri par ses escroqueries. — On murmure contre Lacombe. — C'était le cri du désespoir, le signe avant-coureur de la colère divine. — Il est arrêté. — Robespierre est mis hors de la loi. — Proclamation de Garnier. — Les commerçants convoqués à Notre-Dame. — Le discours de Garnier. — La proclamation des administrateurs de Bazas. — L'adresse des Bordelais au sujet de la mort de Robespierre. — Garnier donne une notice biographique sur Lacombe, etc., etc.

La Terreur pesait plus que jamais sur les malheureux Bordelais; le joug devenait insupportable. Garnier s'efforçait d'effacer Jullien et de faire oublier les atrocités de Tallien : ses manières de procéder donnait à comprendre que si Bordeaux ne devenait franchement républicain et même démagogue, il allait en faire un vaste cimetière. L'hypocrisie était commandée comme un devoir ; et le silence et une obéissance passive comme des actes de prudence. Les républicains modérés commençaient à craindre pour eux-mêmes : les négociants, les riches, les nobles, les prêtres, n'existaient presque plus; les hommes d'âge mûr s'étaient faits républicains, au moins extérieurement; mais ils étaient encore en possession de quelques débris de leur ancienne fortune, et ils étaient en présence de ces harpies à face humaine, qui enlevaient tout, qui voulaient faire leurs affaires n'importe par quels moyens, qui n'avaient rien à perdre et tout à gagner aux bouleversements de leur patrie. On gémissait en secret : la Terreur menaçait tout le monde par le système d'épuration adopté par Garnier, et la mort semblait planer sur Bordeaux, comme on voit les oiseaux de proie venir se pencher sur les monuments

Livre V.
—
1794

funèbres de nos nécropoles, où règne le silence des tombeaux. Lacombe se hâtait dans sa besogne pour plaire à son chef; il condamnait en masse, sans ces formes, au moins en apparence, justificatives et régulières, que les coupables même aiment à voir suivre à leur égard; et dans les mois de messidor et de thermidor, on voyait vider les prisons tous les jours pour les remplir encore de nouvelles victimes, qui, le même jour, passaient de leurs cellules sous les yeux de Lacombe, et de là à la guillotine !

Cet état de choses devenait insupportable. Vers le milieu de messidor (16 juillet), Lacombe fut dénoncé à la Société populaire, par un jeune homme qui venait d'assister à une scène de la Commission militaire. Témoin de quelques condamnations non motivées, il s'indignait à la vue de ces formes homicides de la Commission, et demanda en plein tribunal la parole pour défendre quelques accusés; on la lui refusa, et des innocents furent encore traînés à l'échafaud ! Le peuple se mit enfin à maudire les juges iniques qui s'enivraient de sang humain; on se demandait ce que c'était que l'infâme président de cette commission infernale. On interrogeait le passé, et l'on s'étonnait comment ce maître d'école avait pu moissonner tant de têtes et inonder les places publiques de sang bordelais; c'était le moment de la vengeance ! Dieu avait entendu la voix du sang, qui criait vers le ciel !

Ces murmures, ces cris trop longtemps comprimés, parviennent aux oreilles de Garnier; il délibère, mais il a besoin de Lacombe et ne veut pas s'en défaire. Les cris de tant de familles éplorées ne le touchent pas : il comprime les plaintes et s'efforce de calmer l'effervescence qui était devenue générale et inquiétante pour la paix publique. Dans cet intervalle, on conduit à la barre de la Commission militaire le citoyen Martignac père; son sort était fixé d'avance. Lacombe avait une vieille querelle à vider avec lui; mais Martignac récuse Lacombe comme juge et lui reproche ses escroqueries en plein tribunal. Il lui rappelle que lui, Martignac, comme jurat à une certaine époque, l'avait condamné à la prison, et en appelle au greffe de la municipalité, tout en soumettant la cause et en faisant appel au représentant du peuple. Lacombe pâlit en entendant cette voix accusatrice ; il se retire, et on reconduit Martignac en prison, où il rédigea pendant la nuit un *Mémoire* constatant son innocence et les escroqueries de Lacombe, et demande à être conduit devant le représentant. Garnier remonte à la source, et s'informant auprès des autorités constituées à Toulouse, il apprend que Lacombe a été flétri dans cette ville par un jugement, et qu'on a choisi pour présider le tribunal de Bordeaux un escroc qui s'était soustrait au châtiment de ses crimes, un misérable criminel qui s'était fait juge, accusateur parfois, et bourreau des Bordelais !

Dans cet intervalle, la révolution du 9 thermidor arrive : Robespierre tombe, et la France commence enfin à respirer. Devinant que le règne de la Terreur était fini, Garnier fait arrêter Lacombe dans la nuit du 31 juillet au 1ᵉʳ août, et paraît montrer de l'empressement à satisfaire aux justes réclamations d'une population trop longtemps oppressée. Le lendemain, le bruit s'en répandit dans la ville ; Bordeaux se sentit soulagé. Lacombe était pour les Bordelais comme un affreux cauchemar ; ils étaient heureux de s'en sentir délivrés. Le grand nombre resta encore incrédule : on n'osait pas parler, on n'osait pas applaudir. C'était un acte d'expiation, une sorte de satisfaction donnée même par le génie du mal à ceux qu'il avait fait souffrir ; on ne s'y attendait pas, et la nouvelle, *Lacombe est en prison*, se colportait de maison en maison avec un bonheur indicible. Bordeaux respira ; on bénit le ciel, car c'était un acte de justice exercé par les agents de l'injustice même. Dieu fait concourir toutes les volontés, tous les bras à l'exécution de ses arrêts éternels !

Garnier laisse Lacombe gémir trois jours dans son cachot ;

il voulait, avant de rien faire, attendre d'autres nouvelles de Paris, étudier l'esprit public à Bordeaux, et savoir l'impression que cette arrestation produirait sur le peuple. Ce silence mystérieux semblait aux uns un piége; on avait inventé tant d'expédients pour trouver des coupables, qu'on craignait tout et tout le monde; la réalité semblait encore un rêve. Le peuple en général resta muet, et les quelques rares cris qui échappaient des poitrines oppressées n'étaient que l'approbation la plus sincère de l'homme impitoyable, qui commençait enfin un acte de justice en sacrifiant un agent trop fidèle. Garnier le comprit, et le 17 thermidor il adressa aux Bordelais la proclamation suivante :

« Citoyens,

» Deux conjurations se sont rapidement succédées dans
» Bordeaux : l'une contre l'unité de la république française,
» l'autre contre la moralité du peuple et la conscience publi-
» que. La première a été terrassée, la seconde est déjà con-
» nue et démasquée; mais ceux qui, par faiblesse ou par
» crainte, ont secondé les spéculations avares d'une magis-
» trature corrompue, encore comprimés par un sentiment
» aussi faible, se renferment dans le secret d'un silence ti-
» mide, et ce silence tue la chose publique.
» Citoyens qui vous taisez, envisagez la patrie et le salut
» public; si vous avez erré par faiblesse, n'allez pas chercher
» à couvrir cette erreur par un crime. La corruption a empoi-
» sonné l'air de cette commune; purifions-le; que les corrup-
» teurs soient démasqués; et qu'avec l'amour de la liberté, le
» peuple puisse aussi conquérir l'incorruptibilité des mœurs.
» C'est vous, Citoyens égarés, qui pouvez amener cette
» régénération publique; vous avez fait des fautes; l'indul-
» gence vous attend, pourvu que la franchise accompagne vos
» démarches; mais si, séduits par une fausse honte, vous
» vous obstinez au silence, il sera le signe certain de votre

» attachement et de votre participation au crime. La loi vous
» sera appliquée dans toute sa rigueur, et le 1er fructidor
» (18 août), il n'y aura plus d'ouverture aux regrets.

» Je connais tous ceux qui ont été les instruments de la
» corruption : la liste est dans mes mains ; mais à mesure que
» je poursuis le crime, je suis disposé à distinguer l'homme,
» qui, entraîné dans la faute par les menaces d'une autorité
» puissante et terrible, se voit réduit à l'alternative cruelle,
» ou de tomber sous les coups d'un tribunal inique, s'il tient
» à sa fortune, ou de s'y soustraire, s'il sait céder à un sacri-
» fice provoqué.

» Sans doute, le Comité de Salut public saura faire cette
» distinction, que la justice et l'intérêt de la patrie adoptent
» de concert ; mais pour la mériter, cette indulgence, venez,
» Citoyens, épancher vos sollicitudes et la vérité dans le sein
» du Comité de surveillance : une faute perd toujours de la
» gravité de son caractère quand on la fait tourner au profit
» de ses concitoyens. »

Tout cela n'était qu'une menace, un appel insidieux aux dénonciateurs hypocrites ou réels. Garnier voulait de nouvelles victimes ; il voulait continuer son sanglant règne à Bordeaux ; il le croyait éternel ! Il poussait les citoyens contre les citoyens, et sous prétexte de trouver les complices de Lacombe, il ouvrit imprudemment une carrière aux accusations les moins fondées.

Le commerce était alors frappé d'énormes impôts ; les principaux négociants avaient été emprisonnés comme égoïstes, frappés d'amendes comme spéculateurs, ou guillotinés comme aristocrates, ennemis de la chose publique et s'engraissant des sueurs du peuple. Le métier était mauvais, personne n'en voulait plus ; il n'y avait plus à Bordeaux que de petits marchands. Le commerce étant anéanti, la disette était devenue affreuse, le grain cher, les importations rares, l'argent remplacé par les assignats, et la misère générale. On en blâmait les négociants, qui, disait-on, voulaient affamer le pauvre peuple. Garnier savait bien le contraire; il était convaincu que le commerce est la vie matérielle des peuples et ne peut vivre que de la confiance publique dans l'ordre et la protection des lois; mais il laissait faire les dénonciateurs publics, des misérables qui ne reculaient devant aucun acte qui pût faire distribuer aux pauvres les écus des riches. C'est donc au milieu de la sombre joie qu'avait produite l'arrestation de Lacombe, des graves préoccupations de l'esprit public et les tripotages des bureaux de Garnier, qu'il convoqua tout le commerce de la ville à une assemblée générale dans l'église de Notre-Dame, par l'adresse suivante :

« Citoyens,

» Le commerce languit depuis longtemps dans la ville de
» Bordeaux, et si la guerre en a diminué l'éclat, la malveil-
» lance l'a totalement anéanti.

» Citoyens, songez aux maux que cause à la chose publi-
» que cette suspension absolue d'affaires. Voyez le dénûment
» dans lequel se trouvent le peuple et les armées; voyez aussi
» la contenance de l'un et le courage de l'autre; désespérez
» de lasser la patience d'une grande nation capable de tout
» souffrir hors l'esclavage. Réparez vos torts par un retour
» qui vous ramène à la patrie; rendez au commerce, sinon
» son premier éclat, puisque la guerre s'y oppose, au moins
» l'activité que présentent encore ses ressources.

» C'est au milieu d'une séance publique, composée du peuple
» et de vous, que le représentant veut loyalement vous ou-
» vrir son âme, ses opinions et ses dispositions. Vous verrez
» que, tout sévère qu'il est dans ses mesures, il ne néglige
» jamais de rapporter à la chose publique les fautes de ceux
» qui, par séduction ou par perfidie, ont à se les reprocher.
» Au milieu des développements qu'il vous présentera, vous
» distinguerez un caractère de vérité et de justice qui forcera

» vos regrets, et vous attachera à l'adoption de ses disposi-
» tions.

» Cette séance s'ouvrira le 21 de ce mois, dans le temple
» de l'Être suprême ; j'y appelle tous les citoyens indistinc-
» tement, qui, ayant ou ayant eu des rapports commerciaux,
» peuvent, en les reprenant encore, vivifier cette grande cité
» et porter l'abondance dans la république.

» J'appelle le peuple à cette conférence ; car je crois qu'elle
» lui sera avantageuse, et que de grands torts reconnus amè-
» neront de grands efforts pour les réparer.

» Bordeaux, 17 thermidor an II (4 août 1794).

» GARNIER (de Saintes) ; TRISTAN, *secrétaire.* »

Quel singulier moyen de vivifier le commerce que de le citer à la barre du peuple, à qui on avait appris que les négociants étaient les sangsues des classes inférieures de la société ! Espérait-on, en lui représentant ses prétendus torts passés, qu'on parviendrait à raviver la confiance éteinte et rendre la vie à notre port, où l'on ne voyait plus un seul bâtiment ? Le représentant croyait-il bonnement qu'à Bordeaux il ne s'agissait que de vouloir pour recouvrer son ancienne prospérité, qu'une guerre ruineuse avait détruite ? Non, Garnier ne le croyait pas ; mais il voulait occuper l'esprit public ; il voulait intimider et se montrer sévère. Le caractère perce toujours malgré soi.

Au jour indiqué, l'assemblée était nombreuse ; mais l'ardeur républicaine de Garnier était impuissante, même pour galvaniser un instant le cadavre du commerce bordelais.

L'activité de Garnier ne se démentit cependant pas ; il voulait tout changer, tout renouveler et tout régénérer. L'ancienne Commission militaire ne répondait plus à son attente ; il en forma une nouvelle et en nomma les membres : c'étaient Veyssière (Étienne), président ; Lataste, vice-président ; Azurdo

(David), Clochar, Battut, de Sainte-Foy, Seguey, officier de santé, Frigière; Dercy, accusateur public; Sicard, greffier; Laclotte aîné, Sergent et Rochefort, suppléants.

Ce ne fut pas seulement à Bordeaux qu'on ressentit les déplorables suite de la disette, de la faim et de la misère; le district de Bazas éprouva d'aussi graves embarras; la misère y était à son comble. L'administration locale (1) adressa une proclamation énergique aux habitants du pays, pour les encourager à porter aux marchés les produits de leurs champs et à ne plus cacher les grains, et à ne pas plonger dans le désespoir les malheureux qui vivaient depuis quelques mois de légumes, d'herbes et de fruits. Cette adresse porte l'empreinte d'une patriotique bienveillance et d'une rude énergie républicaine.

Pendant ce temps, la Convention était en proie à des agitations convulsives. Le règne de Robespierre allait finir; son étoile pâlissait visiblement à l'horizon. La captivité de Thérésia Gabarrus, l'indignation amoureuse de Tallien, la haine jalouse de quelques coryphées, formaient un noir brouillard qui en obscurcissait l'éclat. Tallien avait juré de venger la belle captive, qui gisait désolée dans un cachot, aux Carmes, sur un matelas étendu sur le pavé. Il n'attendait qu'une occasion favorable et soupirait après la vengeance. Robespierre venait de défendre sa vie à la tribune, et au lieu d'un triomphe, n'y rencontra que des humiliations. Il s'appuyait sur la Commune, sur les Jacobins et la soldatesque effrénée d'Henriot; il croyait qu'il n'avait qu'à paraître à la Convention pour la frapper d'épouvante. Il se trompait dans ses calculs : il se retira confus; la lutte devait recommencer le lendemain. Le soir même, Tallien passait triste et pensif dans la rue de Perle; un inconnu s'approche de lui et lui glisse dans la main

(1) Cette administration de Bazas se composait de Herman, président; Coustau, Guiraud, Mongie, Martin, Sauteyron, administrateurs; Latapie aîné, agent national; et Piraube, secrétaire-général.

un petit billet écrit avec du sang, et qu'un geôlier, séduit par la beauté, les prières et l'argent de Thérésia, avait consenti à laisser sortir du cachot. Tallien y lit, à la lumière d'un reverbère, ces mots; qu'il regarde comme un reproche et un adieu : « Le chef de police sort d'ici ; il est venu m'annoncer
» que demain je monterai au tribunal, c'est-à-dire à l'écha-
» faud. Cela ressemble bien peu au rêve que j'ai fait cette
» nuit, que Robespierre n'existait plus et que les prisons
» étaient ouvertes....... Grâces à votre inique lâcheté, il ne
» se trouvera plus bientôt personne en France capable de le
» réaliser. »

Tallien, honteux et stupéfait, trace au crayon cette réponse laconique : « Soyez aussi prudente que je serai courageux,
» et calmez-vous. » C'était dire beaucoup en peu de mots ; c'était le langage de la haine contenue par l'amour, l'engagement du désespoir ! Il court acheter un poignard et songe au lendemain.

La séance du lendemain s'annonça, dès l'ouverture, comme devant être orageuse. Robespierre paraît avec sa flegmatique audace; mais à son entrée, un formidable et significatif murmure le fait trembler et pâlir ! Mille voix accablent le tyran de la Convention; mille cris étouffent ses accents mal articulés. Il s'élance à la tribune; Tallien bondit sur ses traces, et l'écartant violemment du coude, il s'écrie de toute la force de ses poumons : « Je demandais tout-à-l'heure qu'on dé-
» chirât le rideau; il est enfin déchiré, les conspirateurs sont
» démasqués. Tyran, j'étais hier aux Jacobins; j'ai vu, j'ai
» entendu, j'ai frémi pour la patrie ! J'ai vu se former l'armée
» du nouveau Cromwel, et je me suis armé d'un poignard,
» pour lui percer le cœur, si la Convention nationale n'avait
» pas le courage de le décréter d'accusation. »

En prononçant ces mots, il tire de dessous son habit son poignard, et le brandissant sur la poitrine de Robespierre, le fait reculer d'effroi. Robespierre veut parler; on lui crie : à *bas, à bas le tyran!* Pâle, furieux et tremblant, il écoute ; mais il n'entend pas les lointaines rumeurs de ce torrent populaire, qui seul pouvait le sauver. Alors saisi des vertiges de la peur, et lâche comme tous les tyrans, vil comme tous les assassins, il insulte, il prie, il menace et pleure, et, enfin, demande la mort ! Le tumulte est à son comble ; la colère suffoque le tyran démasqué. « Malheureux, lui crie-t-on, tu » ne vois pas que c'est le sang de Danton qui t'étouffe ! » Il jette un regard sur les bancs où siégeaient ses amis, comme pour mendier sa vie ; mais on lui crie de toutes parts . « Scé- » lérat ! retire-toi de ces bancs que tu souilles : Vergniaud et » Condorcet les ont occupés. »

Tallien règne à la tribune, le poignard à la main. Lebas veut monter pour sauver Robespierre ; mais il est précipité en bas ! et la proposition de Tallien, qui reste immobile pour venger Thérésia, est enfin votée d'acclamations ; la salle tout entière s'associe, par ses applaudissements, aux vœux de vengeance du démocrate amoureux ! Les deux Robespierre, Couthon, Saint-Just et Lebas, expulsés de la Convention, sont envoyés aux prisons du Luxembourg.

Les geôliers, effrayés, refusent de recevoir ces prisonniers ; on les enlève de vive force : la Commune se déclare en insurrection et fait jurer au peuple de défendre ces cinq misérables.

Tallien, résolu d'achever sa vengeance, s'écrie : « Avant » que le soleil se lève, il faut que la tête du conspirateur soit » tombée. » Alors la Convention, appréciant sa position, mit hors la loi Robespierre, ses coaccusés, Vivien, président des Jacobins, Henriot et toute la compagnie (cent vingt personnes en tout). Barras, désigné pour commander la force armée, jure de *revenir vainqueur* et marche sur la Commune. A la première sommation, les bandes d'Henriot posent les armes, la Commune est forcée, envahie ; Couthon, armé d'un couteau, dont il n'osait se frapper, était caché sous une table ;

Cofflinhal avait jeté Henriot par une fenêtre ; Robespierre le jeune, qui avait cherché la même mort, n'était que mutilé ; Saint-Just suppliait Lebas de le tuer. *Lâche, imite-moi,* répondit l'autre, en se brûlant la cervelle ; mais Robespierre, l'orgueilleux despote, le tyran farouche, qui s'était fait le promoteur de toutes les atrocités, le complice de toutes les tortures, le pourvoyeur de tous les échafauds, Robespierre, ce moissonneur de têtes humaines, était lâchement blotti dans le coin le plus obscur d'une armoire, armé lui aussi d'un couteau-poignard, avec lequel il n'osait ni se frapper, ni se défendre ! Sa résistance fut celle d'un insensé ; il fallut lui casser la mâchoire pour le tirer de sa cachette !

Peu de temps après, sanglant, mutilé, il était à son tour porté sur la place de la Concorde (de Louis XV), où l'attendait le même échafaud qu'il avait inondé de sang, ce symbole de terreur dont il avait fait l'instrument de sa tyrannie, le piédestal de son exécrable renommée et de son hideuse célébrité.

Les prisons s'ouvrent, et Thérésia Gabarrus, ayant vu se réaliser son rêve, va unir son sort à celui qui venait de briser ses chaînes et venger leur amour.

Cette grande nouvelle, du 27 juillet 1794, arriva en peu de jours à Bordeaux. On la désirait bien, mais elle était trop bonne pour le temps de la Terreur, pour ne pas rencontrer des incrédules. Elle se confirma dans les premiers jours d'août, à la grande confusion des ultra-républicains de Bordeaux.

Il était donc tombé, ce misérable dont le nom est encore synonyme du crime, malgré tout ce qu'a fait la grâcieuse plume de Lamartine pour jeter un vernis sur son odieuse mémoire ! cet assassin légal des Français, qui, le 7 mai 1794, s'était plu d'octroyer à Dieu un brevet d'existence, et avait fait décréter par la Convention que le peuple français reconnaissait l'existence de l'Être suprême et l'immortalité de l'âme ; qui avait présidé au Champ-de-Mars, le 8 juin, la fête nationale en l'honneur de cet Être par excellence qu'on n'osait plus appeler Dieu, où des cérémonies bouffonnes et sacriléges, imitées du culte catholique, furent accompagnées d'imprécations contre les prêtres et les fanatiques du culte de Charlemagne, de Saint-Louis et du monde !

Cet homme rencontra enfin la main pesante de Dieu ; elle le renversa sur le même échafaud qu'il avait souvent ensanglanté du sang de ses victimes ! Bordeaux applaudit à la chute de ce tyran, et dans une adresse à la Convention, la municipalité s'exprima en ces termes :

« Citoyens Législateurs,

» La Commune de Bordeaux reçoit, dans cet instant, la nou-
» velle de l'étonnante et précieuse révolution qui vient encore
» de s'opérer dans votre sein ; il serait difficile de vous pein-
» dre l'enthousiasme, l'énergie et la reconnaissance de nos
» concitoyens en apprenant vos efforts généreux contre les
» nouveaux tyrans et votre résolution sublime de sauver la
» liberté ou de vous ensevelir avec elle.

» Citoyens Législateurs, le peuple de Bordeaux, guidé par
» son respect pour les lois, par son amour ardent pour la li-
» berté, par sa haine profonde contre les tyrans, sous quelque
» nom qu'ils cachent leurs projets criminels, toujours guidé
» par la confiance la plus entière dans la Convention natio-
» nale, se félicite de venir le premier déposer dans votre
» sein les témoignages expressifs de sa joie et de sa recon-
» naissance, et dans cette circonstance, la municipalité se
» trouve doublement heureuse d'être l'organe de ses conci-
» toyens, et de transmettre l'expression de leurs sentiments
» à des hommes sévères et courageux, qui, pour sauver le
» dépôt précieux qui leur a été confié, ne balancent pas à se
» dévouer, en faisant au crime une guerre à mort. *Vive la*
» *république ! vive la représentation nationale !* »

La joie qu'exprimaient les Bordelais était autant pour la

chute de Lacombe que pour celle de Robespierre. La défaite de l'un entraînait celle de l'autre; et si le tyran de Paris n'avait pas été renversé, son agent à Bordeaux, Garnier, aurait laissé sortir l'infâme Lacombe comme un homme nécessaire. On le savait en prison, mais on ne savait pas précisément pour quelle raison; on s'en réjouissait en secret, et, quelque exécré qu'il fût à Bordeaux, on craignait, à voir et à entendre Garnier, qu'il fût remplacé par quelque autre monstre plus exécrable encore. La crainte était à côté de l'espérance, et la joie commune était tempérée par la tristesse habituelle de la ville et la présence du proconsul, qui seule aurait suffi pour étouffer l'expression publique de l'allégresse générale.

Enfin, on annonce une grande réunion au club; Garnier devait y prendre la parole pour faire de grandes révélations. Longtemps avant son arrivée, la salle regorgeait de spectateurs, tous debout, tous pressés les uns contre les autres, et montés sur les bancs, de manière à ne pouvoir plus bouger de leur place, ni avancer, ni reculer; on craignait de s'y asphyxier. Le vestibule était rempli d'une foule immense, et, au dehors de la salle, les abords étaient tellement encombrés, qu'il était impossible d'y pénétrer. On se pressait aux croisées, on montait même sur les toits, on se cramponnait aux murs, non pas pour entendre ce qui se dirait au dedans, mais pour saisir en passant l'écho, qui répétait, de rang en rang, les nouvelles de l'intérieur. Garnier arriva enfin au milieu de cette foule si diversement impressionnée, agitée de mille idées et de diverses espérances. Il commença d'abord par la liste de ceux qui devaient composer le jury populaire : c'étaient Derey, président; Thomas, vice-président; Mac-Carthy, Sergent, Compan, Malavergne, Guignon, Azevedo, Lataste, Daillot, Jacoy, Jay, Lafitte, Michenot, Frigière. Les suppléants étaient Jogan, Veyssière, Margaron.

Alors, un profond silence s'établit dans la salle; on présumait que Garnier ne descendrait pas de la tribune sans parler

Livre V.
Chap. 5.

1794

de Lacombe, ce misérable juge, que le crime devrait redouter et qui fit frissonner l'humanité en condamnant la vertu et l'innocence. On apprit alors de la bouche du représentant, qui était bien renseigné, que Lacombe avait commis, sous l'ancien régime, un grand nombre d'escroqueries qui auraient mérité la corde, mais qu'il croyait avoir cachées pour toujours en se faisant un fougueux républicain. Doué d'une pénétration rare et d'une éloquence peu commune, habile à jouer tous les rôles, à prendre tous les masques, à parler sur tous les tons, à tous, et surtout en politique, Lacombe s'élança dans sa nouvelle carrière, par intérêt, sans convictions, et se distingua partout par son zèle républicain. Orateur fougueux, il voulait dominer; il déplut à ses rivaux jaloux. Chassé d'un club, il se fit rechercher par un autre plus exalté. On le craignait enfin; mais, ne sachant peut-être pas son passé, ou n'osant le dévoiler, on le crut la victime intéressante des calomnies intéressées. Violent, emporté, il voila longtemps son caractère, pour mieux en imposer au peuple; il supporta les humiliations les plus pénibles, et brava effrontément les persécutions de ses nombreux amis personnels et celles des aristocrates et des fédéralistes de Bordeaux. Sa hardiesse et ses artifices le firent nommer président de la Commission militaire, où, disposant de la vie des Bordelais à son gré, sa fatale éloquence lui acquit un déplorable ascendant sur l'esprit de ses collègues. Il vendit la justice; il accumula des trésors par ses abominables extorsions; il mit à prix la vie et la mort des Bordelais; il usurpa ou se fit donner le droit de traduire à son tribunal les suspects, et cette catégorie comprenait tout ce qui se distinguait par la naissance, la vertu, la fortune, la modération des sentiments et des actes, et une haute position sociale; tout cela était suspect, et presque toujours coupable: il était souvent tout à la fois le dénonciateur, l'accusateur, le rapporteur du procès et le juge, et même, quelquefois, la partie adverse et l'ennemi de celui qu'il envoyait à l'échafaud.

En arrivant à Bordeaux, de Toulouse, où il avait vécu dans la misère, Lacombe avait à peine quelques haillons pour le couvrir; mais les trésors découverts dans sa maison décelaient assez sa culpabilité et leur origine. Il déclara que ces sommes d'argent, ces objets précieux avaient été déposés chez lui par ses ennemis, pour le perdre; on ne fut pas dupe de ses artifices et de ses mensonges.

L'exposition de tous ces crimes occupa le club pendant plusieurs soirées; la foule était tous les soirs plus compacte que les jours précédents; la curiosité ne s'épuisait pas. On apprit que Rey avait été son agent, son complice, et le confident de ses forfaits. La femme de Lacombe, plus corrompue encore que ces deux héros de ce drame infernal, les aidait dans la perpétration de leurs crimes; elle poussait l'infamie jusqu'à se parer des bagues, des bracelets, des ornements en or ou en argent qu'elle arrachait à des dames qu'on conduisait à la mort; les meubles les plus précieux, les bijoux, les diamants, ornaient ses appartements. Les sommes extorquées par Lacombe étaient immenses, et l'on acquit la certitude qu'il refusa de rendre à une femme une certaine somme qu'elle lui avait payée pour sauver la vie de son mari; il condamna le mari, mais, contrairement à sa promesse, il ne rendit pas l'argent à la veuve éplorée! L'histoire du monde ne fournit pas de pages plus sales que celles qui renferment les turpitudes, les crimes et les atrocités de ce tyran de Bordeaux!

Voyant l'assemblée profondément impressionnée par ces révélations biographiques sur Lacombe, Garnier déclare tout haut qu'il tient le fil d'une affreuse conspiration; que plus de vingt millions avaient été versés dans les mains de quelques intrigants, et finit en exhortant les bons citoyens à lui donner tous les renseignements possibles sur ce sujet, et en promettant que la Terreur ne serait plus à l'ordre du jour, et que la justice nationale, tout en distinguant l'erreur ou la faiblesse du crime, ne transigerait jamais avec les ennemis de la patrie.

CHAPITRE VI.

Les impressions de l'esprit public, à Bordeaux, à la nouvelle de la chute de Robespierre.— Discours de Garnier (de Saintes). — Le mobile de sa conduite. — L'idée qu'il donne des Bordelais à la Convention. — La fête du 10 août. — Ysabeau revient à Bordeaux. — Il combat les fâcheuses impressions que son retour produit sur certains esprits. — Organise une nouvelle Commission militaire pour juger Lacombe. — Ses discours au club National, etc.

Livre V.

1794

Pendant tout ce temps, la chute de Robespierre était le sujet des conversations publiques et des déclamations des clubistes ; les noms de Robespierre, de Couthon, de Saint-Just, circulaient dans la foule, et leur mort n'y rencontrait qu'un sourire d'incrédulité, ou au moins l'expression du doute. Qui oserait, sous le règne de la Terreur, mettre en doute le patriotisme de ces *vertueux législateurs?* On se parlait tout bas ; on regardait ses voisins avec une inquiète curiosité ; on interrogeait en silence ses amis, sans rencontrer autre chose qu'une vague incertitude qui semblait dire : *Le croyez-vous?* Enfin, des récits plus vraisemblables, plus circonstanciés, arrivaient de Paris, et le doute disparaissait devant l'heureuse réalité. Ces hommes, qu'on qualifiait de *vertueux* législateurs, qui semblaient, aux yeux de la foule, personnifier la vertu, le patriotisme et le désintéressement ; que les républicains déifiaient ; qui juraient d'anéantir les ennemis de la patrie, de confondre tous les conspirateurs, de triompher du fanatisme, de la famine, des préjugés séculaires, de l'intrigue, et même de l'Europe coalisée contre la France ; ces hommes ne caressaient le peuple d'une main que pour l'enchaîner et l'asservir de l'autre. Leur vertu n'était qu'hypocrisie ; leur désintéressement, qu'ambition ; leur haine pour la tyrannie, qu'un

chemin détourné pour y arriver eux-mêmes ! Quelle chute effroyable ! Quel désillusionnement, si toutefois on peut désillusionner un peuple égaré ! « Peuple, s'écrie Garnier dans
» le club, quelques jours avant son rappel, souviens-toi désor-
» mais de ne plus te laisser séduire par les apparences; ne
» témoigne plus ta gratitude avant d'être en état d'apprécier
» le service et l'intention de celui qui te l'a rendu ; songe
» que ta destinée dépend de cet homme en qui tu te confies;
» ne lui donne donc jamais ta confiance, ne fais que la lui
» prêter. C'est en ton nom que tout s'opère; c'est à toi que
» tout appartient; c'est pour toi que tout doit agir. Quelque
» misérable que soit une place, celui qui l'occupe n'est que
» ton mandataire, et, en l'acceptant, il a contracté l'obliga-
» tion de la bien remplir; si tu crois lui devoir des éloges,
» attends du moins qu'il ait achevé sa mission pour les lui
» donner. Ce sont les louanges, les adulations, les applau-
» dissements bassement prodigués qui perdent l'homme en
» place; à force d'être enivré d'encens il parvient à croire
» que cet encens lui est dû. Il se joint lui-même à ses adora-
» teurs, et renchérit sur le culte idolâtre qu'ils lui rendent.
» Eh ! comment veut-on qu'il n'abuse pas d'un pouvoir dont
» il est ébloui ? Ses volontés ont été des lois, ses discours des
» oracles, le moindre blâme sur ses actions un blasphème. Il
» a dû naturellement oublier que son autorité n'était qu'em-
» pruntée ; il a dû la regarder comme un droit, et la moindre
» résistance a dû lui paraître un crime. C'est donc à toi-même,
» Peuple, que tu dois t'en prendre, si quelques-uns de tes
» mandataires ont voulu t'asservir: tu les as conduits toi-même
» à ta perte; tu leur as toi-même semé de fleurs les bords du
» précipice; et si ta liberté t'eût été ravie, toi-même tu aurais
» été l'artisan de tes chaînes..... Que l'homme cesse enfin de
» s'abaisser devant l'homme; qu'il sente enfin la dignité de son
» être; qu'il sache qu'un individu n'est rien devant la masse
» collective des individus; que nous devons tout à la patrie,

» et que la patrie doit nous punir si nous avons l'orgueil de
» croire avoir trop fait pour elle. Si je devais un jour, démen-
» tant les principes que j'ai constamment professés, perdre de
» vue l'intérêt du peuple, pour m'occuper des miens, trahir
» la liberté que j'ai servie, et rappeler le tyran que com-
» battit cette main, Citoyens, oubliez la longue carrière des
» vertus passées, ne voyez que mon crime présent, et con-
» duisez-moi vous-même à l'échafaud. Mais si je puis être
» encore utile à ma patrie, s'il est encore des scélérats qui
» redoutent ma vigilance, si je dois encore essuyer les pleurs
» des infortunés que la calomnie opprime, ralliez-vous autour
» de votre représentant; suivez avec lui la cause commune;
» aidez-le enfin de tout votre pouvoir à mettre la justice à
» l'ordre du jour dans cette portion de la république. »

Ce discours, prononcé avec un accent de chaud patriotisme, où l'on remarque une éloquence passionnée, décelait les graves préoccupations de l'orateur; il craignait de tomber avec ses patrons, et son allocution, d'un bout à l'autre, n'est qu'un tissu de précautions oratoires, un quasi abandon des hommes puissants qu'il voyait tomber au loin et dont la prudence cachait les noms, une basse et intéressée flagornerie à l'adresse du peuple. Il était d'ailleurs bien étonné de se voir remplacer, le 8 août, par Ysabeau, ancien commissaire proconsulaire dans nos contrées, le moins féroce et le plus accessible de tous les représentants qu'on avait envoyés à Bordeaux. Garnier donnait des conseils à un peuple qui ne lui en demandait pas; il parlait en patriote, voulait quitter Bordeaux en ami; mais il n'eut pas le bonheur de laisser des regrets.

En quittant notre cité, Garnier annonça à la Convention nationale que, malgré les menées des trois partis liberticides, les Bordelais étaient en masse dévoués à la république, malgré tous les malheurs qui les avaient accablés. « Jaloux, dit-il,
» d'aller à la source de ces maux, je prends, le 5 thermidor
» (23 juillet 1794), un arrêté dont le but est de connaître

» tous les individus de Bordeaux, les étrangers qui y affluent,
» leurs ressources et leurs moyens d'existence. Je communi-
» que ma mesure au peuple; il en sollicite l'exécution, et
» bientôt Duvigneau est découvert. L'infâme Commission de
» sang est démasquée; j'en fais arrêter les membres. Les fri-
» pons qui s'étaient enrichis par des délits atroces, sont dé-
» noncés en pleine société; le peuple, partout, sur les places
» publiques, aux spectacles et aux clubs, exprime sa joie par
» des cris de reconnaissance.

» Jullien, alors entouré d'une confiance usurpée, fut par moi
» contrarié dans ses mesures. Cet arrêté du 5, qu'on a cru son
» ouvrage, fut pris par moi, sans sa participation et contre
» son vœu. Je cassai les sociétés populaires qu'il avait or-
» ganisées dans sa chambre, et j'en formai un nouvelle avec
» le peuple réuni.

» Ysabeau arrive sur ces entrefaites; il est témoin de l'i-
» vresse du peuple et de l'énergie de son patriotisme. Quant
» à la Commune de Bordeaux, je dois dire que depuis long-
» temps elle ne le cède à aucune autre en énergie et en
» républicanisme. »

Ysabeau revint donc remplacer Garnier, agent de la Terreur, qui ne pouvait plus plaire aux Bordelais parce qu'il lui
était impossible d'effacer ses antécédents. Bordeaux, cette fois-
ci, ne perdit rien à l'échange. Ysabeau avait été sévère par
condescendance pour Tallien; mais son naturel n'était pas
mauvais. On le détestait moins que Tallien, mais on ne l'aimait pas. Il était moins tracassier, moins haineux, moins âpre
contre les aristocrates; la chute de Robespierre avait d'ailleurs adouci son caractère et lui avait appris que la tyrannie,
de quelque part qu'elle vienne, n'a pas de base dans les affections du peuple. Il donna aux Bordelais des conseils semblables à ceux de Garnier; il s'engagea à maintenir les arrêtés
de ses collègues, et l'union qui régna pendant quelques jours
entre ces deux proconsuls, si habitués à dissimuler leurs sen-

timents et à tromper le peuple, fit éclater dans les clubs les applaudissements les plus vifs. Tout le monde paraissait content ; les ultra-républicains ou Jacobins paraissaient satisfaits de savoir qu'Ysabeau maintiendrait les arrêtés de Jullien et de Garnier, et qu'il parlait comme eux ; les modérés, et tous ceux qui n'étaient républicains qu'en apparence, ont manifesté leur allégresse en apprenant que Garnier allait partir et qu'Ysabeau avait prononcé en public ces mémorables paroles, qui rendirent la vie à une population décimée et agonisante : « Peuple de Bordeaux, respirez enfin après tant d'orages. Je » vous apporte un gouvernement fraternel ; désormais chacun » peut énoncer librement ses opinions, et c'est sur ses actions » seules qu'il sera jugé. » La foule se sépara au milieu de *vivats* répétés mille fois, et commença enfin à se livrer à ses espérances, ou au moins aux doux rêves d'un paisible avenir.

Pendant tout ce temps, à la veille même de quitter le pays, Garnier ne perdit pas de vue les intérêts de son parti ; il s'occupait avec zèle des affaires administratives, et surtout des menus détails de la fête du 10 août (23 thermidor), dont nous allons donner ici tout au long la description, et qui devait perpétuer à tout jamais le souvenir de la prise des Tuileries par le peuple, le 10 août 1792.

Le cortége devait partir de la Maison-Commune : le rendez-vous général était au Champ-de-Mars, où l'on allait détruire le palais des Tuileries qu'on y avait construit. A sa place, on devait élever une montagne et un autel de la patrie, où seraient offerts au peuple les enfants orphelins et les pères adoptifs. Après les discours, la musique devait jouer des airs patriotiques pendant un repas civique, qui serait suivi d'un bal préparé pour le peuple. A neuf heures du matin, chacun devait y trouver et y occuper sa place ; et accompagnés du représentant du peuple, des corps constitués, fonctionnaires publics, civils et militaires, de vingt-huit membres du club National, des ouvriers de tous les arts et métiers, munis de leurs outils et tous en habit de travail, d'un groupe de volontaires avec armes, de jeunes citoyens en bonnet rouge, de citoyennes habillées en blanc, de deux citoyens et citoyennes agriculteurs, de six nourrices avec leurs nourrissons, de l'état-major de la garde nationale, d'un groupe d'Américains, un groupe d'hommes enchaînés, représentant les peuples encore dans l'esclavage; tous les tyrans de l'Europe; la garde nationale bordant la haie depuis la porte d'entrée jusqu'au devant de la Montagne.

Le cortége devait sortir à dix heures précises de la Maison-Commune, passer sur les Fossés, droit à la porte Salinières, sur la rivière, au quai Marat, à Tourny, au Champ-de-Mars, et y entrer par la porte de la cidevant rue Royale. Le cortége était composé ainsi qu'il suit, par ordonnance de Garnier :

Un corps de cavalerie; l'artillerie avec six pièces de canons; les tambours, la musique militaire; quatre-vingt-dix volontaires de la garde nationale, avec leurs fusils sans baïonnette; un groupe de citoyens de divers états, avec des outils analogues, marcheront de six en six, même sans ordre; un peloton d'infanterie, piquiers ou autres, sans armes; les invalides; une musique composée de violons; un jeune citoyen, habillé en blanc, bonnet rouge, portera une bannière où seront inscrits ces mots : *Fête du 10 Août 1792*; il aura à ses côtés deux jeunes citoyennes, habillées en blanc, ceinture tricolore, qui porteront chacune une table : l'une offrira cette inscription : *Droits de l'Homme;* et l'autre : *Constitution républicaine, adoptée par le peuple français en* 1793; cinquante-six citoyens, jeunes et habillés de blanc, en bonnet rouge, ayant chacun une branche de laurier à la main, formant un groupe et marchant de sept à sept, de front; douze jeunes citoyennes, habillées en blanc, gants blancs, ceinture tricolore, chacune portant une table où il y aura une inscription, savoir : *Liberté..... Égalité..... Bonne foi..... Frugalité..... Gloire..... Amour de la patrie..... Bienfaisance..... Frater-*

Livre V.
Chap. 6.

1794

nité..... *Justice*..... *Vérité*..... *Humanité*..... *Vertu*..... A la suite, sera un jeune citoyen en uniforme, bonnet rouge, portant une bannière où seront inscrits ces mots : *Ils vont les adopter en présence du peuple.*

Puis viendront cinquante-six jeunes citoyennes, même costume, avec le bonnet rouge, ayant chacune une guirlande de laurier à la main ; elles formeront un enchaînement ; et dans le milieu du cercle, seront placés les enfants de la patrie avec leurs pères adoptifs. Puis vingt-huit citoyennes, en blanc, ceinture tricolore, ayant chacune un bouquet à la main, marcheront de sept en sept et de front. Les autorités constituées, civiles et militaires, les membres du club National, les citoyens et citoyennes envoyés par les sections, l'état-major de la garde nationale, formeront un groupe pêle-mêle et marcheront de six en six, et de front ; quatorze jeunes citoyennes, en blanc, un bouquet à la main ; le représentant du peuple, le président de chaque tribunal, le général, le maire, un juge-de-paix, le chef de la Marine, auront chacun une branche de laurier à la main ; quatorze jeunes citoyennes, costumées comme les précédentes ; un jeune citoyen en uniforme, portant une bannière où seront inscrits ces mots : *Espoir de la patrie ;* cinquante-six jeunes citoyens, en uniforme ou autrement, mais en bonnet rouge, auxquels seront joints tous les jeunes citoyens qui se trouvent, soit dans les classes d'instruction publique ou chez des maîtres de pension ; ils formeront tous ensemble un groupe et marcheront de six en six, et de front. Les sourds-muets : l'un d'entre eux portera une bannière où seront ces mots : *La patrie nous a adoptés ; elle aura soin de nous.* Une musique composée de musettes ; vingt-quatre citoyens et citoyennes agriculteurs, dans leur costume de campagne ; les vingt-quatre citoyens auront chacun un panier rempli de diverses productions de la terre. Une charrette attelée de deux chevaux blancs et chargée des mêmes productions ; six nourrices avec leurs nourrissons, costumées comme les agriculteurs; vingt-huit jeunes citoyens en uniforme, chacun une branche de chêne à la main : l'un d'entre eux portera cette inscription : *Ils ont assez de courage pour proclamer la liberté sur toute la surface du globe.* Le corps de la Marine; les ouvriers travaillant aux ateliers nationaux, formant ensemble un groupe de six en six, et de front. Dans le milieu de ce groupe, sera un vaisseau porté sur un brancard par quatre citoyens; quatorze jeunes citoyens, en uniforme, marchant de sept en sept, et de front, tenant chacun une branche de laurier à la main; un groupe de citoyens et de citoyennes américains, autrefois appelés gens de couleur, marchant de six en six, et de front; le plus jeune d'entre eux portera une bannière où seront inscrits ces mots : *Nous sommes libres.*

Quatorze jeunes citoyens, un bouquet à la main : l'un d'entre eux portera une bannière avec ces mots : *Ils ont brisé leurs fers, imitez-les ;* cinquante-six citoyens, en différents costumes, se tenant par une chaîne, représentant les peuples qui sont encore sous le joug du despotisme. Puis tous les tyrans de l'Europe, en costume de rois; celui d'Angleterre portera une bannière où seront inscrits ces mots : *Notre règne est passé.* Puis la garde soldée, mais sans armes; la cavalerie terminera la marche.

Arrivant au Champ-de-Mars, le cortége s'arrêtera : soudain que la cavalerie sera arrivée à la barrière qui sera posée au devant du camp des Suisses, elle fera demi-tour à droite et viendra se placer dans un lieu où les chevaux ne puissent faire de mal à personne, et la garde nationale bordera la haie, depuis la porte jusqu'au devant de la Montagne...

La musique militaire se placera à droite et les tambours à gauche. Quand tout sera rangé, le tocsin sonnera deux minutes. Après, il sera donné un signal; alors la garde nationale fera feu sur les Suisses, le canon se fera entendre, le groupe d'ouvriers et la garde nationale se porteront au palais des

Tuileries et le démoliront. Les débris enlevés, la statue de la Liberté s'élèvera sur les ruines du palais, et l'arbre de la liberté sera planté sur le sommet de la Montagne ; alors les ouvriers, la musique militaire, les tambours, etc., etc., viendront prendre leurs places respectives.

Le représentant du peuple, les présidents de tous les tribunaux, munis de branches de laurier, se placeront à côté de l'autel de la patrie ; ensuite viendront les enfants de la patrie et leurs pères adoptifs. La Montagne sera occupée par tous ceux qui pourront s'y placer ; ceux du cortége qui ne pourront pas s'y mettre, se placeront au bas. La musique se fera entendre ; l'officier public fera la proclamation de l'adoption, et chaque proclamation sera annoncée par un roulement de tambour.

La proclamation finie, elle sera annoncée par six coups de canon ; la musique se fera entendre ; ensuite il sera fait un discours par le représentant du peuple ; après l'on chantera : *Vive la république! à bas la royauté!* et l'hymne à l'Être suprême ; on terminera par le couplet : *Amour sacré de la patrie.*

Six coups de canon annonceront la fin de la cérémonie ; alors chacun se placera à la table marquée au *numéro* de sa section, où il aura fait porter son dîner....

Alors le Champ-de-Mars ne formera qu'une salle, où seront réunis les vrais amis de la patrie. Là, ils feront un repas civique, pendant lequel seront portées les santés suivantes, qui seront annoncées par le roulement des tambours ; chacune sera accompagnée, tantôt d'un air de musique militaire, tantôt des violons. Ces santés sont : 1° à la république, une et indivisible ; 2° au peuple français ; 3° à la Convention nationale ; 4° aux héros morts pour la patrie ; 5° aux armées de la république ; 6° aux sociétés populaires ; 7° à la Suisse ; 8° aux nations libres ; 9° aux États-Unis de l'Amérique ; 10° aux amis et aux martyrs de la liberté ; 11° à la destruction de Londres ; 12° à l'anéantissement de tous les tyrans.

Après le repas, le bal commencera, et l'on dansera toute la nuit au Champ-de-Mars et au temple de l'Être suprême.

L'un et l'autre seront illuminés à dix heures précises, heure à laquelle la porte du temple sera ouverte.

Ce plan ou programme fastidieux, dressé par les soins de Clochar, officier municipal, et revêtu de la signature de Thomas, maire, fut approuvé par Garnier le 15 thermidor (2 août 1794). C'est avec un profond sentiment de douleur qu'on le lit, quand on sait que le but de l'administration était d'exciter de nouveau les passions populaires et d'empêcher, par des combats simulés, des toasts à la santé des morts et des martyrs, et des danses chez l'Être suprême, le pauvre peuple de penser à sa faim, aux fautes de ses chefs ou à son triste avenir !

Garnier voyait avec peine expirer ses pouvoirs à Bordeaux; il céda sa place à Ysabeau, qui était revenu à Bordeaux, comme nous l'avons fait observer plus haut, pour remplacer cet agent du parti de Robespierre, qui n'existait plus. La mort du redoutable chef de la Montagne avait modifié d'une manière étonnante les sentiments de ses satellites; ce n'était plus ces hommes féroces, altérés de sang, enivrés de leur propre barbarie; c'étaient des agneaux au lieu des loups, des amis, des frères. On n'entendait sur leurs lèvres que des paroles de clémence, de conciliation et de fraternité; ils cherchaient des amis et des créatures avec le même empressement qu'ils en avaient mis jadis à imaginer des crimes et à condamner des victimes inoffensives. Ysabeau s'était rendu coupable de grandes fautes; mais aujourd'hui ce n'est plus le même homme. Il sait qu'on lui reproche son passé; mais il proteste de son amour pour les Bordelais, et déclare que sa sensibilité est vivement affectée de tout ce qu'on lui attribue, sans tenir compte des circonstances où il s'était trouvé. Instruit, enfin, de l'état des esprits et des prévarications de Lacombe, il crut devoir pourvoir d'une manière convenable au maintien de la justice et au jugement de ce grand coupable, qui était chargé des malédictions de tout le peuple. Il prit donc à ce sujet l'arrêté suivant, qu'il fit afficher aux murs de la ville :

« *Le représentant du peuple, délégué par la Convention na-*
» *tionale dans les départements du Bec-d'Ambès (Gironde)*
» *et de Lot-et-Garonne, en séance à Bordeaux,*

» Considérant que le président de la Commission militaire
» a été prévenu de la plus horrible prévarication dans les
» fonctions redoutables dont il était chargé ;

» Que le jugement d'un pareil délit ne peut être prononcé
» que par un choix de citoyens purs, et qui, revêtus du pou-
» voir attribué aux commissaires militaires, vengent la viola-
» tion des principes et des lois par une justice prompte et
» sévère ;

» Considérant aussi que les membres qui doivent composer
» cette Commission avaient déjà été désignés par son prédé-
» cesseur,

» Arrête ce qui suit :

» ARTICLE PREMIER. — Il sera établi à Bordeaux une nou-
» velle Commission militaire, chargée spécialement et unique-
» ment de juger les délits attribués au ci-devant président du
» tribunal établi sous ce nom, et à ses complices.

» ART. 2. — La nouvelle Commission sera composée des
» citoyens Lataste, président ; Étienne Veyssière, Frigière,
» Seguy, Azevedo, Clochar; Derey, accusateur public ; et Si-
» card, secrétaire-greffier.

» ART. 3. — Les membres composant ladite Commission
» conserveront les places qu'ils occupent actuellement, et en
» reprendront les fonctions aussitôt après le jugement des
» prévenus ci-dessus désignés.

» ART. 4. — La Commission militaire ouvrira ses séances
» demain, 27 thermidor (14 août), dans le local attribué au
» tribunal qui portait ce nom.

» Art. 5. — Le présent arrêté sera imprimé, publié et
» affiché, et envoyé officiellement à chacun des membres qui
» doivent se réunir pour juger les prévaricateurs.

» Fait en séance, à Bordeaux, le 26 thermidor an II (13 août 1794). »

Le même soir, Ysabeau se rendit au club et y parla longuement, et le lendemain aussi; son discours, c'était l'épanchement d'un cœur plein d'intentions modérées, le langage affecté d'un homme de bien méconnu, et propre à se concilier l'affection des Bordelais. Il savait qu'on le redoutait toujours, qu'on lui attribuait des arrière-pensées; il s'efforçait de détromper le peuple et de conquérir son estime. Il s'étonnait qu'on pût fermer les yeux à la vérité pour ne les ouvrir qu'aux mensonges; qu'on préférât des maximes tyranniques à ses conseils paternels : « Se peut-il, disait-il, qu'on mette
» en balance les discours artificieux des amis d'un traître
» avec les actions d'un homme de bien? Se peut-il que des
» affectations puériles puissent jeter de la défaveur sur une
» conduite franche et loyale? Qu'ont-ils fait pour cette immense commune, les détracteurs de votre représentant? Ils
» ont semé parmi vous le noir soupçon, la jalousie, la méfiance et l'implacable haine; ils vous ont appris, non pas à
» punir les coupables, mais à trouver beaucoup de coupables, et peut-être à craindre qu'il ne s'en trouvât pas assez!
» Sous le prétexte de vous prêcher les vertus publiques, ils
» ont prêché la férocité; en vous armant contre le *modérantisme*, ils vous rendaient sanguinaires, et vous conduisaient
» à l'esclavage en feignant de venger la liberté. Eh! citoyens,
» pouvez-vous croire que la Convention nationale ait jamais
» aimé le sang? Pouvez-vous croire qu'elle n'ait pas gémi,
» quand elle s'est vue forcée d'en répandre? Sans doute, il fallait des lois rigoureuses pour réprimer les conspirateurs;
» sans doute, il était inévitable que ces lois ne devinssent parfois abusives; mais quand la victoire a fait disparaître les

Livre V.
Chap. 6.

1794

» dangers qui menaçaient la république, les représentants du
» peuple ont dû porter un œil sévère sur l'abus de la loi. La
» loi n'a dû punir que l'ennemi déclaré de la patrie, non ce-
» lui qu'on pourrait soupçonner de l'être. Du moment que
» son existence a cessé d'être dangereuse, on n'a plus eu le
» droit de la lui ôter. Point de grâce au traître, mais indul-
» gence à l'homme égaré.

» Telle est la nouvelle maxime. N'est-elle pas fondée sur
» la justice, sur la nature, et peut-elle être confondue avec
» le *modérantisme* que les partisans du meurtre mettent tou-
» jours en avant? Distinguez donc, une bonne fois, les vrais
» partisans de la liberté et de l'égalité des fourbes qui veu-
» lent vous perdre en se servant de ces mots respectables.

» N'est-ce pas au nom de la Convention nationale outra-
» gée, de la république, une et indivisible, que l'infâme Com-
» mission populaire vous mit le fer à la main? N'est-ce pas
» en divisant les citoyens, en les rendant suspects les uns
» aux autres, qu'elle avait commencé à allumer dans vos
» mains le flambeau de la guerre civile? La force d'une ré-
» publique ne consiste-t-elle pas dans l'union? Si quelques
» nouveaux conspirateurs cherchent encore à vous égarer,
» que deviendrez-vous dans l'état de faiblesse où vous êtes?
» Animés par des intérêts divers, par des haines particuliè-
» res, par des désirs de vengeance, chacun de vous, en em-
» brassant un parti, serait-il en état de juger de quel côté se
» trouve la bonne cause? N'est-il pas à présumer qu'il serait
» guidé par sa passion dans son choix, et qu'il assassinerait
» peut-être la patrie en croyant la servir? Ainsi, vous seriez
» les instruments et les victimes de vos propres malheurs.

» Par tout ce qu'il y a de sacré, Citoyens, au nom de vos
» pères, de vos enfants, de vos épouses; au nom de vous
» mêmes, je vous en conjure, restez unis; c'est de votre
» union que dépend votre félicité présente et future. Eh!
» Citoyens, si le représentant du peuple n'est pas venu tous les

» jours dans cette enceinte, c'est que vos animosités perpé-
» tuelles l'en tenaient éloigné; c'est qu'une secrète voix criait
» au fond de son cœur qu'il n'y serait point à sa place; mais
» enfin, il a vaincu sa répugnance, et ce cœur s'est ouvert
» devant vous. Ne confondez donc plus l'homme qui vous
» menace de l'échafaud, en vous disant que vous êtes libres,
» avec l'homme qui veut, ainsi que l'Assemblée nationale,
» qu'aucun patriote ne gémisse dans les cachots.

» Il est facile de composer des phrases, de haranguer du
» haut de la tribune, mais il est difficile de pourvoir aux be-
» soins de six cent mille âmes, de calculer les événements
» imprévus, de vaincre tous les obstacles, et d'assurer, six
» mois à l'avance, la subsistance de cette grande population,
» quand elle a tout à craindre de la disette. Comparez ces
» actions avec les harangues de certains personnages. Eh!
» pourquoi faut-il vous inviter à faire cette comparaison?

» Ne croyez pas, du reste, que les entraves, l'ingratitude,
» les calomnies, dégoûtent jamais l'envoyé de la Convention
» nationale de travailler sans relâche, comme il l'a toujours
» fait, pour la portion de la république commise à ses soins;
» heureux de consolider le bonheur de sa patrie, aux dépens
» de ses fatigues, de ses veilles et même de sa vie. Ne croyez
» pas non plus qu'il veuille établir parmi vous ce *modéran-*
» *tisme* dangereux dont la république aurait tout à craindre.
» Sans doute, il faut encore du sang, mais c'est celui des en-
» nemis de la patrie qui doit couler; c'est le même que la
» Convention nationale et ses délégués veulent répandre.
» Épargner un tel sang serait inhumanité. Quant au club Na-
» tional, il est temps de lui rendre une splendeur qu'il n'au-
» rait jamais dû perdre. Que les sujets de querelle cessent;
» il est temps de tarir la source des désordres; il est temps
» que ces éternelles et inutiles épurations finissent; et voici
» la proposition que l'on a cru devoir faire à la Société : que
» le club National soit composé tel qu'il était il y a deux

» mois; que l'on en bannisse à jamais toute discussion per-
» sonnelle et que l'on n'y agite que les questions relatives à
» l'intérêt de la république; que les citoyens devenus mem-
» bres du club, par la dernière organisation, se présentent à
» la tribune; qu'ils soient admis après l'épuration ordinaire,
» et que tous les bons patriotes soient invités à s'inscrire, pour
» former enfin une société populaire digne de correspondre
» avec toutes les autres sociétés de la république. »

Telle est la substance de ses discours, la thèse générale qu'Ysabeau développait pendant deux jours devant le peuple de Bordeaux. Il écartait adroitement les craintes que son retour à Bordeaux inspirait aux uns; il donnait du courage aux autres, surtout aux modérés, aux hommes paisibles et ennemis des assemblées bruyantes, en écartant le crime prétendu de *modérantisme* et en protégeant les gens que leur amour du silence, de la solitude, leur aversion pour les discussions irritantes du club, tenaient éloignés de ces assemblées populaires. Les propositions qu'il fit en finissant furent adoptées avec un élan spontané d'enthousiasme; la foule témoigna sa joie par des applaudissements réitérés, et tout le monde se retira en chantant le dernier couplet de l'hymne à la patrie.

CHAPITRE VII.

Une esquisse du caractère de Lacombe. — Sa conduite et son discours au tribunal. — Accusé, il rejette ses torts sur ses complices, disculpe son frère et sa femme. — Son apostrophe au peuple. — Il regrette, il pleure sa cocarde tricolore. — L'acte d'accusation contre lui. — La réquisition du ministère public. — Le jugement. — La mort. — Rage du peuple contre lui. — Des actes de barbarie exercés sur son cadavre, etc.

Le 27 thermidor, la veille de Notre-Dame d'Août, patronne et protectrice de la France, Lacombe devait paraître devant la nouvelle Commission militaire, dans le lieu même où il s'était permis si souvent d'envoyer tant d'innocentes victimes à la mort! On attendait ce moment avec impatience; la curiosité du public était sans bornes, tant on désirait la punition de ce misérable, dont le nom seul fait encore frémir, à soixante ans de distance, les vieillards témoins de ses forfaits, les enfants et petits-enfants de ses victimes.

En arrivant à Bordeaux, au commencement de nos mauvais jours, Lacombe s'annonça comme un ardent patriote, un sincère et fougueux républicain, ne voyant, ne rêvant que la république et sa conservation; il se prononçait souvent contre les abus et les préjugés, sans avoir l'air de consulter ses propres intérêts, et en se rendant sourd à des considérations égoïstes et personnelles; il se faisait généreusement le défenseur des principes méconnus ou outragés, l'avocat des patriotes, que la calomnie ou la fougue des passions avaient fait jeter dans les fers: son courage réel ou affecté, et son désintéressement prétendu, lui valurent la réputation d'un bon républicain; c'était le premier pas que son ambition eût à faire pour être recherché des Jacobins et pour assurer son as-

Livre V.
—
1794

cendant sur la foule, au milieu des misérables dont il devait s'entourer un jour, pour consommer légalement tant d'exécrables forfaits.

Lacombe avait fait une étude approfondie du crime : son caractère apparent semblait incompatible avec l'hypocrisie ; mais il savait accorder les contraires, et l'art chez lui avait maîtrisé la nature. A l'emportement, à la colère de Busiris, il joignait la dissimulation de Cromwel, l'extravagante cruauté de Néron, et la bassesse d'âme d'un forçat. Assez maître de lui-même, il ne s'abandonnait jamais à la violence que lorsqu'elle pouvait servir à cacher sa perfidie ou à tromper le peuple sur ses sentiments. Chez lui, un vice servait de masque à un autre ; il faisait souvent des imprudences, se laissait aller à des étourderies, mais c'était pour montrer son zèle et sonder ses amis réels ou prétendus ; leur blâme ou leur approbation servaient à déterminer le prix qu'il pouvait et devait attacher à leur amitié. Quand il méditait un crime ou une vengeance, son regard, doux et serein, semblait symboliser l'intégrité la plus pure et les intentions les plus honnêtes ; la soif des richesses et l'ambition le dominaient tour à tour, mais sa vanité l'emportait sur ses autres passions. Il voulait qu'on parlât de lui ; il le voulait même à quelque prix que ce fût, et, pour occuper la renommée, il aurait voulu brûler, non pas un temple, comme Érostrate, mais toute la ville de Bordeaux.

Le 27 thermidor arrive : on fait sortir Lacombe de la prison du Palais. La population tout entière attendait sur la place et dans les rues adjacentes pour voir et maudire une dernière fois l'auteur de tant de crimes, le trop complaisant pourvoyeur de la mort, le monstre qui avait plongé tant de familles de toutes les conditions sociales dans un chagrin éternel. Dès qu'il mit la tête dehors, il fut accueilli par des cris et des grognements, et accablé d'imprécations. Ces vociférations de la colère, du mépris et de la vengeance éclatèrent encore quand on le vit aller s'asseoir sur la sellette, dans ce même tribunal où sa bouche avait vomi tant de blasphèmes et prononcé sans remords tant d'infâmes arrêts. *La mort! la mort!* était le cri général de la vengeance! C'était une mère qui lui demandait son fils ou son époux; un père, une fille; un orphelin, qui lui reprochaient la déplorable fin des objets de leur amour; c'était Bordeaux tout entier qui demandait une expiation solennelle. Insensible à ces accablantes démonstrations, Lacombe promenait, avec une impassibilité irritante, ses regards sur cette foule en fureur; c'était une mer d'hommes et de femmes qui se portait sur son passage en flots furieux et mugissants, tout prêts à servir d'instruments à la justice éternelle!

Un peu de calme se rétablit : Derey, accusateur public, en profite, et s'adresse ainsi au peuple : « Citoyens, Lacombe est
» accusé du plus grand des crimes, en se couvrant du masque
» de toutes les vertus: les pièces du procès prouvent que ja-
» mais on ne trahit avec plus d'audace la confiance du peuple
» et de ses représentants; que jamais on n'abusa plus indi-
» gnement des fonctions de juge; que jamais un homme plus
» coupable n'occupa la justice !

» Les pièces du procès sont nombreuses : le temps de les
» lire et d'en combiner les faits a été court ; à peine ai-je
» trouvé celui d'en transcrire le résultat ; mais la soif de la
» justice dévore le peuple. Il importe de céder à son impa-
» tience ; c'est l'impatience des vertus républicaines. Le peu-
» ple provoque un grand exemple de sévérité : il faut le lui
» donner. »

Alors on fit lecture des pièces du procès. Lacombe voulut répondre sur chacune d'elles; mais on lui ordonna d'écouter l'accusation tout entière; et mille voix lui criaient de tous les coins de la salle : *Assieds-toi, le tribunal est fixé sur ton compte.* C'est ainsi qu'il apostrophait de son siége de président les innocentes victimes qu'il envoyait à la mort! La-

Livre V.
Chap. 7.

1794

Livre V.
Chap. 7.

1794

combe insiste, et s'écrie : *Le peuple est trop juste......;* mais des huées partent de tous les coins. On lui crie, on lui dit mille choses blessantes ; on l'accable d'imprécations qu'il feint de ne pas entendre. L'horreur qu'inspire chaque crime qu'il avait commis, chaque escroquerie qu'il avait faite, se traduit en cris sauvages de haine, de colère, de mépris et de vengeance. Tantôt c'est une voiture qu'il emprunte et qu'il n'a jamais remise ; tantôt ce sont des marchandises reçues et qu'il n'a jamais payées ; c'est de la toile qu'il prend à l'un ; c'est du vin qu'il vole à un autre, comme le dit Martignac dans sa déclaration, où il s'exprime ainsi : « Je me contenterai de » citer un fait dont j'ai eu connaissance, étant officier muni- » cipal (le vol du vin) ; car je pense que toutes les escroque- » ries qu'on pourrait citer de lui ne sont pas faites pour ca- » drer avec les autres crimes qu'on lui impute. »

Martignac avait raison : président du tribunal de sang, Lacombe faisait un trafic de la justice ; il marchandait la vie des accusés et spéculait sur l'amour conjugal et paternel, l'affection filiale, les craintes des faibles et les espérances de l'innocence ! Lâche, il rendit, crainte d'être découvert, les sommes dont on avait gratifié sa corruption ; mais plein d'astuce, il refusa une bague à diamants qu'on lui avait donnée ; mais il voulut qu'on la lui gardât, et gronda beaucoup, dit-on, sa femme, parce qu'elle l'avait reçue ! Comédie entre larrons ! Il se défendit ; mais ce ne fut pas une défense. Son discours, décousu, n'est pas susceptible d'être analysé ; nous n'en citerons que quelques lambeaux.

Jusque même dans sa prison, Lacombe avait conservé l'espoir de n'être considéré que comme un escroc ; il croyait, par conséquent, qu'aucune loi révolutionnaire ne lui fût applicable ; il fut cruellement désabusé en entendant l'accusation. Les preuves ne manquaient pas : elles étaient évidentes, incontestables ; il s'était comporté en juge prévaricateur. Le réquisitoire du ministère public concluait à la mort, et le coupable lui-même aurait pu lire son arrêt sur le front de ses juges, comme les cris vengeurs du peuple irrité. Il crut intéresser en sa faveur et les juges et l'auditoire, en prononçant d'avance cet arrêt mérité. Il prit la parole pour se défendre; mais les huées des assistants lui couvrirent la voix, et des cris de rage, de haine, de vengeance, lui annoncèrent le sort que la justice divine réservait à ses forfaits. Le calme se rétablit enfin, par les ordres du président Lataste; et on pressa Lacombe d'articuler ce qu'il avait à dire pour sa défense. Il se leva alors; et après quelques murmures comprimés, le bruit sourd d'un peuple impatient dans sa colère, il s'exprima ainsi :

« Citoyens,

» Si j'ai vécu jusqu'à ce moment, si j'ai supporté l'attente
» cruelle de la mort, l'attente plus cruelle encore de l'igno-
» minie et les remords encore plus déchirants, c'est le désir
» de vous être utile qui en est la cause. (Nouveaux murmu-
» res). J'aurais pu trancher mes jours; cet instrument que j'a-
» vais su cacher (à ces mots, il tire de ses vêtements de corps
» un grand clou) m'en facilitait les moyens; j'avais, outre
» cela, du verre dans ma prison, et j'aurais aisément mis en
» défaut la vigilance de mes gardiens. J'ai donc fait un acte
» de courage en prolongeant ma vie, plus grand sans doute
» que celui de me donner la mort : j'ai cru devoir donner un
» grand exemple à mes concitoyens; j'ai cru qu'ils seraient
» satisfaits s'ils me voyaient boire jusqu'à la lie la coupe
» amère de l'opprobre; j'ai cru qu'en leur dévoilant quelques-
» uns de leurs plus grands ennemis, ils me tiendraient compte
» de ce service, et que j'emporterais peut-être dans la tombe
» une portion de leur estime.... » (Non, non, s'écrie le peuple indigné). Lacombe veut le rappeler à l'ordre, et ajoute : « Le
» peuple est toujours juste et ne peut refuser de m'entendre. »
Mais de nouveaux cris s'élèvent et sont suivis d'une rumeur

sourde, qui cesse lentement à la sollicitation de la Cour. Lacombe profite enfin d'un moment de calme, et répond : « Je
» suis criminel; je me hais moi-même autant qu'on me dé-
» teste; je suis loin de vouloir une vie qui m'est odieuse;
» j'ai mérité la mort; et si mes juges (ce qui est impossible)
» avaient la lâcheté de ne point ordonner mon supplice, cette
» main punirait mes crimes, et le peuple serait vengé. Ce-
» pendant, je dois éclairer mes juges, puisque leur arrêt ne
» porte que sur les faits qui me concernent; c'est bien assez
» des fautes que j'ai commises sans que l'on m'en impute
» d'autres; je n'ai nul intérêt à déguiser la vérité; je convien-
» drai de toutes mes faiblesses (de *tous vos crimes*, lui crie-
» t-on), de tous mes crimes, puisque vous le voulez, et je
» vous en découvrirai même que vous ne connaissez pas.
» Cette franchise doit vous convaincre que je ne mentirai
» point lorsque je mettrai sur le compte de mes complices
» certains faits qu'ils ont mis sur le mien. »

Un moment de calme succéda à cette annonce; le peuple veut connaître ses ennemis et entendre de nouvelles dénonciations.

Lacombe entre dans de petits détails, pour prouver que Bizat et Rey sont plus coupables que lui; c'étaient ses coaccusés; il les rendait responsables de ses vols et de ses escroqueries. « Ils ont tout machiné, dit-il, ils ont reçu plus d'argent
» que moi. — Je n'entrerai point dans le partage des fripons,
» répond l'accusateur, je ne vois que le crime et je t'en ac-
» cuse. » Lacombe divague, se perd et ne sait ce qu'il dit; il abandonne son sujet pour se livrer à de vaines déclamations, pour rappeler les services rendus à la patrie et les persécutions qu'il avait essuyées de la part des aristocrates. On lui crie de se renfermer dans son sujet, et de nommer les ennemis de Bordeaux, comme il l'avait promis. Rey et Bizat sont les seuls sur lesquels il s'acharne; et revenant toujours sur son propre éloge et ses services passés, il finit par impa-

tienter le peuple et par fatiguer ses juges. Les cris : *à bas! à la mort! à la guillotine!* se renouvellent. Lacombe se démène : il crie plus fort pour dominer les vociférations de la foule; et voyant qu'il ne peut plus attendrir le peuple, ni ses juges, il s'écrie, en se retournant vers les assistants irrités : « Eh bien!
» qu'on me livre à votre rage et baignez-vous dans mon
» sang. » Le président le rappela au respect qu'il doit au peuple. « J'ai tort, répond-il, je sais que le peuple est respec-
» table, même alors qu'il s'égare. » Il demande si l'on refuse d'écouter sa défense, comme s'il espérait encore conquérir les sympathies des assistants; mais voyant que ses efforts sont vains et que la vengeance chez le peuple domine et efface ses raisons, il s'écrie : « Au nom de ce qu'il se doit à lui-
» même (le peuple), qu'il n'imite point l'injustice, quelque
» part qu'il la voie. Quand je serais le plus horrible monstre
» qui jamais eût paru sur la terre; quand j'aurais été le bour-
» reau de l'innocence; quand j'aurais trempé mes mains dans
» le sang de la liberté même, le peuple doit me protéger et
» m'entendre; ce n'est point Lacombe qui parle, c'est un
» accusé. »

On le laisse continuer; mais il divague toujours. On le rappelle encore à son sujet, qu'il perd de vue; alors il s'efforce de disculper son frère et sa femme. « L'un et l'autre, dit-il,
» lui avaient souvent reproché ses crimes; le seul tort de son
» frère, selon lui, était de n'avoir pas eu le courage de le
» dénoncer...... Ma femme versait souvent des larmes; elle
» ne passait jamais sur la place Nationale *(place Dauphine)*
» sans frémir pour son coupable époux; elle lui avait prédit
» plus d'une fois que cette même hache, qui, par ses ordres,
» faisait tomber tant de têtes, attendait la sienne tôt ou tard. »

Il se plaignit des insultes qu'on lui avait prodiguées en sortant de sa prison, et exprima le désir *de mourir avec sa cocarde nationale*, qu'un soldat avait eu la barbarie de lui arracher. Une risée générale accueillit cette impudente de-

mande d'un monstre qui, en même temps, faisait mine de pleurer sa cocarde! Le président le rassure avec une apparente gravité, et lui dit que s'il est innocent, on lui en donnera une autre, et s'il est coupable, elle lui serait inutile.

Convaincu qu'on allait rendre un arrêt de mort, il demanda avec instance que sa femme, déjà avancée dans sa grossesse, ignorât le sort de son malheureux époux, et qu'un de ses amis lui envoyât de temps en temps de ses nouvelles dans des billets qu'il avait préparés à cet effet; il y en avait une trentaine. On envoya ses demandes au Comité de Surveillance; mais laissons parler l'accusateur public, Derey; il nous peindra mieux que tout autre l'infâme bourreau des Bordelais.

« Citoyens,

» Vous venez d'entendre la lecture des pièces du procès;
» elles vous présentent le tableau le plus hideux. Vous y
» voyez Lacombe escroc, juge prévaricateur, contre-révolu-
» tionnaire et hypocrite; suivons-le dans les trois époques de
» sa vie, afin que nous prenions une juste idée de sa bassesse
» et de la perversité de ses inclinations.

» Quelle fut sa conduite avant la révolution? Comment
» s'est-il conduit depuis la révolution et avant de parvenir à
» la place de président de la Commission militaire? Comment
» s'est-il conduit dans les circonstances des fonctions de cette
» place?

» Quelle fut sa conduite avant la révolution?

» Il nous apprend lui-même qu'il est né à Toulouse; il dit
» qu'il y exerça avec succès l'état d'instituteur, et que, depuis
» environ dix ans, il est venu se fixer à Bordeaux.

» Lacombe instituteur! quel homme pour instruire les en-
» fants dans les principes de la morale, pour développer dans
» leurs âmes les germes des vertus que la nature y a pla-
» cées!

» Il avait vingt-huit ans quand il vint à Bordeaux; il était

» marié; sa femme dit qu'ils étaient pauvres à Toulouse, et
» qu'à leur arrivée à Bordeaux ils n'avaient qu'un peu d'ar-
» gent et leur linge. Quoi! Lacombe, qui avait eu des succès
» comme instituteur à Toulouse, n'avait presque rien quand il
» arriva à Bordeaux? Mais, Citoyens, un fait, qui a certaine-
» ment fixé votre attention, nous offre contre lui les présomp-
» tions les plus désavantageuses sur la réputation qu'il avait
» à Toulouse. Il ne quitta cette ville que parce qu'il y fut, sans
» doute, trop connu, et il vint à Bordeaux parce que la po-
» pulation, le commerce et l'opulence de cette grande cité
» assurent malheureusement à un intrigant plus de ressour-
» ces et plus de moyens de cacher la turpitude de ses actions
» et de faire des dupes.

» Rappelez-vous la déclaration du citoyen Merzeau, l'un
» des plus anciens, des plus braves, des plus vertueux ré-
» publicains. Vous avez vu Lacombe participer au vol d'une
» voiture de Collineau, sellier, cours de Tourny; vous l'avez
» vu participer au vol de 1,200 fr. de livres chez Ducot,
» libraire; vous l'avez vu avec un personnage qui jouait le
» rôle d'un lord, pour mieux surprendre le sellier et le li-
» braire; vous l'avez vu ensuite escroquer pour 8,000 fr.
» de toile au citoyen Merzeau, et comment? Pour faire illu-
» sion au citoyen Merzeau et s'assurer du crédit auprès de
» lui, il envoya sa femme, élégamment parée et dans une
» voiture, pour choisir et accepter de la toile. C'est ainsi que
» cet instituteur, qui avait eu des succès à Toulouse, en fon-
» dait de nouveaux à Bordeaux; c'est ainsi qu'il apprenait
» dans sa famille l'art de l'intrigue et de l'escroquerie; c'est
» ainsi qu'il abusait de la faiblesse de sa femme; il la rendait
» complice de ses bassesses criminelles! Ces faits et une foule
» d'autres, que l'opinion publique lui reproche, nous disent
» assez ce que fut Lacombe avant la révolution. Voyons ce
» qu'il a été depuis.

» Personne n'ignore que, partout, il y a des intrigants, des

» fourbes, des hommes atroces, qui ont pris le masque révo-
» lutionnaire pour cacher leurs menées, tromper le peuple et
» ses représentants, parvenir aux places et écraser la liberté.
» Point de liberté sans vertu, point de liberté avec la licence.
» Eh! comment faire adopter ce principe à des hommes dont
» tout l'amour pour la patrie consiste dans la violence de
» leurs déclamations? qui crient pour en imposer à la bonne
» foi et à la crédulité d'un peuple généreux et sans défiance;
» qui parlent toujours de la république et qui ont dans le
» cœur le despotisme avec toutes ses fureurs; qui parlent de
» la vertu et qui ont l'âme flétrie des vices les plus vils; qui
» parlent de la liberté pour enchaîner et asservir les autres
» citoyens!

» En 1790, Lacombe tenait une pension dans une maison
» qu'il avait louée au citoyen Lisleferme. Il acheta six ou sept
» tonneaux de vin à une veuve, pour la consommation, di-
» sait-il, de son pensionnat. Ce vin n'était pas payé, et il
» fallait se soustraire soi-même aux poursuites de la veuve; il
» en fit une vente simulée à un nommé Poireau, maître écri-
» vain, avec déclaration que Poireau l'avait payé. Ce vin fut
» déplacé et Lacombe quitta la maison; en sorte que la
» veuve, à qui le prix du vin était dû, ne sut pendant quel-
» que temps où était Lacombe et son vin.

» Heureusement pour elle, Poireau prétendit que la vente
» que Lacombe lui avait faite était sincère. Lacombe se porta
» à des violences contre Poireau; ce fut ce sujet de querelle
» qui conduisit les deux escrocs devant l'officier municipal
» (Martignac); ils arrivèrent devant lui en se traitant mutuel-
» lement de fripon; ils furent mis l'un et l'autre aux arrêts;
» comme ils étaient ensemble dans la même chambre, nos
» deux honnêtes gens s'accordèrent.

» L'officier municipal leva les arrêts; mais, soupçonnant
» que cet accord était au préjudice de la veuve, il prit les
» moyens pour la faire avertir. L'avis fut reçu; la veuve fit

» saisir le vin chez Poireau; cette saisie donna lieu à un
» procès devant le juge de Saint-Seurin, qui condamna La-
» combe et Poireau à payer le vin; il ne reste à ces deux
» hommes que la honte de l'escroquerie.

» Lacombe se livra donc, depuis comme avant la révolu-
» tion, aux excès de la plus basse cupidité. Né avec quelque
» talent, mais plus parleur que penseur, Lacombe parut se
» jeter à corps perdu dans la révolution; il était, à l'enten-
» dre, le fléau de l'aristocratie; il parvint, en effet, à éblouir
» les patriotes.

» Il alla à Sainte-Foy; il y établit une école; mais, sans
» doute, sa conduite et ses manières ne lui concilièrent pas
» les citoyens; son école ne réussit pas. Il a osé dire qu'il
» avait quitté Sainte-Foy parce que cette ville était pleine
» d'aristocrates et de modérés. Citoyens, c'est une calomnie
» qu'il a inventée pour pallier les causes qui l'ont ramené à
» Bordeaux. Sainte-Foy est une de nos cités qui s'est constam-
» ment montrée patriote; nous avons vu et nous voyons en-
» core dans les fonctions publiques d'excellents citoyens de
» cette commune, justifiant tous les jours le choix qu'en ont
» fait les représentants du peuple, par leur justice, leur huma-
» nité et toutes les vertus républicaines.

» Le malheur de Bordeaux suscita dans son sein quelques
» scélérats, qui, d'accord avec les députés intrigants de la
» Gironde, abusèrent du patriotisme même des citoyens de
» cette grande cité, pour les précipiter dans des mesures li-
» berticides. Ces traîtres voulaient le fédéralisme, et ils cou-
» vraient leurs horribles complots par le serment de l'unité
» et de l'indivisibilité de la république, du dévoûment absolu
» à la Convention nationale. La Convention nationale, juste-
» ment indignée, ne veut plus faire agir que la justice qu'elle
» doit au peuple français et à sa propre dignité : la foudre
» nationale menace une foule de citoyens.

» C'est alors que Lacombe quitte Sainte-Foy et reprend

Livre V.
Chap. 7.

1794

» son domicile à Bordeaux. Hardi et déterminé à tout pour
» faire sa fortune, il se réunit à ceux qu'il avait autrefois
» éblouis par des phrases sur ses vertus et sur son patriotisme.
» Le repentir et la terreur avaient anéanti les citoyens dont
» il aurait redouté le témoignage; il n'osait plus paraître.
» Cependant, il met à profit ce moment de la terreur; il ne
» craint plus les contradictions de la vérité; il saura bien
» emprunter les manières et les paroles du patriotisme; il
» est proclamé l'ennemi le plus inflexible de l'aristocratie et
» du fédéralisme. Ses partisans vantent ses talents et ses ver-
» tus; on lui prête presque les mœurs d'un Spartiate. Le
» peuple et ses représentants sont trompés; il est nommé
» président de la Commission militaire.

» Voilà quel fut Lacombe depuis la révolution jusqu'au
» moment fatal où ses intrigues le portèrent à la tête de la
» Commission militaire. Il fut alors tour à tour vil et insolent;
» il ne fut jamais patriote. Peut-on l'être quand on a le cœur
» corrompu? Il ne revint à Bordeaux que lorsqu'il fut assuré
» de profiter de la Terreur et du silence des patriotes, et qu'il
» pourrait y parler de ses vertus et de son patriotisme sans
» crainte de contradictions.

» Suivons-le maintenant dans l'exercice des fonctions de
» président de la Commission militaire.

» C'est ici qu'il se montre tout entier : il paraît tour à tour
» féroce et humain; le riche contre-révolutionnaire obtiendra
» sa grâce en lui donnant sa bourse; l'innocent mettra son
» argent à côté de son innocence s'il veut être acquitté. Nous
» avons vu ces odieux marchés dans les pièces de la pro-
» cédure! Ainsi, Lacombe, en prostituant à sa cupidité les
» augustes fonctions de juge, précipitait la marche de la con-
» tre-révolution en pillant tout à la fois les patriotes et les
» contre-révolutionnaires : il fortifiait les espérances des uns
» et réduisait les autres au désespoir.

» Fixons-nous sur quelques-uns des faits établis dans les

» pièces du procès. Vous avez vu la famille de Journu-Aubert
» déterminée à faire tout ce qui serait en son pouvoir pour
» sauver leur parent, qui était mis hors de la loi; on proposa
» jusqu'à 300,000 liv. ! Bizat, ci-devant avoué, fut le porteur
» de paroles auprès de Rey, boulanger, l'ami et l'entremet-
» teur immédiat des propositions pécuniaires et du montant
» des enchères auxquelles Lacombe adjugeait sa justice. Rey
» demanda deux jours, au bout desquels il répondit à Bizat
» que la proposition était acceptée. Il fut remis 205,000 liv.
» en assignats, et on disposa des *bons* pour 95,000 liv. !

» Mais Journu-Aubert, qui ignorait ce que la famille faisait
» pour lui, ayant prouvé son innocence et son patriotisme au
» représentant du peuple, fut réintégré dans la loi. Cet événe-
» ment dut déconcerter les agioteurs; la famille de Journu
» réclama les 205,000 liv.; il n'était pas possible de retenir
» cette somme. La justice qu'Ysabeau venait de rendre à un
» patriote bien connu arrêtait celle de Lacombe; il fallait se
» résoudre à la restitution; mais on temporisa. On ne remit
» la somme que peu à peu ; et comme si l'on avait imaginé
» que la famille Journu devait avoir de la reconnaissance
» pour l'acceptation qu'on avait bien voulu faire d'une somme
» de 300,000 liv., on a retenu une somme de 70,000 à
» 75,000 liv.

» La déclaration de Bizat nous dit même que Bory, beau-
» frère de Journu, avait consenti à laisser 55,000 liv. pour
» les soins qu'on s'était donnés.

» Mais remarquez l'artificieuse tournure de Lacombe et de
» ses agents. On marquait cette horrible concession du nom
» d'amende, à laquelle, disait-on, Journu pouvait être con-
» damné; comme si l'amende devait se déposer dans la main
» du président; comme si elle devait être payée avant le
» jugement; comme si Journu pouvait être condamné avant
» d'être entendu, et qu'on eût lu et entendu sa justifica-
» tion; comme si les juges qui composaient le tribunal

» avec Lacombe n'eussent vu et opiné que d'après ses vues.

» Chaque jour, pour ainsi dire, est marqué par une prévari
» cation. Il fit payer 7,200 liv. au citoyen Chappel; 48,000 liv.
» pour l'élargissement de Beaux ; 32,000 liv. au citoyen Pe
» reyre; 20,000 avant l'arrestation de son frère, en lui fai
» sant entendre que ni l'un ni l'autre ne seraient arrêtés, et
» 12,000 liv. quand son frère eut été arrêté. Ici, la perfidie
» et le jeu de la liberté des citoyens sont réunis à la plus
» insolente concussion !

» Il fit payer 160,000 liv. au citoyen Changeur; et sur ce
» que l'entremetteur se récria (car Lacombe voulait avoir
» 200,000 liv.), il répondit : Qui veux-tu qui paie, si ce
» n'est les riches ? Ayant des enfants, il faut que je leur as
» sure un sort. Malheureux ! tu ne sentais pas que le sou
» venir des vertus d'un père qui est mort pauvre est le plus
» bel héritage qu'on puisse laisser à ses enfants; il est au
» moins certain qu'aucun crime ne souillera son patrimoine.
» Il fit payer à Tarteyron 58,000 liv.; il avait reçu 60,000 liv.
» des citoyens Castarède et 13,000 de la citoyenne Dubergier.
» Lacombe, que les remords n'avaient pu atteindre, craignait
» depuis quelques jours d'être découvert; il fit remettre la
» somme de 13,200 liv. à la citoyenne Dubergier, et celle
» de 50,000 au citoyen Castarède, peu de jours avant son
» arrestation.

» La cupidité de Lacombe et de ses agents s'exerçait sur
» les petites sommes comme sur les sommes considérables.
» La femme Bujac, très-peu fortunée, donna 1,200 liv. dans
» l'espérance qu'elle sauverait son mari; Bujac fut condamné
» à mort !

» Les Pimentel frères donnèrent de la dentelle à la femme
» Lacombe; quelques jours après, Lacombe, feignant d'avoir
» besoin de 6,000 liv., s'adressa au citoyen Béraud pour qu'il
» les empruntât pour lui à ces négociants. Béraud emprunta
» en effet cette somme; mais Lacombe, qui voulait sans doute

» se les approprier sans qu'il pût être recherché à cet égard,
» pressa le citoyen Béraud de faire lui-même le billet; Béraud
» refusa, et Lacombe ne prit point cette somme.

Livre V.
Chap. 7.

1794

» Lacombe avait des sommes considérables; il chercha à
» placer celle de 25,000 liv. chez le citoyen Pereyre. Sur le
» refus de celui-ci, cette somme fut placée dans les mains
» du citoyen Acquart.

» Le Brun, receveur ou directeur de la Douane nationale,
» fut arrêté; ses amis offrirent 100,000 liv.; mais on s'y était
» pris trop tard, et déjà il avait paru à l'audience de la Com-
» mission. Lacombe craignait d'être soupçonné; il répondit
» qu'on avait trop tardé, et Rey ajouta : Sans cela, Brun au-
» rait été sauvé. Ainsi, la vie des citoyens était un objet de
» commerce pour Lacombe, sans qu'il se donnât la peine de
» distinguer les aristocrates des républicains!

» Je presse, Citoyens, cette narration accablante pour les
» hommes justes.

» Vous avez vu la citoyenne Bujac donner 1,200 liv. pour
» acheter le salut de son mari, et Bujac condamné!

» Un autre fait de cette espèce, mais plus important, un
» crime plus réfléchi, plus noir encore, a été commis.

» La femme Dudon, comme la femme Bujac, voulait acheter
» la vie de son mari; elle donna cent louis en or; Lacombe,
» en les recevant, s'écrie : *Il me faut mille louis au moins.*
» Rey rapporte cela à la femme Dudon; elle expose qu'elle
» n'a pas cette somme. Rey rend cette réponse à Lacombe.
» Eh bien! répond ce juge atroce, elle s'en repentira! Il
» chargea Rey de dire à cette citoyenne qu'il lui fallait cette
» somme sous trois jours. Elle ne peut pas la donner, et Dudon
» fut condamné, et Lacombe garda les cent louis en or! Quel
» jeu horrible de ses fonctions, de la vie des hommes et des
» lois !

» Mais l'âme est oppressée par le récit de toutes ces hor-
» reurs! Qu'est-il besoin que je vous dise ici tous les crimes

» dont Lacombe s'est rendu coupable? N'en ai-je pas dit assez
» pour vous pénétrer d'indignation et vous armer du glaive
» des lois?

» D'abord, il nia les faits dans son interrogatoire; mais
» pressé sur les assignats qu'il avait mis dans les boîtes de
» ferblanc cachées dans son grenier, il dit que, sans doute, les
» aristocrates, les ennemis que sa fidélité à la république
» lui avait suscités, avaient méchamment porté ces assignats
» dans son grenier! Cette évasion ridicule décelait seule son
» crime; mais son frère, mais Rey (son entremetteur), ont
» soutenu que c'était par ses ordres que ces assignats, fruits
» odieux de ses concessions, avaient été portés dans son gre-
» nier.

» Mais il est convenu lui-même, dans la suite, de plusieurs
» de ses exactions. Il a déclaré qu'il avait donné à Ducasse,
» autre entremetteur, une somme de 3,000 liv. sur celle
» qu'il avait reçue de la citoyenne Dubergier.

» Il est convenu que Rey lui remit la somme de 6,000 liv.
» sur les 48,000 exigées pour le citoyen Baux. N'y eût-il que
» ces deux aveux, il serait toujours convaincu de concussion;
» mais il a fait d'autres aveux que la justice doit recueillir
» avec soin. Il a écrit au citoyen Plénaud qu'il avait été égaré
» par le désir de laisser sa famille dans l'aisance, et il a ajouté
» *qu'il avait tout nié dans son interrogatoire pour deux motifs,*
» *dit-il, bien naturels : le désir de cacher sa faiblesse, et*
» *surtout l'indignation qu'exciteraient dans son âme les ca-*
» *lomnies atroces et adroitement ourdies de l'infâme Rey.* Il
» avait donc tout nié, et cet aveu de sa part prouve la vérité
» de la déclaration de Rey.

» Il dit qu'il a *nié pour cacher sa faiblesse.* Il convient donc
» qu'il a commis les concussions dont il est accusé. Nous ne
» différons, lui et moi, que sur les mots; il appelle *faiblesse*
» ce qui est un crime abominable : un juge chargé des fonc-
» tions les plus rigoureuses, de prononcer la punition des

» ennemis de la république, et de distinguer avec la plus
» exacte impartialité les amis des ennemis; un tel juge qui
» vend la justice est un monstre dont il faut purger la terre!
» un ennemi de la république! car nous sommes en révolu-
» tion; et ce n'est que dans l'exécution pleine et entière des
» lois révolutionnaires, et par la pratique des vertus qui sont
» à l'ordre du jour, que le juge se montre l'ami sincère de la
» révolution.

» Il niait encore les faits, dit-il, *puisqu'il voulait cacher l'in-*
» *dignation qu'excitaient dans son âme les calomnies atroces*
» *et adroitement ourdies par l'infâme Rey.*

» *Infâme Rey!* Mais si Rey est infâme, quelle qualification
» donnerons-nous à Lacombe? N'est-il pas évident que c'est
» lui qui a mis Rey en mouvement, qui en a fait un entre-
» metteur.

» Rappelez-vous, Citoyens, l'affreux ascendant qu'il avait
» pris sur Rey : tantôt il le menaçait de la guillotine s'il osait
» dévoiler son secret, lui disant qu'il pourrait faire arrêter
» les citoyens sans la participation du Comité de Surveillance,
» juger et faire abattre la tête de quiconque lui donnerait la
» moindre inquiétude, si Rey lui faisait part de ses craintes
» pour l'un ou pour l'autre. Non, disait Lacombe, *rien ne*
» *m'atteindra au poste où je suis, et c'est toi qui pourrais être*
» *compromis si tu ne faisais pas ce que je te prescris. Tu es*
» *maître de ton secret, lui dit-il un jour; mais moi je le suis*
» *de ta vie.*

» Lacombe ne s'accuse que de *faiblesse*, et il traite Rey
» d'infâme! Il faut qu'il soit bien familiarisé avec le crime;
» que sa tête soit bien l'esclave de son âme, de cette âme
» essentiellement immorale, de cet égoïsme qui lui a fait
» violer les devoirs les plus sacrés; qui ne lui montre que
» de la *faiblesse* dans les crimes qu'il commet; qui lui peint
» des couleurs du crime les complaisances auxquelles il a su
» amener cet homme, qui a du moins le mérite de la sincérité.

Livre V.
Chap. 7.

1974

» Citoyens, assez de faits vous ont convaincus, et les dénis
» de Lacombe n'ébranleront pas votre opinion ; mais il sera
» forcé de renoncer à cette défense artificieuse. Le Comité de
» Surveillance l'a entendu ; il l'a confronté avec Rey et Bizat,
» qui déjà avaient donné leurs déclarations et leurs réponses.
» Rey et Bizat, en présence du comité, lui ont soutenu la
» vérité de tous les faits qu'ils ont articulés, et aucun de ceux
» qui ont été témoins de ces débats, où Lacombe a déployé
» tout l'art du mensonge et de l'hypocrisie, n'a douté qu'il fût
» coupable.

» Quels sont les résultats de ces faits?

» Lacombe se conduisait, à l'époque heureuse de la révo-
» lution, comme plusieurs autres, dont la corruption était en
» quelque sorte l'élément. Rappelez-vous, Citoyens, l'escro-
» querie de six ou sept tonneaux de vin, et comment il fut
» tancé à cet égard, en 1790, par le municipal (Martignac)
» qui faisait la police. Lacombe avait déjà parlé avec véhé-
» mence de liberté, de vertu, de régénération des mœurs ;
» mais il parlait une langue étrangère à son cœur : il se disait
» à la hauteur de la liberté, et il rampait dans la fange de la
» corruption !

» Cet esprit qui l'inspirait ne l'abandonna pas lorsqu'il fut
» promu aux fonctions de président de la Commission mili-
» taire. Voyez ses crimes ; ils sont tous imprégnés de son
» penchant à la plus infâme cupidité ; c'est cette cupidité qui,
» presque toujours, met toutes ses passions en mouvement ;
» qui lui dicte les plus horribles marchés ; qui lui fait peser
» au poids de l'or l'existence des citoyens ! C'est elle qui lui a
» fait mettre dans la même balance l'aristocrate et le patriote ;
» qui lui persuada de sauver l'ennemi de la révolution, pourvu
» qu'il lui donnât le prix qu'il exigeait, et de faire languir
» dans les angoisses de la terreur le patriote qui ne pouvait
» pas payer ou qui rougissait d'acheter les preuves de son
» innocence et de son patriotisme.

» Nous savons qu'en général ceux qui ont été condamnés
» à la peine de mort l'avaient bien méritée; ils étaient aristo-
» crates ou ils avaient participé à des mesures liberticides;
» mais Lacombe, en entrant en marché avec eux, en cher-
» chant à les sauver moyennant une telle somme, participait
» évidemment au crime de contre-révolution que ces indi-
» vidus avaient dans le cœur. Peu lui importait que la liberté
» fût anéantie, pourvu qu'il fît sa fortune.

» Mais une chose qui fait frémir l'humanité, c'est de voir
» Lacombe entrer en marché avec les ennemis de la révo-
» lution, les condamner à mort et garder leur argent! Quel
» calcul! quel sang-froid horrible!

» Observez, Citoyens, que les circonstances révolution-
» naires où nous sommes exigent des fonctionnaires publics
» une conduite vraiment révolutionnaire; observez surtout
» que Lacombe était président d'une Commission militaire,
» établie principalement pour diriger et hâter la marche de la
» révolution. Le crime de prévaricateur est donc aujourd'hui
» un crime contre-révolutionnaire, et il doit subir la peine
» que la loi prononce contre les ennemis déclarés de la répu-
» blique.

» Citoyens, depuis quelque temps, l'opinion publique com-
» mençait à s'élever contre Lacombe; Ysabeau, le représen-
» tant, était sur le point de prononcer son arrestation au
» moment où ses pouvoirs furent retirés par le Comité de
» Salut public Lacombe tremblait lui-même, et voilà pour-
» quoi, d'un côté, il faisait dire au représentant Ysabeau qu'il
» y aurait du danger pour lui à rester plus longtemps à Bor-
» deaux, et, de l'autre, il faisait remettre à divers particuliers
» les sommes et les bijoux qu'il en avait reçus.

» Le représentant Garnier (de Saintes) ne tarda pas à le
» connaître; le bruit de ses prévarications parvint jusqu'à
» lui. Lacombe fut arrêté.....

» Citoyens, vous avez frémi au récit de tant de crimes;

Livre V.
Chap. 7.

1794

» vous vous êtes demandés à vous-mêmes comment il était
» arrivé que cet homme eût été choisi pour exercer les fonc-
» tions d'une judicature révolutionnaire.

» C'est à vos malheurs, à vos erreurs, à ce fédéralisme
» criminel auquel Bordeaux fut entraîné, que vous avez dû
» ce fléau. Les représentants du peuple envoyés pour rendre
» cette grande cité au principe de l'unité et de l'indivisibilité
» de la république, ne purent voir partout que des hommes
» que le fédéralisme avait entachés. Lacombe profita adroi-
» tement de cette circonstance; les hommes généreux sont
» sans défiance : les représentants furent trompés, et Lacombe
» fut choisi. Aux vues justes et bienfaisantes des représen-
» tants, se succédèrent les vues iniques et contre-révolu-
» tionnaires de Lacombe. Malheureusement, la terreur qu'il
» inspira étouffa longtemps le cri des citoyens; mais la vérité
» est parvenue jusqu'aux représentants du peuple : la justice
» et l'humanité triomphèrent, et la république et les citoyens
» seront vengés.

» Je requiers, attendu les faits résultant des pièces du
» procès et de l'accusé, que Jean-Baptiste Lacombe, ci-devant
» instituteur et ex-président de la Commission militaire,
» séante à Bordeaux, soit condamné à la peine de mort, con-
» formément à la loi du 27 mars 1793 ; qu'en conséquence,
» il soit livré sur-le-champ à l'exécuteur des jugements cri-
» minels et conduit sur la place Nationale, à l'effet d'y subir
» la peine; qu'en outre, ses biens soient déclarés confisqués au
» profit de la république, et que le jugement qui intervien-
» dra soit imprimé, publié et affiché partout où besoin sera.

» *Signé :* Derey.

» La Commission militaire, après avoir entendu l'accusa-
» teur public, la lecture du procès, la réponse de l'accusé;
» les juges ayant émis hautement leurs opinions, le président
» a prononcé le jugement de la manière suivante :

» La Commission militaire, convaincue que Jean-Baptiste
» Lacombe, ci-devant instituteur, ex-président de l'ancienne
» Commission militaire, s'est rendu coupable d'exaction, de
» concussion, de prévarication, de la plus odieuse corruption
» des mœurs et de l'esprit public, le déclare traître à la pa-
» trie, ennemi du peuple ; en conséquence, le condamne à
» la peine de mort, conformément à la loi du 27 mars 1793
» (vieux style), dont la teneur suit :

» La *Convention nationale,* sur la proposition d'un membre,
» déclare la ferme résolution de ne faire ni paix ni trève aux
» aristocrates et à tous les ennemis de la révolution ; elle
» décrète qu'ils sont hors de la loi.

» ARTICLE PREMIER de l'arrêté ci-dessus rappelé.
» Il sera établi à Bordeaux une nouvelle Commission mili-
» taire, chargée spécialement et uniquement de juger les
» délits attribués au ci-devant président du tribunal, et établi
» sous ce nom, et à ses complices ;
» Ordonne que le présent jugement sera à l'instant exécuté
» sur la place Nationale, imprimé et affiché partout où besoin
» sera, et déclare tous les biens dudit Lacombe acquis et con-
» fisqués au profit de la république.

» Fait à Bordeaux, en jugement, le 27 thermidor an II de la république, une et
» indivisible.

» *Signé :* LATASTE, *président ;* FRIGIÈRE, SEGUEY,
» AZEVEDO, CLOCHARD, *membres ;*
» SICARD, *secrétaire-greffier.* »

Lacombe écouta, dans un morne silence, son arrêt de mort ; mais l'immense foule, au dedans et au dehors, éclata en signes d'allégresse. Des cris de joie s'élevèrent de toutes parts : on agitait les chapeaux et les mouchoirs en signe de reconnaissance envers les juges pour cette sentence, qui vengeait les Bordelais de toutes les infamies dont ce scélérat les avait

Livre V.
Chap. 7.

1794

abreuvés. Tiré de sa rêverie par ces cris de joie, Lacombe, comme pour braver cette expansion de la colère populaire, se traduisant en témoignage d'allégresse, agita lui aussi son chapeau, comme tout le monde, et cria *vive la république!*

On assure qu'avant de mourir, il demanda à parler à Ysabeau lui-même, et lui avoua qu'au commencement il avait été de bonne foi. Nous n'en croyons rien; il n'avait rien à dévoiler; tout avait été révélé; et le peu de chose qu'il aurait pu dire, c'était probablement contre Ysabeau lui-même, qui, dans les beaux jours de la Commission militaire, l'appelait *mon ami*, et profitant de ses bassesses, participait à ses crimes. Ysabeau ne se serait pas soucié de s'aboucher avec Lacombe; il ne demandait pas mieux que d'être débarrassé d'un témoin si dangereux et si embarrassant pour lui et ses collègues. Il savait d'ailleurs que, dans le cours du procès, il avait essayé plusieurs fois de prouver qu'il était moins coupable que les proconsuls; mais l'accusateur public l'interrompit, en lui disant : « Prends garde d'aggraver ta cause en
» faisant des dénonciations tendant à avilir la représentation
» nationale. » Lacombe se tut, à la grande satisfaction d'Ysabeau; mais avant de mourir, il jeta dans la foule ces paroles, qui restent attachées comme des stigmates à la mémoire des proconsuls et du juge : « Si vous avez des reproches à me
» faire, vous me devez aussi de bien grandes obligations. Si
» j'avais suivi les ordres des représentants, j'aurais fait périr
» le double des victimes, et beaucoup de ceux qui m'écoutent
» n'existeraient plus. »

La force-armée l'emmène dehors: le fatal tombereau attendait, comme de coutume, à la porte; mais cette fois-ci ce ne fut plus des innocents jugés coupables qui durent y monter, mais le juge lui-même, se jugeant, se reconnaissant et se condamnant comme ayant mérité la mort! Il frémit à la vue de ce véhicule, recule et refuse d'y monter; mais on lui fait observer que le peuple était furieux; qu'en allant à pied, la garde ne serait peut-être pas suffisante pour empêcher ses nombreux ennemis de le mettre en lambeaux.

Au moment de sortir, M. Lassabathie fils l'attend au coin de la porte et lui flanque au passage deux soufflets vigoureux, en s'écriant : « Scélérat! te souvient-il de mon père? » C'était la vengeance de l'affection filiale! Le monstre recule, le regarde et laisse échapper de sa poitrine soulevée de colère ces mots significatifs : *Ah!*........ *si*....... Un peu plus loin, il aperçoit Mme Dussaulx de Morises, couverte d'un voile noir; elle recule d'effroi; les larmes aux yeux et regardant le ciel, elle s'écrie : O mon Dieu! que vous êtes juste; ô mon mari! le scélérat qui te condamna à mort va recevoir le juste châtiment de son crime, et elle tombe évanouie entre les mains du jeune *Tourangeau*, le nommé Dupart, dont le père avait péri sur l'échafaud, et dont la pauvre mère mourut quelques jours après de douleur et de désespoir. « Pauvre
» femme, dit Dupart à Mme Dussaulx, qui venait de recouvrer
» l'usage de ses sens, pauvre femme! vous êtes heureuse!
» vous vivez pour voir le jour de la vengeance tardive du
» ciel! mais ma pauvre mère! Oh! qu'elle serait heureuse
» d'être témoin du juste châtiment de ce monstre! »

Il faudrait des volumes pour raconter tout ce qui se passa ce jour-là à Bordeaux.

Pâle et consterné, et cependant s'efforçant, par une fierté hypocrite, de braver du regard la foule furieuse, Lacombe veut marcher; mais on se presse, on se heurte : les femmes, les vieillards, les enfants, le chargent de nouveau de malédictions; mille mains se lèvent pour le frapper; ses vêtements sont déchirés, malgré les efforts de la force-armée!

Alors il surmonte ses répugnances, et entre, avec une horreur qui se dépeint visiblement sur ses traits, dans ce sale tombereau qui avait déjà transporté au lieu du supplice tant d'innocentes victimes. Le peuple accourt sur son passage, le chargeant de malédictions, avec tous les cris, tous les signes

Livre V.
Chap. 7.

1794

Livre V.
Chap. 7.

1794

d'une fureur difficile à décrire, et plus difficile à réprimer : on voulait le mettre en morceaux; et sans les sages précautions qu'on avait prises, jamais Lacombe ne serait arrivé sain et sauf au lieu du supplice, où, par sa mort, il devait assouvir la vengeance d'un peuple trop longtemps tyrannisé. Toute la ville et toute la population des campagnes étaient là pour voir, pour la dernière fois, ce célèbre scélérat; tout le monde bénissait le ciel de cette éclatante, mais tardive vengeance : pas une seule âme pour compatir à son malheur; pas une pour s'apitoyer sur ses humiliations; pas une pour l'accompagner d'un regret ou d'un bon souvenir! Les fenêtres, les balcons, les toits même des maisons étaient garnis de curieux; et de tous les coins, de toutes les rues, partout, ce misérable agent de Robespierre entendait en passant des millions de voix le maudire, l'exécrer, l'accabler de leurs malédictions. On se foulait dans les rues; on s'efforçait d'écarter la garde pour l'arracher du tombereau et le mettre en pièces; enfin, on avait exprimé le vœu qu'on fixât des pointes de clous dans la planche sur laquelle il devait s'asseoir; mille autres idées, mille combinaisons hostiles, mille projets de vengeance inspirés par la haine, furent mis en avant; mais ne pouvant pas les réaliser, on assourdit le malheureux d'un tonnerre continu d'imprécations jusqu'au pied de l'échafaud! Il s'y élança avec un empressement qui n'était que le dégoût de la vie et le désir d'échapper, par le dernier supplice, aux reproches mérités des Bordelais, aux malédictions des veuves et des orphelins, sous lesquelles il allait terminer une existence si justement abhorrée. Sa tête roula une minute après sur le pavé; le 14 août 1794, à cinq heures du soir, son sang coula sur le même instrument, dans le même trou, par les mains du même bourreau, comme pour effacer celui de ses victimes. Bordeaux semblait délivré d'un fardeau immense; on commença enfin à y respirer plus à l'aise.

Le cadavre était à peine descendu que le peuple fend les

rangs de la garde et se permet des actes de férocité, qui ne témoignaient que trop son horreur pour le monstre, et qui égalaient ceux qu'on avait exercés dans le temps sur le corps du maréchal d'Ancre.

On promena partout en ville la hideuse tête de Lacombe au bout d'une pique, et on traîna dans les rues le corps inanimé, qu'on mutila de mille façons barbares! Le maire, prévenu à temps, accourut sur les lieux, et le peuple cessa à l'instant de se livrer à ces transports de colère, à ces vengeances gratuites et barbares, et qui n'avaient plus de but. C'était une scène de cannibales; mais l'ordre et le calme se rétablirent bientôt à la voix des magistrats.

Livre V.
Chap. 7.

1794

CHAPITRE VIII.

Incertitude et crainte des Bordelais. — Ysabeau calomnié. — Il expose sa conduite au club National. — Il se justifie. — Il fait retirer la guillotine de la place Dauphine. — Il dissout la Commission des Trois. — Garnier écrit de Paris. — Les Jacobins se plaignent de la lâcheté d'Ysabeau. — Louables mesures pour les subsistances. — Sacrifices que les Bordelais avaient faits. — Il établit une commission chargée de s'informer des vols, des exactions et des malversations des gens en place. — État des prisons. — Pétitions des prêtres incarcérés. — Conduite de la municipalité à leur égard. — Ysabeau visite les prisons. — Ses mesures pour le dessèchement et la culture des marais de Montferrand. — Son arrêté pour la réhabilitation de la famille de Marcellus.

Livre V.

1794

Depuis la chute de Robespierre et l'arrestation de Lacombe, les Bordelais ne savaient quelle direction suivre : aux hommes sages et craintifs l'avenir paraissait gros d'orages et de dangers plus grands encore peut-être que ceux du passé. Les Jacobins se voyant désappointés, soupiraient après le moment de recommencer l'œuvre de la Terreur et l'anéantissement des nobles, des riches et des sommités sociales. Désolés du départ de Garnier et de la modestie d'Ysabeau, ils déclamaient contre ce dernier et s'efforçaient de lui rendre le séjour de Bordeaux insupportable. Ysabeau n'était pas sans crainte : il sortait peu, savait tout et se plaignait de l'ingratitude du public ; il aurait voulu, disait-il, qu'on rendît justice à la pureté de ses intentions et à sa persévérante sollicitude pour la paix et le bonheur de Bordeaux. Voyant qu'il était profondément affecté de tout ce qu'on disait de lui, on crut n'avoir rien de mieux à faire que de le fatiguer par des calomnies, des propos malveillants, des taquineries blessantes : on lui attribuait des projets dont il n'avait jamais eu l'idée ; on donnait une interprétation malveillante à ses actions indifférentes ;

on lui supposait des intentions mauvaises et répréhensibles ; enfin, on froissa tellement sa sensibilité, qu'il se vit un moment sur le point d'aller s'établir à La Réole ; mais on lui fit comprendre qu'il aurait tort d'abandonner les intérêts de la grande majorité des Bordelais, pour les manœuvres malveillantes de quelques intrigants inconnus. Il se décida résolument d'aller au club National et d'y exposer, par ses démentis, les pitoyables ressources et les moyens méprisables dont ses ennemis se servaient pour lui nuire.

Un des sujets de plainte du parti démagogique ou terroriste, était la contradiction qui existait entre les arrêtés de Jullien et de Garnier et ceux d'Ysabeau ; mais le temps n'était plus le même : une autre ligne politique était, depuis la mort de Robespierre, inaugurée au sein de la Convention ; et une mesure bonne sous le *triumvirat* terroriste n'était plus de convenance ni de saison quand ces formidables *triumvirs* n'existaient plus. Ysabeau fit l'éloge de Garnier ; mais il osa dire que ce fier Montagnard n'avait pas étudié les Bordelais ; qu'il s'était entouré d'intrigants et d'hommes de sang, qui auraient fini à Bordeaux et à Paris, comme leurs devanciers en Grèce et à Rome, par détruire tous les éléments de l'ordre social, bouleverser la république sans motifs raisonnables et sans d'utiles résultats, et anéantir les institutions qu'ils croyaient sauver, en poussant la liberté jusqu'à l'anarchie. Ysabeau connaissait mieux que Garnier et Jullien Bordeaux et les Bordelais ; il devait suivre une autre marche. Du temps de Robespierre, il aurait agi comme Garnier ; mais alors tout était changé ; il devait changer avec les circonstances, car les principes n'étaient rien à ses yeux. Garnier recevait des ordres du Comité de Salut public ; celui-ci les recevait lui-même d'un tyran de bas étage qui n'existait plus, et sous le joug de qui la Convention nationale tremblait comme un esclave sous un despote ; mais alors la France venait de faire justice de ses oppresseurs : la justice remplaçait la terreur ; la loi ne permettait plus d'arrêter un individu sur un simple soupçon; il fallait des preuves ou des présomptions tellement fortes qu'elles pussent équivaloir à l'évidence, pour ravir la liberté au dernier des citoyens. Les législateurs d'alors poursuivaient toujours les ennemis de la république; mais ils aimèrent mieux laisser en liberté des intrigants que de risquer de mettre un seul patriote innocent dans les fers; d'ailleurs, si l'intrigue levait la tête, il était là pour l'abattre!

La mort de Lacombe était un coup porté à la puissance des Jacobins de Bordeaux; c'était la fin du règne de la Terreur, continué dans notre cité depuis le 23 octobre 1793 jusqu'au 31 juillet 1794, et qui enleva à Bordeaux l'élite de ses enfants, plus de trois cents innocentes victimes, et près de sept millions et demi d'argent, par le moyen des amendes judiciaires, sans parler des confiscations des propriétés!

Ysabeau poursuivit sa carrière, et s'efforça, par une administration plus douce et moins abusive, de se faire pardonner les immenses torts dont lui et son complice Tallien avaient l'horrible responsabilité. Garnier avait suspendu la Commission militaire; Ysabeau l'abolit; et le jour même de la mort de Lacombe (14 août), il prit un arrêté pour faire disparaître la guillotine, qui était restée en permanence depuis tant de mois, comme une menace de tous les instants contre les malheureux Bordelais.

« Il voulait, dit-il dans son arrêté, soustraire à la vue des
» citoyens l'instrument du supplice, qui, par sa permanence,
» semble les menacer tous; tandis que sous un régime juste
» et humain, il n'est destiné qu'à frapper les conspirateurs,
» les traîtres et les concussionnaires. »

D'après cet ordre, la guillotine fut enlevée par l'exécuteur des hautes œuvres et mise dans un endroit convenable, sous sa responsabilité, avec injonction de la retirer après les supplices des coupables.

Il abolit aussi le Comité sectionnaire des Trois, établi par

Garnier le 23 juillet 1794, et prévint les Bordelais, par un second arrêté de la même date que le précédent, que désormais ils devaient s'adresser aux tribunaux et aux autorités constituées pour obtenir justice, afin, dit Ysabeau, « que j'aie » plus de temps pour satisfaire à mes devoirs, à mon cœur » et à ma mission, en rendant à la liberté et à leurs familles » cette foule de malheureuses victimes de l'oppression, de » l'avarice et de la tyrannie; laissez-moi, ajoute-t-il, celui » d'assurer vos subsistances, dont je me suis occupé sans re- » lâche, lors même que mes pouvoirs avaient cessé dans ce » département. »

Toutes ces mesures furent vivement applaudies et accueillies avec reconnaissance par le peuple : Ysabeau devenait populaire, et s'efforçait toujours, par sa laborieuse activité, de conquérir le respect et les sympathies du peuple. Par le même arrêté, du 29 du même mois, il dispensa les Bordelais, comme nous l'avons vu, de se rendre devant la Commission des Trois, établie dans chaque section, pour obtenir des passeports ou des *laisser passer*. Cette mesure de Garnier était bonne, révolutionnairement parlant, lorsqu'on avait à craindre les conspirateurs et leurs espions; elle était sage pour un temps, mais elle était devenue vexatoire et difficile dans l'exécution. Ysabeau fit bien de l'abolir.

Tout était à faire : on avait jeté par terre l'édifice social et il s'agissait de le reconstruire. Ysabeau, malgré les nombreux obstacles, y concourut avec un zèle louable; c'était pour lui, tout à la fois, un devoir, une réparation des fautes passées et un acte politique. Dans les mauvais jours, il avait aidé à démolir; aujourd'hui, il représentait encore le pouvoir, et devait effacer autant que possible son passé; c'était d'ailleurs de la bonne politique et une ressource de popularité.

Le progrès dans le bien était constant : au milieu de ces louables mesures, les frères et amis de Bordeaux reçoivent, le 18 août, une lettre de Garnier, adressée au club National.

On lit en public cette pièce toute démagogique ; et à ces mots du fameux Montagnard : « *Je poursuivrai les intrigants et les fripons à Paris, comme j'ai fait à Bordeaux,* » les ultra-démocrates se mirent à battre des mains et à trépigner avec tant de violence dans les tribunes, que le plafond tomba, et on craignait que les tribunes ne croulassent tout à fait. C'était la critique voilée de l'administration d'Ysabeau, qu'on trouvait trop lâche; on voulait le blesser et aigrir son esprit contre son prédécesseur, mais on désirait au moins l'entraîner dans la voie de la violence, recommencer les dénonciations, les arrestations et les meurtres du bon temps de Robespierre et de Lacombe! On se trompait d'homme et de date : Ysabeau avait été terroriste; aujourd'hui, c'est autre chose. La Convention s'était adoucie, et Ysabeau avec elle; il avait, comme complice de Tallien, mis la terreur à l'ordre du jour; il avait excité la colère de la Convention contre les Bordelais, et poursuivi avec acharnement leurs prêtres, leurs nobles, leurs négociants, les religieuses, toute l'élite de la population; il avait signalé Dudon au bourreau, et déclaré aux Conventionnels, à Paris, que la guillotine et de fortes amendes épureraient le commerce; il avait pris part à toutes les horreurs qu'on avait commises à Bordeaux; mais homme sans conscience, sans foi, sans délicatesse, sans principes, comme tous les démagogues, il se montra homme des circonstances, changeant selon le temps et prosterné devant tous les pouvoirs. Le club National, qui, certes, n'était pas renommé pour la délicatesse de ses principes ni pour la modération de ses membres, était tellement indigné de tout ce que les proconsuls et leurs agents avaient fait à Bordeaux, qu'il ne put s'empêcher de dire et même d'imprimer que *cette ville avait été la proie d'une nuée de voleurs!*

Entré dans la voie des réparations, Ysabeau trouvait beaucoup à faire : les comestibles étaient rares, le pain très-cher, la misère profonde et générale !

Il y avait même aux environs de Bordeaux des communes où il n'y avait pas de pain du tout. Ysabeau y pourvut par son arrêté du 11 fructidor (28 août), et obligea les communes bien approvisionnées de fournir des secours aux autres, dans le courant des quatre décades suivantes.

Cette sage prévoyance et cette sollicitude d'Ysabeau lui firent des amis. Bordeaux devient plus tranquille : les querelles s'apaisent; on ne fait plus un cruel jeu de la calomnie; et tel qui n'avait donné d'autres preuves de son patriotisme que ses vilaines et méchantes dénonciations, n'ose plus se vanter de ses abominables prouesses, ni faire un crime à son voisin de ce qu'il n'était pas un infâme délateur comme lui-même.

Ils étaient déjà loin ces jours où Bordeaux fut mis en coupe réglée, où la toute-puissance de Tallien et d'Ysabeau avaient fait de notre cité un désert et un amas de ruines ! A l'exception de Paris, de Lyon et de Nantes, Bordeaux fut la ville la plus maltraitée en France : des bandits se succédaient dans la haute administration; ils eurent tous le secret de grossir leurs fortunes, pour prouver, sans doute, que leur patriotisme était à la hauteur de leur délicatesse ! Beaux jours pour ces misérables, qui donnaient le nom de *sainte* à la guillotine, ce docile agent de leur cupidité et de leurs projets anti-sociaux.

Le 18 août, on présenta un état des dons que Bordeaux avait envoyés en argent ou en assignats. On donna d'abord 2,134,680 liv.; plus, 12,542 sabres en épées, 23,000 fusils, 150,000 liv. pesant de fer, 13,000 liv. pesant de plomb, 209 madriers de chêne pour la marine, 500 chemises pour les soldats (1). Nous ne parlons pas des amendes; la liste des ju-

---

(1) Voici une pièce horrible qui a été trouvée dans les archives de la Mairie de Bordeaux. Elle est une des innombrables preuves de tout le sang que firent verser parmi nous, comme dans toute la France, ces monstres, dont nos Montagnards socialistes osent aujourd'hui glorifier la mémoire. Nous la donnons textuellement et dans son orthographe Il faut qu'elle soit reproduite dans toute sa crudité :

Livre V.
Chap. 8.

1794

gements prononcés par Lacombe les donne ; nous ne parlons pas des confiscations des biens des condamnés, qui valaient plusieurs millions ; nous ne parlons pas des exactions de Lacombe, de Peyren-d'Herval, de tous ces misérables, autant de sangsues d'une population terrorifiée, etc. On demanda à l'agent national de Bordeaux un compte exact ; il garda longtemps le silence ; mais obligé enfin de répondre, il déclara que ses registres étaient déchirés et que les pièces compromettantes avaient disparu ! Hélas ! que de vols, que de concussions, que de crimes ensevelis pour toujours dans le passé de notre histoire ! Le désordre était partout, et tellement ré-

Compte de lau que jé fourni par ordre du citoyen Bert aispecteur que fourni sur la place Nationale pour laver la gillotine au nombre de trente barriques deville à 2 fr. pièce ci. . . . . 60 fr. »
Plurs à voir a chete une barrique qu'il me couta 12 fr. ci. . . . . . 12 »

Totail fait. . . . . 72 fr. »

Pour laquit ne sachant signe   Pour Séré Jean Figarol aîné.

Vu bon pour la somme de soixante douze livres.
A Bordeaux le 5 vandenniaire de la 3e.   Clochard, *architecte*.

Pour compte du districq a été ordonné par la commission militaire.
Vu bon pour le calcul, montant à soixante-douze livres.
Bordeaux, le 21 vendémiaire l'an 3e (12 octobre 1794).   Saint-Martin.

Vu, le présent compte, pour fourniture d'eau faite par le citoyen Figarol pour laver la guillotine sur la place Nationale, et le rapport des commissaires de la municipalité, qui, vérification préalablement faite de ladite fourniture, attestent qu'elle a été confectionnée et que le prix en est porté à sa juste valeur ; le bureau municipal de la Commune de Bordeaux a réglé et arrêté définitivement le montant dudit compte à la somme de soixante-douze livres, et déclare que cette somme est due audit citoyen Figarol, dénommé audit compte ; mais comme la commune n'a aucuns fonds applicables à cet objet de dépense, qui, d'ailleurs, n'est pas de nature à tomber à sa charge, il a été arrêté, l'agent national entendu, que le compte sera envoyé au district, qui demeure invité à le transcrire d'une ordonnance de paiement sur la caisse affectée au service des dépenses de cette espèce ; si mieux n'aime, cette administration supérieure, faire fournir à la municipalité les fonds nécessaires pour faire face à cet objet, à Bordeaux, dans la Maison-Commune, le dix-huit pluviôse, troisième année de la république française, une et indivisible.

Signé : N., *maire*.
N., *adjoint*.

votant, tellement accablant pour l'humanité, qu'à la distance de soixante et quelques années, il nous semble impossible, incroyable même, que les cœurs généreux des Bordelais aient pu en supporter le poids! Ces faits sont vrais, malheureusement trop vrais; et cependant tout en les racontant d'après des documents originaux, nous-même nous avons de la peine à en croire la réalité!

C'est Ysabeau lui-même qui établit la commission chargée de recueillir tous les renseignements relatifs aux dilapidations commises par les fonctionnaires publics, aux déclarations des citoyens, relatifs aux dons particuliers, aux ornements d'églises, aux vases sacrés et autres objets précieux enlevés et déposés chez Bertrand, maire de Bordeaux, etc. Ces mesures furent aussi vivement applaudies, mais n'aboutirent à aucun effet satisfaisant pour l'opinion publique.

Ysabeau visitait souvent les prisons, et pénétrait généreusement dans ces noirs réduits où la vertu gémissait en silence à côté du vice et de l'impiété. A son retour à Bordeaux, il trouva dans les prisons 2,400 individus; bientôt après, il n'y en eut que 1,593; le 17 août, il n'y en resta que 1,450; et le 27 du même mois, que 1,187. Pauvres malheureux, de tout âge, des deux sexes, de toute condition, que Lacombe n'avait pas eu le temps d'envoyer à l'échafaud, et qui, entassés les uns sur les autres, sales, dévorés de vermine, périssaient misérablement, mouraient tous les jours de douleur et de besoins!

Au Fort-du-Hâ, se trouvaient encore cent sept prêtres, reste de près des six cents dont on avait déporté les uns, guillotiné les autres, et dont quelques-uns, cachés longtemps dans les bois et les cavernes, tombèrent enfin entre les mains des limiers des représentants, qui les avaient jetés dans ces cachots en attendant la justice de Lacombe! Encouragés par les procédés réparateurs d'Ysabeau, ces détenus rédigèrent ensemble l'adresse suivante, qu'ils envoyèrent à la municipalité:

Livre V.
Chap. 8.

1794

« Citoyens,

» Depuis six mois, nous souffrons sans nous plaindre;
» aujourd'hui nos maux sont trop grands pour que nous gar-
» dions un silence qui ne pourrait qu'entraîner notre ruine.
» S'il existe encore à notre égard quelque sentiment d'huma-
» nité, nous devons être écouté; la rigueur de notre situation
» inspirera la compassion à tout ce qu'il y a d'âmes sensibles.
» En vous la faisant connaître, Citoyens, nous devons espérer
» du soulagement.

» Ce n'est pas seulement l'épidémie, c'est la mort, et de
» toutes les morts la plus effrayante, qui nous menace, qui
» nous frappe; elle ne respecte ni le tempérament ni l'âge.
» Dans l'espace d'une décade, nous avons vu périr douze de
» nos confrères, dont deux ont expiré dans nos bras, sans
» remède, sans secours. L'étroite réclusion à laquelle nous
» sommes réduits, nous en interdit la voie : nous sommes
» forcés de vivre parmi les morts et les mourants, de manger,
» de dormir à leurs côtés, et vous n'ignorez pas que c'est un
» supplice inouï chez des peuples civilisés, et que ce ne fut
» que pour le plus affreux des crimes que l'antiquité l'ima-
» gina. L'épidémie accroît ses ravages, la mort augmente tous
» les jours le nombre de ses victimes. Plus de quatre-vingts
» morts et cent cinquante malades attestent cette vérité!

» Au nom de cette humanité si chère à de vrais républi-
» cains, secourez-nous, Citoyens : chaque jour voit se déve-
» lopper ce poison avec une célérité et une fureur sans égale.
» Si vous différez d'un seul jour à nous secourir, nombre
» de victimes auront à vous reprocher leur destruction ou une
» existence cent fois pire que la mort. L'eau, l'air, l'habita-
» tion, tout y est corrompu, tout est poison; nos murs même
» sont imprégnés de miasmes pestilentiels. Nous ne craignons
» pas de le dire, Citoyens, jamais le plus vil scélérat ne fut
» traité avec autant de rigueur. Vous nous aviez assurés que
» vous viendriez à notre secours? Qu'une habitation plus spa-

» cieuse, plus saine, plus aérée, atteste au peuple entier que
» l'humanité sera toujours l'apanage de ceux en qui il a placé
» sa confiance. »

Cette supplique fut bien faite pour émouvoir tous les cœurs et attendrir les âmes les moins sensibles. La municipalité chargea deux officiers de santé de visiter avec soin toutes les maisons de réclusion, et de constater dans un rapport officiel le nombre des prêtres réfractaires, sexagénaires ou infirmes, ainsi que ceux que la loi condamnait à la déportation. On touchait au moment où un bâtiment allait partir pour Cayenne, et Ripaille, commissaire de la marine, en pressait le départ. Le rapport officiel fut enfin présenté, et l'on décida que les hernies, dont se plaignaient un grand nombre de détenus, ne seraient pas considérées comme une cause assez grande pour empêcher leur déportation; que les sexagénaires et les infirmes seraient transférés dans la maison des ci-devant Catherinettes, et que les prêtres détenus, au nombre de deux cent quatre-vingt-un, dans le ci-devant Petit-Séminaire, qui manquaient complètement de paille, auraient une ration de dix livres de paille chacun pour se coucher !

Cet état de choses, qui demandait des remèdes, que cette inhumaine et homicide municipalité refusait, n'échappa pas à l'œil d'Ysabeau ; il entreprit la visite des prisons lui-même, comme nous l'avons dit plus haut; et en parlant de cette louable entreprise, il dit : « Je ne me fie pour ce travail qu'à
» moi-même ; j'interroge chaque prisonnier à son tour, et
» l'infortuné peut à loisir épancher ses douleurs dans mon
» sein. Toutes les pièces, pour ou contre les prévenus, sont
» notées dans un registre; ceux contre lesquels il n'existe ni
» preuves ni fortes présomptions, sont élargis à l'instant, et
» bientôt les maisons d'arrêt ne renfermeront plus que les
» ennemis déclarés du peuple. Si, faute de motifs légitimes
» pour autoriser leur détention, je mets en liberté quelques

» individus qui peuvent paraître suspects, ce n'est qu'en pre-
» nant à leur égard les plus sages, les plus sûres précautions.
» C'est ainsi que je me suis assuré des membres composant
» la Commission militaire, bien que je n'aie rien trouvé qui
» puisse faire soupçonner leur conduite ; ils n'ont été élargis
» qu'à la charge par eux de se représenter à la première
» sommation, sous peine d'être mis hors de la loi. »

Tout cela parut prudent ; les Bordelais applaudirent encore à la sagesse du représentant. Il ne se bornait pas là : il étendait sa sollicitude aux plaines marécageuses qui se trouvent sur la rive droite de la Garonne, depuis Bassens jusqu'au Bec-d'Ambès, et sur celles qui s'étendent du Bec-d'Ambès jusqu'à Saint-Pardon, sur la rive gauche de la Dordogne. Il voulait rendre ces terres à l'agriculture, afin de leur faire produire des grains, etc., et écarter, avec de nouveaux produits, la fâcheuse perspective d'une disette périodique qui semblait se renouveler tous les ans. Pour arriver à ce résultat, il prit, le 11 fructidor an II (28 août), un arrêté tendant à dessécher ces marais et à utiliser une vaste et précieuse étendue de ce sol d'alluvion, qui, par sa nature aquatique, sa position topographique et la négligence des propriétaires, était resté inculte et négligé, au lieu d'être une source inépuisable de richesses, si des agronomes intelligents et industrieux en étaient les maîtres, ou si les propriétaires riverains se donnaient la peine d'entretenir leurs écluses, les digues et jalles qui servaient à déverser les eaux dans les rivières. Pour prévenir le retour des abus et obvier aux inconvénients qui résulteraient de la négligence ou de l'égoïsme des propriétaires, il ordonna qu'on recurât à certaines époques les aqueducs, fossés, jalles ou conches, qui, par leur engorgement, pourraient empêcher l'écoulement des eaux de l'intérieur. Si ces propriétaires refusaient de se conformer à son arrêté, ils devaient, à compter du 30 ventôse suivant, être responsables envers les propriétaires de l'intérieur de tous les dégâts que pourraient causer le manque d'écoulement et le défaut des réparations prescrites.

Toutes ces mesures étaient dignes d'éloges et couronnées d'un succès complet. On se conforma à l'arrêté, et une immense étendue de terre fut arrachée à une désolante stérilité, causée par la stagnation des eaux.

Voyant qu'Ysabeau désirait sincèrement le bien du pays et la réparation des fautes passées, on crut qu'il voudrait aussi tranquilliser les familles persécutées et leur rendre leurs biens injustement confisqués. On avait condamné à des peines infamantes une multitude de personnes respectables et innocentes : réhabiliter leur mémoire était un acte de justice et de politique aussi. On adressa à Ysabeau plusieurs demandes à ce sujet; Ysabeau les accueillit avec bonté, et fit droit à plusieurs de ces familles, entre autres à celle de Marcellus. Nommer cette famille, qui brilla longtemps par ses vertus au Parlement de Bordeaux, c'est rappeler aux Bordelais tout ce que la bienfaisance, la probité, la noblesse et le dévoûment aux principes monarchiques et surtout religieux, ont de plus sublime, de plus touchant et de plus sincèrement fidèle. Il fallait, en effet, que les vertus des Marcellus fussent bien établies dans l'opinion publique, puisque Ysabeau lui-même en a entrepris l'éloge. Nos lecteurs ne se plaindront pas de trouver dans nos pages cette pièce tout entière; elle ne peut être suspecte dans la bouche d'un panégyriste comme Ysabeau.

Voici l'arrêté de réhabilitation des Marcellus, pris en séance à Bordeaux, le 14 fructidor an II (31 août 1794), qui casse, annule le jugement de la Commission militaire, en date du 3 thermidor, sur plusieurs membres de cette famille, désignés ci-après :

« La famille de Martin-Marcellus, frappée par un jugement
» de la Commission militaire, en date du 3 thermidor, est un
» des exemples les plus effrayants de l'excès d'infortune qui
» peut accabler l'innocence.

» Il résulte des pièces produites dans l'instruction et mises
» sous nos yeux, que la famille de Martin-Marcellus partageait
» depuis longues années son domicile entre la commune de
» Pont-Libre, district de La Réole, et celle de Marcellus,
» district de Marmande ; qu'elle était dans cette dernière com-
» mune, lorsque les cinq individus qui la composaient furent
» mis en état d'arrestation comme ex-nobles, par suite de la
» mesure générale ordonnée par la loi du 17 septembre 1793
» (vieux style);

» Que notre collègue, Monestier, de la Lozère, prononça
» leur mise en liberté le 18 ventôse (8 mars 1794), d'après
» les preuves nombreuses du civisme constant et soutenu de
» cette famille, et le vœu du Comité de Surveillance de Mar-
» mande et de l'administration du district;

» Que cette famille, obéissant la première à un arrêté du
» même représentant du peuple, en date du 30 floréal an II
» (19 mai 1794), qui ordonnait la réclusion de tous les ex-
» nobles, même de ceux précédemment mis par lui en liberté,
» se rendit dans la maison de détention (à Marmande), et
» produisit de là les nouveaux tableaux civiques exigés par
» l'arrêté; que le Comité ne crut pas devoir statuer, avant
» d'en avoir référé au représentant du peuple, Monestier, dont
» les pouvoirs furent retirés au moment où il allait prononcer;

» Que cette circonstance, prolongeant la détention de la
» famille de Martin-Marcellus, les communes de Pont-Libre
» et de Marcellus réclamèrent sa liberté comme un bienfait
» public; que les municipalités, les comités de surveillance
» et les sociétés populaires de ces deux communes, ainsi que
» des communes de Meilhan, de Marmande, etc., etc., etc.,
» enfin, que neuf autorités constituées exprimèrent le même
» vœu et proclamèrent les actes de bienfaisance et de vertu
» dont se composait l'existence entière de cette famille. On
» la voit, dès longtemps avant la révolution, verser la plus
» grande partie de son revenu dans le sein de l'indigence; on

» voit son chef tombant, au mois de mars 1789 (vieux style), Livre V.
» sous les coups d'un ennemi du peuple, victime de son amour Chap. 8.
» pour des droits que nous n'avions pas encore reconquis. Les
» uns citent les jeunes volontaires de leurs communes, rece- 1794
» vant de cette famille des secours pécuniaires et des encou-
» ragements, afin de marcher sur les frontières, et montrent
» le patrimoine de ces généreux républicains, cultivé à ses
» frais et par ses soins; les autres disent : Nos pauvres ont
» tous été secourus par elle : les aliments, les remèdes, les
» vêtements, tout a été fourni avec abondance; et dans la
» répartition qu'elle en faisait, les parents des défenseurs de
» la patrie étaient traités avec le plus de générosité. Pont-
» Libre et Marcellus crient qu'elle a donné de ses propres
» fonds la totalité de la somme que la Convention avait dé-
» crétée devoir être distribuée aux parents des défenseurs de
» la patrie dans les communes respectives. Les administra-
» tions ont chargé leurs registres de ses dons en chemises, en
» draps de lit, en vieux linge, en foin, en barriques et en
» argent; elle a toujours entendu la première la voix de la
» patrie, qui sollicitait le paiement des contributions; et au
» lieu de les restreindre dans les limites de la loi, elle les a
» étendues plus d'une fois au delà de ses bornes. Ceux-ci vous
» appellent dans leur temple de la Raison réparé, embelli à
» ses frais; ceux-là vous parlent de comestibles de toutes
» sortes que les concitoyens ont constamment et gratuitement
» trouvés chez elle, et de la prévoyance qu'elle a eue, surtout
» dans les années disetteuses, de faire planter une grande
» quantité de légumes et de végétaux, pour les distribuer. Un
» grand nombre la bénit comme une espèce de providence,
» qui les consolait dans leurs chagrins, qui les soulageait dans
» leur misère, qui leur offrait toujours bienfaits et amitié;
» enfin, ils proclamaient que l'amour et l'estime publique sont
» le résultat et la récompense d'une aussi rare conduite.
» La Commission militaire n'écouta point ce discours si im-

» portant de la voix de la justice et de la reconnaissance,
» s'élançant de communes, de districts et de départements
» différents; mais elle accueillit des accusations vagues qu'elle
» avait provoquées par ses agents et sa correspondance dans
» une société populaire et ardente, et que cette ardeur égara.
» Le crime de l'intention éclata dans le choix de la commune
» où l'on demande ces prétendus renseignements. La famille
» de Martin n'y a jamais eu, non seulement de domicile, mais
» pas même de propriétés; et ces dénonciations, qui n'étaient
» que des doutes, ont été faites légèrement et n'avaient pour
» garant que celui qui les faisait; mais quand elles auraient
» été prouvées jusqu'à l'évidence, elles n'auraient rien mo-
» tivé.

» Aussi, le rédacteur du jugement sur la famille de Martin
» n'a-t-il pas même cherché à justifier les horribles dispo-
» sitions qui la foudroyent. Il a enveloppé de Martin mère
» (avec huit autres accusés), pour la frapper de mort dans le
» même considérant qui les atteint. Il suppose et il dit que
» *Pélagie de Martin, fille de la précédente, n'a divorcé depuis*
» *près d'un an d'avec son mari émigré, que parce qu'à cette*
» *époque elle n'espérait plus le voir revenir triomphant.* Marie
» de Martin fils, âgé de dix-huit ans, et Aglaé de Martin, âgée
» de quatorze ans, *ont, sans doute,* dit-il encore, *partagé*
» *l'aristocratie de leur famille,* et il prononce *la détention*
» *jusqu'à la paix.*

» Nous, représentant du peuple, délégué dans les dépar-
» tements du Bec-d'Ambès et de Lot-et-Garonne, en séance
» à Bordeaux,

» Considérant que la puissance dont nous sommes revêtus
» n'a de bornes que celles du bien à faire et du mal à ré-
» parer;

» Considérant que le premier de nos devoirs est d'arracher
» l'innocence à l'oppression, et de réparer une injustice aus-
» sitôt qu'elle nous est connue;

» Considérant qu'il n'est d'immuable que la vérité, d'inat-
» taquable que la justice;

» Convaincu que la Commission établie à Bordeaux a porté
» un jugement inique sur la famille de Martin-Marcellus;

» Également convaincu que si le législateur ne peut rap-
» peler à la vie le citoyen égorgé avec le glaive de la loi, il
» doit, en déclarant le crime ou l'erreur du jugement, effacer
» l'opprobre qui couvre sa mémoire, et le replacer dans le
» domaine de l'estime publique;

» Sentant profondément cette vérité de morale politique,
» que tout ce qui est bon appartient essentiellement à la
» république, arrêtons :

» Que le jugement de la Commission militaire établie à
» Bordeaux, sur la famille de Martin-Marcellus, en date du
» 3 thermidor, est et demeure cassé et annulé dans tous ses
» effets;

» Qu'en conséquence, Marie de Martin-Marcellus, âgée de
» dix-huit ans; Pélagie de Martin-Marcellus, âgée de vingt-
» quatre ans, femme divorcée de Descorailles, émigré; Aglaé
» de Martin-Marcellus, âgée de quatorze ans, frères et sœurs;
» et Sophie de Piis, âgée de quinze ans, femme de Marie de
» Martin-Marcellus, seront rendus sur-le-champ à la liberté
» et à la plénitude des droits qui appartiennent aux citoyens
» de la république, en, par eux, se conformant à la loi du
» 27 germinal an II;

» Qu'ils rentreront dans tous les biens qui auraient pu leur
» être enlevés par suite du jugement du 3 thermidor, et que
» la notification du présent arrêté, aux corps administratifs
» ou autres autorités constituées, suffira pour lever tous les
» obstacles, à la charge par eux de payer les frais de séques-
» tration et accessoires.

» *Signé :* C.-Alex. Ysabeau.

» Valette,

» *secrétaire de la Commission nationale.* »

Bordeaux devenait tous les jours de plus en plus tranquille : l'ordre renaissait péniblement, mais on entrevoyait, dans un prochain avenir, des jours plus beaux, une perspective plus agréable. Ysabeau était l'homme du moment : selon les uns, il allait trop vite, et selon les autres, trop lentement; on ne faisait pas la part des circonstances où il se trouvait, ni des obstacles qu'il eut à surmonter. Garnier avait exalté l'esprit public : il avait encouragé les réunions populaires, les discussions des clubs, les fêtes républicaines et anniversaires solennels des diverses époques du développement de la liberté en France. La fête de la prise des Tuileries avait électrisé la foule; au moment où il fut rappelé à Paris, il en préparait une autre, qu'on devait célébrer le 10 fructidor (27 août), en réjouissance de l'union de la république française avec les États-Unis de l'Amérique. Toutes ces fêtes réchauffaient les esprits et fournissaient un nouvel aliment aux principes républicains. Ysabeau présidait à cette dernière fête ; nous en renvoyons la description à la *note 24*.

LIVRE VI.

CHAPITRE PREMIER.

La réaction politique. — Lettre d'Ysabeau au Comité de Surveillance de Bordeaux. — Il visite les prisons. — Ses propositions au club National en faveur des prisonniers. — Sa sollicitude pour les vivres. — Un Comité de révision pour les jugements prononcés par la Commission militaire. — Arrêté relatif aux biens des émigrés. — Proclamation aux Bordelais. — La réaction se fait sentir dans le sein du club National. — Attentat contre la vie de Tallien. — Discours d'Ysabeau à ce sujet. — Mitié et Garreau passent à Bordeaux. — Leurs paroles au club. — Une députation des Bordelais à Paris. — Leur adresse, etc., etc.

Quelque justes que fussent les mesures prises par Ysabeau, elles trouvèrent des censeurs qui s'efforçaient de dénigrer sa conduite et ses intentions auprès de la Convention; la réaction commencée et développée par ce représentant leur était trop contraire pour ne pas faire pressentir l'évanouissement graduel de toutes leurs espérances. La réhabilitation de la mémoire des victimes de Lacombe, la restitution de leurs biens, les prévisions et les craintes que de semblables mesures faisaient naître, froissaient leur égoïsme, excitaient leur rage et rendaient Ysabeau odieux à tous les ultra-démocrates. Ysabeau apprit leur sentiment et leur conduite; il écrivit, le 15 fructidor an II (15 septembre), la lettre suivante au Comité de Surveillance :

« Citoyens, la Convention nationale m'a envoyé au milieu
» de vous pour détruire les restes d'une faction homicide, dont
» son courage a délivré la France, et pour réparer les nom-

Journal du club National,
N° 31.
—
Archives départementales

» breuses injustices et les vexations criantes auxquelles les
» agents de la tyrannie se sont livrés impunément. Il ne vous
» est plus permis d'ignorer que les *triumvirs* voulaient abattre
» tous les patriotes, qui, par la fierté de leur caractère libre,
» auraient pu s'opposer à leurs desseins; ceux même qui les
» servaient, croyant peut être servir la république, eussent
» éprouvé à leur tour le sort des premiers, s'ils s'étaient refusés
» au joug qu'on voulait leur imposer.

» Dans cet état de choses, mes premiers regards ont dû se
» tourner vers ces asiles où gémissaient les nombreuses vic-
» times de l'oppression; j'ai dû briser les fers des uns et porter
» aux autres cette nouvelle consolante, que désormais ils
» n'auraient pour juge que la loi. La manière dont j'ai pro-
» cédé dans les prisons a paru équitable à ceux qui en ont
» été témoins; elle a même été applaudie dans le sein de la
» Société populaire, à laquelle je n'ai pas crainte d'en rendre
» compte, afin que chacun pût me faire part de ses réflexions
» et de ses lumières.

» Néanmoins, les sifflements de la calomnie se sont fait
» entendre. Quelques hommes ont paru craindre, avec un
» zèle hypocrite, que l'aristocratie ne profitât de ce moment,
» je ne dis pas d'indulgence, mais de justice nationale, pour
» délivrer quelques-uns de ses suppôts.

» Citoyens, c'est vous surtout qui devez m'aider à repousser
» ces indignes clameurs proférées par des hommes que la joie
» publique afflige, et qui s'indignent de ne plus jouer aucun
» rôle, pour qu'on n'écoute plus leurs vagues dénonciations et
» qu'on n'égorge plus à leur premier signal.

» Vous savez combien j'aimai dans tous les temps à m'en-
» tourer des conseils des autorités constituées et à marcher
» de concert avec elles. Dans cette occasion délicate, quoique
» je ne dusse compte de l'emploi de mes pouvoirs qu'à ceux
» qui nous les avaient confiés, j'ai presque toujours attendu
» votre rapport et votre avis pour prononcer une décision.

» Par la nature de vos fonctions, vous devez avoir des notions
» exactes sur la conduite et les opinions politiques des déte-
» nus. Je vous charge de me les communiquer avec cette
» franchise qui ne redoute rien que de mal faire. Vous ferez,
» sans doute, entrer en compensation des légers délits ou des
» erreurs peu dangereuses, le temps passé à gémir dans les
» fers, ces journées cruelles où la privation de la liberté livre
» l'homme à des réflexions utiles, fait tomber le bandeau de
» l'illusion et change souvent son cœur lorsqu'il n'est pas
» profondément corrompu ; mais il n'entra jamais dans le
» plan des législateurs, amis du peuple qu'ils représentent,
» de jeter de nouveau au milieu de lui ceux qui firent si
» longtemps son malheur et qui pourraient encore exciter de
» nouveaux troubles. La loi y a pourvu. Nous sommes tous
» rappelés à l'exécution du décret du 17 septembre ; vous
» règlerez vos avis sur ses dispositions ; et si, par erreur,
» quelque infraction à cette loi était parvenue jusqu'à vous,
» je m'empresserai de la réparer le plus tôt possible. Non, la
» haine que les *triumvirs* et leurs agents nous ont fait conce-
» voir pour leur férocité, n'a pas atteint dans nos cœurs celle
» que nous portons à l'aristocratie, au fanatisme et aux vices
» qu'ils enfantent ; nous les poursuivons toujours de concert
» avec les armes d'une justice éclairée.
 » Salut et fraternité.
» *Signé* : C.-Alex. Ysabeau.
 » Valette,
» *secrétaire de la Commission nationale.* »

Malgré de secrètes animosités, la persévérante sollicitude d'Ysabeau surmontait tous les jours de graves difficultés ; il faisait preuve d'une grande modération, tout en se faisant fort de défendre les principes républicains. Il trouva tout à la fois un encouragement et un puissant auxiliaire dans l'opinion publique, qui approuvait sa conduite ; et quoique respirant toujours une haine plus apparente peut-être que réelle, il réussit à rétablir un peu le règne de la justice et à imposer silence aux misérables passions des intrigants démocrates.

Dans ce temps, Beaudot, représentant, vint à Bordeaux, se rendant en mission aux Pyrénées; il alla le soir au club et y prononça un discours empreint d'un républicanisme outré. « La liberté, dit-il, est le patrimoine de l'univers entier ; elle » est impérissable comme la nature, et quiconque ne la veut » que pour lui est un monstre, ennemi du genre humain. » On aurait voulu qu'Ysabeau lui ressemblât ; mais Ysabeau voulait être lui-même et se montrait alors violent en paroles, mais doux et clément dans sa conduite. Il continua à visiter les prisons, ne se gênant pas pour mettre en liberté un grand nombre de citoyens contre lesquels il n'y avait pas de charge grave. Des hommes féroces, qui ne respiraient que le sang, criaient au *modérantisme;* c'était l'aliment de leur rage. Ysabeau, fidèle aux inspirations de l'Assemblée et de la raison, resta sourd à leurs clameurs et se renferma dans un silence sage et salutaire, prêt également à frapper le crime, à faire grâce à l'erreur et à proclamer l'innocence. Le prisonnier, disait-il, jusqu'à son jugement n'est qu'un prévenu ; on l'avait traité comme un coupable ; jusqu'à ce que sa culpabilité soit démontrée, c'est un concitoyen, un frère qui a droit à notre compassion et à notre secours. Ce sera dans ces principes, dit Ysabeau un soir au club, que je vais faire deux propositions à la société :

1° Que deux membres soient nommés tous les *primidis* de chaque décade pour visiter les prisonniers, entendre leurs réclamations et faire leur rapport au club National ainsi qu'à la municipalité, afin qu'elle remédie aux abus qui pourraient se commettre ;

2° Comme beaucoup de prisonniers n'ont aucune ressource particulière et que la nation ne leur accorde que le pain et l'eau, j'invite le club National à ouvrir un registre où les bons citoyens viendront souscrire, et leurs libéralités seront employées à fournir aux prisonniers des secours en nature, tels que linge, remèdes, aliments, etc., etc.

Ces deux propositions furent adoptées à l'unanimité; le registre fut ouvert sur-le-champ : Ysabeau y déposa à l'instant 100 liv., et son exemple fut suivi par un grand nombre de citoyens bordelais.

Ysabeau porta ensuite son attention sur les vivres. Comme chaque section recevait la même qualité de farine, le pain devait donc être le même partout. Il n'en était rien cependant : il y avait de la fraude de la part des commissaires-inspecteurs comme du côté des boulangers; mais Ysabeau supprima, le 18 fructidor (4 septembre), les commissaires qui surveillaient si mal et souvent par intérêt la manipulation du pain, et chargea les Comités des Douze, dans chaque section, de surveiller la fabrication, la cuisson et la distribution du pain.

Un autre sujet de ses méditations de tous les instants excitait sa plus sérieuse sollicitude. Tout en essayant de pallier les premiers torts de la Commission militaire, il en condamnait les abominables atrocités; et ne pouvant ni les effacer ni les faire oublier, il crut pouvoir en réparer quelques-unes. Il savait bien qu'on avait sacrifié des victimes d'avance, sans qu'il leur fût permis de repousser la charge des calomniateurs ou de faire entendre le cri de leur innocence; et qu'outre la vie, on leur avait encore ravi leurs biens, le patrimoine de leurs pères. La chute de Robespierre avait rendu aux Français la liberté de parler et d'écrire; on en profita pour réclamer contre les jugements de Lacombe, qui condamnait certaines familles à l'opprobre et à la misère. Ysabeau avait déjà réhabilité la famille de Marcellus et lui avait rendu ses biens; pourquoi ne pas rendre la même justice à d'autres familles aussi injustement condamnées? La mesure était louable; le peuple y avait applaudi. Ysabeau, voulant donc rendre à l'innocence l'espoir de rentrer dans ses droits, en ôtant au crime celui d'une réhabilitation imméritée, et se rapprocher des formes légales, conservatrices de la vie et de la fortune des citoyens, établit, le 9 septembre, une commission pour réviser les jugements prononcés par le tribunal que présidait Lacombe ; elle se composait des citoyens Reynaud, membre du tribunal criminel ; Boy, ex-commissaire national ; Bergeret, membre du bureau de conciliation ; Plénaud, du Comité de Surveillance ; Gallineau, Goislon, Maccarthy, du tribunal de commerce ; Sicard, secrétaire-greffier. Ce nouveau conseil de révision et de réparation procéda avec mesure ; mais la Convention nationale, induite en erreur par quelques ennemis d'Ysabeau, sentant que les torts reconnus, faits et sanctionnés par elle dans le temps, retombait, non pas sur Lacombe, sur Tallien et Ysabeau, mais bien sur elle-même, elle cassa, le 29 novembre suivant, ce tribunal de révision, et annula les huit réhabilitations qu'il avait prononcées.

Dans cet intervalle, Ysabeau établit à Bordeaux un cours gratuit d'instruction publique pour la fabrication du salpêtre, et ne négligea rien de ce qui pouvait avancer les intérêts du département. Par son arrêté du 30 fructidor an II (16 septembre 1794), il régularisa l'application de la loi du 8 avril, relative aux biens des émigrés, et arrêta les dispositions qui suivent :

« ARTICLE PREMIER. — Conformément à l'art. 4 des décrets
» du 31 octobre, 1er, 3, 10 et 25 novembre 1792, les fem-
» mes, enfants, pères et mères des émigrés ou condamnés,
» qui sont dans le besoin, conserveront dans leurs habitations
» personnelles les meubles meublants, linge, hardes à leur
» usage seulement, lesquels leur seront laissés, sous inventaire,
» provisoirement et jusqu'à ce que leurs droits ou les secours
» aient été liquidés et réglés ; enfin, ceux qui en auront été
» dépouillés seront réintégrés dans la jouissance desdits ob-
» jets.

» Art. 2. — L'administration du département allouera, à titre de secours provisoires, eux-mêmes, sur l'avis du district, au dernier domicile de l'émigré ou condamné, et à prendre sur le produit des biens confisqués ou séquestrés, une somme annuelle de 1,200 liv., s'il n'y a qu'un réclamant; de 1,800 liv., s'ils sont plusieurs et jusqu'au nombre de quatre, et de 2,000 liv. au-dessus de ce dernier nombre.

» Art. 3. — Les réclamants devront joindre à leur pétition un certificat de civisme du Conseil-général de la commune de leur domicile; les enfants au-dessous de quinze ans en seront dispensés.

» Art. 4. — Les femmes, enfants des émigrés et condamnés qui sont dans le besoin, et dont les pères et mères n'ont laissé aucuns biens, seront placés à l'hospice décrété par la loi du 1er juillet 1793. (V. S.)

» Art. 5. — Les pères et mères qui ont des enfants majeurs et mineurs, pourront être réintégrés provisoirement et jusqu'à ce que la Convention nationale ait statué définitivement, dans la jouissance de leurs biens, en remplissant les conditions portées dans les articles suivants.

» Art. 6. — Ils remettront dans cet objet leurs mémoires à la municipalité de leur domicile; ils y exposeront qu'elle a été leur conduite depuis la révolution, y exprimeront la position et les circonstances où ils se sont trouvés à l'égard de leurs enfants depuis le 14 juillet 1789.

» Art. 7. — Le Conseil-général de la commune fera, au bas desdits mémoires, dans les cinq jours où ils lui auront été remis, ses observations sur les faits qu'ils peuvent contenir; mais il s'attachera surtout à indiquer quelle a été la conduite politique desdits pères et mères depuis la révolution, et les preuves qu'ils auraient pu donner de leur patriotisme.

» Art. 8. — Ces mémoires seront communiqués par le

» Conseil de la commune au Comité révolutionnaire du chef-
» lieu du district, qui fera également ses observations dans le
» même délai, transmettra ensuite le tout au directoire du
» district.

» Art. 9. — Le directoire du district sera tenu de donner
» son avis sur lesdits mémoires, dans la décade qui suivra le
» jour de leur remise, et les fera passer, sans délai, au di-
» rectoire du département, qui se concertera avec le repré-
» sentant du peuple, pour y statuer.

» Art. 10. — Si les biens sont affermés, les pères et mères
» qui auront été réintégrés toucheront le prix de ferme, sous
» la déduction des frais exposés, la faculté réservée au fer-
» mier de résilier. »

Cet arrêté produisit les meilleurs effets à Bordeaux, et fut accueilli avec joie par tous les honnêtes gens : plusieurs familles respectables rentrèrent dans leur domaine et échappèrent ainsi à la faim, à la misère, et peut-être à la mort. La réaction allait grand train : on entrevoyait déjà de plus beaux jours, et l'on espérait qu'il ne resterait plus bientôt de la Terreur que des blessures cicatrisées et de tristes souvenirs. Les ultra-républicains, les Jacobins à bonnet rouge, étaient mécontents. Ce mouvement réactionnaire les effraya et donna lieu à de nouvelles accusations, qui s'adressaient, cette fois-ci, non seulement à Ysabeau, mais à tous les hommes en place. Voulant ôter tout prétexte à ces criailleries banales, qui le fatiguaient, Ysabeau publia, en date du 26 fructidor an II (9 septembre 1794), la proclamation suivante, où il s'exprima ainsi :

« Citoyens, un système affreux de corruption a dominé
» trop longtemps dans cette commune. Quelques fonction-
» naires publics, séduits par l'appas des richesses, ont mis à
» prix leurs fonctions. Outre l'atteinte que ce crime a porté
» aux mœurs républicaines, il en est résulté encore un autre
» mal moins facile à réparer. Des soupçons odieux ont plané
» sur la tête de tous ceux qui occupaient des places; la con-

» fiance s'est altérée. Les ambitieux et les méchants ont pro-
» fité de ces circonstances pour décrier indistinctement tous
» ceux qui nuisaient à leurs vues perfides ou qu'ils désiraient
» remplacer.

» Il est temps que le voile qui cache encore une partie de
» cet affreux mystère soit entièrement déchiré, et que chaque
» citoyen puisse distinguer l'homme probe, dont le cœur reste
» toujours inaccessible aux passions méprisables, d'avec le scé-
» lérat qui ne rougit pas de vendre son opinion et surtout sa
» conscience........ Je déclare que le Comité de Surveillance
» entendra, jusqu'au 1er brumaire an II (22 octobre 1794),
» tous ceux qui auraient quelques faits à révéler sur la cor-
» ruption des fonctionnaires publics, quels qu'ils soient.....

» Citoyens, ces dispositions vous offrent à vous-mêmes un
» moyen sûr de repousser ou de confondre la tourbe infâme
» des calomniateurs; car vous devez regarder comme calom-
» niateur quiconque déchirera la conduite des fonctionnaires
» publics, sans avoir le courage de déposer et de signer sa
» dénonciation. »

Cette sage mesure était sévère et hardie, mais d'une portée politique et morale très-grande ; elle écartait doucement et d'eux-mêmes des hommes compromis; elle obligeait même les employés à plus de circonspection et d'exactitude; elle détruisait un affreux système de dénonciations jusqu'alors encouragé ou toléré, et tendait à dévoiler les misérables qui y avaient recours pour avoir des places ou pour satisfaire des haines particulières et des vengeances cachées. La municipalité de Bordeaux appela généreusement sur ses membres et ses employés l'œil censeur d'un public juste et impartial, et s'engagea d'écarter, sur des renseignements précis, impartiaux et fondés, tous les agents et employés dont les principes politiques et moraux pourraient prêter à la censure.

La fureur des dénonciations cessa un peu ; mais l'esprit public eut encore de la peine à s'adoucir. Le club National conservait toujours le même esprit d'habileté contre Ysabeau et ses agents, et les mêmes préjugés contre les aristocrates, les négociants et les prêtres. Cependant, dans une réunion du peuple, le 24 fructidor an II (10 septembre), un membre osa dire tout haut que ce serait une injustice criante que de proscrire ou exiler des aristocrates, des ministres des autels ou des négociants, qui avaient bien mérité de la patrie, ou de confondre les bons citoyens, qui appartenaient à ces castes, avec la masse des mauvais citoyens qui conspirent contre elle. Pourquoi punir au nom de la république des hommes qui n'auraient jamais comploté contre elle et qui seraient soumis à ses lois? Une telle injustice, une si horrible cruauté, seraient dignes de Robespierre ou de ses continuateurs. C'était la vérité que tout cela; mais il fallait du courage pour le dire. L'effet produit était profond; mais pour l'amortir, une autre voix solitaire demanda qu'à l'exemple de plusieurs autres sociétés populaires, celle de Bordeaux priât la Convention de remettre en vigueur le décret qui écartait des fonctions publiques les nobles et les prêtres. C'était raviver le feu de la discorde, les vieilles haines à moitié éteintes. On discuta un peu; mais on repoussa cette demande, par la considération que celui qui l'avait faite aurait dû penser que la Convention nationale n'avait rapporté son décret contre les nobles et les prêtres sans de raisons graves, quoique reconnues.

On s'échauffait sur ce sujet, lorsque Ysabeau, s'élevant à de hautes considérations sur la demande, fit comprendre combien il serait inconvenant et ridicule de venir au club de Bordeaux pour dicter des lois à la Convention ou lui prescrire une ligne de conduite à suivre; que si, en criant contre le fantôme de *modérantisme*, on espérait envelopper dans la même accusation les hommes paisibles et même les représentants, on s'abusait grossièrement; que sa mission était sacrée et son caractère indélébile; que de pareilles motions ne pouvaient venir que des satellites de Robespierre; qu'il garantissait que la grande majorité du club et du peuple de Bordeaux était animée de bons sentiments, et qu'on ne parviendrait jamais à replonger la ville dans le déplorable état d'où elle était récemment sortie.

Après cette sortie vigoureuse, un silence profond régna dans la salle : on se regardait, on s'interrogeait de l'œil et du geste ; mais l'incident n'eut pas de suite.

Dans la séance du lendemain, on délibéra une adresse d'un esprit tout pacifique et social; on avait pour but de faire connaître à la Convention l'esprit de notre cité, que l'on s'efforçait de calomnier. Ysabeau l'appuya avec chaleur, et s'éleva énergiquement contre les hommes sanguinaires qui regrettaient les faveurs et les places dont ils jouissaient sous Robespierre; il déclara les connaître, se dit prêt à les faire connaître, afin que l'indignation publique imprimât sur leurs fronts le sceau de l'ignominie. Au milieu de certaines discussions, un homme violent, dominé par ses passions politiques, se mit à crier à tue-tête que le club recevait dans son sein des fédéralistes et des ennemis de la république. On l'entoura, on le pressa de les nommer, sinon qu'on allait le flétrir comme un vil calomniateur. Il en désigna trois, qui, se voyant indignement attaqués, s'approchèrent du bureau et y déposèrent leurs cartes de civisme, et l'une de ces cartes portait la signature du malencontreux clabaudeur lui-même, alors qu'il était sectionnaire dans le même quartier avec l'accusé; mais on s'indigna contre cette infamie, et on le mit à la porte.

Dans ce temps, une nouvelle fâcheuse, relative à Tallien, arriva à Bordeaux. Ysabeau, son collègue, crut devoir en entretenir le club, et lui donner les détails sur un attentat contre la personne de Tallien.

Rappelé à Paris, comme nous l'avons vu, pour rendre compte du *modérantisme* dont les Jacobins l'accusaient, Tallien se défendit contre les partisans de Robespierre, qu'on appelait alors l'*incorruptible*, et se mit à la tête d'un complot pour renverser ce monstre, le chef des Montagnards. On n'en voulait pas seulement à Tallien, mais aussi à Dona Thérésia. Robespierre l'avait fait jeter en prison ; son crime était d'avoir adouci le sauvage républicanisme de Tallien, d'avoir arraché à la guillotine un grand nombre d'innocentes victimes. Son horreur pour Robespierre et ses sanglantes exécutions à Paris lui avait attiré la haine des Jacobins, et elle poussa Tallien contre leur maître, fomenta de son mieux l'horreur et la haine qu'il inspirait à la France. Un soir, en rentrant chez lui, Tallien rencontra un individu qui lui glissa dans la main un billet de Thérésia, ainsi conçu : « On est venu m'annoncer que » demain je dois monter au tribunal, c'est-à-dire à l'écha- » faud ; cela ressemble peu au rêve que j'ai eu cette nuit : » Robespierre n'existait plus, et les prisons étaient ouvertes... » Mais grâce à votre insigne lâcheté, il ne se trouve bientôt » plus personne en France capable de le réaliser. » Tallien répondit : « Soyez prudente, je serai courageux. » En effet, » il alla de suite acheter un poignard pour se venger de Ro- » bespierre, dont l'étoile pâlissait à l'horizon ; il osa même en faire l'aveu à la tribune, ne contribua pas peu à renverser cet homme de sang, et délivrer la France de la plus exécrable tyrannie imaginable.

Attaqué aussi par Levasseur et Carrier, il leur opposa une vigoureuse résistance, et se défendit avec autant de courage que de bonheur. Dans un discours véhément, le premier dit aux Jacobins : « Demandons à Tallien un compte exact de » ses liaisons; qu'il nous dise où il en est avec la femme d'un » émigré, qui se trouve être la fille du roi d'Espagne. » Tallien répondit sans violence, mais avec grandeur d'âme, et s'efforça de faire taire toutes les passions politiques, afin de faire régner partout l'ordre et la justice. Carrier se leva, et dit : « Tallien demande sans cesse justice, toute la justice ; » c'est à peu près comme un grand fripon, qui dit toujours » qu'il est honnête homme. » Ces misérables se connaissaient bien; nous avons déjà vu le reproche que Cambon adressait à ce Tallien, que Carrier, son collègue, mit de niveau avec les fripons! Malgré toutes ces attaques, cet ancien proconsul, à Bordeaux, garda sa fortune mal acquise, sa position et sa tête; il réussit, à défaut du poignard, à renverser Robespierre; il épousa la belle Thérèse, qu'il avait tant aimée; mais elle ne le rendit pas heureux : elle fit divorce avec lui, afin de devenir la princesse Chimay. Tallien colporta partout ses ennuis et ses remords jusqu'en 1820, époque de sa mort.

Pendant ses fréquentes luttes à Paris contre Robespierre et ses partisans, Tallien faillit périr par la main d'un assassin, qui l'attaqua dans les ténèbres! C'était un aristocrate, disaient les Jacobins exaltés; c'était un Robespierriste, disaient les modérés. La nouvelle en fut portée à Ysabeau, qui, le même soir, le 29 fructidor an II (15 septembre), alla la communiquer au club, et s'exprima en ces termes : « Les agents des Robes-
» pierristes, quoique en petit nombre, sont répandus dans
» tous les départements, où ils abusent le peuple sous le
» masque du patriotisme; ils cherchent partout à ramener le
» régime sanguinaire; partout ils s'efforcent de ressaisir le
» pouvoir arraché de leurs barbares mains; partout ils souf-
» flent la discorde et le trouble; leur rage impuissante se
» consume en vains efforts, il est vrai, mais les patriotes
» éclairés méprisent leurs clameurs, et les esprits faibles sont
» très-souvent en alarmes; car la peur est un mal dont on ne
» guérit pas. Une preuve bien évidente que les Robespier-
» ristes ont des partisans à Bordeaux, c'est les placards in-
» cendiaires qu'ils affichent sans cesse; hier même, pendant
» la séance, ils ont eu l'audace d'en afficher un à la porte du
» club National; il portait ces mots : Peuple, médite le dis-
» cours de Robespierre, prononcé le 8 thermidor (26 juillet)
» à la Convention nationale; il y va de ta gloire.

» Vous le voyez, Citoyens, continue Ysabeau, ce ne sont
» pas des chimères que nous combattons, comme on a voulu

» vous le faire croire; mais l'ombre de Robespierre préside
» et anime encore ses continuateurs, et le poignard est aiguisé
» dans l'ombre contre les fidèles mandataires du peuple. Hé
» bien! s'ils me cherchent, ils n'auront pas de peine à me
» trouver : je vais seul, de nuit et sans armes, et j'offre mon
» sein à leurs poignards. S'ils tuent un zélé patriote, ils ne
» tueront pas la patrie; et le plus beau de mes jours sera
» celui qui m'aura vu répandre tout mon sang pour elle. »

On délibéra ensuite de rédiger une adresse à la Convention nationale, une adresse modérée, qui ne serait qu'une peinture fidèle de l'esprit public à Bordeaux, où les habitants, presque tous, détestent également l'aristocratie, le *modérantisme*, la férocité déguisée en patriotisme, et que leur attachement à la Convention nationale a toujours distingué dans leurs erreurs; on délibéra également d'écrire à Tallien, moins pour lui témoigner la juste douleur des Bordelais, que pour le féliciter d'avoir eu la gloire de verser son sang pour la patrie.

Le lendemain, on arracha un placard incendiaire, digne de l'esprit et de la plume de Robespierre. Ysabeau profita de l'occasion pour parler contre les perturbateurs de la paix publique, exhorta vivement les vrais républicains à dénoncer les auteurs et fauteurs de ces abominables écrits. La paix n'était qu'à la surface; la haine fermentait toujours dans les cœurs des Jacobins. Dans ce moment, Mitié, président de la Commission militaire de l'armée des Pyrénées-Orientales, se trouvait de passage à Bordeaux; il prit la parole, et développa les principes dans un sens conforme à celui d'Ysabeau. Le représentant Garreau s'y trouvait aussi; il occupa longtemps la tribune. Son langage respirait un républicanisme ardent, et comme s'il voulait maintenir le système terroriste, tout en en repoussant les auteurs et la source, il s'écria en finissant : « Que le cri des patriotes soit désormais : Fuyons le Robes-
» pierrisme, mais craignons le *modérantisme*. » C'était vouloir contenter tous les partis à la fois, ménager l'avenir sans

abjurer le passé. Il alla plus loin cependant; et revenant sur le discours de Mitié, il dit que Lacombe avait pour complices, non seulement ceux qui avaient pris part à ses extorsions, mais même ses collègues. Cela était à l'adresse d'Ysabeau, qui, tout stupéfait, se leva de suite, et dit que, bien qu'il n'existât aucune dénonciation contre les collègues de Lacombe, ils n'avaient été mis en liberté que provisoirement, à la charge par eux de se présenter devant qui de droit à la première sommation. C'était justifier son indulgence contre des hommes complices de Lacombe, et presque tous aussi coupables que lui. Garreau lui avait fait sentir la pointe de sa flèche.

Les Jacobins, désolés du mouvement réactionnaire à Bordeaux, ne savaient que faire pour renverser le représentant et attirer de nouveau sur le pays la colère de la Convention. On publiait des libelles infâmes à Bordeaux, qui, trouvant de l'écho à Paris, ravivaient les anciens soupçons et les antipathies presque éteintes contre la patrie de Vergniaud. Pour prévenir les suites que ces menées démagogiques pourraient avoir, et pour détourner l'orage qui semblait s'élever de nouveau à l'horizon, on délibéra sur les avantages ou plutôt sur la nécessité d'envoyer une députation des Bordelais à Paris, avec une adresse pour la Convention. La députation partit; et se présentant à la barre de l'assemblée, le 3 octobre, protesta du patriotisme des Bordelais, affirma que ses concitoyens voulaient l'unité et l'indivisibilité de la république, avoua que les Bordelais avaient été égarés un instant; qu'ils avaient reconnu leurs torts, et que, cependant, on les assassinait depuis un an sans qu'ils osassent se plaindre; qu'ils voyaient, sans oser même murmurer, s'apprêter à leurs portes, dans les rues, sur les places publiques, l'instrument de la mort; et qu'enfin plusieurs de leurs frères avaient péri sur l'échafaud, sans autre crime que celui d'avoir été trompés; et malgré leur repentir et l'aveu de leur égarement involontaire, et même les preuves irrécusables de leur patriotisme, « si toutes nos

» souffrances morales et physiques ne suffisent pas pour con-
» fondre nos calomniateurs, nous dirons à ceux qui doute-
» raient encore : Soixante mille de nos fils ou de nos frères
» combattent glorieusement pour la liberté, soit sur les vais-
» seaux de la république, soit dans les armées de terre, et
» ils ont autant de successeurs parmi nous qu'il peut y avoir
» de citoyens en état de porter un fusil et un sabre ; nous
» leurs dirons encore : Nous n'avons compté pour rien les
» millions que notre patriotisme a déposés sur l'autel de la
» patrie, et pourrait-elle ne pas nous compter au nombre
» de ses enfants les plus fidèles? Nous leurs dirons enfin :
» Depuis plus d'un an nous souffrons la faim, et nous avons
» été trop patriotes pour nous plaindre ou pour murmurer un
» instant. »

Cette loyale et pathétique adresse excita une émotion profonde et générale : plusieurs députés se levèrent pour faire l'éloge des Bordelais, et fondèrent leurs justifications sur les faux rapports qu'on leur avait faits de l'état de la Convention nationale. Ils croyaient qu'elle n'était pas libre ; et en voulant marcher sur Paris, ce peuple héroïque et généreux était dominé par le plus noble patriotisme et le désir de rendre à l'assemblée sa liberté première.

CHAPITRE II.

Fatigué des calomnies et des bruits malveillants des Bordelais, Ysabeau s'en va dans l'Agenais. — Adresse du commerce. — Garnier correspond avec les Bordelais. — Ysabeau en est jaloux et peiné. — Les Bordelais le prient d'appuyer leur adresse à la Convention nationale, pour le soulagement de leurs maux et l'abrogation du décret du 6 août. — Lettres d'Ysabeau à la Convention. — Adresse des Bordelais. — Rapport sur la demande des Bordelais. — Le décret du 6 août abrogé.

Pendant tout ce temps, Ysabeau et les patriotes modérés étaient en butte aux traits les plus acérés de la haine et de la calomnie. Ysabeau s'en plaignait souvent; il disait qu'il en connaissait les auteurs et savait où se tenaient leurs conciliabules nocturnes; il pourrait et devrait les dévoiler et les punir; mais ces misérables hypocrites de la liberté ont passé, disait-il, et passent encore pour patriotes auprès de bien des gens prévenus et trompés; les punir, ce serait fournir un prétexte pour crier à l'oppression; il valait mieux les mépriser et les laisser faire; ils finiraient par se faire connaître, ces *intimes amis de Lacombe, qui affectent de se plaindre qu'on retarde le jugement de ses complices.* « Quant à moi, » dit-il, j'ai fait ce que j'ai dû faire. Le département de Lot-» et-Garonne a besoin de mes soins; je vais m'y rendre; » c'est désormais au club National à surveiller lui-même les » fourbes qui cherchent à l'égarer ! »

Cette annonce alarma les gens paisibles et honnêtes de Bordeaux : on n'aimait pas Ysabeau; son passé était toujours présent à la pensée de tout le monde; il était ardent républicain; mais, depuis la mort de Robespierre, il s'était singulièrement adouci, sous l'empire des circonstances nouvelles. On le préférait au fougueux Garnier et à l'impitoyable Jullien,

Livre VI.
—
1794

et à beaucoup d'autres de cette trempe. On s'était habitué à lui ; il avait inauguré une ère de calme, une période moins agitée que les mois précédents. Les Bordelais en étaient venus aux regrets ; ils craignaient qu'on ne le remplaçât par quelque écervelé, qui replongeât leur ville dans les horreurs d'une guerre civile.

Une députation du club et des tribunes se transporta auprès de lui, pour lui dire combien les vrais patriotes étaient affligés des chagrins qu'une tourbe insolente répandait sur ses jours ; pour l'inviter à rester au milieu d'eux, mépriser ces propos et ces pamphlets odieux que de vils calomniateurs publiaient dans les ténèbres contre lui, et enfin pour l'assurer de l'amour et de la reconnaissance des Bordelais. « Oui, lui
» dirent ces députés, oui, Citoyen représentant, la commune
» de Bordeaux est dans le deuil ; elle sait apprécier la paix
» et le bonheur dont tu la fais jouir, et nul homme sur la
» terre ne possède plus universellement que toi le cœur de
» ses habitants. C'est donc au nom de tous les bons Bordelais
» que nous venons te conjurer de renoncer à ton projet dés-
» espérant. Tu t'es plu souvent à nous rendre la justice qui
» nous est due, puisque souvent tu nous a répété que la
» masse des Bordelais était bonne. Que ta retraite ne nous
» expose pas aux soupçons de n'avoir pas mérité de te pos-
» séder, et sois bien convaincu qu'une faction de quelques
» intrigants misérables ne l'emportera jamais sur la grande
» masse des citoyens qui te chérissent. »

Ysabeau parut sensible à cette démarche des Bordelais, et très-affecté de ces sentiments d'attachement, inspirés au fond par l'intérêt local plutôt que par l'amour. Il leur répondit que ses sentiments envers les Bordelais n'avaient jamais varié ; que la grande majorité de la population était excellente ; qu'il était bien fixé, bien renseigné sur les calomniateurs et les calomnies qu'ils répandaient sur son compte ; mais, qu'obligé par une nécessité impérieuse de se rendre dans le département de Lot-et-Garonne, il reviendrait sous peu à Bordeaux, et leur donnerait de nouvelles preuves qu'il ne cesserait jamais d'être leur ami.

Les ennemis d'Ysabeau étaient les chauds amis de Garnier, qui, quoique à Paris, maintenait toujours avec des Bordelais une correspondance suivie. Ysabeau en conçut un vif déplaisir ; il craignait un rival et des surveillants implacables. Bordeaux était toujours en état de suspicion à la Convention ; Garnier, épousant la cause des Bordelais, rendit justice à leurs sentiments et réfuta les odieuses calomnies de leurs ennemis cachés. Les Bordelais l'apprirent avec reconnaissance, et, dans une lettre brûlante de patriotisme, le remercièrent de son service, déclarant qu'ils voulaient la république une et indivisible, vouant un respect sincère et une obéissance illimitée à la Convention, une haine implacable pour tous les ennemis de la liberté et de l'égalité, surveillance et poursuite contre les intrigants, les fripons et les faux patriotes, et le priant de le faire savoir à la Convention.

On assura à Ysabeau que les patriotes de Bordeaux avaient demandé que Garnier leur fût renvoyé à Bordeaux après l'expiration de son trimestre ; il en fut vivement affecté et s'en plaignit dans une lettre aux Bordelais. Pour le détromper, on crut devoir lui envoyer une copie de la lettre à Garnier, avec l'assurance qu'il avait été mal renseigné, et le priant de nommer l'imposteur qui les avait noircis. Ysabeau se retrancha dans le secret, et ne le fit pas ; il leur répondit qu'il n'avait jamais douté de leur affection pour lui ou de la pureté de leurs sentiments. La grande plaie des Bordelais, c'était le décret du 6 août 1793 ; c'était l'épée de Damoclès suspendue toujours par un fil au-dessus de leurs têtes ; elle menaçait toutes les existences. Il savait bien qu'outre les jalousies, les calomnies, les haines des partis, dans notre cité, les Bordelais gémissaient de plusieurs autres graves désordres également fâcheux et insupportables, tels que la loi du *maxi-*

mum, exécutée d'une manière arbitraire et illusoire, les réquisitions des subsistances, de bois de chauffage et de plusieurs sortes de denrées, la rigueur avec laquelle la Convention traitait les Bordelais sur lesquels des soupçons de *girondinisme* pesaient toujours. Ayant aussi appris que les citoyens Lafitte, Bonnet, Benoît, Alary, Thomas et Grammont, avaient été députés auprès de lui, avant d'aller à Paris, pour obtenir la cessation de cet état de gêne et un soulagement à leurs souffrances, il résolut de leur venir en aide, et de coopérer avec eux à l'abrogation du décret du 6 août, qui avait mis hors de la loi les auteurs et fauteurs de la Commission pupulaire, les fédéralistes et les partisans des Girondins. Il écrivit donc d'Agen, le 16 octobre 1794, la lettre suivante à Paris, et en envoya une copie aux Bordelais; il demandait à la Convention qu'elle étendît à Bordeaux le même bienfait dont elle avait fait jouir la ville de Lyon. Cette lettre est conçue ainsi :

« Citoyens Collègues,

» Vous venez de rendre à l'existence sociale et politique
» une commune désolée (Lyon), qui n'aspirera désormais qu'à
» réparer les crimes des scélérats qui l'entraînèrent à sa perte.
» Lyon renaît de ses cendres, et enrichira de nouveau la
» France par le travail de ses industrieux habitants.

» Portez aussi vos regards sur une autre commune (Bor-
» deaux), dont l'erreur n'a été ni aussi longue ni aussi fu-
» neste à la patrie, et qui cependant gémit encore, ainsi que
» tout le département dont elle est le chef-lieu, sous le poids
» d'un décret qui voue à la mort la majeure partie de ses
» habitants....

» Législateurs, vous savez quels ressorts puissants les chefs
» du fédéralisme ont fait mouvoir pour se créer des parti-
» sans. La force, la ruse, l'éloquence, la soustraction des
» journaux et des écrits propres à éclairer le peuple, tout

» fut mis en usage pour arracher des signatures et pour
» tromper les citoyens sur le véritable but de la faction fédé-
» raliste.

» Ainsi s'éclipsa pour un moment la gloire d'une commune
» et d'un département qui, dans les beaux jours de la révo-
» lution, avaient tout fait pour la liberté ! A peine cette fa-
» tale illusion fut-elle dissipée, que ces mêmes républicains
» s'empressèrent de faire oublier leurs erreurs, à force de
» dévoûment et de sacrifices pour la liberté. Vous rappelle-
» rai-je les dons immenses qu'ils ont déposés au trésor com-
» mun ? La liste en a été mise sous vos yeux, et, depuis
» cette époque, 12,000,000 de livres ont encore été dépo-
» sées pour la construction de deux frégates ; la mendicité a
» été abolie et l'Hôpital militaire meublé aux frais des ci-
» toyens. Une quantité immense d'effets d'habillement et d'é-
» quipement envoyée aux volontaires.

» Écoutez la voix des défenseurs de la patrie, sortis du sein
» de ce département : plus de vingt mille héros combattent
» avec gloire pour la république, et vous demandent, pour
» prix de leurs travaux et de leur sang, de lever la flétris-
» sure attachée à leurs familles, en les réintégrant dans tous
» leurs droits de citoyens français.

» Citoyens Collègues, les chefs et les auteurs du fédéra-
» lisme ne sont plus ; ils ont expié, par leur supplice, le
» crime atroce d'avoir égaré une partie de leurs concitoyens.
» Si quelques-uns ont échappé, par leur fuite, à la juste
» vengeance des lois, qu'ils perdent tout espoir d'amnistie,
» ainsi le veulent la justice et les droits du peuple ; mais ren-
» dez la vie et le repos à cette masse pure et vertueuse de
» citoyens frappés par une mesure générale. Que l'enthou-
» siasme et la joie qu'ils éprouvent au récit des victoires de
» la république ne soient plus troublés par une pensée cruelle
» et déchirante. Ils ont supporté et supportent encore la dé-
» tresse et les privations ; mais combien le poids de leurs

» maux sera-t-il allégé, lorsqu'ils apprendront à tous qu'ils
» appartiennent pleinement et sans réserve à la grande fa-
» mille des républicains français.

» Je demande, en conséquence, le rapport de la loi du
» 6 août 1793, qui mit hors de la loi tous ceux qui ont
» adhéré à la Commission prétendue populaire, et que la
» Convention nationale déclare que la justice nationale étant
» satisfaite par le supplice des auteurs et chefs du fédéra-
» lisme, aucun citoyen du département du Bec-d'Ambès ne
» pourra, à l'avenir, être inquiété pour cette adhésion.

» C. Alex. Ysabeau. »

Cette lettre était partie pour Paris quand Lafitte et Benoît arrivèrent chez Ysabeau, à Nérac, le 27 vendémiaire an III (18 octobre 1794). Il les accueillit avec bonté, leur fit part de ce qu'il avait fait pour les Bordelais, et se plaignit amèrement des bruits malveillants qu'on faisait circuler sur son compte, et surtout de celui, plus absurde que tous les autres, de vouloir marcher contre Bordeaux à la tête d'une armée; il ne leur cacha pas que sa sensibilité en était très-affectée. On l'assura que ces bruits n'avaient rencontré à Bordeaux, chez les citoyens, que le mépris qu'ils méritaient. Il en accueillit avec bonheur l'assurance et promit de se rendre au plus tôt à Bordeaux.

Forts de l'appui d'Ysabeau, la députation se mit en route pour Paris avec son adresse, datée du 23 vendémiaire an III (14 octobre 1794); elle était ainsi conçue :

» Citoyens Représentants,

» C'est avec l'assurance naturelle à des hommes auxquels
» la conscience ne reproche rien; c'est avec la confiance que
» vous savez si bien inspirer à tous les vrais patriotes, que
» nous aussi, las d'être les constantes victimes de l'intrigue et
» de la calomnie, nous venons prouver à la France tout en-

» tière que nous sommes dignes d'être comptés au nombre
» des enfants de la patrie.

» Nous venons prouver que si nous avons été un instant
» égarés loin des sentiers révolutionnaires, nous n'avons jamais
» au moins cessé d'être les amis les plus sincères de la liberté
» et de l'égalité, de l'unité et de l'indivisibilité de la républi-
» que.

» Patriotes ardents, nous saisîmes sans méfiance la coupe
» empoisonnée qui nous fut offerte par des hommes aussi ar-
» tificieux que pervers, et qui, jusqu'alors, avaient trompé
» notre confiance. Ils le savaient bien, les scélérats, que,
» pour nous entraîner dans leurs projets liberticides, il fal-
» lait nous présenter la liberté menacée, la Convention en-
» tourée de poignards et réclamant de toutes parts les secours
» des vrais amis de la patrie....

» C'est ainsi qu'ils parvinrent à nous égarer; mais jamais
» nous ne fûmes criminels. Telle est contre nous la fatalité
» des circonstances; telle fut la profonde perfidie des hom-
» mes qui influencèrent notre opinion, que l'erreur même
» dont nous sollicitons aujourd'hui l'oubli, prouve l'ardeur de
» notre patriotisme.

» Cependant, le décret du 6 août comprime encore nos
» âmes! Et les calomniateurs en profitent pour cacher à la
» France nos vœux et nos efforts constamment dirigés vers
» le triomphe de la liberté; ils voudraient éterniser la per-
» sécution et la destruction de nos concitoyens les plus pa-
» triotes; l'idée du calme et du bonheur leur est insupporta-
» ble; et ces ennemis irréconciliables des vertus, ne peuvent
» vivre qu'au milieu des dilapidations et des larmes.

» Sous le règne des *triumvirs* et des tyrans, ces vérités
» ont trop longtemps été comprimées; nos sanglots eussent
» paru criminels; il fallait nous voir assassiner sans oser nous
» plaindre; mais aujourd'hui que la justice est triomphante
» et que les principes suivis par la Convention nationale nous

» rendent la liberté, elles doivent paraître au grand jour; il
» est temps que vous les connaissiez.

» Nous avons toujours été patriotes ardents, et l'instant où
» nous cessions de le paraître était celui où nous pensions
» mieux servir la patrie. Notre erreur bientôt dissipée, nous
» avons gémi sur les suites qu'elle pouvait avoir si elle eût
» été prolongée, et avons versé des larmes de repentir.

» Nous vîmes, sans murmurer, s'apprêter autour de nous
» les instruments de la mort, et plusieurs de nos frères n'ont
» témoigné, en montant à l'échafaud, d'autres regrets que
» d'avoir été égarés, et de ne pouvoir offrir une seconde vie
» à leur patrie.

» C'est nous, c'est nous-mêmes, qui avons découvert, ar-
» rêté et livré à la juste sévérité des lois, les lâches conspira-
» teurs qui nous avaient entraînés dans l'abîme... Ils ne sont
» plus... Voilà nos réponses aux calomnies lancées contre
» nous; voilà un titre pour réclamer le rapport du décret du
» 6 août; nous le réclamons avec confiance de la justice na-
» tionale.

» Si ce n'était assez pour prouver que nous en sommes di-
» gnes, nous dirions à ceux qui en douteraient encore :
« Soixante mille de nos fils ou de nos frères de ce départe-
» ment combattent glorieusement pour la liberté, soit sur les
» vaisseaux de la république, soit dans les armées, et ils ont
» autant de successeurs parmi nous que de citoyens en état
» de porter les armes. » Nous leur dirions encore : « Nous
» avons compté pour rien les millions que nous avons dépo-
» sés sur l'autel de la patrie; ne pourrait-elle pas nous comp-
» ter au nombre de ses enfants? » Nous leur dirions enfin :
» Depuis plus d'un an, nous souffrons la faim, et nous n'avons
» pas murmuré un seul instant (1).

---

(1) Il existe une copie de cette pièce dans les archives de la Mairie; elle fut faite
le 4 brumaire an III (25 octobre 1794).

» Vive la Convention nationale ! vive la république, une
» et indivisible ! »

(*Suivent les signatures.*)

Cette énergique et respectueuse adresse produisit une émotion générale dans la Convention. On commença à croire que Bordeaux avait été traité en ville conquise et rançonné d'une manière infâme ; on comprit enfin, à Paris, que rien ne saurait justifier les mesures atroces qu'on avait prises contre les Bordelais, ni excuser les excès des agents publics. Le représentant Baraillon en fut si indigné, qu'il demanda avec énergie qu'on nommât une commission pour découvrir les auteurs de ces scènes affreuses de sang et de pillage, et qu'on punît les tyrans de Bordeaux, qu'il qualifie de fripons et de dilapidateurs.

La commission fut nommée, et son rapport fut favorable aux Bordelais. « Les députés de la commune de Bordeaux,
» dit le rapporteur Porcher, député de l'Indre, sollicitait à
» votre barre le rapport de l'art. 2 du décret du 6 août, qui
» déclare traîtres à la patrie, met hors de la loi et confisque
» les biens de tous ceux qui ont provoqué, concouru, adhéré
» aux actes d'une commission, et dont l'existence est heureu-
» sement anéantie depuis plus de quinze mois.

» Leurs voix, appuyées fortement dans cette enceinte par
» tous ceux de nos collègues qui, chargés de votre confiance
» dans ce département, ont été plus à même d'en étudier la
» situation politique, ne vous aurait pas permis, sans doute,
» de différer cet acte de justice, si la réflexion ne vous eût
» portés à penser que vous deviez à la sûreté du gouverne-
» ment, et même à la commune de Bordeaux, de n'adopter
» cette mesure que dans le cas où un examen sévère et ré-
» fléchi de la part de vos Comités de Salut public, de Sûreté
» générale et de Législation, vous aurait convaincus de sa
» justice et de son utilité.

» Je viens en ce moment vous présenter le résultat de cet
» examen ; ma tâche ne sera ni douloureuse ni difficile à
» remplir. Je n'ai pas à vous présenter le tableau désas-
» treux des événements qui nécessitèrent le décret qu'on dé-
» sire effacer de votre code. Ce n'est plus ce département qui
» osa le premier rompre le faisceau qui les unit tous, attisa
» dans la France le feu de la révolte et y souffla le germe de
» la désobéissance. Instruit à l'école du malheur, cruellement
» dupe et victime de la séduction de quelques intrigants, il
» jure aujourd'hui à la souveraineté du peuple que vous re-
» présentez, une obéissance éternelle.

» Depuis longtemps, il faut le dire, le soupçon même ne
» pouvait plus planer sans injustice sur cette cité célèbre.
» L'histoire, en racontant sa révolte, en accusera, sans doute,
» les instigateurs et les chefs ; mais elle défendra les inten-
» tions pures de la masse du peuple ; elle n'oubliera pas que,
» dans une commune où des bataillons se formaient dans un
» clin d'œil, à la voix des représentants de la nation, pour
» voler aux frontières ou combattre les brigands de la Ven-
» dée, la richesse et la malveillance réunies, en prodiguant
» leur or, purent à peine séduire deux cents hommes pour
» marcher contre la représentation nationale.

» Citoyens, ne craignons pas de devancer l'histoire et de
» diriger l'opinion de nos neveux. Oui, il exista dans cette
» commune des ambitieux, des intrigants, des traîtres, que la
» souveraineté nationale doit atteindre et punir ; mais il y
» exista des zélateurs ardents de la liberté, qui ne durent
» leurs écarts qu'à leur amour pour elle, et que nous devons
» maintenant protéger. Lorsqu'une erreur enracinée conduisit
» au crime, lorsqu'elle menaça d'un coup mortel l'unité du
» gouvernement, la raison, la justice, les droits du peuple
» compromis, exigèrent contre elle, de notre part, des mesures
» promptes et sévères ; mais qui de nous ne sent que ce serait
» aujourd'hui trahir à la fois la politique et la morale, si nous

» les prolongions lorsqu'elle est entièrement dissipée?.......

» Investi du double pouvoir de protéger et de punir, le
» premier doit être notre état habituel; le plus sacré, comme
» le plus doux de nos devoirs est de rallier autour de la re-
» présentation nationale et de la liberté tous les hommes qui
» nous offriront une garantie suffisante de leur amour pour
» elle; et cette garantie précieuse, vos comités viennent vous
» annoncer qu'ils l'ont trouvée dans la conduite actuelle des
» habitants de Bordeaux.

» S'il s'agissait donc de juger isolément l'erreur dont les
» Bordelais se sont rendus coupables ; si vous aviez à pro-
» noncer à part sur un égarement dont la date remonte à
» plus de quinze mois, et qui ne laisse en ce moment de trace
» que ce qu'il en faut pour leur rappeler le danger de s'atta-
» cher aux hommes et d'oublier les principes, vos comités,
» dans ce cas-là même, ne craindraient pas d'envoyer en leur
» faveur votre indulgence.

» Mais la justice attend de nous que nous fixions notre at-
» tention sur toute la vie révolutionnaire de Bordeaux. Re-
» présentants, loin de nous cet affreux système qui ne calcule
» que les fautes sans tenir compte des vertus! Si on objecte
» à cette commune qu'elle laissa échapper de ses murs une
» centaine d'hommes égarés, qui marchèrent pendant quel-
» ques milles contre l'autorité nationale, et que la plupart
» d'entre eux croyaient servir, il lui sera libre, sans doute,
» de rappeler cette belle campagne de Moissac, où l'élite de
» ses guerriers équipés, armés et défrayés par elle, et par-
» courant plus de cinquante lieues de terrain, offrit dans le
» Midi le premier exemple de ce que peut l'élan d'un peuple
» libre, et ne rentra dans ses murs qu'après avoir assuré,
» dans ceux de Montauban, le triomphe du patriotisme contre
» le fanatisme et l'aristocratie.

» Hé quoi! ne l'avons-nous pas vu, à presque toutes les
» époques de la révolution, mériter par ses principes, son

Livre VI.
Chap. 2.

1794

» amour pour les lois, son dévoûment à la liberté, l'estime et
» les éloges des représentants du peuple ? Vos comités sont
» convaincus que tous les services rendus à la patrie sont
» toujours présents à votre mémoire, et que vous n'avez pas
» oublié que soixante mille hommes, sortis du sein de ce dé-
» partement, combattent en ce moment, avec autant de gloire
» que d'intrépidité, les ennemis de la république sur les deux
» éléments ; enfin, vous savez aussi que des dons immenses
» ont constamment alimenté le trésor national ; que des four-
» nitures de toute espèce ont rempli vos magasins, et que,
» dans une seule fois, elle y déposa cinquante mille chemises
» pour l'usage de nos guerriers.

» Tant de services rendus à la patrie ne seraient-ils rien à
» vos yeux ? Pourriez-vous également oublier tout ce qu'elle
» a fait pour vous témoigner un vif et sincère repentir de ses
» fautes ?

» La construction de deux frégates ; la mendicité abolie ;
» l'Hôpital militaire meublé, le tout à ses frais ; les navires
» des armateurs offerts ; la loi du *maximum* religieusement
» observée ; la privation des subsistances nécessaires à la vie
» supportée sans regret, sans murmure ; le respect le plus
» profond pour la représentation nationale hautement pro-
» fessé dans son enceinte, tel est le tableau de la situation
» politique de cette cité fameuse depuis que les auteurs seuls
» de ses maux ont péri sous le glaive des lois.

» Un individu seul, Pierre Sers, qui fut président du dé-
» partement de la Gironde, a trouvé le moyen de se sous-
» traire à la vengeance nationale : il fuira pour toujours le sol
» de la liberté, ou il y trouvera la mort.

» Citoyens, il est temps d'exercer dans cette commune un
» grand acte de justice ; il est temps de rendre au travail et
» au bonheur des républicains dont l'expression des senti-
» ments nous a paru sincère. Il existe à Bordeaux, comme
» ailleurs, des hommes qui ne peuvent vivre qu'au milieu des

» dilapidations et des larmes, et qui voudraient y entretenir
» un système d'opposition. Hé bien ! que ces méprisables in-
» dividus soient encore déjoués ! qu'ils trouvent leur malheur,
» puisque tel est leur sort, dans tous les heureux que vous
» ferez, et puisse, pour l'avantage de notre patrie, ce mal-
» heur ne jamais trouver de terme !

» Nous n'aurions pas, sans doute, entièrement rempli vos
» vœux, si nous terminions ce rapport sans avoir examiné la
» question de savoir si on doit rendre à ce département la
» dénomination sous laquelle il fut originairement connu. La
» solution de cette question nous a paru simple et facile.
» Commune affranchie (Lyon), coupable d'une erreur plus
» longue et plus funeste à la patrie, a été autorisée à quitter
» son nouveau nom; celui du *Bec-d'Ambès* pourrait également
» être effacé. Lorsqu'un pardon, en effet, est le fruit d'une
» justice méritée, il pourrait être utile d'anéantir ce qui rap-
» pellerait le plus léger souvenir des fautes qui l'ont néces-
» sité.

» Mais vos comités ont observé que les députés de Bor-
» deaux n'avaient pas reçu de mandat à cet égard ; qu'il
» existait d'ailleurs, dans les armées de la république, beau-
» coup de bataillons sortis du sein de ce département, et qui
» se sont formés sous cette dénomination ; que ces bataillons
» l'ont identifié, pour ainsi dire, avec la victoire dont il ne
» peut plus être séparé, et qu'il serait, en quelque sorte, in-
» juste et impolitique d'effacer la moindre trace de tout ce qui
» peut servir à rappeler le souvenir de la gloire de nos guer-
» riers. Ces motifs ont déterminé vos comités à ne point mettre
» de dispositions à cet égard dans le projet de décret que
» nous allons vous présenter. »

Livre VI.
Chap. 2.

1794

CHAPITRE III.

Lettre d'Ysabeau aux Bordelais. — Une autre à la municipalité. — Le procès des complices de Lacombe. — Ysabeau paraît au club National. — Il échange quelques paroles acerbes avec un membre du club. — Lettre des députés qu'on avait envoyés à Paris. — Le décret du 6 août 1793 est rapporté. — Joie des Bordelais. — Leurs remerciments adressés à la Convention.

Livre VI.
—
1794

Ysabeau connaissait bien la Convention nationale, et appréciait en homme de tête la marche des affaires politiques et la tendance réactionnaire des esprits en France; il se doutait bien que la démarche des députés de Bordeaux serait couronnée d'un entier succès; et prévoyant la joie que produirait dans notre cité l'abrogation du décret du 6 août 1793, il voulut devancer la grâce qu'on attendait et donner à comprendre que le mérite en appartenait à lui. C'est dans cette vue qu'il écrivit aux Bordelais la lettre suivante, datée de Nérac, le 28 vendémiaire (19 octobre 1794) :

« Il est beau pour moi, Frères et Amis, d'avoir devancé
» votre idée, pour demander le rapport de la loi du 6 août.
» Dans des temps moins heureux, j'essayai de provoquer cet
» acte de justice; mais les calomniateurs de Bordeaux, les
» bourreaux de la France, étaient alors trop puissants pour
» ne pas étouffer ma voix; ils disaient alors, comme aujour-
» d'hui, que j'étais un modéré, parce que je cherchais à dis-
» tinguer le citoyen séduit d'avec le coupable séducteur. Au-
» jourd'hui que les principes éternels triomphent des factions
» atroces et sanguinaires, je ne doute pas que ma demande
» ne soit favorablement accueillie. Ainsi s'évanouissent les es-
» pérances des scélérats qui, en semant les calomnies les plus
» absurdes, en répandant des bruits alarmants, cherchaient

» à rompre les liens d'estime et d'amitié réciproques qui
» unissent la représentation nationale aux bons citoyens de
» Bordeaux. Soyez convaincus, Citoyens, que vous n'avez pas
» d'amis plus sincères, de défenseurs plus zélés que les repré-
» sentants du peuple. Organe auprès de vous de la repré-
» sentation nationale, je vous assure, en son nom, qu'elle
» terrassera tous les factieux, dominateurs, intrigants et dila-
» pidateurs, et qu'elle fondera votre bonheur sur des bases
» que les méchants ne pourront jamais renverser.
» Salut et fraternité.
» C. Alex. Ysabeau. »

Toute cette lettre n'est qu'un démenti formel de son langage d'autrefois et un blâme infligé par lui-même à sa conduite antérieure. Il n'était plus ce qu'il était du temps de la puissance de Robespierre; il avait régné, par la terreur, sur une population malheureuse, dont il s'efforce aujourd'hui de conquérir l'affection et l'estime. Mais, se doutant qu'on ne se méprendrait pas sur ses sentiments, il écrivit le même jour, à la municipalité de Bordeaux, une autre lettre où le Terroriste perce encore et s'efforce de se faire craindre; elle est ainsi conçue :

« A Nérac, le 28 vendémiaire an III (19 octobre).

« Citoyens,

» Je serai fort étonné que des magistrats du peuple vou-
» lussent blâmer les mesures, même inutiles, que je vou-
» drais prendre pour assurer la tranquillité de Bordeaux.

» Il n'est pas aussi facile de me tromper que vous affectez
» de le croire; et j'ai trop appris à connaître les véritables
» ennemis du repos des citoyens, pour m'endormir jamais
» sur leurs menées.

» Je ne doute pas de votre exacte surveillance; je doute
» encore moins que la masse des citoyens ne soit beaucoup

» meilleure que ne le voudraient les factieux. J'ai assuré
» cette vérité à la France entière, dans un temps où il y avait
» du danger à l'exprimer et où ceux qui cherchent mainte-
» nant à m'aliéner les cœurs des Bordelais se tenaient soi-
» gneusement à l'écart.

» Citoyens, vous avez dû lire et méditer l'adresse de la
» Convention nationale aux Français. Voilà le centre auquel
» il faut vous rallier; et je vous déclare que, pénétré des
» principes énoncés par l'humanité de mes collègues, je ne
» souffrirai pas que personne parle plus haut que la repré-
» sentation nationale.

» Quelle que soit l'étendue de vos lumières, il peut se faire
» que d'autres aient des notions plus grandes. J'arriverai sous
» peu de jours à Bordeaux, et je vous communiquerai ce
» qu'il vous importe de savoir.

» En attendant, je vous requiers de rechercher les auteurs
» du bruit qui a été accrédité parmi vous, que je ferai mar-
» cher dix mille hommes et deux bataillons de Paris sur Bor-
» deaux. Si vos recherches sont inutiles, j'aurai tout lieu de
» croire que cette infamie n'a été inventée que par ceux qui
» ont l'air d'y ajouter foi, pour détacher le peuple de ses re-
» présentants, et sauver, à travers le trouble et les calom-
» nies, les places qu'ils ont gagnées dans d'autres temps.

» Rien de ce qui pourra être utile aux citoyens de Bor-
» deaux ne me sera jamais étranger; je saurai les servir mal-
» gré les dégoûts dont on m'environne : les factions passent,
» le règne des usurpateurs s'évanouit; la liberté reste, et ses
» fidèles défenseurs, les sincères amis du peuple, qui tra-
» vaillent pour son avantage et non pour le leur, surnageront
» à toutes les petites et viles intrigues dont on les entoure.

» Salut et fraternité.

» C. Alex. Ysabeau. »

Ces prétendus bruits n'existaient que dans la tête d'Ysabeau et de ses séides à Bordeaux, intéressés à les répandre parmi une paisible population qui s'occupait peu de lui. Cette lettre était une menace; c'était le dernier soupir du terrorisme; c'était toujours l'impitoyable complice du féroce Tallien : la haine toujours dans le cœur, quelques gouttes de miel parfois sur les lèvres; protée changeant selon les circonstances, hypocrite amant de la liberté, ambitieux du pouvoir, jaloux de ses rivaux et espérant que, par de prétendus bruits contre lui et la représentation nationale, il réussirait à convaincre la Convention qu'il était encore utile à Bordeaux. Le jour même qu'il écrivait à la municipalité cette singulière missive, qui renferme à la fois une basse flatterie à l'adresse des masses et une puissante menace contre quelques adversaires, les Bordelais s'occupaient tranquillement d'une œuvre patriotique : ils lançaient, pour la république, une frégate de quarante canons, appelée la *Décade,* qu'on avait construite dans l'espace de sept mois, au moyen de dons volontaires; c'était une bonne réponse aux calomnies intéressées qu'on cherchait à faire circuler contre eux à Paris.

Les pouvoirs d'Ysabeau allaient expirer bientôt, et rien ne faisait présager qu'ils seraient renouvelés. On inaugurait une nouvelle politique à l'égard de Bordeaux, il était naturel qu'on y envoyât un nouveau représentant. Ce ne fut pas qu'on eut raison d'improuver la marche suivie par Ysabeau; mais les souvenirs de sa première administration étaient encore vivants et pourraient être un obstacle à ses succès, comme ils étaient cause en partie des bruits qu'on répandait contre lui. Il avait fait juger et condamner Lacombe : il ne pouvait pas s'en dispenser, disait-on, puisque Garnier avait commencé son procès; mais pourquoi gardait-il le silence sur les complices de Lacombe? Son silence, son inaction sur ce point, prêtaient à la critique; elle ne l'épargna pas. Il avait établi une commission pour rechercher les fripons et les dilapidateurs de la fortune publique; elle s'assemblait régulière-

ment, mais elle ne prenait pas de mesure définitive. Enfin, en réponse à des insinuations mortifiantes, l'accusateur public monta à la tribune, au club National, le 1er brumaire an III (22 octobre 1794), et dit : « Depuis longtemps le
» peuple attend avec une juste impatience le jugement des
» complices du scélérat Lacombe : Eh bien ! cette impatience
» sera satisfaite : demain, ils paraîtront au tribunal ; ils seront
» interrogés et jugés le lendemain. »

On délibéra ensuite s'il fallait en écrire à Ysabeau, alors à Nérac ; une partie de l'assemblée crut que, dans une affaire de cette importance, il fallait attendre son retour à Bordeaux, ce qui ne pouvait guère être plus longtemps différé, d'après la lettre qu'il leur avait écrite quelques jours auparavant. Cependant, l'avis contraire prévalut, et le procès commença le lendemain.

De retour à Bordeaux, Ysabeau trouva la procédure commencée, et approuva tout ce qu'on avait fait ; il se souvenait de la leçon que Garreau lui avait donnée, et craignait, par de nouveaux retards, de paraître avoir été, dans le temps, un complice, lui-même, des iniquités de la Commission militaire, présidée par Lacombe, qu'il appelait *son ami.* Dans cette circonstance, Ysabeau n'avait aucun tort ; le public était injuste à son égard. Il n'était nullement la cause du retard ; il était impossible de s'occuper de ce procès plus tôt, par la raison que l'un des inculpés était absent, et la femme de Lacombe se trouvait, à la mort de son mari, dans le dernier mois de sa grossesse. Enfin, l'affaire fut appelée ; mais le peuple témoigna, en cette circonstance, la plus grande indifférence pour le sort des accusés. Aucune marque d'impatience, de satisfaction ou d'horreur, ne vint dissiper l'indifférence du public bordelais ; on eût dit que sa vengeance avait été assouvie par la mort du grand coupable lui-même : on n'avait que du mépris pour ses agents subalternes.

La séance du 2 brumaire an III (23 octobre 1794) fut consacrée à la lecture des pièces de l'accusation. D'après les documents et le discours de Derey, accusateur public, il paraissait que Jean Rey, âgé de quarante ans, natif de Montauban, avait fait banqueroute comme boulanger, ou, ce qui est aussi coupable, qu'il partit pour Toulouse sans payer ce qu'il devait dans sa ville natale. De Toulouse il vint à Bordeaux, et ouvrit, avec un associé aussi corrompu que lui, un café dans la rue Monbazon, où il recevait toutes les femmes de mauvaise vie, dont fourmillait alors ce quartier. Lacombe, méprisé à Bordeaux à cause de ses escroqueries, détesté par sa méchanceté, alla à Sainte-Foy, et ne revint à Bordeaux que lorsque les circonstances furent assez mûres pour que ce misérable escroc pût, en qualité de juge, exercer son abominable industrie, en vendant la justice et en trafiquant sur la liberté et la vie des Bordelais.

De retour de Sainte-Foy, Lacombe alla loger chez Rey, qui devint son principal agent et son copartageant dans les gains infâmes de leurs spéculations meurtrières ! Sur une liste qu'ils dressèrent, d'accord avec Bizat, de tous les Bordelais qu'il faudrait incarcérer, se trouvait le nom de M. Chapel, qui, averti par Bizat de son sort, donna 7,200 liv. pour être soustrait à l'arrestation. A la demande de Chapel, qui s'intéressait à M. Baux, Rey demanda à celui-ci la somme de 24,000 liv.; puis, prétextant que cette somme était pour Lacombe, il demanda et obtint pour lui-même 4,000 liv., supplément à la somme principale arrachée à ce malheureux Baux, pour sa radiation de la liste des proscrits.

Dans l'affaire de Jean Tarteyron, Rey stipula d'abord qu'il serait donné 24,000 liv. à Lacombe, et 10,000 liv. pour lui-même, sous la condition de le faire sortir le lendemain. Plusieurs jours s'écoulent, et la femme Tarteyron fut obligée d'y ajouter encore 24,000 liv. Le malheureux Tarteyron n'était pas encore libre. Plusieurs mois s'écoulent, et, peu satisfait de ces vols, Rey, pour profiter encore de la faiblesse de la femme Tarteyron, lui fait dire par Bizat que Lacombe et lui allaient rendre les sommes reçues, puisque Tarteyron avait des ennemis puissants ; que, cependant, si la citoyenne Tarteyron voulait lui donner 200,000 liv., il ferait l'impossible pour sauver son mari, et imposer silence à la cabale.

La vertueuse épouse était déterminée à tout donner ; mais comment se procurer tant d'argent? On lui conseille d'attendre. La veille du jour que Tarteyron devait être jugé, Bizat vint dire qu'on se contenterait de 100,000 liv. Le citoyen Balguerie répondit qu'il était impossible de donner cette somme ; qu'on donnerait les 24,000 liv. Rien ne peut rebuter la vertu et l'amour conjugal chez cette malheureuse épouse; elle prend la plume et écrit à Lacombe lui-même, qui, cette fois-ci, pour ne pas lâcher sa proie, plutôt que par pitié, fait semblant de renoncer à l'argent, et la renvoie à Rey, qui exigea, outre les 24,000 liv. déjà comptées, une autre somme de 24,000 liv. pour Lacombe et 10,000 liv. pour lui-même, sommes que le citoyen Balguerie compta pour la vie du malheureux Tarteyron.

Rey exigea 75,000 liv. des citoyens Schroder et Schiller, 150,000 liv. de Changeur, 32,000 liv. de Pereyre, 300,000 livres de Journu-Aubert ; mais Journu-Aubert étant rentré dans la loi, Lacombe et Rey, dans la crainte d'être découverts, remirent à sa famille la somme comptée, à l'exception de 70,000 liv. qu'ils gardèrent pour leur peine.

On demanda à la femme Dudon mille louis en or pour la vie de son mari. Elle n'en a que cent; Rey accepte ; elle court chez elle, et, dans sa précipitation, neuf de ces pièces échappent à ses regards dans sa cassette ; elle revient à la hâte chez Rey, croyant porter les cent louis d'or. Rey les compte avec la plus froide tranquillité, et, ne trouvant que quatre-vingt-onze pièces, lui dit avec aigreur d'aller chercher les autres. Cette digne épouse revole chez elle, et rapporte au monstre les neuf pièces qu'exigeait sa cruelle avidité.

Cependant, Lacombe et Rey s'entendent, et, ayant déjà les cent louis d'or, ils demandent les mille. La malheureuse femme ne peut pas se les procurer; elle prie, elle supplie qu'on lui accorde du temps; que, chez elle, tout est sous scellé; que son mari, une fois mis en liberté, trouvera facilement cette somme, que ses amis n'iraient pas alors lui prêter de peur de paraître complices, ou, ce qui était aussi mauvais, de passer pour riche et, par conséquent, aristocrate et coupable. Lacombe, en colère, fait dire par Rey à cette dame que si en trois jours la somme n'était pas comptée, son mari serait guillotiné. Rey n'y manqua pas; la malheureuse épouse est au désespoir. Enfin, le juge sanguinaire dit à Rey : Demain, Dudon sera jugé, et tu viendras me dire sur le tribunal si *tu as ça!!* Rey, aussi barbare que lui, va dire sur le siége du monstre : *Je n'ai pas ça!!* Et Dudon paraît, est jugé et condamné à mort! Après l'arrestation, Lacombe avoua que Rey lui avait remis cinquante de ces louis d'or; il semblait en résulter que ces deux scélérats s'étaient partagé leur butin !

Sans le sou avant 1793, Rey devint opulent dans l'espace de sept ou huit mois; il acheta une maison à Montauban pour 4,700 liv.; il expédia, pour son compte, à Courtin, de Toulouse, une fois pour 10,000 liv. de sucre et de café, et une autre fois pour 24,000 liv. Il prêta 2,000 liv. à l'un de ses amis, 4,000 liv. à Bizat, 1,500 liv. à Laquerre, boulanger, et il acheta, rue Beauvais, une boulangerie pour 40,000 liv.

Rey fut condamné à mort et ses biens confisqués.

Bizat, natif de Villegouge, près Libourne, fut l'instrument de ces deux escrocs; soupçonné, mais pas complètement convaincu d'avoir pris part dans les rapines de ses chefs, il avait commencé ce commerce avec Rey avant la présidence de Lacombe; ils avaient désigné leurs futures victimes et engagé leurs coupables spéculations : l'un menaçait de Lacombe et de la guillotine les familles riches; l'autre intervenait pour les rançonner; et semblables aux voleurs de grands chemins, l'un tenait, pour ainsi dire, le poignard sous la gorge, pendant que l'autre vidait la bourse !

Jeanne Lagarde, femme Lacombe, avait servi son mari et a eu des présents considérables. Le frère de Lacombe a caché les trésors extorqués par les autres; il s'intéressa même dans une affaire de commerce, pour une somme au-dessus de sa condition. Jean-Jacques Ducasse a été accusé mal à propos d'avoir pris part à ces infamies; il s'y est trouvé engagé, mais pas d'une manière criminelle; il a servi la reconnaissance et l'amitié du citoyen Castarède; et loin d'être répréhensible, sa conduite a été digne d'éloges.

La femme de Lacombe avoua qu'en arrivant à Bordeaux, ils étaient dans le plus grand dénûment; mais son mari, profondément hypocrite, dissimulé et effronté, fit connaissance avec un nommé Bullote, maître d'une bonne pension, où les gens riches de la ville et des environs plaçaient leurs enfants, et lui succéda. Il se lia d'amitié avec des fripons, et fit quelque temps le commerce avec eux. En 1790, il acheta, conjointement avec un nommé Poireau, six ou sept tonneaux de vin qu'il voulait escroquer à une veuve; il fut arrêté et condamné par le juge de Saint-Seurin.

En 1787 ou 1788, dit l'accusateur public, il se rendit chez le sellier Collineau avec un voleur, soi-disant lord anglais, et escroqua une voiture; le lendemain, il fit une autre escroquerie chez Ducot, libraire, place Sainte-Colombe, pour 1,200 liv. de livres.

Plus tard, il escroqua chez Merzeau des toiles pour 800 liv.; sa femme était complice dans cette escroquerie. Il escroqua chez Castarède une grande quantité de sucre; sa femme, Jeanne Lagarde, était complice et agent intelligent et empressé dans toutes ces affaires, et dans la somme de 50,000 liv. qu'il se fit donner par la famille Castarède.

Cette malheureuse femme fut condamnée à vingt ans de

réclusion; mais attendu sa faiblesse et son état de grossesse, elle fut dispensée de l'exposition.

Ducasse avait vu quelquefois Lacombe chez Sicard, instituteur des sourds-muets; mais il ne l'avait pas revu depuis l'escroquerie de sucre faite à Castarède. Il était l'instituteur des enfants de Castarède, attaché par les liens de l'amitié et de la reconnaissance à cette famille et à celle de Dubergier, qui ne faisaient, pour ainsi dire, qu'une. Il alla voir Lacombe et le complimenter comme président de la Commission militaire; mais c'était en réalité pour parler en faveur de Castarède. « J'ai le pouvoir en main, dit Lacombe, et Castarède se » repentira de sa conduite à mon égard. » Cependant, il exige 140,000 liv. pour ne pas frapper Castarède. Ducasse, après des démarches inutiles, offre 40,000 liv. Ce ne fut pas assez pour l'avide âme de Lacombe. Il offre encore 13,200 liv. pour la citoyenne Dubergier; mais Lacombe insistait sur les 140,000 liv. Castarède, en état d'arrestation chez lui, est conduit en prison : sa femme court porter à la femme Lacombe 140,000 liv., et promit 10,000 autres après le jugement. Le bruit se répand, après l'acquittement de Castarède, que Lacombe prenait de l'argent. Craignant de se voir trahi et puni, il fait remettre l'argent à la famille Castarède et à celle de Dubergier. Ducasse fut acquitté et mis en liberté.

On entendit la défense des accusés avec la douceur et la patiente impartialité des juges qui cherchent et désirent trouver des innocents. Rey a été misérable, sa conduite et son langage lâches comme son cœur; il s'est représenté comme un imbécile que Lacombe n'avait pas grande peine à séduire. Il répéta la même chose, nia sa déclaration précédente, supplia les juges de ne pas le regarder comme un contre-révolutionnaire, et prouva que pour lui l'opprobre n'était rien, pouvu qu'on lui laissât sa honteuse vie !

Bizat s'est défendu avec toute l'effronterie d'un grand criminel versé dans les chicanes des parquets; il y parla plus de trois heures. Rey l'avait ménagé, pour cause, sans doute; mais il n'en fut pas ménagé. Il se récria beaucoup contre la perfidie de Bizat, demanda un défenseur officieux. Les juges lui en laissèrent la faculté, il la refusa; mais plus tard il l'aurait voulu; il n'était plus temps.

La femme de Lacombe prit un défenseur, qui s'évertua beaucoup à démontrer son innocence; mais tout son talent échoua devant les faits.

Le frère de Lacombe, sans chercher à prouver son innocence, protesta de la douleur et des chagrins que la conduite du monstre, dont il était le plus proche parent, lui avait causé; il rappela les conseils qu'il lui avait donnés, des larmes qu'il avait répandues pour le détourner de ses crimes, ce qui a été confirmé par Rey.

Ducasse entreprit une justification dont il n'avait pas besoin : le tribunal lui rendit justice.

Les débats clos, le réquisitoire de l'accusateur public prononcé, les juges condamnèrent ces misérables à vingt ans de fers et à l'exposition sur l'échafaud : l'un d'entre eux opina pour la condamnation à mort de Bizat; mais les autres persistèrent à leur rendre la peine égale. Bizat réclama beaucoup. Rey n'était plus imbécile; il parla avec chaleur, avec fermeté et avec éloquence; c'était l'élan tardif de la vérité. Il s'éleva au-dessus des hommes de sa classe, et s'écria : « Je vais pa-
» raître devant Dieu; c'est le moment de dire la vérité; je la
» dois à mes juges, je la dois au peuple et je la dois à ma
» conscience: je le déclare donc devant le peuple et devant
» l'Être suprême, trop offensé par moi. C'est Bizat qui fut
» mon instigateur et celui de Lacombe même; c'est Bizat qui
» nous séduisit l'un et l'autre par l'appât des richesses; c'est
» Bizat qui nous a perdu tous deux. » Il ajouta que Bizat avait eu 25,000 liv. pour sa part, dans la rançon de Changeur, et 5,000 dans celle de Journu-Aubert, sans compter ce qu'il avait eu l'adresse d'escroquer aux riches menacés de la guillotine.

Il fit une espèce d'amende honorable, et se tut enfin sans réclamer contre son sort mérité. Le peuple se montra froid et indifférent devant ces honteuses révélations; il n'avait que du mépris pour ces misérables, et avait l'air de dire : « Il n'ont » pas, hélas! tout dévoilé! » La mort de Lacombe avait éteint tout sentiment de vengeance, et le mépris et la pitié avaient remplacé l'indignation publique. Le tribunal était composé de Lataste, président; Frigière, Seguey, Azevedo et Clochard; et de Sicard, secrétaire-greffier.

Quelques jours plus tard (27 octobre), Ysabeau parut dans la Société, fut accueilli avec des applaudissements vifs et prolongés des assistants. Il parla beaucoup de son amour pour les Bordelais et pour les honnêtes gens, et déclara qu'il était tout prêt à tout sacrifier pour leur bonheur; mais quant aux hommes qui aiment le désordre, il affirma qu'il les méprisait trop pour s'en occuper beaucoup, et qu'il les poursuivra toujours et avec vigueur. Il fit un tableau des sociétés populaires et des dangers qu'elles courent à se laisser influencer par des intrigants, dont il s'empressa de s'avouer l'ennemi, et finit par inviter tous les bons citoyens à assister aux séances, afin de s'occuper des choses sérieuses, et pour empêcher les malveillants de réaliser leurs projets.

Après ce discours, un membre se leva pour se justifier d'un reproche, et se permit de dire qu'il y avait des intrigants même auprès d'Ysabeau; mais le représentant, se sentant profondément blessé, répondit avec vanité : « Les pauvres, les » malheureux, les opprimés, sont les intrigants qui m'entou- » rent; je n'en connais pas d'autres. Les vrais intrigants me » fuient, parce que je les poursuis. « Il finit par demander qu'on passât à l'ordre du jour sur cette affaire. Le citoyen qu'il venait de réprimander s'y opposa; il s'efforça de se justifier lui-même; et ayant chaleureusement protesté de son dévoûment aux vrais principes, s'écria : « Si je ne suis pas » connu du représentant, j'offre de lui donner mon nom; il

» prendra sur mon compte des informations; mais si je suis
» prouvé être un intrigant, qu'il me conduise à l'échafaud,
» j'y consens. »

Le 15 brumaire an III (5 novembre 1794), on reçut enfin de Paris la lettre suivante : « La justice nous est enfin ren-
» due, nos chers Concitoyens; nous vous envoyons, par un
» courrier extraordinaire, le décret de la Convention qui an-
» nule les dispositions effrayantes de celui du 6 août 1793.

» Si nous n'avions qu'à consulter nos désirs, nous vous
» l'aurions apporté nous-mêmes. Qu'il serait doux de mêler
» nos transports aux vôtres! Mais les fatigues de la route
» précipitée que nous venons de faire, et des affaires qui in-
» téressent Bordeaux, ne nous permettent pas de partir de
» quelques jours. Nous n'avons pas voulu retarder le moment
» où vous pourrez vous livrer aux charmes de la paix, de la
» confiance et aux mouvements de la joie la mieux sen-
» tie....

» Vous qui n'avez acquis dans notre cité une espèce d'in-
» fluence qu'à l'ombre de la terreur qu'inspirait aux âmes
» honnêtes le décret du 6 août, et qui ne vous êtes soutenus
» jusqu'à présent que par les calomnies absurdes que vous ne
» cessez de répandre contre Bordeaux, votre règne est fini; la
» voix puissante de la Convention, qui proclame aujourd'hui
» notre amour constant pour la liberté, vous réduira au si-
» lence et vous repoussera dans la poussière d'où jamais vous
» n'auriez dû sortir.....

» La postérité croira à peine qu'une poignée d'hommes, sans
» principes, sans mœurs, ait impunément dominé une cité
» immense. Que nous étions faibles de l'avoir souffert, sans
» oser seulement nous plaindre!........ Que chacun de nous
» paie à la patrie le tribut de ses lumières, de ses talents, de
» son courage, et bientôt la parole ne sera qu'à la vertu, et
» les murmures de l'indignation accompagneront toujours le
» crime. Ce sont là les leçons que nous donne l'expérience;

» profitons-en. Alors ils n'existeront plus ces reptiles malfai-
» sants qui ont fait à Bordeaux de si profondes blessures.

     » *Signé* : Pierre Thomas, Louis Benoit,
      » Alary fils, Benoit, Jacques
      » Lafitte, Grammont. »

En effet, l'adresse des Bordelais avait été accueillie avec bienveillance, et lue au milieu des applaudissements de la Convention nationale. On en décréta l'impression, et la députation fut admise aux honneurs de la séance. A peine était-elle lue, que Paganel la convertit en motion ; Garnier s'étendit beaucoup sur le patriotisme des Bordelais. Du Roy demanda que le nom de Gironde fût restitué au département. Tallien l'appuya aussi ; tout le monde était entré dans la voie des réparations ; c'était à qui serait le plus empressé à cicatriser nos plaies.

Mais Tallien, sur de faux renseignements, publia dans son journal que les députés bordelais venaient à Paris pour dénoncer Ysabeau et demander Garnier, de Saintes ; les députés s'en plaignirent à lui-même ; il leur en témoigna sa peine et s'empressa de rectifier l'erreur.

Le décret du 6 août fut donc abrogé le 12 brumaire an III. Pierre Sers, ancien président du département, fut le seul excepté et privé du bénéfice de la loi. Le courrier qui apporta cette nouvelle à Bordeaux fut accueilli avec joie et reçut l'accolade amicale du président de la Société, le 16 brumaire (5 novembre. Ysabeau, arrivant au moment, s'étendit beaucoup sur tout ce qu'il avait fait, les exhorta à l'union, à la concorde la plus sincère, et leur renouvela l'assurance de son attachement aux Bordelais. « Tous les éléments du bonheur sont ici,
» dit-il : le patriotisme, le courage, les talents, la science, les
» vertus, se trouvaient chez les habitants de cette ville. Puisse
» une main plus habile en tirer un meilleur parti que je n'ai
» fait ; vous ne trouverez nulle part une âme plus ardente

» pour votre bien-être, ni plus sincère dans ses affections;
» votre bonheur fut toujours le but de toutes mes pensées,
» de tous mes désirs et de toutes mes actions. J'ai pu faire
» plusieurs fautes; mais, même en les faisant, jamais la
» volonté de bien faire ne m'a abandonné. » Le président
se rendit l'organe de la Société, et pria Ysabeau d'agréer la
reconnaissance du peuple bordelais.

Ysabeau paraissait enchanté de la mesure prise et sanctionnée par la Convention. On savait qu'il l'avait appuyée; elle lui conquit l'estime et la reconnaissance des gens sages et modérés. Cependant, comme il s'en doutait bien, il restait encore dans les administrations diverses un ferment de division, de haineuse opposition et de calomnie. Il résolut de les épurer, et s'entoura pour cela des lumières et des conseils d'un grand nombre de citoyens respectables. Des étrangers s'étaient ingérés dans presque toutes les places, au grand mécontentement des Bordelais, et sans aucune supériorité de mérite ou d'intelligence qui pût justifier cette blessante préférence. Pour acquérir de nouveaux droits à l'estime et à l'amour des Bordelais, Ysabeau, en vertu de ses pouvoirs discrétionnaires, changea toutes les administrations, choisit parmi les habitants de Bordeaux la plupart des fonctionnaires nouveaux, ayant égard à leur position, à leur instruction, à leurs antécédents, à leur probité politique bien constatée. Il était temps et il était juste que les Bordelais fissent enfin leurs propres affaires. Ysabeau le reconnut, et réalisa leur vœu à cet égard le 16 brumaire an III (6 novembre). Il pensait que cet arrêté le rappellerait quelquefois aux souvenirs du peuple bordelais, et qu'ils y verraient une nouvelle preuve de ses sentiments à leur égard et de ses constants efforts pour leur bonheur. Les nouvelles organisations furent approuvées par le peuple en général.

Bordeaux était trop sensible à la faveur dont la Convention nationale l'avait honoré, pour ne pas lui en témoigner sa vive reconnaissance et manifester sa joie. La municipalité céda d'abord à l'élan de la population, et célébra, par une fête populaire, l'abrogation du désastreux décret du 6 août, qui avait décimé la population. On supprima un usage vexatoire qu'on avait établi comme mesure de sûreté ; c'était de prendre un *laissez passer,* ou sorte de passeport, pour sortir de la ville ; sans ces cartes civiques, on ne pouvait pas même traverser la rivière ou sortir des murs de Bordeaux sans être arrêté par la police. Le 18 brumaire an III (8 novembre 1794), on vota une adresse à la Convention, qui devait contenir l'expression de la reconnaissance des Bordelais ; elle était conçue ainsi :

« Législateurs, il est donc rapporté le décret terrible du
» 6 août 1793 ! Bordeaux, qu'on égara un moment, mais qui
» ne respirera jamais que pour la liberté, pour le succès de
» la révolution et l'indivisibilité de la république, peut donc
» enfin reprendre toute son énergie. Heureux jour du 12 bru-
» maire ! par là, quinze mois de douleur et d'humiliation sont
» effacés ! Grâces mille fois vous soient rendues, Législateurs,
» pour ce nouveau triomphe de la justice ! Quelle jouissance
» pour les administrateurs du district de Bordeaux, d'avoir à
» vous exprimer leur vive reconnaissance, d'être en même
» temps auprès de vous les interprètes et les garants des sen-
» timents de leurs concitoyens.

» Naguère les tyrans mettaient, disaient-ils, la vertu et la
» justice à l'ordre du jour ; tandis que, par eux, le crime
» couvrait de toutes ces horreurs la surface de la France. Les
» hommes de bien, les véritables amis de la patrie, ne pou-
» vaient se promettre de ne verser jamais leur sang que pour
» elle, et l'échafaud était élevé pour eux !

» Aujourd'hui, la justice, la vertu, ne sont plus de vains
» noms : vous les mettez en pratique ; que l'univers l'entende,
» Bordeaux le publie.

» Votre décret du 12 brumaire ajoute à votre gloire comme
» il fait à la nôtre ; il enchaîne les mains des scélérats qui nous

» ont si longtemps et si cruellement maltraités ; qu'ils bais-
» sent leur front audacieux, ou plutôt qu'ils aillent s'ensevelir
» dans les égouts honteux d'où on les vit sortir, ces hommes
» vils, ces fripons ou monstres, qui, comme des oiseaux de
» proie, s'étaient répandus sur notre territoire désolé, pour
» épouvanter des citoyens malheureux, s'abreuver de leur
» sang et se gorger de leur or : leur règne n'est plus. *Vive la*
» *république! vive la Convention nationale!* »

Le 14 novembre, le représentant Pinet, étant de passage à Bordeaux, se rendit au club, et, du haut de la tribune, s'exprima ainsi : « Je me réjouis avec vous, Citoyens, du
» décret qui, en vous rendant justice, a ôté des mains des
» fripons l'arme terrible dont ils se sont si cruellement servis.
» Cette cité fut dans l'erreur ; mais cette erreur n'était point
» à elle ; elle était à cette horde d'intrigants qui l'égarait.
» Ce qui lui appartenait, c'était son patriotisme, c'était cette
» patience, ce zèle, ce dévoûment avec lesquels elle a sup-
» porté la plus cruelle des calamités, la faim.... » Il s'étendit ensuite beaucoup sur le *modérantisme,* se fit gloire d'être Montagnard, et finit en disant : « Bannissons les intrigants,
» les fripons et les hommes immoraux ; le vice n'accompagna
» jamais la liberté. Soyons vertueux, soyons grands, et nous
» serons victorieux. »

Quel pitoyable bavardage dans la bouche d'un Montagnard aussi intrigant, aussi fripon et aussi immoral que les objets de ses anathèmes !

CHAPITRE IV.

Ysabeau rappelé et remplacé par Bordas. — Les Jacobins s'agitent. — Les hommes sages demandent que les complices de Lacombe soient punis. — Les vols commis à Bordeaux. — Les paroles de l'agent national à ce sujet. — Passage d'un discours de Cambon, relatif aux dilapidations faites à Bordeaux. — Des accusations et des récriminations. — Bordas arrive à Bordeaux le 14 décembre. — Il va au club. — Les accusations recommencent. — Discours de Martignac. — Discours de Bordas.

Quand la Convention vit que la ville de Bordeaux était devenue tranquille, elle nomma, le 29 brumaire an III, le citoyen Bordas en remplacement d'Ysabeau. Le temps était devenu plus calme, les esprits plus soumis; l'opinion publique, dirigée avec beaucoup de prudence par Ysabeau, concourrait, avec d'autres circonstances, à rendre moins difficile la tâche du nouveau représentant. Un autre péril vint préoccuper tous les esprits; c'était l'apparition des pirates qui infestaient nos côtes, depuis La Rochelle jusqu'à Bayonne, paralysaient le commerce, interceptaient les petits bâtiments, ravageaient, par leurs incursions, les contrées voisines du golfe de Gascogne. Pour défendre nos côtes, il fallait des frégates et des bâtiments armés, et se cotiser pour en faire construire : plusieurs citoyens honorables et plusieurs communes envoyèrent à cet effet des sommes considérables, et aucun sacrifice ne paraissait trop lourd pour défendre l'indépendance de la patrie (1).

---

(1) La commune de Bassens envoya, à cet effet, le 29 novembre 1794, la somme de 1,617 liv. 15 sous, pour l'armement de deux frégates; plus, douze paires de draps et dix-sept chemises pour les frères d'armes. Les environs de Bordeaux avaient envoyé mille cinq cent cinquante-une chemises neuves, vingt-neuf vieilles, deux quintaux de charpie, qui furent reçus dans la séance du 28 brumaire an III (18 novembre 1794).

Livre VI.
—
1794

Dans la séance du 10 frimaire an III (30 novembre), le président annonça aux assistants que les députés envoyés de Paris en étaient de retour, et même dans la salle. On témoigna le désir de les entendre. L'un deux monta à la tribune, leur rendit compte de leur mission et de l'intérêt que la Convention prenait à Bordeaux; qu'à Paris, on était disposé à réaliser le vœu des Bordelais, en rendant au département le nom de *Gironde,* et à faire tout ce qui serait possible pour améliorer la position des Bordelais et satisfaire cette population si long-temps tyrannisée; mais toutes les autres considérations mises en avant, toutes les discussions de la Société, s'effaçaient devant le scandale qui résultait de l'examen des recettes et de l'enregistrement des dons volontaires faits par des individus; c'étaient des vols, des détournements de fonds, des actes de friponnerie, qui soulevaient l'indignation publique et ne servirent que trop de germe à des divisions intestines. Les agents s'accusaient les uns les autres; la séance fut consacrée à de stériles, mais accablantes accusations, et à des récriminations acerbes.

Le rappel d'Ysabeau et la nomination de Bordas ne firent qu'ouvrir de nouveau une vaste lice où les partis semblaient s'empresser de descendre. Les ultra-démocrates, ces misérables, reste du parti terroriste, comptaient sur Bordas pour soutenir leurs prétentions violentes, comme Garnier l'avait fait. Les républicains sages, les hommes modérés, étaient entrés dans la voie d'une réaction lente et réparatrice; ils demandaient qu'on recherchât les fripons, les dilapidateurs de la fortune publique, et qu'on leur infligeât une punition exemplaire; mais le cri général était celui qui voulait que les juges qui siégeaient avec Lacombe fussent arrêtés et jugés comme complices de tous les forfaits commis par la Commission militaire. Parmentier, voyant tous les yeux braqués sur lui, répondit qu'il défiait, non-seulement un seul citoyen, mais tous les Bordelais de lui reprocher avec preuves une seule

tache, une seule faute en sa qualité de juge avec Lacombe. Il vota, dit-il, avec lui; mais il ne prit pas part à ses odieuses concussions. On en vint à des personnalités déplorables : on dénonça certains individus ; on jeta plusieurs soupçons sur le compte des autres, et Bordeaux se trouva livré de nouveau à un esprit de vertige, de haine et d'animosité incroyable. Des dons considérables avaient été faits; mais ces dons ne figuraient pas sur les registres publics. On savait d'où ils avaient été envoyés; mais il n'en restait plus de trace, et les voleurs se cachaient ou avaient disparu ! Dans la séance du 15 frumaire an III (5 décembre 1794), on fit la lecture d'une lettre de Gallineau, agent national, adressée à la municipalité de Bordeaux ; ce fonctionnaire s'exprimait ainsi : « Citoyens,
» quoi ! lorsque la commune de Bordeaux a fait les plus
» grands efforts pour soutenir la révolution; lorsque les dons
» qu'elle a faits se comptent par millions, le nom du départe-
» ment du Bec-d'Ambès est resté en blanc sur l'état déposé
» à la Commission des finances, pour constater les offrandes
» que les différents départements ont fait remettre sur l'autel
» de la patrie! A quoi peut-on attribuer ce silence? N'avons-
» nous pas à craindre qu'il ne soit l'effet de la perfidie et de
» l'infidélité?....... L'administration a nommé deux commis-
» saires dans son sein, afin de vérifier chez le payeur-général
» et à la Monnaie les sommes et objets dont le versement a
» eu lieu, pour servir d'offrande sur l'autel de la Liberté;
» j'ai été chargé de vous prier de me faire passer les noms
» de tous les sociétaires qui, ayant reçu des dépôts ou fait
» des recettes, ont négligé de faire épurer leurs comp-
» tes.

» Vous sentez comme moi qu'il serait essentiel de prendre
» cette mesure dès aujourd'hui, afin que je puisse empêcher
» l'expédition des passeports que pourraient réclamer les cou-
» pables.

» Les dilapidateurs de la fortune publique sont les ennemis

» de la patrie; il ne peut y avoir de paix pour eux. Unis-
» sons-nous pour les découvrir, etc.

» La voix publique accusait déjà les nommés Lemoel, Fon-
» tanes, Reynaud, Casteran, Mitié fils et Barsac. Les débats
» furent très-vifs; mais un cri accusateur se fit enfin enten-
» dre; et dominant le vain bruit des partis, jeta dans la foule
» ces paroles : Commençons par les fripons les plus en évi-
» dence; demandons d'abord pourquoi Bertrand, notre ci-
» devant maire, n'est pas jugé? Manque-t-il de preuves?
» Qu'on interroge les citoyens Martial et Nicolas, qui ont fourni
» chacun un *reçu* de Bertrand, portant : l'un 60 et l'autre
» 30 marcs d'argent qu'il n'avait pas portés dans ses comptes.
» Je me résume, et je dis que le premier fripon que nous de-
» vons dénoncer est Bertrand! »

Cette voix courageuse et accusatrice était comme un coup de foudre pour Bertrand et ses nombreux complices. On parlait fort et haut; mais toujours on revenait à ce hardi voleur, qui, grâce à l'écharpe municipale, faisait avec impunité les vols les plus impudents et les plus abominables. On s'efforça de calmer l'effervescence, mais inutilement : le même désordre se renouvela le lendemain avec une recrudescence étourdissante, quand, enfin, un citoyen demanda à lire un passage d'un discours de Cambon à la Convention, au nom du Comité des finances, dans la séance du 6 frimaire. « L'agent
» national, dit Cambon, l'agent national de Bordeaux, n'a fait
» aucune réponse aux diverses lettres qui lui ont été écrites,
» et, cependant, il est bien certain que dans cette commune
» il a été établi des taxes et des emprunts révolutionnaires;
» qu'on y a saisi des effets d'or et d'argent; qu'on y a établi
» des échanges de numéraire contre des assignats; qu'on y a
» condamné des particuliers à des amendes très-fortes (Raba,
» à 1,200,000 liv.; Peixotto, à 500,000 liv. (1); Martin, à

---

(1) Il y a erreur ici : c'est Peixotto qui fut condamné à 1,200,000 liv.; les frères Raba, à 500,000 liv., qu'ils ont payées, comme il résulte de leurs *reçus*.

» 300,000 liv., etc., etc., etc.); qu'on a fait contribuer les
» citoyens, en les menaçant de la prison s'ils ne se libéraient
» pas promptement.

» Il faut espérer que le produit en sera connu, ainsi que la
» destination et l'emploi, et, pour lors, la nation apprendra
» que les ornements de toutes les églises de cette grande
» commune ont été mis à la disposition des comédiens. »

Un bruit sourd circula dans tous les coins de la salle; c'était de l'indignation chez les uns, de l'incrédulité affectée chez les autres, et de l'étonnement chez tout le monde ! On comprit enfin que jamais commune n'avait subi un traitement plus oppresseur ou des spoliations plus odieuses ! L'agent national n'avait rien reçu; il n'avait rien à écrire; il attendait toujours; il écrivait souvent aux communes pour avoir un état détaillé des offrandes, des amendes, des confiscations; mais il rencontrait toujours, de la part des municipalités, et surtout de celle de Bordeaux, des obstacles insurmontables. On recherchait la vérité; mais les coupables, engraissés aux dépens du public, étaient devenus honnêtes gens ! Ils affectaient beaucoup de réserve, de délicatesse dans leurs procédés, parlaient souvent et bien de l'humanité, et donnaient à comprendre que leurs adversaires étaient des Robespierristes qui voulaient encore troubler la paix publique, et peut-être faire répandre de nouveau le sang bordelais en remuant sans nécessité le passé.

On ne fut pas dupe de cette humanité larmoyante, et on apprit enfin, après bien des recherches, que, pendant deux mois, la commission chargée de recevoir les dons ne dressait que de vagues procès-verbaux, qui ne contenaient le plus souvent, ni la date des séances, ni les noms des présidents et des secrétaires. C'étaient des misérables qui volaient en plein jour, comme dans les ténèbres !

On réussit enfin à faire une liste sur laquelle figuraient les noms des sociétaires qui formaient le bureau de la Société à l'époque où les riches offrandes s'y faisaient; elle fut envoyée

Livre VI.
Chap. 4.

1794

à l'agent national. Il répondit pour faire connaître les mesures qu'il avait prises afin que les coupables n'échappassent pas à la justice. Cette lettre produisit une grande rumeur à Bordeaux. De grands reproches s'élevèrent contre Jullien; ils les repoussa dans une lettre; et rappelant ce qu'il avait fait à Bordeaux, il demanda avec instance que les Bordelais s'expliquassent sur la conduite qu'il avait tenue dans leur cité. Plusieurs membres prirent la défense de Jullien, essayèrent de prouver qu'au lieu d'être le complice de Lacombe, Jullien le regardait comme un scélérat dont la tête devait un jour tomber sur l'échafaud.

A cette époque, Nyon, représentant du peuple, se trouvait à Bordeaux; il avait été envoyé pour hâter les travaux du port et la construction des frégates.

Il se présenta au club le 23 frimaire an III (13 décembre 1794), et, prenant congé des Bordelais, il leur dit : « J'ai
» rempli ma mission dans votre port, Citoyens, et j'emporte
» avec moi la satisfaction de pouvoir dire que j'y ai vu quan-
» tité de marins appliqués au service de la république, et
» que j'y ai trouvé une société populaire, sans cesse occupée
» à dénoncer et à poursuivre les dilapidateurs et les fripons.
» J'ai écrit à la Convention; il me sera doux de pouvoir vous
» transmettre la réponse que j'en recevrai. »

En réponse à cette bienveillante allocution, le président lui dit : Que les représentants animés, comme lui, du désir de faire le bien, trouveront toujours à Bordeaux des républicains pour les imiter et les seconder. On venait de faire une adresse à la Convention, concernant les dons dilapidés, que la Société n'avait, par conséquent, pas reçus dans sa caisse. Nyon, pour éviter la dépense d'un courrier extraordinaire, se chargea de la faire parvenir à son adresse.

On sentait le besoin de mettre fin à ces honteuses accusations : des dénonciateurs s'élevaient, des soupçons planaient sur les individus les moins suspects, et la Société des Jacobins, supprimée à Paris, ressuscitait à Bordeaux, et ravivait, pendant tout l'hiver, les haines, les accusations, les désordres de nos mauvais jours! Le lendemain (14 décembre), Bordas arriva à deux heures de l'après-midi, et le même jour, plus tard, on apprit l'arrivée de Garreau. Le lendemain, Bordas se rendit au club : le président lui adressa un discours, où il dit qu'on l'attendait avec impatience ; que les Bordelais poursuivaient avec ardeur les fripons qui s'étaient appropriés ou qui avaient dilapidé les offrandes des patriotes, et l'invita à assister souvent à leur patriotique réunion, s'il voulait étudier et bien connaître l'esprit public de cette grande cité. Bordas répliqua que le bonheur du peuple était l'objet de ses désirs ; il fit l'éloge des Bordelais, et les prévint qu'il agirait toujours avec dévoûment pour leurs intérêts, mais avec prudence et avec une juste sévérité contre les fripons et les ennemis de la république. « Sans doute, dit-il, » je serai calomnié ; sans doute, les vrais républicains le se» ront aussi ; mais qu'importe ? Le vil insecte qui s'attache » à la quille du vaisseau l'empêche-t-il de voguer sur la » surface des mers ? Réunissons-nous donc, Citoyens, pour » écraser les fripons et pour ne leur laisser que leur vain dés» espoir ; c'est en les frappant de concert que nous leur por» terons des coups assurés..... Qu'on ne dise plus qu'il répu» gne à l'humanité d'être délateur ; ce serait abuser du mot ; » on doit être le délateur des scélérats qui trahissent la pa» trie. La république est la sauvegarde de tous les citoyens ; » ils sont les sentinelles de leurs propres droits ; ainsi, dissi» muler en cette occasion serait un crime, etc., etc. »

Garreau occupa la tribune après Bordas. Dans un discours énergique, il remercia les Bordelais de la confiance qu'on avait eue en lui, et déclara qu'il s'efforcerait toujours de la justifier. Il s'étendit beaucoup sur leur patriotisme, fit un tableau affreux, mais malheureusement trop vrai, des pillages, des assassinats, des crimes de toutes sortes auxquels se sont

livrés les hommes de sang qui ont oppressé les Bordelais, et s'écria en terminant : « Que tous les complices de Lacombe
» ne sont pas punis ! Les complices de Lacombe *voleur* ont
» reçu la peine due à leurs crimes; mais les complices de
» Lacombe juge prévaricateur, de Lacombe juge assassin,
» de Lacombe juge conspirateur, jouissent de l'impunité et
» de la liberté, et je sais que ce ne fut ni par ignorance ni
» par erreur qu'ils ont péché..... Évitez les deux écueils, le
» *robespierrisme* et le *modérantisme*, etc., etc. »

Ce langage sévère et équivoque n'inspirait pas de confiance et ne rassurait pas les esprits; on ne savait que faire. Comment se tenir dans un juste milieu entre ces deux extrêmes? Comment satisfaire aux exigences de ces représentants qui, dans la constante fluctuation des partis et les modifications de la politique gouvernementale, s'exprimaient de manière à laisser tout le monde dans une déplorable incertitude? Les hommes sages se retiraient de la lutte, pour ne pas se compromettre; les Jacobins, maîtres de la place, agissaient en vainqueurs, et, pendant tout cet hiver, la Terreur semblait renaître dans notre malheureuse ville.

Cependant, les corps constitués prenaient la couleur des représentants et parlaient comme lui : les trois quarts de ces misérables étaient des Jacobins qui favorisaient les agents du mal en secret; mais hypocrites par intérêt, leur langage était identique avec celui de Bordas, comme nous allons le voir par l'adresse du Comité révolutionnaire de surveillance de Bordeaux, en date du 27 frimaire an III (17 décembre 1794) :

« Citoyens, sous le règne de l'arbitraire et de la Terreur,
» un système de sang et de proscription, propagé par les
» scélérats, étouffait la voix des bons citoyens. Aujourd'hui,
» ce système n'existe plus : la vérité, trop longtemps comprimée, se fait entendre, et les dilapidateurs, les concussionnaires et les fripons doivent enfin recevoir la juste punition de leurs crimes. Le Comité de surveillance, sévère

» observateur de ses devoirs, et de concert avec les vrais pa-
» triotes, en veillant aux intérêts précieux de la république,
» fera une guerre ouverte à ceux qui ont été ses plus cruels
» ennemis.

» Les aristocrates, les terroristes, dont l'affreux système
» a, pendant quinze mois, plongé la France dans un deuil
» universel, les intrigants, les factieux, les dilapidateurs,
» surtout des fortunes publiques et particulières, les vocifé-
» rateurs du patriotisme et de la vertu, sentiments qui n'ont
» jamais siégé dans leur cœur, voilà vos ennemis, voilà ceux
» sur qui nous appelons toute votre vigilance, et ceux que
» nous vous promettons de poursuivre rigoureusement.

» Nous aurons toujours sous les yeux la justice et l'huma-
» nité, principes sacrés, sentiments immuables que la Con-
» vention a fixés irrévocablement à l'ordre du jour, et qui,
» gravés dans nos cœurs, nous feront toujours protéger l'in-
» nocence et rechercher le crime jusque dans ses derniers re-
» tranchements.

» Si la valeur républicaine a su bannir du sol de la liberté,
» et repousser au delà même de leurs repaires les ennemis
» du dehors..., pourquoi les bons citoyens pourraient-ils être
» subjugués par la terreur? Pourquoi leur union constante et
» leur énergie invincible n'auraient-elles pas les mêmes suc-
» cès contre les ennemis de l'intérieur ?

» Citoyens, plus de ménagements qui ne tendraient qu'à
» assurer l'impunité des malfaiteurs.... Ces ménagements se-
» raient dangereux; ils seraient même un crime de lèse-
» nation.

» Les renseignements que nous attendons de vous seuls
» peuvent nous aider à remplir les vues bienfaisantes de la
» Convention, et votre zèle à dénoncer les vrais coupables
» nous procurera les moyens de donner à la justice nationale
» et à nos devoirs toute la latitude qui nous est imposée par
» nos fonctions.

Livre VI.
Chap. 4.

1794

» Alors, les scélérats désignés à l'opinion publique, et con-
» vaincus de leurs crimes, seront livrés à la juste rigueur des
» lois; alors, les vrais citoyens jouiront des bienfaits de la ré-
» volution la plus heureuse.

» Tels sont nos sentiments et nos obligations : nous jurons
» d'y satisfaire, et vous savez que les républicains ne font
» point de vains serments.

» Guerre, — guerre éternelle à tous les scélérats; paix et
» protection aux vrais patriotes.

» *Vive la république! vive la Convention nationale!*

» Suivent les signatures des membres du Comité de sur-
» veillance :

> » LA BARDE, *président;* SABRIER, CASTERAN, LAMBERT,
> » DUTHIL jeune, TROUPENAT jeune, PINET, REGNAULT;
> » et François REINE, *secrétaire.* »

Ce misérable *factum*, où l'hypocrisie le dispute à une ridicule forfanterie, ne démontrait qu'une chose : c'est que ces hommes savaient s'arranger de toutes les circonstances et prendre tous les tons. La Convention s'était adoucie, les représentants étaient devenus justes, probes, humains; ils ne volaient plus, ils faisaient poursuivre les voleurs; ils ne guillotinaient plus, ils avaient horreur du sang humain, que le trop célèbre Jullien disait être le lait des vieillards républicains! C'étaient d'honnêtes gens, et toujours sans tache! Nos Jacobins bordelais s'étaient faits à leurs manières et avaient bien appris à cacher sous des paroles douces des pensées criminelles; ils entretenaient en secret le feu sacré du terrorisme!

Bordas profita de cette impression générale pour prouver à la Convention qu'il était son homme; il fit arrêter Cogorus, Chaussade, Fontanes et quelques autres misérables dont nous avons déjà parlé; mais ils avaient trop de complices dans les tribunaux et dans toutes les administrations pour que la loi pût les atteindre d'une manière suffisamment expiatoire. On se contenta de quelques semaines de prison pour les principaux, et, quant aux autres, on décida gravement qu'il fallait les abandonner à la honte et à leurs remords !

Les accusations continuaient toujours et amenaient les plus violentes récriminations; enfin, c'était sur un nommé Charles que pesaient les plus fortes charges. Il avait enlevé de chez Saige, du consentement de Bertrand, maire, une infinité de choses précieuses. Le maire recevait chez lui des cassettes et des coffres remplis d'argenterie, sans reçus, sans inventaire; il s'en trouvait dépositaire, et enfin maître. On allégua, pour la défense de Charles, des ordres écrits qu'Ysabeau lui avait donnés. Enfin, les choses étaient tellement embrouillées, dans un tel état de confusion, que, ne pouvant pas faire pénétrer un rayon de lumière dans ce chaos, on pria, par une délibération formelle, le citoyen Bordas de nommer une commission *ad hoc*, chargée de provoquer tous les renseignements possibles sur ces déplorables dilapidations.

La *Commission des Sept* fut nommée; c'était un nouveau champ ouvert aux accusateurs, souvent plus coupables que les accusés. Le temps s'écoulait cependant en vaines déclamations, sans aucun résultat satisfaisant; mais enfin, le citoyen Martignac entreprit, le 6 nivôse an III (26 décembre 1794), d'amener la question sur son véritable terrain, et leur dit qu'avec une identité de sentiments, on s'égarait en adoptant des moyens divergents pour atteindre le même but. « Lamarque, ajoute-t-il, ne vous a pas dit : Dénonçons
» tous les hommes qui ont poursuivi les patriotes; mais il
» vous a dit : Bordeaux a été accusé d'avoir voulu se séparer
» de la république, de méconnaître la représentation natio-
» nale, et ces calomnies ont attiré sur lui les plus grands
» malheurs : peignons ce que nous avons vu, ce que nous
» avons souffert; l'histoire particulière de Bordeaux fournira
» une page intéressante à l'histoire générale de la France dans
» ce temps malheureux. Voilà quelle est la motion de La-

» marque, et je trouve, moi, qu'elle n'est pas d'un jeune
» homme, mais qu'elle est digne d'un homme d'âge et d'ex-
» périence. En effet, c'est par notre propre histoire que nous
» préserverons nos enfants de nos malheurs, et je regrette
» que tous mes concitoyens ne connaissent pas assez le latin
» pour utiliser la lecture de Tacite. Oui, Suétone et Tacite
» nous ont appris l'horreur que les hommes libres doivent
» éprouver pour ces dominateurs, en nous peignant les mal-
» heurs dont ils ont accablé leur patrie. J'offre, à qui voudra,
» de relire avec lui Tacite, et je lui ferai voir que ce qui s'est
» passé sous Tibère et Néron a été répété précisément de nos
» jours. Les actions les plus simples étaient représentées
» comme des délits ; l'opinion, et jusqu'à la pensée, étaient des
» crimes ; les talents et le mérite, l'amour de la liberté et de
» la vertu faisaient-il distinguer quelques citoyens, ou bien se
» permettaient-ils la moindre plainte sur l'avilissante oppres-
» sion sous laquelle ils gémissaient ; eh bien ! des délateurs à
» gages allaient les dénoncer à l'empereur ; des listes de pro-
» scriptions annonçaient ceux qui devaient cesser de vivre, et
» leurs biens étaient confisqués ! C'est en conservant de sem-
» blables faits qu'on utilise l'expérience des siècles.

» Écrivons donc ce que nous avons éprouvé ; tout nous en
» fait un devoir sacré. Bordeaux a-t-il jamais voulu se livrer
» aux Anglais ?.... Vous frémissez d'indignation. Eh bien ! on
» vous a accusé de cette infamie dans les papiers publics et
» jusque dans la Convention nationale ! Et sur qui vous re-
» poserez-vous du soin de réparer une telle ignominie ? Sur
» les monstres qui voulaient vous l'attribuer ! Serait-ce sur la
» postérité ? Elle ne les connaîtra pas comme vous. Non, c'est
» au moment où vous voyez manœuvrer les voleurs, c'est
» dans les temps que les événements sont encore chauds, qu'il
» nous faut les décrire ; si vous attendez, les mouvements
» vous échapperont, et tous les fils seront brisés.

» Je n'ai pas la prétention de me survivre ; mais je veux

» que mon expérience serve à mes enfants ; je vous demande
» que tous les faits qui tiennent à la révolution soient recueil-
» lis depuis 1789, pour l'honneur de mes compatriotes et
» pour l'exemple de leurs descendants; je veux que, lors-
» qu'on parlera de 1793, la seconde année de la république,
» on dise à Bordeaux qu'au nom de cette même république,
» on a volé, vexé, immolé ses plus chers amis ; oui, je veux
» qu'on y lise qu'un Lacombe, que Martignac, officier mu-
» nicipal, avait fait mettre en prison pour cause d'escroque-
» rie, disposait despotiquement de la fortune et de la vie des
» citoyens, et faisait tomber leurs têtes en disant un seul mot;
» oui, je veux qu'on y lise qu'un Barsac, à qui l'on disait :
» *Tu as un bel habit neuf,* répondit : *La tête de Saige payera*
» *cela demain!!!* Citoyens, soyez sûrs que ceux qui vous ont
» persécutés redoutent cette résolution. Exécutons-la donc
» pour leur supplice, et que leurs noms soient traînés par
» vous sur l'échafaud de l'histoire ! »

Après quelques mots d'approbation de la part de Lamarque, la Société délibéra qu'il serait fait un historique de tout ce qui s'était passé depuis la révolution. Nous n'en avons rien trouvé, à notre grand regret; c'eût été un document bien curieux; mais, comme beaucoup d'autres propositions utiles, il est possible que cette mesure ait été neutralisée par l'adresse des Jacobins.

Après ce courageux discours, qui reflète tant d'honneur sur la mémoire de Martignac, Bordas, qui se trouvait à la séance, se montra effrayé à la vue de toutes les horreurs dont on venait d'étaler le hideux tableau; il monta à la tribune sous ces douloureuses impressions, et s'exprima ainsi :

» Les maux de l'État ne vous sont que trop connus; le dif-
» ficile, en ce moment, n'est pas de les dévoiler, mais d'en
» tarir à jamais la source. Votre commune est une de celles
» que les conspirateurs ont opprimées avec le plus d'achar-

Livre VI.
Chap. 4.

1794

» nement, et je conviens que leur barbarie vous devait cette
» préférence.

» Les tyrans ne fondent leur domination que sur les ruines
» des hommes libres, dont ils redoutent la fierté. Plus on ré-
» fléchit à la cause de vos longs revers, plus on redouble
» d'estime pour vous et de haine pour vos persécuteurs; mais
» des sentiments si doux et si douloureux à la fois ne satis-
» font point aux mânes plaintifs de vos frères. Sans doute,
» après la chute des dictateurs, il fallait hâter par tous les
» moyens la régénération de l'esprit public : la politique et la
» prudence nous ordonnèrent alors de suspendre nos légitimes
» ressentiments. En effet, comment agir au nom de la justice,
» lorsque les droits étaient méconnus? Comment frapper au
» nom du peuple, avant qu'il eût sondé lui-même la profon-
» deur de ses plaies? Depuis cette nuit mémorable où le
» poignard des tribuns fut tourné contre leur sein, jusqu'au
» jour où le bourreau des Nantais a reçu l'exécrable prix de
» ses fureurs, nos tribunaux, incertains en apparence, ont
» donc été frappés d'une salutaire inaction.

» Qu'est-il arrivé cependant? Vos ennemis ont osé dire, avec
» une adroite perfidie, qu'il n'existait plus en France de cou-
» pables; d'autres ont assuré, avec une ridicule audace, que
» le gouvernement était trop faible pour les punir.

» Les événements répondront assez à ces conjectures; ils
» y répondront en ne laissant aux scélérats que la honte, le
» désespoir et la certitude du châtiment. Quelques-uns ont
» déjà péri dans ces murs, que leur aspect remplissait naguère
» d'épouvante.

» Celui qui d'un mot traîna ses victimes à l'échafaud, qui
» fit couler sous vos yeux le sang le plus pur, qui couvrit vos
» places publiques de têtes livides et de cadavres mutilés, a
» perdu la vie aux acclamations d'un peuple vengé trop tard.
» Ses complices n'échapperont pas aux peines qu'ils ont mé-
» ritées.

» On jugerait mal de mes sentiments, si l'on me prêtait l'af-
» freux dessein de jeter un voile sur leurs forfaits. Je ne le
» dissimule pas, quelle que soit l'horreur qu'ils m'inspirent, je
» n'hésiterais pas à les pardonner si j'étais maître de leur des-
» tin ; mais ce n'est point moi qu'ils ont poursuivi, c'est vous
» qu'ils ont abreuvés de larmes et accablés de tous les fléaux !

Livre VI.
Chap. 4.
1794.

» Pendant que les remords commencent leur juste supplice,
» continuez à remplir les tâches que votre patriotisme s'est
» imposé.

» Je dois vous le dire avec franchise, si vous m'en aviez
» prévenu, nos premiers coups auraient retenti dans cette
» enceinte. Je savais que des hommes perdus dans l'opinion
» publique siégeaient encore à vos côtés et vous souillaient de
» leur présence. En les soumettant à la censure, en les
» vouant à votre mépris et en effaçant leurs noms d'une liste
» qu'ils déshonoraient, vous avez pénétré mes vues, vous
» avez accompli ma première résolution. Cet aveu vous ser-
» vira de réponse à ceux dont les disgrâces trop méritées
» provoquent aujourd'hui les clameurs ; regardez-le aussi
» comme un hommage dû à vos travaux et qu'il m'est bien
» doux de vous rendre.

» Les hommes de mauvaise foi, ceux encore qui n'ont pas
» réfléchi sur les associations civiles, vous amuseront peut-
» être d'entreprises illégales ; ils vous diront que vos conci-
» toyens ne sont pas dans votre dépendance ; qu'en scrutant
» leur conduite, en la marquant du sceau de la réprobation,
» vous vous érigez en usurpateurs de leurs droits.

» Ces plaintes seraient peu fondées ; vos regards, jusqu'à
» ce jour, ne s'étant portés que sur vous-mêmes, c'est dans
» votre sein que vous avez trouvé des perfides ; c'est là que
» votre courage les a démasqués ; en vous armant contre eux
» de rigueur, vous avez fait ce que la raison, l'équité, les
» principes vous ordonnaient.

» Gardez-vous de céder à quelques sophismes politiques ;

» persévérez plutôt dans vos louables intentions. Que votre
» société soumette chacun de ses membres à l'examen le plus
» rigoureux ; bannissez loin de vous ces hypocrites, patriotes
» par métier, révolutionnaires par calcul, qui n'opprimèrent
» les personnes que pour s'approprier leurs biens.

» Jurez surtout guerre, guerre éternelle aux assassins de
» l'humanité, et si, par une suite de vos malheurs, quelques-
» uns de ces êtres dégouttants encore du sang qu'ils ont ré-
» pandu, trouvaient un asile en ces lieux, que vos recherches
» les découvrent ; qu'ils soient arrachés sans ménagement à
» leur tardive obscurité ; chargés de malédictions et d'oppro-
» bre, qu'ils aillent habiter les bois avec les tigres leurs ri-
» vaux.

» Citoyens, n'oubliez pas qu'une grande commune vous
» considère ; qu'elle attend de vous des leçons ; que vous lui
» devez des exemples. Vous ne répondrez à son espoir, vous
» n'exercerez sur elle une sage influence, que lorsque cha-
» cun de vous pourra se dire dans la sincérité de sa cons-
» cience : « Depuis cinq ans, mes vœux et mes soins ont eu
» pour but le triomphe de la liberté ; tous les ennemis de la
» patrie ont été les miens ; mais j'ai su remplir mes devoirs
» sans outrager la nature ; je ne connais pas le remords ;

» Pour moi, qui n'apporte au milieu de vous que le désir
» de vous être utile, vous me trouverez toujours prêt à vous
» seconder ; je n'écouterai pas les préventions, je ne servirai
» pas les ressentiments ; mais je ne négligerai rien pour ré-
» tablir le règne des lois. La route que je dois suivre n'est
» pas douteuse ; c'est la Convention nationale elle-même qui l'a
» tracée ; elle fait punir les coupables ; elle rend la confiance
» aux patriotes vertueux. Je ne suis que le dépositaire, l'exé-
» cuteur de ses intentions, et ma position est d'autant plus
» douce, qu'en me conformant à sa volonté, je crois n'obéir
» qu'aux vœux de mon cœur. »

CHAPITRE V.

Puissance du Club national. — Son opposition moins patente, mais constante. — La Commission des sept. — Procès des pillards et des terroristes. — On appelle les accusateurs et les témoins. — Tristes révélations ! — Adresse à la Convention. — Discours de Bordas au club. — Son arrêté en faveur des prisonniers. — Adresse du Club à la Convention nationale, à l'occasion de la brochure de Lacroix. — Dépréciation de la valeur primitive des assignats, etc., etc., etc.

Ce discours fut écouté avec une attention bien soutenue et applaudi avec enthousiasme. Bordas était entré dans la voie de la réaction et de la résistance : la pente était rapide et une opposition formidable à craindre. Les jacobins étaient encore très-nombreux à Bordeaux, et par suite du renouvellement des administrations, ils avaient réussi à se glisser dans plusieurs postes importants. Le club national, l'une des plus anciennes sociétés de Bordeaux, était en grande partie composé d'eux ou de leurs amis; c'était le grand centre où aboutissaient toutes les affaires, où se traitaient les grandes questions politiques, où les orateurs s'abandonnaient aux plus fougueuses inspirations de leur zèle. Les proconsuls eux-mêmes s'y rendaient fréquemment, et la tribune bordelaise, pendant tout le règne de la Montagne, ne le cédait en rien à celle des jacobins de Paris. Les séances étaient publiques dans la salle du Lycée, fossés de l'Intendance, ses réunions presque quotidiennes; en un mot, c'était là que s'étaient réfugiés toute la vie politique, toute la sève sociale, tous les talents de Bordeaux.

L'approbation donnée dans un pareil lieu au discours réactionnaire de Bordas déplut beaucoup aux jacobins; ils se pré-

Livre VI.
1794.

parèrent à parer le coup et à opposer une vigoureuse résistance à ce qu'ils qualifiaient du nom d'oppression, mais qui n'était en réalité qu'un acte de justice. Tout semblait présager de nouveaux malheurs à Bordeaux : l'hiver commençait d'une manière très-rude; le froid était très-vif et la Garonne glacée et non navigable un mois durant; les comestibles étaient rares et leur prix fixé par un tarif qu'on appelait le *maximum*. Dans ce temps, on cessa aussi de donner *gratis* la représentation qu'on avait établie pour le peuple, tous les *décadis*; l'affiche portait, en gros caractère : *De par et pour le Peuple;* comme la *Marseillaise* sentait trop le jacobinisme et le sang, on lui substitua le chant dit : *Le Réveil du Peuple*. A Bordeaux, on faisait mieux, on déclamait pendant quelques mois, à la place de ces poésies révolutionnaires, une pièce de vers anti-terroriste, intitulée : *le Cri de mon Cœur*, qu'on devait à la plume facile et gracieuse de Desgranges-Bonnet, avocat à Bordeaux.

Tout cela indiquait la tendance des esprits et une marche lente et progressive vers un ordre de choses meilleur. On hésitait cependant encore : depuis quinze jours, la question à l'ordre du jour était la recherche des voleurs et des dilapidateurs; on avait nommé une commission *ad hoc*, mais elle ne s'assemblait pas; elle avait tous les éléments d'une procédure régulière et consciencieuse, et elle ne faisait rien; on aurait vraiment dit qu'elle craignait de trouver des coupables !

Dans cet intervalle, Fellixe, secrétaire général du président du département, se démit provisoirement de ses fonctions, jusqu'à ce qu'il eut obtenu justice contre ses calomniateurs. Charles, l'un des principaux accusés, était alors à Paris; on essaya d'examiner les charges alléguées contre lui. Malgré les démarches de ses amis, qu'il faisait agir, il paraissait certain qu'il avait fait porter à la mairie des caisses remplies d'argenterie, de vases sacrés, d'ornements d'église et de mille objets précieux. La fille du concierge de la maison commune,

Marie Croiset, avait vu entrer des portefaix, avec des bayards pleins d'argenterie, de calices, d'objets d'église, de vaisselle plate, de meubles précieux. Elle déclara que Charles venait le soir en voiture, chez Bertrand, maire, et s'en allait, sa voiture chargée de paquets. Un autre jour, elle aperçut un individu qui faisait fondre des objets d'argent, un tapissier qui défaisait le riche dais de Saint-Dominique et une femme qui dégalonnait des ornements sacerdotaux.

Le 9 nivôse an 3 (29 décembre 1794), Guillaume Lanon déclara avoir, par ordre de Bertrand, maire, fait porter à la maison commune, des meubles précieux, des caisses de vin, des pains de sucre; il avait fait porter chez Charles deux caisses de vin, et le citoyen Figuère, commissaire, y fit prendre des pots de fleurs pour les transporter chez lui, à Saint-Seurin.

Le nommé Loustaleau déposa que, plusieurs jours après l'apposition des scellés chez Saige, Bertrand et Charles vinrent avec des commissaires pour inventorier. Charles fit avancer une voiture de place qu'on remplit de caisses. Les quatre jours suivants, on fit aussi sortir de l'hôtel Saige, des meubles, du vin, des tableaux : on voyait, plus tard, sur la cheminée, chez Charles, une tête de marbre qu'il en avait retirée.

On fit paraître les quatre portefaix : ils déclarèrent avoir porté chez Bertrand, le maire, et chez Charles les objets déjà mentionnés par Lanon.

Chantin, homme d'affaires de Saige, déposa que Bertrand et Charles avaient enlevé des flambeaux à girandoles et autres, qu'on mit dans une voiture où Charles alla se placer. « J'y avais déjà porté moi-même, par ordre, dit Chantin, une caisse de 200 et quelques livres de bougie. Le maire et Charles revinrent; ils s'enfermèrent seuls dans un cabinet; en sortant, ils ont fait venir un fiacre qu'ils chargèrent d'effets. Une autre fois, le maire Bertrand fit enlever des caisses de vin, des liqueurs, une grande quantité de sucre. Charles emporta un

Livre VI.
Chap. 5.
—
1794.

habit vert et un manteau bleu, en disant qu'ils étaient destinés à un bon sans-culotte! J'ai envoyé chez le maire, des assiettes, des cristaux, des vases en porcelaine, etc. , etc. Il m'avait demandé les casserolles; je lui ai dit qu'elles étaient en mauvais état; alors, dit-il, je n'en veux pas, j'en prendrai ailleurs!! »

Redon déposa que Charles et Andron se transportèrent un jour chez le citoyen Biderain, rue Porte-Dijeaux, maison de Veyssière, vitrier, et lui firent donner une bourse de 143 ou 147 louis d'or, et de l'argent monnayé dont il ignore la quantité. Charles ne voulut ni en dresser procès-verbal, ni en donner un reçu!

Eugène Huss, chargé par le district d'aller lever les scellés chez Saige, trouva les effets dans un grand désordre: il savait que le buste en marbre de Cicéron avait été porté chez Charles avant l'opération, et il en parla dans son procès-verbal, en ajoutant que les bustes de Cornélie et de Cicéron avaient été enlevés en sa présence par Blanchard, artiste du Grand-Théâtre ; il ignorait ce qu'était devenu le buste de Cornélie.

Pénicaud, l'un des gardes-scellés, remit une note des effets qu'il avait vu enlever : c'étaient des meubles, des effets précieux, des sacs de monnaie, des pièces d'étoffes, telles que coutils, basin piqué, ras de castor et damas, de l'argenterie, du sucre, un grand nombre de caisses de vin et de liqueurs, des tableaux, des bustes et figures en marbre, etc.

Bouquet, qui avait intenté ces charges à Bertrand, s'étendit sur ce déplorable gaspillage de la fortune publique, et il ajouta qu'étant à Paris, Ysabeau lui avait dit que Bertrand, ex-maire, ne pouvait être jugé, parce que j'avais emporté vingt-sept pièces relatives à cette affaire. Ce n'était pas les pièces qui manquaient ; mais voici, sans doute, ce qui aura retenu les juges : c'est une copie, collationnée par Garnier, de Saintes, d'un arrêté pris par les républicains Tallien et Ysabeau, le 12 frimaire an 2 (2 décembre 1793), par lequel « le maire, les » autorités constituées et les autres dépositaires de l'autorité

» sont autorisés à remettre aux directeurs des théâtres, at-
» tendu leur partriotisme, en leur en faisant don, tous les
» ornements d'église, etc., etc. »

Il termina en demandant qu'on nommât des commissaires pour faire une analyse des dépositions qu'on pût adresser à la Convention nationale, afin qu'elle ordonnât des mesures pour satisfaire aux exigences de la justice et de la vindicte nationale.

Cette proposition parut juste; elle fut applaudie et adoptée. Les commissaires furent nommés, et ce ne furent pas seulement les vols commis à l'hôtel Saige et chez d'autres condamnés, qu'on recherchait, et qui criaient vengeance; on voulait savoir aussi ce qu'on avait fait des deux millions accordés à Bordeaux par le Gouvernement. Le comité des subsistances répondit qu'ils avaient été absorbés par l'indemnité accordée aux boulangers qui avaient fourni le pain à trois sous la livre; ce dernier incident n'eut pas de suite.

L'horreur qu'inspiraient les complices directs de Lacombe était immense; le dégoût qu'on avait conçu en même temps pour de misérables voleurs, déguisés sous le nom de républicains ardents pour mieux faire leurs affaires, était tel qu'on ne pouvait plus comprimer son indignation ni dissimuler ses impressions. On proposa de rédiger une déclaration sur le même sujet; il y avait des opposants, mais ils se turent et consentirent à la rédaction de cette énergique adresse, d'où nous extrayons les passages suivants :

« Bordeaux, longtemps calomnié par la haine, persécuté
» par l'intrigue, assassiné par la violence et la fureur; Bor-
» deaux, libre enfin, après avoir béni la justice de la Con-
» vention nationale, devait un premier cri d'exécration pu-
» blique aux auteurs volontaires de tant de maux. Nos fers
» étaient brisés, mais nous en porterons longtemps les em-
» preintes douloureuses, et nos premiers regards ont dû se
» tourner sur ceux qui semblaient avoir pris plaisir à les

» forger. Alors chacun a dû mêler sa voix à l'explosion de
» l'indignation générale; chacun a dû se hâter de dire : Voilà
» un des oppresseurs des patriotes, voilà un de ces despotes
» sanguinaires, voilà un de ces pillards que réclame la ven-
» geance des lois !!!

» Le représentant dut provoquer lui-même cet essor de
» l'opinion publique, nous dirons mieux, de la vertu publique,
» qui fut trop longtemps comprimée ; il a lui-même ouvert la
» route où le patriotisme et la probité devront poursuivre les
» hypocrites politiques et les dilapidateurs; mais s'il s'y trouve
» quelques écueils, il faut savoir les éviter.......

» Évitons de fournir même un prétexte à la calomnie, et
» lorsque nous réunissons nos efforts contre les hommes cri-
» minels qui ont désolé notre cité, il ne faut pas qu'on puisse
» dire qu'au lieu de songer au bien public, nous écoutons nos
» passions particulières; qu'au lieu de présenter les vrais cou-
» pables à la justice nationale, nous ne pensons qu'à venger
» nos propres injures...... Vous ne pouvez pas seuls découvrir
» tous les anneaux de la chaîne des crimes commis dans cette
» commune. Encouragez les citoyens vertueux, mais timides,
» à dénoncer les vols et les atrocités dont ils furent les victi-
» mes ou les témoins; contractez l'engagement solennel de
» défendre, par tous les moyens qu'autorisent les lois, ceux
» que de justes dépositions exposeraient à des haines puis-
» santes, et lorsque chacun de vous abjure tout ressentiment
» personnel, toute récrimination particulière, redoublez de
» zèle et d'activité jusqu'à ce que l'humanité outragée, la li-
» berté profanée, la révolution avilie, aient trouvé leurs vic-
» times parmi les vrais coupables, etc., etc., etc. »

On s'engagea donc au club national, en même temps qu'on
y jurait guerre aux fripons, aux hommes de sang, aux hommes
immoraux, à adopter la ferme résolution d'abjurer tout ressentiment personnel et à ne poursuivre que les délits et non
les erreurs; à exécuter scrupuleusement les précédentes dé-

libérations, qui chargeaient de l'examen des dénonciations contre les membres du club les comités nommés à cet effet, pour qu'on envoyât aux autorités constituées celles qui les concernaient, et pour que celles qui appartenaient à la police et à l'opinion publique, fussent cependant jugées avec l'impartialité convenable à des républicains.

Livre VI. Chap. 5.

1794.

On savait tout le danger des mesures extrêmes : on établit ainsi certaines restrictions, des entraves à l'esprit réactionnaire, commandées autant par les circonstances que par la prudence.

Les accusations continuaient, cependant : on allégua des charges accablantes contre Grignon, à cause de ses relations avec Desfieux; on accusa Margaron de plusieurs faits graves; c'est lui qui alla apposer les scellés chez Perrier, qui avait été guillotiné. En s'acquittant de sa mission, il chercha l'argenterie avec beaucoup de soin ; qu'est-elle devenue? On le pria de cacher la mort de Perrier à sa vieille mère, qui en mourrait de chagrin : « Bah ! dit-il, si elle en meurt, on l'enterrera ! » Il fit enlever le lit et autres choses nécessaires à cette dame; il refusa d'attester le civisme du vertueux et excellent Barennes, etc., etc.

Cette affaire fut renvoyée à la commission.

Ces scènes étaient affligeantes; le calme paraissait impossible à Bordeaux : Bordas lui-même était affecté de ces divisions interminables, de ces récriminations toujours renaissantes. Le 3 janvier, il se rendit au club, et après s'être excusé de n'être pas venu plus souvent à leurs réunions, à cause de ses grandes occupations, il s'exprima ainsi à la tribune :

14 nivôse, an III. 1795.

« Ce n'est pas un représentant, c'est un ami, c'est un frère
» qui vous apporte le résultat succinct de quelques réflexions
» politiques. Rien, aujourd'hui, n'est moins douteux que la
» révolution de France : tour à tour opprimée par le savoir
» et par l'ignorance, par l'orgueil et la cruauté, elle déchire

» le bonnet rouge de la même main qui brisa le trône (1);
» elle ne veut ni roi ni tribun, ni caste privilégiée, ni désor-
» ganisateurs assassins. Empêcher que les uns et les autres
» renaissent à leurs espérances, doit être notre seul but. Si
» nous venions à le manquer, si l'une des deux factions abat-
» tues relevait jamais son front audacieux, il ne resterait au
» plus beau pays de l'Univers d'autre perspective qu'un af-
» freux esclavage, et aux patriotes énergiques d'autre asile
» que le tombeau. Cependant userons-nous de représailles
» contre nos cruels oppresseurs? Profiterons-nous des leçons
» atroces qu'ils nous ont données? Verrons-nous partout des
» coupables? Multiplierons-nous les châtiments? La justice,
» comme la terreur, aura-t-elle ses bastilles, ses bourreaux?
» Non, citoyens, pardonnons sans rancune à ceux que des
» traîtres ont séduits, que les circonstances ont maîtrisés. Les
» pervers eux-mêmes ne doivent pas tous subir les mêmes
» châtiments, puisqu'il se trouve entre leurs forfaits une sorte
» de hiérarchie; puisque ceux-ci se sont distingués par le vol,
» ceux-là par le meurtre, ayons des flétrissures pour les uns
» et des supplices pour les autres.

» Je l'ai déjà dit, non pour répondre à ceux qui confondent
» le sang-froid avec l'irrésolution et la prudence avec la fai-
» blesse, mais pour mettre les habitants de Bordeaux dans
» le secret de mon cœur. Jamais je ne reconnaîtrai pour pa-
» triotes ceux qui s'enrichirent de rapines, ceux qui firent
» couler des flots de sang! Ils n'ont pas voulu le triomphe des
» rois ligués, j'en conviens; mais dans leurs cités, dans leurs
» hameaux, ils aspiraient d'être rois eux-mêmes. Ils ont servi
» la révolution, j'en conviens encore; mais ils l'ont regardée
» comme une porte ouverte au pillage, à l'assassinat. Lors-

---

(1) Loin de moi de parler ici du signe qui honore le vrai républicain, du symbole de la Liberté, que tout homme libre honore; ce que je peins, c'est le masque dont se sont affublés tous les contre-révolutionnaires, en première ligne.

» qu'ils vantaient la liberté, ils ne songeaient qu'à vivre dans
» l'anarchie, pareils à ces reptiles qui sortent joyeux du sein
» de la terre dès qu'ils sont avertis du choc de la tempête et
» du trouble des éléments. Qu'ils rentrent donc aujourd'hui
» dans leur primitive nullité, tous ces combattants méprisa-
» bles, enrôlés par le crime sous les drapeaux de la vertu!
» Qu'ils cessent de nous importuner par leurs clameurs! qu'ils
» ne fassent pas succéder l'arrogance à l'usurpation! qu'ils
» n'accablent pas le peuple de leurs outrages, après l'avoir
» frappé de leur poignard! Qu'ils sachent surtout que le peuple
» est debout, prêt à les repousser d'un bras terrible, prêt à
» les plonger dans l'abîme qu'ils avaient creusé sous ses pas!
» Citoyens, modérez votre légitime impatience; soyez sans
» incertitude pour l'avenir : la Convention nationale veille
» sur la République! Nuit et jour, je m'occupe de vos intérêts;
» le Gouvernement et ses délégués feront leur devoir; songez,
» de votre côté, à remplir votre tâche. Défiez-vous surtout de
» vos passions; empêchez que l'envie, la mauvaise foi ou la
» haine ne président à vos débats et n'entraînent des hommes
» de bien dans la disgrâce des méchants. Quand un dénoncia-
» teur se présente à cette tribune, voyez d'abord si lui-même
» ne mérite pas d'être dénoncé. Tel attaque par intrigue les
» intrigants; tel ne déclame contre les dilapidateurs subal-
» ternes, que pour couvrir l'importance de ses larcins par
» l'audace de ses discours. Tel, enfin, s'attendrit aujourd'hui
» aux noms de justice et d'humanité, qui naguère comptait
» ses exploits par le nombre de ses victimes. Bannissez loin
» de vous ces individus que les circonstances ont rendus pro-
» bes; bannissez les philanthropes d'un jour; ne reconnaissez
» pour vos amis que ceux qui se pressèrent avec vous autour
» du berceau de la liberté, qui la défendent contre les périls
» de toute espèce, qui ne se mêlèrent jamais à la tourbe des
» factieux; qui virent la chute de la royauté et celle du
» triumvirat avec une égale allégresse; qui ne connaissent d'au-

Livre VI.
Chap. 5.

1795.

» tre but que l'affermissement de la République, d'autre guide
» que la Convention, d'autre désir que celui du bien... Voilà
» les dignes émules de vos travaux! eux seuls méritent votre
» estime. Resserrez les liens qui vous unissent à leur sort, et,
» chaque jour, jurez à vous-mêmes, jurez solennellement de
» triompher ou de périr avec eux ! »

Ce discours fut vivement applaudi : les coupables y virent une lueur de miséricorde et de pardon ; les antiterroristes n'y virent que le représentant probe, qui voulait enfin en finir avec ces misérables pillards des caisses publiques et les hommes de sang. On ordonna l'impression de ce discours; mais, après réflexion, on n'en fut pas très-satisfait. Bordas avait compris qu'il avait lâché la bride à toutes les passions, et aujourd'hui il veut la resserrer dans de justes limites, tout en restant républicain avancé et en conservant son attitude de démocrate; il avait déchaîné les vents, maintenant il veut empêcher la tempête et commande le calme. On ne fut pas content de ce mélange de modération et de rigueur; on ne comprenait pas qu'il lui fût possible de louvoyer avec loyauté entre les partis et de chercher à ménager tout le monde, en blessant les exagérés, qui n'avaient qu'un seul tort de plus que les autres, celui d'avoir poussé jusqu'à leurs derniers développements les principes posés par la Convention nationale elle-même.

Bordas, malgré ses graves préoccupations, malgré ses soins administratifs, s'occupait activement des affaires de Bordeaux. Le même jour où il prononça ce dernier discours au club (3 janvier), il crut enfin devoir faire droit aux diverses réclamations des malheureux prisonniers, et prit en leur faveur un arrêté qui fait honneur à son cœur, et où nous avons remarqué les considérants suivants :

« Considérant que toutes les mesures de rigueur que la loi
» n'a pas expressément ordonnées, sont injustes et tortion-
» naires;

» Que les reclus, détenus et emprisonnés, quelle que soit

» la cause de leur incarcération, sont des hommes, et qu'à
» ce titre même, leurs malheurs exigent qu'on ait pour eux
» tous les égards que la nature commande et qu'on leur donne
» toutes les facilités que la loi ne défend pas ;

Livre VI.
Chap. 5.
—
1795.

» Que s'il s'est trouvé des geôliers assez humains pour
» adoucir le sort des détenus, on en a vu d'assez barbares
» pour outre-passer les mesures de sûreté que l'intérêt public
» a commandées ; des gens qui, par un raffinement de cruau-
» tés, ont multiplié les privations, aggravé l'état des détenus,
» et leur ont fait endurer des supplices anticipés, plus cruels
» que la perte de la vie ;

» Que ces hommes, qui méritent à peine ce titre, doivent
» être sévèrement examinés ; que, s'ils sont des êtres déna-
» turés, ils doivent être destitués ; que s'ils ont, sans aucun
« fruit pour la chose publique, aggravé le sort des prisonniers
» et outrepassé les règles de sévérité qui leur étaient pres-
» crites, ils doivent, comme prévaricateurs salariés, être tra-
» duits devant les tribunaux, pour être punis, conformément
» à la loi du 14 frimaire. »

Il chargea la municipalité de veiller à la police des prisons ; de faire visiter, par deux municipaux, une fois par décade, les maisons d'arrêt, pour entendre les plaintes et les réclamations des détenus, et les transmettre ensuite aux autorités consti- tuées ; de constater le poids du pain, sa qualité et celle de l'eau, ainsi que la nature des comestibles ; de veiller surtout à la propreté et à la conduite des employés. Tous les détenus pour cause de suspicion auront la permission de communiquer avec leurs parents ou leurs conseils. Les condamnés par un jugement quelconque obtinrent la même faculté, mais sous la permission de la municipalité. Les prêtres condamnés à la dé- portation, qui désireraient parler à quelqu'un du dehors pour pourvoir à leurs besoins, devraient s'adresser pour cela à la municipalité (1).

(1) Le 15 janvier 1795, Bordas défendit de sonner l'*Angelus*, et ordonna, en cas de contravention, de briser les cloches.

Pour quelque cause qu'un individu fût incarcéré, tous ceux qui voulaient lui porter des secours en argent, vivres ou vêtements, pourraient le voir et lui parler en présence du concierge ; furent exceptés ceux qui étaient au secret. Tous les égards possibles étaient ordonnés en faveur des vieillards et des infirmes.

Toutes ces mesures étaient sages, elles furent applaudies. Le club était toujours mal composé ; quelques-uns de ses membres, devenus hypocrites par peur, et, à la faveur d'un masque, cachant au fond du cœur des sentiments terroristes, étaient devenus le point de mire de leurs collègues ; on les accusait de manquer de patriotisme et de vouloir trahir la cause de la république. Enfin, un nommé Lacroix crut qu'il était temps de parler sans crainte et d'indiquer le remède à tous les maux de la patrie ; il publia une brochure, où il proposa au peuple français de revenir à la constitution de 1791 et par conséquent à la royauté. Un cri général s'éleva d'un bout de France à l'autre contre cet ami du passé, qu'on considérait comme un novateur rétrograde ; la Convention le mit hors de la loi, et le club de Bordeaux profitant de cette aventure pour ressaisir son influence, vota une adresse à la Convention nationale, où nous remarquons les passages suivants :

Journal du Club, etc.

« Citoyens représentants, il existe donc encore des apôtres
» de la royauté ! Quoi ! on ose invoquer une Constitution per-
» fide, qui, sous les apparences de la liberté, nous eût bientôt
» replongés dans l'esclavage !..... Les citoyens de Bordeaux
» partagent votre indignation ; ils applaudissent au sage dé-
» cret que vous venez de rendre contre le royaliste Lacroix ;
» ils déclarent à tous les libellistes atroces, qui, depuis long-
» temps infectent l'esprit public, que jamais ils ne capitule-
» ront avec eux ; qu'ils veulent vivre et mourir en républi-
» cains, et qu'ils auront sans cesse un poignard à la main pour
» frapper les rois et leurs partisans. »

Dans ce moment, comme pour compliquer davantage les

embarras du peuple et les dangers de la situation, la valeur des assignats ou papier-monnaie était bien tombée dans l'esprit public ; on s'efforçait de la maintenir, mais inutilement ; les étrangers n'en voulaient pas, et les Américains surtout contribuèrent beaucoup à leur dépréciation. On eut beau dire que les biens nationaux valaient dix fois plus que les assignats en circulation ; que les citoyens qui donnaient leurs enfants à la patrie, donneraient également leurs biens pour la même cause. Toutes ces déclamations patriotiques n'empêchèrent pas la baisse et comme pour en accélérer le mouvement, on eut la maladresse de dire à la tribune qu'un assignat de 100 liv. n'en valait plus que 19 ! Plus on parlait d'assignats, du crédit, des richesses nationales, moins on contribuait à relever la confiance générale ; aux yeux du public, qu'on ne trompe pas toujours, ces grands mots ne servaient qu'à voiler de grandes misères ; l'opinion publique s'effrayait de plus en plus ; chacun se défaisait de ses assignats pour des objets d'utilité publique (1) ; la panique était partout, dans tous les esprits ; le commerce était nul ; on avait persuadé au peuple que le malaise général ne devait être attribué qu'aux agioteurs seuls ; c'était un appel au pillage et aux mauvaises passions. Sous l'empire de ces fausses impressions, de ces bruits calomniateurs, on avait dressé une pyramide ou une espèce de montagne, avec cette inscription : *Tremblez, agioteurs!* Cette annonce, digne des mauvais jours de 1793, porta la terreur dans les comptoirs ; la bourse fut abandonnée ; les affaires négligées, le commerce paralysé ; mais après un laps de quelques jours, on vit bien que les pillards avaient la bonne volonté de recommencer ; mais que l'autorité, malgré son apparente douceur, avait celle d'arrêter tous les perturbateurs et de les

---

(1) Il y avait en février 1795, dit Thiers, pour près de 8 milliards d'assignats en circulation ; quelques jours plus tard un louis valait 160 livres en assignats et bientôt après 200 et 210 livres.

traiter avec toute la sévérité des lois. Le calme se rétablit à la longue, et l'on s'en rapporta à la sagesse et aux sollicitudes de la Convention pour le maintien de la paix et la surveillance des méchants.

CHAPITRE VI.

Bordas renouvelle les corps constitués. — Son discours. — Les habitants de Lormont dénoncent deux terroristes. — Nouvelles et tristes révélations. — Charge contre Ysabeau. — Blutel arrive à Bordeaux. — On demande qu'on hâte l'instruction, le procès des terroristes. — La fête du 21 janvier. — Discours de Martignac. — Nouveaux cris contre les voleurs et les assassins de Bordeaux. — Charge contre Tallien. — Discours sur le même sujet, par Lamarque, Babyre et plusieurs autres orateurs. — Lamarque et Boissel arrêtés, etc., etc.

Témoin de toutes les scènes odieuses dont Bordeaux était devenu le théâtre ; voyant d'ailleurs qu'il n'y avait que peu d'hommes dans les diverses administrations du pays dont la réputation fut à l'abri de quelque soupçon d'improbité ou de terrorisme, Bordas publia, le 16 nivôse an III, (5 janvier 1795), une proclamation où il se plaignit : « Que Bordeaux,
» cette vaste cité, si célèbre par son amour pour la révolu-
» tion, par les sacrifices qu'elle a faits en faveur de la chose
» publique, par les cohortes qu'elle a fournies pour combattre
» les ennemis de la nation française, etc., etc., s'est oubliée
» un moment. Des intrigants avaient abusé de sa confiance ;
» cette erreur passagère et bientôt réparée a accumulé sur
» les habitants des horreurs et des désolations, que la posté-
» rité la plus crédule ne croira qu'avec peine, etc., etc.

» Nous regardons comme des scélérats et nous livrerons à
» la vindicte publique ceux qui ont exercé des vengeances
» personnelles, qui ont substitué leurs passions particulières
» à l'intérêt de la patrie ; ceux qui, établis pour juger et punir
» les coupables, ont immolé sous des prétextes imaginaires
» les meilleurs citoyens, etc., etc. »

Il passe en revue ceux qui ont fait un trafic de leurs opi-

Livre VI.
1795.

Archives départementales.

nions en vendant ou marchandant la vie ou la mort de leurs frères; qui ont abusé de leurs pouvoirs ou ont fait de leur autorité un objet de spéculation mercantile, et finit par nommer une commission composée de sept membres : Oré, Vitrac, Dallon, Bartot, Boudet, Garisson et Martineau jeune, avec des suppléants : Duret, Sergent, Bonnet. Le même jour il prit un arrêté, par lequel il renouvela toutes les administrations. C'était l'usage établi par ses prédécesseurs ; un passe-temps pour les commis-voyageurs de la Convention, qui, bouffis d'un orgueilleux sentiment de leurs talents et de leur savoir-faire, détruisaient tout ce qu'on avait fait avant eux.

Ces changements ou modifications des corps constitués étaient tous dans le sens d'une réaction sage, lente, mais incontestable ; c'étaient tous des hommes modérés, et ces choix, loin de décourager les travaux de la commission, semblaient au contraire exciter son zèle. On continua donc la procédure contre les terroristes et les dilapidateurs de la fortune des Bordelais, mais avec la sage lenteur qui caractérise la marche de la justice. Le 19 nivôse (8 janvier), Bordas se rendit au club et après y avoir exposé de nouveau les principes de justice qui dirigent la Convention et dont il était lui-même bien pénétré, les divers excès commis par des hommes coupables, qui avaient attiré de grands malheurs sur le pays, il présenta aux Bordelais l'agréable perspective d'un prochain retour à l'ordre, à la paix, à l'abondance, et retraça ensuite à grands traits les devoirs que l'intérêt national et la sûreté publique imposaient aux citoyens. « Un vrai républicain, dit-
» il, sait oublier les maux qu'il a soufferts en servant la pa-
» trie ; Camille, exilé par ses concitoyens, faisait des vœux
» pour eux ; Camille, proscrit, sauva la capitale. L'histoire
» des temps passés est une école salutaire ; la patrie n'a jamais
» tort...... Ne pensez pas toutefois que nous nous proposions
» de couvrir du crêpe de l'amnistie, les crimes qui ont été
» commis ; mais c'est la vengeance nationale, et non la ven-

» geance individuelle qui doit en retirer une réparation écla-
» tante. »

Bordas toucha ici la véritable plaie de Bordeaux ; il y avait des crimes commis, mais il y avait des tribunaux et des lois. Les vengeances particulières s'y mêlaient et multipliaient les crimes et les criminels pour de honteux motifs qu'on n'avouait pas. Bordas rappela aux Bordelais leurs devoirs, et après avoir flétri ces haines personnelles, il exprima le vœu qu'on les déposât aux pieds de l'autel de la patrie et qu'on rétablît l'empire des lois.

Deux jours plus tard, les habitants de Lormont vinrent dénoncer Barbé et Grand-Maison, comme les dignes émules des tyrans qui avaient si longtemps désolé leur malheureuse cité ; Barbé, mis en station au château de La Tresne, y vivait en sybarite, tandis que les pauvres n'avaient pas de pain à manger ! Du fond d'un appartement aux lambris dorés, et mollement assis dans un fauteuil de velours cramoisi, il dictait ses ordres aux pauvres, avec le ton impérieux d'un baron féodal à ses agents avilis. Grand-Maison s'était signalé à Yvrac par ses vexations et sa tyrannie, et on apprit en même temps, par une lettre de Cobe de Monségur, que Ramon, agent national dans ce pays, avait fait enlever de chez lui beaucoup d'objets très-précieux, portes, grillages, balcons, etc.; de plus, 2,469 livres de fer, et qu'il l'avait condamné, en outre, à payer 15,000 livres, et tout cela par ordres verbaux !

Dans les séances des 14 et 15 janvier, on dévoila encore de révoltantes vérités ! Paquet déclara que chaque section avait ses égorgeurs officiels ! Il faudrait donc engager les sections à les faire connaître et à les livrer à la justice. Les malheurs de Bordeaux avaient eu lieu non seulement sous Julien, mais sous Tallien et Ysabeau, à dater du mois de septembre 1793 !

On cita comme preuve l'anecdote suivante : Le 15 décembre un certain Pitray vint annoncer à Mercier, qui devait être jugé et infailliblement condamné le lendemain, que, moyennant 50,000 liv. donnés à Ysabeau, il serait mis en liberté. Fier de son innocence, et sachant par expérience le peu de confiance qu'on pouvait avoir dans ces misérables émissaires du club des jacobins de Paris, il affronta son procès et fut condamné le lendemain 16 décembre 1793 !

Dans ce temps, Blutel arriva à Bordeaux et se fit inscrire comme membre de la société populaire. Appelé un soir à la tribune, il fit un effrayant tableau des horreurs qu'on avait commises à Rochefort; de petits tyrans, une vingtaine à peu près, avaient réussi à asservir tout le peuple, comme on avait fait à Bordeaux ; ils forçaient les innocents, les personnes vertueuses et inoffensives à subir leur joug et des châtiments immérités que la justice, sans entrave et bien dirigée, aurait fait tomber sur leurs propres têtes ! Ils avaient établi un comité de prostituées pour épurer les mères de familles ! Mais passons sous silence ces révoltantes horreurs qui blesseraient trop sensiblement la pudeur et que la plume refuse d'esquisser !...

« Là comme à Bordeaux cependant, dit Blutel, le crime est en
» minorité ; jurez que vous ne souffrirez jamais plus qu'un sys-
» tème de tyrannie si dégradant pour l'humanité se rétablisse
» dans ces murs..... (Oui, oui, nous le jurons, s'écria-t-on de
» toutes parts.) Ma mission dans cette commune est de surveil-
» ler les magasins de la République, et de découvrir les di-
» lapidateurs, etc. »

On croyait qu'en avançant vers la fin de la procédure, les esprits deviendraient plus calmes ; il n'en était rien. Dans la séance du 18 janvier, un nouveau cri de vengeance se fit entendre dans un projet de lettre destinée au *Courrier républicain* ; l'auteur s'attachait à prouver : « Que les monstres
» sous qui Bordeaux gémissait pendant quinze mois, n'étaient
» pas de bonne foi, et qu'en vain ils arguaient de l'opinion,
» que la terreur était nécessaire ; car, dit-il, en même temps
» qu'ils appelèrent une armée révolutionnaire, ils lui pro-

» mirent le pillage ; s'ils arboraient la bannière en l'honneur
» des 2 et 3 septembre, ils désiraient qu'on plantât une
» guillotine devant chaque section ; s'ils demandaient du sang
» pour féconder les racines des arbres de la liberté, ils fai-
» saient des arrestations innombrables et des exécutions multi-
» pliées ; les bourreaux s'enrichissaient souvent des dépouilles
» des victimes, et l'or offert à propos était sûr d'amollir en
» eux le terrorisme. La commune fut incarcérée en masse ;
» mais les mêmes hommes qui criaient qu'il fallait l'anéantir, se
» livraient en même temps à des spéculations bien faciles. La
» famine, les privations étaient le partage de tous les citoyens ;
» eux seuls se gorgeaient, dans des orgies scandaleuses, des
» mets les plus recherchés et d'un pain d'albâtre. Ce sont les
» mêmes hommes, ajoute l'auteur, qui se déchaînent aujour-
» d'hui dans des libelles atroces, contre les citoyens qui ont
» sollicité le rapport du décret du 6 août et qui dévoilent
» leurs turpitudes. »

Mille autres citoyens demandaient en même temps qu'on hâtât l'instruction de ce fameux procès et que les coupables fussent livrés à la justice ; ils blâmaient ouvertement les familles qui pleuraient en secret leurs pertes et leurs chagrins ; mais qui n'allaient pas augmenter le scandale et multiplier des turpitudes déjà trop nombreuses. « Insensés, leur disait-
» on, oubliez vos maux, cessez de vous plaindre, ou ne soyez
» pas si timides ! »

Heureusement pour la paix publique, on faisait des préparatifs pour célébrer la chute de la royauté et l'anniversaire de la mort de Louis XVI. Tous les esprits s'occupaient de cette fête nationale, et le procès des terroristes fut suspendu à l'approche de la triste solennité du 21 janvier ! Blanchet demanda que les deux L enlacés qui se trouvaient sur la Porte des Capucins fussent effacés ; on renvoya sa demande à la municipalité. Enfin, le 2 pluviôse (21 janvier) arriva ; la ville se livra à ses réjouissances les plus bruyantes ; les environs de la

salle furent encombrés de monde et la séance précédée de chants civiques ; enfin, Martignac, président ce jour-là, se leva et prononça le discours de circonstance ; il fit l'historique des fêtes publiques chez les anciens et n'oublia pas de faire ressortir la grande influence qu'elles avaient sur les mœurs et la politique des peuples. Notre législation n'en avait pas encore qui pussent les rappeler ; mais la Convention s'occupait de nous en donner qui auraient des effets salutaires. Il traça ensuite, en présence des deux représentants qui étaient à leur banc, le parallèle des divers gouvernements et il démontra d'une manière victorieuse que le seul gouvernement vraiment libre, celui sans lequel il n'y a pas d'égalité, est le gouvernement populaire. Montesquieu et Rousseau furent invoqués tour à tour par l'orateur, et le témoignage de ces grands hommes servit encore à appuyer ses raisonnements péremptoires. Il acheva ainsi son tableau du gouvernement populaire : « Aucun hom-
» me n'a plus de droit qu'un autre ; cette vérité fut gravée
» sur le livre de la vie, des mains de la nature ; l'orgueil et
» l'égoïsme l'en effacèrent ; mais le courage et le patriotisme
» l'ont fait revivre. Je ne connais d'homme, ajouta-t-il, à qui
» le gouvernement populaire puisse déplaire, que celui qui est
» assez lâche pour ne pas aimer la liberté, et assez sot pour
» se croire plus qu'un autre. »

Il termina son discours par ces mots : « Ne souffrons jamais
» aucune tyrannie ; que le tombeau où le dernier tyran est
» descendu, reçoive tous ceux qui tenteraient de relever le
» trône ! »

Bordas monta à la tribune et commença la lecture d'un discours, où il retraça les devoirs des citoyens, l'oubli du passé et leurs engagements pour l'avenir. Tout était préparé pour la fête ; mais l'ardeur républicaine était bien refroidie ; l'enthousiasme n'était plus de mode. La statue de la justice, prête à frapper la royauté renversée à ses pieds, avait été placée sur les débris du monument érigé, dans le temps, à Louis XVI ;

les représentants du peuple, Bordas et Blutel, s'y rendirent avec toutes les autorités constituées; le cortége était immense; on entourait avec empressement la statue de la liberté, qu'on portait au milieu de tout ce monde, comme le palladium de la France. Arrivés sur la place publique, le Président du tribunal civil donna lecture du décret de mort du dernier roi, qui fut suivi de mille cris de *Vive la république! Vive la Convention! Guerre à la royauté! etc.*

Le cortége se dirigea ensuite au temple de l'Être-Suprême où les représentants et d'autres orateurs firent des discours patriotiques. Mais tout cela n'était qu'une pâle copie, une froide parodie de la même fête en 1794!

Le lendemain, l'esprit public fut rendu à ses premières occupations ordinaires; l'instruction du fameux procès était la grande affaire de tout le monde. La commission des Sept avançait avec lenteur et s'entourait de toutes les lumières possibles; elle ne faisait que recueillir des pièces nécessaires, des notes justificatives et de nouvelles dépositions. On blâmait cette lenteur; elle ne favorisait que trop les coupables; il fallait aller plus vite et monter plus haut, et on rencontrerait les véritables auteurs et fauteurs des malheurs de Bordeaux; c'était Ysabeau, Tallien et leurs successeurs. « Interrogez les
» habitants de La Réole, s'écria Papon; ils vous donneront de
» bons renseignements; c'est là que le projet contre Bordeaux
» a été conçu; c'est là qu'on a tracé le plan de sa ruine; c'est
» là que j'ai entendu dire qu'il fallait piller, incarcérer, guil-
» lotiner les citoyens; que les habitants de Bordeaux ne va-
» laient rien; qu'il n'y avait que les chevaux et les bœufs qui
» valussent quelque chose. »

Dans la séance du 10 pluviôse an III, Blutel exposa la conduite qu'il avait tenue à Rochefort à l'égard de quatre-vingt-quinze rebelles de la Vendée, qui, pris les armes à la main, devaient d'après la loi être mis à mort. Convaincu qu'après la chute de Robespierre, la Convention avait horreur

Livre VI.
Chap. 6.
—
1795.

29 Janvier.

du sang et adoptait des principes politiques plus conformes à l'humanité, il les fit mettre en liberté aux cris de *Vive la république!* C'était une leçon indirecte à l'adresse des réactionnaires de Bordeaux, contre les horreurs de la guerre civile que leurs accusations et récriminations éternelles pourraient à la longue faire renaître.

Dans la même soirée, le citoyen Merzeau fit un rapport de tout ce qu'on avait fait pour l'armée des Pyrénées occidentales depuis cinq mois, tant par le magasin du district de Bordeaux, que par celui d'habillement. Il en résultait qu'on avait fait 18,600 habits, 25,000 culottes, 15,000 gilets, 10,000 chemises, 10,000 paires de souliers, sans compter les effets provenant de dons particuliers, parmi lesquels il y avait 16,000 chemises livrées par les commissaires de la société.

La séance du lendemain, 30 janvier, était extrêmement agitée ; plusieurs orateurs ont eu le courage de porter la main sur la véritable plaie et de signaler à la France la source d'où avaient découlé tous les malheurs de Bordeaux. « Il est temps,
» il est nécessaire, dit Bouquet, de remonter plus haut, et j'af-
» firme que les représentants du peuple étaient les auteurs,
» fauteurs et complices de toutes les exactions, de tous les
» vols, de tous les crimes commis à Bordeaux. Tallien, ajoute-
» t-il, écrit à un journal *que, pendant sa mission à Bordeaux,*
» *ni buisson, ni chaumière n'ont été brûlés dans cette com-*
» *mune.* Passe pour les incendies ; mais quand il atteste qu'au-
» cune taxe révolutionnaire n'a été levée, il ne se souvient
» sans doute pas de son arrêté du 27 vendémiaire, dont l'ar-
» ticle 19 portait : *Conformément aux décrets de la Conven-*
» *tion nationale, tous les frais de l'armée révolutionnaire et*
» *toutes les autres dépenses extraordinaires seront supportés*
» *par les riches et surtout par ceux connus par leurs senti-*
» *ments inciviques et fédéralistes.*

» *En conséquence, il sera fait un état de tous les particuliers et négociants qui devront contribuer au paiement de ces*

» *frais, et il leur sera adressé des réquisitions nominatives*
» *des sommes déterminées, qui devront être payées dans les*
» *vingt-quatre heures, sous peine d'exécution militaire et de*
» *confiscation de tous leurs biens.*

» Que recherche-t-on, dit Bouquet? la vérité : Eh bien !
» la commission établie par Bordas, pour découvrir les crimes,
» les meurtres, tous les brigandages de l'année dernière, sera
» bientôt en état de prouver que des taxes immenses ont été
» imposées aux Bordelais et même perçues. Au reste, vous
» avez délibéré une adresse à la Convention pour l'éclairer sur
» toutes ces infamies; doit-elle parler ! sinon, pourquoi tant
» de bruit pour rien? si oui, qu'on y joigne l'arrêté des repré-
» sentants du peuple à leur rentrée à Bordeaux. »

Lamarque remplace Bouquet à la tribune et fait observer
que depuis longtemps on demandait un acte qui constatât et
qui précisât les calomnies et les moyens infâmes qu'on avait
employés pour opprimer, voler et assassiner les Bordelais.
« Dans l'arrêté de Tallien, dit-il, que vous venez d'entendre,
» il est dit que des scélérats voulaient livrer la ville, le port
» et les arsenaux aux Anglais. Ici il y a trahison ou calom-
» nie; si trahison, pourquoi ne pas démasquer les traîtres?
» si calomnie, pourquoi ces infâmes calomniateurs d'une ville
» pacifique ne seraient-ils pas dévoilés et punis? Écrivez à la
» Convention, faites-lui connaître les moyens employés par
» des misérables pour déshonorer, piller, assassiner vos con-
» citoyens, et vous obtiendrez justice de ces brigands. Je
» sais, ajoute Lamarque, les moyens que des personnes inté-
» ressées emploient pour arrêter votre énergie; mais on n'y
» réussira pas. On cherche à vous confondre avec vos assas-
» sins et vos voleurs; on y réussira encore moins. On parle
» même de mandats d'arrêt pour vous épouvanter. Eh bien !
» qu'on les lance, ces mandats, nous ne les craignons pas;
» les brigands, les voleurs seuls doivent trembler ; ce n'est
» pas à nous, patriotes, qu'il convient d'avoir peur.

» Le moment est arrivé, dit un membre, Babyse, de mani-
» fester votre opinion comme vous en avez fait serment.
» Tallien invoque le témoignage de cette commune ; répon-
» dons. Il affirme qu'il n'a point établi de taxes arbitraires,
» mais son arrêté le dément. Le système de terreur fut établi
» par les représentants du peuple en mission à Bordeaux.
» Pourquoi se targue-t-on que Bordeaux n'a pas été traité
» comme Lyon ? Ce n'est pas grâce à la clémence des repré-
» sentants, mais à la sagesse des Bordelais. Les représentants
» n'ont brisé le système de terreur, que parce que ses parti-
» sans n'ont pas voulu partager leur pouvoir tyrannique. »

Pour réfuter l'opinion de Babyse, Monmain dit qu'il ne peut pas, lui Babyse, savoir exactement la vérité, puisqu'il n'est à Bordeaux que depuis quatre mois ; que Tallien et Ysabeau n'ont jamais accusé les Bordelais d'avoir voulu livrer leur ville et leur port aux Anglais. Cette assertion provoqua des rumeurs et des cris d'improbation contre l'orateur ; mais Bouquet, dominant enfin ce bruit, s'écria : « Qu'importe le
» temps que le préopinant a passé dans nos murs ? la question
» est : A-t-il été bien instruit ? A-t-il dit la vérité ? Quant à
» moi, je n'ai jamais su que par Ysabeau et Tallien qu'il exis-
» tait un projet de livrer Bordeaux aux Anglais, et si l'un d'eux
» m'interrogeait là-dessus, je lui dirais : c'est de tes lèvres
» que je l'ai appris, car c'est toi seul qui l'as dit dans cette so-
» ciété. Ysabeau lui-même occupant ce fauteuil, dit, on s'en
» souvient bien : *Je tiens les preuves de conviction que plu-*
» *sieurs négociants ont voulu livrer ce port aux Anglais.* Je
» suis loin de croire, ajoute Bouquet, que les représentants
» aient inventé cette charge calomnieuse ; mais je trouve bien
» étonnant qu'ils n'aient pas fait punir les auteurs d'une si
» exécrable conspiration. Quoi ! on avait des preuves écrites
» et pas un négociant n'a été poursuivi pour ce fait ! On parle
» de deux mille lettres qui l'attestent, d'autres disent six
» cents ; pour moi, je n'ai entendu parler que de deux cents.

» (Oui, oui, deux cents, crie-t-on de tous côtés). Ysabeau et
» Tallien peuvent être regardés comme les calomniateurs de
» Bordeaux, s'ils ne divulguent pas les noms des imposteurs
» qui ont noirci les Bordelais à leurs yeux. »

Fieffé s'étonne qu'on veuille disculper les véritables auteurs des malheurs de Bordeaux. On sait que tout avait été combiné à La Réole.

Guiraud (1) affirme qu'Ysabeau et Tallien avaient dit que Bordeaux avait été vendu aux Anglais ; plus de cinq cents personnes l'ont entendu de leur bouche. Ils ont été plus loin, car ils ont dit que les Bordelais avaient fait passer des subsistances aux rebelles de la Vendée !

Dagusan déclare que Tallien, qui s'élève aujourd'hui si fortement contre le terrorisme, voulait, à son arrivée à Bordeaux, que tous les accapareurs et les agioteurs arrosassent de leur sang les racines des arbres de la liberté.

Babyse monte enfin à la tribune et avoue qu'il n'y a pas longtemps qu'il est à Bordeaux ; mais il affirme qu'il avait été bien renseigné. Les représentants du peuple ont assuré qu'on voulait livrer Bordeaux aux Anglais ! Il fallait se procurer des renseignements plus positifs ; ils ne l'ont point fait ; il entrait dans leur plan de faire usage de cette imposture. S'ils ont abandonné ce système, c'est qu'il n'était plus bon à rien. Quelques membres ont essayé d'excuser les représentants ; mais enfin Coste gagne la tribune et s'exprime ainsi : Tallien a-t-il été terroriste ? a-t-il mis des taxes révolutionnaires ? voilà la question. Je suis pour l'affirmative ; s'il n'eût pas été terroriste, quand il était à La Réole, il se serait rendu aux vœux des sections de Bordeaux, qui lui tendaient les bras ; il n'aurait pas attendu d'avoir formé une armée révolutionnaire pour y faire son entrée. Quant aux taxes révolutionnaires, je laisse à part son arrêté ; mais les amendes imposées

(1) Le *Journal du Club* dit : Guibbaud.

par la commission militaire créée par lui, travaillant sous ses yeux, n'étaient-elles pas des taxes révolutionnaires?

Enfin, fatigué d'attendre et voulant savoir ce que faisait la commission des Sept, instituée pour constater par un acte authentique la vérité, toute la vérité sur les faits passés, on appelle à la tribune Germain, qui en était membre. Germain déclare qu'on instruit ce procès; mais pour ne rien avancer que la vérité, il fallait compulser les registres publiés du club national et de la société populaire, les actes des autorités constituées, les arrêtés des sections, etc., etc. Il fait observer que la commission n'entend point servir les haines particulières ou les passions privées; il ajoute qu'il faudra des copistes, et demande par conséquent qu'on fasse les avances indispensables.

On se récrie de nouveau contre ces lenteurs désespérantes, ces éternels délais; plusieurs demandent qu'on envoie au plus tôt à la Convention nationale une adresse contenant les plaintes des Bordelais, un tableau détaillé des horreurs qu'ils avaient supportées en expiation des crimes imaginaires inventés par des scélérats qui voulaient avoir des coudées franches contre une population innocente, mais opprimée.

L'agitation était à son comble, surtout lorsqu'on vit qu'il n'y eut pas d'intrigue, pas de ruse, pas de combinaison machiavélique qu'on n'eût employée pour tromper la Convention nationale et pour paralyser les efforts des réactionnaires, et enfin pour empêcher qu'on dévoilât les vols, les meurtres, les exactions, les turpitudes de toutes sortes que de misérables agents des proconsuls et les proconsuls eux-mêmes avaient commis et fait commettre à Bordeaux depuis septembre 1793. On s'efforça de jeter un mauvais vernis sur les sentiments et la conduite de Bordas, qui encourageait la réaction; on l'accusa de vouloir rouvrir la carrière des meurtres; on l'appela Maximilien ROBESPIERRE; on signala les meilleurs citoyens, dont la plupart étaient en fuite ou dans les fers, comme les complices de quelques scélérats dont on citait les noms comme pour en grossir à dessein la nomenclature déjà trop grande. Le désordre était partout ; les honnêtes gens n'osaient ni parler ni paraître ; ils craignaient le retour des mauvais jours, et plutôt que de devenir accusateurs, ils aimaient mieux garder le silence et abandonner les brigands à leur honte et à leurs remords. C'est dans cet état de choses que Treilhard, représentant du peuple, arriva à Bordeaux. On vit aussi arriver en même temps Chaudron-Rousseau et Columbel, représentants du peuple.

Treilhard devait remplacer Bordas ; leurs principes étaient les mêmes, mais leurs formes ou leurs allures étaient bien différentes. Ils marchaient tous deux selon les ordres de la Convention nationale ; mais Bordas ne savait pas retenir l'esprit réactionnaire ; Treilhard, tout en ayant l'air de le protéger, devait lui imposer des limites avec défense de les franchir. Les accusateurs ne se bornaient pas à s'attaquer à des subalternes, ils faisaient remonter tous les torts aux représentants eux-mêmes. C'était compromettant pour l'honneur de la Convention ; on résolut d'arrêter ce mouvement, et l'un des premiers actes de Treilhard, en arrivant dans nos murs, fut de jeter dans une maison d'arrêt les citoyens Lamarque et Boissel, comme les deux individus les plus dangereux dans l'état actuel des choses, les plus influents du club et capables, en dernier lieu, de porter l'affaire à Paris, ce qui était le vœu de presque tout le monde dans la séance du 11 pluviôse (30 janvier).

CHAPITRE VII.

Grande affluence au club. — Lamarque et Boissel arrêtés. — Discours de plusieurs orateurs. — On délibère une adresse à la Convention. — Arrêté des représentants qui ferme le club. — Arrêté de Bordas qui supprime la commission des Sept. — La cocarde blanche et le panache d'Henri IV portés au théâtre par les dames. — Désordres à cette occasion. — Conduite des représentants à cette occasion.

Livre VI.
—
31 Janvier 1793.

Le lendemain on s'attendait à une séance encore plus orageuse ; l'affluence était considérable, mais l'autorité était prévenue. Guiraud, comme pour préparer les voies à quelque manifestation tumultueuse du peuple, s'empresse d'annoncer que Lamarque et Boissel ont été arrêtés. Je respecte, dit-il, l'autorité de laquelle est émanée cette mesure, mais la calomnie seule a pu la motiver. Nous connaissons ces deux citoyens ; ce sont d'excellents patriotes ; il est important d'éclairer la Convention sur leur compte. S'ils sont arrêtés, c'est qu'ils poursuivent avec courage les voleurs et les assassins des Bordelais. Le coup part de ceux qui doivent compte de leur criminelle conduite ; mais plus on nous poursuit, plus il faut montrer de l'énergie ; je suis fier de monter le premier à la brèche, cent autres y monteront aussi ; qu'une députation parte pour Paris ; hommes probes, fermes et courageux, que vos députés aillent dire à la Convention : « Nous avons été opprimés » et nos oppresseurs veulent aujourd'hui faire retomber sur » nous l'odieux de leur tyrannie ; ils nous accusent de leurs » propres crimes. Qu'on rédige l'adresse à l'instant et qu'elle » nous soit communiquée demain à midi, dans une assemblée » générale des citoyens. »

Ces paroles furent accueillies avec des bravos prolongés, et des applaudissements universels témoignèrent de l'exaltation des esprits et de la haine qu'on avait conçue à Bordeaux contre Ysabeau, Tallien, Julien et *consors*.

Après ces moments de désordre, Bouquet monta à la tribune et s'exprima ainsi : « J'adopte les conclusions du préo-
» pinant. Le comité peut être induit en erreur et bien des
» gens sont intéressés à le tromper ; une députation qui dise la
» vérité à la barre de la Convention nationale et qui désigne
» les individus, s'ils sont là : Tel et tel nous ont opprimés !
» Vous prenez de sages résolutions, mais vous ne les exécutez
» pas. Nos collègues ont été arrêtés, j'en ignore le motif,
» mais je les crois innocents jusqu'à ce qu'ils soient convain-
» cus de crime.

» Sergent s'écrie : le moment est venu de dire tout haut
» toute la vérité ; nous avons juré haine aux assassins, aux
» fripons, aux hommes de sang et aux calomniateurs ; soyons
» calmes, mais agissons avec énergie ; un précis de nos souf-
» frances, une députation habile qui se présente à la barre de
» la Convention, quelques voix qui disent : on nous a oppri-
» més, on veut le faire encore ; voici nos têtes, faites les tom-
» ber sur l'échafaud, si nous vous en imposons. Choisissez
» surtout pour députés des hommes vertueux, capables d'af-
» fronter la mort ; c'est du cœur et non des lèvres que nous
» avons prononcé le serment de vivre et de mourir libres. Je
» ne dis rien de ceux qui sont arrêtés ; ils nous ont toujours
» paru bons républicains ; nous ignorons le motif de leur ar-
» restation ; peut-être ont-ils été faussement dénoncés ; le
» temps nous l'apprendra ; mais, en attendant, hâtons-nous
» de dire à la Convention nationale, que les vrais patriotes,
» les honnêtes gens, quand ils se rencontraient en ville ou à
» la campagne, il y a dix-huit mois, se disaient tout bas : *Je*
» *ne suis pas sûr d'aller ce soir coucher dans mon lit!* Apprenez
» à la Convention que les Bordelais, tant calomniés, furent
» toujours malheureux et jamais coupables ; car, observez-le

» bien, citoyens, parmi ceux qui vous ont égorgés, pillés, dé-
» vorés, il n'y a pas un seul Bordelais ; j'en cherche un et je
» n'en trouve pas. Les places furent toujours confiées à des
» étrangers et c'est à leurs barbares mains qu'on livra nos
» biens et nos vies ! »

Plassan demande la parole et veut qu'on fasse une démarche auprès des représentants qui sont en ville, pour que leurs collègues soient mis en liberté. Germain demande si une députation fera mettre en liberté, par un représentant, des individus arrêtés par le Comité de sûreté publique ; on répond que non ; cette mesure est donc inutile.

« Humbert dit que cette arrestation n'est que le coup d'es-
» sai des ennemis de Bordeaux ; ils emprisonneront nos plus
» ardents patriotes, nos meilleurs citoyens ; ils diront que les
» uns sont des hommes de sang, que les autres sont des fédé-
» ralistes qui veulent se venger ; ils vous assimileront tous à
» des scélérats ! Adressez-vous vite à la Convention nationale ;
» portez-lui, avec les arrêtés qu'on vous a lus, les gémisse-
» ments de nos familles ; prouvez-lui que nos meilleurs ci-
» toyens ont péri ; que d'autres ont été pillés et réduits à la
» misère ; qu'un grand nombre se vit forcé de se cacher dans
» les cavernes pour se soustraire à la mort, et que nous qui
» avons tous souffert, nous demandons enfin justice.

» Étienne Veyssière se lève pour appuyer l'adresse. Il faut,
» dit-il, que la Convention nationale sache qu'après le départ
» d'Ysabeau pour le Lot-et-Garonne, nos ennemis lui écrivi-
» rent pour le faire revenir, afin de faire tomber d'autres
» têtes ; la municipalité lui écrivit la vérité et fit avorter ces
» projets des hommes de sang. Alors on lui fit savoir que la
» société demandait qu'on le remplaçât par un autre repré-
» sentant. Ysabeau s'en plaignit et on lui prouva encore que
» c'était une imposture ! Il faut dénoncer tous ces faits et
» prouver que ces *Minghe-Bordeau* (mangeurs de Bordeaux)
» voudraient encore rétablir ici le règne de la terreur. »

Babyse monte à la tribune et s'exprime ainsi : « Depuis
» qu'Ysabeau n'est plus dans vos murs, vous avez résolu de
» poursuivre les dilapidateurs et les terroristes. Qu'ont-ils
» fait? Ils ont, pour vous arrêter, répandu le bruit qu'Ysa-
» beau revenait remplacer Bordas. Vous avez un représentant
» qui s'est empressé de seconder vos résolutions et de nom-
» mer une commission pour découvrir les scélérats et les
» voleurs ; mais les coupables ont si bien fait, qu'ils ont fait
» arrêter les plus courageux de leurs ennemis ; ils ne s'arrê-
» teront pas là ; ils feront faire d'autres arrestations. Hâtons-
» nous donc, agissons avec promptitude ; il faut enfin que
» la vertu devienne hardie, puisque le crime continue d'être
» audacieux. Montrez-vous fermes et vous vaincrez ; mais
» ne vous en prenez pas aux subalternes, attaquez les chefs,
» attaquez-les de front ; dix mille citoyens signeront l'adresse
» que vous allez faire ; je vote qu'elle soit faite au plus tôt,
» qu'elle contienne les noms des chefs, et que douze députés
» aillent la présenter à la Convention nationale. »

Livre VI.
Chap. 7.
—
1795.

Jude remplaça Babyse et s'exprima en termes très-énergi-
ques : « Vous avez souffert, dit-il, longtemps sans vous plain-
» dre ; vous espériez que vos sacrifices et votre silence vous
» procureraient la tranquillité ; vous vous êtes trompés. Voilà
» deux de vos concitoyens accusés, arrêtés, Lamarque sur-
» tout, parce qu'ils ont toujours été de bons patriotes, des
» hommes de courage. Pourquoi laisser tranquilles les fripons,
» les assassins et leurs lâches apologistes ? Tout patriote doit
» faire abnégation de son existence ; mourons si notre mort
» est utile à nos concitoyens ; démasquez les hommes qui vous
» calomnient à Paris et que vous avez eu la maladresse de
» laisser échapper de Bordeaux. »

Tout le monde paraissait si pressé de faire partir une adresse,
que le citoyen Effrei vint en présenter une et demanda l'autorisation de la lire ; on réclama vivement contre sa demande

et le Président fut obligé de lui retirer la parole pour laisser continuer la discussion.

Lalbie s'élance enfin à la tribune et dit : « J'ai toujours re-
» gardé cette commune comme la plus malheureuse de la
» France. Tallien, qui réclame son témoignage, en a été l'op-
» presseur; il y a prêché le sang et le pillage, et aujourd'hui
» il veut passer pour l'apôtre de l'humanité ! »

L'adresse mise aux voix est délibérée; Depaze, Babyse, Guiraud et Jude sont chargés de la rédiger. Le Président va lever la séance, mais Depaze monte à la tribune et s'exprime ainsi : « Plusieurs membres ont parlé avec passion; votre
» adresse ne doit pas en porter l'empreinte. Il est nécessaire
» que nous sachions précisément vos sentiments. Devons-nous
» commencer par demander la mise en liberté de nos conci-
» toyens? (Oui, oui.) Demande-t-on que nous fassions un ta-
» bleau, non pas immense, mais succinct, vigoureux et sim-
» ple, où la vérité tiendra le pinceau et où la raison et non
» la passion donnera le coloris? (Oui, oui.) Voulez-vous que
» nous parlions des individus? (Oui, oui.) Bien, nous sommes
» fixés, dit Depaze en descendant. »

Lagenie s'écrie : « Vous oubliez la liste des personnes mi-
» ses en état d'arrestation par Bordas. »

La séance fut levée, mais l'agitation débordait au dehors; l'effervescence des esprits devenait générale; les uns parlaient en faveur des citoyens arrêtés, les autres critiquaient les représentants alors à Bordeaux, et tous demandaient vengeance des crimes passés et ne se gênaient pas pour prononcer les noms de Tallien, Ysabeau, Julien et Garnier. Cette crise devenait inquiétante pour le repos public et maintenait la ville dans un état fâcheux et contraire au bonheur général. Des fripons croyaient effacer leur passé en criant contre les fripons; des terroristes, plus féroces que les loups, avaient endossé la peau de l'agneau et manifestaient, en langage doucereux, leur horreur pour le sang répandu et prenaient, selon les circonstances, le ton de la bonté, de la fraternité et de la miséricorde. Les vrais Bordelais connaissaient ces beaux masques; mais ils ne demandaient que le repos. Les représentants étaient effrayés de l'état des esprits; Treilhard crut que Babyse et autres donnaient à comprendre qu'il agissait de connivence avec Tallien et les représentants coupables; il voyait d'ailleurs que ses collègues étaient compromis; que le déshonneur de leur conduite rejaillirait avec honte sur la Convention qui les avait envoyés à Bordeaux, et qu'enfin les représentants, alors en mission à Bordeaux, perdraient nécessairement de leur influence sur le peuple. Bordas, Treilhard se réunirent le lendemain et invitèrent Blutel, Colombel et Chaudron-Rousseau, alors à Bordeaux, à concourir à leur délibération sur les circonstances présentes. Après avoir tout examiné, après avoir sondé la profondeur de la plaie et la nécessité d'y porter un remède prompt et efficace, ils firent arrêter le jour même Babyse et Guiraud et publièrent l'arrêté suivant :

Livre VI.
Chap. 7.
—
1795.

« Les représentants du peuple, Bordas et Treilhard, délé-
» gués dans le département du Bec-d'Ambès, réunis à leurs
» collègues Blutel, Colombel et Chaudron-Rousseau, actuel-
» lement à Bordeaux, invités à concourir à la présente pu-
» blication.

» Considérant qu'il existe dans la société populaire de Bor-
» deaux un système de diffamation contre la représentation
» nationale;

» Que les auteurs de ce système sont les mêmes qui, sous
» le règne de Robespierre, défendaient le régime de sang que
» la Convention a proscrit; que ces hommes, abusant de la
» bonne foi des patriotes, ou les comprimant encore par un
» reste de terreur, sont parvenus à faire applaudir à des pro-
» positions tendantes à égarer l'opinion publique et à faire
» prendre des arrêtés capables de troubler l'ordre et la tran-
» quillité;

» Considérant que, notamment dans la séance d'hier, ce
» système s'est renouvelé, avec un acharnement marqué, au
» sujet de l'arrestation de quatre citoyens, ordonnée par ar-
» rêté du Comité de sûreté générale, arrêté contre lequel on
» s'est permis de s'élever, sans connaître les motifs qui l'ont
» dicté, quoique, d'après la loi, chaque citoyen ait le droit
» de se les procurer ;

» Considérant que le citoyen Babyse, qui se prononça avec
» le plus de force à la tribune de la société, est un de ces in-
» trigants qui cherchent à égarer l'opinion des sociétés popu-
» laires, et qu'il est constant qu'il a été chassé de la tribune
» de la société de Rochefort, comme accusé d'avoir favorisé,
» dans cette commune, l'oppression dont elle a été la victime,
» et qu'il ne s'est soustrait à l'accusation, qu'en partant sur-
» le-champ pour Bordeaux ;

» Considérant, enfin, qu'il est du devoir des représentants
» du peuple de seconder, de tout leur pouvoir, le rétablisse-
» ment de l'ordre, de la justice et de la paix ; de rendre à
» la société populaire, dont l'esprit est généralement bon, une
» énergie qu'elle n'aurait jamais dû perdre, et que le seul
» moyen d'y réussir est de la délivrer de ces hommes qu'elle
» craint encore ou qui ont eu l'art de la séduire,

» ARRÊTENT :

» Les séances de la société populaire de Bordeaux sont
» suspendues : les scellés seront apposés à l'instant sur les
» registres et papiers.

» Il sera formé, le plus incessamment possible, un noyau
» de vingt-quatre membres, qui procéderont à la formation
» d'une nouvelle société.

» Le citoyen Babyse sera mis en arrestation et les scellés
» apposés sur ses papiers.

» L'agent national de la commune est chargé d'exécuter sur-le-champ le présent arrêté.

» Fait en séance à Bordeaux, le 13 pluviôse an III, etc.

» Les représentants du peuple,

» *Signé* : Bordas, Treilhard, Blutel, Colombel et Chaudron-Rousseau. »

Cet arrêté foudroya les grands parleurs du club et rétablit à l'instant le calme, qui était si gravement compromis. D'après le texte de l'arrêté, on avait lieu d'espérer que la suppression ne serait que momentanée et que bientôt la tribune de Bordeaux pourrait encore servir d'écho à celle de la capitale. C'était un vain espoir que les représentants leur laissèrent ; mais la suspension équivalait à une suppression, car le club national ne fut point renouvelé ; il ne survécut que quelques jours à celui de Paris, dont les principes jacobins n'étaient guère plus avancés que les siens. On s'aperçut à la Convention que ces sociétés populaires se regardaient presque comme des rouages du Gouvernement, et n'étaient en réalité que des obstacles au bonheur de l'État ; elle les abolit toutes, et affranchit les communes de la tyrannie de ces hommes, dont le bavardage incendiaire poussait toujours le peuple à la révolte et troublait la paix publique. Dans le seul département de la Gironde, on en comptait quinze en activité. C'était autant de foyers de discorde et de discussions irritantes ; c'était la révolution toujours en permanence. Il y avait une société de femmes, connue sous le nom de *Société des amies de la Constitution*. C'était le rendez-vous des personnes dépourvues de ces nobles sentiments qui honorent le sexe et qui font les bonnes filles, les bonnes épouses, les bonnes mères. Ces héroïnes de la république, ces Spartiates en jupon, continuaient pendant quelque temps leurs réunions démagogiques ; le ridicule en fit justice bientôt après.

Le lendemain, 2 février, Bordas prononça la dissolution de

la commission des Sept, qu'il avait instituée pour découvrir les dilapidateurs de la fortune publique et les assassins des honnêtes gens de Bordeaux. Il écrivit au président de cette commission la lettre suivante :

« Citoyen, en arrivant dans cette commune, j'ai cru que
» mon premier devoir était de poursuivre les buveurs de sang,
» les fripons, les dilapidateurs, les terroristes et tous ceux
» qui ont abusé de l'autorité qu'on leur avait confiée. Le nom-
» bre était grand ; mais, loin de m'effrayer, il a redoublé mon
» ardeur.

» J'ai vu que les autorités constituées étaient trop occupées
» pour se livrer à ce travail, qui exigeait, en même temps,
» du courage, du discernement, une probité intacte, une vertu
» épurée, un patriotisme à toute épreuve et un dégagement
» de toute autre occupation.

» J'ai pensé qu'il fallait créer une commission provisoire et
» temporaire, pour faire la recherche des crimes qui avaient
» infecté cette commune ; j'ai cru que des citoyens, animés de
» l'amour du bien public et dégagés de toutes autres fonc-
» tions, voudraient se charger de cette mission importante ;
» j'ai établi une commission, et les braves gens dont je me suis
» entouré, vous ont désignés pour me seconder dans ce travail
» rebutant.

» Vous avez rempli honorablement votre tâche. Depuis un
» mois, vous vous occupez, sans relâche, de la découverte de
» tous les malfaiteurs ; j'ai lieu de croire que votre travail est
» complet, et s'il ne l'était pas, mon collègue et moi, nous
» achèverions, à l'aide des autorités légales, ce que vous avez
» si heureusement commencé.

» J'ai observé que le titre de commission était odieux aux
» habitants de cette commune et qu'ils abhorraient jusqu'au
» nom qu'avait porté le tribunal de sang qui a mis cette cité
» en deuil. Quoique votre institution n'eût rien de pareil à
» cette caverne d'assassins ; quoiqu'elle eût pour but de faire

» punir les scélérats qui avaient vendu leur confiance et qui
» étaient souillés du sang et gorgés de la fortune de leurs
» concitoyens, j'ai cru que je devais ordonner la cessation de
» vos travaux, parce que les autorités légales, étant moins
» chargées d'ouvrage que lors de mon arrivée, pouvaient
» donner leurs soins à ce travail important.

» Je vous envoie, par le citoyen Dumas, l'arrêté que je pris
» hier, relatif à cette cessation; vous voudrez bien l'enregis-
» trer et clore vos travaux.

» Il me reste à vous témoigner la satisfaction que m'ont
» causée votre zèle, votre discernement et votre impassibi-
» lité. Si j'ai été assez heureux de venger la patrie outragée
» par des voleurs et des cannibales, je le dois à vos soins, à
» votre activité constante à rechercher le crime couvert du
» masque patriotique.

» Je sais que bien des gens crient contre vous; mais leurs
» rugissements sont ceux du tigre à qui on a enlevé la victime
» qu'il voulait dévorer. Les clameurs des scélérats honorent
» la probité. Laissez croasser ces vils corbeaux, avides de
» cadavres; l'estime des gens vertueux, la reconnaissance de
» vos concitoyens vous vengeront de ces hurlements.

» Vous avez bien mérité de vos frères!... Cette délicieuse
» idée vous accompagnera dans votre retraite.

» Salut et fraternité. BORDAS. »

Toutes ces mesures étaient nécessaires pour la répression de l'anarchie qu'on s'efforçait, par des motifs intéressés, de ressusciter à Bordeaux. Bordas avait fait des fautes; mais il les répara à temps, tout en suivant la marche indiquée par ses instructions. Des cris de vengeance s'élevaient de tous côtés, de tous les coins de la France; cette réaction violente faisait naître la pensée d'un retour à la monarchie, et le désir de ne jamais revoir des scènes si déchirantes inclinait les esprits à l'espérer. La mode même s'y prêta avec une com-

Livre VI.
Chap. 7.
—
1795.

plaisance anti-républicaine : les dames se mirent de la partie ; elles se firent royalistes par opposition, et la république, qui, chez elles, était synonyme de terrorisme, rencontra de leur part une hostilité permanente. Trop longtemps la cocarde rouge avait attristé les regards du public au théâtre ; les dames, s'étant concertées, décidèrent qu'il fallait témoigner leur horreur pour cet emblème de sang en prenant une coiffure significative et presque opposée. La résolution prise, ces dames, au nombre de cinquante, se présentèrent, le 4 février, au théâtre, coiffées de chapeaux de velours noir, entourés de rubans blancs, formant, sur un côté, une énorme cocarde blanche, et surmontés de panaches de la même couleur. Les républicains se récrièrent, avec violence, contre ce complot royaliste. Tout paraissait en attester la réalité ! L'écrit monarchique que le royaliste Lacroix venait de publier semblait justifier leurs alarmes ; le langage de Pitt, au Parlement anglais, qui déclara que la *Grande-Bretagne ne traiterait avec la France que lorsque cette puissance serait revenue à la monarchie.* Tout cela était fait pour encourager les espérances des amis de l'ancien régime ; enfin, un ruban blanc, élégamment noué sur un chapeau noir, allait devenir le sujet d'une rixe, l'annonce d'une levée de boucliers, peut-être le signe de la décadence de la république ! Tout était possible pour ces esprits montés, et l'imagination voyait dans un fantôme une déplorable réalité ! L'opinion publique, à les entendre, prenait les allures du royalisme : des brochures, des caricatures et surtout des chansons servaient de véhicule à ces vieilles idées rajeunies et fortifiées par de trop longs malheurs ; au théâtre, toutes les allusions à l'ordre monarchique étaient vivement applaudies ; la veille, on avait crié : *A bas le bonnet rouge !* C'était une insulte qu'on faisait, en portant cette coiffure, à une société offensée par des misérables qui avaient tant besoin de tout faire oublier ; enfin, Bordeaux, disait-on, était décidément royaliste ! Toutes ces idées fermentaient dans les têtes des républicains ; ils murmuraient d'abord, puis l'indignation s'étendit; les regards se portèrent sur les galeries, on cria : *A bas la cocarde blanche! à bas le panache d'Henri IV!* Le désordre fut à son comble. Les officiers municipaux gardèrent le silence, dans l'espoir qu'on laisserait passer ce petit caprice de quelques femmes; mais les cris continuèrent avec des interpellations personnelles et blessantes. Alors, le municipal, La Claverie, se leva et demanda la cause de ces bruits inconvenants; on lui répondit que des citoyennes, dans les galeries, s'étaient entendues pour se parer la tête du panache d'Henri IV et porter ostensiblement la cocarde blanche. L'officier s'écria : *Nous avons tous juré d'honorer et de porter les couleurs nationales; j'invite donc les citoyennes qui ont des panaches blancs à les ôter.* Des murmures éclatèrent partout, mais ils furent couverts des cris des républicains; les dames firent semblant d'obéir à l'invitation du municipal, mais elles ne défirent pas leurs cocardes, elles ôtèrent seulement leurs chapeaux. On consulta Treilhard, qui répondit, en riant : Qu'on commence la pièce et on se taira à l'entrée des acteurs. On jouait *les Prétendus*. La citoyenne Clairville, comédienne, parut, non pas avec un chapeau conspirateur, mais avec des plumes blanches dans sa coiffure : des applaudissements partirent de la loge des représentants, les galeries répondirent; les dames reprirent leurs chapeaux avec leurs panaches, malgré les murmures et les sifflets désapprobateurs qui annonçaient le recommencement des désordres. Alors Treilhard se leva et rappela les principes qui devaient diriger la conduite des magistrats et du peuple; il rendit justice aux sentiments des Bordelais, les regarda comme de bons républicains; déclara qu'on était libre de se vêtir comme on voulait, et que quiconque, pour le fait de costume, se permettrait d'exercer sur ses concitoyens une violence quelconque, serait traité comme perturbateur de la paix publique; il requit la municipalité et le commandant de la force armée, d'arrêter les auteurs de ces scènes scanda-

Livre VI.
Chap. 7.
—
1795.

leuses, et, en particulier, l'officier municipal qui avait crié *à bas le panache blanc*, comme coupable d'avoir provoqué une fâcheuse collision entre les concitoyens de la même ville.

Treilhard fut vivement applaudi, même par les lâches qui avaient crié le plus contre la cocarde blanche. Alors Blutel, l'autre représentant du peuple, se leva et lut la loi qui consacra le droit qu'avait chacun de se vêtir comme il lui plairait, n'importe de quelque forme ou de quelque couleur que ce fût; il déclara que l'officier municipal, le magistrat du peuple, qui devait être le protecteur de ces droits, les avait méconnus et les avait fait violer, serait puni par ordre des représentants du peuple. Il invita les citoyennes à reprendre leurs chapeaux et leurs rubans. Mille applaudissements accueillirent ce langage adroit et politique à la fois; mille bravos partirent de tous les coins de la salle et surtout des galeries où se tenaient les dames au panache d'Henri IV et leurs cavaliers. Blutel et Treilhard firent preuve de tact; leur résistance eût pu causer quelques désordres, leur conduite calma l'effervescence, et la pièce fut jouée au milieu d'un silence respectueux, excepté à l'endroit où les amants chantent : *Victoire éclatante!* Alors les applaudissements se renouvelèrent dans les galeries; c'était quelque chose comme une vengeance!

CHAPITRE VIII.

Discours de Bordas en quittant Bordeaux. — Il est remplacé par Boussion. — Celui-ci renouvelle les administrations. — État des esprits. — Parmentier assassiné, ainsi que Compain. — Proclamation de la municipalité. — Besson arrive à Bordeaux. — Sa proclamation aux Bordelais. — Il change les administrations. — La fête du 14 juillet. — Arrêté de Besson sur la liberté des cultes.

Quelques jours plus tard, voyant que leurs mesures énergiques avaient rétabli l'ordre, les représentants se rendirent, le 8 février, au temple de l'Être suprême, et Treilhard y exposa les principes que la Convention nationale voulait qu'on suivît partout, et la salutaire influence qu'ils devaient avoir sur la paix et la prospérité du pays. Bordas, qui avait été rappelé à Paris, y prit aussi la parole et prononça le discours suivant, si remarquable par l'énergie des sentiments et l'âpreté du style. Ce document est long, mais il est trop important pour ne pas trouver place dans notre travail :

Livre VI.
—
8 Février 1795.

« Citoyens, prêt à m'éloigner de ces murs où j'aurais voulu
» fixer pour jamais la confiance et le bonheur, je dois vous
» dire avec franchise ce que j'ai fait et ce que je sens. A peine
» j'étais parmi vous, que je choisis pour guides des hommes
» dont l'opinion publique semblait me répondre. Comme j'allais nommer à des emplois, je leur déclarai qu'un magistrat
» du peuple devait être recommandable autant par ses vertus
» que par ses qualités civiques. Je leur témoignai mon horreur pour les intrigants et surtout pour ces scélérats qui,
» pendant le règne du crime, se mêlaient à la tourbe impure
» des oppresseurs et fraternisaient avec les bourreaux. S'ils
» m'ont fait faire quelques mauvais choix, je les en déclare

Feuille
de Bordeaux,
n° 109.

Livre VI.
Chap. 8.
—
1795.

» responsables; la noirceur de leur conduite s'accroîtrait en-
» core par la pureté de mes intentions.

   » Jaloux de vous rendre à la fois votre repos et votre éner-
» gie, en livrant aux tribunaux vos spoliateurs et vos assas-
» sins, j'ai pris contre eux toutes les mesures que me prescri-
» vait mon devoir. Les plus connus, ceux qui s'engraissèrent
» de rapines, qui se baignèrent dans le sang humain, sont
» descendus dans ces cachots où naguère ils amoncelaient
» leurs victimes. Les autres ont vu le gouffre ouvert sous leurs
» pas, et la frayeur s'est jointe aux remords pour commencer
» leur juste supplice. Tous m'ont maudit, tous m'ont calomnié,
» et je n'en suis pas surpris. Lorsque je me suis promis de
» vous servir avec zèle, je comptais sur deux récompenses
» également flatteuses, l'estime des bons et la haine des per-
» vers. J'ignore si mes vœux sont entièrement accomplis; je
» sais, du moins, qu'ils sont exaucés en partie. Quelques-uns
» de ces êtres vils, chargés des malédictions de votre commune
» et qui comptent parmi vous autant d'accusateurs que de ci-
» toyens, non contents d'avoir trouvé dans la fuite une impu-
» nité momentanée, sont allés décrier au loin mon inflexible
» rigueur. Ils m'ont attaqué dans leurs pamphlets, avec une
» audace qui fait en même temps horreur et pitié. Les mains
» encore dégouttantes du sang de vos frères assassinés par
» leurs amis, ils m'ont peint comme un persécuteur farouche;
» ils ont prétendu que j'avais ressuscité le système affreux de
» la terreur!... Ah ! s'ils n'ont parlé que relativement à eux,
» je ne les contredirai pas; chargé du double soin de vous
» venger et de les poursuivre, j'ai mis mon bonheur à le rem-
» plir. J'ai cru qu'ils devaient trembler à leur tour, ceux qui
» vous plongèrent dans une consternation générale, et s'il me
» reste un regret, c'est d'avoir été trop lent à les frapper. Si
» quelque chose, au contraire, me console, c'est de savoir
» qu'ils m'attribuent leurs revers et m'honorent de leurs in-
» jures. On a pu voir avec quelle impudeur ils m'accusaient,

» un jour, de marcher sur les traces de Robespierre, et, le
» lendemain, de verser des larmes sur les débris de la royauté.
» Les scélérats! ils ne méritent pas qu'on réfute leurs calom-
» nies. La différence est sensible entre eux et moi; ils m'esti-
» ment, et ils voudraient me perdre! Moi, je les méprise et
» je les pardonne!... Qu'ils multiplient leurs libelles! qu'ils
» s'attendrissent aujourd'hui sur votre sort! il n'en est pas
» moins vrai qu'ils persécutèrent votre cité, qu'ils dépouillè-
» rent vos asiles, s'approprièrent vos biens et livrèrent l'in-
» nocence à ses barbares sacrificateurs!

» Leurs outrages ne me raviront ni la paix du cœur, ni la
» certitude d'avoir fait pour vous tout ce qui dépendait de
» moi; ils ne parviendront pas non plus à vous diffamer. En
» vain s'efforceront-ils de vous peindre, aux yeux de la France,
» comme des esclaves rampants, toujours courbés sous le
» joug des proscripteurs; la France vous connaît et ne se
» trompe pas sur votre position; elle sait que vous demandiez
» le règne des lois, lorsque le désordre trouvait des apôtres
» partout; elle sait que vos maux prirent leur source dans
» votre haine pour les oppresseurs inhumains, et lorsque ces
» oppresseurs chargés d'opprobre n'ont d'autre perspective
» que l'échafaud, elle ne vous croira pas assez faibles pour
» obéir à leur volonté. Quant à moi qui ne peux conserver
» de doute sur l'énergie de vos sentiments, je suis bien sûr
» que les traîtres, quelque parti qu'ils aient embrassé, ne
» parviendront plus à vous asservir. N'en croyez pas ceux
» qui vous parlent de périls toujours renaissants et qui déses-
» pèrent du corps politique, dès qu'il cesse de s'épuiser en
» mouvements convulsifs; si le courage dut commencer la
» révolution, c'est à la sagesse de l'achever. Le peuple au-
» jourd'hui est le maître de ses destinées; il vaincra tous ses
» ennemis, s'il sait se servir des armes de la raison, comme
» des foudres de la guerre. Déjà l'avenir s'offre à lui sous des
» présages fortunés; votre ville surtout doit se livrer à l'es-

» pérance. Dégagé des chaînes dont on l'avait accablé, le
» commerce y ramènera bientôt le mouvement, l'abondance
» et même la joie. Jugez du moins par le plaisir que me cause
» le tableau de votre bonheur, combien la réalité m'en se-
» rait chère. Je ne vous parlerai pas des sentiments dont mon
» cœur est agité; dire que je vais m'éloigner de vous, c'est
» vous instruire de mes regrets. Deux réflexions cependant en
» tempèrent l'amertume; la première, c'est que le collègue
» qui me remplace partage mes principes et mes affections;
» il abhorre comme moi l'immoralité; il n'ignore pas que
» l'erreur vous a tenu longtemps lieu de crime; il achè-
» vera de cicatriser vos plaies. D'un autre côté, je sais que
» la révolte a ses acteurs qui s'agitent encore sur la grande
» scène, et je goûte quelque plaisir à m'en rapprocher, par
» cela seul qu'il importe de les combattre. Les lieux ne me
» sont pas plus étrangers que les circonstances; partout ma
» conduite sera la même; les partisans de la royauté, les
» apôtres de l'assassinat et les fripons, trouveront toujours en
» moi un implacable ennemi.

» Il est difficile, sans doute, de concourir puissamment à la
» félicité publique et d'acquérir des droits à la reconnaissance
» de son pays; mais celui-là ne doit point rougir d'avoir vécu,
» qui peut se dire au bout de sa carrière : Si j'ai fait peu de
» bien, je n'ai jamais fait de mal; l'innocence ne me reproche
» pas ses pleurs; mon nom ne retentit pas dans la bouche de
» l'opprimé, et maintenant que je dois rendre compte de mes
» actions, je ne crains ni la justice du ciel ni la malignité des
» hommes. »

Ce long discours fut écouté en silence; c'était une espèce de dithyrambe assaisonné, parfumé de flatterie, à l'adresse des Bordelais et saturé d'éloges sur lui-même et son administration; par son arrêté du 23 pluviôse an III (11 janvier 1795), pris de concert avec Treilhard, il fit mettre en liberté quarante-cinq religieuses et ne négligea rien pour plaire aux habitants de Bordeaux ; mais on avait appris à faire peu de cas de ces flagorneries officielles et à dépouiller le représentant des faux brillants de sa gloriole et de tous les oripeaux dont l'éloquence républicaine aimait à s'entourer. Bordas visait à l'effet ; il se trompait dans son attente. Il quitta Bordeaux, exécré par les uns, regretté par les autres, mais reconnu en général comme un homme juste, sévère, mais facile à séduire par ceux qui prenaient le masque du patriotisme. Adroit courtisan, obséquieux serviteur de la Convention, il adoptait ses idées de modération et de conciliation, et, voulant plaire en même temps à une population trop longtemps tyrannisée comme celle de Bordeaux, il imprima un mouvement trop vif à la réaction antiterroriste et fut obligé avec ses collègues de travailler à défaire le lendemain l'ouvrage de la veille. Son remplaçant, Boussion, crut, de concert avec Treilhard, devoir opérer des réformes ; c'était la tactique de tous ces omnipotents ambulants de la Convention ; ils signalaient leur arrivée par des innovations et le renouvellement des autorités. Nos deux proconsuls se décidèrent à introduire dans les diverses administrations de nouveaux éléments, en harmonie avec leurs idées et leurs instructions politiques ; ils voulaient avoir, eux aussi, des créatures à leur service. En conséquence, ils publièrent un arrêté en date du 17 ventôse an III, pour une nouvelle organisation des administrations locales.

Ces changements, ces dissolutions des corps constitués ne favorisaient pas le rétablissement de la confiance publique, ni le développement de la prospérité locale. Le ferment de discorde que renfermait le fond de la société à Bordeaux, s'accroissait des nouveaux mécontentements ; les destitués n'étaient guère les amis des nouveaux maîtres, et le mal s'étendait par la faute de ceux qui étaient chargés de le guérir. La réaction marchait à grands pas, et le grand mouvement donné à l'opinion venait des terroristes eux-mêmes, qui s'imaginaient de se blanchir, en accusant leurs anciens *frères et*

Livre VI.
Chap. 8.
1795.

7 Mars.
NOTE 7.

amis, et de détourner l'orage qui menaçait leurs têtes, en dénonçant à la vindicte publique leurs complices un peu plus célèbres, dans les annales de l'infamie, qu'eux-mêmes. Ces accusés, dépeints comme *hommes de sang,* répliquèrent avec violence, et, soulevant, dans leurs odieuses récriminations, le voile qui couvrait leurs forfaits communs, ils firent surgir des éclaircissements sur les horreurs commises et sur les véritables auteurs, qui jusque-là n'étaient que vaguement soupçonnés. Pour soustraire les plus compromis de ces malheureux à la vengeance populaire, on en fit incarcérer une vingtaine ; on croyait avoir conjuré l'orage, mais l'orgueilleuse assurance des autres paralysa les effets de cette mesure salutaire ; ils réclamèrent hautement la liberté de leurs frères ; ils critiquèrent, avec audace, la conduite des représentants, et bravèrent insolemment l'animadversion du peuple, aux théâtres et dans les promenades publiques. Parmentier, ex-juge de la commission militaire, et Compain, ancien acteur, passaient pour n'être pas des moins coupables ; ils affectaient de paraître, avec assurance, dans les réunions publiques ; mais ils payèrent cher leur imprudente hardiesse ; le premier fut assassiné en sortant du Grand-Théâtre, le 20 octobre ; le second, poursuivi par la foule, malgré l'assistance de la force armée, tomba sur le pavé, mortellement frappé de plusieurs coups de sabre et de bâton ! Marcel voyant tomber Parmentier à son côté, se sauva dans le corps-de-garde où les grenadiers le couvrirent de leurs corps. Le désordre était à son comble, malgré les efforts de l'autorité, et des menaces proférées en plein jour et suivies d'exécution sur d'autres terroristes, annoncèrent à ces anciens tyrans de Bordeaux, que leur règne était fini !

Dans ces pénibles circonstances, la municipalité se réunit à la mairie et adressa à ses administrés la proclamation suivante, le 3 avril 1795 :

« Citoyens, un événement affligeant pour les amis de l'or-

» dre et de la tranquillité publique vient de se passer dans
» nos murs ; tout le zèle de vos magistrats n'a pu l'empêcher,
» et ils ont vu, avec douleur, leur autorité méconnue ; ils ont
» même été obligés d'exposer leur vie pour faire respecter
» la loi.

Livre VI.
Chap. 8.
—
1795.

» Bordelais, est-ce bien vous, qui vous êtes oubliés à ce
» point ? Nous ne vous ferons pas l'injure de le croire ; ils
» sont étrangers à notre commune les auteurs d'un pareil dé-
» lit ; ils ne sont pas vos frères ceux qui vous ont portés à
» méconnaître la loi et ses organes, sous prétexte de vous
» venger d'un homme qui, s'il était coupable, devait être
» déféré à la justice. Avez-vous calculé jusqu'où peut vous
» entraîner l'oubli de ce principe, qu'aux tribunaux seuls ap-
» partient le droit de réprimer les délits, et que, si aujour-
» d'hui vous vous permettez d'exercer des vengeances sur
» un seul citoyen, vous ouvrez la porte aux proscriptions et
» que pas un de vous ne peut se promettre qu'il ne sera pas
» la victime de quelque haine particulière, ou de quelque
» parti. Bons citoyens, par qui la loi sera toujours respectée,
» ouvrez les yeux sur les piéges dans lesquels on vous en-
» traîne ; ralliez-vous autour de vos magistrats pour leur aider
» à découvrir les malveillants qui cherchent à vous égorger,
» et n'oubliez pas que la moindre atteinte portée à la tran-
» quillité publique peut occasionner les plus grands malheurs.
» Ne souffrez pas surtout que la malveillance se glisse jusque
» dans les lieux destinés à vos plaisirs, et vienne les troubler
» par des clameurs et des désordres prohibés par la loi.
» Pour nous, forts de votre appui, nous sommes prêts à assu-
» rer votre tranquillité et la sûreté de vos propriétés et de
» vos personnes, par le sacrifice de notre vie, s'il devenait
» nécessaire à votre bonheur. »

Cette proclamation ou délibération signée *Eyma*, officier municipal, dénonça le meurtre de Parmentier à l'accusateur public, ordonna que tout manquement aux règlements sur la tranquillité des spectacles serait sévèrement réprimé et que tout rassemblement défendu par les lois serait dispersé par tous les moyens à la disposition de la municipalité.

L'ordre se rétablit, mais le calme ne fut qu'apparent; les plaies du passé étaient trop profondes; elles saignaient encore, et la haine, qui s'alimentait de pénibles souvenirs, était trop forte, trop vivace, pour céder à l'empire de la raison ou à celui de la loi. Heureusement, dans ce temps, on fit un rapport à la Convention nationale, le 24 germinal, sur la nécessité de désarmer des hommes connus dans leurs sections comme ayant participé aux excès de la terreur (1); ce rapport ayant été converti en loi, la municipalité de Bordeaux, d'accord avec Boussion, dressa la liste de tous les hommes qui *avaient participé aux horreurs de la tyrannie qui avait précédé le 9 thermidor* (27 juillet 1794).

Ce ne fut pas seulement contre les terroristes qu'on s'acharnait, on en voulait même aux emblèmes qui rappelaient des jours néfastes. Pour prévenir toute démonstration tumultueuse, qui pourrait avoir des suites funestes, l'autorité crut devoir démolir les *montagnes* qu'on avait construites depuis un an au Jardin-Public et au temple de l'Être suprême; un peu plus tard, en juillet, on ferma même le temple où l'on avait tant joué, chanté, crié et bavardé! La république s'en allait en lambeaux.

Dans ce temps, Besson arriva à Bordeaux, comme représentant-adjoint à Boussion; il était étonné de tous les excès auxquels les anti-terroristes se laissaient entraîner par leur ardeur vindicative, et s'efforça, par tous les moyens, de faire

---

(1) Nous avons donné, à la fin du *supplément au premier volume*, la liste officielle des terroristes bordelais. Le *Livre rouge* contient un nombre prodigieux de noms; nous ne le citons qu'avec réserve. Cette publication ne fut qu'une satisfaction accordée, dans les premières années de la Restauration, à des sentiments de haine et de vengeance. Notre liste n'est que la copie presque textuelle de celle qui est déposée à l'Hôtel-de-Ville.

comprendre aux Bordelais les funestes conséquences de leur conduite illégale.

Dans sa proclamation du 12 prairial an III, il leur dit : « Ma surprise est extrême d'apprendre que des citoyens, sans
» aucune mission, violent l'asile de leurs concitoyens et en-
» traînent au comité de surveillance, tantôt des hommes réel-
» lement prévenus de terrorisme, tantôt des citoyens dont le
» seul crime est de déplaire à quelques-uns de ceux qui font
» ces arrestations.

» Ne perdez pas de vue, citoyens, qu'il n'appartient qu'à
» la loi d'arracher un citoyen de son domicile et de le priver
» de la liberté ; n'apportez pas pour exemple les atrocités
» que vous avez vu commettre sous le règne de la tyrannie ;
» éloignez avec horreur tout ce qui peut y ressembler. Vous
» demandez la justice, ne commencez pas par des injustices.
» Que deviendrait la société, s'il était permis au plus fort d'ar-
» rêter arbitrairement le plus faible ?

» Je présume assez bien de la majorité des citoyens de
» Bordeaux, pour être convaincu qu'un seul avertissement
» suffira pour faire cesser un abus dont les suites doivent
» alarmer les vrais républicains, etc., etc. »

Comme ses prédécesseurs, Besson voulait signaler son passage à Bordeaux par des changements dans les administrations ; il se borna, pour le moment, à recomposer l'administration départementale. Mais, quelques semaines plus tard, il se ravisa et entreprit de refondre entièrement toutes les administrations de la ville et du département. Il croyait bien faire, sans doute, mais tous ces changements ne servaient souvent que les intérêts des conseillers des nouveaux proconsuls ou les haines particulières ; la plupart du temps ils se repentaient des choses qu'on leur avait fait faire, et au lieu d'y gagner, le pays y perdait toujours.

La marche uniforme que ces différents administrateurs avaient suivie déconcertait les plans et les espérances des

Livre VI.
Chap. 8.
1795.
31 Mai.

NOTE 8.

21 Juin.

anarchistes; on voyait bien qu'on allait rompre définitivement avec les traditions du règne de la terreur, et qu'après avoir répudié le passé et les leçons de l'expérience, on y revenait de toutes les manières possibles; on avait démoli, on désirait reconstruire; on ne voulait ni la forme ni les matériaux de la monarchie; on soupirait après quelque chose comme la république; on voulait l'ordre dans le désordre, sans se demander si on en avait les éléments constitutifs. Les traditions monarchiques avaient poussé de profondes racines dans le sol; les traditions républicaines étaient toujours faibles et antipathiques aux mœurs du peuple et aux notions les plus ordinaires de paix et de prospérité. On n'osait pas toucher, d'une manière violente, aux institutions actuelles; mais on leur attachait moins d'importance, et l'on s'efforçait d'effacer de fâcheux souvenirs. Aussi la fête du 14 juillet arriva; c'était le moment de réchauffer les esprits et rallumer le feu du patriotisme qui s'éteignait; mais la montagne commémorative n'existait plus au Jardin-Public! on l'avait démolie; toute la population ne devait donc pas y être invitée; on se borna à célébrer cette fête civique au temple de l'Être suprême; mais on n'y voyait pas de bastille à démolir, ni de suisses ou de garde royale à massacrer. Le représentant du peuple y parla longuement; le citoyen Partarrieu, au nom de l'administration départementale, et Mathieu, au nom de la municipalité, y lurent des discours analogues aux circonstances, mais on n'y proféra que quelques rares cris d'approbation; contrairement aux usages des années précédentes, la garde nationale n'y était pas, et dans toutes les rues les boutiques étaient ouvertes; nulle part un signe de réjouissance nationale! C'était, disait-on, une fête célébrée à huis-clos; on en avait presque honte, comme d'une chose immorale!

Le département du Bec-d'Ambès avait repris son ancien nom de Gironde; on avait réhabilité la mémoire des malheureux Girondins; le *maximum* avait disparu; les fêtes nationales perdaient peu à peu leur caractère primitif et leur influence populaire ; les hommes de sang ne se montraient plus avec leur effronterie agaçante ; le sort de Parmentier leur avait appris que la peine atteignait tôt ou tard le coupable, et qu'ils n'avaient pas le droit de compter sur l'impunité de leurs crimes ; tout semblait marcher vers l'ordre et le rétablissement des saines doctrines ; on était presque à la veille de la Restauration. A force de faire des discours, de publier des proclamations et des arrêtés, on avait créé une sorte d'ordre public ; la morale n'avait plus à gémir sur les désordres de la rue ; la justice, sévère dans son allure, n'avait à frapper que quelques rares coupables ; mais le calme n'était qu'extérieur et les passions contenues fermentaient au fond des cœurs, et n'attendaient qu'une occasion pour éclater en actes de vengeance. La force matérielle ne suffisait pas pour guérir ces plaies intérieures et calmer les esprits ; il fallait quelque chose de plus, il fallait la religion, cette fille du ciel, qui adoucit le chagrin, qui étouffe toute semence de haine et de discorde, qui nous donne la paix avec Dieu, avec nous-mêmes et avec notre prochain ; qui nous apprend à tout pardonner devant celui de qui nous attendons tous notre pardon. Le sabre était utile dans cette société matérialisée, qui, ayant appris à se passer de Dieu, fut abandonnée à ses instincts grossiers, et finit par se déchirer les entrailles ; mais la croix était nécessaire ; elle aurait parlé aux yeux et au cœur, de patience, de résignation et de miséricorde ; elle aurait tenu à ces barbares du dix-huitième siècle, le sublime langage de l'innocence crucifiée : *Pardonnez aux hommes, car ils ne savent pas ce qu'ils font.*

Livre VI.
Chap. 8.
—
1795.

La Convention avait compris cette vérité ; elle sentait qu'il fallait, pour les cœurs et les esprits, un point d'appui, et que c'était dans la religion qu'il fallait le chercher. Elle avait renvoyé les religieux dans leurs familles ; elle avait décrété sur la fin de février la liberté des cultes ; mais l'esprit public n'était pas encore assez mûri pour cette mesure nécessaire, et le décret resta sans exécution, au moins à Bordeaux. Le 20 mai, par un décret formel, on accorda aux communes des édifices pour l'exercice du culte ; c'était un pas immense dans la voie du bien. Les Bordelais tenaient à la foi de leurs pères ; c'était leur patrimoine ; ils ne se gênaient pas pour manifester leurs croyances et leurs espérances, et Besson, le représentant, alors en mission à Bordeaux, comprenant enfin ce besoin des esprits, la nécessité de ce frein social, publia, le 7 thermidor an III (25 juillet), l'arrêté suivant :

« Considérant combien il importe de maintenir l'union et
» la concorde entre les citoyens ;

» Qu'un des plus grands moyens d'y parvenir, est de pro-
» téger la liberté des opinions religieuses ;

» Que les déclarations faites par les différents ministres des
» cultes, en exécution de la loi du 11 prairial, ne peuvent ja-
» mais les autoriser à enfreindre la loi de la république ;

» Que toutes les réserves qu'ils peuvent faire pour la li-
» berté de leurs opinions religieuses sont dans l'esprit de la
» loi, qui veut que cette liberté soit pleine et entière ;

» Arrête :

» Que la municipalité de Bordeaux est autorisée à recevoir
» des ministres des cultes la déclaration, dans la formule sui-
» vante, de ceux qui l'exigeront ainsi :

» Aujourd'hui a comparu N...., prêtre, lequel a déclaré
» qu'il se propose d'exercer le ministère d'un culte connu sous
» la dénomination de culte catholique, apostolique et romain,
» le même qui était publiquement exercé en France avant
» 1789, dans l'étendue de cette commune, et a requis qu'il
» lui soit donné acte de soumission aux lois de la république,
» sous la réserve de l'entière liberté de ses opinions religieu-
» ses, d'après les principes universellement reconnus dans
» l'église catholique, apostolique et romaine, de laquelle dé-

» claration il lui a été décerné acte, conformément à la loi du
» 11 prairial dernier. »

Cet arrêté produisit les plus heureux effets, mais il resta longtemps sans exécution. Le lendemain il publia une proclamation dans laquelle il dit : « Je déclare que je regarderai comme » ennemi des lois et perturbateur du repos public, tout homme » qui inquiéterait les citoyens dans l'exercice de leur culte, » quel qu'il soit. » Les fidèles étaient contents ; mais les bons prêtres étaient rares, et comment sortir de leurs retraites ou se fier à des hommes qui, hier encore, étaient leurs ennemis les plus acharnés ? Les évêques constitutionels se donnaient beaucoup de mouvement pour renouveler leurs presbytères et réorganiser leurs églises ; mais les familles honnêtes s'en tenaient toujours éloignées, et le public, en général, voyait avec pitié les stériles efforts qu'on faisait pour faire donner des fleurs et du fruit à un arbre sans racines ; le schisme de Pacareau n'était qu'un cadavre ; on essayait de le galvaniser.

CHAPITRE IX.

La fête anniversaire de la chute de Robespierre.—Désordres au théâtre.—Un arrêté du représentant Besson, à l'occasion de ces scènes tumultueuses.—Les dames se mettent du côté des jeunes gens royalistes. — Sacrifices faits par la municipalité pour les subsistances des citoyens et surtout des pauvres. — Les assemblées primaires convoquées. — Adresse de la municipalité à la Convention, au sujet des désordres du 13 vendémiaire. — Mesures prises pour la rentrée des impositions.

Livre VI.
1795.

Les Bordelais, comme nous l'avons fait observer, devenaient de plus en plus antipathiques aux démonstrations républicaines; jamais peuple n'avait changé si vite ni si profondément ses idées, ses affections et ses usages; c'était passer d'un extrême à l'autre. Quelque grand que fût leur dégoût pour les fêtes républicaines, il y en avait une cependant qui avait conquis et conservé leurs

27 Juillet.

sympathies : c'était celle du 9 thermidor, l'anniversaire de la chute de Robespierre. On l'attendait avec impatience : c'était le réveil de tout un peuple assoupi par la terreur ! Le peuple se porta en foule au temple de l'Être suprême et épancha sa joie dans ses chants patriotiques; le représentant du peuple parla beaucoup et insista longtemps sur la thèse banale de la régénération sociale, sur le triomphe de la Convention, sur la plus odieuse des tyrannies, sur le régime exécrable du sang, qui devait occuper une si grande place dans les annales des infamies humaines; c'était, en un mot, une explosion de colère contre les chefs des jacobins.

Les têtes étaient un peu montées par des troubles qui avaient eu lieu, la veille, au théâtre. Les royalistes y étaient allés en assez grand nombre, et avaient saisi avec empressement toutes les allusions politiques pour décrier un ordre de choses qui leur était antipathique. Un acteur voulut chanter le *Réveil du Peuple*, mais quand il entonna ce couplet :

> « Représentants d'un peuple juste,
> » O vous ! législateurs humains,
> » De qui la contenance auguste
> » Fait trembler nos vils assassins,
> » Suivez le cours de votre gloire,
> » Vos noms chers à l'humanité
> » Volent au temple de mémoire
> » Au sein de l'immortalité, »

des huées, des cris, des sifflets interrompirent le chant à plusieurs reprises, et le sentiment public, à l'égard des représentants absents, se fit jour, malgré les mille précautions d'une autorité ombrageuse. On afficha des placards séditieux, on fit imprimer clandestinement des écrits royalistes et antirépublicains ; mais la police veillait jour et nuit, arrachait ces écrits incendiaires et confisquait les pamphlets et les brochures. On s'empara aussi d'un écrit intitulé : *Front, soldat français, à Messieurs les Royalistes!* La police le fit brûler sur la place publique, par la main du bourreau. Cet écrit était affiché sous le péristyle de la Comédie ; des citoyens se réunissaient pour le lire, lorsque M. de Borie, jeune homme de dix-sept ou dix-huit ans, s'approcha aussi pour en faire la lecture ; son voisin l'en empêcha et blâma sa démarche. De Borie le traita de terroriste, et, après avoir échangé quelques mots irritants avec lui, essaya de le frapper d'une canne à dard. On détourna le coup ; mais, malgré l'intervention d'un tiers, il réussit à faire passer son arme à un ami, qui, au moment où on la lui arracha, allait la plonger dans le sein du trop officieux voisin.

C'est à la suite de ces scènes qu'eurent lieu les désordres les plus affligeants, des appels à la guerre civile ; jamais on n'avait vu une soirée si tumultueuse ! D'un côté, on criait : *A bas le couplet ! retirez vos mauvais vers !* de l'autre, on vociférait encore plus fort : *Non, non, continuez ! A bas les royalistes ! Vive la république !* Voyant que le désordre continuait,

Monestier, représentant du peuple, qui était au spectacle, se leva, et s'adressant à la raison de tous les partis, leur fit comprendre l'inconvenance de leurs procédés et l'illégalité de leur conduite, et, du ton de l'autorité, ordonna qu'on chantât de nouveau le couplet en chœur, artistes et spectateurs tous ensemble. On demanda ensuite la *Marseillaise,* l'*Hymne à la Liberté* et toutes les pièces qui pourraient blesser les royalistes. On criait de temps en temps : *A bas la poésie républicaine!* Mais ces timides cris étaient couverts par ces exclamations furibondes : *A bas les royalistes! A bas les muscadins!* (les jeunes gens.)

On demanda ensuite les vers intitulés : *le Cri de mon Cœur!* qu'on chanta de suite. Comme les deux partis croyaient y trouver des allusions à leurs sentiments et à leur conduite, tout le monde se mit à applaudir, mais dans des sens différents. Jamais on n'avait vu un désordre si affreux; on aurait dit que c'était une tourbe d'ivrognes qui, ne sachant ni ce qu'ils disaient ni ce qu'ils faisaient, s'insultaient, s'outrageaient réciproquement, et allaient, à chaque instant, traduire en faits leurs paroles injurieuses. On mit dehors quelques jeunes royalistes; mais les femmes prirent fait et cause pour eux, et la salle fut bientôt abandonnée à ces terroristes déguisés.

Les mêmes scènes se renouvelèrent les soirées suivantes, avec moins de tapage et de violence; mais quand on apprit à Bordeaux le sort des émigrés débarqués à Quiberon, et la nouvelle de la paix avec l'Espagne, le parti royaliste, qui s'était fortifié à Bordeaux, se porta à des excès et à des rixes que rien ne justifiait. Des scènes de violence eurent lieu à Tourny et au spectacle, le 15 thermidor an III (2 août), et mirent les autorités dans la nécessité de tenir sur pied, toute la nuit et le jour suivant, un détachement de grenadiers et de la cavalerie légère.

Cet état de choses ne pouvait se tolérer; il compromettait la paix de la ville et du département, et faisait craindre le retour des mauvais jours, qui n'avaient laissé à Bordeaux que de bien amers souvenirs. Le représentant du peuple, Besson, prit enfin un arrêté qui défendit strictement aux artistes de rien chanter ou débiter qui ne serait pas compris dans les ouvrages dramatiques qu'ils représenteraient, et prononça des peines contre les contrevenants et contre les perturbateurs qui essaieraient de pousser le public au désordre (1).

Cette mesure déplut aux deux partis : les républicains croyaient avoir le champ libre ; la jeunesse rêvait la rentrée du roi, comme source unique du bonheur et de la prospérité de la France ; les dames étaient initiées aux secrètes espérances des jeunes gens et des hommes politiques du parti ; tous auraient voulu hâter ce moment désiré, réaliser leurs

---

(1) Besson était le dernier conventionnel envoyé en mission à Bordeaux ; il quitta notre cité le 13 août 1795.

Les premiers membres de la Convention qu'on envoya à Bordeaux, furent Carnet, Lamarque et Garreau ; ils arrivèrent en octobre 1792. Au mois de mars, Mazade et Ferrand vinrent présider à la levée de la première réquisition. Ils furent remplacés à la fin du mois par Ichon et Dartigoeite. Au mois d'octobre 1793, arrivèrent à Bordeaux Ysabeau, Baudot, Chaudru-Rousseau et Tallien, les misérables organisateurs du règne de la terreur. Ysabeau resta seul jusqu'au mois de novembre 1794. Pendant quelques absences qu'il fut obligé de faire, il eut pour remplaçants Desmarets, Ray, Mittie et Julien. En 1794, on vit arriver à Bordeaux, avec une mission proconsulaire, Rome, misérable fanatique qui détruisait partout les plus petits emblèmes, même les plaques des cheminées qui portaient des couronnes, des fleurs de lis ou autres emblèmes royaux.

En 1794, on vit régner à Bordeaux Garnier de Saintes : Ysabeau revint le remplacer. Après Ysabeau, vint Guimberteau pour quelque temps et fut remplacé par Ysabeau, qui céda son poste en décembre à Niou, dont le successeur, au mois de janvier 1795, fut Bordas, qui fit beaucoup de bruit pour découvrir les dilapidateurs de la fortune publique à Bordeaux ; mais c'était seulement du bruit ; il voyait ses amis trop compromis pour donner suite à son projet. Au mois de février 1795, est venu Treilhard, qui ferma le club national ; Boussion arriva en mars ; comme tous ses devanciers, il renouvela tous les corps constitués. C'était de son temps et sous ses yeux que les Bordelais jetèrent du haut de la montagne dans le temple décadaire (l'église de Notre-Dame) les bustes de Marat et d'autres misérables démagogues de ces mauvais jours, que la populace y avait installés. Après lui, vint Besson, le plus inoffensif de tous ces scélérats que l'enfer paraissait avoir vomis sur notre sol si peu fait pour de si exécrables hôtes. Besson quitta Bordeaux le 13 août 1795.

rêves de bonheur et cette prospérité qu'ils croyaient entrevoir dans un lointain vaporeux.

Les jeunes gens, toujours généreux, toujours disposés à épouser la cause des faibles et à résister à l'oppression, de quelque part qu'elle vienne, ne craignaient pas d'exposer même leur vie pour la cause sacrée du royalisme. S'ils n'avaient pas eu cette ardeur naturelle à leur âge, il aurait suffi de l'enthousiasme et de l'approbation des dames pour la leur inspirer; elles admiraient leur courage, elles applaudissaient aux élans de leurs cœurs, aux aspirations de leur foi politique; une parole d'elles était pour eux le meilleur encouragement, un sourire une récompense, et l'espérance d'un bonheur plus intime détachait plus d'une fois du parti républicain un jeune homme qui, sous l'empire d'une promesse ou d'une approbation apparente, renonçait à sa foi politique. Les dames abhorraient ces sauvages républicains, ces terroristes adoucis, qui qualifiaient les Bordelaises de :

> Ces modernes Laïs, dont les charmes trompeurs
> Égarent la raison, en subjuguant les cœurs.

Elles criaient, elles murmuraient, elles applaudissaient ou frondaient, selon les circonstances, soit au théâtre, soit aux salons ou dans les promenades publiques; elles donnaient des concerts aux jours significatifs; elles affectaient de porter du blanc presque tous les jours et des habits de deuil les jours fériés par les républicains, et surtout aux funestes anniversaires qu'on voulait forcer tout le monde de célébrer. Aux promenades surtout, le ruban blanc, noué en cocarde, formait une partie distinctive de leur coiffure les jours de fête. Singulière et véritable conspiration! Elle se cachait d'abord dans la toilette des dames; puis elle s'efforçait de conquérir la scène politique, et souvent, grâces à la valeur, au dévoûment et souvent à l'étourderie des jeunes gens, elle fit naître de grands embarras et des désordres que la loi fut enfin obligée de réprimer.

Pendant tout ce temps, les finances de la ville étaient en bien mauvais état; la pénurie des grains, la disette de toutes sortes de comestibles avaient mis la municipalité dans la nécessité de prendre une délibération, le 15 messidor an III (3 juillet), par laquelle elle se chargea de fournir des farines pour la consommation des citoyens, jusqu'au 1ᵉʳ août; mais l'intempérie de la saison et le retard qu'elle apportait à la récolte des moissons, et la difficulté ou plutôt l'impossibilité de s'approvisionner à l'étranger, firent comprendre aux autorités la nécessité de proroger le terme jusqu'au 31 août. Le 5 fructidor (22 août), la municipalité fut convoquée à la maison commune, et, après avoir pris connaissance de l'état de la caisse, elle délibéra qu'à dater du 31 août, il ne serait plus fourni de farines qu'aux seuls indigents des vingt-huit sections, et que les bons citoyens, ainsi que les boulangers, seraient invités à employer les ressources que leur offrait le commerce pour se procurer des subsistances.

Livre VI. Chap. 9. 1795.

14 Fructidor.

Pour justifier cette mesure, le conseil général de la commune crut devoir exposer les motifs qui en déterminaient l'exécution et répondre d'avance aux propos calomnieux de quelques êtres turbulents, pour qui la paix publique était un tourment et le repos de leurs concitoyens un supplice :

« Au commencement de messidor, dit le conseil (c'est-à-
» dire vers le 20 juin), l'actif du bureau des subsistances,
» déduction faite du passif, était de 250,925 liv., somme bien
» modique pour parer à l'engagement de fournir du pain jus-
» qu'au 15 thermidor (3 juillet); à cette somme se joignait,
» il est vrai, l'espoir, réalisé depuis, de voir le gouvernement
» céder à la commune 500 tonneaux de vin, qui, joints aux
» 200 que l'attachement du représentant du peuple, Besson,
» pour notre commune, nous avait procurés, nous offraient un
» secours devenu indispensable. Telles étaient nos seules res-
» sources, dont il fallait encore déduire 840,000 liv., somme
» à verser dans la caisse du district, pour le prix des vins

Extrait des Archives.

» cédés par le Gouvernement. Combien elles étaient éloignées
» de nos besoins ! et qu'il vous sera facile d'en juger, lorsque
» nous vous annoncerons que la première décade de thermi-
» dor (du 19 au 28 juillet) a fait éprouver un déficit journalier
» de 142,823 liv., autrement de 1,428,230 liv. pour toute
» la décade; la seconde, un déficit journalier de 162,084 liv.
» et total de 1,620,844 liv. 10 s.; la troisième, de 193,635 liv.
» par jour et 1,936,358 liv. pour la décade ; et que les quinze
» jours de fructidor en présentèrent un de 2,904,525 liv.,
» ce qui forme, dans un mois et demi, un déficit total de
» 7,889,915 livres. »

En montrant à nu l'état de la caisse publique, la municipalité invita, avec une sollicitude toute paternelle, tous les citoyens qui se trouvaient dans une certaine aisance, à veiller eux-mêmes aux besoins qu'il ne lui était plus permis de satisfaire ; elle engagea aussi les boulangers à profiter de l'abondante récolte de l'année et à bien mériter de leurs concitoyens ; à songer que, dans un état libre, il n'est aucun citoyen dont les travaux ne doivent concourir à la prospérité publique, et que, dans leurs modestes ateliers, ils pouvaient mériter et obtenir, ainsi que nos guerriers sur le champ de bataille ou nos représentants à la tribune, la couronne civique, témoignage éclatant et immortel de la reconnaissance de la patrie.

Une récolte abondante semblait ouvrir au peuple une ère de prospérité et de bonheur ; mais elle ne suffisait pas pour calmer les esprits. On sentait le besoin d'avoir une garde nationale : c'était confier aux citoyens la défense des intérêts particuliers et généraux. On commença, à la demande de plusieurs personnes honorables, à rouvrir les églises et à les rendre au culte ; mais sous la condition que les prêtres n'y officieraient qu'à des heures diverses, pour éviter toute collision et écarter tous les éléments de discorde. L'avenir de la France semblait moins sombre, les travaux de la Convention touchaient à leur fin, et chacun attendait la nouvelle Constitution comme une panacée à tous les maux. Elle parut enfin, et fut envoyée aux départements avec une adresse de la Convention nationale, en date du 6 fructidor (23 août). Le directoire du département se réunit en conséquence le 31 août, à six heures du matin, et par arrêté invita, conformément à la loi du 5 fructidor an III, tous les Français qui avaient voté dans la dernière assemblée primaire, à se réunir dans les lieux ordinaires de leurs séances, à l'effet d'admettre ou de rejeter l'acte constitutionnel proposé à leur acceptation, et d'y nommer le nombre d'électeurs que ces assemblées devaient fournir.

Comme on le présume bien, l'acte constitutionnel fut adopté sans objections, sans murmures et sans observations, et le vaisseau de l'État semblait enfin voguer vers le port. Les journées du 12 germinal, des 1er, 2 et 3 prairial, où les jacobins avaient échoué dans leurs tentatives, paraissaient les derniers efforts d'un parti agonisant et sans espérances ; elles avaient nécessité plusieurs lois répressives, entre autres celle du 6 fructidor (23 août), qui ordonna la suppression immédiate des clubs et des sociétés populaires. Ces précautions n'empêchèrent pas que, le 13 vendémiaire (5 octobre), la Convention ne se vît de nouveau attaquée par les anarchistes. La constitution ne répondait pas à leur attente ; ils voulaient ranimer leur chère république, qui s'en allait en lambeaux, sans vigueur, sans espérance, sans principe de vitalité. Mais les sages mesures prises, à ce sujet, par le jeune Bonaparte, déjouèrent complètement leurs horribles projets et les dispersèrent, après leur avoir fait éprouver des pertes considérables. Ces événements furent bientôt connus à Bordeaux ; le conseil s'assembla de suite et rédigea, en ces termes, une adresse de félicitations à la Convention :

<small>Livre VI. Chap. 9. — 1795.

14 Fructidor.

Archives de l'Hôtel-de-Ville</small>

« Bordeaux, 23 vendémiaire an III (15 octobre 1795).

» Citoyens représentants,

» La municipalité de Bordeaux, dont le patriotisme, tou-

» jours actif, observait depuis longtemps, avec indignation,
» les manœuvres de la malveillance, prévoyait bien qu'une
» nouvelle crise serait le résultat de la témérité des royalistes,
» des anarchistes, des journalistes, des chouans, et de cette
» conduite scandaleuse de quelques sections de Paris, contre
» la Convention nationale. Le coup, profondément médité, a
» éclaté dans la journée du 13 ; une force armée a osé atta-
» quer, à diverses reprises, nos braves frères d'armes ; mais,
» fidèles à leur serment, il ont repoussé les agresseurs avec
» courage. La liberté, la république, ont triomphé, et cette
» nouvelle a porté dans nos cœurs une joie que tous nos con-
» citoyens ont vivement applaudie et partagée.

» Nous ne pouvons, citoyens représentants, qu'applaudir,
» avec admiration, à l'énergie que vous avez opposée dans
» cette circonstance périlleuse et à la sagesse des mesures que
» vous avez prises pour terrasser les ennemis de la patrie, et
» au succès qui en est résulté. Tout paraît rentré dans l'ordre
» et les coupables seront punis. Puissent les jugements qui
» les frapperont, imposer le respect à tous ceux qui seraient
» tentés d'imiter leur fureur, assurer de plus en plus le règne
» des lois et de la liberté, et nous laisser jouir paisiblement de
» la Constitution que nous venons d'accepter !

» Tel est le vœu unanime de la municipalité de Bordeaux !
» Tel est celui de tous nos concitoyens, avec lesquels nous
» disons de cœur : *Vive la République! vive la Convention*
» *nationale!*   » Salut et fraternité. »

Pendant tout ce temps, l'état de nos finances était affligeant ;
la commune fut obligée de s'adresser de nouveau à la Convention, et obtint, à titre de secours, un décret qui lui permettait de vendre « une portion de ses propriétés communales,
» jusqu'à la concurrence de 9,123,894 liv. 12 s. Sur cette
» somme, on devait prélever pour le trésor public 6,515,614 l.
» 12 s., montant des dettes passives de la dite commune, payées

» ou prises par la république; le reste devait être versé dans
» la caisse de la ville pour acquitter les charges locales ar-
» riérées. »

Livre VI.
Chap. 9.
—
1795.

En attendant que ces ventes pussent s'effectuer, la commune fut autorisée par le représentant du peuple, pour satisfaire aux besoins les plus pressants, à faire un emprunt de 800,000 l. remboursables sur le produit de ses immeubles. Cette ressource ne fut pas suffisante; il fallut prendre, en outre, 300 mille livres dans la caisse du bureau des subsistances, pour empêcher les pauvres des hospices de mourir de faim. Voyant l'impossibilité où la commune se trouvait de fournir du pain à tous ceux qui en réclamaient comme indigents, on institua un comité pour constater les titres des pauvres et pour éliminer ceux qui auraient la faculté de payer le pain au prix-courant, qui serait fixé à 30 s. la liv. pour ceux qui ne le payaient que 10 s., et à 5 fr. la livre pour ceux qui ne l'avaient payé jusque-là que 3 fr. la livre.

On frémit aujourd'hui quand on pense aux souffrances des Bordelais dans ces jours malheureux! Plus de numéraire, plus de pain, plus de commerce; la France, inondée d'assignats discrédités et sans valeur, et les pauvres vivant de légumes, se disputant les herbes des champs et mourant de faim!

La récolte s'annonça assez belle et répondit aux espérances publiques. On rappela, le 3 vendémiaire an IV (25 septembre 1795), qu'avant le 21 novembre, en exécution de la loi du 24 fructidor an III (10 septembre 1795), chaque contribuable était tenu de payer, d'après sa cotisation au rôle de 1793, les trois-quarts de la portion foncière qu'il devait en grains ou en nature; mais au-delà de ce terme, il serait contraint de payer en grain la totalité de sa contribution foncière. Le Directoire du département s'assembla le 25 septembre et prit diverses mesures pour effectuer la rentrée des impôts en nature ou en assignats; mais ses efforts ne furent pas heureux. Le Gouvernement eut recours à un emprunt forcé, et un appel, à cet

Archives
de
l'Hôtel-de-Ville

Livre VI. Chap. 9.
—
1795.
Feuille de Bordeaux.

effet, fut adressé aux Bordelais vers la fin de 1795. Outre ces charges, les Bordelais se plaignaient encore d'une taxe personnelle et somptuaire qu'ils étaient obligés de payer : le personnel s'élevait à 5 liv. par personne; le somptuaire se percevait sur les cheminées, les domestiques, les chevaux, les voitures suspendues. Toutes ces charges paraissaient au peuple, qui n'en comprenait pas la nécessité, injustes, arbitraires et vexatoires. Pour la rentrée de ces taxes, on éprouva bien des difficultés; on rencontra beaucoup de récalcitrants : c'était mauvaise volonté chez les uns, impossibilité chez les autres, et chez plusieurs, l'effet d'une opposition systématique; bien rares étaient ceux qui s'exécutaient avec grâce, et presque personne ne montra le moindre empressement. Les uns criaient au vol; les autres déclaraient, tout haut, qu'on leur arracherait leurs cheveux plutôt qu'une obole. Quelques personnes agissaient avec une prudente réserve; d'autres chargeaient les commissaires d'injures et d'invectives, au point de s'attirer les rigueurs de la police : tout le monde était mécontent. Sous l'ancien régime, c'était quelque chose de léger que l'impôt qu'on demandait; dans les beaux jours de la république, l'impôt s'était considérablement accru; les ressources étaient moindres et les formes plus acerbes et vraiment vexatoires; l'emprunt forcé était le comble des exactions gouvernementales.

Le peuple ne manquait pas de faire ces raisonnements; c'était simple et naturel. Mais les agents du Gouvernement marchaient toujours vers leur but; et force, comme de juste, resta enfin à la loi. On établit quatre bureaux pour recevoir les paiements qu'on devait faire, en exécution des lois du 10 décembre, sur l'emprunt forcé, et, pendant trois jours, les commissaires étaient constamment occupés à barrer les assignats qu'on leur apportait. Le 7 janvier 1796, il y en avait aux bureaux pour six millions, et des avertissements avaient été envoyés aux contribuables pour 847,000 liv., valeurs métalliques. Le 19 nivôse (9 janvier 1796), il y avait pour plus de douze millions de rentrées; le 20, il y avait 1,200,000 liv., valeur de 1790, en recouvrement; et le 13 janvier 1796, la recette s'élevait à 25 millions en assignats.

On avait beau faire, beau dire, l'emprunt forcé établi par la loi du 19 frimaire (10 décembre) ne réussit pas; on recevait des assignats, quelques paiements en nature; mais l'argent monnayé manquait et les besoins publics s'accroissaient toujours. Conformément aux instructions venues de Paris, l'administration départementale s'assembla le 25 décembre 1795 et invita les Bordelais à se présenter au bureau du citoyen Bellot, percepteur, pour payer leur quote-part de l'emprunt forcé, soit en numéraire métallique, soit en assignats, ou enfin en matière d'or et d'argent. Ces matières ainsi que les bijoux devaient être prisés et estimés par des experts désignés; mais les grains offerts en paiement au prix de 1790, devaient, comme par le passé, être versés dans les magasins nationaux. — Cet arrêté est signé : Parmentier, président; Chalup, Lainé; Maugeret, commissaire du pouvoir exécutif, et Faur, secrétaire-adjoint.

CHAPITRE X.

La nouvelle Constitution. — Assemblée électorale. — Nouvelle organisation des administrations locales. — Assemblées primaires. — Les écoles primaires. — Les prêtres commencent à rentrer en France. — Arrêté de l'administration départementale contre eux. — Le 21 janvier célébré comme fête nationale. — Désordres au théâtre. — Mesures répressives et préventives ordonnées par les autorités constituées contre ceux qui provoquent ces désordres. — Bordeaux calomnié à Paris. — Défense de Bordeaux par le commissaire près l'administration départementale. — Le général Moncey fait l'éloge du bataillon de la Gironde. — Lettre de félicitation aux officiers et soldats, par les autorités de Bordeaux. — La réponse. —Trois municipalités à Bordeaux. — Cause de la dépopulation de la ville.

Livre VI.
1795.

Dans cet intervalle, et pendant ces tiraillements financiers et politiques de Bordeaux, la nouvelle Constitution, péniblement élaborée, fut envoyée aux départements. Les Bordelais en attendaient la promulgation, comme une ère heureuse; ils étaient las de la Convention; vexés de toutes ses mesures arbitraires, ils en désiraient la fin, convaincus qu'ils ne pouvaient pas avoir une forme gouvernementale plus mauvaise ou moins capable de faire le bien du pays. Tous les électeurs furent donc réunis dans l'église de Saint-Dominique (Notre-Dame) le 20 vendémiaire an IV, pour nommer des députés au nouveau Corps législatif. Le bureau fut composé des citoyens Desmirail, Chollet, secrétaires; Martignac, Saint-Guirons et Perrein, scrutateurs. Le citoyen Joubert avait été nommé scrutateur, mais il refusa pour raison de santé. Cette assemblée électorale, d'après la nouvelle Constitution, ne devait élire que le tiers des membres de la députation départementale; aux trois scrutins, la majorité des voix fut acquise aux citoyens Duchâtel-Saint-Pierre, Labrouste, Laf-

12 Octobre.

fon-Ladebat et Ban ; ces deux derniers étaient alors à Paris; on ignorait s'ils accepteraient le mandat. La même assemblée nomma le citoyen Lavie pour le grand jury, cinq membres pour l'administration départementale, les citoyens Denucé, Chalup, Duplantier, Lainé, avocat, et Partarrieu. Au tribunal criminel, Desmirail fut élu président et Perrin accusateur public; au tribunal civil, composé de vingt membres, on élut les citoyens Simon, président ; Saint-Guirons, Deslix, Desèze, Belloumeau, Couchonneau-Barrière, Lousteau-Lamothe, Maignol, Auguste Rateau, Barbot, Barennes, qui refusa, Grangeneuve, Montaudon, Lassime, Monnerie jeune, Beaulieu, Mazet, qui, n'ayant pas l'âge requis, fut remplacé par Montaubricq, Malleret, Nau, Sallenave, Buhan, commissaire du Directoire exécutif, et Gallineau, substitut.

<small>Livre VI. Chap. 10. 1795.</small>

La plupart de ces nominations exigèrent trois scrutins ; mais, en général, on y remarqua beaucoup d'ordre, peu de discussions irritantes, et ce qui aurait pu, dans d'autres circonstances, paraître étonnant, semblait, au contraire, ce jour-là, très-naturel et bien simple, comme expression de la puissance d'un parti politique; nous voulons parler du grand nombre de bulletins royalistes qu'on trouva dans l'urne ; on crut que ce fut l'aurore de la vraie liberté, ce ne fut que le coup de tête de quelques hommes de cœur.

Le 21 octobre, le Directoire du département, conformément aux lois du 21 fructidor an III, et du 19 vendémiaire an IV, prit un arrêté ordonnant la convocation des assemblées primaires, le 10 brumaire, dans les lieux accoutumés pour élire les juges-de-paix, leurs assesseurs, et pour le 15 du même mois, afin d'élire les officiers municipaux et leurs adjoints, conformément à l'article 28 de la Constitution. La Convention avait décidé, le 21 de ce mois, qu'il y aurait à Bordeaux un bureau central et trois municipalités; le Directoire ordonna que les officiers municipaux de notre cité continueraient provisoirement leurs fonctions, et désigna, pour

<small>Archives de l'Hôtel-de-Ville

1er Novembre.

6 Novembre.</small>

les réunions électorales, des villes centrales où les communes voisines pourraient facilement se rendre (1).

La Convention avait cessé d'exister; un nouveau Corps législatif avait pris sa place et une nouvelle Constitution devait, à l'avenir, régir la France. Le désordre était général et les haines, les jalousies, les conflits des partis empêchaient le gouvernement et les autorités locales de consacrer avec fruit leur attention aux principes du bien-être général. Quelques années de plus, ce déplorable état aurait fini par ramener la barbarie en France; l'ignorance s'étendait partout; les colléges étaient fermés; la chaire n'existait plus, le tambour remplaçait les cloches, et, au lieu des classes ou des études, la jeunesse ne connaissait plus que les exercices militaires et la manœuvre stratégique des camps. C'était beaucoup pour la gloire, mais la civilisation n'y gagnait pas; la France rétrogradait de plusieurs siècles. Enfin, le Gouvernement crut devoir pourvoir à cet état de choses, et la loi du 3 brumaire, sur l'organisation des écoles primaires, fut promulguée. Convaincu que l'un de ses devoirs les plus essentiels et les plus consolants, était d'appeler la jeunesse bordelaise aux écoles et de réparer, autant que possible, le dommage causé à la génération d'alors, par le défaut d'instruction, l'administration départementale arrêta, le 6 frimaire an IV, qu'il y aurait six jurys d'instruction dans le département de la Gironde, à Bordeaux, Libourne, Blaye, La Réole, Bazas et Cadillac; qu'il n'y aurait qu'une seule école primaire par canton et dans le chef-lieu; que les instituteurs seraient logés dans les maisons curiales, si les municipalités ne les jugeaient pas trop vastes ou ne les occupaient pas pour leurs séances; et enfin, que la bibliothèque publique s'ouvrirait le 2 décembre et les jours suivants, excepté les déca-

(1) Le Directoire du département était composé des citoyens Dumas-Boisgrammont, président; Chicou-Bourbon, Villebois, Duplantier, Partarrieu et Dupeire, secrétaire-adjoint; Gallineau, procureur général, syndic.

dis et les quintidis. Outre le jury de Bordeaux, on y en établit un second, composé des citoyens Brémontier, ingénieur ; Journu-Aubert, négociant, et Monbalon, médecin. Le 4 mai suivant, on installa l'école centrale dans le bâtiment du collége de Guienne, qu'elle remplaça.

C'était un grand pas vers le bien général, que cette mesure salutaire ; les débats politiques, les discussions de la tribune et le bruit des armes, absorbaient l'attention de la jeunesse ; les mœurs en souffraient et l'avenir paraissait toujours gros d'orages. C'était diminuer les dangers et dissiper les craintes générales que d'ouvrir aux jeunes gens la douce et paisible carrière des lettres. Le gouvernement directorial semblait vouloir entrer dans la voie de la pacification et de la conciliation ; le calme paraissait revenir ; les évêques constitutionnels s'occupaient de la formation de leurs presbytères, et même d'un concile pour le 1er mai ; mais cette assemblée schismatique n'eut lieu que plus tard. On avait exigé, en septembre, que les prêtres reconnussent par serment la souveraineté du peuple, et des peines rigoureuses furent prononcées contre ceux qui exerceraient leurs fonctions sans avoir rempli cette formalité. Comme le temps était devenu plus calme et que ces prescriptions du Gouvernement paraissaient n'être presque qu'un anachronisme ou une impuissante menace, les prêtres commencèrent à rentrer furtivement dans leur patrie, et surtout dans la Gironde, où l'esprit de la population leur était sympathique et où les besoins religieux et l'antipathie du peuple pour le clergé constitutionnel les appelaient ; mais une nouvelle persécution s'organisa contre eux, et, par suite des lettres du ministre de l'intérieur, en exécution de la loi du 3 brumaire, l'administration départementale se réunit le 9 janvier 1796 et rédigea l'arrêté suivant :

« Considérant que les prêtres ne peuvent imputer qu'au
» délire qui les tourmente, les rigueurs des lois rendues contre
» eux et leur sévère exécution, etc., etc.,

Livre VI.
Chap. 10.
1793.

Décembre.

25 Octobre
1796.

» Arrête :

» 1° Il est expressément enjoint aux municipalités de Bor-
» deaux, Libourne, Blaye et à toutes les administrations
» municipales du département, de faire les recherches les
» plus exactes, pour découvrir les prêtres sujets à la réclu-
» sion ou à la déportation ;

» 2° Elles feront conduire, sans délai, ceux qu'elles décou-
» vriront à la maison d'arrêt, dite des orphelines, etc. (1). »

Ce ne fut pas seulement contre les prêtres que les antipathies révolutionnaires se ravivaient ; ce fut aussi une recrudescence de haine contre le parti royaliste, qui semblait se
fortifier et inspirer, par ses allures, des craintes sérieuses aux
républicains. Le Corps législatif ordonna que l'anniversaire du
21 janvier serait célébré partout d'une manière convenable ;
le conseil général de la commune de Bordeaux s'assembla, en
conséquence, le 19 janvier, et, après avoir déclaré « qu'il
» voulait prouver aux partisans de la royauté que tout espoir
» de retour à l'ancien régime leur est à jamais ôté, et donner
» en même temps aux bons citoyens la jouissance des senti-
» ments que doit leur inspirer le souvenir de l'époque, qui
» délivra la France de son dernier tyran, délibéra que,
» conformément à l'article VI de la loi du 18 floréal an II,
» l'anniversaire du 21 janvier 1793 serait solennisé à Bor-
» deaux ; que toutes les administrations, toutes les auto-
» rités civiles et militaires y seraient invitées ; que le cortége
» sortirait de l'hôtel du département, précédé d'une musique
» militaire et accompagné de quatre compagnies de grena-
» diers de la garde nationale, pour se rendre au temple de
» l'Être suprême ; qu'on y exécuterait des airs patriotiques
» analogues à la fête, etc., etc. »

On y jura *haine à la royauté,* après le discours de Duplan-

---

(1) A cette séance assistaient Duplantier, président ; Chalup, Dufau, Partarrieu-
Lafosse, Lainé, Maugeret, commissaires ; Pagès, secrétaire.

tier; mais la population, en général, resta muette; quelques cris des misérables stipendiés ou des hommes revêtus d'un caractère officiel se firent entendre; mais, en général, l'aspect de la fête était froid; aucune marque d'un enthousiasme réel, aucune expansion de joie populaire ou manifestation de sympathies politiques. L'orchestre se laissa demander longtemps le chant : *Allons, enfants de la patrie!* et ne le joua que par force; on ne prononça le serment qu'à regret et tout le républicanisme du moment se manifesta en banquets dits fraternels, en toasts patriotiques et dans la récitation de quelques scènes de *Brutus* ou de la *Mort de César*. La population aimait les fêtes; mais elle se montrait indifférente aux motifs; les personnages officiels étaient toujours tout ce qu'on voulait à Paris; mais Bordeaux, en général, avait cessé d'être républicain.

Le même soir, il y eut au théâtre de la rue du Mirail un désordre affreux; le *Réveil du Peuple,* qu'on chantait, en fut le prétexte. L'orchestre arriva à sa place; on lui demanda l'air : *Ça ira!* mais une opposition bruyante éclata dans tous les coins de la salle; on ne voulait plus de cet hymne révolutionnaire; on repoussait tout ce qui pourrait rappeler d'affligeants souvenirs. Un officier municipal obtint un moment de silence, et, après avoir parlé de l'ordre et des lois, ordonna qu'on chantât la *Marseillaise;* des huées, des *non*, des cris d'improbation lui firent comprendre qu'il ne connaissait pas le peuple ni l'esprit général des Bordelais. On cria aux tapageurs : *Vous voulez la guerre civile?* — *Non*, répondait-on; *nous voulons la paix et l'union; c'est vous qui jetez parmi nous de nouvelles semences de haine et qui éternisez la discorde.* Les jeunes gens entonnèrent avec fureur le *Réveil du Peuple;* les dames s'enfuirent; les tabourets, les chaises volèrent partout, la salle se vida, et, enfin, la force armée arriva. On demanda de nouveau la *Marseillaise;* mais des voix vi-

Livre VI.
Chap. 10.
—
1796.

brantes couvrirent encore les premières intonations et on fut enfin obligé de faire évacuer la salle.

Comme ces désordres se renouvelaient de temps en temps, l'administration départementale crut devoir obvier aux inconvénients qui en résultaient. Toutes les fois que les pièces qu'on devait jouer renfermaient des allusions politiques ou des propos d'opposition au système gouvernemental, l'affluence était plus considérable au théâtre, et la recette, par conséquent, plus abondante; les directeurs des théâtres et les acteurs étaient donc, par spéculation, avec l'opposition; ils ne voulaient que leurs profits personnels, le côté financier de l'affaire, et ne demandaient pas mieux que de soutenir l'opposition et de reproduire les pièces qui s'harmonisaient avec leurs intérêts. Le Gouvernement avait déjà prescrit certaines mesures de police générale; mais elles étaient tombées en désuétude ou complètement éludées. L'administration départementale se réunit enfin le 31 janvier, à l'effet de s'en occuper, et prit un arrêté général d'après les considérants suivants, et après avoir déclaré que *l'intention* bien connue du gouvernement était de *raviver partout l'esprit public, perverti dans quelques lieux par les manœuvres des ennemis de la liberté :*

« Considérant que sur certains théâtres de cette commune,
» les artistes se permettent de tronquer l'hymne chéri des
» républicains, ce qui flatte la malignité de quelques indivi-
» dus, qui, par ce moyen, s'efforcent d'y trouver des allusions
» perfides; que la manière dont on la chante, la confusion qui
» règne parmi les chanteurs et le peu de soin que ces derniers
» apportent à mettre de l'ordre et de la dignité dans l'exécu-
» tion de cet hymne, tendent à faire tourner en ridicule les
» mesures prises par le Gouvernement et l'administration;
» qu'il en est de même des airs civiques que doivent jouer
» les orchestres; que la plupart des musiciens paraissent s'en
» tenir éloignés lorsqu'il s'agit de les exécuter ou les jouer
» s'ils sont présents, de manière à fatiguer les spectateurs;

» que l'administration ne peut tolérer de pareils abus, ni un
» tel mépris pour les dispositions de son arrêté du 3 plu-
» viôse ; qu'elle doit en arrêter et prévenir l'effet, aussitôt
» qu'ils sont parvenus à sa connaissance, et rendre responsa-
» bles les officiers de police, aux théâtres, qui ne les ré-
» primeraient pas par tous les moyens que la loi et les ar-
» rêtés des autorités supérieures mettent en leur pouvoir ; en
» conséquence, l'administration départementale arrête que,
» les artistes de tous les théâtres ne pourront se per-
» mettre de tronquer, d'aucune manière, l'hymne des Mar-
» seillais ; ils seront tenus de chanter les six strophes qui
» la composent, et suivant l'ordre. Les directeurs des théâ-
» tres feront exécuter cet hymne et les chansons patrio-
» tiques, avec toute la dignité convenable ; ils désigneront
» chaque jour un certain nombre d'artistes à cet effet, pour
» éviter la confusion qui a eu lieu jusqu'à présent. Ils seront
» également tenus de faire exécuter de même, par leurs or-
» chestres, avec la dignité et le respect dus à toute réunion
» populaire, les airs civiques énoncés, et, dans le cas qu'ils
» éprouveraient des difficultés de la part des artistes ou mu-
» siciens, ils les dénonceront sur-le-champ aux officiers de
» police, etc., etc. »

Livre VI.
Chap. 10.

1796.
25 Janvier.

Cet arrêté dévoile assez l'état des esprits à Bordeaux, au commencement de 1796 ; il n'a pas besoin de commentaire ; il montre assez ce qu'on pensait à Bordeaux du régime révolutionnaire et jusqu'où se portait le courant des idées.

L'administration départementale crut avoir atteint le mal à sa source ; elle se trompa beaucoup. Le désordre était toujours dans les esprits, et, à chaque occasion favorable, se traduisait dans des faits que la police était incapable de prévenir ou de réprimer. Le 5 mars, la municipalité fut obligée d'intervenir, sur la réquisition du citoyen Saint-Martin, procureur de la commune. Ce magistrat dit qu'on avait espéré que les agitateurs, après les mesures de répression ordonnées depuis

Archives
de
l'Hôtel-de-Ville

quelque temps, n'oseraient plus se livrer à de nouveaux excès; mais qu'on avait présumé trop avantageusement de ces hommes coupables. « Déjà le désordre recommence, dit-il, la licence » est au dernier degré, les marchés de l'agiotage et de la » prostitution, les vociférations, la tenue la plus indécente, » des provocations à des idées de vengeance et de révolte; » voilà, en abrégé, le tableau scandaleux que présentent les » spectacles de cette commune. »

Ce tableau, nous aimons à le croire, était trop chargé; on voyait partout des excès et même des crimes; on regardait les spectacles comme les foyers d'une contre-révolution. On les chargeait de fautes dont ils n'étaient pas coupables et qu'on ne saurait, sans injustice, leur imputer; mais les Bordelais n'étaient pas si mauvais; ils protestaient contre la tendance de certains esprits, vers un despotisme qu'ils ne voulaient plus supporter; ils désiraient l'ordre et la paix; ils en voulaient les éléments et les moyens; leur démonstration n'avait pas d'autre but et n'était hostile qu'aux hommes intéressés à maintenir un ordre de choses incompatible avec la paix et la prospérité de la patrie. La municipalité ordonna diverses mesures répressives et préventives; elle mit des gardes dans les corridors, obligea les directeurs de lever la toile et de commencer le spectacle à cinq heures et demie au plus tard, de faire chanter tous les soirs l'un des hymnes de la liberté, tels que : *Allons, enfants de la Patrie! Veillons au salut de l'Empire! Mourir pour la patrie!* le *Chant du départ! etc.*

Toutes ces mesures, louables en elles-mêmes, mais impuissantes contre l'opinion publique, restèrent sans effet; elles démontrèrent la sollicitude paternelle des magistrats, mais elles ne purent pas imposer silence aux partis. Les terroristes cachés en profitèrent pour calomnier Bordeaux, à Paris, et provoquer contre notre population la colère du Gouvernement. Aux yeux du Directoire, les Bordelais étaient incorrigibles; leur ville était le foyer de la contre-révolution, le centre vers lequel convergeaient tous les efforts liberticides des royalistes et des ennemis de la république. Mille mensonges, mille bruits calomnieux circulaient à Paris et prenaient une consistance si alarmante, que les députés de la Gironde crurent enfin devoir en écrire, le 4 avril, au citoyen Maugeret, commissaire près l'administration départementale, pour savoir la vérité et avoir des renseignements précis sur toutes les charges alléguées contre leurs compatriotes. Cette lettre, signée *Labrouste, Cholet, Duchâtel* et *Bergoing*, étonna les Bordelais; c'était l'ombre du girondinisme qui planait de nouveau sur notre trop malheureuse cité ; on l'avait pillée, vexée, maltraitée avec tant d'impunité et de profit, que des misérables voulaient encore se remettre à l'œuvre !

Le commissaire, après avoir recueilli tous les renseignements désirables, répondit aux députés, le 15 avril, et déclara que c'était à tort qu'on accusait les Bordelais d'être en contre-révolution, de fabriquer des lances, de former des rassemblements séditieux, etc., etc. Il ordonna des perquisitions minutieuses pour découvrir des armes, des poignards, des lances et des cannes à lance, et fit arrêter les nommés Huguet et Abeille, qu'on avait soupçonnés de sentiments contre-révolutionnaires; mais, chez le premier, on ne trouva qu'un vieux poignard, hors de service, six anciennes cannes à lance et pas de papiers suspects. Chez l'autre armurier, Abeille, on trouva 450 fers de lance, et, pour tout papier suspect, un traité passé il y avait six mois, avec un nommé Lescuyer, par lequel il s'obligeait de lui fabriquer 600 fers de lance. Lescuyer, arrêté, déclara qu'il devait les envoyer à Lyon, où on lui en avait fait la demande.

On accusait les jeunes gens de Bordeaux de faire des exercices à feu ; mais Maugeret découvrit facilement la circonstance qui avait donné lieu à cette charge : c'était une petite réunion de jeunes gens qui, pendant le grand froid, s'étaient donné rendez-vous dans les marais des Chartrons pour faire la chasse aux canards sauvages!

Quant à l'hymne proscrit, le *Réveil du Peuple*, il n'est chanté nulle part, dit le commissaire, et on entonne tous les soirs, sur nos théâtres, des chansons patriotiques. On parle des émigrés sans nombre, de six mille prêtres cachés dans le département! Ici, il ne fallait d'autre démenti que l'exagération du calomniateur : qu'on nous dise, dit Maugeret, où ils sont, et leur arrestation prouvera à la France qu'à Bordeaux force restera à la loi. Il y a eu des prêtres cachés ; mais la justice en est saisie et les tribunaux vont les juger. En un mot, Bordeaux jouit de la plus parfaite tranquillité.

Cette lettre fit du bien, mais elle ne dissipa pas les appréhensions du Gouvernement ; les plaintes contre Bordeaux, contre les autorités, continuaient toujours, et maintenaient les ministres dans une anxiété continuelle sur le compte des Bordelais. Enfin, Maugeret indigné s'empressa de les démentir de nouveau, et déclara en même temps, avec une noble franchise : « Qu'il croyait à l'existence, dans les bureaux du mi-
» nistère, d'hommes qui, depuis le commencement de la ré-
» volution, avaient voué une haine implacable à Bordeaux,
» au département et même à ceux de ses magistrats qui
» avaient échappé à la fureur homicide de la commission mi-
» litaire ; des hommes avec lesquels les amnistiés de la Gi-
» ronde, dont les mains fument encore du sang de nos mal-
» heureux frères et dont les poches sont remplies de nos
» dépouilles, entretiennent une correspondance aussi active
» que mensongère........ ; c'est de cette coalition impure que
» sortent toutes les diatribes qui, depuis quelque temps, salis-
» sent les journaux anarchiques !.....

» Je suis convaincu, citoyen ministre, que vous rendrez
» justice au peuple de la Gironde et à ses magistrats ; je vous
» assure qu'il n'est pas de section du peuple français qui mé-
» rite mieux votre estime et votre confiance, et qu'à Bordeaux,

» plus que dans toute autre commune de la république, les
» lois sont respectées, les personnes en sûreté, les magistrats
» zélés et patriotes. L'ordre et le calme y règnent; le peuple
» y souffre, avec patience, les maux inséparables d'une grande
» révolution, et si quelqu'un se plaint de son sort, ce sont les
» patriotes du 31 mai, qui ne peuvent pas se consoler de ce
» qu'ils n'ont plus à se vautrer dans le sang et à s'engraisser
» de pillage. »

Livre VI. Chap. 10. — 1796.

Maugeret était l'ami de Bordeaux, mais il croyait y avoir pour ennemis les royalistes, les terroristes, les fripons cachés et Boyer-Fonfrède en particulier, qui, dit-il, répandait des libelles et des calomnies contre lui. Boyer-Fonfrède avait, en effet, porté plainte au ministre contre la conduite trop arbitraire, disait-il, du commissaire bordelais; mais le commissaire répondit, le 28 avril, au ministre, et réfuta les allégations de Fonfrède, qu'il dépeignit comme un calomniateur.

Feuille politique, etc., 11 floréal an IV (30 avril).

Fonfrède l'accusait d'avoir porté trop haut sa cote à l'emprunt forcé. « Ce n'est pas moi, dit Maugeret, qui l'ai fixée; c'est l'administration locale : dans cette affaire, mon pouvoir se bornait à signer les contraintes. » Il accusa Fonfrède de n'être sorti de Bordeaux que pour se soustraire à l'indignation générale excitée par son agiotage effréné, et parce qu'il n'avait remis aucune pièce qui justifiât de son domicile ailleurs; l'administration le comprit au rôle de supplément pour une somme de 94,000 liv. Fonfrède adressa une pétition contre cet impôt énorme; mais l'administration s'accorda à dire qu'il n'y avait pas lieu de délibérer sur sa réclamation. On fit saisir le mobilier : Mme et Mlle Fonfrède demandèrent que leurs meubles personnels fussent distraits de la saisie; on fit droit à leur demande. Si Boyer-Fonfrède avait à se plaindre de quelqu'un, c'était de l'administration et nullement du commissaire. Il disait qu'il avait été trop imposé; mais après des informations exactes sur *les affaires qu'il fait à Bordeaux, à Toulouse, à Cette et ailleurs, et d'après le luxe qu'il affiche, l'administra-*

tion déclare qu'il pourrait être imposé, sans injustice, pour vingt mille livres de plus.

« Il m'accuse, dit le commissaire, d'avoir agi par un ressentiment personnel : je ne le connais point, je ne l'ai jamais vu, je ne lui ai jamais parlé ; il n'a jamais existé de relations entre nous. Je connais les personnes infiniment respectables auxquelles il appartient : je consens à être jugé par elles. La veuve du malheureux Fonfrède a constamment touché, par mes soins et ceux d'un de mes amis à Paris, qui est aujourd'hui mon collègue et mon substitut, la pension que la Convention nationale avait accordée aux veuves des victimes du 31 mai. Je respecte le nom qu'il porte bien plus que sa personne ; les larmes que j'ai versées sur la tombe de son malheureux frère, dont j'ai partagé les opinions et les malheurs, m'imposent l'obligation de renfermer au fond de mon cœur les mouvements d'une juste indignation. Je ne citerai qu'un trait : Mon dénonciateur ayant appris que son frère avait voté la mort du tyran, lui écrivit : *Vous avez voté la mort du roi ; moi, je vote la vôtre !* »

Cette affaire, peu importante sous le rapport général de l'histoire, eut un grand retentissement à Paris comme à Bordeaux. Boyer-Fonfrède était très-riche et généralement estimé ; il ne partageait pas les idées démocratiques de son frère et se trouvait, par conséquent, en butte aux traits malveillants de ses adversaires politiques ; il avait raison de se plaindre des autorités de Bordeaux, mais il aimait trop sa ville natale pour chercher le moins du monde à nuire à ses concitoyens. Les Bordelais furent calomniés, mais ce ne fut pas par Fonfrède.

La dernière lettre de Maugeret dissipa bien des illusions dans les régions ministérielles et frappa d'impuissance les efforts des calomniateurs de Bordeaux. Le calme régnait, en effet, dans notre cité, comme il le disait ; mais ce calme n'était qu'apparent et à la surface ; il y avait, au fond, beaucoup de mécontentement : d'un côté, on faisait des vœux pour le retour de la monarchie; de l'autre, on aurait désiré ressusciter Robespierre et Lacombe; mais il n'y avait pas de véritable conspiration. L'esprit républicain était encore tout chaud chez un grand nombre de personnes, et cependant, malgré la dissidence des opinions, tout le monde se rencontrait sur le terrain du patriotisme, et l'amour de la France faisait battre haut et fort tous les cœurs. Le général Moncey arriva dans nos murs et se fit un devoir et une gloire d'exalter le courage, la valeur, les vertus héroïques des enfants de la Gironde, qui formaient la 114me demi-brigade sous ses ordres. Ses paroles électrisèrent tous les cœurs bordelais, et, sous cette généreuse impression, les administrateurs du département adressèrent aux officiers, sous-officiers et soldats du bataillon de la Gironde, cette lettre de félicitations :

« Bordeaux, 11 germinal an IV (31 mars 1796).

» Citoyens !

» Le général Moncey, dans son passage à Bordeaux, nous
» a parlé de vous avec la satisfaction la plus vive; il nous a
» peint le plaisir que goûte un général qui commande des
» soldats intrépides et valeureux; il a fait passer dans nos
» âmes ce sentiment si délicieux pour les amis de la patrie et
» de la liberté.

» Nous avons raconté vos exploits et vos vertus à vos frères,
» à vos pères, à vos amis et à vos femmes; braves soldats,
» tous partagent notre enthousiasme et vous paient le tribut
» si mérité d'éloges et de reconnaissance. Chacun vous pré-
» pare ici les lauriers que les républicains offrent aux défen-
» seurs de la patrie.

» Nous hâtons par nos vœux le moment où une paix glo-
» rieuse nous permettra de nous enorgueillir de vous avoir
» avec nous et de compter au nombre des héros français nos
» concitoyens et nos frères.

» Continuez, braves soldats, à être pour l'armée des mo-

» dèles de courage et de vertu : la patrie reconnaissante vous
» récompensera de vos généreux sacrifices. »

Les membres du conseil d'administration de la 114me demi-brigade, alors à Bayonne, répondirent à cette adresse, et assurèrent aux autorités et à leurs parents de Bordeaux, qu'ils ne tromperaient jamais leurs espérances, et que, sous un chef distingué comme le général Moncey, lui-même le modèle des vertus militaires et républicaines, ils se rendraient toujours dignes des éloges de leurs concitoyens et amis.

Les esprits commençaient, enfin, à se calmer à Bordeaux; la nouvelle Constitution occupait tous les esprits, et chacun y voyait le germe d'un ordre de choses conforme à ses idées et à ses espérances. D'après les articles 183 et 184, les communes, dont la population excédait 100,000 habitants, devaient avoir trois municipalités et un bureau central pour une certaine catégorie d'affaires. On ordonna un recensement officiel, et il ne se trouva, au commencement de 1796, que 87,345 habitants. La loi du 19 vendémiaire n'était donc pas applicable à Bordeaux, et si l'article 3 de cette loi portait que Bordeaux, Lyon et Marseille auraient trois municipalités et un bureau central, il était évident que les législateurs avaient cru que notre cité renfermait plus de 100,000 âmes; ils avaient compté sur des recensements anciens. En 1790, Bordeaux avait une population de 110,000 âmes; mais en 1794, elle n'était que de 104,676. Cette dépopulation de Bordeaux s'explique par le régime de la terreur et les guerres extérieures. La cité n'offrait à ses habitants, ni les ressources des industries locales, ni les avantages du commerce extérieur, rien que la perspective de la misère, du pillage et de la mort! Un nombre prodigieux de Bordelais alla s'établir ailleurs; ajoutez à cela les nombreux bataillons sortis de son sein et les marins bordelais employés sur les vaisseaux de l'État. Une autre cause de misère et de dépopulation se trouvait dans la dépréciation du papier-monnaie. Les assignats étaient tellement tombés, que le prix moyen du louis était, en février 1796, de 5,480 l. en assignats; le prix moyen du franc métallique était de 228 liv.; c'était le prix officiel pour les paiements à faire dans les caisses publiques.

Le 7 mars 1796, la pièce d'or de 24 liv. valait 7,200 liv. en assignats, et le franc métallique 300 liv. en assignats.

Le 17 juillet 1796, une loi fit cesser le cours forcé des assignats. On avait, par une loi du 17 mars, créé des *mandats territoriaux* pour 2,400,000 fr., nouveau papier-monnaie qu'on échangeait contre les assignats à trente capitaux pour un. Les assignats étaient alors tombés en discrédit, et les *mandats* mêmes, au moment de leur émission, perdaient un quart de leur valeur réelle. D'après un rapport du ministre des finances, il y avait en circulation 40,581,000,000 de francs! Le 17 juillet suivant, on fit cesser le cours forcé des *mandats*, et le 23 juin 1797, une nouvelle loi fit dresser, dans chaque département, un tableau de la dépréciation du papier-monnaie, à partir du 1er janvier 1791, afin de régler la réduction en numéraire des obligations contractées pendant le cours des assignats et des mandats.

Quoique la population de Bordeaux fût réduite au-dessous de cent mille âmes, on y établit, conformément aux ordres ministériels, trois arrondissements avec trois municipalités. L'administration du premier arrondissement, celui du Nord, s'établit au couvent des Petits-Carmes, aux Chartrons; elle se composait, par voie d'élection, des citoyens Ferrière-Colk, président; Fieffé, La Clotte, R. Meyer, Montan aîné, Sandré, Villebois, administrateurs; Couzard, commissaire du Directoire exécutif près de cette administration.

L'administration du deuxième arrondissement, dit du Sud, avait son siége à l'Hôtel-de-Ville; elle se composait des citoyens élus : Lartigue, président; Bazanac, Becheau, Campaignac, Gaubert, Lafitte, Dupont, Martin, administrateurs;

Mathieu, commissaire du gouvernement directorial près de cette administration.

La municipalité du troisième arrondissement, dit du Centre, s'établit dans l'ancien doyenné de Saint-André. Les administrateurs étaient les citoyens Lucadou, président; Balguerie fils, Boulan, Crozillac, Guibbaud, Letellier fils, Loriague; Lagarde, commissaire.

L'administration du Nord était partagée en seize sections, avec huit commissaires de police; celle du Midi, en vingt-huit sections, avec onze commissaires de police, et celle du Centre, en dix-neuf sections, ayant neuf commissaires de police.

Le bureau central siégeait à l'Hôtel-de-Ville; il se composait des citoyens Brauer, Goislon et Legris. Il fut installé, ainsi que les trois municipalités, le 29 mai 1796, et cessa ses fonctions le 26 mars 1800.

CHAPITRE XI.

Les fêtes nationales.—Fête des Époux.—Fête de l'Agriculture.—Les fêtes de Juillet. — La fête des Vieillards. — État des esprits à Bordeaux. — L'emprunt forcé. — Désordres aux théâtres.— On coupe l'arbre de la Liberté.— Des voleurs, des brigands armés parcourent le pays. — Les masques défendus.—Les terroristes traqués à Bordeaux. — On en accuse les jeunes gens à tort. — Le ministre se plaint des désordres qui ont lieu sur plusieurs points du territoire de la République.— La révolution du 18 fructidor. — Nouvelles mesures vexatoires et tyranniques.— Assassinat de Groussac, ancien maire de Toulouse.

Ce ne fut pas seulement Bordeaux qui s'appauvrissait et se dépeuplait, ce fut toute la France ; les mêmes causes agissaient partout et produisaient partout les mêmes effets. Les mœurs s'affaiblissaient en raison de l'absence de la religion ; ce frein moral ôté, la carrière se trouvait ouverte à tous les excès d'immoralité; et on croyait qu'on était libre de penser, de dire et de faire tout ce qui était hors de l'atteinte de la justice humaine et du bourreau ! On étouffait les cris de la conscience ; Dieu n'y était plus !

Livre VI.
1796.

Le Gouvernement voulait remédier à cet état de choses et ne trouva de meilleur moyen pour y parvenir que de créer, par la loi du 3 brumaire an IV, la *Fête des Époux*. En conséquence de cette loi, le Conseil général de Bordeaux se réunit le 22 avril et délibéra que cette fête nationale serait célébrée le 29 avril suivant.

25 Octobre 1795.
1796.

« Considérant, dit la délibération, que cette fête est destinée
» à rendre hommage aux époux vertueux et à célébrer so-
» lennellement l'action de la vie de l'homme qui, tout à la
» fois, maintient l'empire des bonnes mœurs et assure des ci-
» toyens à la république, donne aux enfants des pères sensi-

Archives de l'Hôtel-de-Ville

» bles et des mères tendres, et à la société de nouveaux mem-
» bres qui seront dignes d'elle, doit être simple et touchante :
» elle doit offrir l'image du bonheur, de la gaîté et du plaisir ;
» la nature renouvelée, la verdure dont elle est parée, les
» fleurs qu'elle offre, sont les dons qu'on doit employer dans
» la fête de l'hymen, et renoncer à tout caractère de faste
» qui ne lui convient pas ;

» Considérant que son exécution offrirait un spectacle bien
» touchant, s'il s'y trouvait de respectables vieillards qui,
» après cinquante années d'union, viendraient renouveler leurs
» premiers engagements, jouir de l'estime et de la considé-
» ration publique, et recevoir les applaudissements que leurs
» vertus leur ont mérités ; qu'elle intéresserait également par
» les époux unis depuis peu et par ceux qui contracteraient,
» sur l'Autel de la Patrie, la promesse solennelle de s'aimer
» mutuellement et de donner à la république des enfants qu'ils
» élèveraient pour sa gloire et sa prospérité ! »

Après ces considérants d'une morale purement civique, à l'usage des républicains athées, sans sanction, sans pénalité, sans récompense, le Conseil général invita les sections à désigner les jeunes époux, ceux unis depuis peu et ceux qui l'étaient depuis cinquante années ; deux garçons et deux filles, vêtus en blanc, devaient précéder les époux et joncher leur passage de fleurs ; les navires devaient arborer leurs pavillons et être pavoisés, et toute la ville devait présenter, partout, l'aspect d'une fête nationale. Le cortége, sortant à onze heures, devait passer par les fossés, le long de la rivière, au Chapeau-Rouge, sur le cours et entrer au Champ-de-Mars, par la porte au bas de la terrasse, et puis arriver en face de l'Autel de la Patrie.

NOTE 9. Cette fête avait attiré à Bordeaux un grand nombre d'étrangers ; ils y dépensèrent de l'argent. C'était un impôt que la municipalité eut l'adresse de lever sur la curiosité et une ressource qu'elle sut ménager à plusieurs classes des Bordelais, aux marchands, aubergistes et presque tous les corps d'état. Il s'y trouva des gens mariés et d'autres qui voulaient l'être; il s'y trouva des admirateurs et des critiques. Mais la fête rendit-elle les époux meilleurs, plus unis, plus fidèles, et ces mariages républicains plus heureux ? C'est ce que nous ignorons.

A peine cette fête fut finie, qu'il fallut en célébrer une autre. Cette fois-ci, c'était le tour de l'*Agriculture*.

Conformément à la loi du 3 brumaire, pour la célébration de cette nouvelle fête, le bureau central, composé de Brauer, Legris et Goislon, se réunit le 4 messidor et rédigea le programme de la cérémonie et la marche du cortége, qui devait sortir le 28 juin, à dix heures, du Département, et se rendre au Champ-de-Mars, en passant par la rue du Loup, rue Marchande, rue Sainte-Catherine, allées de Tourny. L'ordre à observer dans la marche était le même que pour la *Fête des Époux*, avec cette différence qu'au numéro 10 venaient des jeunes filles en blanc, avec une ceinture tricolore, ayant des épis dans une main et des pampres dans l'autre. Au numéro 11, c'étaient des agriculteurs portant des instruments aratoires et le ruban tricolore au chapeau. Au numéro 12, de jeunes bergères portant des fleurs et des épis et la ceinture tricolore. Aux numéros 13 et 14, une charrue traînée par des bœufs, une autre traînée par des chevaux conduits par deux jeunes laboureurs et portant des époux recommandables par leur âge et leurs vertus. Au numéro 15, des laboureurs et des bergers. Après eux, venaient les invalides, les tambours, etc., etc., etc. (*Voir* note 9.)

A l'Autel de la Patrie, après des discours analogues aux circonstances, le président proclama le nom de deux laboureurs qui, par leur intelligence, leur bonne conduite et leur activité, avaient plus particulièrement mérité d'être proposés pour modèles; ils se placèrent à son côté. Au son des fanfares et des hymnes, le président, aidé de deux laboureurs, enfonça

Livre VI.
Chap. 11.
1796.

NOTE 9.

dans la terre le soc de la charrue et ouvrit un sillon. Les laboureurs échangèrent les instruments du labourage contre les fusils des citoyens armés; mais, après avoir chanté de nouveaux airs patriotiques, suivis d'une salve d'artillerie, les laboureurs rendirent les fusils ornés d'épis et de fleurs et reprirent leurs instruments, au haut desquels flottaient des rubans tricolores; après quoi le cortège reprit sa marche de retour.

Cette fête avait été établie, dit le considérant du bureau central, pour honorer le premier des arts et pour montrer aux habitants des villes l'heureux lien qui les unit aux agriculteurs vertueux et vigilants, dont les estimables travaux nourrissent l'État et l'enrichissent. C'était quelque chose comme les comices agricoles de nos jours; c'était une institution louable, une fête véritablement nationale dont on comprenait facilement la raison, la nature et le but, et dont l'éclat devait consister, non dans une vaine pompe, mais dans une simplicité caractéristique des mœurs honnêtes des agriculteurs et des témoignages de reconnaissance qu'ils méritent de toutes les classes des citoyens français; c'était un hommage national à ces vertueux citoyens qui consacrent leur vie au premier et au meilleur des états, à cette mère nourricière de la prospérité publique, à l'Agriculture, que Sully appelait la *mamelle de l'État*.

Le mois de juillet devait avoir aussi sa fête; cette fois-ci elle était toute politique. La loi du 3 brumaire avait fixé les deux fêtes de la Liberté au 9 et au 10 thermidor, pour célébrer la destruction de toutes les espèces de tyrannie qui avaient pesé sur la France. En rappelant la chute de la tyrannie triumvirale, ces fêtes, dit le gouvernement directorial, devaient réunir les deux époques les plus mémorables de la Révolution, celle du 14 juillet 1789, où la nation fit les plus grands efforts pour recouvrer ses droits, et celle du 10 août 1792, où le trône fut renversé. Le programme de ces cérémonies fut envoyé tout fait de Paris. Il est trop intéressant comme document historique pour ne pas trouver place dans notre travail ; nous le donnerons en entier dans la *Note* 10. Qu'on lise cette note et l'on verra à quels misérables moyens on eut recours pour réchauffer le patriotisme bordelais et redonner la vie à la république moribonde. On voulait la paix, et cependant, par ces images et ces symboles d'une époque qui n'était plus, on entretenait la haine des partis, les discordes civiles et le malaise général.

Le 10 fructidor an IV devait avoir lieu une autre fête d'une nature différente, capable d'avoir des conséquences plus morales et plus sociales : c'était la *Fête des Vieillards*, établie par la même loi qui avait institué les autres fêtes dont nous venons de parler. Pour la célébrer conformément au programme du Gouvernement, l'administration départementale s'assembla le 25 août et arrêta que chacune des trois administrations municipales désignerait les deux pères de famille et les deux mères de famille de l'âge le plus avancé, non infirmes, et qui jouissaient, dans leur arrondissement, de la meilleure réputation de probité, de patriotisme et de vertu ; que les administrations municipales nommeraient également ceux d'entre les jeunes gens qui seraient jugés les plus dignes de cette fonction honorable, pour aller, dès le matin du jour de la fête, orner de feuillages les portes des vieillards désignés.

Si parmi les vieillards des deux sexes, dit l'arrêté, les plus avancés en âge et les plus distingués par leurs vertus, il s'en trouve qui soient retenus par des infirmités et hors d'état d'assister à la fête, ils ne seront point compris dans le nombre ci-dessus prescrit ; mais leurs noms seront inscrits au procès-verbal, et les jeunes gens seront aussi chargés d'orner leurs portes de feuillages.

Le jour de la fête, ajoute l'arrêté, les administrateurs municipaux, précédés des enfants des trois municipalités, depuis huit ans jusqu'à douze, et d'un détachement des jeunes gens

Livre VI.
Chap. 11.
—
1796.

NOTE 10.

27 Août.

armés et d'un corps de musiciens qui exécuteront des airs patriotiques, se rendront dans les maisons des quatre vieillards et les conduiront au Département, d'où le cortége partira pour se rendre au Champ-de-Mars. Tous les vieillards de soixante ans au plus seront invités à s'y rendre et devront y avoir des places distinguées, autour de l'Autel de la Patrie, sur la plate-forme duquel se placeront les douze vieillards désignés, et sur les têtes desquels le président, après un discours analogue à la fête, ira poser des couronnes de verdure. Deux jeunes épouses, choisies par chaque administration municipale, présenteront aux vieillards des corbeilles ornées de fleurs et pleines de fruits.

Pendant la cérémonie, on exécutera des morceaux de musique et des chants analogues à la fête; puis les autorités et les vieillards devront se rendre sous une tente préparée sur la terrasse, pour assister aux courses à pied et à cheval, puis à la proclamation des vainqueurs et à la distribution des prix. Les courses finies, quatre orchestres seront placés aux quatre angles de la plate-forme de l'Autel de la Patrie, et la fête sera terminée par des danses champêtres. Les jeunes gens désignés devront conduire les douze vieillards couronnés aux spectacles, dans des loges réservées et ornées de feuillages et d'inscriptions.

Cette fête avait ses charmes et un but moral; on s'arrêtait avec plaisir à ces scènes de vie pastorale, dignes des idylles de Théocrite ou des églogues de Virgile. C'était une noble inspiration que celle qui voulait honorer la vieillesse et lui faire rendre le respect qu'on lui doit quand elle est accompagnée de la probité, de la vertu et de l'amour de la patrie; mais il lui manquait une chose, la religion : seule, elle pouvait lui imprimer le caractère grave, solennel et sacré qu'elle devait avoir; seule, elle pouvait l'ennoblir et l'élever au niveau des institutions vraiment sociales et lui faire produire des fruits de vie; mais la république avait fait divorce avec le ciel, et, malgré l'empressement des jeunes gens à orner de guirlandes et de fleurs les demeures des vieillards, il n'était guère possible de leur apprendre à respecter leurs vieux pères, eux qui ne savaient plus honorer leur *Père qui est dans les cieux!*

Quand on lit les détails de ces fêtes nationales, quand on voit une grande cité comme Bordeaux s'abandonner aux réjouissances de toute sorte et goûter avec tant d'avidité les plaisirs qu'on lui présente comme les fruits ou l'emblème du bonheur général, on est tenté de croire que tout va bien et qu'on a réalisé, sur les bords de la Garonne, les riantes fictions des poètes ou l'âge d'or des siècles mythologiques : hélas! il n'en était rien. Tout ce bonheur n'était qu'à la surface de la société; au fond, on ne voyait que misère, plaintes toujours vivaces, haines réciproques des partis et un mécontentement général. L'emprunt forcé pesait sur tout le monde et rencontrait partout de nombreux récalcitrants. Par une décision ministérielle, que l'autorité locale porta à la connaissance des Bordelais, le 16 juin, tout prêteur qui n'aurait pas acquitté, avant le 30 germinal, la taxe pour laquelle il était compris sur le rôle primitif, et dans le délai des quinze jours qui en suivraient la notification, celle à laquelle il avait pu être porté par supplément, devrait, en sus de la taxe, un dixième, et pour chaque jour de retard après la notification, un centième de plus, soit que le paiement se fît en assignats, soit qu'il s'effectuât en mandats ou en promesses écrites. Ainsi, celui qui serait cotisé 200 livres, et qui, à compter du 30 germinal ou du jour de l'expiration de la quinzaine, aurait laissé passer vingt jours, paierait, pour sa taxe, 20 livres pour le dixième et 40 liv. pour les vingt jours de retard. Accablés de ces mesures vexatoires, il était difficile aux Bordelais, avec les plus belles fêtes du monde, d'être contents et heureux.

Ils ne l'étaient pas, et ils saisissaient avec empressement toutes les occasions qui se présentaient pour manifester l'horreur qu'ils ressentaient du joug qu'ils étaient obligés de sup-

porter. On chantait la nuit, dans les rues, le *Réveil du Peuple;* on lisait, on faisait lire, dans la salle de spectacle, des pièces remplies d'allusions à la tyrannie de l'oligarchie bordelaise; on troublait l'ordre public au point que, le 2 vendémiaire an V, le bureau central fut obligé de prendre un arrêté pour *défendre de chanter, laisser ou faire chanter l'air homicide dit le* Réveil du Peuple, *sous les peines portées par l'arrêté du Département; de lire ou faire lire dans les salles des spectacles, avant, dans l'intervalle ou après les représentations, tout écrit imprimé ou manuscrit.* « Quel spectacle affli-
» geant, est-il dit dans cet arrêté, présente, aux amis de
» l'ordre et du Gouvernement, la confusion qui règne dans
» cette commune, naguère si tranquille ! D'où nous viennent
» donc ces émissaires de la malveillance et du crime ! Com-
» ment ont-ils eu l'audace de calculer que leurs sinistres pro-
» jets réussiraient dans cette grande commune, l'ennemie de
» toutes les factions !.... Les spectacles sont troublés; on y
» chante des airs défendus que les artistes se refusent à chan-
» ter ; on s'attroupe, on parcourt les rues avec le bruit de
» l'indécence, etc., etc. »

Ce ne fut pas seulement aux spectacles que la contre-révolution montrait ses tendances, ses antipathies pour le passé et ses espérances pour l'avenir : elle prenait des allures menaçantes et s'efforçait de détruire partout les symboles de la république, jusque même aux arbres de la liberté qu'on avait plantés partout, conformément à la loi du 3 pluviôse an II. Un arrêté du *Directoire exécutif,* du 22 germinal an IV, déclara ennemis de la république ceux qui couperaient les arbres de la liberté, les arracheraient ou les mutileraient. On en avait planté un sur la place Dauphine, tout près du lieu où la guillotine était restée si longtemps en permanence pour moissonner la population bordelaise. Ce symbole d'une liberté qui n'avait jamais existé rappelait d'affligeants souvenirs; on résolut, malgré la surveillance de l'autorité, de le renverser, et dans la nuit du 7 brumaire, on réussit à exécuter ce projet, dont on accusa les royalistes de Bordeaux. Le bureau central jeta feu et flamme, et, après avoir tonné avec menace et avoir fait une grande dépense de zèle républicain, il ordonna des perquisitions pour découvrir les auteurs, fauteurs et complices de cet attentat incivique et contre-révolutionnaire. On arrêta, en outre, que les jugements du tribunal criminel n'auraient plus lieu sur cette place et qu'on y planterait un autre arbre de la liberté.

Livre VI.
Chap. 11.
—
1796.
28 Octobre.

Cet attentat nocturne, qu'on qualifiait de *liberticide*, était d'autant plus facile à commettre, qu'il régnait dans les rues une obscurité profonde et continuelle par le défaut d'une illumination convenable, et que les ressources financières de la ville ne permettaient pas l'entretien régulier des reverbères. Les vols se multipliaient d'une manière effrayante et les crimes les plus noirs se commettaient impunément en pleine rue, parce que les citoyens honnêtes s'abstenaient de sortir de leurs maisons, dès le commencement de la nuit. Ces circonstances et des raisons politiques mirent les commissaires du bureau central dans la nécessité d'ordonner, le 4 novembre, que tout citoyen serait tenu, depuis dix heures du soir jusqu'au retour du jour, de ne point sortir dans les rues, sans lanterne, fanal ou flambeau, sous peine d'être arrêté et conduit, pour toute la nuit, à la maison d'arrêt de la commune. Cette mesure ne suffit point, il en fallut d'autres plus rigoureuses et plus efficaces. Des hordes de brigands s'étaient organisées, des courriers étaient arrêtés, des malles pillées et des voyageurs dévalisés; tout cela prouvait aux moins clairvoyants l'étendue et la grandeur du mal qui menaçait l'ordre social, la sûreté individuelle et la propriété. Ces scélérats s'introduisaient dans les maisons, garrottaient les individus, et, en leur appliquant aux plantes des pieds des étoupes ou de la paille enflammée, les forçaient, par des tourments inouïs, à leur indiquer et à leur livrer tout ce qu'ils avaient de plus précieux. C'est à cause de

Livre VI.
Chap. 11.
—
1796.

Archives
de
l'Hôtel-de-Ville

cette circonstance, qu'on leur donnait le nom de *chauffeurs* ; ils répandaient partout la terreur et inspiraient à tout le monde une peur indicible. L'administration centrale de la Gironde ordonna, le 18 novembre, la formation de colonnes mobiles, et, en attendant, la mise en réquisition des gardes nationales pour réprimer ces désordres. Elle prescrivit aussi l'établissement d'un corps-de-garde de six hommes au moins et de douze au plus, dans les villes et dans les principaux bourgs et villages de la république. La surveillance des voyageurs, la nécessité des passeports et diverses autres mesures nécessaires ou au moins utiles à maintenir la tranquillité, à déjouer les projets des malveillants et à garantir la vie et la propriété des citoyens, furent strictement ordonnées.

A voir toutes ces mesures, on aurait dit que le pays était régi par une administration militaire; elles étaient devenues nécessaires et attestaient la sollicitude de l'autorité pour la conservation de l'ordre, surtout dans un temps où les passions s'entre-heurtaient encore, où les partis, toujours divisés d'opinions, cherchaient toutes les occasions possibles de réagir les uns contre les autres. On craignait que le temps de carnaval pût servir les vues de la malveillance et favoriser les projets des hommes égarés par des ressentiments particuliers; des amusements innocents pourraient devenir une occasion pour de nouveaux désordres, surtout en temps de révolution, comme le dit l'arrêté dont nous allons parler, « où les méchants sont
» tentés d'assouvir des vengeances privées; où des femmes
» sans mœurs, sans pudeur, emploient toutes sortes de moyens
» pour verser à grands flots la séduction et le poison du liber-
» tinage au cœur d'une jeunesse ardente et inexpérimentée ;
» où les caméléons du brigandage s'enveloppent de toutes les
» formes pour atteindre la fortune des citoyens avec moins de
» peine et plus d'impunité, etc., etc. » On prit certaines précautions en conséquence.

L'usage des masques et des travestissements prêtait trop

aux abus dont on s'efforçait de prévenir le retour, pour qu'on ne s'empressât pas de le proscrire. « C'est sous le masque, » disaient les magistrats bordelais, que la vengeance dirige » audacieusement ses poignards; que le méchant insulte et » maltraite celui qu'il regarde comme un ennemi; c'est sous » le masque que le voleur et l'escroc trouvent de grandes » facilités à spolier ceux dont ils ambitionnent la fortune ; » c'est sous le masque qu'on se livre, jusqu'au dernier degré » d'impudence, à ces jeux effrénés qui portent la ruine et la » désolation dans les familles; c'est sous le masque que tant » de chefs de famille, oubliant un moment leurs devoirs d'é- » poux et de pères, ont englouti, dans un tripot, la fortune, » l'existence de leurs femmes et de leurs enfants.

» C'est sous le travestissement que les femmes publiques » deviennent d'autant plus dangereuses, qu'elles développent » des formes plus agréables, et qu'en quittant leur habit or- » dinaire, elles semblent, par les discours obscènes qu'elles » se permettent, avoir entièrement perdu la retenue et la » pudeur qui sont le plus bel ornement de leur sexe. »

En considération de ces motifs, l'administration centrale de la Gironde, dans sa séance du 21 nivôse an V, défendit aux citoyens de sortir ou de se réunir déguisés et portant des masques, ou sous les habits d'un autre sexe que le leur, *à peine d'être poursuivis comme perturbateurs de l'ordre public* (1).

On avait essayé, comme nous venons de le voir, d'étourdir les Français par des fêtes; on en célébra une autre, celle de *la Jeunesse*, le 10 germinal an V : le commissaire du Direc-

---

(1) Le 16 floréal an 5, le bureau central, par arrêté, ordonna que le marché aux bœufs, vaches, veaux, moutons, porcs, chevaux, mulets et ânes, serait tenu sur la place des *Droits de l'Homme* (place des Capucins), les 4, 8, 12, 16, 21, 25 et 29ᵉ jour de chaque mois, et qu'indépendamment des marchés ordinaires, il serait tenu des foires pour les bestiaux le premier jour de chaque mois, plus le jour de Saint-Fort, le jour de Saint-Clair, le jour de Saint-Roch, le jour de Sainte-Ursule (21 septembre), le jour de Saint-Michel (29 septembre).

toire exécutif, Maugeret, y prononça un discours violent où il s'efforça, tout en voulant étouffer tant de germes de désordre, de ranimer la haine de la royauté et l'amour de la république, de faire détester l'ancien régime et aimer le nouveau. La *Fête de la Reconnaissance* fut célébrée le 29 mai. On avait effacé toutes les traces d'un malheureux passé, qui pouvaient rappeler le souvenir des atrocités des sans-culottes; on avait fait disparaître cette inscription des mauvais jours : *La Constitution ou la mort!* On avait, en outre, pris les précautions les plus prudentes pour l'avenir. Cependant le désordre régnait encore dans les esprits et se traduisait souvent en faits regrettables. On en accusait la jeunesse; elle n'avait pas tout le tort : on la provoquait au désordre, et l'horreur qu'elle ressentait des scènes sanglantes de la place Dauphine la rendit sourde aux inspirations de la prudence et l'excitait contre les *hommes de sang* qui narguaient insolemment, en public, les enfants des victimes qu'ils avaient traînées à l'échafaud, en 1793.

Parmi les individus désignés à la vindicte publique se trouvait Barsac, ami et complice de Lacombe, dénonciateur et homme de sang, terroriste redoutable. Rencontré sur les allées de Tourny par quelques jeunes gens, il fut saisi, frappé et blessé de coups de canne à dard; on l'arracha avec peine de leurs mains et on le transporta à son domicile. L'irritation fut extrême; les jeunes gens voulurent envahir sa demeure, mais la garde nationale et les troupes accoururent sur la scène de ces affligeants désordres, et, l'ayant conduit en prison pour quelques jours, on fut assez heureux de le soustraire à la fureur populaire. Il fut obligé de s'éloigner de Bordeaux.

Le bureau central, dans une proclamation aux Bordelais, déplora ces excès : « Les diverses sociétés, dit-il, se signalent » par des dénonciations affligeantes; les citoyens se partagent » entre deux partis, les provocations éclatent et l'attaque » commence. On débute par la violation d'un domicile pen-

» dant l'obscurité de la nuit, et, sur la fin du jour qui suit, un
» attentat est commis sur un citoyen paisible, dans une pro-
» menade publique, sous les yeux des femmes et des enfants
» qui fuient en détournant leurs regards effrayés!... Des cris
» forcenés, des chansons irritantes succèdent à cette affreuse
» scène, et des attroupements vont propager la terreur dans
» les quartiers éloignés. Qui reconnaîtrait les Bordelais à ces
» déportements? Non, ils appartiennent à une très-petite
» partie de citoyens égarés, et la cause nous est apportée du
» dehors!!....... »

Livre VI.
Chap. 11.
—
1797.

C'étaient bien des Bordelais qui figuraient dans ces scènes; il était facile de les reconnaître, quoiqu'en aient dit les membres du bureau central. Ils supportaient avec impatience le joug que des misérables voulaient toujours faire peser sur une population indignée contre une oligarchie tyrannique; ils hâtaient de leurs vœux et par quelques actes imprudents la fin du despotisme républicain et le commencement d'une ère de véritable liberté; ils s'indignaient de voir avec quelle impudence les hommes de sang, les agents soudoyés de Tallien, Lacombe et *consors*, bravaient l'opinion publique dans les promenades et dans les rues; leurs cannes se chargeaient parfois de faire sentir à ces terroristes éhontés l'énormité de leurs crimes et le poids de l'indignation du peuple bordelais.

Quelques jours plus tard eut lieu une autre scène, un véritable crime que les Bordelais n'eurent que trop de raisons de regretter.

Goursac, maire de Toulouse pendant la terreur, s'était signalé comme homme de sang par la condamnation à mort d'un grand nombre de ses concitoyens; il s'était fait de nombreux ennemis qui, dans ce moment de réaction publique, n'attendaient que l'occasion de venger les victimes. Cette occasion se présenta le 4 thermidor, par l'imprudence et la témérité de Goursac, qui se trouvait alors à Bordeaux. Il voulait repartir ce soir-là, par le courrier de Toulouse: le bu-

22 Juillet.

reau central venait d'apprendre que des gens armés devaient se porter sur la route pour l'assassiner. On le fit chercher partout pour le prévenir du danger qui l'attendait; mais Goursac était allé attendre le courrier à une petite distance de la ville; la police alors prévint le courrier qui, au lieu de prendre ses précautions, rassura lui-même la police sur un péril qu'il regardait comme imaginaire. Mais Goursac fut reconnu et poignardé impitoyablement en expiation de ses crimes!

Ces représailles étaient sans doute coupables et elles n'étaient malheureusement que trop générales. Ce ne fut pas seulement à Bordeaux qu'on eut à s'en plaindre; le même esprit de réaction se manifestait partout avec tant de violence, que le ministre de l'intérieur crut devoir en écrire aux administrations municipales, le 15 fructidor an V, pour *demander raison des troubles et des crimes qui semblent se multiplier avec impunité. D'où viennent,* dit-il, *ces tempêtes élevées pour éloigner la paix? Quel esprit ennemi souffle, dans vingt départements, la discorde et le brigandage? quelle furie a secoué ses torches sur la France?*

L'administration municipale de Bordeaux avait été renouvelée par moitié à la fin de mars, de manière à satisfaire l'opinion publique et les exigences du Gouvernement; les nouveaux élus étaient en général des hommes modérés et généralement estimés. Le ministre n'avait pas de reproches à leur faire, mais il les rendait responsables des désordres qu'il ne leur était pas possible de réprimer ou de prévenir. Les principes étaient mauvais; on les maintenait, cependant, et l'on perpétuait, sans le vouloir, peut-être, les déplorables conséquences qui en dérivaient. Le coup-d'État du 18 fructidor an V, arriva et donna une nouvelle recrudescence aux haines politiques : on déporta des députés, des journalistes et des royalistes réels ou prétendus; on embarqua pour Sinnamarie un grand nombre de prêtres rentrés en France en vertu de la loi. Les membres de l'administration centrale se réunirent le 26 fructidor, et, conformément à la loi du 15 du courant, déclarèrent nulles et illégitimes les opérations des assemblées primaires, annulèrent les dernières élections, et, ayant nommés des administrateurs officiels, ordonnèrent de conduire dans la maison des orphelines tous les prêtres qui avaient refusé, ou rétracté le serment prescrit par les lois, pour les déporter à la Guiane; imposèrent un nouveau serment à tous les ministres des cultes; soumirent à l'examen et à la censure tous les journaux et écrits publics, et proscrivirent et exécutèrent, avec une rigueur révoltante, les mesures les plus acerbes, les plus vexatoires, les plus propres à ramener à Bordeaux les plus mauvais jours de 1793 !

Livre VI. Chap. 11.

1797.
12 Septembre.
1er Septembre.

CHAPITRE XII.

Persécution contre les royalistes.— Les prêtres et les émigrés.— Le séquestre mis sur les biens des émigrés. — Désordres à la campagne. — Maisons pillées. — Charges alléguées contre les royalistes. — Paroles de Partarrieu-Lafosse.—Haine contre l'Angleterre.— On médite une descente en Angleterre ou en Irlande. — Les royalistes se fortifient. — Les jeunes gens ont leurs cercles royalistes. — Le général Lannes mal reçu au théâtre. — Tous les esprits attendent la Restauration. —Efforts des républicains pour remonter par des fêtes l'esprit public à Bordeaux. — Le mois de mai, fêtes continuelles. — Défense de faire des croix de fleurs la veille de la Saint-Jean. — Costume décent ordonné aux fonctionnaires. — Fêtes de la fondation de la République. — Anniversaire du 21 janvier. — Fête de la Souveraineté du Peuple, de la Jeunesse, etc.

Livre VI.
1797.

Nous avons vu, à la fin du chapitre précédent, les mesures vexatoires que le gouvernement directorial prescrivit et qu'on qualifiait de *mesures de salut public prises relativement à la conspiration royaliste.* Conformément à la loi du 19 fructidor an V, un grand nombre de citoyens était obligé de sortir de Bordeaux dans les vingt-quatre heures et de toutes les autres parties de la république en quinze jours. Le délai déterminé étant passé, on fit afficher sur les murs un *avis,* qu'on ne délivrerait plus de passeports pour l'étranger; mais que les administrations municipales des cantons étaient autorisées à délivrer aux citoyens des passeports jusqu'à l'extrême frontière, à l'exception toutefois des *émigrés non rayés provisoirement* et *des prêtres sujets à la déportation; les uns et les autres devant être déportés.* C'était le signal d'une nouvelle persécution qui souleva d'indignation toute la jeunesse de Bordeaux ; c'était presque le commencement d'une guerre civile. On ordonna des visites domiciliaires; on fit arrêter des vieillards inoffensifs, des prêtres infirmes, des citoyens honorables,

5 Septembre.

12 Septembre.

et, sans égards pour leur position sociale, leur conduite inoffensive ou leur caractère, on les envoya mourir sur les côtes insalubres de la Guiane. Le ministre des finances ordonna, le 29 septembre, qu'on rétablît partout le séquestre sur toutes les propriétés des individus inscrits sur la liste des émigrés et qui, n'ayant obtenu qu'une radiation provisoire, étaient obligés de sortir du territoire de la République. Cette mesure augmenta les embarras du moment; elle fut exécutée avec rigueur par l'administration départementale (1) et jeta l'épouvante dans le sein d'un grand nombre de familles honnêtes et paisibles. Le Gouvernement se croyait sur les bords d'un volcan, et, loin de calmer les esprits, il ne fit, par ses actes arbitraires, que semer partout des germes de discorde et raviver les vieilles haines. Les malveillants profitèrent de cet état de choses pour piller les campagnes, et le désordre était devenu si général et si profond, que le ministre de la police se crut obligé de rappeler leurs devoirs aux municipalités et d'exciter leur sollicitude dans ces pénibles conjonctures : «L'audace » des brigands est à son comble, dit le ministre ; réunis en » troupes nombreuses organisées, soumises à des chefs, ils » ne daignent même plus se couvrir des voiles de la nuit ; le » soleil éclaire leurs attentats : les courriers, les voitures pu— » bliques, ne sont, pas plus que le voyageur isolé, à l'abri de » leurs attaques; le plus souvent, elles paraissent avoir pour » principal objet le pillage des fonds du trésor national, l'en— » lèvement de la correspondance du Gouvernement, et an— » noncent ainsi le dessein formel de paralyser son action. D'où » peut venir ce déplorable état de choses?......»

Le parti royaliste se fortifiait de plus en plus et ne cachait guère ni ses machinations ni ses espérances, s'il faut en juger par une lettre du citoyen Partarrieu, commissaire du pouvoir

---

(1) L'administration départementale se composait de Duplantier, président ; Chalup, Castaignet, Richard de Meyère, Partarrieu-Lafosse ; Pagès, secrétaire.

exécutif près l'administration départementale de la Gironde :
« Le ministre de la police, dit-il au bureau central, me marque
» qu'un grand nombre d'individus de Bordeaux, comptant sur
» le rétablissement de la royauté en France, et voulant se
» rendre favorables les moteurs de ce changement dans la
» forme du Gouvernement, se sont fait inscrire sur les listes
» supplétives d'émigrés et qu'ils ont versé chacun trois mille
» francs dans une caisse royale destinée à soulager la contre-
» révolution.

» Le ministre, ajoute Partarrieu, est mal informé sans doute
» quand il parle de listes supplétives d'émigrés...; cependant
» l'avis du ministre, quoique invraisemblable, ne doit pas être
» négligé. Ne nous occupons pas de constater l'existence de
» ces listes...., mais recherchez avec le plus grand soin l'état
» des hommes pervers vendus à la cause de Louis XVIII, qui,
» m'a-t-on assuré, a des agents très-zélés dans cette commune,
» et qui, pour le servir de leurs personnes et de leurs fortunes,
» se sont enrôlés à son service et ont versé des sommes assez
» considérables dans une caisse destinée à soudoyer la contre-
» révolution.

» On m'a indiqué, comme l'agent le plus accrédité, un nommé
» Dupuy, ancien officier au régiment de Champagne. Cet in-
» dividu devait avoir le commandement de la cavalerie dans
» notre département et a enrôlé un grand nombre de jeunes
» gens dans l'armée de Louis XVIII; il demeure rue Sainte-
» Catherine. Le nommé Ganucheau, demeurant aussi rue
» Sainte-Catherine, m'a été désigné comme trésorier. Vous
» pourriez trouver chez le premier le rôle des soldats de Louis
» XVIII, et chez le second, l'état des fournisseurs pour l'en-
» tretien de cette armée. »

On ordonna des perquisitions, mais elles n'amenèrent aucun résultat satisfaisant. La chose existait, mais le secret était trop bien gardé pour que la police pût réussir à rien dévoiler.

A la suite de ces lettres du ministre et de son agent à Bordeaux (Partarrieu), l'administration centrale de la Gironde prescrivit les mesures les plus sévères et les plus minutieuses aux aubergistes ou logeurs, aux directeurs des postes et des messageries, et ordonna de ne recevoir aucun voyageur ou étranger sans s'assurer de son passeport, et de dénoncer tout contrevenant aux autorités compétentes. Tout cela servit de palliatif ; le mal fut voilé, mais on ne le guérit pas.

Quoique divisés entre eux par les sentiments politiques et irrités par l'action tracassière et persécutrice du Gouvernement et de la police locale, les Bordelais tressaillaient, avec unanimité et bonheur, presque tous les jours, aux succès des armées françaises ; le jeune Napoléon avait fait des merveilles en Italie : la fortune souriait à ses entreprises et la gloire accompagnait partout ses légions victorieuses. La paix avait été faite avec l'Autriche, les États du Pape réunis à la République ; toute l'Europe tremblait devant le drapeau du soldat de la fortune ; le monde paraissait s'attendre à le reconnaître un jour comme monarque universel. L'Angleterre seule bravait ses menaces : protégée d'une ceinture de plaines liquides que sillonnaient en tous sens ses citadelles flottantes, ses formidables vaisseaux de guerre, elle avait juré la perte de la république française et suscitait partout des difficultés et des embarras sur les pas de ses valeureux généraux. L'indignation des Français contre les Anglais était extrême, la vengeance était sur toutes les lèvres. C'est sous cette impression que l'administration centrale de la Gironde s'assembla le 11 nivôse an VI, et adressa à ses concitoyens la proclamation suivante :

« Citoyens, de tous les rois ligués contre notre indépen-
» dance, un seul ose encore braver les foudres victorieuses
» de la liberté et repousser avec orgueil l'olivier de la paix
» qui réunit, sous son ombre tutélaire, tous les peuples du
» continent..... Ah ! nous devinons le fond de ton cœur, fé-
» roce Anglais : il faut que la France disparaisse du globe ou

Livre VI.
Chap. 12.

1797.

31 Décembre.

» que tu succombes. Hé bien! tu succomberas; le génie de
» la liberté a parlé. Il a su applanir les Alpes et les Apennins,
» dompter le Pô, l'Adige et le Rhin, et pénétrer jusques dans
» la Grèce, son antique et illustre patrie. Il saura vaincre les
» fureurs de l'Océan et parvenir dans l'antre du monstre qui
» a si longtemps opprimé les deux mondes. Hommes libres
» de tous les climats, et vous dont l'existence et la prospérité
» dépendent du commerce et de l'industrie agricole et manu-
» facturière, faites avec nous une sainte ligue! c'est votre
» cause que nous allons défendre; c'est la cause de l'humanité
» et de la gloire des nations!... Le cabinet britannique veut
» encore tenir tous les peuples asservis sous le joug le plus flé-
» trissant. Brisons tous les liens de son atroce politique; levons-
» nous en masse contre cet ennemi du genre humain, et qu'au
» premier signal donné par le héros de l'Italie, les mers soient
» couvertes de vaisseaux pour y proclamer la liberté de l'Océan.
» Toutes les plaines et les ports de l'Angleterre, les montagnes
» de l'Écosse et les rochers de l'Irlande recèlent aussi des hom-
» mes libres, qui s'uniront à nos armées. Des millions d'oppri-
» més nous attendent..... Marins de la Gironde, rendez-vous
» dignes de partager le sort honorable des illustres guerriers
» qui, par leur valeur héroïque, ont immortalisé partout le
» nom français. La même gloire vous attend dans l'opulente
» Albion.....

» Vous, commerçants surtout, qui recueillerez de si grands
» avantages de la victoire, hâtez-vous de présenter votre of-
» frande à la patrie: elle a besoin de vos vaisseaux, elle a
» besoin de votre crédit, elle a besoin de vos munitions et de
» vos approvisionnements; secondez leurs efforts, vous qui ne
» pouvez offrir que des secours pécuniaires; faites tous les sa-
» crifices que réclame le complément de la gloire nationale...
» Les négociants de ce département ne se laisseront surpasser,
» en générosité ni en patriotisme, par aucune place de la Ré-
» publique....; plusieurs en ont donné déjà un exemple écla-

» tant; qu'ils reçoivent, par notre organe, le juste tribut de
» la reconnaissance publique..... Leur exemple sera imité, et
» nous serons tous jaloux que l'on dise un jour : Si les citoyens
» de Bordeaux eurent la gloire de s'armer les premiers pour
» venger la liberté outragée, ce fut aussi le département de
» la Gironde qui contribua le plus à la chute du despotisme
» anglais, et à assurer la liberté des mers et la prospérité du
» commerce français. »

Livre VI.
Chap. 12.

1797.

La grande question qui avait inspiré cette chaleureuse adresse et qui préoccupait singulièrement l'esprit public, c'était le projet d'effectuer une descente en Angleterre ou au moins en Irlande, où les Français étaient bien sûrs de trouver des sentiments sympathiques et un peuple opprimé qui leur tendrait ses bras comme à des libérateurs qui devaient l'aider à secouer le joug du despotisme anglais et à briser ses chaînes. Il serait difficile de peindre la haine des Français contre la perfide Albion, à cette époque. Cette île, devenue l'objet de l'exécration publique, était considérée comme un obstacle au règne de la liberté et une entrave à la prospérité du continent. On l'accusait de sourire avec une volupté sanguinaire aux désastres du commerce étranger et aux malheurs des peuples ; on disait qu'elle avait soufflé parmi les Français le funeste poison de la discorde et avait secoué dans l'Ouest les brandons de la guerre civile ; on lui reprochait d'avoir transformé en meurtriers les paisibles agriculteurs de la Vendée, d'avoir dépeuplé les vertes plaines de l'Irlande, encore fumantes du sang des prêtres, des religieux et de millions des généreux fils d'Érin ; on l'accusait..... hélas ! de quoi ne l'accusait-on pas et avec raison ! Nous savons bon gré à M. Michelet de tout ce qu'il dit de flatteur et d'honorable sur le compte de la vieille Irlande, la verte émeraude de la mer, pour me servir de la pittoresque expression de l'immortel O'Connel. « L'Irlande !
» dit cet historien savant, laborieux, mais malheureusement
» trop impie, trop passionné, trop anti-catholique par ses pré-

» jugés pour être partout véridique et impartial, l'Irlande!
» dit-il, pauvre, vieille aînée de la race celtique, si loin de la
» France, sa sœur, qui ne peut la défendre à travers les
» flots! l'île des Saints (1), l'émeraude des mers, la toute fé-
» conde Irlande, où les hommes poussent comme l'herbe,
» pour l'effroi de l'Angleterre à qui, chaque jour, on vient
» dire : *Ils sont encore un million de plus!* La patrie des
» poètes, des penseurs hardis, de Jean d'Érigène, de Berkley,
» de Tolland, la patrie de Moore, la patrie d'O'Connel (2);
» peuple de parole éclatante et d'épée rapide, qui conserve
» encore, dans cette vieillesse du monde, la puissance poé-
» tique. Les Anglais peuvent rire quand ils entendent, dans
» quelque obscure maison de leurs villes, la veuve irlandaise
» improviser le *Coronach* sur le corps de son époux; *pleurer*
» *à l'irlandaise (to weep irish)*, c'est, chez eux, un mot de
» dérision. Pleurez, pauvre Irlande, et que la France pleure
» aussi, en voyant à Paris, sur la porte qui reçoit vos enfants,
» cette harpe qui demande en vain secours (3)! Pleurons de
» ne pouvoir leur rendre le sang qu'ils ont versé pour nous!
» C'est donc en vain que 400,000 Irlandais ont combattu, en
» moins de deux siècles, dans nos armées (4). Il faut que nous

(1) Un auteur anglais reprochait à l'Irlande de n'avoir pas de martyrs. L'Irlande, dit Mauritz, archevêque de Cashel, l'Irlande a fourni un grand nombre de personnages dont la science a éclairé l'Europe : elle compte des milliers de confesseurs illustres et de vierges chrétiennes; mais pour pouvoir vanter ses innombrables martyrs, il a fallu attendre la tyrannie d'Angleterre! Les rois d'Angleterre nous ont volé nos couvents, nos églises, les propriétés des pauvres : ils nous ont donné en échange l'esclavage, la misère et le sang de nos martyrs!

(2) Je ne crois pas, dit Michelet, tome I, que depuis Mirabeau aucune assemblée ait entendu rien de supérieur au discours improvisé par O'Connel, le 3 février 1833.

(3) Sur la porte du séminaire irlandais, à Paris, est représentée la harpe de l'Irlande, dont les mélancoliques cordes ont si souvent vibré sous les doigts des bardes dans l'antique palais de Tarah!

(4) Louis XIV écrivit plusieurs fois, de sa main, à Charles II, pour lui recommander les Irlandais. (Voir lettre du 7 septembre 1660.) D'après les registres du ministère de la guerre, depuis 1691 jusqu'à 1745 inclusivement, quatre cent cinquante mille Irlandais se sont enrôlés sous les drapeaux de la France.

» assistions, sans mot dire, aux souffrances de l'Irlande ! »

Merci, Michelet, merci de ces lugubres accents échappés à votre lyre sympathique et contristée ; ils ressemblent à un chant funèbre sur la tombe de ma patrie ! L'Irlande n'est pas morte : elle se débat toujours dans ses chaînes ; son inaction n'est pas la cessation de la vie, son sommeil n'est pas la mort ! Elle bénit la mémoire de Napoléon Ier, qui voulait la faire sortir de son obscurité imméritée, et lui redonner, parmi les nations de l'Europe, sa place au soleil. La tyrannie anglaise lui creuse son tombeau ; mais le jour de sa résurrection n'est pas loin, et c'est peut-être Napoléon III qui doit lui crier aux oreilles, comme le Sauveur à Lazare, *exi foras*, et inscrire sur la pierre sépulchrale dont l'Anglais voudrait recouvrir ces Français de l'Ouest, ces mots, objets de nos plus consolantes espérances : *Surrexit, non est hic*. On a répandu sur la trop malheureuse Irlande, cette vieille amie de la France, tous les maux de la boîte de Pandore ; il ne reste rien au fond que l'espérance ! Espérons.......

On ne négligea rien pour rendre les Anglais odieux ; on avait tellement passionné l'esprit public par l'exagération des torts de l'Angleterre, que l'enthousiasme guerrier s'était emparé de toutes les classes, avait effacé les distinctions des partis et réuni tout le monde dans une seule pensée, pour l'exécution d'un seul projet, la descente en Angleterre et l'anéantissement de son perfide gouvernement.

Comme on voulait délibérer en commun sur les moyens les plus propres à procurer au Gouvernement les secours nécessaires pour la réalisation du projet de Napoléon, les commissaires du bureau central invitèrent, le 6 janvier 1798, les membres composant le lycée de Bordeaux, à accorder la libre disposition de leur salle aux propriétaires, capitalistes, négociants, banquiers, armateurs, en un mot, à tous les citoyens qui, désirant concourir au succès de l'expédition pour les côtes de l'Angleterre et de l'Irlande, devaient se réunir

Marginalia: Livre VI. Chap. 12. — 1797. — Michelet, *Histoire de France*, t. 1, p. 153. — 6 Janvier 1798.

pour examiner quels étaient les moyens les plus propres à procurer les secours nécessaires à une si grande entreprise. On ouvrit aussi un registre qui fut bientôt couvert de noms, et qui constatait les sommes immenses que la haine contre l'Angleterre avait arrachées même aux mains avares ou antipathiques au Gouvernement. C'était l'enthousiasme de la générosité, un empressement patriotique pour une cause qu'on représentait comme sacrée; c'étaient des concerts, des bals et mille moyens mis en œuvre pour seconder le Gouvernement.

Malgré cette unanimité des Bordelais dans leur haine contre les Anglais, ils ne cessèrent pas pour cela d'être divisés dans leurs opinions politiques; les ardents républicains avaient ressuscité les clubs sous le nom moins effrayant de *Cercles constitutionnels,* avec mission de s'opposer aux envahissements des royalistes qui avaient leurs *Sociétés des Jeunes gens,* leurs *Compagnies du Soleil* et autres, créées par les excès de la tyrannie expirante des jacobins. Les embarras politiques étaient toujours les mêmes; les conscrits se cachaient pour ne pas rejoindre leurs drapeaux, et, dans toutes les phases de ces interminables crises, on ne manquait pas d'en rejeter l'odieux sur les jeunes gens du parti royaliste.

Dans ce temps, le général Lannes venait du Midi, où il avait été envoyé en mission; la rigueur qu'il avait déployée dans certaines villes indisposa les royalistes et les hommes modérés contre lui, et on fit courir le bruit qu'il passait exprès à Bordeaux pour y mettre les jeunes gens à la raison. C'était assez pour soulever une partie de la population contre lui. Le soir même de son arrivée, 18 nivôse an V, il alla, avec quelques officiers de son état-major, se promener sur Tourny; une troupe de jeunes gens pleins de gaîté et d'ardeur le suivirent, et, se donnant le bras, occupèrent à eux seuls toute la largeur des allées. Le général vit bien que c'était un parti pris; il se retira et abandonna la promenade à ses jeunes adversaires. Le soir, il alla au théâtre; mais on le suivit de près, et, en montant l'escalier, les jeunes gens se heurtant, se poussant à dessein, marchèrent sur les éperons des officiers de sa suite et donnèrent lieu à des propos offensants (1). Des rixes eurent lieu dans les loges, et le général fut obligé de demander une compagnie des soldats de la garnison pour l'escorter en sûreté jusqu'à son hôtel. Il partit le lendemain. On arrêta quelques-uns des tapageurs royalistes, au nombre desquels se trouvait le jeune, le courageux de Peyronnet qui devait jouer, plus tard, un si grand rôle sur la scène politique de son pays. Il fut acquitté, mais quelques-uns de ses camarades furent emprisonnés. Nous parlerons de ces circonstances plus amplement dans notre article sur les *théâtres*.

Livre VI.
Chap. 12.
1798.

Quand on cherchait à remonter à la cause de tous ces désordres intérieurs, de ces révoltes éternelles, de ces divisions et discordes entretenues par quelque puissance inconnue, la pensée et le soupçon s'arrêtaient sur l'Angleterre, sur l'or et l'argent de Pitt et Cobourg, sur leurs trames machiavéliques contre la paix intérieure de la France : la haine contre ces insulaires inspira de nouvelles résolutions contre leur commerce et les produits de leur industrie. Conformément à la lettre du ministre de l'intérieur, en date du 13 pluviôse an VI, l'administration centrale de la Gironde se réunit le 7 ventôse,

1er Février.
25 Février.

---

(1) M. Chauvot, dans son intéressante *Histoire du barreau de Bordeaux*, dit que ce fut M. de Peyronnet. C'est une erreur; ce furent MM. Olanyer, Gestas, et un capitaine de vaisseau, trois des plus honorables et des plus nobles caractères parmi les jeunes hommes de ce temps et du pays. M. de Peyronnet était resté au parterre avec quelques jeunes gens et ne monta à la loge du général que lorsqu'il vit ses deux amis aux prises avec les aides-de-camp; c'est alors qu'il se rendit sur le lieu du désordre. En arrivant en haut, il vit un troisième officier de la suite du général, qui, ayant dégaîné, allait frapper M. Gestas. D'un coup de tabouret sur le coude, M. de Peyronnet lui fit tomber l'épée, et, au moment où ils allaient s'étreindre avec violence, on réussit à les séparer. M. de Peyronnet lui cria : « Je me nomme Peyronnet, à demain, quand et où vous voudrez. » Le brave marin qui, dans la loge la plus rapprochée de celle du général, avait été offensé de quelques mots que les aides-de-camp lui répondirent, lorsqu'il leur cria : *silence*, leur lança à la figure un tabouret; il fut condamné à la prison; M. de Peyronnet fut acquitté.

et, dans l'espoir de tarir, au moins en partie, la source des avantages commerciaux des Anglais, de nuire à leur industrie et de les empêcher de pourvoir à l'écoulement des produits de leurs manufactures, prescrivit les mesures les plus sévères contre l'emploi des étoffes ou autres objets de manufacture anglaise. On mit en arrestation, le 6 mars, tous les Anglais résidant à Bordeaux. Mais toutes ces rigueurs ne prouvaient qu'une chose, l'impuissance de la haine et l'imperturbable obstination des Anglais dans leur hostilité contre la France.

Pendant tout ce temps, le Directoire exécutif, à Paris, éprouvait partout une vive et constante opposition; il aurait voulu contenir les royalistes par les républicains, et réprimer les écarts des républicains en favorisant les royalistes. Partisan du système de bascule, dit Am. Thierry, il crut devoir annuller, par son arrêté du 22 floréal, les élections républicaines de l'an VI, et fit un appel indirect aux royalistes, en persécutant et en insultant sous le nom d'*anarchistes*, les hommes qui voulaient sincèrement la république.

Il recrutait des amis; mais la république agonisait et tous les yeux se tournaient vers le soleil levant et se fixaient sur une nouvelle forme de gouvernement qui, selon tous les esprits, ne pouvait être que monarchique et même royaliste. Se cramponnant au timon des affaires pour prolonger son existence, le Directoire ordonna que tous les citoyens fussent assujétis à prendre des cartes de sûreté qui contiendraient les noms, prénoms, âge, lieu de naissance, profession, domicile, et le signalement des citoyens qui en seraient porteurs. On en fit de deux espèces : la première devait être distribuée à tous les citoyens français, de l'âge de seize ans et au-dessus, et qui, domiciliés à Bordeaux depuis un an, y auraient exercé une profession particulière et dont les moyens d'existence étaient connus; la seconde espèce de ces cartes devait être donnée aux personnes qui ne réunissaient point toutes les qualités exigées par la précédente, ainsi qu'aux étrangers qui déclaraient vouloir se fixer à Bordeaux. Pour obtenir cette dernière carte, il fallait l'attestation de deux citoyens déjà nantis d'une carte de la première espèce et qui répondraient de la moralité du citoyen qu'ils cautionnaient.

> Livre VI.
> Chap. 12.
> —
> 1798.
> Archives
> de
> l'Hôtel-de-Ville

Le Directoire exécutif s'efforça de retremper le moral du peuple ; il ordonna à toutes les classes de ne faire usage que du calendrier républicain pour toutes les ventes, toutes les circonstances, telles que le départ et l'arrivée des courriers, l'ouverture des caisses publiques, des spectales, pour les foires et marchés, les contrats, les conventions et pour toutes les transactions commerciales, industrielles et senténces judiciaires. On comprend facilement la perturbation que cet ordre dût jeter dans les affaires ; le peuple se souciait fort peu du nouveau calendrier, et c'était chose assez difficile que d'entreprendre son éducation à cet égard. L'ordre fut donné, mais non exécuté, et le peuple continua toujours à marquer et à reconnaître son ancien jour de repos, son dimanche : c'était autrefois le jour du Seigneur ; c'était encore le jour du peuple !

> 10 Germinal
> (5 Avril 1798).

Le bureau central de Bordeaux voulut aussi apporter sa pierre pour étayer l'édifice de la république qui croulait : il savait que les fêtes sont toujours du goût des peuples méridionaux, et, croyant les rattacher au système politique qui disparaissait peu à peu, il prit un arrêté le 15 floréal an VI, pour inviter les Bordelais à faire une fête continue pendant tout le mois de mai ! Cet arrêté est trop curieux ; trop originalement poétique pour ne pas trouver une place dans notre travail :

> 4 Mai.

« Considérant, y est-il dit, que plus les peuples ont été
» rapprochés de l'égalité et de la nature, plus ils se sont livrés
» avec ardeur et enthousiasme à des délassements champêtres,
» et qu'à mesure que la tyrannie a étendu son empire, ces
» agréables institutions ont perdu le leur ;

» Considérant que, tous les ans, à une époque déterminée

» du printemps, les habitants de Bordeaux célébraient le re-
» tour bienfaisant du soleil et du règne de Flore, par des cou-
» ronnes de fleurs, autour desquelles ils exprimaient leur
» contentement à la chute du soleil, par des chants et des
» danses joyeuses;

» Considérant qu'il est du devoir des magistrats de consacrer
» de nouveau les institutions qui tendent à retracer, dans le
» sein des villes, les souvenirs tendres et attachants des im-
» pressions que l'aspect de la campagne offre à l'âme sensible,
» lorsque le soleil vient réveiller la nature de son engourdis-
» sement et lui rendre ses charmes et sa fécondité;

» Considérant qu'à cette même époque de l'année, tous les
» peuples et surtout les anciens ont obéi au sentiment de re-
» connaissance dont ils étaient pénétrés envers le Créateur, en
» célébrant par des fêtes publiques, accompagnées de feux sur
» les hauteurs, de flambeaux et de courses, le retour fortuné
» du soleil;

» Considérant qu'on ne saurait trop se hâter de procurer
» aux grandes communes des récréations innocentes, pourvu
» toutefois qu'elles ne contrarient ni les lois, ni les institutions
» républicaines........

» Art. 1ᵉʳ. Les citoyens de cette commune sont invités à
» célébrer, pendant le mois de floréal, le retour du soleil et
» des bienfaits qu'il répand sur la nature entière, en parant
» le devant de leurs maisons, de festons, de guirlandes et de
» couronnes de fleurs; ils pourront les illuminer les quintidis
» et décadis et exécuter des chants et des danses joyeuses,
» comme ils avaient l'habitude de le faire les dimanches.

» Art. 2. Il est expressément défendu de faire illuminer
» les couronnes dans la soirée des jours correspondants aux
» dimanches de l'ancien calendrier, à moins qu'il ne se trouve
» un quintidi ou un décadi.... (1) »

(1) Ce singulier arrêté est signé : SOULIGNAC aîné, P. BALGUERIE, DURAND, J.-B. THOUNENS, commissaires du Directoire exécutif; MOUTARD, secrétaire en chef.

Que voulait-on par ce singulier arrêté? On dirait qu'on cherchait à introduire à la place de l'Être suprême de Robespierre, le culte du soleil, et à faire des Bordelais de nouveaux Parsis, des disciples de Zoroastre! Était-ce une invitation à planter des arbres dits *des Mai?* comme on faisait toujours et comme on fait encore en France le premier jour de ce beau mois? ou était-ce une misérable parodie des cérémonies religieuses du mois de Marie, qu'on pratiquait alors dans le beau pays d'Italie?

Livre VI.
Chap. 12.
—
1798.

Cet arrêté ne s'étendait pas aux croix de fleurs que l'on avait l'habitude de suspendre au-dessus des portes, la veille de la Saint-Jean; c'était trop catholique, trop religieux pour être toléré; aussi voyons-nous un procès-verbal dressé le 7 messidor contre quelques pieux habitants des fossés des Tanneurs, qui, après le feu de la Saint-Jean, avaient cru pouvoir, sans crime, se conformer aux antiques usages de leurs pères, en suspendant une croix de fleurs au-dessus de leurs portes! Le mois de Flore était passé; rappeler quelque cérémonie de cette ancienne divinité païenne, ce serait chose innocente, peut-être digne d'éloges; rétablir quelque pratique pieuse, quoique également innocente, en l'honneur du plus *grand de tous les enfants des femmes,* du précurseur du Sauveur, c'était barbare, catholique, anti-républicain! Les auteurs de cette coupable tentative furent punis !..... *Risum teneatis amici !*

25 Juin.

Cependant, les fêtes étaient à la mode! Le 6 thermidor an VI, on célébra celle de la Liberté : on croyait, par-là, galvaniser le froid cadavre de la république! Cette fête eut lieu dans le Temple décadaire, où l'Autel de la Patrie était orné d'emblèmes analogues à la circonstance. Toutes les autorités devaient se réunir à quatre heures du soir, et partir en deux rangs composés de tous les employés, de tous les corps d'état, avec le Livre de la Constitution porté par des vétérans militaires, et au bruit des chants patriotiques, des airs

24 Juillet.

républicains et des symphonies d'un nombreux orchestre. On y déploya beaucoup de pompe et de zèle ; le peuple redoubla de tiédeur et d'indifférence dans cette circonstance, comme pour la fête du 10 août. Beaucoup de citoyens ne se croyaient pas dispensés du travail ces jours de fête, et il ne fallait rien moins que les prescriptions de l'autorité et la surveillance des argus de la police, pour les obliger à fermer leurs ateliers. On publiait des lois, on faisait des arrêtés, on affichait des *avis obligatoires ;* mais c'était peine perdue, c'était toujours à recommencer. On voulait que le peuple oubliât le passé ; mais il avait trop appris à ses dépens et ne voulait plus rien apprendre de ses nouveaux maîtres. Un règlement particulier obligea les instituteurs de faire chômer à leurs élèves les jours des fêtes nationales et décadaires seulement, et de les amener aux cérémonies publiques, chose dont apparemment ils ne se souciaient guère.

Les fêtes étaient tellement multipliées, que le commerce et les affaires en général en souffraient. Les négociants, voyant la Bourse fermée, se réunissaient sous le péristyle du Grand-Théâtre, pour traiter de leurs intérêts, et ne s'occupaient que fort peu des réjouissances officielles. On leur défendit de parler d'affaires ce jour-là ! Il fallait rire, se réjouir et s'amuser de par la loi ! C'était un peu fort pour les hommes de comptoir, qui ne riaient guère que quand leur commerce allait bien et qui méprisaient les fêtes qui leur enlevaient une partie de leur bien-être en diminuant leur recette ! La république repoussait ses amis ; tout le monde, riches et pauvres, l'abandonnait ; on eût dit qu'on avait honte de se dire employé dans le Gouvernement. Les fonctionnaires paraissaient même dans les cérémonies publiques en simples bourgeois ; leur costume officiel était relégué dans un coin de leur vestiaire, et, à les voir faire et à les entendre, on eût dit qu'il leur répugnait de le porter. L'autorité supérieure fut frappée de ce mépris intolérable pour les insignes du régime républicain et en écri-

vit aux agents inférieurs une lettre où l'on remarque ces lignes : « Dans les fêtes nationales, les fonctionnaires publics
» y doivent paraître avec la plus grande décence; cependant,
» nous avons distingué, lors de la célébration de la fête du
» 18 fructidor, plusieurs fonctionnaires en chenille, ce qui
» nous a paru inconvenant. Nous vous invitons, en consé-
» quence, à adopter un habit plus décent pour ces jours de
» solennité et autant qu'il sera possible un habit noir ou bleu.

» *Les administrateurs, etc., etc.* »

Livre VI.
Chap. 12.
—
1798.

4 Septembre.

C'était assez amusant que de voir les administrateurs s'épuiser en efforts stériles et impuissants, pour faire vivre une république sans vrais républicains ou avec des agents qui ne l'étaient guère, ou qui, du moins, ne se souciaient pas de le paraître ! En ordonnant des fêtes et en obligeant les fonctionnaires d'y paraître avec leur costume officiel, on espérait en imposer à la foule et lui faire croire que la république était pleine de vie; mais ces agents inférieurs n'avaient que le nom de républicains; leur républicanisme consistait dans leur mise officielle, et, loin de croire à la longévité de la république, tout le monde attendait le roi. Un soldat heureux vint s'asseoir à sa place et confisqua bientôt après, à son profit, les lambeaux du cadavre dont il avait hâté la dissolution. On voulait cependant des fêtes, et on ordonna, le 29 fructidor an VI, que la solennité de l'anniversaire de la fondation de la république serait célébrée le 1ᵉʳ vendémiaire. Nous en donnons les détails dans la *Note* 13 (1).

15 Septembre.
22 Septembre.
NOTE 13.

L'état financier de Bordeaux était loin d'être heureux ou même de s'améliorer, si nous en jugeons par les appels réitérés que les administrateurs faisaient à la générosité de leurs

---

(1) On abattit, en avril 1798, la porte d'Albret qui existait depuis 1676. On commença aussi la démolition du palais de l'Ombrière, construit au dixième siècle. C'était la demeure des ducs de Guienne, des Princes anglais, et le siége du Parlement, du sénéchal et de l'amirauté. On y ouvrit une rue.

concitoyens. Tantôt on réclamait la moitié du principal de la contribution personnelle, somptuaire et mobilière des années V et VI, pour faire subsister les hospices; tantôt c'était une nouvelle cotisation qui était devenue indispensable pour l'éclairage des rues pendant la nuit et pour empêcher les vols, les assassinats qui s'y commettaient dans les ténèbres et presque toujours impunément. La guerre avait épuisé les ressources de l'État; on ne pouvait pas espérer de secours de ce côté-là; un emprunt était presque impossible, on en avait contracté trop pour pouvoir les amortir avec honneur; la confiance, d'ailleurs, ne reposait alors sur rien, et cependant, sans elle, que devient une ville commerçante comme Bordeaux? Les secousses révolutionnaires avaient tout désorganisé et porté le désordre dans les esprits et les faits, au point qu'on n'osait plus croire au retour de l'ordre, parce qu'on n'en voyait nulle part les éléments. Et ce qui était encore plus fâcheux, c'est que les hommes au pouvoir désiraient s'y maintenir et, perpétuant le désordre à leur profit, empêchaient la société de se redresser et de reprendre son assiette et ses antiques allures.

C'est dans cette vue qu'on se prépara à célébrer le 21 janvier 1799; on voulait encore retremper le peuple à la source infecte du terrorisme : on croyait pouvoir le fanatiser en évoquant d'affligeants souvenirs! Conformément à l'arrêté du Directoire exécutif, du 23 novembre 1798, et à la lettre du ministre, en date du 20 décembre, l'administration de la Gironde adressa une violente circulaire aux municipalités du département, le 6 juin 1799 (1); elle commence ainsi : « Ci-
» toyens, le 2 pluviôse approche et nous ramène l'anni-
» versaire d'un grand acte de justice. Les détracteurs de
» nos institutions ont affecté de méconnaître l'objet de cette
» solennité; à les entendre, elle fut instituée pour insulter au

---

(1) Cette administration se composait des citoyens Partarrieu-Lafosse, Brun, Monbalon, Guibband, Journu-Aubert; Pagès, secrétaire en chef.

» malheur. Laissons-les déguiser, sous ce reproche calom-
» nieux, leur regrets pour le trône et pour celui dont tout le
» crime, à leurs yeux, fut de n'avoir pu ressusciter son pou-
» voir arbitraire. Non, le législateur n'a pas entendu *faire
» danser la nation sur un tombeau!* Cette expression, échap-
» pée au royalisme, ne convient qu'à lui..... »

Dans cette solennité, les autorités et fonctionnaires devaient prononcer le serment prescrit : *Je jure haine à la royauté et à l'anarchie; je jure attachement et fidélité à la République et à la Constitution de l'an III*. On devait terminer la cérémonie par des imprécations contre les parjures et par une invocation à l'Être suprême pour la prospérité de la république. Il fallait aussi que des poètes rédigeassent cette invocation et ces imprécations, en vers ou en prose; il fallait qu'on replantât, avec solennité, des arbres de la liberté, partout où ces arbres avaient disparu, et qu'on représentât sur les théâtres des pièces républicaines, telles que *Brutus*, *Guillaume-Tell*, *Caïus-Gracchus*, *Épicharis*, etc., etc.

Rien ne fut épargné pour remonter l'esprit républicain des masses : dépenses inutiles! On y vit beaucoup de curieux et autant d'indifférents; on y entendit des cris, mais ce furent ceux des fonctionnaires qui s'engraissaient aux dépens du budget et ne demandaient pas mieux que de duper le peuple pour prolonger leur existence officielle et grossir leur fortune.

Il en fut de même de la fête de la *Souveraineté du Peuple*, qui devait se célébrer le 20 mars 1799. Pour préparer les esprits à cette singulière mystification, le ministre crut devoir adresser aux administrations centrales et municipales la lettre suivante, où il s'efforça de leur communiquer un peu de ce feu du fanatisme que l'expérience des hommes et des choses de la Révolution avait presque éteint; c'est une pièce trop curieuse pour ne pas trouver une place dans l'*Histoire de Bordeaux*. (*Note 14*).

Livre VI.
Chap. 12.
—
1798.

Fête de la
Souveraineté
du Peuple.

NOTE 14.

<small>Livre VI.
Chap. 12.
—
1798.</small>

La fête du 20 mars arriva, mais sans être désirée. On y déploya tous les artifices possibles pour exciter le zèle des Bordelais en faveur des institutions républicaines; on y vit des joies factices, un enthousiasme stipendié, un empressement salarié, un concours mendié, une ferveur républicaine intéressée, un cadavre de gouvernement, qu'une administration hypocrite et bientôt après parjure, s'efforçait de galvaniser. Il y avait des velléités à mal faire, à menacer et à courber le peuple de nouveau sous le joug. Mais les moyens manquaient, et les Bordelais, dupés, volés, assassinés par des voies prétendues légales, ne montraient plus de sympathies pour les fils et les héritiers des régicides de 1793 !

<small>Fête
de la Jeunesse.</small>

Le mois suivant, il fallait une autre fête; celle de *la Jeunesse* : elle devait être belle; la démocratie fondait sur elle de grandes espérances, et l'avenir de la France républicaine dépendait des impressions que la jeunesse devait recevoir des démonstrations anti-monarchiques des misérables stipendiés du pouvoir. La lettre du ministre, à cette occasion, est trop curieuse pour ne pas être reproduite; elle porte la date du 17 ventôse an VII. (Voir *Note* 15.)

<small>NOTE 15.</small>

LIVRE VII.

CHAPITRE PREMIER.

Les *Fêtes des Époux* et de la *Reconnaissance*. — Fête funéraire en mémoire des plénipotentiaires français assassinés à Rastadt. — Indifférence des citoyens et de la garde nationale dans cette circonstance. — Plainte des autorités à ce sujet. — — Lettre de Partarrieu contre des objets religieux. — Essai d'établir à Bordeaux le culte théophilanthropique. — Le club de la *Grand'Quille*. — Sa conduite. — Un placard séditieux. — Troubles à Bordeaux. — Un conflit entre les concitoyens. — Le ministre approuve la conduite des jacobins bordelais. — Troubles au théâtre. — La fin du Directoire. — Le Consulat. — Circulaire des administrateurs du département. — Proclamation de Bonaparte, premier Consul, etc., etc.

L'année 1799 était le temps des fêtes et des réjouissances : les Bordelais voyaient dans leurs murs une ombre de bonheur, un simulacre de liberté et de prospérité. On leur donnait les apparences pour les dédommager de la réalité. Le 10 avril 1799, le ministre écrivit aux administrations centrales et municipales de se préparer à célébrer la *Fête des Époux*, et le 10 mai suivant, pour annoncer la *Fête de la Reconnaissance*. Nous reproduisons ces deux lettres ; elles sont le miroir du temps et servent à nous montrer les hommes, la tendance des fonctionnaires, l'anarchie des esprits, les artifices des intrigants au pouvoir et la duperie du peuple : ce sont de précieux documents concernant nos troubles révolutionnaires. Il est curieux de voir la *Fête des Époux* célébrée par des hommes immoraux, amis du divorce et ennemis du mariage, et la *Fête de la Reconnaissance* solennisée par des hommes étrangers à tous les nobles sentiments de l'âme. Nous ne parlerons pas des autres fêtes ; nous pouvons nous en faire une idée par les deux singulières lettres que nous donnons dans nos *Notes* 16 *et* 17.

Livre VII.
1798.

NOTE 16.

NOTE 17.

En multipliant les fêtes, comme nous venons de le voir, on croyait raviver l'esprit républicain à Bordeaux : on se trompait; la population était indifférente à tous ces artifices d'une poignée d'hommes qui, en voulant républicaniser de nouveau un pays paisible et antipathique à leurs projets, ne travaillaient, en réalité, que pour leurs propres intérêts et par obéissance aux ordres de quelques intrigants qui complotaient dans les ténèbres. Un événement funeste vint faire diversion à tous les soucis du Gouvernement et donner, pour quelques jours, un nouvel aliment à l'esprit révolutionnaire : c'était l'assassinat des plénipotentiaires français au congrès de Rastadt. Le Directoire exécutif dénonça à tous les peuples cette odieuse violation du droit des gens, du droit international, et prescrivit des mesures pour la célébration d'une fête funèbre en l'honneur des malheureuses victimes massacrées, disait-on, par ordre du cabinet de Vienne, le 9 floréal an VII. Le jour désigné pour cette cérémonie funéraire était le 20 prairial. Tous les théâtres devaient être fermés; dans les tribunaux, lieux publics de réunion, même dans les écoles, on devait placer cette inscription en gros caractères : « *Le 9 floréal de* » *l'an VII, le gouvernement autrichien a fait assassiner, par* » *ses troupes, les Ministres de la République française,* Bon- » nier, Roberjot *et* Jean Derby, *chargés par le Directoire* » *exécutif de négocier la paix au congrès de Rastadt.* »

On donna à chaque armée de terre et de mer une oriflamme aux trois couleurs, portant cette inscription : La nation outragée dans la personne de ses trois plénipotentiaires assassinés à Rastadt par les satellites de l'Autriche...Vengeance ! » On assura une pension aux veuves et enfants des plénipotentiaires, et il fut prescrit de frapper une médaille pour perpétuer la mémoire de cet assassinat.

L'administration départementale envoya cette loi aux municipalités, avec une circulaire où elle s'exprime ainsi :

« Citoyens, nous ne chercherons pas à vous pénétrer d'hor-

» reur pour les auteurs de ce forfait inouï. Quel Français ne
» sentira pas bouillonner son sang en voyant la nation dont
» il fait partie outragée d'une manière aussi infâme!... Il faut
» qu'une vengeance, proportionnée au crime, épouvante à
» jamais ceux qui seraient tentés d'imiter le coupable gou-
» vernement autrichien.....

» Profitez de cette circonstance pour réveiller l'amour de
» la patrie dans tous les cœurs et surtout pour inspirer un
» généreux enthousiasme à la jeunesse qui court venger les
» mancs de Roberjot et de Bonnier..... »

Le jour indiqué (8 juin) arriva; tous les préparatifs furent terminés; les cloches et le canon annoncèrent la fête funéraire. On avait élevé au Champ-de-Mars une pyramide de vingt mètres, avec un portique représentant l'entrée d'un tombeau, et le mot *vengeance!* en gros caractère, sur chaque côté. Aux angles, il y avait quatre colonnes funèbres avec des torches qui brûlaient au milieu des peupliers qui entouraient ce monument de deuil. Le cortége se composait, comme de coutume, des hommes en place, d'un groupe de conscrits portant un étendard noir, surmonté d'un glaive nu, sous lequel était peint l'olivier ensanglanté, et plus bas, le mot : *vengeance!* Après cet emblème, venaient seize conscrits portant un pavois de drap noir, surmonté d'une urne funéraire ensanglantée et couverte de cyprès; sur une des faces, on lisait les noms : *Bonnier, Roberjot*, dans des couronnes d'étoiles en or, et sur les autres faces les inscriptions suivantes : *Tyrans, voilà votre crime! c'est la paix que vous avez assassinée! c'est l'humanité que vous égorgez!* Sur la face, en avant de l'urne, on voyait un livre, intitulé *Droit des Nations*, percé d'un poignard ensanglanté; sur la face, en arrière, un trophée représentant une couronne de fer, emblème du despotisme, groupé sur deux pavillons, anglais et autrichiens, enlacés d'une chaîne de fer, à laquelle était suspendue une coupe, une torche et un poignard. Pendant le cortége, on jouait des airs lugubres, et tout

Livre VII.
Chap. 1er.

1799.
Archives
de
l'Hôtel-de-Ville

concourait, ce jour-là, à présenter, sous les couleurs les plus sombres, le souvenir d'un forfait exécrable.

Par cette fête, comme par les autres, on croyait réveiller l'enthousiasme républicain des Bordelais et créer de nouveaux patriotes : on se trompait; elle n'eut pas d'effet sur la population, si, du moins, nous devons en juger par l'indifférence publique et le peu de zèle qu'y apporta même la garde nationale. Nous en trouvons le témoignage irréfragable dans une lettre écrite, à cette occasion, par les administrateurs du département, à la municipalité du centre; elle est ainsi conçue :

« Citoyens, s'il fut jamais solennité capable d'intéresser
» l'universalité des citoyens, c'était sans doute celle que nous
» avons célébrée le 20 de ce mois. Le bureau central (1), par
» un plan bien entendu, avait réuni tous les moyens de porter
» dans toutes les âmes les sentiments d'une juste douleur et
» d'une légitime vengeance.

» Tous les corps constitués se rendirent avec zèle à la cé-
» rémonie; tous les corps militaires y ont assisté, la garnison
» surtout y a manifesté son patriotisme. Mais n'avez-vous
» pas été affligés, comme nous, de l'insouciance étonnante
» qu'a montrée la garde nationale? Quoi! dans Bordeaux, un
» jour où les citoyens se réunissent pour déplorer l'assassinat
» des plénipotentiaires de la nation! dans Bordeaux, en ce
» jour de deuil, il a été impossible de réunir assez de volon-
» taires pour faire paraître le drapeau de la garde nationale!

» Vous avez, sans doute, partagé la douleur que nous
» avons ressentie; aussi, jugeâmes-nous inutile de vous faire
» connaître jusqu'à quel point nous étions affectés de cette
» désertion presque générale. En vous communiquant les
» tristes réflexions que nous suggérait cet affaissement de
» l'esprit public, nous aurions craint de vous enlever l'hon-

---

(1) Ce bureau était composé des citoyens Lucadon, Campaignac, Fieffé. Lagarde était commissaire du Gouvernement, et Benoît, secrétaire en chef. Le bureau central fut installé le 6 mars 1799.

» neur de l'initiative et de paraître vous dicter ce que vous
» deviez faire. Voici le septième jour depuis cette époque, et,
» à notre grande surprise, rien ne prouve qu'il ait été dirigé
» une seule poursuite contre les citoyens qui, décadi dernier,
» ont méprisé vos réquisitions. Les moyens coactifs que les
» lois vous fournissent, soit pour réveiller l'insouciance ou pour
» punir les infractions, sont-ils donc hors d'état de produire
» l'effet désiré ?

» Nous espérons, citoyens, qu'avant deux fois vingt-quatre
» heures, tous ceux qui, décadi dernier, ont refusé d'obéir à
» vos réquisitions, auront été, jusqu'au dernier, cités devant
» les tribunaux compétents, et que vous nous enverrez la note
» de toutes les citations et de tous les jugements intervenus. »

Convaincue, peut-être, que cette circulaire n'atteindrait pas le but désiré, la même administration crut devoir rédiger une adresse aux habitants de Bordeaux, et en particulier à la garde nationale, pour stimuler son zèle; mais toutes ses exhortations restèrent sans effet : l'esprit d'insouciance pour la république mourante et un vague pressentiment de sa fin prochaine, avec un vif désir et l'espérance d'un retour général vers le passé monarchique et religieux de la France, se manifestaient de toutes parts et bien ouvertement. Tout annonçait comme peu éloigné cet événement tant désiré; on en trouve des preuves dans les actes et les circulaires des trois municipalités de Bordeaux, et en particulier dans la lettre suivante du citoyen Partarrieu, commissaire du pouvoir exécutif, en date du 5 messidor an VII, aux citoyens composant le bureau central de Bordeaux :

« Citoyens, je m'aperçois qu'on crie publiquement dans les
» rues des signes affectés au culte romain, qu'un ancien usage
» plaçait sur le seuil de chaque maison, la veille de la fête
» dite de *Saint-Jean*. Je m'empresse de vous en prévenir,
» afin que vous preniez les mesures nécessaires pour empê-
» cher le trafic et l'exposition de ces hochets superstitieux,

» dont le fanatisme, renaissant de ses cendres, ne manquerait
» pas de profiter. »

C'est là le cri de désespoir du voltairianisme dont Partarrieu, homme révolutionnaire, était l'un des plus fervents adeptes. La religion n'avait pas besoin de *renaître de ses cendres* : elle ne meurt pas ; elle reprenait son empire sur les cœurs et les intelligences, malgré les incrédules, et la monarchie revenait malgré les révolutionnaires ; les principes triomphent toujours et leur force nous ramène infailliblement à la vérité. On avait essayé, au mois de mars, d'établir à Bordeaux un nouveau culte, inventé à Paris par le directeur Larevellière-Lepeaux ; c'était le culte des *Théophilanthropes*, et l'église de Saint-Michel devait être le lieu de réunion des néophites ; mais cette nouvelle réforme ne réussit pas ; l'incrédulité était à la mode : elle n'avait pas besoin de formes extérieures ; elle concordait avec les mœurs des révolutionnaires et vivait de négations.

On avait cherché, dans de nouvelles municipalités, de nouveaux éléments de prospérité ou, du moins, de durée ; on les installa le 30 mars. Mais le bureau central, tel qu'on l'avait composé le 6 du même mois, ne répondait pas aux espérances de l'autorité supérieure ; on le suspendit, puis le 9 juillet on en remplaça les membres par ceux qui composaient le bureau de 1798 : les citoyens Balguerie, Durand, Soulignac, qui prit la place de Lartigue, et Barthez, nommé en remplacement de Thounens, commissaire du pouvoir exécutif. C'était tout un système que ces nouvelles nominations ; on cherchait les moyens de faire marcher bien et d'accord des éléments hétérogènes ; on croyait les avoir trouvés et que tout allait progresser vers la consolidation des institutions républicaines. La loi avait proscrit les clubs ; cependant les jacobins en tenaient un à Saint-Michel : c'était le club de la *Grand'Quille*, ainsi appelé du clocher de Saint-Michel, dans le caveau duquel ils se réunissaient parfois. Découverts et poursuivis comme coupables de contravention à la loi, ils se réunissaient dans une maison du quartier des Cordeliers, et, secondant le mouvement réactionnaire des autorités presque jacobines, ils ne se gênaient plus et proposaient et exécutaient les mesures les plus révolutionnaires, les plus incompatibles avec la tranquillité de Bordeaux. Les dénonciations, les arrestations, les conflits recommencèrent de plus belle ; on craignait le retour de la Terreur, et le club de la *Grand'Quille,* se prétendant le soutien et l'appui du Directoire, tout en représentant les royalistes et les hommes sages et modérés comme les ennemis de la paix, fit afficher dans divers quartiers de la ville, un placard provocateur, portant ces mots : *Plus d'anarchistes, ou la mort!* avec des menaces contre ceux qui improuveraient les mesures rigoureuses que les municipalités avaient adoptées, ou la marche de l'autorité. Tout cela fut à l'adresse des jeunes gens de Bordeaux, lesquels le comprirent ainsi et résolurent de ne pas reculer devant le danger. Des curieux s'assemblèrent autour du placard ; on le lut, on le commenta, on se livra à des propos plus ou moins violents, selon l'opinion des commentateurs ; mais l'autorité, prévenue que le public s'agitait beaucoup, et que le placard n'était ni signé ni imprimé sur papier de couleur, comme la loi le voulait, envoya des commissaires pour l'arracher. Cette mesure fut exécutée le 19 thermidor, sans résistance ; cependant, dans l'après-midi, des placards semblables, revêtus cette fois-ci des formes légales, furent affichés de nouveau : ni couleur, ni nom d'auteur ou d'imprimeur, rien n'y manquait.

Les curieux s'assemblèrent de nouveau autour de ces affiches ; mais les jeunes gens, irrités de ces provocations, se réunirent en bandes et se mirent à parcourir la ville, en arrachant ces placards incendiaires et en menaçant ceux qui avaient l'air de les blâmer. Leur ardeur ne se borna pas là ; ils se portèrent devant certaines maisons, en criant : *A bas les jacobins! à bas les terroristes!* On criait contre l'autorité, dont l'inaction

Livre VII.
Chap. 1ᵉʳ.
—
1799.

6 Août.

compromettait la paix publique et qui, en tolérant ces placards séditieux, provoquait imprudemment un conflit entre les citoyens de la même ville. La foule grossissait toujours, et les jacobins, se voyant enfin sérieusement menacés, se réfugièrent dans l'hôtel du bureau central, où on leur distribua des armes. Comme la garde nationale était dissoute, le bureau central fit faire des patrouilles par ces jacobins exaltés, divisés en pelotons ayant chacun à leur tête un commissaire de police, et chargés de dissiper les rassemblements tumultueux de la ville. Le commandant de la place fut en même temps requis d'envoyer un renfort.

Le lendemain, la ville présenta le même aspect, les mêmes scènes d'agitation et de désordre. On devait publier la loi dite *des ôtages*, du 12 juillet, qui occasionna des troubles et fut rapportée bientôt après. A cause des circonstances de la veille, le bureau central mit beaucoup de solennité dans la publication de cette loi; la commission chargée de la faire se fit escorter d'un petit détachement de la troupe formée la veille de jacobins avoués. Arrivée sur la place de la Comédie, cette colonne mobile rencontra un attroupement considérable. Quelques individus exprimèrent tout haut leur étonnement de ce qu'on avait recours à la force armée et surtout à des hommes détestés à Bordeaux, pour la chose la plus simple, la publication d'une loi. Le commissaire, étonné, irrité peut-être de la hardiesse d'un de ces jeunes gens, le fit arrêter; les autres accoururent et se mirent à crier : *A bas les jacobins! à bas les terroristes!* et essayèrent d'enlever le prisonnier. Le commissaire dit à la patrouille de dissiper le groupe, qui ne cacha plus ses poignards, ses couteaux et ses armes à feu; enfin, se voyant enveloppé de ces jeunes gens, le commissaire ordonna de faire feu, et quelques citoyens honorables, parmi lesquels se trouvaient M. Eugène de Lur-Saluces et deux femmes, furent blessés. Le désordre fut à son comble, l'indignation profonde et générale. On se rendit en foule au bureau central pour se plaindre d'un acte si répréhensible et pour demander, comme réparation éclatante, la punition du misérable commissaire qui avait commandé le feu. Le groupe grossissait en avançant vers l'Hôtel-de-Ville ; la peur l'avait déjà précédé et avait porté le bureau à fermer les portes et à ne laisser ouvert qu'un seul guichet qui était défendu par les jacobins de l'intérieur sous les armes, ayant deux canons braqués vers l'entrée de la cour. La foule continuait à crier : *justice! justice! justice!* c'était l'écho de tous les coins. Un membre du bureau vint demander la raison de cet attroupement, et invita quelques-uns des plaignants à entrer pour exposer leurs griefs ; mais au même instant arriva le détachement avec le commissaire qui avait commandé le feu sur la place de la Comédie. On se mit à murmurer, à crier contre lui et à maudire les assassins de leurs frères ; mais les jacobins, appuyés sur l'autorité et craignant d'être enveloppés, désarmés et massacrés, firent deux décharges sur la foule et blessèrent une douzaine d'individus. Il paraît certain qu'aucune provocation n'avait été donnée, aucune sommation n'avait été adressée au peuple ; on tira sans motif, et on exaspéra même les hommes modérés ; les républicains sages blâmèrent énergiquement l'imprudente et coupable conduite de leurs frères exaltés, et la ville fut jetée dans un état de stupeur et de consternation difficile à décrire. Partout les citoyens se renfermèrent dans leurs maisons, les rues furent désertes et on ne voyait circuler dans la ville que des patrouilles menaçantes et des jacobins d'un air sinistre et respirant le carnage. Le bureau central prescrivit de faire une enquête sur ce déplorable événement ; mais, comme toujours, l'enquête ne fit que compliquer la question, et les deux partis persistèrent à s'accuser mutuellement d'avoir été les provocateurs. Plus tard, le bureau central lui-même attribua les fâcheux excès de ces deux journées (19 et 20 thermidor an VII), à une conspiration royaliste : était-ce la vérité ou n'était-ce pas

Livre VII.
Chap. 1ᵉʳ.
—
1799.

6 et 7 Août.

une calomnie mise en avant par des jacobins pour la défense des jacobins? Ce qu'il y a de certain, c'est que le ministre, Fouché, par suite des correspondances antérieures, était violemment indisposé contre les royalistes de Bordeaux, comme il résulte de ses deux lettres adressées au bureau central. Dans celle du 24 thermidor, il dit : « Votre lettre du 20 a
» confirmé les craintes que m'avaient inspirées vos correspon-
» dances précédentes. Les royalistes ont éclaté et le sang a
» coulé dans votre commune.... J'approuve les mesures sages
» et vigoureuses que vous avez prises dans le danger, pour
» repousser l'attaque des séditieux et faire respecter la loi.
» La patience des patriotes, dans cette circonstance, est bien
» digne d'éloges; provoqués, attaqués, insultés par des bandes
» de royalistes armés de poignards, ils ont écouté la voix de
» leurs magistrats, qui leur conseillaient le calme.... Vous
» m'annoncez l'arrestation de plusieurs chefs de la révolte :
» leur affaire se lie à celle des embaucheurs et émissaires de
» Louis XVIII..... »

On voit bien à quelle source impure Fouché avait puisé ses impressions mensongères : tout est faux, tout porte à faux dans cette accusation émanée de quelques jacobins de Bordeaux ; même de nos jours, les vieillards qui ont assisté à ces déplorables scènes attestent qu'il y a eu foule, indignation, et même des cris; mais que la provocation était venue d'abord du commissaire, qui se croyait en danger, et, plus tard, à l'Hôtel-de-Ville, de la part de quelques misérables qui aimaient le désordre, qui croyaient pouvoir exercer des représailles contre une foule inoffensive dont ils se voyaient entourés, et qui ne demandaient pas mieux que de se défaire de certains jeunes gens royalistes dont ils avaient à se plaindre.

L'autorité ne se borna pas à ces rapports mensongers adressés au ministre : elle ordonna des visites domiciliaires; on fit une saisie d'armes, de poudre et d'ornements d'église : c'était tout ce qu'elle voulait pour justifier ses violences et confirmer les soupçons d'une conspiration anti-républicaine. Cependant la justice fut saisie de cette affaire ; mais un rigoureux examen des charges donna un démenti aux administrateurs, et les individus arrêtés furent mis en liberté.

Livre VII.
Chap. 1er.
—
1799.

Le Directoire s'éteignait, en traversant des crises qu'il était incapable de maîtriser ; à peine une de ces crises était-elle passée, qu'une autre survenait, et c'était de secousse en secousse que le pouvoir du moment marchait, sans s'en douter, vers sa fin.

Notre cité avait à peine recouvré son repos habituel, que des troubles d'une autre espèce vinrent raviver les antipathies, les jalousies, les haines des partis. Cette fois-ci, c'était au théâtre, à la représentation d'une pièce intitulée : *Bonaparte à Saint-Cloud*. L'administration, craignant les conséquences de la mise en scène d'une pièce où les partis trouveraient infailliblement des allusions irritantes, s'empressa de la défendre ; mais le directeur, comptant sur son influence et sur la sagesse habituelle des spectateurs, prit sur lui de la faire représenter. On y remarqua des allusions au nouvel ordre de choses et un aliment pour les passions politiques ; un affreux désordre s'ensuivit ; un commissaire du Gouvernement, qui se trouvait dans sa loge, avait le malheur de déplaire à une partie considérable du public : on l'arracha de sa place, on le traîna à la porte pour en faire justice sur la place publique, et il ne dut la vie qu'à l'intervention de la police et de la garde soldée. Le bureau central prit, à cette occasion, un arrêté qui interdisait, non seulement cette pièce, mais même la récitation de toute autre pièce ou discours improvisé sur les circonstances du moment. Moralement parlant, le pouvoir n'existait plus ou ne s'exerçait que par la force ; il n'était pas difficile de remarquer les symptômes d'une nouvelle révolution ou modification des formes gouvernementales. Le 18 brumaire n'était pas loin : on le devinait, on le pressentait, et l'étoile de Napoléon avait déjà trop ébloui les Français pour ne pas servir de pronostic

Livre VII.
Chap. 1er.
—
1799.

de l'avenir réservé à son génie. L'instinct guerrier du peuple attendait le 18 brumaire, ou peut-être quelque chose de plus ressemblant à la monarchie; cet événement était pour ainsi dire prévu, ou du moins il ne surprit personne. La nullité, l'incurie et la méchanceté, moitié jacobine, moitié modérée, des autorités constituées et même du pouvoir exécutif, militaient en faveur d'un changement radical et même d'une réaction monarchique. Bonaparte comprit l'instinct populaire, et, répondant courageusement aux nécessités du moment, il mit le Directoire à la porte, prononça la dissolution du Conseil des *Cinq-cents*, et supprima la Constitution boîteuse et acéphale de l'an III. Le Gouvernement consulaire fut créé le 10 novembre, à l'ombre des lauriers de Napoléon; il s'adjoignit Sieyès et Roger-Ducos pour ne pas effaroucher l'instinct démocratique de la nation et son amour de la liberté; mais ce gouvernement nouveau-né n'était au fond que l'Empire au berceau.

La nouvelle de cet événement étonna nos magistrats de Bordeaux. Républicains *pur sang*, ils se conformèrent cependant aux circonstances, changèrent de ton et de conduite et prirent, comme le caméléon, les couleurs du pouvoir qu'ils allaient servir.

Aussitôt que la nouvelle officielle de la création d'une nouvelle forme de gouvernement fut arrivée à Bordeaux, nos administrateurs se tournèrent vers le soleil levant avec leur encens nauséabond, et écrivirent à leurs administrés la lettre

15 Novembre. suivante, le 22 brumaire an VIII :

« Citoyens, une grande mesure que la Constitution autorise,
» vient d'émaner de la sagesse du Conseil des anciens : le Corps
» législatif est transféré à Saint-Cloud. Un général, cher à tous
» les Français, dirige la force armée qui doit protéger l'indé-
» pendance des premières autorités de la République.

» Citoyens, vous avez trop de garants de la fidélité du Corps
» législatif et du Directoire exécutif; vous savez trop apprécier
» les talents et la loyauté du général en chef, à qui l'exécution

» de cette mesure est confiée, pour ne point bannir de vos es-
» prits toute crainte et toute inquiétude. Regardez cette trans-
» lation comme un présage de la tranquillité intérieure et
» de la paix extérieure, et attendez avec calme et confiance
» les effets d'un événement qui ne peut avoir que le salut pu-
» blic pour objet et la paix de l'Europe pour résultat (1). »

Le nouveau Gouvernement prêchait la concorde et l'oubli du passé; jusque-là, il n'y avait que des insultes, des humiliations pour les vaincus et de lâches flatteries pour les vainqueurs. Le pouvoir exprima le désir qu'on ne tolérât plus rien de ce qui pouvait diviser les esprits, alimenter les haines ou prolonger des souvenirs douloureux. Cependant, les journées des 18 et 19 brumaire servirent de prétexte à quelques individus, pour ajouter à l'expression de la joie publique des cris, des menaces et des provocations irritantes, dans les spectacles de Bordeaux. L'administration centrale défendit expressément de jouer ou de chanter sur les théâtres des pièces ou airs non indiqués par les affiches, et même d'annoncer des airs ou pièces qui n'auraient pas été approuvés par l'autorité compétente.

Trois jours plus tard, les administrateurs du département s'adressèrent à leurs concitoyens, dans une circulaire qui commence ainsi :

« Citoyens, la république, mal gouvernée pendant deux
» ans, était sur le penchant de sa ruine; il fallait, pour la
» sauver de tous les dangers effrayants qui la menaçaient,
» une crise salutaire qui ne fût l'ouvrage ni de l'ambition
» usurpatrice, ni de factions cruelles; il fallait une révolution
» conçue par le génie qui crée, mûrie par la sagesse qui en
» calcule les suites, et opérée par la gloire qui commande

---

(1) Les administrateurs du département étaient alors les citoyens Balguerie fils, président; Seguy, Battut et Brun (ce dernier était aussi substitut du commissaire du pouvoir exécutif), et Pagès, secrétaire en chef.

» l'admiration et entraîne les esprits. La révolution des 18 et
» 19 brumaire a tous ces sublimes caractères....... »

Il est curieux de voir des républicains à genoux devant le nouveau pouvoir qui allait escamoter leur chère république ! Les principes ne sont rien pour certains hommes; l'égoïsme influence leur conduite, et, dans les crises révolutionnaires, l'intérêt personnel est le mobile de tous ces individus qui n'ont d'idées arrêtées, d'opinions politiques, que tout autant qu'ils y trouvent leur satisfaction et leur avantage. Bonaparte s'en servit pour un temps; mais il les méprisait souverainement : c'étaient des outils qu'il brisa plus tard, après avoir achevé son ouvrage. Il s'efforça, dans sa proclamation du 7 nivôse an VIII, de pacifier les départements de l'Ouest, et ne consentit à employer la force qu'après avoir épuisé les voies de la persuasion et de la justice. Il comprit bien que la religion est la base de l'ordre social et que, sans elle, il n'y a ni paix, ni société, ni civilisation, ni bonheur possibles; il rassura toutes les consciences; il s'efforça de dissiper les appréhensions de ceux qui n'osaient encore croire au retour de l'ordre et à la cessation des divisions intestines; il garantit aux citoyens la possession des lieux destinés à la célébration de leur culte; remplaça le serment prostitué à la révolution par une déclaration d'honneur ainsi conçue : « *Je promets fidélité à la Constitution.* » Il se laissa de côté, avec adresse, et ne parla que d'une Constitution qui ne devait être un jour que sa volonté ! Il rétablit la liberté des cultes, promit amnistie entière et absolue aux habitants de l'Ouest, et s'adressa ainsi aux évêques et aux prêtres : « Les ministres d'un Dieu de
» paix seront les premiers moteurs de la réconciliation et de
» la concorde; qu'ils parlent aux cœurs le langage qu'ils ap-
» prirent à l'école de leur maître; qu'ils aillent dans ces
» temples qui se rouvrent pour eux, offrir, avec leurs conci-
» toyens, le sacrifice qui expiera les crimes de la guerre et le
» sang qu'elle a fait verser ! »

Bonaparte s'était montré grand homme, grand capitaine ; il commence sa nouvelle carrière en se montrant grand politique. Sa proclamation produisit d'heureux effets dans les départements, et, quels que fussent ses sentiments particuliers, il est certain que ce langage pacifique et religieux fit plus pour sa cause que d'impuissantes menaces et un sabre glorieux. Pour s'assurer de l'état des choses et des esprits, le premier Consul envoya des commissaires dans tous les départements, avec plein pouvoir d'opérer, dans leurs ressorts respectifs, les changements que les circonstances du moment rendaient nécessaires. C'est dans cette qualité qu'on vit arriver à Bordeaux, le 9 décembre, le citoyen Lefèvre, délégué du Gouvernement consulaire ; il ne fit que peu de chose dans le département et se borna à destituer les membres du bureau central.

Livre VII.
Chap. 1er.
—
1799.

CHAPITRE II.

Bonaparte, premier Consul. — Thibaudeau, premier préfet de la Gironde. — Pierre Pierre, commissaire général de police. — Réparations et embellissements de Bordeaux. — Translation des prétendues cendres de Montaigne. — Le grand séminaire devient l'Hôtel de la Monnaie. — Conseil du commerce. — Une école de théorie commerciale. — Le Lycée. — La fête de la Paix. — Projet d'élever une statue à Bonaparte. — Le Concordat. — Bonaparte, Consul à vie. — Monseigneur d'Aviau arrive à Bordeaux. — Son installation. — L'anniversaire du 14 juillet. — La république n'est presque plus qu'un souvenir. — Diverses particularités historiques, etc., etc.

Livre VII.

1800.

Napoléon avait compris son temps et le peuple : son regard d'aigle avait pénétré les ténèbres que l'anarchie, se disant la liberté, l'impiété sous le nom de philosophie, et l'hérésie affublée du masque du schisme théophilanthropique, avaient épaissies sur le front radieux de la France ; il déchira le bandeau qu'on avait mis sur les yeux de la patrie, et, après avoir lavé et pansé ses plaies, il s'identifia avec elle, rendit à la justice ses tribunaux, au commerce presque anéanti sa liberté, à la religion son culte, et à tous les Français la paix et l'ordre, avec les bienfaits de l'autorité dont il était la personnification vivante. Le torrent, à sa voix, rentra dans son lit, et, ses flots ayant cessé de dévaster nos malheureuses villes et nos plus malheureuses campagnes, l'ordre commença, enfin, à vivifier les institutions et à rétablir le calme dans tous les esprits. Le Gouvernement de l'an VIII fut organisé et Bonaparte nommé *premier Consul;* un nouveau Corps législatif et un Tribunat furent créés (1); des citoyens souillés de crimes, ou signalés

(1) Le Gouvernement consulaire organisé appela, dans les premiers jours de 1800, au Sénat, pour représenter la Gironde, MM. Cholet, Journu-Aubert et Sers; au Corps législatif, MM. Couzard, Tarteyron ; au Tribunat, MM. Labrouste et Lahary.

comme fauteurs des désordres passés, furent déportés; la Vendée fut à peu près pacifiée, et une nouvelle division de la France, en préfectures et sous-préfectures, rendit la surveillance plus facile et la police plus sûre C'était la résurrection de l'ordre.

Bordeaux se ressentit largement de cette nouvelle organisation; l'autorité y laissa son empreinte; c'était un signe de durée, le présage des améliorations futures. On s'abandonnait avec bonheur aux rêves de l'espérance, et, comme pour leur donner une certaine réalité, le Gouvernement envoya dans notre département deux hommes de tête, M. Thibaudeau comme préfet et M. Pierre Pierre comme commissaire général de police. Le premier arriva le 25 mai 1800; il inspirait de la confiance à une population qui ne se ressouvenait que trop bien des proconsuls de Robespierre et avait appris par expérience à se méfier de tous les agents de l'autorité. M. Pierre Pierre y arriva le surlendemain; il apporta dans l'exercice de ses fonctions importantes une heureuse aptitude, un zèle actif et intelligent et une fermeté à toute épreuve. Son adresse aux Bordelais porte l'empreinte de ces qualités nécessaires pour son temps et ses fonctions. Écoutons-le :

« ...... La Magistrature, dont je vais commencer les tra-
» vaux, n'est point une institution qui vous soit étrangère. Si
» son nom seul a pu autrefois, peut-être même de nos jours,
» porter l'alarme jusque dans l'asile sacré du citoyen paisible,
» je saurai vous rassurer pour jamais; mais, j'ai besoin de
» vos conseils et je les appelle.

» Pourriez-vous refuser de joindre vos efforts aux miens
» pour accélérer la jouissance d'un heureux et touchant ave-
» nir? Avez-vous jamais vu vos courageux nautonniers, long-
» temps battus par les tempêtes, à la vue du port désiré, à l'as-
» pect de la chère patrie, ne pas ranimer leurs forces, réunir
» leurs bras et leurs volontés, disposer de tout ce qu'un long
» voyage leur a laissé de manœuvres pour franchir la barre

Livre VII.
Chap. 2.
1800.

28 Mars.

» et sauver, par un dernier effort, la riche cargaison qu'ils
» ont si longtemps disputée aux vents conjurés, aux corsaires
» ennemis? Non, sans doute. Eh bien! vous les imiterez.....
» Nous unirons nos travaux, nous combinerons nos moyens, et,
» secondant le zèle des fonctionnaires recommandables placés
» à la tête de votre département, nous fixerons dans ce port
» superbe le vaisseau de la liberté sur l'ancre de la prospérité
» publique.

» Trop longtemps la police, sous nos divers gouvernements,
» fut tour à tour l'instrument docile de la tyrannie ou l'arme
» meurtrière de la faiblesse. Ils sont passés, ces temps où
» *contraindre* et *punir* étaient la seule science des gouverne-
» ments, le seul code de leurs agents; ces temps où les bas-
» tilles ôtaient aux citoyens la protection des lois, parce que
» les lois elles-mêmes ne semblaient plus faites que pour créer
» ou protéger les bastilles. Ils sont aussi passés ces temps où
» le levier des conspirations, dirigé par une police atroce,
» frappait tous les partis dans ses oscillations périodiques; ces
» temps, où un gouvernement lâche et inquiet décriait pour
» régner et se plaçait hors de la nation pour échapper au choc
» des partis dont il fomentait les haines. Une politique plus
» généreuse a succédé à ces machiavéliques combinaisons.
» L'intrigue et le vice durent s'appuyer sur la faiblesse com-
» mune. Un héros digne de la confiance du peuple impose
» silence aux factieux et rassemble autour de lui la force
» universelle; ses mains triomphantes présentent à tous les
» Français le laurier de la gloire et l'olivier de la réconcilia-
» tion..... Qui de vous, Bordelais, refuserait aujourd'hui de
» boire à la coupe de la concorde? Malheur à nous, malheur
» à notre patrie, si, résistant aux liens de la nécessité qui nous
» commande de recomposer, de toutes les vertus, le faisceau
» fraternel, nous cherchions à agir et réagir sans cesse....,
» tristes jouets du tourbillon révolutionnaire, dont la main
» bienfaisante du Gouvernement a détourné la dévorante éner-

» gie, nous rouvririons sans relâche la plaie de tous nos sou-
» venirs ; nous nous ensevelirions vivants dans les tombeaux
» de la vengeance, que la main du perfide Anglais tient tou-
» jours ouverts sous nos pas.

» L'Anglais !... à ce nom funeste pouvez-vous méconnaître
» le manufacturier de tous nos malheurs, le premier auteur
» de tous nos excès? Et qui, mieux que vous, Bordelais, peut
» déposer de sa fatale influence, vous chez qui la lumière et
» les arts, la culture et l'industrie appelaient le commerce des
» deux mondes; vous dont le port, aujourd'hui veuf de vais-
» seaux et de gloire, semble accuser, par le mouvement de
» ses vagues oisives, les forfaits politiques, les brigandages
» commerciaux de l'usurpateur des mers?

» Comme tous les tyrans, il a vécu, jusqu'à ce jour, de nos
» dissensions....... Rallions-nous et il périra de la mort des
» esclaves ! Et quel Français serait assez indigne de ce nom
» pour conserver à l'ennemi juré de la France l'auxiliaire
» de ses coupables ressentiments? Quel Français ne soulèvera
» pas, au contraire, les haines de tous les partis, les souvenirs
» de tous les malheurs, contre celui qui ose déclarer que
» *l'affaire de Quiberon était toujours une victoire pour l'An-*
» *gleterre, puisque le seul sang français y avait coulé et que*
» *deux émigrés et un républicain tués faisaient toujours trois*
» *Français de moins !......*

» .... Oubliez les torts respectifs, effacez les erreurs
» mutuelles, éteignez entre vous les haines; soyez tous Fran-
» çais, serrez-vous autour de votre Gouvernement; joignez
» devant lui vos mains fraternelles, jurez d'être unis, vous
» aurez prononcé la chute du gouvernement anglais, et la
» douce paix sera le fruit de vos heureux travaux !

» .... Magistrat républicain, je dois protéger spécialement
» l'homme probe, le bon fils, le bon époux, le bon père,
» quelle que soit d'ailleurs son opinion politique. Je veillerai
» à la tranquillité, j'écrirai dans tous mes actes que tous les

Livre VII.
Chap. 2.
—
1800.

» hommes sont égaux devant la loi ; que nul n'a le droit de
» s'interposer entre Dieu et la conscience ; que le maintien de
» la tranquillité publique est la seule mesure commune entre
» le magistrat et les religions.

» Je *dirigerai* quelquefois, je *préviendrai toujours ;* puis-
» sent mes travaux obtenir assez de succès pour n'avoir jamais
» à réprimer !

» Bordelais, mes rapports avec vos besoins, vos travaux
» et vos jouissances vont être ma première étude. Corriger le
» le mal que vous m'indiquerez, maintenir le bien que je
» trouverai établi, tendre au mieux, s'il est possible, tel sera
» mon but et ma marche constante.

» Ainsi, la sûreté de vos personnes et de vos propriétés, la
» tranquillité de vos fêtes, la liberté de vos cultes et de vos
» coutumes seront à la fois l'objet de mes veilles et ma plus
» douce récompense ; ainsi, tous ensemble, nous déblaierons
» les débris des révolutions, pour asseoir sur notre sol le tem-
» ple de bonheur, de gloire et de paix que la République
» française va désormais offrir aux méditations de l'Europe,
» à la reconnaissance de la postérité ! »

M. Pierre Pierre ne perdit pas de vue ce magnifique programme ; il tint parole, fit beaucoup de bien à Bordeaux et
n'y laissa que des regrets à son départ et des souvenirs de
reconnaissance. Le nombre des fontaines fut augmenté ; le
marché de la triperie transporté au Poisson-Salé ; l'éclairage
des rues mis à l'adjudication ; les établissements insalubres
repoussés en dehors du périmètre de la ville ; les marchands
d'eau, le nettoiement des rues, les bals, les spectacles, les
passeports furent réglementés d'une manière convenable ; on
substitua les poids métriques aux poids anciens ; on fit un essai
de l'inoculation par la vaccine, comme préservatif contre les
ravages de la petite vérole, et sa propagation fut encouragée
plus tard par un arrêté du préfet, du 4 mai 1804 ; l'installation des maires et des adjoints des trois municipalités, ainsi

que de leurs Conseils municipaux, fut faite avec solennité le 30 avril; de nouvelles formalités furent imposées aux imprimeurs, aux libraires et aux colporteurs; on organisa un service pour les incendies; les jeux de hasard et les maisons suspectes d'immoralité furent assujétis à une plus active surveillance; les voitures furent taxées selon la longueur et la durée de la course; de nouvelles voies furent ouvertes et la ville bien assainie. M. Pierre Pierre fut un agent de la Providence pour Bordeaux.

Le tribunal criminel, créé et installé le 15 février 1792, subit une nouvelle organisation en novembre 1795 et fut ensuite constitué le 2 juillet 1800. Ce tribunal, ainsi que la Cour d'appel, fut installé par le préfet, dans le bâtiment occupé jusqu'alors par les tribunaux civil et criminel, qui cessèrent leurs fonctions l'avant-veille. Pour le tribunal de première instance, on nomma dix juges, quatre suppléants et trois officiers du ministère public; pour la Cour d'appel, il y avait dix-huit juges, deux officiers, et enfin, pour la Cour de justice criminelle, trois juges et un officier du ministère public. On remania, plus tard, le tribunal de première instance, le 12 juin 1811, et ensuite sous la Restauration. Depuis le 1er janvier 1820, il a siégé, jusqu'à nos jours, dans l'ancien bâtiment du collège de Guienne.

C'est aussi cette même année que fut déblayé le terrain de l'Hôtel-de-Ville et de l'ancien collège de Guienne, pour former le Grand-Marché qui se tenait, jusqu'alors, sur la place du Marché-aux-Veaux.

Bordeaux semblait renaître : ces améliorations matérielles de la ville annonçaient un heureux avenir, et tous les cœurs s'ouvraient à l'espérance. On vit alors ce que peut un homme qui a le sentiment de sa force, l'appui du peuple, la volonté de bien faire, et qui obéit en tout et partout à une idée d'ordre et de réparation : Bonaparte était cet homme; il était la personnification du pouvoir; son origine, d'une nature militaire, n'était guère faite pour calmer les passions des partis. Mais il avait enchaîné l'hydre révolutionnaire; il avait rouvert les églises et rappelé les prêtres ; il avait ouvert la porte de la France aux proscrits et leur avait permis de voir le soleil et de respirer l'air de la patrie. La France le considérait comme un grand homme, l'armée comme un héros, et la renommée se préparait à en faire un demi-dieu.

Animé d'un zèle réparateur, et voulant, en habile politique, connaître les besoins de la France, Napoléon invita les Conseils généraux à lui adresser un tableau des affaires de leurs départements respectifs ; celui de la Gironde s'exprima ainsi :

« Le port de Bordeaux est désert depuis neuf années ; on
» n'y voit pas un seul navire. A l'époque de 1789, Bordeaux
» employait, au commerce de l'Amérique et de l'Afrique,
» trois cents navires, qui, coûtant cinquante-deux millions,
» en produisaient quatre-vingt-huit en retour. Cent vingt-
» cinq mille tonneaux de vins partaient de notre port pour les
» colonies. Les étrangers étaient nos tributaires, nous sommes
» maintenant les leurs, et nous avons perdu avec nos colonies
» soixante millions de balance et la subsistance d'un quart de
» notre population. Nous avions vingt raffineries de sucre qui
» achetaient pour cinq millions ; leur bénéfice était de deux
» pour cent par mois. Nous possédions également cinq ver-
» reries qui donnaient trois cent mille francs aux ouvriers.
» Tous ces établissements ont été anéantis. Notre port est tel-
» lement négligé, que le Gouvernement n'a pas seulement
» songé à relever deux bâtiments échoués au milieu de la ri-
» vière, en face de Bordeaux. Les dépôts de mendicité regor-
» gent de pauvres, etc., etc. »

On peut encore juger de l'influence de la Révolution à Bordeaux, par la diminution de sa population : en 1789, la ville renfermait 104,000 âmes, et, d'après un recensement minutieux et exact fait en 1803, le nombre se trouva réduit à 70,000.

Les Bordelais espéraient beaucoup du pouvoir réparateur de Bonaparte; ils avaient raison : la France, sous les efforts de son génie transcendant, commença à goûter les douceurs de l'ordre, qui était le premier besoin d'un peuple qui, de la liberté, était tombé dans l'anarchie, et n'aspirait qu'à reprendre son ancien rang parmi les monarchies de l'Europe. La république existait encore, mais elle respirait à peine, épuisée qu'elle était de ses propres excès; Bonaparte lui laissa son nom, mais il absorba sa puissance. Il consentit, comme de coutume, qu'on célébrât, en septembre, l'anniversaire de la fondation de la république. On le fit, mais tout y était froid; le principe de l'enthousiasme était éteint; pour célébrer la république, il aurait fallu des républicains, et on ne voyait nulle part que des impérialistes ou des gens prêts à le devenir; de nouveaux parsis, toujours à genoux, pour offrir leur encens adulateur au soleil qu'ils voient poindre à l'horizon!

Pour honorer cet anniversaire, le préfet de la Gironde ne savait que faire pour exciter l'enthousiasme des Bordelais. Voltairien lui-même, il crut pouvoir ranimer les passions irréligieuses du peuple, en lui donnant une occasion de manifester ses principes, et pour cela, il ordonna qu'on transférât le 25 septembre, au Musée de la ville, les cendres de Michel Montaigne, l'un des pères du philosophisme moderne, qui reposaient depuis deux siècles dans la chapelle des Feuillants. La cérémonie de translation se fit avec beaucoup de pompe officielle; toutes les autorités de la ville y assistèrent; sur un côté du sarcophage, on lisait ces mots : *les grands hommes sont de tous les temps;* sur l'autre : *les honneurs rendus aux grands hommes en font naître leurs successeurs.*

Deux années après, on découvrit que ce n'était pas son corps qu'on avait transporté au Musée, mais bien celui d'une dame, une de ses parentes! Ce singulier quiproquo excita l'hilarité générale. On rapporta la nuit le cercueil et les cendres de cette dame dans sa première demeure, et Michel

Montaigne, qui n'aimait pas à se déranger, repose encore tranquillement dans l'antique chapelle des Feuillants.

Pendant que M. Pierre Pierre continuait avec bonheur le cours de ses améliorations et de ses louables réparations, le préfet, M. Thibaudeau, secondait avec zèle ses efforts généreux et les vues du Gouvernement; il s'informa avec soin des ressources financières de la ville; il augmenta les droits d'octroi, et, indigné de la conduite des Vandales modernes qui détruisaient les vieux monuments, il s'opposa, par son arrêté du 17 octobre, à la destruction des restes du vieux Palais-Gallien.

Son successeur, M. Dubois, conseiller d'État, vint le remplacer comme préfet de la Gironde, le 23 octobre, et se fit un devoir de marcher sur les traces de son prédécesseur. Il assujétit les bals et les établissements d'amusements publics à un droit en faveur des pauvres; approuva et encouragea la pensée de fonder un *Muséum,* pensée utile, conçue par les citoyens Rodrigues et Goethals, et favorable à la diffusion des lumières. Le 29 novembre suivant, on fit l'ouverture d'une nouvelle salle de spectacle, bâtie, sous le nom de *Théâtre-Français,* par une société de capitalistes, sur le terrain du couvent des Récollets, qui faisait partie autrefois du local que l'on appelait *Campaure,* du temps des Romains. C'était le cimetière des gens riches.

On venait d'établir une loterie nationale à Bordeaux : le premier tirage eut lieu le 13 mai 1801. Quelques jours plus tard, on transféra, dans le bâtiment du grand séminaire, rue Palais-Gallien, l'Hôtel de la Monnaie. Le 3 juin, le préfet créa à Bordeaux un conseil de commerce, une commission administrative des revenus de la Bourse, et une école de théorie commerciale, qu'il installa le 17 novembre 1801, et qui avait pour objet la partie scientifique du commerce, la géographie, l'histoire, la législation, la morale des peuples commerçants. Le tribunal de commerce, qui avait remplacé la juridiction consulaire de l'ancien régime, le 11 décembre 1792, fut réorganisé et installé le 23 juillet 1801.

Comme on le voit, nous marchons d'innovation en innovation, de mieux en mieux ; rien n'arrêtait le zèle de M. Dubois ; son amour du bien surmontait toutes les difficultés, son activité ne connaissait pas de repos. Le 6 juillet, il ouvrit un nouveau marché aux comestibles, sur le terrain du couvent des Petits-Carmes, aux Chartrons, et le 23, il fit l'ouverture du Grand-Marché sur le terrain de l'ancienne maison commune. Il ordonna, pendant ce mois, le triage et le classement des papiers de tous les tribunaux qui avaient existé dans le pays lors de la révolution, et l'on plaça ces archives judiciaires dans l'église des Feuillants ; mais, à l'époque de l'établissement du lycée, on les transporta dans l'ancien couvent des *Minimes*. Le 2 septembre 1801, il créa une maison de prêt sur nantissement : c'est le Mont-de-Piété. Cet établissement doit sa création au zèle de M. Dubois et à la généreuse coopération de quelques capitalistes qui ne retirent que l'intérêt légal de leur mise de fonds et abandonnent les profits aux hospices de la ville. Tout était à faire, tout était à créer. Il fallait alors à la France le génie de Bonaparte ; tout pliait sous sa volonté !

Au milieu de ces paisibles travaux, on fut enfin surpris de la bonne nouvelle de la conclusion de la paix avec l'Angleterre. On ne l'attendait pas : elle fut agréable au commerce et à toutes les classes de la population. En conséquence de la signature des préliminaires de la paix et en conformité avec un arrêté des Consuls, du 12 vendémiaire, le préfet ordonna une grande fête pour le 9 novembre suivant, comme manifestation de l'allégresse publique et générale à l'occasion de cet heureux événement. Il prescrivit la fermeture des boutiques et des ateliers, des salves d'artillerie, des sonneries dans les paroisses, le pavoisement des bâtiments en rade ; il ordonna qu'on arborât ensemble les pavillons des deux nations ; que les tambours allassent par les rues battant la diane ;

Livre VII.
Chap. 2.

1800.

4 Octobre 1801.

qu'on organisât au Temple de la Paix, élégamment décoré de trophées, ainsi qu'au Champ-de-Mars, des orchestres brillants, des spectacles, des danses, des amusements de toute sorte. On prépara, au Champ-de-Mars, un magnifique feu de joie ; on devait tirer des feux d'artifice sur la rivière et illuminer partout même les clochers, d'où on devait lancer dans les airs mille fusées éblouissantes, mille bouquets artificiels. Pour couronner toutes ces joies, tout cet enthousiasme, on résolut de célébrer le mariage de trois citoyens nés à Bordeaux, qui auraient combattu dans la guerre de la liberté, avec trois filles distinguées par leur bonne conduite et leurs bonnes mœurs. La commune se chargea de leur donner trois mille francs qui devaient être répartis, entre eux, à titre de dot.

Cette fête de la paix avec l'Angleterre était brillante, mais, hélas ! éphémère ; il ne lui manquait rien, pour être éternelle, que la bonne volonté des deux partis intéressés !

On ne s'arrêtait pas là ; l'enthousiasme officiel ne connaît pas de bornes et ne s'arrête jamais que devant le ridicule et l'impossible. On conçut le projet d'élever, sur la place Dauphine, un monument grandiose en l'honneur du premier Consul ; on quêta des suffrages, des approbations : tout cela se donnait plus aisément que des écus !... Le préfet prit, le jour même de la fête, un arrêté à cet égard ; il se hâta, et peut-être avait-il raison ; le lendemain c'eût été trop tard ! « Témoin, dit-il, de
» l'enthousiasme qu'excite la solennité de ce jour, et vu la de-
» mande d'un grand nombre d'habitants de Bordeaux, ayant
» pour objet qu'il soit élevé un monument public en l'honneur
» du premier Consul ;

« Considérant que cette demande est l'expression du vœu
» général ; que si la fin des hostilités est un événement heu-
» reux pour toute la République, elle est pour la ville de
» Bordeaux un inappréciable bienfait, puisque, après dix ans
» de privations et de calamités, la paix rouvre à tous ses ha-
» bitants les sources du commerce et du bonheur ;

» Considérant qu'il est universellement senti que ce bienfait
» est dû aux vertus guerrières et politiques du magistrat qui
» dirige nos destinées, et que les habitants de Bordeaux, en
» transmettant à la postérité un monument de leur reconnais-
» sance, n'honoreront pas moins leurs vertus que celles du
» héros pacificateur,

Livre VII.
Chap. 2.
—
1801.

» ARRÊTE :

» Il sera élevé sur la place Nationale, au nom de la ville
» et du commerce de Bordeaux, un monument en l'honneur
» de Bonaparte, vainqueur, pacificateur et restaurateur de
» la prospérité publique. »

Cet appel du préfet ne fut pas généralement bien accueilli ; le temps était mauvais, le commerce nul et les finances de la ville obérées ; on ne s'empressa pas de réaliser le généreux vœu du premier magistrat du département. Les Bordelais dansaient les jours de fête ; ils prenaient part aux joies officielles ; ils admiraient leur premier Consul ; ils étaient fiers de l'avoir à la tête de la nation ; mais ils étaient trop pauvres pour songer à élever des monuments somptueux ou à faire de nouveaux sacrifices. La conclusion de la paix était due, disait-on, aux vertus guerrières et politiques de Bonaparte ; on aurait pu et dû ajouter que la perfide Albion la désirait comme utile et même nécessaire à ses intérêts bien entendus.

L'architecte de la préfecture, Combes, était chargé de dresser le plan et le devis estimatif du monument ; on devait utiliser les marbres qui étaient déposés dans le Jardin-Public et à La Bastide, pour sa décoration ; et le citoyen Moite, sculpteur à Paris et membre de l'Institut, devait être invité à exécuter les dessins, leurs reliefs et autres accessoires. On allait même jusqu'à désigner les lieux où les souscriptions seraient reçues ; tout marchait, tout arrivait en place, excepté les écus et les marbres. La place Dauphine attend encore son monument !

Pendant tout ce temps, on s'occupait sérieusement, à Paris,

de projets plus grandioses que le monument de Bordeaux. Bonaparte avait goûté du pouvoir; le commandement lui allait; il ne l'avait que pour un temps et partagé avec un autre ; il l'aurait voulu pour toujours et à lui seul, et Cambacérès, second Consul, être souple et docile, instrument commode entre les mains d'un génie ambitieux, ne se prêta que trop complaisamment aux projets de l'Empereur en herbe. Il fallait seulement s'entendre sur les moyens; la fin était connue, la route était longue, la marche devait se faire avec prudence : le consulat était la première étape pour cet enfant de la fortune; le consulat à vie, la seconde; et l'empire, pour lui, devait être la dernière.

Le nouveau Charlemagne crut devoir se concilier le clergé. Le cardinal Spina était venu en octobre, à Paris, pour l'arrangement des affaires spirituelles, et, le 15 juillet 1801, une convention avait été conclue entre Rome et le premier Consul. Cette convention fut proclamée, sous le nom de *Concordat*, en avril 1802, loi de l'État, et le 18 avril, jour de Pâques, le cardinal Caprara, légat de Sa Sainteté, célébra la messe dans le sanctuaire de Notre-Dame, étonné pour ainsi dire d'une si majestueuse et imposante cérémonie et d'une affluence si considérable et si inaccoutumée dans les murs silencieux et délaissés de la cathédrale de Paris. Comme partout, une ordonnance du commissaire général, relative au culte et aux cérémonies religieuses, fut publiée, avec une certaine solennité, dans les rues de Bordeaux : ce n'était plus un délit de regarder le ciel, ni un crime d'aller adorer un Dieu de miséricorde, trop et trop longtemps offensé. C'était la vieille France ressuscitée avec sa vieille foi toujours jeune, toujours la même. Le pouvoir était respecté, et voyant avec quelle soumission débonnaire on accueillait les nouveautés administratives, les modifications successives des choses anciennes, on crut qu'il était temps de marcher en avant, et, par une affiche placardée sur toutes les places publiques de la France, on invita le peuple à se prononcer sur cette question vitale :

NAPOLÉON BONAPARTE sera-t-il Consul à vie?

Cette délibération des Consuls, datée du 10 mai 1802, signée de Cambacérès, qui voulut bien s'effacer pour laisser le champ, avec ses chances et ses périls, libre au favori de la fortune, fut accueillie partout avec respect; le peuple français, las de tant de désordres et de tant de changements dans les hautes régions du pouvoir, voulait quelque chose de stable : sa réponse était affirmative, son consentement acquis, et, le 2 août 1802, un sénatus-consulte proclama Bonaparte premier Consul à vie.

Nous sommes bien loin de 1793, de funeste mémoire! Nous sommes à même d'entrevoir quelque chose qui ressemble à la monarchie! On pardonne, on oublie le passé : c'était sage !... Tous les partis avaient fait des fautes et méritaient des reproches : indulgence mutuelle, miséricorde réciproque, étaient la devise de tout le monde. Les émigrés rentrent sans être astreints à l'odieuse formalité d'un serment; l'île de Saint-Domingue se pacifie par la soumission de Toussaint-Louverture; les églises se remplissent de fidèles et le culte est partout rétabli; le Sénat se constitue, et tous les éléments de force, de durée et de sécurité rapprochent le moment où la république, qui n'existait plus que sur les monnaies et dans les préambules des actes civils, allait, ombre maudite et fugitive, s'évanouir pour toujours.

En présence de cette perspective consolante, la religion ne pouvait rester en arrière; elle aussi avait de grands intérêts en jeu, et, en se mêlant à tout ce qui se faisait pour le bien moral et temporel du peuple, elle pouvait et devait y imprimer son caractère, qui était une sanction de sa durée. Monseigneur d'Aviau, nommé archevêque de Bordeaux, arriva le 29 juillet dans nos murs, précédé d'une réputation faite pour désarmer les méchants, fortifier les bons et plaire à tout le monde. Il écrivit le 10 août à M. le Préfet, et l'invita à fixer le 15 du même mois pour son installation. C'était un jour férié ; son choix ne pouvait qu'être agréable aux représentants du Consul Bonaparte, qui avait pris ce jour-là pour sa fête patronale. Le préfet s'empressa d'accéder aux désirs du pieux archevêque et fixa le jour de l'Assomption de la Sainte-Vierge pour l'installation de Mgr l'archevêque de Bordeaux, dans l'église de Saint-Dominique (Notre-Dame), où toutes les autorités civiles et militaires devaient se réunir à dix heures du matin (1). Sa Grandeur devait être accompagnée, de son logis jusqu'au lieu de la réunion, par le commissaire général de police et les trois maires de Bordeaux. Le préfet, le général-commandant et le président du tribunal d'appel, accompagnés du clergé, étaient chargés de recevoir le prélat à l'église, où, après avoir célébré la messe, il devait entonner le *Te Deum,* en actions de grâces des bienfaits qu'assuraient aux Français la paix de l'État et de l'Église, et de la stabilité que donnaient au Gouvernement les actes récents du Sénat conservateur. L'archevêque fut reconduit chez lui par les mêmes individus qui étaient allés le chercher. Il y avait ce jour-là une foule immense dans les rues de Bordeaux. Le temple de l'Être suprême fut rendu au culte du Dieu de Clovis et de Saint-Louis, et, par un concours de circonstances imprévues et impossibles à prévoir, le sacrifice du Dieu d'amour fut offert comme une expiation à la justice divine, le jour de l'Immaculée Vierge, sur un autel profané par la déesse de la Raison ; le temps semblait chargé de réparer le passé.

Et, en effet, en s'efforçant de réparer et de faire oublier les désordres des mauvais jours, tout marchait vers ce but : le Gouvernement, les autorités, le clergé, les honnêtes gens de toutes les classes ne demandaient pas mieux et substituaient, dans toutes les occasions, les modes, les usages et les goûts

---

(1) On choisit Notre-Dame, parce que Saint-André était en désordre ; on en avait fait un dépôt de salpêtre et un grenier à foin !

de la monarchie, à ceux de la république, qui n'était presque plus qu'un souvenir. Jusque-là, l'anniversaire du 14 juillet n'était qu'une fête civique; c'était une fâcheuse commémoration de l'origine de nos discordes civiles; il n'était cependant guère facile de la passer sous silence. On avait bien le désir de ne plus rappeler de si tristes souvenirs, et, à cet égard, la charité et la religion offraient des ressources dont il était bon de se servir. Dans son Mandement à cette occasion, Monseigneur d'Aviau annonça que l'intention des magistrats était d'employer en aumônes pour les indigents, la plus grande partie des dépenses que cette fête nécessitait tous les ans. Personne n'osait se plaindre de cette innovation, et la charité, qui couvre une infinité de crimes, servit cette fois-ci les vues conciliatrices des autorités et fit oublier ces cérémonies bruyantes et dangereuses par la considération des pauvres qu'il fallait secourir.

De son côté, l'autorité civile ne pouvait rester silencieuse; elle ordonna la célébration de la fête; mais, cette fois-ci, la religion devait intervenir dans cette solennité de la démocratie: toutes les autorités devaient se rendre à la messe à Saint-André et assister aux prières publiques pour le succès des armes de la France. Dans son ordonnance du 9 juillet 1803, sur le dispositif de cette fête, le commissaire général eut soin de prescrire des actes de bienfaisance, des quêtes publiques et privées, et d'y jouer, à grand orchestre, l'ouverture de *Sargines*, sujet qui rappelait le triomphe des Français, sous Philippe-Auguste, à la bataille de Bouvines.

Ici, jetons un coup-d'œil rétrospectif sur quelques particularités qui, ne trouvant pas de place dans la narration, ne doivent pas cependant passer inaperçues et rester peut-être toujours ignorées; les moindres détails sur Bordeaux ne peuvent manquer d'intéresser les Bordelais.

Comme de nos jours, les sables que la Garonne déplaçait et entraînait dans son cours, et les atterrissements qu'elle produisait, interrompaient la navigation et obstruaient le lit de la rivière, de telle façon que, dans certaines passes, il y avait danger pour les gros bâtiments. Le préfet, par son arrêté du 20 janvier 1802, ordonna des travaux à exécuter sur la rive droite de la Garonne; cet essai ne fut pas heureux.

Dans le mois de janvier furent nommés, comme députés de la Gironde, M. Duranteau pour le Sénat, et M. Jaubert, avocat, pour le Tribunat.

Dans cette année (1802) on commença à démolir le château de l'Ombrière, ce vieux palais d'Éléonore et des ducs de Guienne. On trouva dans les fouilles deux pierres sépulcrales d'origine romaine, avec des inscriptions singulières; il en est parlé dans le *Bulletin Polymathique*.

Le 4 avril 1803, le collége électoral s'assembla et fut présidé par M. Journu, sénateur. Le 5 juin suivant, M. Dubois, forcé de se retirer à cause de sa mauvaise santé, fut remplacé dans la préfecture par M. de Lacroix. Le nouveau préfet désirait faire sa cour à son maître et poussait le Conseil municipal à faire quelque démonstration patriotique envers le nouveau pouvoir, afin d'attirer ses yeux sur la ville de Bordeaux. On ne savait que faire : la marine était en mauvais état; le Conseil municipal résolut, le 20 juin 1803, d'offrir au Gouvernement un vaisseau de ligne de 80 canons, de la valeur de 1,600,000 fr. Quand on songe à la crise continuelle où se trouvait le commerce depuis plusieurs années, on ne sera pas peu étonné de voir nos édiles disposer si facilement des écus qui ne leur appartenaient pas : on peut parier, sans se tromper, que, dans cette exorbitante prodigalité de nos officiers municipaux, leurs propres sacrifices n'étaient pas les plus considérables ! Il est facile de faire le généreux aux dépens d'autrui.

L'école centrale, qui occupait l'ancien collége de Guienne depuis le 5 mai 1796, fut remplacée, le 12 juillet 1803, par le lycée, qui, à son tour, prit le nom de collége royal, onze ans après. Le collége fut installé dans le couvent des Feuillants, bâtiment très-vaste, mais qui ne suffisait pas pour les nombreux besoins d'un établissement scholastique ; on fut obligé d'y adjoindre le couvent des Visitandines, qui y était contigu, sur les fossés des Tanneurs. Le Gouvernement y entretenait des élèves ; on y devait recevoir aussi des pensionnaires et même des externes.

C'est dans le mois de juillet (1803) qu'on commença la démolition des portes de la Grave, de Sainte-Croix et de celle dite Porte-Basse ; on prétextait qu'elles obstruaient trop la voie publique. C'est aussi vers ce temps qu'on acheva le dôme vitré de la Bourse ; on transforma ainsi une grande cour en une vaste salle très-éclairée.

Au mois de septembre (1803) on commença, à la demande du préfet, des recherches minutieuses pour faire une description statistique du département. Ce travail important fut interrompu. On assure que M. Jouannet a profité des recherches anonymes qu'il s'est appropriées pour son travail sur le même sujet. Ce travail laissait à désirer sous beaucoup de rapports. MM. Brunet et Lamothe ont entrepris, en 1847, de le compléter par le moyen d'un supplément.

Dans notre *Histoire de l'Église de Bordeaux*, nous publierons quelques Mandements des évêques schismatiques de Bordeaux, Pacareau et Lacombe, avec de curieux détails sur ces deux personnages.

CHAPITRE III.

Bonaparte empereur. — L'approbation du peuple. — Les députés de Bordeaux vont féliciter Sa Majesté. — Le Pape vient couronner Bonaparte. — Réjouissances à cette occasion à Bordeaux. — La bataille d'Austerlitz. — Les trois municipalités de Bordeaux réduites à une seule. — Diverses particularités de l'histoire locale. — La paix avec l'Autriche. — La fête du 15 août. — Cambacérès préside le collège électoral. — La porte Bourgogne appelée l'*Arc-Napoléon*. — Napoléon à Bordeaux. — La disgrâce de M. Thierry, vicaire général; de M. Delort, secrétaire de Monseigneur, et de M. Lacroix, supérieur du séminaire. — L'Impératrice à Bordeaux. — La détresse du commerce à Bordeaux. — Un incident arrivé à l'Empereur à la porte du théâtre. — Il érige l'ancien Archevêché en Palais impérial. — Il accorde plusieurs autres grâces à Bordeaux.

Livre VII.
1803.

1804.

Bonaparte, comme nous l'avons vu, avait atteint l'avant-dernière étape sur la route de l'empire; un pas de plus, c'était la couronne, l'objet de ses désirs, le but de ses efforts, l'accomplissement de ses vœux. Revêtu du pouvoir, il ne manquait pas d'adulateurs pour exalter ses mérites, le pousser en avant et lui faire voir, dans les mystérieuses pages de l'avenir, la grandeur de sa race, la prospérité de la France, l'immortalité de son nom, et le ciel, enfin, couronnant par des faits la volonté du peuple. Ce concert de louanges était bien fait pour enivrer le *Consul à vie;* c'était pour lui l'expression de la vérité; son état était celui d'une complète ivresse; il consentit à ce qu'on lui proposa, et ses agents s'empressèrent de sonder l'opinion et de préparer les esprits à cette nouvelle et dernière métamorphose de la république. Le Sénat, corps servile, composé de renégats de tous les drapeaux, accourut le premier à la voix du chef, et, par un sénatus-consulte organique du 18 mai 1804, conféra le titre d'*Empereur* à Napoléon Bonaparte, avec l'hérédité de la dignité impériale dans sa famille (1). C'était tout ; mais il y avait des formes à garder : il était sage de mettre de son côté le peuple qui ne se souvenait encore que trop de son orageuse souveraineté ; son approbation serait le baptême de l'empire, la légitimation et la reconnaissance authentique du nouveau pouvoir. En effet, un décret impérial régla le mode de la présentation du sénatus-consulte à l'acceptation du peuple, et des registres furent ouverts, en conséquence, dans toutes les villes, le 31 mai 1804, pour recevoir le vœu des Français sur la proposition suivante : « *Le peuple veut l'hérédité de la dignité* » *impériale, dans la descendance directe, naturelle, légitime* » *et adoptive de Napoléon Bonaparte, et dans la descendance* » *directe, naturelle et légitime de Joseph Bonaparte et de* » *Louis Bonaparte, ainsi qu'il est réglé par le sénatus-consulte* » *organique du 28 floréal an XII.* »

Pendant qu'on s'occupait à Paris de cette nouvelle organisation du pouvoir, on se doutait bien en province où l'on voulait conduire la France. Dès le mois d'avril, on pressentait à Bordeaux les dispositions du Sénat ; le préfet avait déjà sondé le terrain, et, sûr du succès, il invita tous les fonctionnaires publics à une réunion où il devait s'agir d'une mesure très-importante pour la prospérité de Bordeaux et de la France. C'était le 29 avril : on parla longuement et toujours pour applaudir à cette salutaire modification du pouvoir exécutif. L'approbation était générale ; il n'y avait qu'une chose à faire, c'était de nommer trois députés qui portassent à l'Empereur

---

(1) En 1804, dans des fouilles faites dans l'emplacement des Templiers, à Bordeaux, on découvrit quelques pierres sépulcrales et des lacrymatoires. La même année, on fit la découverte de trois bas-reliefs antiques, sculptés sur trois côtes d'un bloc en pierre dure, dans le local de l'Intendance : l'un représente Junon ; l'autre, Jupiter accueillant Ganymède, enlevé par l'aigle, qui y figure ; le troisième représente Léda caressant le cygne, dont Jupiter avait pris la forme, pour surprendre cette belle reine de Sparte qui se baignait dans les eaux d'Eurotas. — Ces curieux bas-reliefs paraissent dater du quatrième ou du cinquième siècle, d'après le *Bulletin Polymathique*, tome II.

en herbe, l'expression du vœu unanime des Bordelais. Qui oserait, alors, contester la généralité et l'unanimité de ce vœu ?

Les trois députés partirent enchantés de pouvoir, les premiers, présenter l'hommage flatteur des vœux impériaux de Bordeaux à Napoléon ; mais, soit qu'on eût mis trop de lenteur à sonder l'opinion publique, soit que le Gouvernement eût devancé l'époque de la manifestation projetée de ses plans, soit, enfin, que nos heureux messagers eussent mis trop de temps à voyager, toujours est-il vrai qu'ils n'arrivèrent dans la capitale que le jour même où l'on proclamait l'avènement de l'Empereur ! Leur désappointement fut cruel ; nos trois Mages voulaient faire l'horoscope du géant qui allait naître ; l'étoile ne les avait pas bien guidés, ils arrivèrent trop tard !

Bonaparte, assis enfin sur un trône ardemment ambitionné, était-il plus heureux que sur son fauteuil consulaire ? Il était placé plus haut ; mais une chute aurait les plus fâcheuses conséquences ; son élévation avait offusqué les souverains légitimes et surtout Louis XVIII, qui protesta, en juin, contre le nouveau titre, comme une usurpation de ses droits. Le nouvel Empereur se moquait de la colère des rois ; il était fier de l'approbation du peuple et n'avait plus rien à désirer que la sanction de la religion : nouveau Pepin, il voulait qu'un Pape lui donnât l'onction impériale, et obtint enfin, de Pie VII, le consentement désiré, en échange des plus belles promesses en faveur de la religion et de la papauté.

Pie VII se mit en route pour la France, le 2 novembre 1804, pendant une saison rigoureuse, et fit son entrée à Paris le 28. Il y fut reçu, avec bonheur, par tous les corps de l'État et au milieu des acclamations enthousiastes d'une foule innombrable et respectueuse. Le 2 décembre, il couronna Bonaparte, Empereur des Français, dans l'église de Notre-Dame. Tout allait au souhait du favori de la fortune ; le ciel bénissait ses projets, il semblait devancer ses vœux et aller au-devant de ses vues gigantesques. La nouvelle année inaugura une nouvelle forme de gouvernement : le ministre, par sa circulaire du 9 février 1805, ordonna des réjouissances à l'occasion du couronnement, et les Bordelais organisèrent, en conséquence, une magnifique fête pour le 24 février, qui devait être annoncée la veille par le son des cloches et des salves d'artillerie des forts de la commune et du port, tirées à six heures du matin, à midi et le soir; des tambours et des trompettes devaient parcourir nos paisibles rues, en exécutant des dianes et des fanfares; les bâtiments du port devaient être pavoisés, les édifices publics décorés du pavillon impérial, des secours distribués aux indigents et aux malheureux, des danses et des jeux organisés toute la journée et même la nuit, les façades des maisons illuminées et des fusées lancées de distance en distance, le tout pour éterniser le souvenir impérissable de la fête du couronnement de Napoléon Ier. Pour marquer plus spécialement le beau jour de son avénement à la couronne de France, l'Empereur voulut qu'il fut distingué par des actes d'indulgence et de bienfaisance, et qu'on dotât, au nom de Sa Majesté Impériale, des filles pauvres, mais de mœurs irréprochables, et qu'elles fussent mariées le 5 ventôse, à Saint-André, en présence de toutes les autorités et de tous les fonctionnaires publics. C'était du bonheur partout, une joie inexprimable : Bonaparte et ses ministres étaient heureux; pourquoi les Bordelais et tous les Français ne le seraient-ils pas?

Il faut rendre justice à l'activité prodigieuse de l'Empereur; il s'occupait, sans relâche, de l'organisation intérieure de la France : il donnait ses soins, son attention et ses veilles aux affaires publiques, se faisait rendre compte de tout, agissait partout lui-même ou par ses agents, et portait, pour ainsi dire, à lui seul, pendant quelque temps, le poids de toutes les affaires de l'Empire; il fit beaucoup, parce qu'il y avait beaucoup à faire et parce qu'il le voulait bien. Instruit de l'état des affaires municipales de Bordeaux, il réduisit, par son décret daté de Saint-Cloud, le 4me jour complémentaire

Livre VII. Chap. 3.
1805.
21 Septembre.

de l'an 13, les trois municipalités en une seule, et nomma maire de Bordeaux, M. Lafaurie-Monbadon, qui fut installé le 7 octobre suivant. MM. Letellier, Fieffé, Mathieu, maires jusqu'alors, furent, avec MM. Portal, Grammont et Hugues Vignes, nommés aux fonctions d'adjoints au maire. La cérémonie de leur installation eut lieu dans l'ancien collége de Guienne, converti en hôtel de mairie (1).

Pendant que les affaires se réglaient et s'organisaient à l'intérieur, l'Empereur s'occupait de ses armées et tenait tête à l'Europe : la fameuse bataille d'Austerlitz vint ajouter une nouvelle page bien glorieuse à nos annales, et le 27 décembre les Bordelais, partageant la joie générale de la France, s'abandonnèrent à la joie et aux réjouissances pour la victoire remportée par Napoléon sur les empereurs d'Autriche et de Russie. Le résultat immédiat du triomphe de Bonaparte fut un traité de paix fait avec l'Autriche, à Presbourg. Monseigneur

12 Janvier 1806

d'Aviau fit chanter, à cette occasion, un *Te Deum* dans toutes les églises du diocèse. A la fin de cette année, l'armée impériale se signala avec gloire par sa mémorable victoire d'Iéna, sur les Prussiens, le 14 octobre. Le clergé de Bordeaux chanta encore un *Te Deum;* toutes les autorités, tous les fonctionnaires y assistaient; les églises étaient remplies de gens de toutes les conditions, qui sympathisaient avec leur nouveau César. La Russie s'obstinait encore à repousser la France et entraîna la Prusse, satellite énervé dans son orbite. Avant d'en venir à un choc définitif, les puissances belligérantes finirent par s'entendre, et un traité de paix, conclu à Tilsit, le 7 juillet 1807, fut publié en France, et, à Bordeaux, le 6 août, aux acclamations d'une foule immense de peuple qui encombrait les places publiques et applaudissait aux faits d'armes des Français et à l'incontestable habileté politique et militaire de leur Empereur.

---

(1) Le 2 février 1807, on installa les écoles chrétiennes.

Le 15 août, la Saint-Napoléon, fête de l'Empereur des Français, fut célébrée à Bordeaux avec une magnificence inaccoutumée ; c'était à la fois l'anniversaire de la naissance de Napoléon et du rétablissement de la religion en France. Tous les travaux furent suspendus, toutes les boutiques et magasins fermés ; on voyait partout des fontaines de vin, versant leur nectar au peuple qui. bénissait le nom du puissant et glorieux chef de la France ; des danses et des jeux de toutes sortes organisés au Jardin-Public ; des représentations gratuites aux théâtres et des illuminations générales. Ajoutez à ces pompeuses réjouissances, qui durèrent deux jours, les imposantes cérémonies du culte catholique, qui eurent lieu dans la cathédrale ; des discours analogues aux circonstances, et le tout couronné par une superbe procession, à laquelle assistèrent les autorités civiles et militaires, les hommes en place, une multitude immense de personnes des deux sexes, de toutes les conditions, de tous les âges, louant et bénissant le Dieu des armées, priant pour l'Empereur, et remerciant le ciel du rétablissement de la foi catholique en France. C'était l'une des plus belles fêtes et le plus cordialement célébrées qu'on ait vues à Bordeaux pendant tout l'Empire.

Le surlendemain de ces splendides fêtes, le baron Fauchet, installé préfet de la Gironde, depuis le 1ᵉʳ février 1806, fit faire l'ouverture des assemblées primaires dans le département, afin de procéder aux élections, et, le 24 novembre suivant, le collége électoral de la Gironde commença ses opérations, sous la présidence de l'archi-chancelier de France, Cambacérès, le confident intime des pensées les plus secrètes de Bonaparte. Les candidats élus furent, pour le Sénat, MM. Jaubert, conseiller d'État, et Lafaurie-Montbadon, maire de Bordeaux ; pour le Corps législatif, ce furent MM. Legris-Lasalle, ex-législateur ; Lainé, avocat ; Durfort, conseiller de préfecture.

Quelques jours plus tard, on apprit que Sa Majesté devait

honorer Bordeaux de sa visite. On s'occupa de suite, avec un zèle courtisanesque, des préparatifs à faire pour sa réception. On fit nettoyer et réparer ses appartements au Palais impérial, on arrêta un programme des fêtes, et le maire fit organiser et équiper, par des jeunes gens de familles riches, une garde d'honneur qui pût être présentée à l'Empereur pendant son séjour à Bordeaux. On venait d'isoler la porte Bourgogne des maisons voisines, par la démolition des guichets latéraux; on en fit un arc de triomphe; l'esprit adulateur de nos édiles ne trouva rien de mieux à faire que d'en célébrer la dédicace, sous le nom d'*Arc-Napoléon*. Le temps n'a pas sanctionné la flagornerie municipale : l'arc a repris son nom primitif.

La nouvelle année arriva et amena avec elle de grands événements. On apprit officiellement que Sa Majesté Impériale devait arriver à Bordeaux dans la soirée du 4 août; la garde d'honneur à cheval, commandée par M. Beaumont de Brivazac, et la garde d'honneur à pied, sous les ordres de M. de Montesquieu, se tinrent prêtes à recevoir Sa Majesté et à s'acquitter des nouvelles fonctions que l'étiquette leur imposait. L'Empereur arriva à huit heures du soir, accompagné des princes de Neufchâtel et de Wagram, et du général Duroc, duc de Frioul, grand-maréchal du Palais. Le lendemain, à midi, les autorités de Bordeaux furent admises à une audience : l'Empereur s'entretint avec elles de leurs charges respectives, des besoins de la ville et de tous les objets confiés à leurs soins respectifs. Le même jour, il se rendit à cheval, escorté de sa garde d'honneur, au Champ-de-Mars, où il passa les troupes en revue; il se rendit ensuite sur le port, parcourut les quais, tout en admirant le gracieux arc que forme notre cité sur la rive gauche de la Garonne, et qui lui fit donner, dans le moyen-âge, le nom si pittoresque du *Port de la Lune*. Arrivé au chantier de construction, il s'embarqua sur le brigantin de la ville, accompagné de plusieurs généraux, du préfet, du maire, du commissaire principal de la marine et d'une foule d'autres fonctionnaires et personnages de la ville. Il continua cette promenade sur l'eau jusqu'au Bec-d'Ambès, toujours au bruit des salves de l'artillerie, auxquelles répondaient les canons des vaisseaux pavoisés en rade. De retour à Bacalan, il remonta à cheval et se rendit au Palais, en traversant les ruines du Château-Trompette et en passant devant le Grand-Théâtre, ce beau monument de Louis, dont il admira les grandioses proportions et la magnificence architecturale.

Sa Majesté avait fait inviter plusieurs personnes à dîner, entre autres, Monseigneur d'Aviau et ses vicaires généraux. Le prélat, connaissant le caractère de Napoléon, et se doutant bien qu'il essaierait de découvrir leurs sentiments politiques en les faisant parler sur quelque sujet délicat, leur recommanda la plus grande réserve dans leurs paroles, la prudence la plus consommée. Après dîner, il s'entretint avec les uns et les autres; puis, abordant un petit groupe où se trouvaient MM. le vicaire général, l'abbé Thierry, l'abbé Delort, secrétaire de Monseigneur, et le saint et vénérable abbé Lacroix, supérieur du séminaire, il s'informa des charges qu'ils remplissaient auprès de Monseigneur; et, s'adressant soudain à M. Lacroix, il lui demanda brusquement : « M. l'Abbé, enseignez-vous les libertés gallicanes à vos élèves? » Tout interdit d'abord par cette interpellation inattendue, le bon M. Lacroix répondit en balbutiant : « Sire, nous n'en sommes pas encore là. » Il voulait lui faire comprendre que ses élèves n'avaient pas encore vu le Traité de l'Église, où cette matière devait se présenter naturellement. Bonaparte crut que la timidité de M. Lacroix n'était que l'embarras d'un prêtre ultramontain, qui ne pensait pas, en fait de liberté, comme Fleury, et serait prêt à sacrifier un Empereur à un Pape! Mais, dissimulant son déplaisir, il entama une conversation avec MM. Thierry et Delort. C'étaient des hommes d'une autre trempe, et, malgré leur dé-

Livre VII.
Chap. 3.

1808.

férence pour la sage recommandation de leur Archevêque, ils répondirent avec une imprudente franchise aux adroites questions de Sa Majesté. Sans souplesse de caractère, ignorants en fait de servilisme courtisanesque, hommes droits et consciencieux, ils se prononcèrent contre certains points qui préoccupaient alors l'esprit inquiet de Bonaparte. Ces caractères étaient trop raides pour lui; il n'en voulait pas. M. Lacroix eût trouvé grâce à ses yeux, s'il n'avait pas paru hostile aux principes gallicans. A son retour à Paris, il ordonna qu'on rayât leurs noms des tablettes de l'église de Bordeaux, et les fit dépouiller de leurs titres et priver de leurs traitements. Ils se souvinrent, trop tard, des sages conseils et de la prévoyance de Monseigneur d'Aviau.

Après avoir passé quelques jours à visiter la ville et les environs, il fit appeler, le samedi 9 avril, M. le Préfet et la municipalité, et s'informa, avec un soin scrupuleux, de tous les besoins de la ville; c'était la sollicitude d'un père qui désirait, pour qu'on l'aimât, satisfaire aux désirs de ses enfants. Il en prit note, et nous verrons plus bas qu'il ne les avait pas oubliés.

Le dimanche 10 avril 1808, à huit heures du soir, arriva à Bordeaux l'Impératrice Joséphine; le Corps municipal la reçut au passage de La Bastide, avec tous les honneurs dus à son rang, et le lendemain, à midi, toutes les autorités furent admises à lui présenter leurs hommages. Pendant son séjour à Bordeaux, ce n'étaient que des fêtes et des réjouissances; tous les jours, quelque chose de nouveau : des bals, des banquets, beaucoup de joie et de bonheur de commande; beaucoup de dévoûment officiel et officieux, beaucoup d'affamés qui voulaient avoir du pain et quelque fonction à remplir; beaucoup de républicains rigides, qui s'étaient adoucis au contact du pouvoir et étaient devenus chauds impérialistes, ne fût-ce que pour un ruban rouge suspendu à leur boutonnière! Les royalistes seuls se tenaient à l'écart; seuls, ils n'avaient ni besoin, ni ambition, ni encens pour cet homme-phénomène qui occupait le trône de Saint-Louis. Tous les soirs, il y avait une affluence de monde au Palais : tous les fonctionnaires, tous les ambitieux, le commerce, en un mot, toutes les notabilités de la ville s'y rendaient, à l'exception des nobles, qui s'obstinaient à ne pas fléchir le genou devant ce demi-dieu de la guerre.

Dans la journée du mardi 12 avril, Leurs Majestés firent une promenade sur l'eau, et, ayant débarqué à Bacalan, elles rentrèrent en ville par les Chartrons, allèrent visiter la Bourse et s'y entretinrent quelques instants avec les membres du Tribunal de commerce, sur l'état des affaires, le cadre de leurs exportations et importations, et les mesures à prendre pour obvier aux inconvénients et aux périls de la situation, et pour faciliter leurs relations et leurs transactions commerciales. Il leur conseilla de provoquer quelques expéditions maritimes, dans lesquelles sa caisse d'amortissement entrerait pour un tiers d'intérêt.

Ses conseils étaient sages; ses paroles, même sur ces matières étrangères à ses goûts et à ses habitudes, n'étaient que le rayonnement du génie, les lucides aperçus de sa haute et compréhensive intelligence; mais il s'aperçut bien vite que les commerçants sont des hommes positifs; ils préfèrent les écus aux paroles et ne savent que trop bien qu'il faut quelque chose de plus que des consolations et des espérances pour balancer des comptes et combler un déficit. La liberté des mers, l'exportation des vins, le rétablissement des relations commerciales avec l'étranger, voilà les vœux des Bordelais; mais voilà ce que Napoléon, dans sa toute-puissance, aurait voulu et n'a jamais pu donner : le seul obstacle, c'était l'Angleterre! Les armements en course avaient enrichi quelques maisons; ils furent la ruine de plusieurs autres; le commerce intérieur était nul, l'industrie paralysée et le monde ennuyé, fatigué du bruit des armes. Tous les cœurs soupiraient après la paix, dont les bienfaits ne pouvaient jamais être compensés par les victoires les plus éclatantes et les triomphes les plus glorieux. Toute la population de Bordeaux ne formait qu'un vœu, celui de la paix; elle était, pour les Bordelais, un besoin, une condition vitale de leur existence; et cependant, dans cette détresse générale, on n'entendait pas une plainte, pas un murmure, rien qui pût décéler un esprit d'opposition à la politique du nouveau César. En était-il de même dans les salons?

L'Empereur se levait de bon matin et se promenait, avec un seul de ses aides-de-camp, dans la ville, tantôt à pied, tantôt à cheval, et était reçu partout avec de vives et unanimes acclamations. Il avait l'air de ne pas en faire grand cas; il savait ce que valent la constance du peuple dans ses affections et la prodigalité de ses éloges; il devait plus tard l'apprendre et le savoir bien mieux; il savait bien qu'un jour d'adversité ferait taire toutes les trompettes de la Renommée, et qu'il y a toujours des parsis qui se retournent vers le soleil qu'ils voient poindre à l'horizon. On avait préparé pour Sa Majesté une magnifique loge au théâtre; elle était divisée en deux petits salons magnifiquement décorés. On l'y attendait le lendemain de son arrivée. En effet, il se rendit au vœu des fonctionnaires, et le préfet vint le prendre au Palais à l'heure convenue. Le cocher, ne sachant pas que l'Empereur devait entrer par un escalier particulier, s'arrêta devant le grand péristyle, malgré les cris de M. Gobineau, commandant de l'escorte, qui lui disait l'endroit où Sa Majesté devait descendre. L'Empereur s'élança hors de la voiture, et, entendant les cris et se voyant seul, sans issue apparente, il s'écria : « Où me mène-t-on? » La confusion devint de plus en plus grande, par les flots du peuple qui grossissaient à chaque instant. L'Empereur revint sur ses pas, et, s'élançant dans sa voiture, se fit reconduire au Palais, au grand désappointement des curieux qui encombraient la salle. Le lendemain, il agréa les excuses des magistrats sur leur imprévoyance de la veille, et se rendit au théâtre. Le spectacle était mal choisi et pouvait paraître une inconvenance répréhensible : c'était *Euphrosine* ou le *Tyran corrigé*, et le *Siége de Cythère*, ballet. La maladresse était trop grande : Bonaparte, homme d'esprit, dissimula ses impressions et parut content.

Le 13 avril, à trois heures du matin, l'Empereur se mit en route pour Bayonne, escorté d'un détachement de la garde d'honneur jusqu'au second relais. Sur toute la route, les populations accouraient de loin pour voir ce héros dont le nom et les exploits se trouvaient sur toutes les lèvres, depuis dix ans, dans tous les coins de l'Europe. A l'extrémité de l'étang d'Orx, près du pont de Boudigau, on avait placé, sur une colonne, une statue colossale de Napoléon, le bras étendu du côté d'un vaste étang qu'on voulait dessécher et d'où le jeune et tout-puissant héros semblait ordonner aux eaux de se retirer, pour rendre à l'agriculture quatre mille arpents d'excellentes terres. Sur cette colonne, on lisait l'inscription suivante : *Rex patriæ jubet, atque undæ mutantur in arva.*

> Napoléon ordonne, et d'immenses marais
> Enrichis de moissons nourriront ses sujets.

Sur toute la route de Bordeaux à Bazas, à Mont-de-Marsan, à Bayonne, partout on avait élevé des arcs de triomphe, avec des inscriptions élogieuses. Celui de Dax se faisait remarquer par ce seul mot : *MAXIMO*. Napoléon en parut content ; il voyait rarement des démonstrations semblables, d'une simplicité si expressive.

Le 26, à cinq heures du matin, l'Impératrice partit de Bordeaux pour aller le rejoindre à Bayonne ; la garde d'honneur à cheval l'escorta jusqu'à Langon (1).

Au milieu des préoccupations incessantes de la désastreuse guerre d'Espagne, Bonaparte n'oublia ni le bienveillant accueil

---

(1) Elle alla, le 14, visiter le bien de M. Raba, à qui elle donna le buste de l'Empereur, exécuté en porcelaine de Sèvres.

que les Bordelais lui avaient fait, ni les divers besoins de leur ville. Par son décret du 24 avril, il érigea l'ancien palais archiépiscopal (alors la préfecture) en palais impérial, et en nomma le comte de Montbadon gouverneur. Par un second décret, il statua sur les divers établissements que la ville désirait avoir ou secourir :

1° L'hôtel où siégeait la Municipalité fut concédé à la ville, à titre gratuit, et avec remise des loyers échus;

2° La portion du couvent des Orphelines occupée par les Sœurs de la Charité, leur fut concédée à titre gratuit;

3° L'autre partie du même couvent fut accordée, au même titre, aux Sœurs de Notre-Dame, qui se livraient à l'instruction des filles indigentes;

4° L'approbation de Sa Majesté accordée à la maison de la Miséricorde, fondée et dirigée par la demoiselle Lamouroux, dans l'ancien couvent de l'Annonciade. La fondatrice était dispensée du paiement de la somme de 22,500 fr. qu'elle avait encore à solder sur le prix de l'adjudication des bâtiments de ce couvent;

5° Il était ordonné de fonder une Maison ou Dépôt de mendicité pour tout le département; elle fut construite en 1810; elle devint, en 1818, un collège sous la direction des Jésuites, ayant pour titre : *Maison d'éducation des Pères de la Foi*. Ces vénérables prêtres ne crurent pas devoir faire le serment que les ministres de Charles X prescrivaient aux instituteurs publics; ils préférèrent l'exil à ce qui blessait leur conscience et abandonnèrent, en 1828, leur maison qui, dès lors, est devenue le Petit-Séminaire;

6° Furent concédés à la ville, pour le logement des curés de Saint-Louis et de Saint-Vincent-de-Paule, les maisons que ces deux ecclésiastiques occupaient aux anciens couvents des Petits-Carmes, aux Chartrons, et des Chartreux;

7° Il était ordonné de démolir et de vendre, au profit du Domaine, les matériaux du surplus des bâtiments de la Chartreuse, qui tombaient en ruines, et d'affecter le terrain à l'agrandissement du jardin botanique du département;

8° L'amphithéâtre de Saint-Côme, bâti en 1753, pour y établir un cours de chirurgie, devenu, en 1830, l'*École secondaire de Médecine*, fut concédé à la ville, pour y rétablir les cours de chirurgie;

9° Le manége ou école d'équitation, grand bâtiment construit en 1755, par Portier et Gabriel, sous l'administration de M. de Tourny, fut concédé à la ville, à la charge d'y faire donner gratuitement l'instruction à seize élèves du collége et à seize militaires que l'autorité compétente devait désigner. C'était une propriété de la ville : seize élèves du collége impérial y allaient prendre des leçons une fois par semaine;

10° La construction d'un pont sur la Garonne, devant Bordeaux, fut ordonnée; le Gouvernement accorda, pour cet objet, 400,000 fr. par an;

11° La démolition du Château-Trompette fut prescrite; les matériaux et les terrains furent donnés à la ville; le produit était porté, approximativement, à la somme de 4,800,000 fr., qui devait être employée à plusieurs travaux d'utilité publique, entre autres :

1° A l'acquisition de l'hôtel Saige, pour servir de préfecture; ce qui fut fait (1);

2° Aux grosses réparations de la cathédrale, aux logements de l'Archevêque et du séminaire diocésain; ce qui ne fut fait qu'en partie;

3° A la construction du Dépôt de mendicité (Petit-Séminaire).

Par un décret du 26 du même mois, Bonaparte créa une

---

(1) Cet hôtel fut bâti en 1775, sous la direction et sur le plan de l'architecte Louis; c'est lui qui bâtit aussi les hôtels ou maisons qui forment l'angle de cet îlot dont la préfecture fait partie. Par suite de la loi du 9 août 1847, on a acheté les maisons placées derrière la préfecture pour y établir les bureaux. Ils y furent installés en 1855.

<small>Livre VII.
Chap. 3.
—
1808.

Thiers,
Histoire
du Consulat,
t. VIII, liv. 30,
p. 370.</small>

commission qui prêterait, dans l'état pénible du commerce, aux propriétaires des vignobles du département, jusqu'à concurrence de la moitié de la valeur de leurs vins, qu'ils donneraient en nantissement, moyennant deux et demi pour cent pour l'intérêt annuel du prêt, et de deux pour cent pour droit de garde des dits vins. Comme fonds de ces prêts, le Gouvernement avança trois millions. Cette commission fonctionna pendant quelque temps ; mais elle fut supprimée.

La Municipalité avait demandé l'éloignement des brasseries ; l'Empereur ne crut pas devoir y faire droit, en frappant des industries privées qu'aucune loi ni solide raison ne défendait ; elle avait demandé que la police municipale s'étendît sur quinze communes ; mais Sa Majesté, convaincue qu'une banlieue si étendue surpasserait de beaucoup celle de la capitale même, ne porta celle de Bordeaux que jusqu'à trois millimètres de rayon, extension assez considérable pour que la police y trouvât tous les moyens de sécurité que l'on pouvait désirer.

Les Bordelais étaient reconnaissants ou paraissaient l'être : l'Empereur voulait bien les soulager ; c'était difficile, impossible même ; les circonstances étaient plus fortes que sa volonté. Le commerce dut se taire devant la nécessité ; les sujets parurent contents en présence du maître. Les travaux ordonnés adoucirent un peu le sort des classes pauvres et procurèrent à l'industrie locale des ressources profitables ; mais le haut commerce de notre ville fut presque entièrement anéanti par le blocus maritime et la guerre continentale. Nos rues étaient peu fréquentées, notre rade sans bâtiments, et les Chartrons, ainsi que tous nos quais, ordinairement si pleins de mouvement et de vie, n'offraient plus qu'un aspect triste et monotone : on eût dit le silence du désert !

CHAPITRE IV.

Bonaparte à Bayonne.—La famille royale d'Espagne arrive en France.—Joseph créé roi d'Espagne.—Les princes espagnols à Bordeaux.—Ils vont où l'Empereur avait fixé leur demeure.—Bonaparte revient. — Ses marques de satisfaction envers des personnes en service auprès de sa personne à Bordeaux. — Il repasse encore *incognito*.—Le château de Vayres un hôpital militaire.—Bonaparte.—Son divorce.—Son mariage avec Marie-Louise. — Fêtes. — Baptême du roi de Rome. — Fêtes.— Proclamation de M. l'Adjoint. — De jeunes filles dotées et mariées. — Divers faits et particularités historiques arrivés à Bordeaux en 1809, 1810 et 1811.

Voilà Napoléon à Bayonne : que voulait-il y faire? Avait-il un motif, une résolution arrêtée d'avance, ou bien sa conduite postérieure ne fut-elle que l'inspiration du moment, une nécessité qu'il ne s'attendait pas à voir surgir des circonstances nouvelles et étranges où se trouvait alors la famille royale en Espagne? C'est à l'histoire générale qu'il appartient de résoudre ces graves questions et d'éclaicir le mystère dont on a enveloppé les tristes affaires d'Espagne ; elles n'entrent pas dans le cadre de notre travail. Qu'il nous soit permis, cependant, de dire notre pensée : Napoléon marchait à la conquête de la domination générale de l'Europe ; son but était tout à la fois politique et militaire. Il savait bien que, dans les grandes crises sociales, aux terribles époques de lutte et de transition, la puissance suit presque toujours les aventureuses hardiesses de la fortune et appartient à celui qui a conscience de sa force et qui dévoue à son but, ses efforts, son intelligence, toute l'énergie de son âme. Il commença par déblayer la route où la fortune l'appelait comme digne de s'asseoir dans le conseil des souverains ; il voulait que tout fût grand et digne de lui ; il désirait que ses agents s'élevassent à la hauteur de leur po-

Livre VII.
—
1808.

Thiers,
*Histoire
du Consulat*,
t. VIII.

sition, et, informé qu'un jour le préfet de la Seine s'était fait porter aux Tuileries par une voiture de place, il en profita pour donner des instructions analogues à tous ses employés, et écrivit en particulier au préfet de la Seine, cette lettre où il se révèle tout entier :

« Monsieur le Préfet, vous êtes venu aux Tuileries dans un fiacre : le premier magistrat de la ville de Paris, celui qui représente la capitale de l'Europe, la reine des beaux-arts et du luxe, doit avoir au moins sa voiture ; il vous la faut, vous l'aurez demain et magnifique. Sachons nettoyer Paris de ses haillons révolutionnaires et couvrir cette noble dame de velours, de pourpre et d'or !

» Ne vous mettez pas le nez dans le ruisseau pour administrer Paris, montez sur les tours Notre-Dame et regardez. Qui fait des économies avec de gros traitements est l'adversaire de mon système et l'ennemi de ma gloire. Dans la capitale d'un grand empire comme la France, c'est le superflu du riche qui assure le nécessaire du pauvre.   NAPOLÉON Ier. »

A cette époque, les doctrines révolutionnaires de la France s'étaient infiltrées en Espagne, au moins parmi les classes éclairées ; c'était le germe des discordes futures. On y voyait sur le trône un roi honnête homme, bon, sensible, d'une intelligence faible, simple dans ses goûts et dans ses habitudes, probe et loyal jusqu'au scrupule, et ne se doutant jamais qu'il pût y avoir un ami ingrat, un prince perfide, ou une épouse infidèle dans une maison royale : il lui fallut une triste expérience pour connaître les hommes !

Sur la fin du 18e siècle, Godoy, grâce aux intrigues de la reine Marie-Louise, sortait des rangs obscurs de l'armée et allait s'emparer, comme premier ministre, du timon des affaires et de la direction de l'État. Charles IV le combla de bontés et ne crut pas, malgré des avis secrets, que le fameux favori avait des relations trop intimes avec la reine.

La guerre éclata, en 1793, entre l'Espagne et la France ;

mais, voyant ses succès légers et passagers balancés par des revers graves et durables, Godoy fit signer à son souverain un traité de paix avec la France, conclu à Bâle, au mois d'avril 1795, et obtint du roi abusé le titre de *Prince de la Paix*. Ce traité indisposa contre l'Espagne les puissances alliées, et l'Angleterre en particulier : la destruction des flottes française et espagnole à Trafalgar, en novembre 1805, en fut le résultat.

L'Espagne était donc devenue le satellite de la France, et Charles IV, sans s'en douter, le vassal de l'Empereur Napoléon. Ses sujets et son argent étaient aux ordres du moderne Charlemagne, qui, dans un discours prononcé devant le Corps législatif, en 1806, fit un pompeux éloge de la conduite *désintéressée* de son constant et fidèle allié le roi d'Espagne. Cet état déplut à Godoy ; il voyait l'Espagne à genoux devant un soldat heureux : il lança, dans le monde, son intempestive et impolitique proclamation du 6 octobre 1806 ; mais Napoléon, plein de mépris pour tant d'imprévoyance, jointe à des velléités belliqueuses impuissantes, ne daigna pas y répondre. Dans cet état de choses, une occasion favorable ne pouvait manquer de placer l'Espagne sous sa main : la tentation était forte et le projet facile d'exécution ; il se tut et ne se mit à parler que quand il fut à même d'agir. La cour d'Espagne hésita longtemps à reconnaître Joseph Bonaparte comme roi de Naples. Napoléon le sut et répondit : « Charles » IV ne veut point reconnaître mon frère pour roi des Deux-» Siciles ; patience, son *successeur* le fera bien ! » Il avait alors la pensée de mettre son frère en Espagne.

Pendant ce temps, la discorde régnait dans la famille royale d'Espagne. Le roi, trompé par une femme infidèle, était mécontent de son fils, et Godoy, loin de calmer cette antipathie, la fomentait de plus en plus, et représentait le jeune prince (Ferdinand VII) comme engagé dans une conspiration contre la sûreté de l'État et les droits du roi. Toutes ces tracasseries

Livre VII.
Chap. 4.
1808.

Thiers,
*Histoire
du Consulat*,
t. VIII.

parurent insupportables à Charles IV : il parla d'abdiquer. Une armée française pénétra en Espagne, en 1807, sans qu'on pût se douter du véritable but de Napoléon, dont Charles IV ne soupçonnait nullement les intentions. Une révolution de palais, qui éclata à Aranjuez, confirma le prince dans sa première résolution ; il abdiqua le 18 mars 1808, et abandonna à son fils, Ferdinand VII, une couronne trop pesante pour sa tête, déjà vieille et affaiblie.

L'armée française arriva à Madrid le 23 mars, et, le lendemain, Ferdinand VII, âgé alors de vingt-trois ans, fit son entrée solennelle, au milieu des plus grandes marques de bonheur des Espagnols, de respect et de déférence de la part des Français. Charles IV s'en trouva offensé et se montra surtout très-irrité de ce que Godoy, son misérable favori, était toujours en prison. Il entama, le 29 octobre 1807, une correspondance avec Bonaparte, qui vit bien le parti qu'on pouvait tirer de la discorde qui régnait entre le roi et son fils. Charles IV se repentait d'avoir abdiqué, et épanchait ses regrets et ses douleurs dans le sein de Napoléon, qui se disait son ami. Faible, crédule, imprévoyant, il prêtait l'oreille aux calomnies d'une mère dénaturée, épouse infidèle, qui voulait exclure le jeune prince du trône. Ferdinand, courroucé contre Godoy, qui régnait à la place de son père, et déshonorait sa famille par un adultère dont on ne faisait plus un mystère, écrivit, de son côté, à Napoléon, demandant sa protection, et voulut, en se mariant avec une princesse de France, devenir non seulement son parent, mais son protégé et pour ainsi dire son vassal. Napoléon vit bien qu'il pouvait intervenir sans offusquer les puissances de l'Europe, ni même le peuple espagnol. Les princes eux-mêmes l'appelaient ; il était temps de prendre une couronne qu'ils étaient incapables de porter.

Charles IV, à qui Napoléon avait inspiré une affection, selon toutes les apparences, sincère et vive, lui avait adressé, d'après les conseils de Murat, une protestation contre les événements du 19 mars, et lui avait confié, dans une lettre particulière, son sort, celui de sa couronne et de ses sujets. Fort de cette singulière communication, l'Empereur écrivit, le lendemain de son arrivée à Bayonne, à Ferdinand, une lettre où on lit ces lignes de blâme sur les affreuses scènes d'Aranjuez : « Je ne suis point le juge de ce qui s'est passé ; mais ce que » je sais bien, c'est qu'il est dangereux pour les rois d'accou- » tumer les peuples à répandre du sang et à se faire justice » eux-mêmes. Je le dis à Votre Altesse Royale, aux Espagnols » et au monde entier : si l'abdication du roi Charles est de » pur mouvement, s'il n'y a pas été forcé par l'insurrection » et l'émeute d'Aranjuez, je ne fais aucune difficulté de l'ad- » mettre, et je reconnais Votre Altesse Royale pour roi d'Es- » pagne. Je désire donc causer avec Elle sur cet objet, etc. »

L'affaire était bien conduite, et le projet de Murat, maître à Madrid, coïncidait parfaitement avec les idées de Napoléon. On ne voulait pas reconnaître Ferdinand, sous le prétexte que l'abdication du père n'était ni libre ni volontaire. On désirait que le pouvoir fût maintenu encore entre les mains du faible vieillard, dont on ferait tout ce qu'on voudrait, et qu'entre un roi qui ne l'était plus et un prince qui ne l'était pas encore, aux yeux de Bonaparte, le pouvoir suprême restât en suspens et la nation libre de choisir une autre dynastie ou d'en recevoir une du choix du maître de l'Europe.

Ferdinand ne voulait pas aller à Burgos ; il partageait, à cette occasion, la répugnance de l'Espagne tout entière. Mais Murat et le général Savary avaient l'ordre, en cas de refus de sa part, de le forcer et même de le pousser de Burgos à Bayonne. Il se décida à aller à Burgos. La lettre de Napoléon semblait lui dire que sa future et problématique royauté dépendait de la manière dont il expliquerait l'affaire d'Aranjuez. Pour avoir donc une couronne, il se décida à aller au-devant de Napoléon ; il ne se doutait pas que c'était pour la lui donner.

A peine son départ fut-il connu, que les vieux souverains

se décidèrent aussi à le suivre pour plaider leur cause devant leur tout-puissant arbitre. On eût dit que la maison des Bourbons se précipitait avec empressement dans le gouffre où elle devait consommer étourdîment sa ruine.

Ferdinand arriva donc à Bayonne le 20 avril. Godoy, mis en liberté, y vint aussi, sous escorte, le 26, quatre jours avant le roi dont il avait causé les malheurs. Enfin, Charles IV arriva et descendit au château de Marrac, où logeait l'Empereur qu'il appelait son *magnanime ami*. En montant l'escalier, il s'appuya sur le bras de son puissant hôte et lui dit : « Je suis » faible; soutenez-moi, mon frère, j'en ai besoin. » — « Ap- » puyez-vous, répond Napoléon en souriant, ne craignez rien, » vous verrez que je suis fort. » C'était là une franchise prophétique dont la faible intelligence du roi ne comprenait pas la portée.

Napoléon désapprouvait la conduite de Ferdinand et flattait Charles IV; celui-ci se croyant sincèrement appuyé, ne voyait plus dans son fils qu'un ingrat et un rebelle. Un jour fut fixé pour une entrevue : Napoléon voulut y assister. A peine Ferdinand parut-il dans l'appartement de son père, que celui-ci éclata en reproches et lui ordonna d'abdiquer une couronne usurpée par suite d'une révolte populaire. Le jeune roi voulait s'expliquer; mais le père, poussé par sa femme passionnée et vindicative, s'élança de son fauteuil, et l'accusant, avec une aigreur haineuse, d'avoir voulu lui arracher la vie avec la couronne, menaça, s'il ne se conformait pas à ses désirs, avant six heures du lendemain au soir, de le traiter, lui et ses frères, comme des *émigrés rebelles*. La vieille reine se précipita, à son tour, sur le prince, l'appelant un être lâche, faux, perfide, mauvais fils, et l'accusant d'avoir désiré la couronne de son père et le meurtre de sa mère! Froid, immobile, impassible, Ferdinand ne répondait rien. Embarrassé d'une scène si scandaleuse, Napoléon lui dit que, si le soir même il n'avait pas renoncé à la couronne, il le traiterait en fils rebelle, promoteur et complice d'une conspiration contre les droits de son père.

Le soir même, le prince de la Paix se rendit au château de Marac, où Charles IV céda sa couronne et tous ses droits à Napoléon, pour en disposer comme celui-ci l'entendrait, à ces quatre conditions :

1° Intégrité du sol d'Espagne et de ses colonies;

2° Conservation de la religion catholique;

3° Cession à Charles IV du château de Compiègne et de ses dépendances, sa vie durant, avec une liste civile de 30 millions de réaux (7,500,000 fr.), payés par le trésor de France;

4° Traitement proportionné à tous les princes de la famille royale.

Ferdinand vit enfin le gouffre où lui et sa famille s'étaient si étourdîment jetés. Se trouvant sur le sol de France, sous la main de fer de Bonaparte, sans liberté, sans moyen d'agir, il signa l'acte d'abdication ou de renonciation à la couronne; on lui promit en échange le château de Navarre en toute propriété, un million de revenu, plus 400,000 fr. pour chacun des infants, moyennant leur renonciation commune à la couronne d'Espagne. Ferdinand avait fait ses réserves dans une lettre adressée à la junte du gouvernement; mais l'acte solennel de renonciation était déjà connu : Ferdinand n'était plus rien, et la junte, achetée comme tant d'autres individus, déclara que la volonté de Ferdinand VII *était inexécutable!* Le peuple espagnol ne fut pas de son avis!

« En revenant du palais où avait eu lieu l'entrevue de
» Charles IV et de son fils, dit M. de Pradt, l'Empereur tra-
» versa avec agitation les appartements du château de Marac,
» se rendit au jardin, et, après avoir fait trois ou quatre tours
» avec beaucoup d'action, il appela toutes les personnes qui
» se trouvaient présentes, puis, comme un homme plein d'un
» sentiment qui l'oppressait, il se mit à raconter, dans ce
» style animé, pittoresque, plein d'images, de verve et d'ori-

Livre VII.
Chap. 4.

1808.

» ginalité qui lui était familier, tout ce dont il venait d'être
» témoin : il frissonnait. Ses tableaux nous avaient transportés
» au milieu des acteurs de cette horrible scène : il peignit le
» roi Charles se plaignant, à son fils, de ses conspirations, de
» la perte de la monarchie que lui-même avait conservée en-
» tière au milieu des désordres de l'Europe, des outrages faits
» à ses cheveux blancs, etc., etc. C'était, dit-il, le roi Priam. »

Puis, s'arrêtant tout à coup, il ajouta, après un moment de silence : « La scène devenait fort belle, quand la reine est
» venue l'interrompre, en éclatant en invectives et en menaces
» contre son fils, et, après lui avoir reproché de les avoir dé-
» trônés, elle m'a demandé de le faire monter sur l'échafaud.
» Quelle femme ! quelle mère ! s'écria-t-il ; elle m'a fait hor-
» reur, elle m'a intéressé pour lui. »

Murat, qui agissait en maître à Madrid, fit partir pour Bayonne tous les princes de la famille royale ; arrivés à Bordeaux, ils furent logés au palais impérial, sans aucun de ces honneurs publics qu'on rend aux princes amis. Leur suite était peu nombreuse ; quelques amis, quelques domestiques, des gens d'armes en habit bourgeois ou en costume, formaient leur modeste escorte. En arrivant dans notre cité, le premier soin de ces princes chrétiens fut d'aller visiter les églises : la population fut édifiée de leur piété ; mais ils furent peinés de voir la nudité de nos temples, et ne pouvaient s'en expliquer l'état de misère et de dénûment que par les sauvages déprédations des Vandales de 1793.

Les princes allèrent une fois au spectacle ; on jouait *OEdipe à Colonne*. Le bel air :

Du malheur, auguste victime,
Mettez un terme à vos regrets.

fut remarqué et regardé comme un heureux à-propos, et vivement applaudi.

A Bordeaux, toutes les classes compatissaient à leurs malheurs ; on forma même un complot pour leur rendre leur liberté et les ramener en Espagne; tout était arrêté entre MM. Taffard de Saint-Germain, Roger, Defeu, Le Blanc-Nougues, Moureau fils aîné, Théodore Laclotte, le capitaine Boisson et quelques autres. On chargea un professeur de langue espagnole, à Bordeaux, de se mettre en rapport avec le chambellan de Ferdinand, et de lui dire que, puisque c'était la garde nationale qui fournissait les sentinelles à la porte du prince, un de ces loyaux Bordelais, qui aimait les Bourbons, serait de garde la nuit suivante et ferait parvenir au prince, par une main sûre, un habit d'uniforme de la garde nationale de Bordeaux, qui faciliterait son évasion et sa fuite sur une barque, jusqu'à l'armée anglaise, à Royan. Le chambellan promit, si le roi acceptait, de prévenir le fidèle serviteur, entre onze heures et minuit. Tout était prêt; mais le roi, craignant de se compromettre et ne connaissant pas ses généreux amis de Bordeaux, ne fit pas de réponse. Ces malheureux princes quittèrent Bordeaux le 14 mai, pour se rendre à Compiègne et Valençay, et Joseph alla, sans bruit, sans escorte, s'asseoir sur le trône de Charles-Quint!

Livre VII. Chap. 4. — 1808.

Lamartine, Histoire de la Restauration, t. VI, liv. 38.

Après ces événements singuliers, l'Empereur et l'Impératrice se mirent en route pour Paris, et furent reçus, à l'entrée de Bordeaux, par le Corps municipal, le 31 juillet. Le lendemain, après la réception et les compliments d'usage, l'Empereur alla visiter le Lycée et accepta dans la soirée, à la Bourse, une fête et un splendide banquet que la ville et le commerce lui avaient préparés. Le jour suivant, Leurs Majestés quittèrent la ville et furent escortées, jusqu'à Saint-André-de-Cubzac, par la garde d'honneur.

Sensibles à l'accueil généreux et respectueux des Bordelais et aux témoignages de leur dévoûment, Leurs Majestés voulurent bien laisser quelques preuves de leurs bons souvenirs aux individus qui avaient été de service auprès de leurs personnes pendant leur séjour à Bordeaux. Le 10 août suivant, M. le Maire reçut du duc de Frioul, grand-maréchal du Pa-

Livre VII.
Chap. 4.

1808.

Extraits
des Registres
de
l'Hôtel-de-Ville

lais, des dépêches datées de Rochefort, du 6 août, portant envoi :

1° De deux tabatières ornées du chiffre de l'Empereur et destinées à M. de Brivazac, commandant de la garde à cheval, et à M. de Montesquieu, qui commandait la garde à pied, en témoignage de son estime et de la satisfaction que Sa Majesté avait éprouvée de leur service auprès d'elle. C'était aux gardes que ces présents furent donnés, dans les personnes de leurs chefs ;

2° De deux magnifiques bagues pour les deux capitaines du port ;

3° De trois mille francs pour les marins du canot de la ville et de celui de la marine ;

4° De vingt-cinq mille francs pour les pauvres de Bordeaux.

Le 24 septembre suivant, l'Empereur envoya son buste à la ville.

Rien de remarquable ne se présente dans nos chroniques, jusqu'au mois de novembre. La grande armée était déjà passée, et, le 1er novembre, l'Empereur, accompagné du duc de Frioul et de plusieurs autres officiers de sa maison, arriva, à midi, *incognito* dans nos murs, et en partit à trois heures pour se rendre sur les frontières. Il s'agissait de protéger la royauté naissante de Joseph en Espagne et de l'acclimater sur un sol brûlant, qui consume ou rejette hors de son sein tout produit exotique. Dans la nuit du 20 au 21 janvier 1809, il repassa encore *incognito;* il descendit au Palais à minuit et repartit à trois heures du matin pour Paris.

1809.

19 Mars.

Dans ce temps, il y avait un hôpital militaire établi au Château-Trompette ; l'Empereur en ordonna la suppression, et voulut que le château de Vayres fût approprié à cet usage.

Le 3 juin 1808, le conseil municipal prit possession du terrain du Château-Trompette, cédé à la ville par un décret impérial du 25 avril.

Le 28 novembre, on lança à l'eau la frégate le *Niémen*, frégate de 36 canons et l'une des plus fortes qu'on eût construites à Bordeaux.

Quelques jours plus tard (le 24), par son décret du 24 mars, Napoléon nomma maire de Bordeaux, M. Lynch, alors président du Conseil général du département; il remplaçait M. de Montbadon, nommé sénateur depuis le 6 de ce mois, et fut installé le 7 avril 1809. Par suite du décret du 25 avril 1809, le Corps municipal de Bordeaux fut transféré, dans les premiers jours de septembre, dans l'hôtel occupé jusqu'alors par le commissariat général de police. Ce Corps était composé de M. Lynch, maire; de MM. Grammont, Portal, Letellier aîné, Fieffé, Mathieu, Bacalan, adjoints.

Livre VII. Chap. 4.
1809.

C'est dans le cours de cette année 1809, que Bonaparte, par son décret daté de Schœnbrun, le 17 mai, établit des écoles d'équitation dans toutes les grandes villes de l'Empire. Bordeaux y fut désigné pour une école de seconde classe; le *maximum* qu'elle eut à entretenir était de vingt chevaux, et le *minimum* de quinze. C'était la traduction de quelque projet militaire, ou peut-être une mesure qui avait pour but de renouveler et d'améliorer sa cavalerie. Il était puissamment et activement secondé à Bordeaux par M. Gary, qui avait remplacé, depuis le 24 avril, M. Fauchet, comme préfet de la Gironde.

Pendant tout ce temps, Napoléon marchait de victoire en victoire; la fortune suivait ses troupes, tout allait au gré de ses désirs. Ayant su que l'Autriche rassemblait ses forces avec quelque velléité de lui faire la guerre, il partit de suite pour l'Allemagne, et son premier bulletin annonça à la France six victoires importantes : le 10 mai 1809, il était maître de Vienne et occupait le château de l'empereur d'Autriche. La bataille de Wagram amena l'armistice entre les deux empereurs, et la fille de François II allait devenir l'épouse de Napoléon Ier. Après le refus du Pape de sanctionner le divorce avec Joséphine, la dissolution du mariage fut prononcée par la complaisante officialité de Paris, et Marie-Louise, arrivée à Saint-Cloud le 30 mars 1810, eut son mariage béni par le

1809.

1810.

cardinal Fesch, archevêque de Lyon, le 2 avril. Des fêtes splendides furent commandées partout en France : Bordeaux ne resta pas en arrière, et sa Municipalité, empressée de manifester sa courtoisie, son obséquiosité et son esprit de flagornerie, fit choix de sept de ses membres pour aller, au pied du trône, porter à l'heureux couple couronné les respectueuses félicitations et les *reconnaissants hommages* des Bordelais. Des adresses furent rédigées de suite et confiées aux heureux députés, pendant que M. Grammont, premier adjoint, embouchait la trompette pour annoncer aux échos étonnés de la Garonne, les spirituels et prophétiques élans de son poétique épithalame, auquel le public nous saura gré d'avoir emprunté quelques lignes comme échantillon du style municipal de l'époque :

« Cette union mémorable, dit-il, qui consolide notre bon-
» heur, qui assure le repos des peuples et qui devient l'objet
» des plus chères, des plus douces espérances des Français,
» est dans ce moment célébrée avec éclat et comme à l'envi,
» par l'Autriche consolée, par les nombreuses nations alliées
» que protége notre illustre monarque, et surtout par l'heu-
» reuse capitale de l'Empire. Habitants de Bordeaux, bientôt
» vos sentiments pourront aussi se montrer au milieu des fêtes
» solennelles, qui ne paraissent différées de quelques jours
» que pour recevoir de la pompe des arts et de la magnifi-
» cence de la nature tout l'éclat si digne de leur majestueux
» objet..... Que la vive expression de vos sentiments rende
» ce jour comme le précurseur des jours heureux qu'il assure
» à la France ! »

Parmi les adresses présentées à l'occasion du mariage, il y en avait une bien remarquable : c'était celle de Bordeaux, dont la rédaction avait été confiée à Philippe Ferrère, avocat célèbre, homme de cœur, le rival de Lainé et de Ravez, et que, sans ces deux noms, nous allions appeler le roi du barreau. Dans cet acte, Ferrère voulut être à son aise ; il croyait, dit-il, le moment venu de faire retentir les mots de *paix*, de *commerce* et de *bonheur public*. Il lui semblait que la politique même de Napoléon et sa soif immodérée de gloire se réunissaient pour l'engager à poser les armes et à laisser respirer l'humanité. Il développa ce thème en phrases aussi respectueuses que substantielles ; la lecture de son travail reçut l'approbation du Conseil municipal et de ses concitoyens, et les députés furent chargés de porter ces nobles paroles au pied du trône. En arrivant à Paris, il fallut, suivant l'usage, soumettre l'adresse au ministre compétent ; le lendemain, le ministre manda les députés Bordelais et leur dit : « que leur adresse était inconvenante, presque irrévérencieuse, et qu'il fallait absolument la supprimer ; qu'il ne pouvait point concevoir comment Bordeaux avait pu penser que l'événement du monde le plus simple (le mariage de Napoléon et de la petite nièce de Louis XVI), changerait quelque chose aux vastes desseins que Sa Majesté avait conçus pour le bonheur du monde. Assurément l'Empereur en serait mécontent. »

Livre VII.
Chap. 4.
—
1810.

Ferrère,
Mes Souvenirs.

L'adresse ne fut pas insérée au *Moniteur*. Ceux qui l'avaient approuvée, MM. Lynch, Portal et quelques autres trouvèrent cela très-naturel ! Ferrère seul, dans tout Bordeaux, s'en étonna ; il n'était pas assez flexible pour être un homme des circonstances ! Il ne naquit pas et ne devint pas courtisan.

On s'amusa beaucoup à Bordeaux le dimanche suivant, jour indiqué : comment ne pas le faire, en présence d'un événement qui promettait tant de bonheur ! Selon la grande idée du magistrat qui prescrivit les réjouissances publiques, c'était l'aurore d'un beau jour qui allait commencer une nouvelle ère de prospérité, couronner toutes les espérances, consolider le bonheur des nations et luire sur l'Europe pacifiée, avec tous les charmes que devaient lui donner la *pompe des arts*, les *riches produits de Flore* et la *magnificence de la nature !*

Ce n'était pas assez de se marier à Paris, il fallait que d'autres couples heureux sentissent aussi, en province, un peu du

Livre VII.
Chap. 4.
—
1810.

NOTE 19.

bonheur conjugal de leurs maîtres. L'administration de Bordeaux fut chargée, en exécution du décret du 25 mars, de choisir dix anciens militaires qu'elle devrait unir à dix jeunes filles recommandables par leurs bonnes mœurs et de leur donner six cents francs comme dot à chaque couple. Cette cérémonie fut renvoyée au 22 avril. Nous donnons, dans une *note*, les noms des heureux époux de Bordeaux ; il est probable que, dans leur humble sphère, leur félicité conjugale a été aussi réelle, aussi bien sentie et moins éphémère que celle de Napoléon et de Marie-Louise : ce n'est pas toujours dans les hautes régions de la société qu'il faut chercher le bonheur !

Nous ne sommes pas encore à la fin de nos fêtes matrimoniales ; ces choses-là ne passent pas facilement de mode. Le ciel couronna les vœux de l'Empereur en lui donnant un enfant, le 13 mars 1811. Son baptême devait laisser des souvenirs ; de nouveaux bienfaits émanant d'un père heureux et reconnaissant envers le ciel, devaient consacrer à jamais cette époque, qui allait, au moins dans l'esprit du pouvoir, affermir pour toujours les glorieuses et brillantes destinées de la France. Hélas ! que nos espérances sont trompeuses et que les prévisions d'un amour même légitime sont bien différentes de la pensée de Dieu !

5) Avril 1811.

NOTE 20.

Conformément aux bienveillantes intentions de Sa Majesté, le préfet ordonna des réjouissances publiques pour le jour du baptême du nouveau-né. Il fut ordonné de choisir neuf militaires (quatre dans Bordeaux et un dans chaque arrondissement) qui devaient se marier le 2 juin 1811, avec des filles pauvres et orphelines de leurs communes respectives, à qui le Gouvernement accordait des dots (600 fr. à chacune). Les choix devaient se porter de préférence sur les hommes qui avaient servi avec le plus de distinction, et sur les filles qui jouissaient d'une bonne réputation. Il serait trop long, trop fastidieux de donner, en détail, le programme des réjouissances du 9 juin : les fêtes de commande se ressemblent presque toujours. Ce sont, d'ordinaire, le son des cloches, des salves d'artillerie, des bâtiments pavoisés, des maisons illuminées, des secours distribués aux mères-nourrices, aux indigents et aux bureaux de charité. C'étaient un obélisque, orné magnifiquement d'emblèmes et d'inscriptions en l'honneur du roi nominal de Rome, des mâts de cocagne, toutes sortes de jeux publics et gratuits, au Champ-de-Mars; des fontaines de vin sur le grand marché et sur le marché des Chartrons; des danses, des orchestres organisés au Champ-de-Mars; des images allégoriques au milieu des plus resplendissantes illuminations, et mille autres diverses sortes de cérémonies et de démonstrations joyeuses, sans parler du *Te Deum* solennel exécuté, le même jour, avec pompe et à grand orchestre, auquel avaient été invitées les autorités civiles, militaires et judiciaires, et des détachements des deux gardes d'honneur de Bordeaux.

Par son décret du 11 mars 1811, l'Empereur rendit au département l'ancien fort du Hâ, devenu une prison d'État depuis le commencement de la révolution. On y fit de grands changements; mais, après bien des débats et des délais, on commença à bâtir des prisons plus saines et mieux aérées, et elles furent mises en activité en 1843. En 1847, on exhaussa le quartier des hommes d'un étage, et on sentit le besoin d'agrandir cette prison. Elle peut recevoir 240 hommes et 40 femmes.

CHAPITRE V.

Napoléon réunit les États pontificaux à l'Empire français.—Le Pape à Fontainebleau. — État de Bordeaux. — Sacrifices de Bordeaux. — Le Corps législatif dissous. — L'année 1814.—Les royalistes de Bordeaux.—L'Institut philanthropique. — Relations de M. Taffard de Saint-Germain avec Wellington. — Bontems-Dubarry à Londres. — Lettre de Wellington. — Le duc d'Angoulême. — Sa proclamation. — Indignation de Soult. — M. Lynch, maire de Bordeaux. — Les paroles sévères de Wellington. — Sa correspondance. — Son mauvais vouloir envers les Bourbons. —Beresford marche sur Bordeaux.— Le 12 mars.—Le duc d'Angoulême arrive ; il est reçu par Monseigneur l'Archevêque. — Rapport de Beresford à Wellington. — Adresse de M. Lynch à ses concitoyens.

Livre VII.

1811.

Napoléon Ier s'estimait heureux ; mais, enivré de son amour de la gloire, dupe de son ambition et exalté par ses triomphes, il se crut tout-puissant et envoyé du ciel pour remanier le monde, modifier les institutions séculaires des empires, remplacer des dynasties par d'autres dynasties de sa création, joncher le sol de l'Europe de ruines, et pour se proclamer, sous les yeux des peuples étonnés et des rois détrônés, le monarque universel!... L'Espagne était, depuis le 5 mai 1808, un fief qui relevait de son omnipotence; l'Autriche attendait le même sort, et, par un décret impérial du 17 mai 1809, écrit au palais de Schœnbrun, à Vienne, où il s'était établi en maître, Bonaparte réunit à l'Empire français les États pontificaux, et daigna offrir au Pontife détrôné une pitance de deux millions par an, en dédommagement de ses pertes. A défaut de raisons, quel prétexte donnait-il à cette spoliation ? Il disait que les États romains n'avaient été donnés aux Papes qu'à titre de fiefs ! Mais où sont les traités qui en réglaient la jouissance? Remontez le fleuve du temps et vous trouverez des actes qui constatent une donation : Constantin abandonna Rome aux Papes, qui y avaient plus de respect et d'autorité que lui ; descendez avec les siècles, et vous rencontrerez Pepin, Charlemagne, Louis, Lothaire, Henry, Othon et la comtesse Mathilde ; ce sont eux qui avaient cimenté, fortifié et étendu, par des donations, la puissance temporelle des Papes, que la force des choses, c'est-à-dire le ciel, avait commencée pour l'honneur et la dignité de la puissance et de l'indépendance du Père commun des fidèles. Avant Charlemagne personne ne doutait de la souveraineté des Papes ; avant de faire la guerre à Astolphe, Pepin l'engagea à rétablir la paix et à *restituer les propriétés de la sainte Église de Dieu et de la République romaine* (1). Louis le Débonnaire déclara que Pepin et Charlemagne, son père, avaient, depuis longtemps, par un acte de donation, *restitué* l'exarchat au bienheureux saint Pierre et aux Papes (2). Mais que signifie l'histoire en présence d'une toute-puissance ambitieuse ? Que peut le droit contre la force, ou un vieux père, impuissant et prisonnier, contre un fils qui se met à sa place ?.....

Pour comble de bonheur, un enfant naît à ce fier maître du monde ! L'heureux père fait son horoscope et on le baptise comme *roi de Rome !* C'était aller vite ; il comptait cette fois sans son hôte : le vaisseau qui emportait, vers le Tibre, tant de si belles espérances, se brisa contre le rocher qui abrite la barque de saint Pierre. Si le père s'était renfermé dans les limites de la vieille France, son fils aurait pu un jour ceindre le diadème ; mais le ciel, irrité, ne lui réserva qu'une couronne de cyprès ! Napoléon III est moins ambitieux et plus respectueux envers le Père commun des fidèles ; il en sera ré-

Livre VII.
Chap. 5.
—
1811.

1812.
Orsi,
Della origin.,
etc.,
ch. VII, 94.

---

(1) *Ut pacifice sine ulla sanguinis effusione propria S. Dei ecclesiæ et reipublicæ Romanæ reddant jura*, et plus haut *restituenda jura*. Orsi. *Della orig. del Dominio, etc., etc.*, ch. VII.

(2) Exarchatum quem..... Pipinus rex et genitor noster Carolus, imperator, Beato Petro et predecessoribus vestris jamdudum per donationis paginam restituerunt. *Baron, Annal.*, tom. XIII, pag. 627 ; *Orsi*, ibid., chap. X, etc.

Livre VII.
Chap. 5.

1812.

compensé un jour; Dieu n'oubliera pas ses sacrifices affectueux en faveur de Pie IX.

Bonaparte voulait voir tout le monde à ses genoux, mais le Pape protesta contre la spoliation dont il avait été l'objet, et lança une excommunication contre le vainqueur de l'Europe. Le nouveau Cyrus, dans sa colère, le fit enlever, la nuit du 6 juillet 1809 et le transféra prisonnier à Savone, et plus tard (en 1812) à Fontainebleau, pour l'avoir sous sa main. Que l'ivresse du pouvoir est fatale à l'homme qui en est revêtu! L'Empereur oublia bien vite ce qu'avait dit le premier Consul; il se démentit lui-même : « L'institution, disait Bonaparte
» premier Consul, qui maintient l'unité de la foi, c'est-à-dire
» le Pape, gardien de l'unité catholique, est une chose admi-
» rable. On reproche à ce chef d'être un souverain étranger.
» Ce chef est étranger, en effet, et il faut en remercier le ciel.
» Quoi! dans le même pays se figure-t-on une autorité pa-
» reille à côté du Gouvernement de l'État? Réunie au Gouver-
» nement, cette autorité deviendrait le despotisme du sultan;
» séparée, hostile peut-être, elle produirait une rivalité af-
» freuse, intolérable. Le Pape est hors de Paris, et cela est
» bien; il n'est ni à Madrid ni à Vienne, et c'est pourquoi
» nous supportons son autorité spirituelle. A Vienne, à Madrid,
» on est fondé à en dire autant. Croit-on que s'il était à Paris,
» les Viennois, les Espagnols consentiraient à recevoir ses dé-
» cisions?

Thiers,
Histoire
du Consulat,
t. III.

» On est donc trop heureux qu'il réside hors de chez soi,
» et qu'en résidant hors de chez soi, il ne réside pas chez des
» rivaux; qu'il habite dans cette vieille Rome, loin de la main
» des empereurs d'Allemagne, loin de celle des rois de France
» ou d'Espagne, tenant la balance égale entre les souverains
» catholiques, penchant toujours un peu vers le plus fort, et
» se relevant bientôt, si le plus fort devient oppresseur. Ce
» sont les siècles qui ont fait cela et ils ont bien fait. »

Voilà le langage de la sagesse; il est beau, il est admirable, parce qu'il est vrai. Hélas! pourquoi ce nouveau César s'est-il oublié si vite, jusqu'à traîner le Pape dans les environs de sa capitale? En renversant le trône de Saint-Pierre, il minait le sien : ses malheurs avaient commencé; mais 1812, si fécond en déplorables événements, les acheva entièrement, et anéantit ces prestiges de puissance, cette auréole de gloire dont le ciel semblait l'entourer (1). La France dépeuplée, la jeunesse moissonnée, les larmes des pères et des mères, le commerce anéanti, la guerre impolitique et malheureuse de l'Espagne, l'enlèvement du Pape, les déplorables désastres de la Russie, toutes ces calamités, toutes les fâcheuses circonstances de 1812 se réunirent, comme de concert, pour hâter la chute du colosse français. Bordeaux avait été singulièrement éprouvé (2); son commerce n'existait plus; on ne voyait se glisser furtivement le long des côtes que de rares caboteurs ou quelques bricks armés en course; les corsaires même avaient été en grande partie pris; les emprunts forcés achevèrent d'exaspérer les négociants, déjà presque ruinés; et on peut voir, dans les rapports adressés au maire par les commissaires de police des différents quartiers de la ville, combien le mécontentement populaire avait fait de progrès. Pour comble de misère, les grains étaient devenus si rares et le pain et les comestibles en général si chers, que des capitalistes crurent sage de se réunir en société pour faire venir des provisions par le cabotage ou par terre, et maintenir le bon marché.

L'année 1813 s'inaugura sous les plus fâcheux auspices; Bonaparte venait d'arriver, en décembre, de sa désastreuse expédition de Moscou : son armée périt en grande partie, et, au lieu d'un triomphe, il ne rapporta que du chagrin, du dé-

---

(1) Le 14 mai 1812, on inaugura la synagogue des juifs, rue Causserouge, pour remplacer plusieurs autres petites synagogues qu'ils avaient dans le quartier des Augustins. — Le 7 décembre, le préfet posa la première pierre du pont de Bordeaux.

(2) Le Gouvernement avait été obligé de prêter, au commerce de Paris et de Bordeaux, douze millions! La détresse de ces deux places était immense!

couragement et de tristes prévisions. Décidé, cependant, à tenir tête à la fortune, qui ne suivait plus ses aigles dans leur vol audacieux, il ordonna une levée d'hommes extraordinaire, et demanda à la Gironde 122 cavaliers, indépendamment de ceux que devait donner notre cité. C'était porter l'effroi parmi la jeunesse, déjà décimée par les expéditions précédentes. On avait soif de gloire; mais, en 1813, on ne soupirait plus qu'après la paix. L'agitation fut extrême lorsque le maire, conformément aux ordres du ministre, publia un arrêté en date du 18 janvier, ordonnant une levée, par voie de réquisition, de quatre-vingts cavaliers, équipés aux frais de la ville, pour faire partie du don *volontaire* (le mot est curieux!) d'hommes qui serait offert au Gouvernement pour en faire un corps d'élite, sous le nom de *garde-d'honneur*. Le peuple n'était pas dupe de ces belles paroles. On se couvrait d'un voile de gaze; grâce à sa transparence, on voyait à travers, en caractères assez gros, ces mots significatifs : *Besoin public, la nécessité, une autre armée!* On recruta cependant quelques volontaires pour la *garde-d'honneur;* mais ils étaient rares et peu pressés, ceux qui voulaient l'*honneur de la garde!*

Le 10 mars, le conseil de recrutement ouvrit ses séances pour l'examen des conscrits de 1814, appelés au service par anticipation. Le contingent du département était de 1,600 hommes, indépendamment des 766 hommes qu'on allait lever sur les anciennes conscriptions de 1807 jusqu'à 1812.

Le temps était difficile, les travaux pénibles et multipliés, les hautes fonctions accompagnées de mécomptes, de déboires et de chagrins. M. Gary, préfet, donna sa démission, et fut remplacé, dans la Gironde, par le baron de Valsuzenay. Tout l'édifice impérial craquait de toutes parts et se disloquait à chaque instant; le beau-père abandonna son gendre et le roi de Rome; l'antique fidélité des Espagnols renversa la couronne de la tête de Joseph, qui passa *incognito* à Bordeaux le 25 juillet, fuyant devant ses sujets d'un jour. La bataille de

Leipsik acheva la ruine des affaires de Napoléon, et le sang français arrosa encore les champs dévastés de l'Allemagne. Le Corps législatif retrouva son esprit d'indépendance ; il montra qu'il avait encore le sentiment de sa dignité, dans un rapport rédigé par M. Lainé, député de Bordeaux, sur la nécessité d'ouvrir des négociations avec les puissances de l'Europe qui dirigeaient leurs armées contre la France. Bonaparte prononça la dissolution du Corps législatif et fit décréter, par le Sénat, les lois dont il avait besoin. Ce Corps asservi consentait à forger ses propres chaînes ; c'était la sentinelle avancée qui était chargée de veiller à la conservation de la Constitution ; on n'y trouva pas une seule âme pour protester contre son asservissement ou pour crier : *Vive la liberté!*

Nous voici en 1814, année célèbre dans les annales de Bordeaux, féconde en événements politiques, que la perspicacité humaine n'avait pas prévus ni ne pouvait prévoir. Jusqu'ici, l'étoile de Napoléon le Grand n'avait presque jamais pâli ; de sombres nuages, surtout en 1812, en avaient parfois terni l'éclat ; mais, en 1814, elle disparut de notre horizon et alla porter ses pâles clartés sur l'île d'Elbe. Les revers de ce grand capitaine ne provenaient pas d'un manque de génie et de résolution ; ils avaient leur source dans la désaffection de la France, dans l'inconstance de la fortune et le besoin, généralement senti et bruyamment proclamé, de la paix, et aussi dans la répugnance de la jeunesse pour de nouvelles campagnes ou des expéditions aventureuses. Comme d'autres villes, Bordeaux gémissait sur ses infortunes et pleurait, tout à la fois, la partie virile de sa population moissonnée par la guerre, la perte de ses finances, l'absence de cette majestueuse forêt de mâts qui ombrageait ses pacifiques ondes, et la désolante perspective de l'avenir de la France. Sous le règne de la terreur même, l'esprit public de Bordeaux se manifestait de mille manières et toujours hostile aux agents de l'autorité ; il s'y forma des associations politiques sous plusieurs noms inoffen-

Livre VII. Chap. 5.
1813.
18 Octobre.

1814.

sifs; mais, toujours comprimées par le pouvoir, elles se tenaient dans une impatiente inaction et guettaient un moment favorable pour briser leurs chaînes. Une société hostile au pouvoir fut réorganisée, en 1794, par le malheureux Cornu, qui expia ses courageuses imprudences et ses fautes royalistes sur l'échafaud, le 24 juin 1794; elle se composait de la jeunesse bordelaise, sous le nom de *Société de Belleville*. M. Ravez fut appelé à la présider après Cornu; mais, à la mort de Robespierre, ces jeunes gens s'établirent en ville, sous le nom de *Société du Gouvernement*. Ces sociétés paraissaient suspectes à plus d'un titre à l'autorité; on en ordonna la dissolution; mais la jeunesse protesta contre cette violence, et son obstination faillit engendrer de nouveaux désastres; au lieu de calmer les esprits, les imprudents agents du pouvoir ne firent que les aigrir et élargir la plaie. Toutes ces circonstances étaient rapportées aux princes sur le lieu d'exil; ils y voyaient un germe de mécontentement et une ombre d'espérance. Ces *factieux* de Bordeaux étaient leurs amis; c'étaient des royalistes *quand même!....* des jeunes gens de cœur et de bonne volonté, qui entretenaient le feu sacré du royalisme dans le sein de la population, et continuaient à rêver une restauration que beaucoup de gens croyaient impossible. C'étaient des conspirateurs, non pas de ceux qui cachent le poignard pour commettre des forfaits, mais de ceux qui parlent et agissent à visage découvert.

Napoléon savait tout cela; mais que pouvait-il faire contre des hommes qui avaient de légitimes sympathies pour une cause autre que la sienne et dont les vœux ne se traduisaient jamais en faits? Ils voulaient ce que voulait la France, la cessation des hostilités. La cause de Napoléon était si compromise aux yeux des peuples et des rois, que la paix avec lui paraissait impossible; les Bourbons seuls pouvaient la donner. Abandonné de l'opinion, il ne lui restait que l'appui de ses soldats; conduite de triomphe en triomphe, admirée de l'univers et couronnée de gloire, l'armée ne pouvait pas déserter ses bannières, et cette fidélité dans le malheur reflète de l'honneur sur les soldats et fait l'éloge de leur chef magnanime. Mais les généraux, engraissés des dépouilles des peuples vaincus, fatigués, d'ailleurs, d'arpenter toute l'Europe pour assouvir la vengeance ou satisfaire l'ambition d'un seul, n'avaient plus la même ardeur guerrière; n'entendant plus les fanfares de la république qui les avait créés et mis au monde, ni les cris de la liberté qu'ils avaient adorée dans les rêves de leurs jeunes années, ils n'aspiraient plus qu'au repos; ils étaient devenus des flatteurs égoïstes, des habitués des boudoirs, des soldats énervés, sans courage, sans patriotisme; la cour était pour eux une autre Capoue! Napoléon, seul peut-être, était resté ce qu'on l'avait connu, supérieur à la fortune, plus grand que les circonstances, inaccessible à la peur, et toujours, dans ses revers même, la terreur de ses ennemis. Il ne pouvait pas comprendre, en 1815, la froide indifférence de ses maréchaux, de ses généraux, de ses anciens compagnons d'armes, qu'il avait élevés, enrichis, honorés et décorés sur cent champs de bataille; il ne leur pardonnait pas leur ingrat oubli : « Ils ne » veulent plus de la guerre, disait-il, il leur faut maintenant » des hôtels somptueux, des lits de duvet au lieu de la paille » de nos bivouacs; il faut les remplacer par de plus jeunes » que je n'aie pas encore enrichis. »

Voilà l'état des choses et des esprits en 1814 et 1815; mais si l'on veut connaître l'origine de l'antipathie des Bordelais, il faut remonter jusqu'à la fin de 1804, à la création de l'Empire et à la protestation de Louis XVIII. Ils avaient admiré, applaudi et aimé Napoléon comme grand capitaine; mais ils ne voulaient pas le voir s'asseoir comme empereur sur le trône des Bourbons.

Encouragé par ces symptômes d'un revirement de l'opinion publique, le comte d'Artois écrivit à Mme la marquise de Donissan, en 1806, l'engageant à devenir le centre de ce mouvement généreux (1). Femme courageuse et dévouée, admirable par sa grandeur d'âme et la noble élévation de ses sentiments, la marquise communiqua ses idées à MM Dudon père et fils, et apprit par eux que la *Société du Gouvernement*, présidée alors par M. Dupont-Constant, Américain de naissance, tendait au même but, était dirigée avec beaucoup de prudence et méritait ses sympathies. La fortune commençait à sourire à son entreprise. Mais ne pouvant pas tout faire par elle-même, et voulant s'entourer d'appuis et de lumières, elle

(1) La marquise de Donissan était fille du duc de Civrac, mère de l'illustre et héroïque marquise de La Rochejaquelein, devenue à dix-neuf ans, 27 octobre 1791, l'épouse de son cousin, M. de Lescure, qui succomba dans la lutte des géants de la Vendée. Forcée de quitter la France avec son enfant unique, objet précieux de toutes ses pensées et de son amour, Mme de Donissan pressa sa fille de ne pas laisser s'éteindre cette race de héros qui devait plus tard jeter tant de gloire sur la terre classique de la féodalité, la Vendée. Sa fille se rendit aux désirs de sa mère et épousa M. Louis de La Rochejaquelein, frère de Henry, ce brillant et immortel général de la grande armée. De cette union naquirent huit enfants : M. le marquis Henry de La Rochejaquelein; M. le comte Louis, tué sous les murs de Lisbonne, le 5 septembre 1833; Mme la comtesse d'Albertas; Mme la baronne de La Riboissière, décédée en 1852; Mme la comtesse de Foucault, décédée en 1830; Mme la marquise de Chauvelin; Mme la marquise de Mallet et Mme la comtesse de Pontac.

Les graves évènements de 1814 appelèrent enfin à une vie plus active les anciens et fidèles amis du roi. La maison de Mme de Donissan, en Médoc, qui appartient aujourd'hui à M. Clausel, fut pendant quelque temps leur rendez-vous habituel, et bientôt après ce fut dans l'hôtel de son gendre, M. de La Rochejaquelein, au centre de Bordeaux, que se tenaient ces réunions, où l'on préparait le retour du roi. Secondés par de nombreux amis, MM. Taffard, Queyriaux, Saluces, Mondenard, etc., etc., M. et Mme de La Rochejaquelein parvinrent à déjouer l'incessante surveillance de l'ombrageuse police du temps, et, après avoir enfin réalisé leurs vœux, le 12 mars, M. le Marquis fut chargé par le duc d'Angoulême d'aller recevoir le roi à Calais. « *C'est à vous, mon cher ami*, lui dit le roi, *que je dois le mouvement de ma bonne ville de Bordeaux.* »

Les évènements de 1815 soulevèrent de nouveau la Vendée; Louis de La Rochejaquelein tomba, au mois de juin, frappé d'une balle ennemie, au combat des Mothes. Sa femme, la magnanime marquise, se vit seule avec ses enfants; seule, elle soutint tout le poids de sa tâche de mère et de chef des royalistes; elle supporta toutes sortes de fatigues et eut enfin la consolation de revoir la famille de ses rois à laquelle elle avait voué sa foi, son cœur et sa vie. L'usurpation de 1830 vint raviver ses douleurs; elle se retira à Orléans, où elle rendit sa belle âme à Dieu, au milieu de ses enfants accourus auprès d'elle, le 15 juin 1837.

forma un conseil composé de MM. Dudon père et fils, Deynaud, Magnau, Papin et l'abbé Jagault. Par l'adresse et les soins de M. Queyriaux. M. Dupont-Constant et ses amis furent enrôlés dans cette nouvelle association qui prit, dès lors, le nom d'*Institut philanthropique*, dont M. Dupont était toujours le chef civil. Papin, ex-militaire, homme de cœur, demeurant à Bayonne, devait être le général de la future armée libératrice, dont on forma de suite l'état-major; et bientôt après, grâce au zèle intelligent et actif des chefs, on pouvait compter sur une armée de 30,000 hommes.

Tout marchait au gré des royalistes; l'organisation s'étendait sur une vaste échelle. M. Taffard (de Saint-Germain) y jouait un grand rôle; M. Rollac entretenait une correspondance suivie et active avec les agents des princes en Angleterre. Mais la police soupçonna l'existence d'un complot : on arrêta quelques individus; les autres s'échappèrent, et la société fut forcée de se dissoudre, au moment même où la faiblesse du Gouvernement aurait pu favoriser le mouvement que quelques imprudences venaient de faire avorter.

Bordeaux avait joui d'un certain calme pendant 1803 et 1804 ; mais on s'organisait en secret, et l'on formait de nouveaux plans avec de nouvelles espérances. Dans ce temps, MM. Forestier et de Cérès venaient d'arriver d'Angleterre, avec des promesses de secours et des encouragements. M. de Cérès devait aller en Vendée pour se concerter avec Georges Cadoudal et ses amis; Roger était chargé de recevoir les poudres et de les renfermer dans des sacs de coutil, au milieu de balles de laine destinées pour la Vendée : il était un de ces braves dont le nom seul est un éloge; il était colonel et chevalier de Saint-Louis. Son enthousiasme royaliste était tellement connu, qu'il était sévèrement surveillé. Rollac partit pour Londres en 1810, afin de présenter un plan de soulèvement aux princes : M. de Blacas le reçut et n'eut qu'à se louer de son activité et de sa fidélité. On se détermina à faire

Livre VII.
Chap. 5.
—
1814.

NOTE 21.

connaître à Londres la situation des affaires politiques en France. Rollac désira voir le ministre ; mais il n'obtint d'audience que de M. Arthbutnoth, sous-secrétaire, qui lui répondit que le ministère anglais exigeait que *ses propositions fussent présentées par une autorité qui leur donnât un caractère officiel.* M. Rollac n'avait pas qualité pour cela.

Pendant ce temps, M. Taffard (de Saint-Germain) travaillait avec une noble ardeur à la réussite de l'entreprise ; il s'entendait avec M. de La Rochejaquelein, qui organisait la Vendée, et venait parfois *incognito* à Bordeaux. Il était puissamment secondé par le loyal Georges Bontems-Dubarry, qu'il chargea de plusieurs missions importantes, soit auprès des ministres de Louis XVIII, à Londres, soit à Saint-Sever, où il fut envoyé au-devant de Monseigneur le duc d'Angoulême, qui, l'ayant apprécié à sa valeur, le jugea digne et capable de remplir les charges les plus délicates. Ce fut lui qui détermina Wellington à envoyer des troupes à Bordeaux. M. Julien Pessan de La Tour jouissait de la confiance des ministres de Louis XVIII et remplit une mission délicate en se chargeant des dépêches de M. de Blacas, en date du 12 mars 1813, pour les royalistes de Bordeaux. Nous ne pouvons passer sous silence M. le chevalier de Perrin, envoyé de Sa Majesté, avec des instructions à M. Taffard de Saint-Germain ; ni M. Marmajour, qui se chargea d'aider à l'organisation des troupes ; ni M. Bacquey, à qui fut confié le recrutement ainsi que la transmission des ordres de Sa Majesté ; ni M. de Tauzia, adjoint. On verra les noms de plusieurs autres Bordelais à la *Note* 21.

Voilà quelques-uns des chefs de cette fameuse association qui conçut, mûrit et fit exécuter le retour des Bourbons en France ! entreprise hardie, dangereuse, habilement dirigée, sans qu'aucun de ces agents reçût un sou des Bourbons ou puisât ailleurs que dans sa propre fortune les moyens matériels d'exécution, à l'exception des 300 livres sterling remises par

M. le comte de La Châtre au chevalier de Perrin, pour *frais de son voyage de Londres à Bordeaux* : pour eux, l'honneur était le mobile, et le succès la seule, la meilleure récompense de leur dévoûment.

Tout marchait vers un heureux dénoûment, avec une réserve et un secret admirables. La police se doutait bien, en 1813, qu'il se passait quelque chose de grande importance dans les régions mystérieuses du royalisme, où son œil ne put jamais percer et dont il ne transpirait rien au dehors. Napoléon même le savait ; mais que faire contre des hommes honorables dont la conduite extérieure ne lui donnait pas d'ombrage ?

Les choses étaient bien avancées, comme on le voit, en 1813; l'opinion publique presque mûre pour de grands événements et les Bordelais prêts à agir. Les ministres anglais apprirent avec bonheur la défection de l'esprit public en France et le mouvement royaliste de Bordeaux. M. de Blacas, ministre de Louis XVIII, engagea, au mois de mars, M. Taffard à se mettre en rapport avec les notabilités du pays et à envoyer, auprès de Wellington, M. de La Rochejaquelein et quelques autres députés, pour lui apprendre l'état des choses à Bordeaux et pour le décider à appuyer le mouvement royaliste. Les démarches de M. Taffard furent sans effet ; Wellington resta sourd à son appel et ne voulut rien faire sans un ordre de Londres, où l'on désirait la chute de Napoléon, mais où l'on ne voulait rien faire encore.

Alors le généreux Bontems-Dubarry partit pour Londres, sous prétexte d'affaires de commerce ; il portait à Sa Majesté des lettres de M. de La Rochejaquelein, de Mme de Donissan et de M. Taffard. C'était l'exposé de tout ce qui était fait et de tout ce qui restait à faire. M. Bontems-Dubarry devait dire ce qu'on n'osait pas confier au papier ; il s'acquitta de sa mission d'une manière honorable et à la satisfaction de tout le monde ; il conquit l'estime et l'affection de M. de Blacas

Livre VII.
Chap. 5.

1814.
Exposé fidèle, etc.,
par Rollac.

et ne rentra à Bordeaux qu'au mois de mai, avec des instructions verbales et écrites, pour les chefs de la conspiration anti-bonapartiste. Le lendemain de son arrivée, il donna *rendez-vous*, sur la place du Château-Trompette, pour la nuit suivante, à M. de La Rochejaquelein, alors caché à Bordeaux, et à M. Taffard. Il leur fit connaître les désirs de Sa Majesté et ses plus chères espérances.

On apprit, par lui, qu'il était nécessaire de se mettre encore en rapport avec Wellington, qui faisait alors de grands progrès en Espagne, et dont la moindre démonstration sur Bordeaux soulèverait le Midi et accélérerait le mouvement. On ne se trompait pas à Hartwell, où se trouvait le roi, sur les effets que l'appui de Wellington aurait produits dans la Guienne; mais ce général résista à toutes les offres, à toutes les prières qu'on lui adressait.

Au mois de juillet suivant, le général Trant, au service du Portugal, se rendit à Londres; il venait de faire la guerre en Espagne, sous le maréchal de Beresford, et, comme ami reconnu de la cause des Bourbons, il fut bientôt entouré des fidèles serviteurs de nos anciens rois auxquels il apprit que Wellington allait enfin pénétrer en France et réaliser leurs vœux. Cette nouvelle enhardit les amis des Bourbons; ils donnèrent au général l'assurance que Wellington serait accueilli avec enthousiasme, surtout s'il avait avec lui un prince du sang des rois de France (1). A cette époque, on croyait à Hartwell que le vénérable archevêque de Bordeaux était impliqué dans la conspiration bourbonnienne. On ne connaissait pas le saint prélat; peu soucieux des intérêts de la terre, sa pensée était dans le ciel; il désirait, sans doute, le triomphe du droit, mais il ne conspirait que contre le vice et pour la cause du Roi des rois. M. de Perrin réfuta ces ridicules bruits dont se nourrissait l'entourage de M. de Blacas.

(1) Je ne cite Rollac que lorsque sa narration coïncide avec des documents plus importants.

Les choses suivaient lentement leur cours; les mouvements de Wellington étaient combinés avec ceux des alliés dans le Nord, et n'avaient presque aucun rapport avec les appels et les efforts des Bordelais; il désirait peut-être ce qu'ils espéraient; mais il n'avait qu'un seul but, celui de chasser Napoléon, sans se préoccuper de son remplaçant sur le trône. On voit bien ce qu'il pensait dans sa lettre au comte de Grammont, en date du 29 décembre 1813 :

Livre VII. Chap. 3.

1814.

« M. de Mailhes, qui vient de l'intérieur de la France, » m'ayant exprimé sa ferme persuasion que le peuple français » désirait voir un des princes de la maison de Bourbon, et » m'ayant témoigné le plus vif désir que le comte de Gram- » mont allât en Angleterre, afin de donner connaissance aux » princes de cette maison de l'état, de la situation des affai- » res et de l'opinion; le comte étant dans le voisinage avec » son régiment, j'ai consenti à son départ, et je pense qu'il » est à désirer qu'il aille remplir cette mission.

Recueil choisi des dépêches et ordres du jour du duc de Wellington.

» Je lui ai recommandé, toutefois, de faire bien attention à » ce qui suit :

» Aucune démonstration publique des désirs du peuple » français en faveur de la maison de Bourbon n'ayant encore » eu lieu, et aucune preuve n'existant de la vérité des asser- » tions de M. de Mailhes (quoique je la regarde comme très- » probable, d'après ce que j'ai éprouvé, vu et entendu), et » comme les alliés ont toujours déclaré que le but de leurs » opérations militaires était de faire la paix avec Bonaparte, » et qu'il court des bruits de négociations, je recommande au » comte de Grammont d'avertir les princes de la maison de » Bourbon d'y bien réfléchir et de penser à toutes les consé- » quences, avant de faire les démarches qu'on leur propose...

» Je parle ainsi, afin que ces princes envisagent clairement » l'état de la question et qu'ils voient les dangers auxquels ils » exposent leurs amis et leurs adhérents, et parce que, dans » le cas qu'un membre de leur famille se déciderait à faire la

» démarche qu'on leur propose, il soit bien entendu que c'est
» un acte de leur propre fait, et que moi, au moins en ce qui
» regarde le gouvernement de la Grande-Bretagne, j'ai signalé
» les dangers auxquels serait exposé le salut de tous leurs
» adhérents en France, si l'on réussissait à conclure une paix
» générale. »

Ce langage était sévère ; c'était la pensée du gouvernement britannique, dont le généralissime était l'écho. Les alliés ne se souciaient pas de rétablir les Bourbons sur le trône; ils y ont contribué en quelque sorte involontairement, et c'est le mouvement de Bordeaux qui ébranla le corps de la nation et fit avorter le congrès de Châtillon où l'on traitait de la paix. L'Angleterre était moins disposée à ramener les Bourbons que toute autre puissance ; elle se souvenait des secours que Louis XVI avait fournis aux États-Unis contre la mère-patrie; son indifférence apparente n'était qu'une haine réelle, comme nous le verrons plus loin, une véritable vengeance.

Wellington se décida enfin à pénétrer en France ; l'alarme se répandit partout : Bordeaux partagea la crainte générale; mais les amis des Bourbons contribuèrent beaucoup à calmer le peuple et à empêcher un grand nombre de Bordelais de quitter leurs demeures. Le sénateur Cornudet arriva dans nos murs, le 9 janvier, avec le titre de commissaire du Gouvernement dans la 11e division, et prescrivit diverses mesures qu'on n'exécuta qu'avec une lenteur significative et désespérante pour la cause de Napoléon. Il ordonna une levée en masse de la population; mais cet ordre ne fut pas exécuté. Le 10 février, le conseil de révision se réunit; le contingent de la Gironde était de 1,303 hommes, auxquels devait se joindre la classe des conscrits de 1815, appelés au service par anticipation; mais, au grand étonnement du commissaire, la moitié des jeunes gens manqua à l'appel. Il prescrivit la formation d'une milice urbaine; cet arrêté fut exécuté avec un empressement intéressé qui n'avait rien de politique : il s'agissait de défendre les propriétés, et, pour les royalistes peut-être, d'avoir des armes en cas de besoin pour le succès de leur cause.

Livre VII.
Chap. 5.
1814.

Dans cet intervalle, tout était en mouvement à la petite cour de Louis XVIII. On y savait la froide indifférence de Wellington; mais on y était sûr que le ministère anglais désirait la chute de Bonaparte, qui lui inspirait tant de craintes et lui causait tant d'embarras. Il s'agissait donc d'être sur le terrain au moment où l'Empereur serait renversé, et de donner de la consistance au mouvement de Bordeaux, afin d'empêcher des négociations ultérieures en faveur de son fils, que l'Autriche serait peut-être intéressée à protéger. Après avoir envisagé cette question sous toutes ses faces, le duc d'Angoulême se détermina à se rendre en Espagne, auprès de l'état-major du général en chef de l'armée anglaise; le ministère anglais ne s'y opposa pas, mais il ne l'y encouragea point. C'était le vœu de la duchesse d'Angoulême, dont l'âme virile et la haute raison, mûrie par tant de malheurs, finirent par triompher des timides résolutions de son mari. Il s'embarqua le 14 janvier et arriva dix jours après au Passage, d'où il se fit transporter à Saint-Jean-de-Luz, où était déjà Wellington. Il se mit en rapport avec quelques notabilités du pays, lança dans toutes les parties du Midi des manifestes chaleureux, et chargea des émissaires fidèles de distribuer à Pau, Dax, Mont-de-Marsan et Bordeaux, une proclamation où il dit : « J'arrive au milieu de vous, en France; je viens briser vos » fers et déployer le drapeau blanc ! Ralliez-vous, Français ! » marchons ensemble au renversement de la tyrannie. Mon » espoir ne sera pas trompé; je suis fils de vos rois et vous » êtes Français ! »

1814.

Cette proclamation fut répandue par milliers et portée même dans le camp de Soult, qui arrêtait la marche triomphale de Wellington sur les Pyrénées. Soult fit publier de suite une adresse où le patriotisme et la fidélité repoussaient cet appel à la défection : « Soldats ! leur disait ce général (alors fidèle,

» mais transfuge plus tard et plus d'une fois infidèle à ses ser-
» ments), soldats, le général qui commande l'armée, contre
» laquelle nous combattons tous les jours, a l'impudence de
» vous provoquer à la sédition ; il parle de paix et nous ap-
» pelle à la guerre civile !.... On a l'infamie de vous exciter
» à trahir vos serments à l'Empereur ; cette offense ne peut
» être vengée que dans le sang. Aux armes !.... Vouons à
» l'opprobre et à l'exécration publique tout Français qui fa-
» voriserait les projets audacieux de nos ennemis. Combattons
» jusqu'au dernier les ennemis de notre auguste Empereur et
» de notre patrie ! haine aux traîtres ! guerre à mort à ceux
» qui tenteraient de nous diviser ! Contemplons les efforts pro-
» digieux de notre grand Empereur et ses victoires signalées,
» et mourons les armes à la main, plutôt que de survivre à
» notre honneur ! »

Soult se trompait ; Wellington n'était pour rien dans la proclamation du prince français ; il n'en était que contrarié ; il
refusait tout secours, et sa correspondance, à cette occasion,
atteste une certaine sévérité de langage qui témoignait de sa
prudente réserve et même d'un mauvais vouloir mal déguisé.
« Vingt ans, disait-il à son Gouvernement, se sont écoulés
» depuis que les princes de la maison de Bourbon ont quitté
» la France ; ils sont plus inconnus à la France que les princes
» de toute autre maison royale de l'Europe. Il faut, sans doute,
» pour la paix du monde, que l'Europe expulse Bonaparte ;
» mais il importe peu qu'il soit remplacé par un prince de la
» maison de Bourbon ou par tout autre prince d'une maison
» couronnée. »

Voilà Wellington ; voilà, à l'égard des Bourbons, la pensée
du gouvernement anglais. Dans toutes ses lettres au duc d'Angoulême, Wellington parle en termes semblables, montre la
même réserve et lui défend même de rien dire qui puisse faire
croire à la France que les Bourbons étaient appuyés par l'Angleterre.

Pendant cet intervalle, on ne savait que faire à Bordeaux. La dissolution de la Chambre des députés, la colère de l'Empereur, ses constants et miraculeux succès, son langage fier et menaçant, tout semblait encore lui assurer l'avenir, tout concourait à enchaîner les langues et à leur ôter la puissance d'exprimer les sentiments et les vœux des cœurs des Bordelais.

On exigeait des adresses, et le Gouvernement voulait au moins des paroles, en attendant les faits. Le Conseil municipal de Bordeaux s'assembla le 20 janvier 1814, et, sous l'empire de la peur, sous l'impression des nouvelles de Paris, on y rédigea une adresse ainsi conçue :

« Sire, pendant que Votre Majesté balance, avec une sage
» circonspection, les besoins et les ressources; lorsqu'elle
» n'exige qu'à regret des sacrifices nécessaires, le dévoûment
» des peuples à votre auguste personne et à votre dynastie,
» une noble fierté, l'honneur national, font taire tous les cal-
» culs..... Un seul besoin se fait vivement sentir, c'est celui
» de seconder vos projets contre les éternels ennemis de notre
» patrie.

» Vous avez repoussé vers le Nord leurs sauvages alliés;
» vous avez triomphé de leur rage incendiaire; il n'était pas
» donné à des forces humaines de dompter les éléments.....
» Vos ennemis, Sire, ont eu recours aux armes des lâches;
» ils ont employé la perfidie : ses succès sont encore moins
» durables que l'intempérie des saisons.

» Si tous les Français avaient pu être réunis autour de leur
» souverain, lorsque la nouvelle de la défection d'un général
» allié est venue soulever d'indignation son âme grande et
» généreuse, un seul vœu serait parti de tous les cœurs
» animés par le même sentiment; un seul cri se serait fait
» entendre..... Disposez, Sire, de tous nos moyens, et que
» la grande nation soit noblement vengée!

» Heureux les Parisiens d'avoir pu les premiers faire en-
» tendre ce cri qui retentira dans toute la France !

» Aussi glorieux du nom de Français, non moins jaloux de
» l'honneur national, les habitants de votre bonne ville de
» Bordeaux s'empressent aussi d'apporter au pied du trône
» l'hommage de leur respect et le tribut de leur dévoûment.

» Organes de leurs sentiments, fidèles interprètes de leurs
» vœux, les membres du Conseil et le Corps municipal vous
» supplient, Sire, d'accepter l'offre d'une compagnie de quatre-
» vingts cavaliers montés et équipés. »

Singulier langage que celui de la peur dans la bouche des hommes qui, accoutumés à la servitude et à une basse flagornerie, apportent à leur divinité d'argile un encens flatteur dont elle ne doit plus savourer le parfum ! Le soleil d'Austerlitz ne brillait plus au firmament, et bientôt nous verrons nos obséquieux édiles se prosterner, nouveaux parsis, de gré ou par hypocrisie, devant un autre astre qui se levait à l'horizon.

CHAPITRE VI.

Conduite de Wellington. — L'*Institut*, ou la conspiration bordelaise.— Conduite de M. Lynch, maire; de M. Mondenard, de M. Taffard Saint-Germain.— Wellington reconnut que le mouvement de Bordeaux influa sur la dissolution du congrès de Châtillon.—Correspondance de Wellington avec Beresford et d'autres personnages. — Beresford marche sur Bordeaux. — M. Lynch va au devant de lui.— Conduite du premier adjoint. — Discours de M. Lynch. — Paroles de Beresford. — Cris de : *Vive le roi!* — Conduite et langage de Philippe Ferrère. — Arrivée du duc d'Angoulême. — Un *Te Deum*. — Rapport de Beresford à Wellington. — Proclamation du maire. — Wellington en fut mécontent, etc.

Quelques semaines s'écoulent, et Bonaparte dispute encore, pas à pas, le sol de la patrie aux armées alliées; les troupes françaises, quoique électrisées par leur magnanime chef, se retirent devant des forces numériquement supérieures. Wellington combine ses marches avec les progrès des alliés ; il avance et ne recule jamais, prend de bonnes positions et s'y défend, procède avec prévoyance, et, ne laissant à la fortune que ses hasards, reste toujours sourd aux appels de Bordeaux et insensible à la position du duc d'Angoulême. Voilà la conduite de celui qu'on appelle l'Annibal de l'Angleterre.

Bordeaux se berçait cependant des plus belles espérances et s'attendait à un dénoûment qui ne pouvait être éloigné : tout semblait lui dire que ses rêves allaient devenir des réalités. Cette ville anti-révolutionnaire depuis les égorgements de Lacombe, libérale par sentiment, royaliste de cœur, téméraire par patriotisme, généreuse et chevaleresque comme les populations du Midi, antipathique au despotisme du sabre, dépeuplée, réduite à la misère, désirait la chute de Napoléon et le retour à un ordre de choses qui lui permît le dévelop-

Livre VII.
—
1814.

Livre VII.
Chap. 6.
—
1814.

pement de son commerce. Ces sentiments étaient partagés par toutes les classes, depuis le riche propriétaire ou le puissant commerçant, jusqu'au dernier paysan de nos campagnes. La conspiration royaliste ou l'*Institut* n'était que l'expression de l'opinion publique, l'écho de tous les mécontentements et de toutes les espérances. Que ne pouvait-on pas espérer d'une association où l'on voyait Louis de La Rochejaquelein, Alexandre de Saluces, Taffard de Saint-Germain, de Gombaud, Bontems-Dubarry, de Budos, de Garat, de Pomiers, et plusieurs autres notabilités du pays? C'était le cœur de la Vendée avec l'âme du Midi; elle renfermait tous les éléments du succès. Ces nobles champions du royalisme agissaient avec une louable prudence, et n'avaient pas besoin de confier leurs idées ou leurs projets à la multitude; ils étaient persuadés qu'elle les suivrait partout et ferait tout ce qui serait nécessaire pour le triomphe de la cause légitime. Mais au milieu de cette belle perspective, il se rencontrait quelques difficultés qu'il s'agissait de vaincre : M. le Maire ignorait-il leurs projets? On ne le croyait pas. M. de Mondenard lui avait souvent parlé de l'arrivée des Anglais au Passage et de leur marche sur Bayonne; il gardait toujours une certaine réserve commandée par sa position. M. Lynch était royaliste de cœur; mais comme maire de Bordeaux, il ne pouvait pas devancer le vœu de ses concitoyens; il entrevoyait les grands secrets de l'avenir et la certitude du retour des Bourbons à une époque plus ou moins éloignée; il l'avoua lui-même confidentiellement à M. de Mondenard, qui le sondait fréquemment sur ce sujet, et s'exprima ainsi dans sa correspondance : « J'ai toujours cru que Bona- » parte ne pouvait faire le bonheur de la France... Je pensais » que chaque bon citoyen devait se laisser mettre en position » de concourir au retour de l'ancien ordre de choses. »

Correspondance
page 9.

Appelé à Paris par le ministre, il s'y rendit avec répugnance et trouva Napoléon triste, déconcerté et découragé. Il y rencontra M. de La Barthe, qui le mit en rapport avec M. de

Polignac, et il apprit d'eux le grand mouvement qui s'effectuait à Bordeaux et qui allait décider du sort de la France ; on lui désigna même les personnes avec lesquelles il pourrait, à son retour à Bordeaux, établir des relations confidentielles. Il partit de Paris le 9 janvier, et son retour inspira à tout le monde une certaine réserve, froide et méfiante, qui ne répondait nullement aux idées qu'on lui avait inspirées à Paris. On craignait de se confier à lui, maire de Bordeaux, qui venait de respirer l'air parfumé de la cour ; il chercha la confiance et la confidence des cœurs ; on n'osait pas les lui donner. Enfin, averti par M. de Mondenard, qui avait reçu quelques aveux, M. de La Rochejaquelein, qui venait *incognito* à Bordeaux, se rendit chez M. Lynch, et s'ouvrit à lui avec une entière franchise sur le grand projet que l'approche de l'armée anglaise allait enfin réaliser. Cette ouverture ne surprit pas M. le Maire ; il témoigna une entière confiance dans le succès de l'affaire, et promit, en temps et lieu, son concours ; c'était ce qu'on désirait (1).

La crise s'approchait, il fallait la diriger ; on ne s'accordait pas sur les moyens : M. Taffard opina pour proclamer hardiment le roi et appeler le Midi aux armes ; mais cette mesure paraissait intempestive et inopportune. On n'aurait pas hésité de l'adopter, si on avait pu compter sur la bonne volonté du duc de Wellington ; mais on avait des raisons d'en douter. Il écrivit, le 25 février, au duc d'Angoulême, en ces termes :

(1) Le baron Fain dit que le comte Lynch avait appelé les Anglais à Bordeaux ; c'est une erreur : il accepta les événements, qui, plus forts que lui, concordaient avec ses instincts royalistes ; mais il ne les *appela* point. Sa conduite comme maire de Bordeaux était toujours d'accord avec son langage, et les termes que le baron Fain exhuma du *Moniteur* respirent le dévoûment et la fidélité à Napoléon tant que Napoléon était possible. Mais, voyant que l'empire croulait comme chose impossible à maintenir et que les alliés étaient maîtres du Midi et à la porte de Bordeaux, il adopta la ligne de conduite qu'il avait crue utile à sa patrie ; ne pas le faire, c'eût été impossible. Sa position comme maire lui imposait un langage officiel comme un devoir ; mais son cœur était resté ce qu'il avait toujours été !

« C'est à Votre Altesse Royale à décider sur sa conduite, et
» non à moi à en raisonner; et je suis toujours convaincu,
» cependant, qu'il est dans les intérêts de la famille de Votre
» Altesse Royale de ne pas devancer l'opinion publique ni de
» la presser. »

Dans une autre lettre, il revient sur le même sujet, et dit :
« L'esprit du pays est le même que je l'ai vu ailleurs. Quoi-
» que très-mal disposé envers Bonaparte et très-bien envers
» la famille royale, il ne désire rien faire sans l'aveu des
» puissances alliées. »

Mais ces alliés traitaient précisément dans ce moment avec Napoléon, et tout annonçait de leur part un projet de faire la paix avec lui ou avec une régence établie au nom de son fils encore mineur. Il fallait se hâter de prévenir toute décision et de mettre fin à toute autre négociation ; il en était temps. Wellington l'avoua plus tard. Lorsque les députés de Bordeaux, MM. Taffard (de Saint-Germain), Bontems-Dubarry et Rollac, lui furent présentés à Paris, il leur dit : « Si le mou-
» vement de Bordeaux avait tardé huit à dix jours, les alliés
» étaient déterminés à traiter avec Bonaparte ou la Régence,
» et c'est moi qui, le premier, en ai donné connaissance aux
» alliés, par un courrier extraordinaire, qui arriva quelques
» heures avant que Bonaparte en eût la nouvelle, ce qui
» amena la dissolution du congrès de Châtillon. » Puis il ajouta : « Et aussi la petite ville de Toulouse mérite une place
» dans l'histoire; car j'ai dit aux députés, qui sont venus vers
» moi, ce que je vous avais dit à vous (s'adressant à M. Bon-
» tems), que l'on était en pourparler pour traiter de la paix,
» et que, si elle avait lieu, je serais obligé de les abandonner;
» néanmoins, ils persistèrent dans leur courageuse résolution. »

Il n'y avait donc pas de temps à perdre, et cependant il fallait parer aux inconvénients d'une trop grande précipitation. M. Taffard crut devoir s'adresser à M. Lynch lui-même; il lui demanda un entretien, et M. de Mondenard, qui lui remit la lettre, rapporta la réponse ; l'entrevue eut lieu le soir même du 27 février, à la grande satisfaction de M. Taffard. Tout allait au gré des Bordelais : La Rochejaquelein était déjà parti par mer, depuis le 19 février, avec M. Queyriaux, pour rejoindre le duc d'Angoulême ; mais, n'en ayant pas reçu de nouvelles directes, le généreux Bontems se chargea d'aller rejoindre le duc d'Angoulême avec les instructions de ses amis de Bordeaux. Il partit effectivement le 4 mars, traversa les postes français et arriva, à travers mille dangers, auprès de Son Altesse Royale, à Saint-Sever. Enchanté de le voir, de l'entendre et d'apprendre, de la bouche de l'un de ses plus loyaux et dévoués amis, les excellentes nouvelles de Bordeaux, le prince le pria d'aller en instruire le duc de Wellington. Il s'y rendit, en effet, lui révéla avec franchise la situation générale du pays, la disposition des esprits, et le pria de vouloir envoyer une escorte de ses troupes à Bordeaux, avec Monseigneur le duc d'Angoulême ; lui déclarant en même temps que, sans quelque démonstration de sa part, les royalistes de Bordeaux n'oseraient plus risquer leur vie, leur paix et leur fortune, après de si longs sacrifices et une si ennuyeuse longanimité.

Wellington ignorait où en était le congrès de Châtillon ; il résista aux sollicitations de M. Bontems, comme il avait résisté à celles de M. de La Rochejaquelein. M. Bontems en rendit compte à Son Altesse le duc d'Angoulême ; mais il ne se rebuta point et revint plusieurs fois chez le général anglais. Enfin, le 6 mars, il arriva encore chez le duc, qu'il trouva avec le maréchal Beresford. Après les civilités d'usage, le généralissime lui dit d'un ton affectueux : « Eh bien ! Monsieur, » vous pouvez annoncer à S. A. Royale que le maréchal Be- » resford partira demain matin pour Bordeaux, à la tête de » seize cents hommes. »

M. Bontems le remercia et repartit joyeux avec cette nouvelle, que le duc d'Angoulême reçut avec un indicible bonheur. Il embrassa son généreux diplomate et le nomma, le même jour, chef d'escadron, avec ordre de partir de suite pour Bordeaux. Le lendemain, 7 mars, Beresford se mit en marche avec les instructions suivantes écrites, qui montrent toujours l'empreinte de la froide réserve et de la sévère circonspection du cabinet britannique :

« En détachant des troupes sur Bordeaux, j'ai pour but de
» soustraire cette ville à la domination de l'ennemi et de de-
» venir maître de la navigation de la Gironde, ce qui sera
» très-avantageux pour notre armée. Vous communiquerez
» au maire et aux autorités de Bordeaux mes proclamations,
» et vous leur demanderez s'ils veulent continuer leurs fonc-
» tions; s'ils s'y refusent, on leur fera quitter le territoire
» occupé par nos troupes, et l'on engagera les principaux ha-
» bitants à nommer de nouvelles autorités.

» Il y a à Bordeaux un parti considérable en faveur de la
» maison de Bourbon, et je vous prie d'adhérer aux instruc-
» tions suivantes, concernant ce parti et ses vues :

» Si l'on vous demande votre consentement pour proclamer
» Louis XVIII, pour arborer le drapeau blanc, etc., etc., ré-
» pondez que la nation britannique et ses alliés sont remplis
» de bon vouloir pour Louis XVIII, et que là où seront nos
» troupes, tant que la tranquillité publique ne sera pas trou-
» blée, nous n'interviendrons nullement pour empêcher ce
» parti de faire ce qu'il jugera convenable et utile à ses in-
» térêts; que même, je suis disposé à seconder un parti, quel
» qu'il soit, qui se montrerait prêt à nous aider à triompher
» de Bonaparte; que le but des alliés, cependant, dans cette
» guerre, est, par-dessus tout, en envahissant la France, ainsi
» que je l'ai dit dans une proclamation, la paix, et qu'il est
» bien constaté qu'en ce moment même ils s'occupent à né-
» gocier un traité de paix avec Bonaparte, et, quelque disposé
» que je fusse à accorder aide et assistance à une portion
» quelconque du peuple contre Bonaparte en état d'hostilité,
» cette assistance cesserait à l'instant même où la paix serait

» conclue, et je prie les habitants de mûrement peser ce point
» avant de lever l'étendard de la révolte contre le Gouverne-
» ment de Bonaparte et de se lancer dans des difficultés.

» Si cependant, nonobstant ces conseils, la ville juge à
» propos d'arborer le drapeau blanc et de proclamer Louis
» XVIII, ou telle autre mesure de ce genre, vous ne vous y
» opposerez pas et vous prendrez, avec les autorités, les me-
» sures nécessaires pour obtenir, sans perte de temps, toutes
» les armes, toutes les munitions, etc., etc., qui sont à Bor-
» deaux, et que vous leur délivrerez.

» Si la municipalité prétend ne proclamer Louis XVIII qu'en
» vertu de vos ordres, alors refusez de les donner par la rai-
» son spécifiée ci-dessus.

» J'ai lieu de croire que lord Keith a détaché quelques
» vaisseaux pour croiser devant le port; vous tâcherez de
» vous mettre en communication avec l'officier commandant
» et de me procurer tous les renseignements possibles sur les
» ouvrages fortifiés, la force des garnisons ennemies, le nom-
» bre des vaisseaux de guerre qui protégent l'entrée et la na-
» vigation du fleuve, particulièrement sur la rive gauche; et
» si vous pensez pouvoir, sans inconvénient, détacher des
» troupes pour vous en emparer, faites-le.

» J'apprends qu'il y a des vaisseaux américains en rivière;
» vous vous en emparerez et ferez les équipages prisonniers. »

Beresford avança vers Bordeaux, nanti de ces sévères instructions; la nouvelle s'en répandit partout et avec elle l'alarme. Les uns craignaient ces étrangers; les autres les appelaient de leurs vœux et les saluaient comme des libérateurs : personne ne se doutait encore d'un complot, et la préoccupation du public était de savoir ce qu'on ferait pour les recevoir ou pour les repousser. Cornudet, ayant acquis la certitude qu'une armée marchait sur Bordeaux, avait autorisé, le 4 mars, les divers corps constitués à se rendre à Libourne, et alla lui-même s'établir à Saint-André-de-Cubzac; le 11 mars, le général Lhuillier, qui commandait la 11e division militaire, sortit aussi de Bordeaux et y alla le rejoindre; il n'avait à Bordeaux que des conscrits du dépôt du 8e régiment de ligne. La ville était sans défense et ouverte de tous côtés; toute résistance eût été inutile, impolitique et funeste. Il alla donc rejoindre Cornudet sur la rive droite de la Dordogne et y fit transporter la caisse publique, les poudres, les armes et tout ce qui était nécessaire à ses troupes. La Municipalité seule resta à son poste, et, dans ces pénibles circonstances, M. Labroue se distingua par son zèle et la sagesse des mesures qu'il prescrivit pour maintenir la paix et le bon ordre en ville.

Le 12 mars arriva, jour mémorable dans nos annales et qui aurait pu avoir de fâcheuses conséquences. D'après les ordres du maire, une compagnie d'éclaireurs fut envoyée sur la route de Toulouse, de bonne heure, le matin, et, après avoir aperçu ces troupes étrangères, elle rentra en ville avec la nouvelle de l'approche d'une armée formidable. Une terreur panique s'empara de tous les esprits; les uns fermèrent leurs boutiques et leurs maisons; les autres s'enfuirent à la campagne; tous craignaient les maux incalculables qu'une résistance entraînerait à sa suite.

Tout cela n'était que de vaines terreurs, des appréhensions mal fondées. Les éclaireurs rentrés en ville furent suivis immédiatement par un officier anglais, M. Vivian, accompagné de M. Roger, capitaine de la première compagnie de la garde royale à cheval : ils étaient suivis de quatre cavaliers et précédés d'un trompette. Ils se dirigèrent vers l'Hôtel-de-Ville, où se trouvaient le maire et plusieurs membres de la Municipalité, qu'on venait d'inviter à s'y rendre. Parmi eux se trouvait Ferrère, célèbre avocat, qui avait remplacé Lainé, appelé au Corps législatif; il ignorait les projets de M. le maire et frémissait, à l'idée de l'immense responsabilité que la postérité ferait peser sur la tête d'une administration qui accueillerait sans résistance les Anglais, nos éternels ennemis.

Après un court entretien confidentiel de vingt minutes avec le maire, l'officier remonta à cheval et repartit au galop. Un moment après, M. Lynch sortit de l'Hôtel-de-Ville et monta en voiture avec ses deux adjoints, MM. Fieffé, premier adjoint, et Grammont, troisième adjoint, et son secrétaire, M. de Mondenard, après avoir prié M. Maxime de Puységur, sixième adjoint, de vouloir bien rester à l'Hôtel-de-Ville (1). MM. Ferrère, Denucé, Emérigon, J.-B. Nérac allaient se retirer faute de voiture, lorsque M. de Puységur vint leur offrir la sienne. Ils acceptèrent et partirent à la suite du maire. M. le vicomte Both de Tauzia, adjoint, chargé de la police de sûreté, et Labroue, cinquième adjoint, prirent une autre voiture, où se plaça aussi M. Bruneau fils ; MM. de Canolle, de Lautrec, Duluc et plusieurs autres les suivirent les uns à pied, les autres en fiacres, à travers des flots de dix ou douze mille citoyens et au milieu des hommes dévoués que MM. Taffard (de Saint-Germain) et Roger avaient échelonnés sur la voie publique, pour dévoiler, avec à-propos, le noble but de toutes ces démarches, proférer des cris royalistes et préparer le peuple au dernier acte de ce grave et solennel drame dont le secret, jusqu'alors inviolable, n'est pas un des incidents les moins remarquables de l'époque.

Presque tout le monde croyait que M. le Maire allait au devant des Anglais pour s'entendre avec eux sur les dispositions à prendre pour les recevoir ; ce magistrat crut devoir, en route, s'ouvrir à ses deux adjoints et les prévenir qu'il allait proclamer le roi ; ils étaient l'un et l'autre (M. Grammont et M. Fieffé) des bonapartistes ardents ; M. Grammont ne dit rien, mais M. Fieffé, blessé de se voir mortifier de la sorte, se mit à crier que c'était une trahison et demanda absolument qu'on le laissât sortir de la voiture. M. Lynch s'ef-

Livre VII.
Chap. 6.
—
1814.

Correspondance de M. Lynch.

---

(1) Le chevalier Fieffé remplissait les fonctions de premier adjoint ; celui-ci était absent pour affaires particulières.

Livre VII.
Chap. 6.
—
1814.

força de le calmer et lui fit comprendre qu'il était impossible d'agir autrement; que les alliés étaient décidés à renverser Bonaparte; que le secret gardé inviolablement jusque-là n'était pas le sien; que la France était lasse de guerre, de dépenses, et de la toute-puissance d'un seul homme qui ne faisait pas de cas des plaintes du peuple. Pendant que cette scène, à *huis clos,* se passait dans la voiture du maire, M. Émérigon discourait gaîment sur les événements présents et contingents, mais Ferrère et Denucé se demandaient si on avait constaté sur les registres de la mairie le défaut d'armes et de munitions et l'impuissance absolue où se trouvait la ville de se défendre.

Ferrère,
Mes Souvenirs.

« Si la ville rentre un jour sous le pouvoir de Napoléon, dit Ferrère, il nous le fera payer cher. » M. Nérac regarde par la portière et s'écrie : « Voilà un homme qui porte une cocarde blanche ! » En même temps la voiture du maire s'arrête, il monte à cheval et s'avance, à travers une foule immense encore silencieuse, jusqu'au point de jonction des deux chemins de Sablonat et des Capucins; mais ses deux adjoints restèrent dans la voiture, fidèles à leur opinion politique et indignés de la mystification dont ils se croyaient les objets; rentrés à l'Hôtel-de-Ville, M. Fieffé se retira chez lui; M. Grammont suivit le maire. Ils se sentirent blessés l'un et l'autre du procédé du maire à leur égard; ils étaient des bonapartistes dévoués et ne voulaient pas prendre part à une action qui ne leur avait pas été communiquée ni débattue en conseil. Ils s'aperçurent alors qu'il y avait un complot dont les fils avaient échappé aux investigations de leur police, et crurent un instant que la révolution de Bordeaux, contre les intérêts napoléoniens, était connue de tout le monde, eux seuls exceptés. Ils se trompaient; MM. Lainé, Ravez, Ferrère, Émérigon, de Peyronnet et une foule d'autres hommes marquants en ville ignoraient complètement l'existence de la conspiration et le projet du maire; ils ne faisaient pas même partie de l'*Institut*. On en avait exclu les avocats; habitués aux subtilités de l'argumentation du palais, on les regardait comme bons conseils; mais il fallait, en temps de crise, non pas de beaux discours, mais des hommes d'action.

Arrivé près du maréchal Beresford, qui l'accueillit avec le flegme anglais et un certain stoïcisme de regard, M. Lynch tira de sa poche un papier et lui tint ce discours :

« Général, vous voyez cette ville où vous allez entrer, ce » n'est pas une ville ennemie et conquise; l'auguste prince du » sang de nos souverains, au devant de qui nos cœurs volent » et qu'en ce moment vous précédez, nous est un sûr garant » que vous n'oublierez pas que c'est dans une ville de Sa » Majesté, notre roi et l'allié du vôtre, que nous avons l'hon- » neur de recevoir Votre Excellence.

» Général, la nation généreuse qui a donné des preuves si » distinguées de sa magnanimité, en secourant avec une con- » stance inébranlable ses alliés opprimés, se présente au- » jourd'hui aux portes de Bordeaux. Si vous venez comme » vainqueur, général, vous pourrez vous emparer des clefs, » sans qu'il soit besoin que je vous les donne ; mais si vous » venez comme allié de notre auguste souverain Louis XVIII, » je vous offre les clefs de cette intéressante ville, où vous » serez bientôt témoin des preuves d'amour qui se manifeste- » ront de toutes parts en faveur de notre roi légitime. A ces » témoignages se joindront les sentiments de notre vive gra- » titude pour nos libérateurs. » A ce mot, il se dépouilla de ses décorations, qu'il avait reçues de Napoléon, rejeta l'écharpe tricolore, prit une écharpe blanche, et, montrant au maréchal le drapeau blanc hissé au même moment sur le clocher de Saint-Michel, par les ordres de M. Estebenet, royaliste fidèle, s'écria, avec les accents d'un vrai enthousiasme : *Vive le Roi! Vivent les Bourbons!* cris répétés par des milliers de voix, jusques même dans l'intérieur de la ville. On coupait des mouchoirs blancs pour en faire à l'instant des cocardes, on en faisait avec du papier, on s'en ornait les chapeaux, on s'a-

Livre VII.
Chap. 6.
—
1814.

Lamartine,
Histoire de la Restauration.

Histoire de la campagne de 1814, par M. de Beauchamp.

bandonnait à une ivresse contagieuse qui attendrissait et gagnait les cœurs même des partisans de Napoléon. Après cette explosion prolongée de l'enthousiasme populaire, lord Beresford s'écria : « Prenez garde, vous vous perdez peut-être à » l'heure où vous répudiez Napoléon. On négocie avec lui au » congrès de Châtillon. Au reste, vous êtes les maîtres, vos » résolutions ne me regardent pas. Je prends possession de » votre ville, au nom des puissances belligérantes. »

De nouveaux cris assourdissants et multipliés furent la seule réponse qu'on fit à cette sage observation, si conforme aux instructions de Wellington.

Le maréchal, le maire et leur suite se mirent en marche et arrivèrent sur la place Saint-Julien, où se trouvait la garde urbaine avec ses couleurs, qu'elle semblait vouloir garder avec une obstination qui présageait un conflit inévitable. M. Lynch invita M. Otard, chef de la première cohorte de la garde urbaine, de faire avancer ses troupes et cria de nouveau : *Vive le Roi! Vivent les Bourbons! Vivent les Anglais!* tous ces cris furent répétés avec un indicible enthousiasme ; mais pas une voix ne sortit de la garde en faveur des Anglais ; le silence témoignait de ses sentiments à leur égard ; le roi était le bienvenu presque pour tous ; mais il n'y avait guère de sympathie parmi la milice urbaine pour nos prétendus libérateurs. « Ouvrons nos bras à nos princes, disait P. Ferrère ; mais chassons les Anglais à coups de fusil. »

Le cortége s'avança vers l'Hôtel-de-Ville et y entra, pendant que les agents de M. de La Rochejaquelein et de M. Taffard (de Saint-Germain) s'occupaient des billets de logement pour les troupes. Mais tout à coup on annonça le commissaire de Sa Majesté Louis XVIII, et au même instant on vit entrer M. Alexandre de Saluces, tenant un drapeau blanc à la main et accompagné de M. de La Rochejaquelein. Le premier s'approcha de lord Beresford et lui dit : « En ma qualité de com-
» missaire de Sa Majesté le roi de France, et d'après les re-

» lations qui existent entre nos deux souverains, je vous
» demande, général, la permission d'arborer le drapeau blanc
» aux lieux les plus éminents de notre ville. » Alors M. Lynch,
debout et découvert, s'exprime en ces termes : « M. le Gé-
» néral, au nom des habitants de cette cité et comme maire de
» la ville, je vous adresse la même prière. »

C'était de la part de ces messieurs une démarche politique, mais d'une portée désavantageuse à la cause des Bourbons. Ils savaient la répugnance des Anglais pour toute coopération à la restauration de Louis XVIII; ils croyaient pouvoir les y intéresser en y mêlant un peu Beresford, alors tout-puissant à Bordeaux; mais Beresford était trop fidèle à ses instructions et trop clairvoyant pour ne pas s'apercevoir du piége; il savait d'ailleurs qu'on avait arboré, sans lui, le drapeau blanc sur le clocher de Saint-Michel, et se doutait que, par cette démarche, on voulait le rendre solidaire des actes qui allaient s'ensuivre; il répondit avec beaucoup de sang-froid : « Les
» Anglais sont venus à Bordeaux pour protéger le peuple,
» ses propriétés et ses opinions. Je n'ordonne ni ne défends ;
» faites comme il vous plaira. »

Cette réponse, qui s'harmonisait avec les antécédents du général et avec les instructions de Wellington, étonna les chefs du parti royaliste et produisit un fâcheux effet sur le peuple. On ne songeait pas à l'immense intérêt que la Restauration devait attacher à ce qu'elle fût effectuée par la volonté nationale et que l'étranger n'y eût pas la moindre part; les Bourbons ne devaient rentrer et ne sont en effet rentrés qu'à la voix de Bordeaux et de la France, lassée du poids écrasant des guerres de l'Empire et soupirant après une paix qu'il ne lui était pas donné de procurer aux populations décimées, en holocauste à la gloire militaire de Napoléon. Beresford était, dans son discours, plus politique, plus bourbonnien que quelques-uns des imprévoyants amis des Bourbons à Bordeaux. On aurait eu besoin des lumières de Ravez, de Lainé et de Ferrère; en

Livre VII.
Chap. 6.
1814.

les laissant à l'écart, on s'était lancé sur la voie des bévues, des fautes et des erreurs.

En sortant de l'Hôtel-de-Ville, Ferrère, Émérigon, Denucé et quelques autres se rendirent chez M. Ravez; on y sut qu'il était chez M. Émérigon, où ils le trouvèrent tout aussi étonné qu'eux et piqué au vif d'avoir été, lui aussi, éloigné comme suspect aux yeux de certains hommes moins royalistes que lui. Émérigon et Ferrère, membres du Conseil municipal, lui racontèrent les étranges scènes auxquelles ils venaient d'assister, le langage de quelques hommes marquants et la prudente réserve de Beresford; ils prévoyaient des embarras et se félicitaient de ne les avoir pas créés. Ferrère, toujours franc et loyal, se retournant, au moment de sortir, vers Ravez, lui dit : « Saviez-vous quelque chose du projet? » — Rien, répond froidement Ravez; mais à présent qu'ils ont » la chose, ils viendront demander conseil.—Accepterez-vous » des places? — Jamais, répond M. Ravez. » Ils se séparent, abattus, fatigués d'âme et de corps.

Vers deux heures, on fit courir le bruit que le roi était à Castres ; le peuple va vite dans ses souhaits, et son imagination crée des faits qui ne sont souvent que des éventualités incertaines et douteuses. C'était le duc d'Angoulême qui s'approchait ; la nouvelle positive en fut portée à l'Hôtel-de-Ville à quatre heures du soir. M. le Maire, après avoir ordonné d'*effacer sur-le-champ toutes marques et insignes impériaux et de prendre la cocarde blanche,* se porta, avec une foule immense de douze mille Bordelais au moins et escorté des autorités, au devant du prince, qui était accompagné de MM. le comte de Damas, son premier gentilhomme, le duc de Guiche, le comte d'Escars, de La Rochejaquelein et de Bontems-Dubarry. En le voyant arriver, le maire se découvrit; tout le monde suivit son exemple, et, s'approchant enfin du prince royal, il se mit en devoir de lui dire quelques mots; mais, tremblant sous les émotions de son âme, il se sentit étreint dans les embrassements affectueux du prince, dont il inonde les mains et la poitrine de ses larmes; c'était le cœur qui parlait; cette éloquence valait plus que les paroles. Le prince comprit ce langage mystérieux, et, dans un entretien expansif et loyal, le maire, chemin faisant, le rassura et lui donna tous les détails désirables sur la ville et le pays.

Arrivant à la cathédrale, le prince, fidèle aux sentiments chrétiens de sa famille, voulut aller remercier le Roi des rois de sa protection et le prier de bénir la France et de rallier les Français autour du trône de leur souverain légitime. Le vénérable archevêque fut vivement attendri en le revoyant, après un quart de siècle, et, en l'accueillant dans son église, lui parla de son bonheur, de celui du chapitre et du clergé, en recevant le petit-fils de Louis XIV, l'époux de l'orpheline du temple, de la magnanime et immortelle fille du roi martyr; de celle que ses malheurs, ouvrage des impies et des ingrats, avaient rendue une des gloires de la France. Le prince parut sensible au discours tout cordial, tout épiscopal et affectueux de Mgr d'Aviau; il fut porté (c'est à la lettre) par la foule jusqu'au sanctuaire, et jamais la magnifique basilique de Saint-André n'avait entendu, sous ses ogives, un *Te Deum* chanté avec plus d'enthousiasme que celui du 12 mars ! Jusque-là on craignait de trop s'avancer ; mais, dès que le peuple vit la religion s'associer à la manifestation publique et le vénérable pontife de Bordeaux proclamer du haut des autels la volonté de Dieu manifestée dans le retour du roi, les têtes les plus froides s'exaltèrent, les cœurs les plus indifférents s'échauffèrent, et des vivats, des cris de joie, des applaudissements finissant, recommençant, se mêlant au bruit des canons, avec l'entraînement des passions populaires, la contagion des exemples et l'ivresse du bonheur, formèrent à Bordeaux, ce jour-là, un de ces tableaux qui enlèvent l'âme, lui ravissent tout pouvoir de réfléchir, qui vous émeuvent, vous subjuguent, vous entraînent et vous identifient avec la foule. On se sa-

Livre VII.
Chap. 6.
—
1814.

luait, on se félicitait, on s'embrassait en pleine rue ; les haines se turent, les inimitiés disparurent, les querelles s'oublièrent ; on se demandait des nouvelles du prince ; elles étaient toutes bonnes ; on lui attribuait des paroles dignes d'Henri IV et des sentiments nobles et chevaleresques comme ceux de Louis XIV et de François Ier ; l'éloge était dans toutes les bouches, l'amour dans tous les cœurs et la joie éclatait dans tous les regards et n'avait pas besoin de la parole pour s'exprimer. Encore aujourd'hui, à la distance de quarante-cinq ans de cette époque, les vieillards vous diront, les larmes aux yeux, qu'il est impossible de décrire la journée du 12 mars à Bordeaux.

En sortant de Saint-André, le duc d'Angoulême alla visiter l'Hôtel-de-Ville et rentra immédiatement après au palais impérial, qu'il avait choisi pour résidence ; des illuminations brillantes vinrent spontanément remplacer, toute la nuit, la lumière du jour, et des *vivats*, répétés de groupe en groupe comme par des échos sympathiques, allaient mourir dans les recoins de l'ancienne résidence des archevêques de Bordeaux, où reposait le prince.

Après une courte entrevue avec S. A. R., le maréchal Beresford se retira dans ses appartements et adressa, le 13, à Wellington, la dépêche suivante :

« J'ai l'honneur de vous informer que je suis arrivé devant
» Bordeaux, à midi et demi ; le peu de troupes ennemies
» s'était retiré de l'autre côté de la rivière, durant la nuit.
» A peu de distance de la ville, je trouvai le maire et les au-
« tres autorités civiles. En s'approchant de moi, le maire lut
» un petit discours qu'il avait préparé, et où il disait que les
» Bordelais voyaient notre arrivée avec une vive satisfaction,
» qu'ils la regardaient comme mettant un terme à leur escla-
» vage, etc., etc. Il avait l'écharpe tricolore et l'ordre de la
» Légion-d'Honneur. La garde urbaine à cheval portait l'aigle
» sur ses casques. La courte harangue du maire fut inter-
» rompue, à plusieurs reprises, par les cris : *A bas les aigles!*

» *Vivent les Bourbons!* Il finit par se dépouiller de tous les
» insignes impériaux et il prit l'écharpe et la cocarde blanche,
» ce que les assistants se hâtèrent d'imiter.

» Vos instructions m'avaient tracé la marche à suivre en
» pareil cas. Je répondis dans le sens que vous m'aviez indi-
» qué.

» Le duc vient d'arriver, mais sans m'apporter aucune let-
» tre de vous ; je donnerai à ses partisans tout l'appui qui dé-
» pendra de moi.

» La ville entière est venue au devant de nous, et l'aver-
» sion pour la tyrannie impériale paraît universelle.

» Il y a ici 84 canons en fer de différents calibres ; on a
» déjà déclaré plus de cent caisses d'armes. Il doit y avoir
» des munitions abondantes. Je pense que votre intention est
» de laisser le duc d'Angoulême maître de tout ce qui appar-
» tient à l'État. »

Dans la soirée du 12, le maire crut devoir entretenir ses administrés des faits consommés et de leurs légitimes espérances : cette adresse, toute naïve, toute franche, déplut à Wellington ; il en exprima son mécontentement au duc d'Angoulême et en demanda le désaveu et la rétractation. Ces circonstances seules lui donnent un certain prix ; nous la reproduisons ici comme document d'une certaine utilité, à cause de l'opinion répandue à dessein par les maladroits amis des Bourbons de l'époque, par leurs ennemis plus tard, et réfutée presque le même jour par le général en chef des armées alliées, que le roi était rentré à la suite de l'étranger :

« Habitants de Bordeaux,

» Le magistrat paternel de votre ville a été appelé, par les plus heureuses circonstances, à se rendre l'interprète de vos vœux trop longtemps comprimés, et l'organe de votre intérêt, pour accueillir, en votre nom, le neveu, le gendre de

Louis XVI, dont la présence change en alliés des peuples irrités, qui, jusqu'à vos portes, ont eu le nom d'ennemis.

» Déjà, Bordelais, les proclamations que, dans l'impuissance de la presse, vos plumes impatientes ont multipliées, vous ont rassurés sur les intentions de notre roi et les projets de ses alliés.

» Ce n'est pas pour assujétir nos contrées à une domination étrangère que les Anglais, les Espagnols et les Portugais y apparaissent. Ils se sont réunis dans le Midi, comme d'autres peuples au Nord, pour détruire le fléau des nations, et le remplacer par un monarque, père du peuple. Ce n'est même que par lui que nous pouvons apaiser le ressentiment d'une nation voisine, contre laquelle nous a lancés le despotisme le plus perfide.

» Si je n'avais été convaincu que la présence des Bourbons, conduits par leurs généreux alliés, devait amener la fin de vos maux, je n'aurais sans doute jamais déserté votre ville; mais j'aurais courbé la tête en silence sous un joug passager. On ne m'eût point vu arborer cette couleur qui présage un gouvernement pur, si l'on ne m'avait garanti que toutes les classes de citoyens jouiront de ces bienfaits que les progrès de l'esprit humain promettaient à notre siècle.

» Les mains des Bourbons sont pures du sang français. Le testament de Louis XVI à la main, *ils oublient tout ressentiment :* partout ils proclament et ils prouvent que la tolérance est le premier besoin de leurs âmes. Instruits que les ministres d'une religion différente de celle qu'ils professent ont gémi sur le sort des rois et des pontifes, ils promettent une égale protection à tous les cultes qui invoquent un Dieu de paix et de réconciliation.

» C'est en déplorant les horribles ravages de la tyrannie qu'amena la licence, qu'ils oublient les erreurs causées par les illusions de la liberté. Loin d'en vouloir à ceux qui, avec une ardeur trop punie, en ont poursuivi le vain fantôme, ils viennent leur restituer cette liberté véritable, qui laisse à la fois le peuple et le monarque sans défiance. Toutes les institutions libérales seront maintenues. Effrayé de la facilité des Français à voter les impôts, soutiens du despotisme, le prince sera le premier à concerter, avec vos représentants, le mode le plus légal, la répartition la plus équitable, pour que le peuple ne soit pas foulé.

» Ces courtes et consolantes paroles, que vient de vous adresser l'époux de la fille de Louis XVI : « Plus de tyran !
» plus de guerre ! plus de conscription ! plus d'impôts vexa-
» toires ! » ont déjà rassuré vos familles.

» Déjà Sa Majesté a deux fois proclamé, à la face de l'Europe, que l'intérêt de l'État lui ferait une loi de consolider des ventes qui, par d'innombrables mutations, ont intéressé tant de familles à des propriétés désormais garanties.

» Bordelais! je me suis assuré que la ferme volonté de Sa Majesté était de favoriser l'industrie et de ramener parmi nous cette impartiale liberté de commerce qui, avant 1789, avait répandu l'aisance dans toutes les classes laborieuses. Vos récoltes vont cesser d'être ruineuses ; les colonies, trop longtemps séparées de la mère-patrie, vous seront rendues ; la mer, qui était devenue comme inutile pour vous, va ramener dans votre port des pavillons amis. L'ouvrier laborieux ne verra plus ses mains oisives, et le marin, rendu à sa noble profession, va naviguer de nouveau pour acheter le repos de sa vieillesse et léguer son expérience à ses fils.

» L'époux de la fille de Louis XVI est dans vos murs : il vous fera bientôt entendre lui-même l'expression des sentiments qui l'animent, et ceux du monarque, dont il est le représentant et l'interprète.

» L'espoir des jours de bonheur qu'il nous assure a soutenu nos forces.

» Je n'ai pas besoin de vous inviter à la concorde. Tous nos vœux ne tendent-ils pas au même but, la destruction de la

Livre VII.
Chap. 6.

1814.

tyrannie sous laquelle nous avons tous également gémi ? Mais chacun de nous doit y concourir avec autant d'ordre que d'ardeur. Amsterdam n'a point attendu la présence de ses libérateurs, pour se prononcer et rétablir l'ancien gouvernement, seul capable de rappeler son commerce et sa prospérité : c'est au patriotisme des négociants que le Stathouder a dû son rétablissement et la prompte création de l'armée qui défend, par ses mains, la liberté hollandaise.

» Les premiers, vous aurez donné un semblable exemple à la France. La gloire et l'avantage qu'en retirera votre ville la rendront à jamais célèbre et heureuse entre les cités.

» Tout nous permet d'espérer qu'à l'excès des maux vont succéder enfin ces temps désirés par la sagesse, où doivent cesser les rivalités des nations; et peut-être était-il réservé au grand capitaine qui a déjà mérité le titre de *Libérateur des peuples*, d'attacher son nom glorieux à l'époque de cet heureux prodige.

» Tels sont, ô mes concitoyens! les motifs, les espérances qui ont guidé mes démarches et m'ont déterminé à faire pour vous, s'il le fallait, le sacrifice de ma vie. Dieu m'est témoin que je n'ai eu en vue que le bonheur de notre patrie !

» Vive le Roi !

» A Bordeaux, en l'Hôtel-de-Ville, le 13 mars 1814.

» *Le Maire*, Lynch. »

CHAPITRE VII.

Proclamation du duc d'Angoulême. — Lettre de Wellington à S. A. R. — Les alliés et les Anglais surtout ne sont pas venus en France pour rétablir les Bourbons. — Lettre de Wellington. — Le Conseil du duc de Wellington à Bordeaux. — La conduite de Ferrère. — Règlement sur la perception des contributions, etc., etc.

Outre la proclamation du maire, que nous venons de voir, on en répandit parmi le peuple une autre du prince, datée du 15 mars, et rédigée, dit-on, par M. Lainé. Dans ce document, qui a aussi une certaine importance, le duc d'Angoulême s'efforça de rassurer tous les intérêts, de vaincre ou faire taire toutes les antipathies et de se concilier l'amitié de toutes les classes.

Livre VII.
1814.

« Français, dit-il, depuis que je suis en France, j'ai été vivement ému des témoignages d'amour que j'ai reçus du peuple. Au nom du frère de Louis XVI, dont j'ai les pouvoirs, je m'empresse de vous assurer que les descendants d'Henri IV n'ont rien de plus à cœur que votre délivrance et votre bonheur.

» J'étais surtout impatient de vous exprimer, Bordelais, ma vive reconnaissance du touchant accueil que j'ai reçu dans votre ville, où j'ai vu éclater le vrai caractère français qui faisait ma plus douce espérance.

» Ce ne sont pas les Bourbons qui ont attiré, sur votre territoire, les puissances alliées; elles s'y sont précipitées pour préserver leurs États de nouveaux malheurs. Comme elles sont convaincues qu'il n'y a de repos pour leurs peuples et pour la France que dans une monarchie tempérée, elles ouvrent les voies du trône aux successeurs de Saint-Louis.

» Ce n'est que par vos vœux que le roi, mon oncle, aspire à être le restaurateur d'un gouvernement paternel et libre jusqu'à cette époque, et ne veut rien innover dans la forme de votre administration.

» Comme lui, satisfait de vos vœux et de votre amour, je déclare que rien ne sera changé par moi; seulement, j'aime à répéter que ma plus consolante mission est de proclamer, au nom du roi, qu'il n'y aura plus de conscription ni d'impôt odieux; que la liberté des cultes sera maintenue; que le commerce et l'industrie, véritable source de la prospérité publique, seront encouragés; qu'il ne sera porté aucune atteinte à la propriété des domaines qu'on appelait nationaux.

» Des princes français n'ont pas besoin de donner leur parole à la bravoure française qu'elle ne verra jamais enlever ses récompenses et ses honneurs.

» Si je n'ai pas dû retenir le premier élan de vos âmes, je dois vous conjurer, ô Français! de vous abstenir de tout esprit de parti et d'éviter ainsi un malheur encore plus grand que la tyrannie.

» Que tous les fonctionnaires publics exercent leurs emplois, que justice soit rendue par les mêmes magistrats qu'auparavant. Je les conjure de payer à leur patrie la dette la plus sacrée, celle de rendre la justice et d'administrer; je ne leur demande pas de nouveaux serments: le premier besoin des peuples est d'être gouvernés.

» Si les juges, si les administrateurs restaient absents, s'ils exposaient ainsi leur pays à l'anarchie, il faudrait bien pourvoir à leur remplacement; mais mon cœur serait bien plus satisfait de voir tous les fonctionnaires civils continuer leurs charges sans défiance, et préparer ainsi le bonheur de la patrie, pour le moment où la paix consolera la terre.

» Bordeaux, le 15 mars 1814.

» Louis-Antoine. »

Convaincu qu'il serait reçu avec enthousiasme à Bordeaux,

le prince avait compris combien il était nécessaire d'avoir des armes pour ses partisans et de l'argent pour les besoins du moment. Par sa lettre du 12 mars, il en demanda à Wellington, qui lui répondit par le même courrier, le 14, à dix heures du soir, en ces termes :

« Ce n'est qu'aujourd'hui que j'ai eu l'honneur de recevoir » la lettre de Votre Altesse Royale, du 12 ; je la félicite très- » sincèrement des événements arrivés à Bordeaux ; je souhaite » que l'exemple de cette ville soit suivi par d'autres.

» J'ai donné des instructions au maréchal Beresford, pour » les armes dont V. A. R. aura besoin en premier lieu ; aussi- » tôt que le port sera ouvert, j'y ferai transporter toutes les » armes et les munitions que j'ai à ma disposition.

» En attendant, je recommande à V. A. R. de former des » corps réguliers ; avant qu'ils ne soient formés, V. A. rece- » vra les armes.

» Pour ce qui regarde l'argent, V. A. ne m'a pas dit la » somme qui lui était absolument nécessaire. Je n'ai pas l'au- » torisation de donner un sou ; mais je prends beaucoup sur » moi, et, si je voyais que les circonstances fussent urgentes et » qu'il n'y eût pas d'autre mode à y pourvoir, je ne refuserais » pas. Mais il faut que je sois persuadé et de l'urgence et de » l'impossibilité de trouver ailleurs ce qu'il faut. Sur ce point, » permettez que je dise à V. A. R. que je ne puis croire que » la ville de Bordeaux n'ait pas les moyens de faire quelques » efforts en finances en faveur d'une cause pour laquelle elle » s'est prononcée si fortement. Je recommande à V. A. R. » d'adopter, à Bordeaux, pour le moment, le système com- » mercial que j'ai adopté à Saint-Jean-de-Luz. Vous pourriez » mettre avec avantage, peut-être, des droits plus forts ; » mais en faisant du port un port libre à toutes les nations » qui ne sont pas en guerre avec les alliés, vous vous donne- » riez beaucoup de ressources et vous faciliteriez, d'une ma- » nière importante, l'exportation des denrées du pays, ce qui

» est de la plus grande importance pour les propriétaires. »

Par cette correspondance, on voit clairement que les alliés n'avaient autorisé Wellington, ni à donner de l'argent à la cause des Bourbons, ni à proclamer le roi, ni à prêter des secours quelconques aux partisans du duc d'Angoulême ; ils voulaient la chute de Napoléon, mais pas l'élévation de Louis XVIII ; ils renversaient le héros qui leur faisait peur, mais ils ne tendaient pas la main aux Bourbons qui étaient par terre ; ils ne voulaient pas même qu'il fût dit qu'ils étaient venus pour la cause de la légitimité, et se fâchaient tout rouge quand on disait qu'ils l'avaient remise sur le trône. Nous en verrons d'autres preuves.

La proclamation du maire de Bordeaux étonna le maréchal Beresford ; il ne dit rien, mais il en expédia une copie au duc de Wellington, qui n'en fut pas moins étonné ; il en fut même indigné. Sous ces impressions, il écrivit le 16 au duc d'Angoulême, en ces termes : « Monseigneur, j'ai eu l'honneur de
» recevoir la lettre de V. A. R., du 15, et je me souviens
» parfaitement de la conversation que j'ai eu l'honneur de te-
» nir avec Votre Altesse Royale.

» Je ne sais pas quels ordres V. A. R. veut que je donne
» aux troupes à Bordeaux. Sa Majesté Louis XVIII y a été pro-
» clamée, et je ne crois pas que M. le maréchal Beresford se
» soit mêlé, en aucune manière, du gouvernement. J'espère
» que V. A. R. me fera savoir ses volontés.

» Pour ce qui regarde le pays où a passé l'armée, V. A. R.
» me permettra de lui dire que, jusqu'à ce que je croie l'opi-
» nion de Bordeaux plus prononcée qu'elle n'a été jusqu'à
» présent et que l'adhésion y soit faite par d'autres villes, je
» ne veux pas, selon les idées de mes devoirs envers ceux que
» je sers, et dont je possède la confiance, faire des démarches
» pour forcer la soumission à l'autorité de V. A. R. Je ne me
» refuserais pas à ce que l'on proclame le roi ; mais je prie

» V. A. R. de m'excuser au moment actuel, si je n'y prends
» pas une part quelconque.

Livre VII.
Chap. 7.
—
1814.

» J'avoue à V. A. R. que, si je n'étais pas porté à cette
» décision par mes devoirs envers les souverains dont je com-
» mande les armées, je le serais par la proclamation de M. le
» maire de Bordeaux, du 12, faite, je l'espère, sans le con-
» sentement de V. A. R., comme elle l'a été sans que le ma-
» réchal Beresford en ait eu même connaissance. Il n'est pas
» vrai que les *Anglais, les Espagnols, les Portugais se soient*
» *présentés dans le Midi de la France, comme d'autres peuples*
» *au Nord, pour remplacer le fléau des nations par un mo-*
» *narque, père du peuple.* Il n'est pas vrai que *ce n'est que*
» *par lui que les Français peuvent apaiser le ressentiment*
» *d'une nation contre laquelle nous a lancés le despotisme le*
» *plus perfide;* il n'est pas vrai non plus, dans le sens énoncé
» dans la proclamation, que *les Bourbons aient été conduits*
» *par leurs généreux alliés.*

» Je sais que V. A. R. n'a pas donné son consentement à
» cette proclamation, parce que c'est contraire à tout ce que
» j'ai eu l'honneur de lui dire bien souvent; et, pour montrer
» à V. A. R. combien peu je dois avoir confiance dans les
» actes du maire de Bordeaux, d'après ce que je vois dans
» cette proclamation, j'ai eu l'honneur de lui envoyer copie
» des instructions que j'ai adressées au maréchal Beresford,
» et copie de son rapport, qui feront voir à V. A. R. que j'ai
» agi avec la même franchise envers le maire de Bordeaux
» qu'envers V. A. R. et les autorités de la France, et que le
» maire de Bordeaux savait la vérité le 11, quoiqu'il ait émis
» sa proclamation le 12.

» Monseigneur, j'espère que les souverains, dont je com-
» mande les armées et les peuples dont je possède la confiance,
» me croiront, et non le maire de Bordeaux, et que je ne serai
» pas obligé de publier les papiers que je mets, à présent,
» sous les yeux de V. A. R.; mais vous me permettrez de vous

» dire que je désire me tenir à l'écart d'une cause qui n'est pas
» guidée par l'exacte vérité. »

Étonné de la susceptibilité de la part de l'Anglais, M. Lynch craignait d'avoir indisposé Wellington contre le duc d'Angoulême et le roi ; il s'empressa de s'excuser et écrivit au généralissime ces mots : « M. de Puységur, mon adjoint, a eu
» l'honneur de porter à Votre Excellence l'expression de mon
» regret de ce que ma proclamation aux habitants de cette
» ville avait été publiée sans vous avoir été soumise. Je re-
» grette, non moins vivement, que vous y ayez trouvé des
» expressions qui n'ont pas votre entier assentiment. Doréna-
» vant, vous pouvez être assuré qu'aucun acte administratif
» ne sera répandu dans le public avant d'avoir obtenu votre
» approbation. »

On rougit, quand on lit ces lignes, de voir le maire de Bordeaux à genoux, pour ainsi dire, devant un Anglais, pour s'excuser d'avoir parlé de son roi ! Maître du champ de bataille, il voulait gouverner en dictateur notre ville et comprimer les élans des cœurs royalistes ; de plus d'une poitrine oppressée, on entendait sortir le cri d'une indignation étouffée : *Non, jamais en France! l'Anglais ne régnera!*

Que faut-il conclure de tout cela ? Tout simplement, que les Bourbons n'ont pas été ramenés par les puissances alliées : jamais vérité n'a été mieux démontrée. A cette époque, les factions se tenaient cachées ; mais la France était divisée en partis, ayant chacun leur drapeau, leur but et des espérances diverses. Lafayette, Laforêt, Pontécoulant, Voyer-d'Argenson, Sébastiani et Benjamin-Constant furent les plénipotentiaires chargés de demander aux souverains un roi quelconque, pourvu qu'il ne fût pas un Bourbon. Une régence, un prince étranger, Louis-Philippe d'Orléans, le fils du roi de Hollande, un Brunswick, la république même ressuscitée par Lafayette, tout cela paraissait possible et offrait des chances plus ou moins réalisables ; les Bourbons seuls semblaient déplaire à l'Angleterre, dont le mauvais vouloir se trouve dépeint à chaque ligne et éclate en termes presque offensants, dans les hautaines dépêches de leur général, qui impose à un Fils de France certaines conditions avant de s'engager à lui prêter quelques écus que le noble prince daigne s'humilier jusqu'à lui demander! Il ne lui prêta pas un sou; les Bordelais pourvurent aux besoins du moment.

Il faut avouer, cependant, que Wellington avait en outre un prétexte très-plausible de s'abstenir de toute démarche qui pouvait engager l'avenir; il ignorait où l'on en était à Châtillon, et quelques démonstrations en faveur des Bourbons auraient pu faire avorter les négociations qui se poursuivaient pour la paix avec les ministres de Napoléon. C'est sous l'empire de cette idée qu'il écrivit, le lendemain (17 mai), de Saint-Sever, au maréchal Beresford, la lettre suivante :

« Il y a un grand parti à Bordeaux pour la maison de Bourbon; je vous prie de vous en tenir aux instructions sui-
» vantes pour ce qui regarde ce parti et ses projets :

» Si l'on vous demande votre consentement pour proclamer
» Louis XVIII, arborer le drapeau blanc, etc., etc., vous
» déclarerez que la nation anglaise et ses alliés sont bien portés
» pour Louis XVIII, mais que le but des alliés, en faisant la
» guerre, et surtout en rentrant en France, est, ainsi que je
» l'ai dit dans la proclamation, la paix; qu'il est notoire que
» les alliés sont en train de négocier un traité de paix avec
» Bonaparte; que, bien que je sois disposé à aider et à soutenir
» tout parti contre Bonaparte, tant que nous serons en guerre,
» je ne pourrai plus donner la même assistance lorsque la paix
» sera conclue, et que j'invite les habitants à bien peser leurs
» démarches, avant de lever l'étendard contre le gouverne-
» ment de Bonaparte et de s'engager dans des actes d'hostilité.

» Si cependant, malgré cet avis, la ville juge à propos
» d'arborer le drapeau blanc et de proclamer Louis XVIII, ou

» prendre quelque autre parti de ce genre, vous ne vous y
» opposerez pas.

» Si la Municipalité déclare qu'elle ne proclamera pas
» Louis XVIII sans vos ordres, vous refuserez d'en donner à
» cet égard, par les motifs indiqués plus haut. »

Ainsi, à entendre Wellington dans ces missives, tout à la fois astucieuses, négatives et cauteleuses, s'il s'abstenait de toute manifestation de la volonté des alliés à l'égard des Bourbons, c'était parce que le congrès de Châtillon continuait encore ses délibérations pour arriver à la paix, et parce que les autres cités n'avaient pas encore fait un acte d'adhésion au mouvement de Bordeaux ; mais Nancy, Toulouse et les principales villes du Midi et presque de toute la France, s'étaient déclarées antipathiques à Bonaparte et dévouées aux Bourbons avant la fin de mars, et cependant le même Wellington, dans un ordre du jour daté de Seysas, le 29 mars, revint sur ce grief, qui débordait de son sein ; il se plaignit amèrement, après coup, et dit tout haut : « C'est contre mon avis et ma
» manière de voir, que certaines personnes de la ville de
» Bordeaux ont jugé convenable de proclamer roi Louis XVIII.
» Ces personnes ne se sont donné aucune peine, elles n'ont
» pas fourni une obole, ni levé un seul soldat pour le soutien
» de leur cause ; et maintenant, parce qu'elles courent un
» danger, elles m'accusent de ne pas les soutenir avec mes
» troupes....... Je ne sais pas si je ne vais pas au-delà de la
» ligne de mes devoirs, en prêtant à votre cause la moindre
» protection, le moindre appui. Il faut que le public connaisse
» la vérité : si, d'ici à dix jours, vous n'avez pas démenti la
» proclamation du maire de Bordeaux, qui m'attribue le de-
» voir de protéger la cause des royalistes à Bordeaux, je la
» démentirai moi-même publiquement. »

Que signifie donc cette persistance des Anglais, dans une seule idée, à ne donner *aucune assistance,* pas même *un sou,* à une famille qu'ils voyaient rappelée par la volonté nationale? Ils savaient la conduite des agents de Louis-Philippe, même à cette époque; ils prévoyaient que ce prince, qui peut-être alors ignorait les basses intrigues et les projets anti-dynastiques de ses amis à Paris, ne reculerait pas devant une usurpation; ils se rappelaient la généreuse intervention de Louis XVI dans l'émancipation des colonies anglaises; ils auraient voulu, pour en punir ses descendants, tout autre prince d'*une maison couronnée de l'Europe* que les légitimes héritiers du roi martyr. Ils se trompaient dans leurs calculs, et la France n'était pas assez anglaise pour adopter leurs idées; elle rappela ses rois sans les Anglais et malgré les Anglais, et même contre la volonté d'Alexandre de Russie, qui, à Vienne, avait montré la plus grande répugnance pour le retour des rois légitimes en France. Non, les alliés ne voulaient pas le retour de Louis XVIII, et, sans le mouvement de Bordeaux, de Toulouse et tout le midi de la France, ils auraient conclu la paix avec Bonaparte, à Châtillon, sans jamais songer à la branche aînée. Ils ne s'opposèrent pas au retour du prince; mais ils ne le désiraient pas, et ils ne firent rien et ne prononcèrent pas un mot pour l'effectuer, ni ne donnèrent pas *un sou* pour le faciliter. Ces vérités furent reconnues et proclamées par lord Liverpool, à la tribune de la *House of Lords*, le 23 mai 1815.

Livre VII. Chap. 7. — 1814.

Lamartine, *Histoire de la Restauration*.

C'était beaucoup que d'avoir pour soi la population d'une ville comme Bordeaux et des environs; mais il fallait s'assurer de l'état du pays et de l'opinion publique dans les départements circonvoisins. Par un rapport dressé à cette occasion le 18 mars 1814, par M. J.-P. de La Tour, le prince apprit que les Vendéens étaient prêts à se lever en masse; que le général Rivaut, qui commandait à La Rochelle, pensait bien qu'un débarquement pourrait s'opérer dans la Sèvre, où mille cinq cents hommes rendraient un grand service à la cause du roi; que cinquante hommes seulement suffiraient pour s'emparer des rares batteries de la côte, qui était mal gardée; que la batterie de Verdon avait été enclouée le 16, par ceux-là mêmes qui la gardaient ; que le stationnaire était désarmé ; qu'un conseil tenu à Blaye avait décidé que la forteresse n'était pas tenable, attendu qu'elle était commandée par trois hauteurs et allait être attaquée dans deux ou trois jours ; qu'on armait une flottille sur la rivière ; et, enfin, que les côtes du Médoc n'étaient point gardées et qu'on pourrait y craindre quelques tentatives de la part de l'ennemi.

Un des premiers soins du duc était de s'entourer de tous les hommes qui jouissaient de la considération publique et de s'éclairer de leurs conseils. M. Lynch exerçait les fonctions de préfet, fonctions que le prince confia, le 26, au zèle de M. Lainé. Le conseil de S. A. R. fut composé des principales notabilités de la ville. M. Lainé y apporta un jugement sain, un esprit éclairé, ami du progrès et de la liberté ; M. Ravez y fut appelé ; sa place y était marquée d'avance ; sa haute sagesse, son caractère de modération, de gravité, de circonspection, l'en rendaient digne, sans parler de ses principes politiques ; toujours le même, toujours fidèle, toujours dévoué à son prince, il ne courba jamais son front devant le pouvoir qui disposait de toutes les places et de toutes les grâces, lui qui avait noblement présidé la jeunesse bordelaise dans de mauvais jours ; qui devait être plus tard l'arbitre des partis, le modérateur d'une Chambre dont, comme président, il avait à tempérer les ardeurs divergentes, et qui s'illustra par son impartialité au milieu des coteries qui s'entre-heurtaient, pendant tout le temps du ministère Villèle ; cet homme devait nécessairement aller s'asseoir dans le conseil du prince et lui apporter le tribut de son dévoûment, de sa foi politique et de ses lumières. On y voyait aussi M. de Marcellus, dont le nom seul est en France un éloge ; M. Émérigon, homme d'esprit, avocat distingué ; M. Taffard, homme sage, prudent, prévoyant et dévoué, la cheville ouvrière de la Restauration à Bordeaux ; M. Maxime de Puységur, royaliste d'origine et de convictions inaltérables et pures; MM. Pierrugues, Ch. Brunaud, Dussumier-Fonbrun, Deynaud et quelques autres, tous dévoués à la cause de leurs rois.

<small>Livre VII. Chap. 7. — 1814.</small>

Un seul Bordelais faisait regretter son absence; c'était Ferrère. Le secret dont M. Lynch avait entouré toute cette affaire avait déplu au Conseil municipal et blessé cet avocat distingué, qui en était membre. On aurait voulu l'avoir; on aurait désiré qu'il se présentât au prince; sa fierté refusa de se plier aux exigences de la petite cour de Bordeaux; il se retira, comme Achille, dans sa tente; mais, avec Lainé et Ravez, on crut devoir plaindre la bouderie de cet esprit distingué et se passer de lui. Invité au palais, au nom du prince, il refusa de s'y rendre. « Tu viendras demain au palais, lui dit M. Émérigon. — Je ne le puis pas, répond Ferrère; le pourrais-je, je ne crois pas le devoir. — Est-ce que tu regretterais, par hasard, Napoléon? — Comme toi sans doute. N'y a-t-il d'autre explication à ma réponse que mes regrets? — J'entends; tu as peur. — Non, répliqua Ferrère; tout ici est irréfléchi; je n'y prends pas part. Bonaparte règne encore, on négocie avec lui; quel sera le sort de Bordeaux s'il est maintenu? Je ne veux pas donner un exemple à des gens qui me le reprocheraient un jour. » On le laissa avec ses idées; chez lui il y avait à la fois une noble fierté blessée, une grande incertitude pour le présent et de plus grandes craintes pour l'avenir du pays. Il partit le 31 mars pour sa campagne, à Rions. On le comprit mal; on l'abandonna à son orgueil et à ses craintes; on eut tort; il était fier parce qu'il avait le sentiment de sa supériorité intellectuelle, à laquelle tout Bordeaux rendait hommage; il aurait voulu tout savoir et être au moins l'un des premiers; il n'en sut rien; mais il n'avait pas plus de droit d'en être mécontent que MM. Lainé et Ravez et beaucoup d'autres qui n'en savaient rien, pas plus que lui.

<small>Ferrère, Mes Souvenirs.</small>

Le 5 avril, M. de Peyronnet et M. B. D..... allèrent le voir; c'étaient ses deux plus fidèles amis; ils lui dirent que,

dans le mouvement général de la ville, son absence avait été remarquée et regrettée. « Moi aussi, dit M. de Peyronnet,
» étranger au mouvement du 12 mars, je m'y suis livré
» corps et âme, décidé à périr, s'il le fallait, pour son suc-
» cès ; tant qu'il y avait quelque danger à craindre, je
» me suis abstenu d'y engager nos amis ; mais aujourd'hui
» les choses sont changées ; nous avons la certitude que Pa-
» ris est prêt et que les Bourbons seront remis sur le trône ;
» vos amis vous reprocheront, à tout jamais, d'avoir manqué
» à votre devoir, à l'amitié, à votre patrie, à vous-même, si
» vous ne vous rendez pas au Palais, où j'ai acquis la certi-
» tude que vous serez bien accueilli. »

Ému de ce discours de M. de Peyronnet, ce *noble ami*, ce *brave et généreux jeune homme*, Ferrère se déclara heureux de leur amitié ; ils étaient constants dans leur affection ; tout le monde l'avait abandonné, eux seuls exceptés, ainsi que M. Delpit, son troisième ami. « M. de Peyronnet, dit Ferrère,
» préoccupé, sans doute, par cette amitié qui a aussi son exal-
» tation et son ivresse, ne voyait pas en moi ce qui était en
» lui, le dévoûment à l'opinion et à la règle qu'il s'était for-
» mée, quel que puisse être l'événement. » Il lui écrivit quelques jours après et lui dit : « Mon parti est pris, il est irrévo-
» cable ; il consiste à m'abstenir ; quoique les circonstances
» aient changé, je ne change pas moi-même, et je suis bien
» sûr, du moins, de conserver les qualités qui m'ont valu
» votre honorable amitié. »

Le 7 avril, il fut convoqué encore comme membre du Conseil municipal. Cette fois-ci, mécontent de M. Lynch et de ses conseillers, il crut devoir lui faire entrevoir les dispositions de son cœur ; il lui répondit le lendemain, et, demandant qu'on le remplaçât et qu'on ne songeât plus à lui, il ajouta :
« Quand on ne sent en soi que des qualités privées, on doit
» se tenir dans les rangs des citoyens ordinaires ou se hâter
» d'y rentrer. » C'était une allusion à un propos vague, sans

portée, sans explication, sans à-propos, que tout Bordeaux aurait démenti et que Ferrère aurait dû mépriser; mais il était froissé, il le donna à comprendre. On le laissa libre.

Pendant tout ce temps, le duc d'Angoulême continuait l'œuvre de la Restauration et s'occupait activement des affaires publiques. Le 18 mars il fit publier un règlement sur la perception des seules contributions nécessaires; les contributions foncières et personnelles furent maintenues, telles qu'elles avaient été fixées pour l'année 1813; les droits sur le mouvement et sur la vente des vins, bières, eaux-de-vie, liqueurs, etc., etc., furent abolis; mais leur entrée devait être soumise à un droit d'octroi purement communal; les droits de douane, tant sur les sels ou les autres marchandises, soit pour l'importation ou pour l'exportation, devaient être incessamment réglés par un nouveau tarif plus favorable au commerce et aux consommateurs; quant aux autres droits, taxes et contributions, ils étaient maintenus provisoirement et devaient être perçus, non pas par la régie des Droits-Réunis, mais par l'administration des domaines. Le prince, en donnant un peu, autorisa les exigences; il promit beaucoup plus qu'il ne convenait et qu'il ne fut possible au roi de réaliser; mais la grande question, pour le moment, c'était de s'établir, même en engageant l'avenir.

Lorsqu'après son arrivée, il eut apprécié l'enthousiasme des Bordelais pour leur prince légitime, le duc d'Angoulême chargea M. de Labarthe de porter ses dépêches à Sa Majesté, à Hartwell, en Angleterre. Il paraissait convenable que le Conseil de la ville y prît part; il désigna M. Both de Tauzia pour accompagner M. de Labarthe, et ces deux messieurs se mirent en route le 14 pour se rendre à la résidence du roi, où ils furent accueillis avec une indicible joie et un bonheur extrême. M. Lynch remit à M. de Tauzia une lettre pour Louis XVIII, où il s'exprimait ainsi : « Ma vie politique n'a eu » d'autre but que d'atteindre et de saisir ce moment si désiré!

» Permettez, Sire, que je me félicite de la part que j'ai pu y
» prendre et de pouvoir dévouer le reste de mes jours au
» service de Votre Majesté (1). »

En repartant pour Bordeaux, M. de Tauzia reçut des mains du roi une lettre très-gracieuse pour M. Lynch, dont l'extrait suivant ne peut manquer de plaire aux Bordelais :

« C'est avec ce sentiment qu'un cœur paternel peut seul
» éprouver, dit le roi, que j'ai appris le noble élan qui m'a
» rendu ma bonne ville de Bordeaux. Cet exemple sera, je
» n'en doute pas, imité par toutes les autres parties de mon
» royaume ; mais, ni moi, ni mes successeurs, ni la France
» n'oublieront jamais que les premiers rendus à la liberté fu-
» rent aussi les premiers à voler dans les bras de leur père.
» J'exprime facilement ce que je sens vivement ; mais j'espère
» qu'avant peu, rendu moi-même dans ces murs, où, pour me
» servir du langage du bon Henri : *Mon heur a pris commen-*
» *cement*, je pourrai peindre mieux les sentiments dont je
» suis pénétré. »

---

(1) Le Conseil municipal, par sa délibération du 22 août 1814, décida qu'une médaille commémorative serait frappée à cette occasion, et que M. Andrieu, célèbre graveur bordelais, serait chargé de ce travail. Cette médaille fut gravée avec un soin particulier : c'est un des plus admirables ouvrages de notre artiste bordelais.

CHAPITRE VIII.

Remise des armes à l'Hôtel-de-Ville. — Rapports bienveillants entre les Anglais et les Bordelais. — Les chevau-légers de Brons. — Blaye reste bonapartiste. — Combats de Saint-Germain et d'Étauliers. — Le peuple de Bordeaux brûle les registres des Droits-Réunis. — La déchéance de l'Empereur connue à Bordeaux. — Le brassard réuni au lys. — Ferrère et Lainé. — Adresse de la Municipalité de Bordeaux au roi. — Wellington renonce à tous les droits de guerre sur les bâtiments en rade à Bordeaux, etc., etc. — Une épée d'honneur votée par le Conseil municipal. — Acceptée par lord Dalhousie. — Adresse des volontaires royaux portée au roi par MM. de Gombault, de Fages, Eugène de Saluces, Roger, G. Bontems-Dubarry, de Villebois, de Rasac, de Canolle, de Brachet, Grifon et Thevenot d'Aunit.

Tout marchait au gré des désirs du prince et des royalistes ; tout semblait en France devoir aboutir à une restauration générale et prochaine. Cependant Cornudet et le général Lheullier n'étaient pas loin : les idées varient, les sentiments changent vite ; tout se voit en France, disait le spirituel cardinal de Retz. C'est sous l'empire de ces idées qu'on résolut de faire apporter toutes les armes à l'Hôtel-de-Ville, par un avis qui portait que tous les citoyens étaient tenus de se conformer à cet ordre dans les vingt-quatre heures, sous peine d'être poursuivis comme perturbateurs du repos public. Cet ordre, émané de M. Dalhousie (1), lieutenant général de Sa Majesté britannique et commandant du septième corps de l'armée alliée à Bordeaux, était trop général, trop vague et trop absolu ; il mécontenta les classes aisées ; mais le lendemain on publia une autre affiche qui modifiait la première,

Livre VII.

1814.

(1) Lord Dalhousie avait beaucoup d'estime et d'affection pour M. Bontems-Dubarry ; il lui donna une attestation honorable, qu'on peut voir à la *Note* 22.

NOTE 22.

et qui prévenait le public que l'on n'était obligé de remettre à la Mairie que les armes d'ordonnance. Il n'y avait plus de bâtiments en rade, pas un brick, pas une chaloupe devant Bordeaux. Les négociants et les armateurs avaient envoyé tous leurs bâtiments à Libourne, où les troupes du Gouvernement s'étaient retirées; l'entrée des Anglais en France leur avait inspiré des craintes sérieuses et leur avait fait soupçonner que des vaisseaux anglais ne manqueraient pas de venir s'emparer de tous les bâtiments en rade devant Bordeaux. Ils ne se trompaient que sur un seul point; une escadrille composée de deux vaisseaux de ligne, de cinq frégates et de plusieurs transports, pénétra dans la Gironde le 27 mars, sous le commandement de l'amiral Penrose, qui venait de déclarer en état de blocus tous les ports du golfe de Gascogne et d'apporter des vivres et des munitions aux troupes anglaises à Bordeaux; mais ils ne prirent rien, ne s'emparèrent de rien et ils payèrent cher et comptant toutes les marchandises dont ils avaient besoin. Ils établirent des postes partout, et les soldats fraternisèrent avec les Bordelais comme avec de vieux camarades; ils envoyèrent des détachements dans l'Entre-deux-Mers, où les *petits corps des partisans* ravageaient le pays, et, par la sévérité de leur discipline et l'activité de leur service, ils réprimèrent les brigandages de ces corps indisciplinés et maintinrent la sûreté des personnes, la liberté et le respect de la propriété. Dans une circonstance, deux soldats se permirent de s'approprier des objets de peu de valeur; le fait fut peu de chose, mais très-grave aux yeux des chefs militaires, par rapport à la discipline. Les deux infortunés furent condamnés à recevoir quelques centaines de coups de fouet, jusqu'à effusion du sang. Révoltés, indignés à l'idée d'une punition si peu en rapport avec nos mœurs, les hommes, femmes et enfants accoururent et, chargeant les dénonciateurs de malédictions, supplièrent le général de leur accorder leur grâce et réussirent, par leurs unanimes supplications et leurs généreuses démarches, à arracher à la mort ces deux infortunés militaires. Tous les soldats anglais à Bordeaux furent vivement touchés de cette conduite généreuse du peuple bordelais ; cette circonstance fit disparaître les craintes mutuelles de la population du pays et des étrangers ; la plus franche union ne cessa de régner entre eux et dans tous leurs rapports ; c'étaient des échanges réciproques de bons procédés, de prévenance et de bienveillance.

Mais les *partisans* ou chevau-légers de Brons, ainsi appelés du nom de leur chef, Louis de Brons, continuaient à inquiéter les habitants des rives de la Dordogne ; ils exigeaient qu'on leur fournît des chevaux, des vivres et des munitions, et répandaient partout des craintes sérieuses. Le 24e régiment de chasseurs à cheval, en garnison à Libourne, se rendit sur la rive droite de la Dordogne, pour s'opposer au passage des Anglais à Brannes ; le peuple de Libourne désapprouvait cette démarche, qui pouvait attirer sur leur ville de grands malheurs. Le commerce se prononça contre toute résistance, car la ville était ouverte de tous côtés ; la population était antipathique au bonapartisme, qui avait anéanti la prospérité commerciale et industrielle de leur ville ; les Bordelais avaient embrassé la cause des Bourbons, dont le retour pourrait seul éteindre toutes les divisions, calmer toutes les craintes et rendre au pays tous ses anciens éléments de bonheur. On voulait faire comme eux : on fit comprendre à M. Mouly, major chef du dépôt, que toute résistance à Libourne serait impolitique, infructueuse et meurtrière, en présence d'un corps de mille cinq cents Anglais, qui avançaient contre la ville avec trois pièces de canon et un obus. Mouly se rendit aux sages avis de la Municipalité, et, le 29, se mit en marche pour Blaye, après avoir coulé tous les bateaux de passage sur l'Isle. Les Anglais furent accueillis le lendemain par la Municipalité, avec des démonstrations sympathiques ; mais, informés que Mouly s'acheminait vers Blaye, ils envoyèrent à sa suite un

Livre VII.
Chap. 8.

1814.

29 Mars.

détachement de trois cents hommes, qui l'atteignit à Saint-Germain; le combat fut assez vif pour un moment; mais les chasseurs se dispersèrent et les troupes anglaises rentrèrent dans leur quartier avec des prisonniers. Blaye resta bonapartiste et refusa de recevoir un détachement de la garde nationale de Bordeaux, qu'on y avait envoyé pour remplacer un bataillon de la ligne, à qui on avait donné ordre de se rendre à Libourne. Le bataillon refusa d'obéir et le commandant se mit en rapport avec Clausel, qui marchait sur Bordeaux. Le combat de Saint-Germain mit fin aux difficultés et découragea les bonapartistes. Tout paraissait tranquille, et la ville avait une physionomie assez rassurante pour permettre au détachement de repartir pour Bordeaux; mais, tout à coup, on répandit le bruit qu'une colonne française, forte de six ou sept mille hommes, marchait, de Périgueux, contre les Anglais et les anglophiles de Libourne. Cette nouvelle affligea les Libournais, que les Anglais venaient de laisser à leur sort; c'était une panique générale dans la ville et aux environs. A l'approche des Anglais, les Bordelais s'étaient enfuis en grand nombre à Libourne; mais, dans les premiers jours d'avril, on vit arriver à Bordeaux un grand nombre de Libournais, qui désiraient échapper aux horreurs d'une réaction violente et se placer sous la protection de la garnison de Bordeaux. On envoya un nouveau détachement à la poursuite de Mouly, dans l'espoir de l'empêcher d'entrer à Blaye; on donna ordre d'attaquer la citadelle, du côté de la rivière, pendant que les troupes anglaises l'attaqueraient par terre. Cet ordre fut exécuté, mais sans succès; Mouly était déjà dans la place, et ses troupes, qui tenaient la campagne, se joignirent à celles qui avaient évacué Bordeaux le 11 mars et allèrent au devant des Anglais. Les deux partis en vinrent aux mains, le 3 avril, dans la commune d'Étauliers; le combat fut vif et meurtrier; mais les Anglais, numériquement supérieurs, restèrent maîtres du champ de bataille; le général Lheullier, qui commandait

les Français, battit en retraite ; Cornudet abandonna Saint-André et la citadelle de Blaye, rejeta avec dédain toutes les propositions d'une capitulation avantageuse et ne se rendit que le 23 avril, après avoir acquis la certitude officielle de la déchéance de l'Empereur, prononcée le 2 avril « par ce lâche
» Sénat, comme le disait Ferrère, qui, depuis tant d'années,
» s'était établi son pourvoyeur d'or et de sang ! »

Le général Decaen s'était rendu sur les lieux ; il publia, à Libourne, cet ordre du jour de l'armée de la Garonne :

« Généraux, officiers, sous-officiers et soldats de l'armée de
» la Garonne,
» Je vous ai déjà fait connaître le décret du Sénat, déclarant
» que Napoléon et sa famille ne régnaient plus sur la France.
» Aujourd'hui, je présente l'adresse qui nous a été faite, à nous-
» même, par le Gouvernement provisoire ; incessamment vous
» aurez connaissance de la nouvelle Constitution, qui met un
» terme aux malheurs de notre patrie.
» Persuadé que le Sénat a satisfait aux vœux de la nation ;
» persuadé que vous aurez, comme moi, ces sentiments, je ne
» doute pas qu'à mon exemple, vous donnerez votre adhésion
» à tout ce que le Sénat a résolu dans sa sagesse, pour sauver
» la France des plus affreuses calamités.
» Pour premier bienfait de ces sages résolutions, nous au-
» rons la paix ! En attendant ce jour de bonheur, pour lequel
» depuis longtemps, tous les peuples de l'Europe formaient
» des vœux, je vous annonce que je me suis empressé de né-
» gocier avec le commandant des troupes anglaises, afin de
» fixer une ligne de démarcation de nos avant-postes et faire
» cesser toutes hostilités !
» Donné au quartier général, à Libourne, le 14 avril 1814.
» *Le général commandant en chef l'armée de la Garonne,*
» Comte DECAEN. »

En arrivant à Bordeaux, le duc d'Angoulême eut l'imprudence d'écouter trop son cœur et de ne pas songer assez aux besoins de l'administration ; il promit l'abolition des droits vexatoires, des taxes imposées aux vins et ne laissa subsister que les droits que la ville percevait sur cette denrée. Cette réduction était considérable, elle diminuait de moitié le produit total de cet impôt ; mais le peuple, toujours outré dans ses exigences révolutionnaires, en voulait l'abolition complète. Le vin était pour lui une denrée de première nécessité ; les Bordelais n'entendaient payer que le vin à l'exclusion de tout autre droit vexatoire et onéreux ; il s'agissait de leurs intérêts ; ils voulaient être juges dans leur propre cause. Mû par ce sentiment, voulant profiter de la crise du moment et créer un ordre de choses permanent, en rendant la perception de l'impôt sur les boissons spiritueuses impossible, le peuple se porta, le 3 mai, tumultueusement, à l'hôtel de la direction des Droits-Réunis, s'empara des registres et des papiers des employés et les brûla au milieu des cris de joie et des vociférations contre cet impôt onéreux et contre les agents du pouvoir qui le percevaient. Le peuple était irrité, on lui avait fait des promesses séduisantes, mais on ne les exécutait pas ; il témoigna, par ses excès, son horreur pour toute mystification et toute promesse mensongère. On le laissa faire ; mais l'impôt a été maintenu, et, à la place des vieux registres brûlés comme un *autodafé* populaire, on trouva des papiers pour en faire de nouveaux !

Quelques jours après la bataille d'Étauliers, les communications avec Paris étaient devenues sûres et faciles ; on apprit, le 10 avril, jour de Pâques, que l'on avait prononcé la déchéance de l'Empereur et que les alliés étaient en possession de Paris. C'est alors que l'aspect de Bordeaux et de la France changea complètement ; jamais on n'avait vu une telle explosion d'enthousiasme pour une cause politique quelconque ; les timides devinrent hardis ; les démocrates se firent royalistes ; les bonapartistes quittèrent peu à peu leurs drapeaux ; le peuple s'abandonna à toutes sortes de réjouissances; il n'y avait plus rien à craindre de Napoléon; il était tombé, disait-on, pour toujours, et sa cause était abandonnée, sans la moindre espérance d'une réaction dans l'opinion. On pleurait de joie; on s'embrassait dans les rues; on semblait dégagé des entraves les plus pesantes du despotisme; on croyait respirer plus à l'aise; c'était la joie, la vie, le bonheur; jamais Bordeaux n'a vu ni ne verra probablement une semblable démonstration, si pure dans son origine, si unanime, si affectueuse, si générale et si expansive ! Le 10 avril est l'un des plus beaux jours de nos annales.

La paix était rétablie en France et le roi était rentré sur le territoire de ses pères; la forme du gouvernement fut changée; l'administration temporaire de Bordeaux n'avait plus de raison d'être; elle fut supprimée par Mgr le duc d'Angoulême, et l'autorité du roi Louis XVIII fut reconnue et proclamée partout. Le prince fit ses préparatifs de départ pour rejoindre son oncle, et, avant de partir, autorisa ses amis à Bordeaux à joindre la décoration du *brassard* à celle du *lis*, que le comte d'Artois avait créée en faveur de ceux qui étaient allés au devant de lui à son retour en France. Cette dernière était une fleur de lis d'argent, surmontée d'une couronne; on la suspendait à la boutonnière par un ruban blanc. Le *brassard* consistait en un médaillon d'émail à rayon d'or, timbré d'une couronne et ayant au centre le chiffre du roi. Autour de ce médaillon était une jarretière verte, sur laquelle on lisait ces mots : *Bordeaux, 12 mars 1814*. Le brassard ne pouvait être porté qu'avec le costume militaire; hors du service, il était remplacé par un ruban vert à liséré blanc, suspendu à la boutonnière. Le nom de *brassard* lui fut donné le 12 mars. Lorsque le prince arriva dans nos murs, il refusa la garde d'honneur et ne voulut être gardé que par l'amour des Bordelais, malgré les instances de MM. Lynch, de Marcellus, de Saluces et autres. On insista cependant et l'on organisa une garde de volontaires. N'ayant

Livre VII.
Chap. 8.
1814.

Bernadau,
Histoire.

pas d'uniforme, ils convinrent de prendre comme signe de ralliement un mouchoir blanc noué autour du bras gauche. Plus tard, cette garde ayant été habillée en blanc, elle voulut conserver sa première marque de distinction, et, pour la rendre plus apparente sur l'habit, elle imagina de la porter de couleur verte. Ce nœud militaire s'appela *brassard*, nom donné aussi à ceux qui le portaient. Ces chevaliers (ils s'appelaient ainsi) avaient pendant un temps une existence politique; on les invitait officiellement aux anniversaires du 12 mars; mais cette institution est tombée dans l'oubli.

Le duc d'Angoulême, voyant que tout était tranquille à Bordeaux, partit pour Paris le 23 mai; il conserva toujours le précieux souvenir de l'accueil affectueux qu'il avait trouvé à Bordeaux le 12 mars.

Pendant tout ce temps, Ferrère languissait dans l'obscurité; on le blâmait de s'être éloigné du théâtre politique; il croyait au contraire avoir agi avec sagesse. Toujours regardé comme l'un des premiers avocats du barreau bordelais, il était entouré d'amis, l'objet de leurs égards et d'une considération bien méritée; mais, rejeté par sa propre faute dans les rangs des hommes réputés hostiles, il se sentit bientôt délaissé et isolé parmi ses nombreux amis et les admirateurs de son talent. Ravez jouissait, à juste titre, de la confiance du prince et de la considération du public; cela n'étonnait pas Ferrère; c'était la reconnaissance d'un beau talent et d'une haute probité. Lainé était justement estimé de tout le monde; Ferrère lui enviait le bonheur qu'il avait eu de déplaire à Napoléon; il voyait là la puissance audacieuse du génie et la consécration de sa brillante réputation; mais il ne pouvait pas se rendre compte de l'abaissement où ce même Lainé se trouvait depuis qu'il avait accepté les fonctions de préfet de la Gironde.

A la rentrée du roi, les avocats se présentèrent en corps au Palais pour féliciter Son Altesse Royale sur les heureuses circonstances du moment; dans leur rangs, on était surpris de voir Ferrère ; il n'était pas fait pour l'obscurité, il s'ennuyait dans la solitude, ne voyait plus que MM. de Peyronnet, Delpit, Denucé et quelques autres rares amis. Un jour, il se décida à aller voir M. Lainé, son ancien ami dans le monde, son rival au barreau; ils ne s'étaient pas vus depuis le 12 mars. Lainé le reçut affectueusement et le blâma, en ami, d'avoir conseillé à M. Duclos, président du Tribunal de Commerce, de donner sa démission. « — Jamais je n'ai donné un conseil semblable à » qui que ce soit. — A la bonne heure! on lui écrira. — Mais toi, » ajoute Lainé, pourquoi la tienne? » Ferrère s'expliqua avec franchise, mais en rejetant le tort sur M. Lynch et ses maladroits conseillers. « — Comme toi, dit Lainé, j'étais loin de tout » savoir; je ne voyais dans tout cela que du délire; aussi l'ar- » chevêque me disait hier : *La prudence humaine n'a aucune* » *part à tout cela : l'honneur en est à la Providence!*

» Que penses-tu, Ferrère, de l'état actuel des esprits? — » Hier, répond Ferrère, on hurla au spectacle cette nouvelle » lâcheté du Sénat qu'on appelle la Constitution. Il est bien in- » concevable, en effet, que pour prix de quinze générations » livrées à ce minotaure, ces misérables s'adjugent, de leur » propre autorité, les honneurs et le butin! L'indignation est à » son comble, et j'ai peur que, par cette faute du Sénat, le » moment irretournable ne soit perdu ! — C'est cela, s'écria » Lainé; cet article de la Constitution met en péril tous les » autres; on n'y veut voir que la pairie et la dotation ; j'ai » une peine extrême d'empêcher que quelqu'une de ces mi- » sérables diatribes, qu'on m'adresse chaque jour, ne se glisse » dans le *Mémorial*. — Prends garde, dit Ferrère, que ta » popularité ne s'en ressente; je vois des intolérants d'un » nouvel ordre. — Bon, répliqua Lainé, quelques mauvaises » têtes; c'est à Paris, c'est au nom du Corps législatif que je » prétends être entendu. — Ah! dit Ferrère, en l'interrom- » pant, au Corps législatif! Oui, c'est là, en effet, que tu devrais » être; je t'avoue qu'à ta place, on n'aurait entendu parler

Livre VII.
Chap. 8.

1814.
14 Avril.

Ferrère,
Mes Souvenirs.

» de moi qu'à ce titre; ton poste actuel (préfet) me semble
» nuire à ton beau dévoûment; tu as été, pendant quelques
» instants, l'organe désintéressé, le Décius de la vérité et de
» la France. » Lainé aurait pu, selon Ferrère, être offensé de
ce langage; il ne le fut pas, ou au moins il ne le donna pas à
comprendre. Il répondit avec bonté : « Le poste était vacant;
» il importait qu'il fût rempli; on ne trouvait personne; on
» me pressa, j'acceptai, mais seulement jusqu'au retour de
» M. le baron de Valsuzenai (1). A propos, reprit Lainé, que je
» te conte la conduite du prince envers le baron; tu y retrou-
» veras Henri IV. On avait intercepté je ne sais quelle lettre
» de l'épouse du baron, contraire aux intérêts du prince et
» même irrespectueuse. Je l'ignorais. Le baron revint et fut
» accueilli par des bénédictions universelles. Je présentai à
» Son Altesse Royale ce préfet, le seul, à coup sûr, qui ait
» laissé des regrets à ses administrés. Le prince le reçut par-
» faitement; dans notre entretien, point de réserve, point de
» nuage... Le baron se leva pour prendre congé, et Son Al-
» tesse Royale saisit ce moment pour lui glisser dans la main
» la lettre fatale ! Jugez de sa surprise et de la mienne, lors-
» qu'arrivant sur le palier, il jeta les yeux sur cet écrit, dont
» il ne soupçonnait pas l'existence. » Ferrère se mit à rire;
mais il y avait un fonds de tristesse réelle dans sa gaîté affectée et passagère.

Ces deux hommes se séparèrent pour parcourir des carrières
diverses : l'un suivit la marche ascensionnelle de sa fortune;
il devint la première voix de la liberté, le précurseur de la
monarchie constitutionnelle, l'un des plus grands orateurs et
des plus grands ministres de la France, et le seul président
de la Chambre des députés que l'on puisse comparer à M. Ravez.
L'autre méprisa les sourires de la fortune et expia son dédain
par son délaissement et une vie retirée, qui ne convenait pas à

---

(1) M. de Valsuzenai fut réintégré dans ses fonctions le 11 juin.

son caractère et contrastait trop visiblement avec son goût et ses triomphes au barreau. On dit que la peine qu'il en avait ressentie ne contribua pas peu à abréger sa vie.

A cette époque, la Constitution, votée par le Sénat, avait soulevé un cri de réprobation générale. La nouvelle Municipalité de Bordeaux se présenta le 17 avril, devant S. A. R., avec l'adresse suivante, où l'on faisait allusion directement à la conduite publique du Sénat :

« Monseigneur,

» Le Corps municipal de la ville de Bordeaux s'empresse
» d'offrir à Votre Altesse Royale le sincère hommage du respect
» et de l'amour de tous les habitants de cette cité. Heureux
» d'avoir pu, les premiers, proclamer notre légitime souve-
» rain et d'avoir reçu dans nos murs l'auguste Fils de nos rois,
» qu'il nous soit permis, Monseigneur, d'exprimer nos pensées
» et de les déposer dans le sein du lieutenant général du
» royaume.

» Les Bordelais savent que le bonheur du peuple ne peut
» être mieux garanti que par la sagesse des lois; mais ils n'ont
» pu lire, sans une profonde douleur, le projet de Constitution
» qui vient d'être publié.

» Sans prétendre discuter cet acte, ni l'alliage des disposi-
» tions transitoires qu'il contient, une idée principale a frappé
» nos esprits. N'est-ce pas détruire la base fondamentale de
» la monarchie française, que de ne pas reconnaître, avant
» tout, notre roi légitime ? Ce monarque, appelé au trône par
» sa naissance et déjà proclamé par les Français, peut-il être
» étranger à la formation des lois constitutionnelles ? Ses droits
» peuvent-ils demeurer en suspens jusqu'à ce qu'une Consti-
» tution ait été discutée et acceptée ?

» Notre conscience ne nous permet pas de séparer Louis
» XVIII des lois qui garantiront, encore moins que ses vertus,
» le bonheur du peuple dont il n'a pas cessé d'être le souve-
» rain légitime.

» Déjà les proclamations de Sa Majesté ont dissipé toutes
» les craintes : le passé est oublié, la liberté des cultes a été
» solennellement établie, les acquéreurs des biens nationaux
» n'ont plus d'inquiétudes sur leurs propriétés, ni la bravoure
» française sur les récompenses et les honneurs. Pourquoi
» faire considérer comme un devoir à remplir les bienfaits
» que nous avons déjà reçus de la magnanimité du monar-
» que ?..... »

Le prince écouta attentivement ces sages et patriotiques observations, et l'on prétend qu'en arrivant à Paris, il les fit valoir auprès du roi. Voyant que l'ordre était rétabli partout et les droits du souverain reconnus, le prince obtint du duc de Wellington une entière renonciation à l'exercice des droits de la guerre sur les vaisseaux et leurs cargaisons, qui se trouvaient dans le port et la rade de Bordeaux le 12 mars. Le duc consentit à cette demande, et un avis publié le 11 juin, par M. le comte de Puységur, premier adjoint, prévint les propriétaires de ces bâtiments et des marchandises à bord, qu'ils étaient libres d'en disposer à leur gré.

Le duc d'Angoulême quitta Bordeaux le 23 mai pour rejoindre la famille royale et emporta de notre cité un souvenir ineffaçable de l'enthousiasme que sa présence y avait produit. Les troupes anglaises n'y étant plus nécessaires, on songea à leur faire évacuer la ville; mais leur départ ne fut entièrement effectué que le 23 juillet suivant. Leur séjour à Bordeaux imprima un mouvement inaccoutumé au commerce et à l'industrie; ils achetèrent des objets de luxe et de première nécessité à des prix très-élevés; ils payèrent bien, vécurent dans une union et une harmonie admirables, et emportèrent les regrets de la population. Ils encouragèrent et protégèrent le commerce des vins, qui, depuis de longues années, était entièrement anéanti. Les négociants anglais firent alors des demandes considérables, et cette denrée atteignit un prix bien au-dessus des cours des années précédentes. Lord Dalhousie, qui commandait la division de l'armée britannique, s'efforça, dans toutes les circonstances, de maintenir l'esprit d'union et de concorde qui régnait entre les Bordelais et les soldats; ses prévenances lui concilièrent l'estime et l'amitié de toute la population, et le Conseil municipal, organe de la reconnaissance publique pour sa noble, prudente et généreuse conduite à Bordeaux, vota et le pria d'agréer une magnifique épée. Il l'accepta avec gratitude et se faisait un devoir de la porter à toutes les revues qu'il passait dans les îles britanniques : il voyait sur cette épée le nom de Bordeaux, et elle lui rappelait des souvenirs doux et affectueux !

Toutes les villes s'empressèrent d'envoyer au roi des adresses et des félicitations sur tous les tons, à l'occasion de son retour. Les volontaires royaux à cheval de Bordeaux ne crurent pas devoir rester en arrière; ils firent rédiger l'adresse suivante :

« Sire, vos volontaires bordelais du 12 mars, honorés par
» Votre Majesté des marques éclatantes de sa satisfaction et
» de sa bonté spéciale, nous ont envoyés porter à vos pieds
» le tribut de respect et d'amour, l'hommage de leur dévoû-
» ment sans réserve et de leur éternelle reconnaissance.

» Lorsque, à l'époque mémorable inscrite sur ce brassard,
» Monseigneur le duc d'Angoulême, avec l'intrépidité d'un
» Bourbon, est venu presque seul frapper à nos portes, ré-
» pondre à nos cœurs, nous annoncer, en votre nom, et achever
» déjà lui-même l'œuvre de votre restauration et de notre dé-
» livrance, vos volontaires bordelais, Sire, se sont réunis sans
» se compter; ils ont volé au devant de l'aimable et auguste
» précurseur du roi qu'ils appelaient, vous le savez, depuis
» longtemps; ils l'ont escorté dans nos murs; ils l'ont envi-
» ronné dans son palais; ils l'eussent suivi au bout de l'univers.
» Dieu merci, il y avait encore pour nous des dangers à courir.
» Pendant un mois, Sire, nous avons frémi d'une sainte allé-
» gresse, en pensant que nous vous prouvions notre fidélité au
» péril de nos biens et de nos têtes. Nos femmes et nos enfants

» s'étaient dévoués, ainsi que leurs époux et leurs pères;
» chaque jour, chaque moment grossissait nos phalanges;
» tous les fidèles de l'Aquitaine accouraient dans Bordeaux.
» Avec la même alacrité, celui dont le sort avait épargné la
» fortune, la consacrait tout entière à votre service; celui à
» qui il ne restait plus qu'une pièce de champ, la vendait
» pour acheter un uniforme, des armes, un cheval, et venir
» se ranger parmi vos volontaires royaux.

» Sire, en vous parlant ainsi, nous songeons bien moins à
» vous retracer comment nous vous avons, qu'à vous montrer
» comment vous étiez désiré et combien vous êtes chéri.

» Notre récompense, il faut le dire, a égalé notre zèle; elle
» a été dans le charme que nous goûtions à remplir le plus
» doux comme le plus saint des devoirs; elle a été dans la
» certitude que les transports de notre amour arriveraient à
» notre roi, par l'organe du prince qui les sentait avec nous
» et les inspirait avec lui; elle a été dans les proclamations
» de ces généraux alliés, qui, sur la route, criaient aux su-
» jets fidèles, mais incertains : *Imitez Bordeaux!*

» Elle est, aujourd'hui, dans la permission que vous nous
» donnez, Sire, de paraître devant vous, dans le bonheur de
» contempler ce visage royal et paternel, où respirent la sé-
» rénité de la vertu, les méditations de la sagesse et les inspi-
» rations de la bonté. Elle est, enfin, cette récompense, dans
» la glorieuse distinction que Votre Majesté a daigné nous ac-
» corder, et dont, sous ses yeux, nous nous parons pour la
» première fois. Symbole inappréciable, Sire, c'est l'ère de
» la France renaissante, c'est le chiffre de Louis le *Désiré,*
» c'est le ruban que nous envoya Madame la duchesse d'An-
» goulême, la nièce de votre sang et la fille de votre cœur,
» l'ange de la France, comme vous en êtes le père. Ah! Sire!
» Votre Majesté concevra qu'une fois marqués de ce signe sa-
» cré, nous ne puissions plus le quitter un seul instant; si,
» dans sa forme actuelle, il appartient à l'appareil militaire

» et doit rendre invincible ceux qui le portent, vous permet-
» trez que, dans le costume de paix, nous le réunissions au
» lis, signe commun de ralliement pour tous les Français.
» Ainsi, le sentiment universel se fortifiera de toutes les im-
» pressions locales; le liséré vert de Bordeaux sera en accord
» avec le liséré de nos braves frères d'armes de Paris; et, selon
» la nature du temps, cette marque resplendissante de notre
» amour et de votre bonté devra briller alternativement, parmi
» nous, sur les bras qui vous servent et sur les cœurs qui vous
» aiment. »

Cette adresse fut portée aux pieds du trône par MM. de Gombault, le comte de Fages, Eugène de Saluces, le colonel Roger, G. Bontems-Dubarry, de Razac, de Villebois, de Canolle, de Brachet, Grifon et Thevenot-d'Aunit.

LIVRE VIII.

CHAPITRE PREMIER.

Romain Desèze estimé, aimé et récompensé. — L'anniversaire du 12 mars. — Le duc et la duchesse d'Angoulême arrivent à Bordeaux. — Bonaparte débarque en France. — Souscription pour équiper la garde nationale et des volontaires. — Le général Decaen; ses sentiments. — M. Lynch; sa position. — La garnison de Blaye se prononce pour Bonaparte. — Situation des Bordelais. — Banquet où se réunissent les officiers de la garde nationale et de la garnison. — Clausel marche sur Bordeaux. — M. le colonel de Pontac marche avec 500 hommes pour défendre le passage de Cubzac. — M. de Mallet à Saint-André. — M. de Peyronnet au Carbon-Blanc. — M. de Martignac envoyé à Clausel. — Ce général paraît bien disposé en faveur de Madame. — Il promet une amnistie à tous les Bordelais, excepté M. Lynch.

Rentré dans ses États, le roi s'efforça de cicatriser les plaies de la patrie et de reconnaître les services de ses amis. Parmi eux, sa reconnaissance en distinguait un surtout, dont la présence lui semblait une consolation et une source de mille souvenirs tendres et tristes : c'était M. Romain Desèze, homme de cœur, qui eut le courage, sous le règne de la Terreur, de défendre l'innocence et la vertu; qui osa rejeter, comme juges du meilleur des rois, les membres de la Convention, constitués ses accusateurs et ses bourreaux, et qui lutta avec courage pour épargner à la France la honte d'un crime inutile, tout un siècle, peut-être, de folies, de forfaits, d'impiétés et de larmes! Le roi et la France étaient ses débiteurs; le prince le combla de bienfaits, et la France applaudit à la reconnaissance affectueuse et libérale de son roi. Le 15 février, Louis XVIII le nomma premier président de la Cour de cassation, et, quelques jours plus tard, grand trésorier, commandeur des ordres du roi. Tout cela ne témoignait que faiblement des sentiments de profonde gratitude de Sa Majesté et d'affectueuse confiance qu'elle avait dans le zélé défenseur de son malheureux frère.

Au mois de mars de l'année suivante, comme nous aurons occasion de le dire, le fidèle Desèze accompagna l'auguste fille de Louis XVI sur la terre d'exil ; elle se rendait à Gand, auprès du roi, dont la solitude paraissait moins triste, parce qu'il s'y trouvait un ancien ami. « Partout où les Bourbons ont souffert, dit Châteaubriant, on rencontre un Desèze. » Il fut élevé à la dignité de pair de France, le 17 août. Un jour, Louis lui envoya une tabatière avec ce billet : « J'ai appris,
» Monsieur, avec le plus grand plaisir, que vous voulez vous
» convertir au tabac ; pour vous encourager dans ce bon sen-
» timent, je vous envoie une tabatière, la seule digne d'être
» offerte à M. Desèze. » Cette tabatière était ornée du portrait de Louis XVI. M. Desèze fut affecté jusqu'aux larmes de cette gracieuseté de son roi, qui rappelait tout à la fois son antique dévoûment, les vertus et la condamnation de la royale victime, et l'affectueuse munificence de Sa Majesté. Avec le titre de comte, notre immortel compatriote, M. Desèze, fut autorisé à placer dans ses armes des fleurs de lis sans nombre, et à faire graver, autour de l'écusson, ces chiffres : « 26 *Décembre* 1792. » On lui devait beaucoup, mais il ne demandait rien ; ces honneurs se reflètent encore sur son nom et sa famille ; mais son plus beau titre de gloire, c'était de voir son nom dans l'immortel testament du roi-martyr : celui-là ne périra point, ni en France, ni ailleurs ; on n'en contestera pas la noblesse.

Lainé aussi éprouva les bontés du roi ; le titre de Bordelais était une recommandation à la cour : la Guienne était la terre

Livre VIII.
Chap. 1er.

1815.

de la fidélité, et les Gascons les meilleurs amis aux jours de l'adversité. Comme on le pense bien, M. Lynch ne fut pas oublié; il fut nommé pair de France.

Le temps s'écoula vite au milieu de tant de bonheur et dans les jouissances de la prospérité renaissante de notre cité : on se préparait à célébrer, avec une pompe inaccoutumée, l'heureux anniversaire du 12 mars. Le commerce avait repris dans le courant de l'année; l'industrie poursuivait ses développements; les passions étaient devenues moins bruyantes, les mœurs moins dépravées, le peuple moins républicain, et, surtout à Bordeaux, plus royaliste. On attendait la fête avec une impatience qui caractérisait la joie publique et les sentiments généraux de la ville : les pauvres et les riches, toutes les classes voulaient manifester, ce jour-là, leur attachement à leur roi et la sincérité de leurs affections; les préparatifs étaient immenses. Le 4 mars, le maire prévint ses administrés que LL. AA. RR. Monseigneur le duc et Madame la duchesse d'Angoulême devaient honorer de leur présence la fête des fidèles Bordelais, et qu'ils allaient arriver le 5 dans leur ville. « Bordelais! dit M. le Maire, une année n'est point encore
» écoulée depuis le jour où vos cœurs volèrent au devant du
» prince dont la généreuse confiance répondit à vos transports.
» Les sentiments que vous fîtes éclater dans cette journée
» mémorable, semblaient ne pouvoir acquérir une nouvelle
» énergie; cependant, l'heureuse annonce du retour de ce
» prince chéri nous promet encore un accroissement de bon-
» heur et d'ivresse. Alors, aux acclamations de notre joie se
» mêlaient des vœux ardents qui, bientôt, vont être exaucés.

» Fidèles Bordelais! Son Altesse Royale Monseigneur le
» duc d'Angoulême revient parmi nous; son auguste épouse
» l'accompagne. Vous allez recevoir la fille de vos rois; vous
» allez contempler le modèle de toutes les vertus, la protec-
» trice de tous les infortunés. Elle brave les fatigues d'un long
» voyage et les intempéries de la saison. Inspirée par la bien-

» veillance, elle vient, sans autre but que de visiter ces heu- Livre VIII.
Chap. 1er.
—
1815.
» reuses contrées, sans autre motif que de jouir de notre re-
» connaissance et de notre amour.

» Livrez-vous, heureux Bordelais, aux mouvements de
» votre vive allégresse ; mais que son enthousiasme soit tem-
» péré par le respect.

» Loin de contenir l'élan de vos cœurs, l'autorité applaudira
» à toutes les démonstrations que saura vous inspirer le dé-
» voûment qui vous anime. S'unissant à vous pour célébrer
» dignement la présence de LL. AA. RR., elle n'a besoin de
» s'occuper que du maintien de l'ordre et des moyens à
» prendre pour éviter tout accident, que l'excès même du zèle
» pourrait occasionner. »

Le maire continue alors à spécifier les différentes dispositions arrêtées pour la réception de LL. AA. RR., le 5 mars.
Nous donnons ces dispositions du programme dans la *Note* 23. NOTE 23.

Heureux de pouvoir contribuer, par leur présence, à l'éclat
de la fête de Bordeaux, le duc et la duchesse d'Angoulême
avaient promis, en effet, de s'y rendre : ils y furent reçus
avec les plus grands transports de joie et un enthousiasme
qu'il serait impossible de décrire. De jeunes filles, habillées
en blanc, les attendaient sur le port ; elles firent dételer les
chevaux et traînèrent leur voiture à travers la ville, par des
rues tapissées, décorées de guirlandes et dont le pavé était
jonché de fleurs. La foule était immense ; on y était accouru
de tous les départements circonvoisins. Des cris : *Vive le duc!
Vive la duchesse! Vivent les Bourbons!* éclataient à chaque pas
et allaient, se répétant de groupe en groupe, d'une rue dans
une autre, jusqu'au palais où ils devaient descendre. Les balcons, les toits, les fenêtres étaient encombrés de curieux ;
partout on n'entendait que des acclamations enthousiastes ;
partout on voyait flotter dans l'air des banderolles blanches
avec les noms des hôtes royaux, et des dames élégamment
parées, agitant, avec un enthousiasme qui ressemblait à

l'ivresse, des mouchoirs blancs et lançant des fleurs sur le passage du cortége. La duchesse d'Angoulême paraissait touchée de ces manifestations affectueuses et attirait sur elle les regards sympathiques de la foule ivre de joie et respectueuse. On la contemplait avec respect, on la nommait avec amour, on la saluait avec une vénération quasi-religieuse. Orpheline du Temple, dernier débris de la famille de Louis XVI, sa vie n'avait été qu'un long martyre, son expérience celle du malheur! Une certaine tristesse se dépeignait dans son regard, et les souvenirs qu'elle réveillait dans toutes les âmes se traduisaient en larmes sur tous les visages. Les fêtes, les réjouissances, les revues se succédèrent; la garde nationale, bien qu'imparfaitement organisée, parut dans une tenue admirable, et l'enthousiasme de la population, loin de se refroidir, semblait, d'un moment à l'autre, gagner en intensité et en expansion. Le commerce fit préparer un bal à la Bourse, à cette occasion : LL. AA. RR. promirent d'y assister. On résolut d'y déployer toute la magnificence possible, un luxe oriental ; mais un courrier, expédié par le maréchal Macdonald, arriva dans la matinée, apportant à Monseigneur le Duc des dépêches annonçant le débarquement de Bonaparte à Cannes et sa marche sur Paris. Le prince et la princesse furent consternés à cette triste nouvelle; mais, concentrant leur tristesse et leurs appréhensions dans le plus strict et le plus impénétrable secret, ils assistèrent le soir au bal, et le duc ne partit qu'à minuit pour Nîmes, où, d'après les ordres du roi, il devait prendre le commandement des troupes et s'opposer à la marche de l'Empereur.

Le lendemain, la duchesse réunit les autorités avec les officiers supérieurs de la garnison, et leur annonça la triste nouvelle qui allait entraîner la France dans de nouveaux malheurs; elle leur dit ce que le roi attendait de leur fidélité à leurs serments; elle leur rappela leurs promesses et les assurances de dévoûment qu'ils lui avaient données, et leur traça en peu de mots et avec les accents de l'autorité ce qu'ils devaient faire, comme vrais Français, militaires dévoués et royalistes sincères. Le gouverneur Decaen et le général Harispe s'empressèrent de répondre de leurs soldats; le commandant de la garde nationale assura Madame du dévoûment inaltérable de ses légions; le maire, compromis lui-même, comptait sur la population, et tous s'accordèrent à tranquilliser la princesse, à la prier de rester à Bordeaux et à lui répéter les assurances, mille fois données, qu'ils mourraient tous pour la défendre.

La fatale nouvelle circulait bientôt après en ville et répandait une morne tristesse sur tous les visages et dans tous les cœurs. Les royalistes accoururent auprès de la duchesse, qui se montra calme et sereine au milieu de l'anxiété générale. Élevée à l'école de l'adversité, elle savait mépriser et braver les dédains et les inconstances de la fortune; elle encourageait les uns, sondait du regard les autres, et, s'élevant au-dessus des craintes et des soupçons, elle convoqua un Conseil général, où, en présence du baron de Vitrolles, arrivé de Paris avec des dépêches, elle exposa, avec une énergie virile, les dangers probables de la patrie, les devoirs des fidèles sujets, et demanda des conseils. Le général Decaen répondit, avec une apparente loyauté, de lui-même et de ses troupes; Lainé s'y montra héroïque et décidé à une résistance opiniâtre; Ravez se dit déterminé à tout sacrifier, sa fortune, ses espérances, sa vie, pour la défense de son roi; le préfet paraissait sincère, ses paroles rassuraient la duchesse, et tout semblait lui dire qu'elle pourrait conserver Bordeaux à la cause du roi et y rallier au besoin l'armée espagnole. Une souscription fut ouverte, et le lendemain le produit montait à 700,000 fr., qui servirent à armer la garde nationale; mais cet armement ne fut que très-incomplet, par suite du mauvais vouloir de quelques-uns des chefs, dont l'affection et les espérances étaient déjà pour Napoléon.

Livre VIII.
Chap. 1er.
—
1815.

Le général Decaen était bonapartiste dans l'âme; mais, par la solennité de ses protestations et de ses serments, il réussit à en imposer à tout le monde, à Bordeaux comme au roi. Ayant appris, par le baron de Vitrolles, qu'il réunissait en sa personne tous les pouvoirs civils et militaires à Bordeaux, il protesta de nouveau de son inaltérable dévoûment et de sa sincère fidélité à la cause des Bourbons. Comment croire que cette fidélité était douteuse? Comment soupçonner ceux qu'on prenait pour des braves, d'être traîtres ou de se couvrir d'un masque pour mieux déguiser leur apostasie et pour tromper la duchesse? Fille d'un martyr, elle avait le sang de Marie-Thérèse dans ses veines; prête à souffrir de nouveau pour la cause de sa famille, elle s'abandonnait à la Providence et suivait les conseils des hommes que son âme virile n'osait pas soupçonner d'être des ennemis déguisés.

M. Lynch, qui avait tout à craindre de Bonaparte et rien à en espérer, mit tout en œuvre pour ranimer l'ardeur des Bordelais; il publia une proclamation où il exhorta ses administrés à s'identifier avec la princesse, pour *la défense de leurs foyers*, et à *s'ensevelir, s'il le fallait, sous les ruines de la ville, avec les fonctionnaires fidèles*. Cependant, Napoléon marchait toujours en avant, et la renommée divulguait et agrandissait ses progrès et ses triomphes, à l'instar d'une autre Odyssée : toutes ces nouvelles arrivaient, on ne sait comment, jusques même dans les casernes, et commençaient à ébranler les troupes. Les soldats, comme les officiers, lisaient, dévoraient et commentaient les journaux; chaque jour apportait à leurs oreilles les bruits vrais ou faux de nouvelles victoires, et chaque victoire ébranlait de plus en plus la fidélité de l'armée. On ne savait que faire : éloigner les troupes de la ville? ce serait leur montrer des sentiments de défiance et aliéner leur affection; les retenir en ville, c'était les mettre en contact avec le peuple, avec les mécontents, qui leur donnaient les nouvelles et qui s'efforçaient de les faire rougir d'obéir aux ordres d'une femme et d'oublier leurs souvenirs, la gloire et les mémorables triomphes de Napoléon, ce dieu du soldat. Dans cet état de soucis et d'incertitude, les généraux ne voyaient rien de mieux à faire que de les tenir toujours en mouvement, toujours en fêtes et en réjouissances, pour leur faire oublier le présent et pour ne pas regarder, au moins encore, l'avenir en face.

La garnison de la citadelle de Blaye semblait donner au gouverneur des inquiétudes sérieuses; sa fidélité lui paraissait suspecte et sa translation quelque autre part une nécessité. On y envoya un détachement de Bordeaux pour remplacer un bataillon de ligne qui avait reçu ordre de se rendre à Libourne; mais le commandant, qui savait déjà les progrès de Bonaparte, refusa de lui ouvrir les portes. Cette défection indigna les fidèles royalistes; mais la garnison y applaudit en secret et commença à ne plus cacher ses sympathies pour la cause du captif de l'île d'Elbe.

Sur ces entrefaites, le général Clausel marchait sur Bordeaux; il avait été nommé au commandement de la 11e division militaire. On apprit, le 26 mars, qu'il arrivait avec quelques bataillons; mais il avoue lui-même qu'en partant de Paris il n'avait, avec lui, qu'un seul aide-de-camp. Arrivé à Angoulême, il donna l'ordre à un officier supérieur qui s'y trouvait d'aller sonder les dispositions de la garnison de Blaye. Il y fut reçu avec enthousiasme, et la garnison se montra bien disposée, même avant son arrivée, à arborer le drapeau et la cocarde tricolores. L'insurrection s'étendait, la défection se propageait d'une manière effrayante, et il y avait de quoi décourager la foi la plus robuste dans la destinée des Bourbons, surtout lorsqu'on lut dans la proclamation du roi, du 19 mars, ces paroles attristantes : « La divine Providence, » qui nous a appelé au trône de nos pères, permet aujour- » d'hui que ce trône soit ébranlé par la défection d'une partie » de la force armée qui avait juré de le défendre. »

Livre VIII.
Chap. 1er.

1815.

Exposé justificatif de la conduite de M. Clausel, p. 11.

Le maire et les Bordelais en général étaient fidèles ; mais, malgré eux et contre eux, l'introduction des troupes de ligne servait de base et d'appui à la contre-révolution. Que pouvait faire la garde nationale, dont la majorité était, sans doute, animée des meilleurs sentiments, contre des troupes disciplinées et bien armées, sous la conduite de quelques chefs bonapartistes ? Le général Decaen aurait voulu être tout à la fois gouverneur civil et militaire de Bordeaux ; sa conduite postérieure dévoila trop tard le but de ses injustifiables prétentions. Le préfet, homme de foi douteuse, n'avait jamais été dévoué au roi ; ses paroles étaient toujours en désaccord avec son cœur, et une vile hypocrisie couvrait assez adroitement ses penchants anti-bourboniens ; il était dévoué au gouverneur et ils s'entendaient tous deux pour contrecarrer, en secret, l'administration municipale et paralyser l'action de M. Lynch, dont ils redoutaient la fidélité. La police savait les coupables propos qui se tenaient entre les soldats ; mais les rapports étaient dédaignés par le gouverneur et repoussés avec indifférence par le préfet. Dans les occasions solennelles, ils s'épuisaient en protestations de dévoûment et de fidélité, et M. de Montmorency, chez qui ils se réunissaient tous les matins, avant de se rendre auprès de Son Altesse Royale, en était dupe ; Madame aussi parut parfaitement contente de leur manière de parler et d'agir. Comment déplacer ou même soupçonner des hommes dont la duchesse et ses conseillers estimaient et louaient les sentiments et la conduite, les paroles et les actes ?

La conduite du général Decaen, dans l'affaire de Blaye, accrédita les doutes sur sa fidélité dans certains esprits : l'insubordination de la garnison de cette ville a pu être attribuée au commandant ; mais peut-on supposer que cet officier, à quelques lieues de Bordeaux, sous les yeux de son chef et sans autre motif que ses sympathies personnelles pour la cause de Napoléon, ait pu méconnaître son devoir à ce point, sans y être encouragé directement ou indirectement par son supérieur ? On n'y voit qu'un acte de connivence, un prélude ménagé avec prudence à la défection de la garnison de Bordeaux.

Quelque patente, quelque certaine que fût la duplicité traîtresse de Decaen, on n'osa pas y croire ; on s'accusait soi-même de trop de défiance à son égard. On lui proposa une revue où les troupes de ligne auraient une occasion de fraterniser avec la garde nationale ; Decaen adopta cette idée, et l'union la plus parfaite ne cessa de régner entre les deux armes. Madame, en parcourant les rangs, entendit les cris hypocrites de quelques misérables, et partout des acclamations témoignaient du dévoûment des soldats et des chefs. Quelques jours après, comme nous le verrons plus bas, la garde nationale invita la troupe à un banquet amical : les soldats et les gardes nationaux mangèrent, s'amusèrent et fraternisèrent ensemble ; le même accord régna entre les officiers et les autorités civiles qu'on y avait invitées ; les sentiments les plus nobles, les plus loyaux y furent exprimés, reçus et applaudis avec enthousiasme par tout le monde. Le général Decaen, avec les accents du plus pur royalisme, proposa un toast à Sa Majesté : « Au nom du roi ! s'écrie-t-il ; ses droits sont » sacrés : Jurons tous de le défendre jusqu'à la dernière goutte » de notre sang ! »

Immédiatement après, le général Donadieu porta le toast suivant : « Au dévoûment de la ville de Bordeaux ! Puisse le » grand exemple qu'elle donne, faire rougir et trembler les » traîtres qui pensent, en ce moment, à violer leurs serments » et à abandonner la plus sainte des causes ! »

C'est au milieu de ces illusions, comme entr'acte de cette singulière comédie dont Decaen, Clausel, le préfet et le commandant de Blaye étaient les principaux acteurs, qu'on apprit l'approche de Clausel. Homme habile, soldat audacieux, il singeait Bonaparte et sommait, en passant avec une poignée d'hommes, les villes de se soumettre à l'Empereur. Il se fiait

Livre VIII.
Chap. 1ᵉʳ.
—
1815.

Rapport du maire,
M. Lynch.
—
3ᵉ Pièce justificative dans l'exposé du général Clausel, page 102.

Livre VIII.
Chap. 1er.
—
1815.

Exposé justificatif, etc., pag. 116.

aux prestiges du nom de Napoléon et courait en avant vers une ville de cent mille âmes et une armée de dix mille hommes, prédisant tout haut qu'il y entrerait tout seul et qu'il avait des amis dans la place. En arrivant à Montlieu, il n'avait avec lui que douze gendarmes; il y trouva une trentaine de cavaliers de la même arme, sous les ordres d'un chef d'escadron, M. Beylin, qu'on avait envoyés de Bordeaux pour faire le service d'avant-poste. Beylin se réunit à Clausel avec les hommes sous ses ordres, et sa compagnie s'accrut bien vite, au point que Clausel se trouva, en entrant dans le département, à la tête de 200 hommes et de 80 chevaux.

La duchesse convoqua son conseil le 28 mars au soir, et il y fut arrêté qu'à la place des soldats de ligne, on enverrait des détachements de la garde nationale pour s'opposer au passage de la Dordogne par les troupes de Clausel. Le malheureux Decaen ne savait que faire : envoyer des troupes, c'était déplaire à Clausel, son ami, et se montrer favorable à la cause royaliste; refuser de les envoyer, c'était convaincre la duchesse de sa connivence avec Clausel. C'eût été, d'ailleurs, peu honorable de chercher, par la duplicité et l'ambiguïté de ses paroles et de sa conduite, à se ménager des amis dans les deux camps opposés. Il y avait réellement un grand danger à courir, en cas qu'il les envoyât; il pouvait craindre que la vue du drapeau tricolore n'ébranlât leur fidélité et ne provoquât une défection contagieuse dont la honte retomberait un jour sur sa mémoire. Si ses soldats désertaient en route leur drapeau pour aller se ranger sous celui de Clausel, la postérité ne manquerait certes pas de lui en attribuer le tort et de le considérer comme l'auteur de tous les maux qui devaient naturellement en résulter. Il était traître dans l'âme; mais il croyait pouvoir cacher son jeu et faire croire à sa fidélité.

Il ne réussit que trop bien à tromper son monde; M. Lynch et quelques autres doutaient seuls de sa bonne foi.

Envoyer un détachement de la garde nationale, qui était

bien composée et bien disposée en faveur de la cause royaliste, n'offrait ni les mêmes dangers ni les mêmes embarras; alors le général donna par écrit l'ordre à M. le colonel de Pontac de se transporter sur la rive gauche de la Dordogne, avec cinq cents hommes, dont il devait laisser deux cents au Carbon-Blanc, sous les ordres de M. de Peyronnet; une centaine à Saint-Pardon, et se rendre lui-même, avec le reste, au passage de Cubzac. Dans cet intervalle, le général Decaen venait d'apprendre que Clausel s'avançait toujours et que la garnison de Blaye allait le rejoindre à Cubzac. Il en prévint M. de Pontac, qui le fit savoir à M. le major de Mallet, alors à Saint-André-de-Cubzac, avec cent vingt hommes du 8° et quelques volontaires royaux ; celui-ci repassa sur la rive gauche et s'établit à Saint-Loubès. Cette mesure paraissait nécessaire ; la garnison de Blaye aurait pu surprendre M. de Mallet et lui couper le passage de la Dordogne; la présence de ce faible détachement à Saint-André n'avait plus de but ; il partit donc et ne laissa sur la rive droite que quelques volontaires royaux à cheval, pour surveiller la marche de l'ennemi et contraindre au besoin les bateliers à passer sur la rive gauche.

M. de Pontac fit battre le rappel; la garde nationale se réunit sur le port, vis-à-vis de La Bastide, avec des milliers de citoyens qui applaudissaient à son généreux dévoûment. On fit choix de cinq cents hommes; toute la garde aurait voulu les suivre ; mais l'ordre était formel ; il fallait s'en tenir là. Il faisait noir ; ce petit corps traversa la rivière à huit heures, laissa M. de Peyronnet avec son détachement au Carbon-Blanc, et le reste arriva avec son colonel, après minuit, au poste de Saint-Vincent. Le lendemain, de bonne heure, M. de Martignac (1), officier de la garde, alla porter des ordres

---

(1) M. de Martignac a laissé, sur les évènements de 1815, une brochure intitulée : *Bordeaux au mois de mars 1815*. Son récit, pour ce qui le regarde, est aussi vrai

à M. de Mallet, de repasser, comme nous l'avons dit plus haut, sur la rive gauche. A son retour, le colonel l'expédia à une heure pour Bordeaux, pour rendre compte de ce qu'on avait fait et pour recevoir de nouvelles instructions ; c'était le jeudi 30 mars, jour où les officiers de la garde nationale invitèrent ceux de la garnison à un banquet dont nous avons parlé plus haut et auquel avaient aussi été invitées les autorités de la ville, MM. Lainé, Romain Desèze, Ravez, Peyronnet et une foule d'autres notabilités bordelaises. C'est là que le général Decaen proposa, avec une chaleur toute royaliste, un toast au roi, et que le brave général Donadieu en porta un autre au généreux dévoûment de Bordeaux, en termes qui auraient pu et dû faire rougir les hommes indécis et les traîtres cachés, comme nous l'avons vu plus haut. D'autres vœux bien nobles, bien généreux y furent exprimés ; des toasts à Madame, aux généraux attachés à leur devoir et au roi, aux armées fidèles à l'antique drapeau de la France, y furent portés avec toute l'effusion de la sincérité, toute l'expansion d'un royalisme dévoué ; les officiers du 8e et du 62e y applaudirent avec enthousiasme ; on eût dit, à les entendre, à voir tant de fraternité, tant d'expansion, qu'un seul sentiment animait tout le monde, celui du dévoûment le plus sincère, de la fidélité la plus inébranlable. Ils voulaient faire leur devoir ; mais les chefs ne faisaient pas le leur.

Le lendemain, M. de Martignac se rendit chez le gouverneur, le général Decaen, qui lui parla de la défection du chef d'escadron à Montlieu ; il voulait déjà impressionner le public dans un sens défavorable et faire comprendre qu'on ne pouvait compter ni sur la garnison, ni sur la gendarmerie. Il donna

---

qu'intéressant ; mais nos longues et intimes relations avec M. le comte de Peyronnet, qui prit une part active dans ces affaires, et avec M. Lynch, nous ont mis à même de le modifier en certains points, ainsi que la narration de M. de Lamartine, dans son *Histoire de la Restauration*, et l'*Exposé justificatif de la conduite de Clausel*.

cependant des ordres pour M. de Pontac ; le général Lafon-Blaignac en donna d'autres, et Martignac partit de Bordeaux à huit heures pour le Carbon-Blanc.

Après avoir communiqué à M. de Peyronnet les dépêches qui le concernaient, celui-ci fit battre le rappel et demanda la moitié de ses hommes pour aller, avec les deux pièces de canon qu'on y avait laissées, renforcer le poste de Saint-Vincent ; un choix était difficile à faire ; tous rivalisaient d'ardeur, tous voulaient se mesurer avec les soldats de Clausel ; mais ils ne pouvaient pas, ils ne devaient pas abandonner leur position sans un ordre de Bordeaux. On finit par désigner, à la longue, les cent hommes demandés ; ils partirent avec leurs caissons pour Saint-Vincent, où ils arrivèrent dans l'après-midi.

L'avant-garde de Clausel était déjà sur les hauteurs de Cubzac, et des cris de : *Vive l'Empereur!* retentissaient sur la rive droite et venaient mourir aux oreilles des Bordelais, sur la rive gauche, où l'exaspération était à son comble. Rejoint à Saint-André par cent cinquante hommes, avec deux pièces de canon, qu'on avait détachés de la garnison de Blaye pour les mettre à sa disposition, Clausel marcha sur Cubzac et ordonna à ses avant-postes de simuler une descente sur la rive gauche. Ils s'emparèrent en effet du pont-flottant, y arborèrent le pavillon impérial et poussèrent en avant vers le milieu de la rivière. M. de Pontac, témoin impassible de cette démonstration tentatrice, mais inefficace, les laissa faire, et, ayant ses marins tout prêts, il embarqua ses hommes et les conduisit vaillamment vers le pont-volant, qu'ils atteignirent non loin de l'autre bord. Un engagement eut lieu ; les voltigeurs qui occupaient le pont se défendirent avec courage ; mais les Bordelais les forcèrent de l'abandonner ; ils foulèrent aux pieds le drapeau tricolore et jonchèrent la rive de blessés, au grand regret de Clausel.

Le pont-volant resta à l'ancre ; on en avait ôté le gouvernail et il ne pouvait plus servir. Clausel arriva en ce moment sur le théâtre de cette petite guerre; il ordonna qu'on s'emparât encore du pont-volant et qu'on le remît à flots avec les couleurs impériales. Ses soldats obéirent de suite et s'y rendirent en conséquence; mais une barque, avec une vingtaine d'hommes, s'éloigna vite de Saint-Vincent pour débusquer de nouveau ces audacieux militaires et pour abattre le drapeau de l'Empereur. Les militaires abandonnèrent leur entreprise; ils auraient pu rester à leur poste, car le courant emporta les volontaires royalistes peu habitués aux manœuvres nautiques, et ce ne fut qu'à force de rames qu'ils parvinrent sur la rive gauche, après avoir essuyé une fusillade très-vive de la part des *impériaux*.

Les soldats de Clausel abandonnèrent le port, où les Bordelais avaient déjà lancé une vingtaine de boulets; alors les troupes royalistes se réunirent à Saint-Vincent; mais un mécontentement, suivi de murmures très-vifs, se manifesta au sein de cette compagnie; les volontaires se plaignaient qu'on les laissait sans munitions; ils en demandaient toute la matinée et s'étonnaient qu'on les eût exposés au feu de l'ennemi, sans avoir assez de cartouches pour se défendre. On blâmait le colonel, c'était à tort; il avait expédié, dans la matinée, deux ordonnances vers le gouverneur Decaen; mais ce général ne répondit point et paralysa, par son silence et son inaction traîtresse, les efforts des Bordelais et fit avorter leurs projets. On eut alors plus de motifs que jamais de le soupçonner d'être infidèle à ses serments et de croire que M. Lynch pourrait avoir raison.

A trois heures de l'après-midi, M. Clausel annonça qu'il voulait mettre en liberté quelques volontaires royalistes que ses hommes avaient faits prisonniers la veille. C'était un acte de générosité et en même temps un bon moyen de faire parvenir des propositions et des conseils aux Bordelais. M. de Pontac chargea M. Martignac d'aller les recevoir, accompagné de M. Bernos fils et de deux grenadiers. Un officier supérieur les attendait sur le port et engagea M. Martignac à laisser son escorte au bateau. En descendant sur le port, les soldats de Clausel se mirent à crier : *Vive l'Empereur !* M. Martignac s'arrêta et déclara à l'officier supérieur, M. Laval, qu'il y était allé sur l'invitation du général Clausel, pour recevoir les prisonniers; qu'il n'entendait pas faire la moindre peine à ses adversaires, ni en recevoir une offense. M. Laval imposa silence à ses troupes et conduisit l'officier bordelais chez M. Clausel.

Ce général l'accueillit avec un empressement plus politique que cordial; il lui fit connaître les grands événements de la capitale, que les Bordelais ignoraient; il lui déclara que la garnison de Bordeaux était à ses ordres, et que quelque généreux que fût le dévoûment des Bordelais, leur résistance dans les circonstances actuelles ne pouvait avoir que les résultats les plus déplorables, tous les désordres de la guerre civile, puisque un grand nombre des habitants de Bordeaux partageait les sentiments de la garnison. Il lui donna, en outre, l'assurance que tous les Bordelais seraient également protégés et qu'il ne serait fait aucune recherche sur leurs sentiments politiques ou leur conduite vis-à-vis de l'Empereur; il le pria d'assurer Madame la duchesse d'Angoulême, qu'il regardait comme un devoir sacré de faire tout ce qui dépendrait de lui pour adoucir sa position et lui prouver le profond respect que lui inspiraient ses vertus et ses malheurs; qu'elle serait traitée avec toute la dignité et tous les égards dus à sa naissance; qu'elle serait maîtresse de se retirer où elle jugerait à propos et qu'il lui serait même fourni une escorte, si elle le désirait; qu'il y aurait une amnistie pour tout le monde, à l'exception de M. Lynch. Voilà ce que je puis vous assurer, dit-il en finissant; d'ailleurs, tout cela est dans nos proclamations; en voilà, lui dit le général, en lui offrant quelques papiers; M. de Martignac refusa de les prendre. Il y a là, dit Clausel, entre autres papiers, des dépêches pour les autorités civiles et militaires, et, voyant que Martignac hésitait encore à s'en char-

Livre VIII.
Chap. 1er.

1815.

ger, il les décacheta et les lui donna à lire. Elles ne contenaient que les promesses, les assurances et les exigences de Clausel. Martignac s'en chargea, mais à la condition expresse qu'il ne remettrait ces dépêches à leurs adresses qu'en présence de Madame. Le général y consentit, et, en arrivant sur le port, on lui amena les deux prisonniers de la veille; l'un d'eux refusa de s'embarquer; l'autre, qui était un tambour, alla avec bonheur rejoindre ses camarades. Avant de prendre congé de M. Clausel, M. Martignac promit de lui rapporter une réponse dans la matinée suivante; mais, sachant que les troupes bordelaises, à Saint-Vincent, n'avaient plus de munitions, il demanda qu'il n'y eût plus d'hostilités jusqu'à son retour; Clausel le lui promit. Dans la traversée, M. Bernos prévint M. de Martignac qu'on avait jeté plusieurs proclamations de Clausel dans la barque; on les déchira; alors le tambour déclara qu'on avait démonté sa caisse pour y cacher une quantité de papiers. En arrivant à terre, le colonel de Pontac fit retirer ces papiers incendiaires et les livra aux flammes. Le tambour était-il de bonne foi? n'était-il qu'un agent de Clausel pour introduire dans les casernes ces écrits provocateurs de défection, ces appels à la trahison? Le silence qu'il garda sur le contenu de la caisse, jusqu'à ce qu'il eût vu la manière dont M. de Martignac avait traité les proclamations trouvées dans le bateau, faisait naître des soupçons sur sa fidélité.

Après avoir rendu compte de sa mission à M. de Pontac, Martignac partit pour Bordeaux et rencontra un caisson de munitions qui se dirigeait sur Saint-Vincent. Le général Decaen en avait retardé l'envoi, croyant que, dans l'intervalle, les Bordelais seraient battus et forcés de rentrer en ville au milieu d'une population découragée par leur défaite.

CHAPITRE II.

Les dépêches de Clausel aux autorités de Bordeaux. — Conseil de Mme la duchesse d'Angoulême. — Conseil général. — Son avis donné à Madame, par M. Filhol de Marans. — Vive discussion entre Lainé et le général Decaen. — Embarras de tout le monde. — M. de Martignac rassure Madame et affirme que Clausel ne passera pas à Cubzac. — Il repart pour Saint-Vincent. — Apprend au Carbon-Blanc que Clausel avait passé. — Rentrée en ville. — Lettre des autorités à Clausel. — Martignac repart pour la remettre à ce général. — Celui-ci promet une amnistie à tout le monde, excepté M. Lynch. — Son opinion sur Lainé. — Paroles de Madame à Decaen. — Elle va aux casernes. — On y reste sourd à son appel. — Elle va à la garde nationale. — Ordonne de déposer les armes. — Mort du capitaine Troplong. — Madame fait ses adieux. — S'embarque à Pauillac pour Saint-Sébastien, etc.

Arrivé à Bordeaux, M. de Martignac fut introduit de suite dans les appartements de Madame, et, après lui avoir remis ses dépêches, lui rendit compte de tout ce qui venait de se passer ; elle fit appeler de suite MM. le gouverneur Decaen et le préfet, deux hommes dont elle ne soupçonnait pas encore la fidélité. M. Lynch et M. Lainé y furent mandés, et Martignac répéta devant eux tout ce qu'il avait vu, fait et entendu à Cubzac. On lut les dépêches dont nous connaissons déjà la substance ; mais le général se plaignit beaucoup des hostilités de la journée. Martignac rendit compte de tout ce que les volontaires avaient fait, et, répondant à une interpellation de Madame, déclara qu'ils défendraient le passage au péril de leur vie. La princesse fut vivement émue à ce récit et apprit avec une douleur qui se révéla par des larmes, le malheureux sort d'un volontaire qui avait été gravement blessé.

Comme toutes les pensées, la sollicitude de tout le monde se fixait sur la duchesse, dont on voulait garantir la per-

Livre VIII.
—
1815.

sonne de tout malheur, Madame écarta toute considération personnelle et supplia ceux qui l'entouraient de ne pas s'occuper d'elle, mais de sauver Bordeaux et de délibérer sur les mesures à prendre pour garantir la population des suites malheureuses d'une collision ; c'était là le seul objet qu'elle permit qu'on discutât. « Voyez, disait-elle, si c'est l'intérêt de » Bordeaux de capituler ou de se défendre ; quant à moi, je » ne croirai jamais avoir rien à craindre au milieu des Fran- » çais, et si ma présence est nécessaire, je ne vous quitterai » pas. »

Dans des circonstances si graves, Madame crut qu'il convenait de réunir dans le même local le Conseil général et le Conseil municipal. C'était à eux de prendre une détermination définitive sur la marche à suivre. Ces Conseils s'étant réunis, M. de Martignac s'y rendit avec M. Lainé, à la demande de Madame, et fit un rapport circonstancié de tous les faits dont il avait entretenu Son Altesse Royale. La première pensée de ces Conseils se porta sur les dangers que pourrait courir Madame. Enfin, après de longues discussions, il fut arrêté que le président du Conseil général ferait part à Son Altesse Royale du résultat de la délibération. M. de Martignac, sur l'ordre de Madame, se rendit à dix heures au Palais-Royal, où se trouvaient réunis les personnages qu'il y avait déjà vus, et, de plus, le général Harispe, M. Filhol de Marans, M. le vicomte de Montmorency, etc., etc.

M. Filhol de Marans, président du Conseil général, annonça à Madame qu'on avait délibéré qu'il fallait convoquer pour le lendemain la garde nationale, lui faire connaître la situation de la ville, et savoir d'elle si elle avait la volonté et les moyens de résister à force ouverte ; qu'au surplus, on s'en remettrait à la sagesse de Madame et des autorités, sur tout ce qui serait jugé prudent et convenable de faire.

Là-dessus une discussion chaleureuse s'engagea entre les individus présents ; tous les yeux se tournèrent vers Decaen ;

lui seul semblait le pivot de toute l'affaire. On lui demanda quels étaient les moyens de défense de la ville? Qu'avait-elle à craindre ou à espérer? Pressé par M. Lainé, Decaen, enfin, répondit que la ville ne pouvait compter que sur la garde nationale; elle n'avait pas d'autre défense; que les dispositions de la garnison étaient plutôt inquiétantes que rassurantes. « J'ai
» réuni ce soir, chez moi, dit-il, les officiers des deux corps,
» en présence du général Harispe; j'ai demandé si la troupe
» combattrait avec la garde nationale, pour la cause du roi;
» leur réponse a été négative. J'ai demandé si, du moins, elle
» consentirait à rester neutre; ils m'ont dit qu'ils n'oseraient
» pas répondre que les soldats vissent tranquillement tirer sur
» leurs frères d'armes; que ce serait pour eux une affaire
» d'honneur. Il ne s'agit pas ici, dit Lainé, d'attaquer de la
» part de la garde nationale, mais de se défendre. La ques-
» tion concerne la garde nationale; pouvez-vous au moins
» obtenir des vôtres une neutralité parfaite? Decaen, embar-
» rassé, dit encore qu'il n'en répondrait pas. Faites-les donc
» partir pour Bayonne, dit Lainé. — Ils ne m'obéiraient pas,
» répliqua le général, et, d'ailleurs, un ordre si imprudent
» hâterait le moment de la défection. — Le plus tôt, le mieux,
» dit Lainé, on désire connaître et voir en face les ennemis
» qu'on a à combattre; cela vaut mieux que de compter sur
» des hommes qui vous trahissent et vous poignardent dans
» les ténèbres. » Decaen garda le silence; il comprit qu'il s'était dévoilé. Lainé alors s'écria avec des accents patriotiques et entraînants et en se tournant vers Decaen et Harispe: « Puisque vos convictions sont telles, donnez-nous
» une déclaration écrite, portant que vous avez la certitude
» qu'en cas d'une collision entre la garde nationale et les
» troupes du général Clausel, la garnison tirerait sur la garde;
» que l'univers, que la postérité sache qu'une princesse au-
» guste, qui s'appelle *Marie-Thérèse*, défendue par l'amour
» d'une population entière, garantie par deux rivières, a

Livre VIII.
Chap. 2.
—
1815.

» cédé à l'absolue nécessité et n'a pas fui devant un prévôt » et cinquante gendarmes. »

Decaen refusait toute autre explication; il déclina la demande de M. Lainé, et, comme pour hâter le dénoûment de sa misérable farce, il répétait que la ville ne pouvait se défendre, ou, en d'autres termes, qu'il était nécessaire qu'elle se rendît. Voyant que M. Decaen n'avait rien à opposer à la pressante argumentation de M. Lainé; que cette réponse décourageante était d'un but trop visible, et qu'il gardait un silence révélateur de sa trahison longtemps dissimulée, le général Harispe prit la parole; il insista sur les dangers que couraient les Bordelais et prétendait qu'il y avait en ville deux mille hommes qui devaient se joindre aux soldats de la garnison pour ouvrir les portes aux troupes de Clausel. Mais, s'apercevant de tous côtés des signes d'une incrédulité générale, il ajouta que M. Lynch devait en savoir autant que qui que ce soit. « Je n'en sais rien, Monsieur, et je n'en crois rien, ré- » pliqua froidement M. Lynch. » La perfidie de ces deux généraux parut alors dans tout son jour.

Il était minuit, et cependant on n'avait rien arrêté. Lainé, chez qui l'opinion politique se confondait dans ce moment avec la conscience, aurait voulu qu'on se défendît à outrance et qu'on fît de Bordeaux une autre Saragosse; la duchesse déclara que si sa présence était nécessaire, elle ne s'en irait pas; s'il était nécessaire, pour le bien des Bordelais, qu'elle s'éloignât, elle était prête à le faire, malgré toute la peine qu'elle pût éprouver à abandonner une ville, un pays où elle avait rencontré tant de cœurs fidèles, tant de nobles sympathies pour sa cause, tant de dévoûment au roi; qu'elle ne voulait nullement, pour rien au monde, compromettre inutilement la ville ni faire répandre une seule goutte de sang bordelais. Puis se tournant vers M. de Martignac, elle lui demanda si le poste de Saint-Vincent pouvait défendre et garder le passage. Martignac répondit que tous les hommes étaient animés des meilleurs sentiments; qu'ils manquaient de munitions; mais qu'on leur en avait envoyé dans la matinée; que le poste serait bien gardé, et que Clausel et sa faible troupe ne passeraient jamais à Cubzac.

Cette réponse déconcerta complètement les deux généraux et mit fin à la discussion. On resta convaincu que la garde nationale seule pouvait et voulait bien défendre la ville, mais qu'elle était mal commandée et manquait de cartouches, par la faute de Decaen, dont on devina enfin les intentions. Il fut arrêté que M. Martignac repartirait sur-le-champ; que, le lendemain matin de bonne heure, il préviendrait le général Clausel que les autorités civiles et militaires n'avaient pas envoyé de réponse; que les volontaires royaux défendraient le passage et qu'on ne prendrait de parti définitif qu'après avoir réuni et consulté la garde nationale le lendemain.

M. de Martignac partit à franc étrier à minuit et demi; mais, arrivé au Carbon-Blanc, il y trouva beaucoup d'agitation et des rassemblements tumultueux. Conduit à l'auberge où se trouvait M. de Pontac, il y rencontra quelques officiers de la garde nationale, entre autres MM. Peyronnet, de Reignac, de Monval et quelques autres, tous non moins étonnés que Martignac de se trouver là. M. de Pontac lui apprit que la veille, à neuf heures du soir, on avait entendu des coups de fusil sur la rive droite; que les volontaires royaux sous ses ordres n'avaient pas reçu les munitions qu'ils avaient réclamées et attendues depuis si longtemps; que des barques qui venaient d'en haut et qui glissaient en silence, à la faveur des ténèbres, le long de la rive gauche, paraissaient remplies d'hommes, probablement des soldats de Clausel; que, se voyant sans une cartouche pour se défendre, quelques mécontents avaient poussé le cri : *Nous sommes vendus! nous sommes trahis!* que ce cri répandit le désordre dans ses lignes et entraîna dans une fuite précipitée tous ses hommes, sans qu'il lui fût possible de les désabuser ou de les arrêter; que, se voyant seul avec quelques volontaires royaux et des gardes nationaux, il crut devoir se replier sur le Carbon-Blanc avec ses deux pièces de canon.

La position de Martignac devenait embarrassante et pénible; il avait pris sur lui de donner à Madame l'assurance que Clausel ne passerait pas et que les gardes nationaux et les volontaires royaux feraient une vigoureuse résistance. Il s'était trompé; tout était changé. Ne voulant pas avoir à se reprocher d'avoir bercé la princesse d'illusions et de l'avoir induite en erreur, il repartit au galop et arriva à Bordeaux, à trois heures, chez M. Lainé. Après avoir fait avertir le maire, M. Lynch, et le général Decaen, qui *dormait profondément,* il entra chez M. de Montmorency et, quelques moments plus tard, ils se firent annoncer chez Madame la duchesse d'Angoulême. Martignac eut à peine achevé son récit de ce qui était arrivé, qu'on introduisit le capitaine Gipoulon, expédié par le colonel de Pontac; il déclara que de nouveaux troubles venaient d'arriver au Carbon-Blanc; que des malveillants y avaient répandu le bruit que les *impériaux,* débarqués à Saint-Vincent, s'étaient emparés des deux canons et marchaient sur le poste défendu par M. de Peyronnet; que ce poste s'était dispersé et que la déroute était complète.

Madame écouta, avec une impassibilité héroïque, ces tristes détails; élevée à l'école de l'adversité, de nouveaux revers ne l'effrayaient pas, et, dans ces tristes conjonctures, sa fermeté ne se démentit jamais; on voulait s'occuper de sa sûreté, mais elle s'y opposa et ramena la délibération sur les dangers que couraient la ville et son admirable garde nationale, et finit par déclarer qu'elle était déterminée à s'éloigner, afin d'épargner à la ville et à ses amis les malheurs qui pouvaient résulter d'une résistance inutile, sans aucun avantage pour le service du roi. On convint qu'il fallait écrire à Clausel pour lui demander toute la journée du lendemain. M. Lainé prit la plume; la lettre était ainsi conçue : « M. le Général, Ma-

» dame la duchesse d'Angoulême ayant eu connaissance des
» communications que vous avez faites aux autorités civiles
» et militaires de la ville de Bordeaux, et voulant épargner
» à cette ville les malheurs que pourrait lui faire éprouver
» une plus longue résistance, fait des dispositions pour son dé-
» part. Nous vous demandons jusqu'à demain, pour que le
» départ de S. A. R. puisse s'effectuer avec tous les honneurs
» dus à son rang. »

Livre VIII.
Chap. 2.
—
1815.

Cette lettre, signée à l'instant par le général Decaen, le préfet Valsuzenay et le maire, M. Lynch, fut remise à M. de Martignac; Madame lui adressa quelques paroles bienveillantes sur sa fatigue et lui tendit, en partant, affectueusement la main, qu'il baisa avec respect. Elle paraissait émue; des larmes involontaires sillonnaient ses joues. Decaen avait sa tête appuyée sur sa main, pendant que M. Lainé se promenait à grands pas dans le salon, laissant voir, sur sa figure, l'expression des douloureux sentiments dont son âme était accablée. M. Lynch s'arracha à une rêverie profonde, pour suivre au dehors M. de Martignac, qui lui fit part de sa conversation avec Clausel et l'engagea à pourvoir à sa sûreté personnelle, attendu qu'il serait excepté de l'amnistie générale.

Il était cinq heures lorsque Martignac se mit en route avec un trompette et un postillon. En arrivant au Carbon-Blanc, il y trouva le major de Mallet, qui revenait de Saint-Loubès avec son détachement du 8e, et, après avoir échangé quelques mots sur les circonstances du moment, il continua sa route vers Saint-Vincent. Arrivé à la hauteur d'Ambarès, il aperçut quelques gendarmes, qui, en voyant arriver les trois cavaliers, les prirent pour des éclaireurs qui précédaient un escadron de cavalerie; ils se replièrent sur un gros détachement de gendarmerie, sous les ordres de M. l'adjudant-commandant Laval, que M. de Martignac avait déjà vu à Cubzac. Cet officier retourna avec Martignac vers Clausel, après avoir donné à un officier de la gendarmerie une dépêche pour M. de Mallet, lui ordonnant de se rendre auprès du général Clausel. Mallet repoussa avec mépris les offres du général, et, fidèle à son serment et à ses devoirs envers son prince, conduisit la troupe à Bordeaux.

En arrivant à Saint-Vincent, M. de Martignac trouva la côte garnie de soldats; mais Clausel était encore sur la rive droite de la Dordogne. Après avoir lu les dépêches, il consentit à la demande des autorités de Bordeaux, donna l'assurance qu'il passerait la nuit à La Bastide; que le drapeau tricolore n'y serait point arboré avant le départ de Madame; que les vœux de S. A. R. seraient pour lui des ordres, et que, si elle voulait accepter ses services, il aurait l'honneur de lui offrir une escorte ou de l'accompagner lui-même où elle voudrait se diriger. M. de Martignac crut devoir le remercier de ces offres bienveillantes, et lui donna l'assurance qu'elles ne seraient point acceptées. Il fut convenu, entre ces deux personnages, que les courriers et les diligences seraient retenus à La Bastide; que personne ne serait inquiété à Bordeaux par suite des événements politiques de ce temps; *personne*, dit Clausel, *à l'exception toutefois du maire, M. Lynch.—Et M. Lainé*, dit Martignac? — « L'Empereur, répliqua Clausel, a raison de se plain-
» dre de lui; mais si mon devoir m'oblige à servir les intérêts
» de Sa Majesté, ma conscience me défend d'adopter ses anti-
» pathies ou d'être l'agent de ses haines, l'exécuteur de sa
» vengeance; dites à M. Lainé la haute estime que je professe
» pour son beau caractère et ses talents, et qu'il peut rester
» à Bordeaux, sans crainte pour le présent, sans inquiétude
» pour l'avenir. » On voyait bien le prix que Clausel attachait à conquérir à la cause bonapartiste un homme aussi remarquable que Lainé; mais cette proie échappa à la puissance de Napoléon et aux artifices de son lieutenant. M. de Martignac ne se gêna pas pour lui dire que M. Lainé avait déjà pris la résolution de ne pas quitter sa ville natale ou les environs, tant que son devoir ne l'appellerait pas ailleurs, et que les

sollicitations pressantes de ses amis n'avaient pu ébranler cette résolution; c'était lui dire, en termes honnêtes, que M. Laiué ne voulait rien devoir à M. Clausel.

Livre VIII.
Chap. 2.
—
1815.

Le général Clausel arriva à La Bastide et trouva le drapeau tricolore arboré, contrairement à ses intentions et à sa convention avec M. de Martignac; il blâma vivement M. Laval d'avoir agi sans instructions, et, après avoir fait descendre le drapeau, passa la nuit à La Bastide, comptant sur l'exécution fidèle et empressée des promesses des autorités. Mais, dans cet intervalle, la garde nationale avait appris les dures conditions qu'on venait d'imposer à la princesse; elle s'indigna, se réunit tumultueusement sur les quais, entoura M. de Martignac, qui venait d'arriver, le pressa, le questionna et l'accompagna en foule chez Madame, où il rendit un compte circonstancié de tout ce qui venait de se passer entre lui et Clausel. Pendant cet entretien, des mouvements violents, une agitation extrême et convulsive, se manifestaient dans les rues et s'entendaient même dans les appartements de la princesse. On parlait d'attaquer Clausel; on se répandait en imprécations contre la lâcheté des chefs et la perfidie des soldats; on désignait comme traîtres, au mépris de la duchesse d'Angoulême et du monde, les généraux Decaen et Harispe. Alors, le général Donadieu, qui se trouvait à Bordeaux, témoin de ce beau dévoûment de toute la population et de la pénible position de la princesse, alla offrir son cœur et son bras aux Bourbons, et se chargea du commandement de la garde nationale. Le sang allait couler; mais le cœur de la princesse répugnait au moindre sacrifice qui pût coûter une seule larme aux Bordelais.

1er Avril.

Dans ces pénibles conjonctures, Madame convoqua encore le Conseil; une discussion très-animée y eut lieu. On reprocha à Decaen sa lenteur, sa négligence et même le refus qu'il avait fait d'envoyer des munitions pour défendre le poste de Saint-Vincent. On alla, en présence de Madame, jusqu'à

Livre VIII.
Chap. 2.
—
1815.

l'accuser de mauvaise volonté, de mauvaise foi, de trahison. Il répondit avec amertume, se défendit avec passion et n'en persista pas moins à soutenir que, si la garde nationale allait attaquer les troupes de Clausel, la garnison se déclarerait pour ses frères d'armes et attaquerait la garde, qui se trouverait entre deux feux.

Ici, Madame l'interrompit; elle sentait le sang maternel bouillonner dans ses veines, et voulant faire tout ce qu'on était en droit d'attendre de son noble et viril caractère, elle éleva la voix en s'adressant au général Decaen, et lui dit : « Comment se fait-il, comment se peut-il que les troupes » dont vous me répondiez l'autre jour, refusent aujourd'hui » de combattre pour leur roi, pour leur drapeau, pour la » ville qui leur est confiée, pour moi?—Non, s'écria-t-elle avec » toute l'énergie de son âme indignée; non, ce sont là des » lâchetés et des crimes que je ne croirai qu'après les avoir » vus! Rassemblez les régiments dans leurs casernes, j'irai » juger, par moi-même, des cœurs et des bras de vos soldats. » Femme héroïque, âme intrépide, bien qu'avertie de la dissimulation perfide des généraux, elle ne pouvait pas croire leur fidélité douteuse; elle avait reçu, la veille même, les hommages et les serments de ces hommes qu'elle considérait comme des braves : elle acquit, ce jour-là, une nouvelle expérience du cœur humain; elle comprit enfin que la lâcheté peut endosser la cuirasse des héros. Dans le chemin du malheur, que la fortune l'avait condamnée à fouler, elle avait rencontré de grands crimes, mais elle n'avait pas connu l'hypocrisie sous le costume militaire.

On chercha à la détourner de la visite aux casernes, au milieu d'une soldatesque indisciplinée; mais elle n'écouta rien que son cœur intrépide. Au même instant, on introduisit M. Hovy, jeune volontaire, qui venait, au nom de sa compagnie, jurer à Madame qu'ils voulaient tous mourir pour elle, et demander, les larmes aux yeux, de balayer cette horde qui venait souiller les rives de la Garonne. En cas qu'on se portât contre Clausel, la défaite de ce général paraissait certaine; mais on craignait la garnison et les tristes suites d'une guerre civile. Les opinions s'exprimaient avec liberté et franchise, les cœurs s'épanchaient en sens contraire, lorsqu'on vint dire que le major, M. de Mallet, venait d'arriver avec son détachement du 8e, qui était resté fidèle. C'était une preuve que Decaen avait calomnié la garnison et que les craintes qu'il avait articulées si perfidement sur les dispositions des soldats étaient mal fondées. Dès ce moment, l'attaque était décidée, et Madame, se tournant vers M. Lynch, lui dit : « Je ferai tout ce qui dépendra de » moi pour conserver au roi une ville qui lui a donné tant de » marques d'amour, tant de preuves de fidélité! » Au même instant, une voix se fit entendre et dit que, pour prévenir toute collision et les malheurs qui s'ensuivraient, il serait sage et convenable de faire avertir la garnison, et que Madame ferait bien de se présenter dans les casernes. L'avis fut adopté, et, à deux heures, Madame se rendit en calèche à St-Raphaël, escortée des généraux et d'une foule de notabilités civiles et militaires. En entrant dans cette caserne, il y régnait un silence morne, dont il était facile de deviner la raison; les soldats formèrent le carré; les officiers, sur l'invitation de Madame, se rapprochèrent d'elle, et alors, d'une voix mâle, mais entrecoupée de sanglots, elle leur adressa ces mots : « Vous n'ignorez pas, Messieurs, les événements qui se pas— » sent en France : un étranger vient de s'emparer du trône » de votre roi légitime; Bordeaux est menacé d'une poignée » de révoltés; la garde nationale est déterminée à défendre » la ville; voilà le moment de montrer qu'on est fidèle à ses » serments. Je viens ici vous les rappeler et juger par moi— » même des sentiments de chacun pour son roi légitime. Je » veux qu'on parle avec franchise, je l'exige. Êtes-vous dis— » posés à seconder la garde nationale dans les efforts qu'elle

» peut faire pour défendre Bordeaux contre ceux qui vien-
» nent l'attaquer ?.... »

Les fronts se baissent, les regards se détournent ; elle cherche un œil sympathique, un visage ami, elle n'en voit pas ; pas une seule voix ne répond à ses touchantes interrogations. Alors, retrempant son courage dans son désespoir, elle reprend du ton du reproche : « Vous ne vous souvenez donc plus du » serment que vous renouveliez, il y a peu d'heures encore, » entre mes mains. S'il existe encore parmi vous quelques » hommes qui s'en souviennent et qui restent fidèles à la cause » du roi, qu'ils sortent des rangs et qu'ils le disent.... » Après un moment de silence, quelques rares épées s'élèvent comme pour lui dire : « Nous vous défendrons ! » Elle les compte d'un regard triste, et leur dit : « Vous êtes bien peu ! n'im- » porte, vous êtes des braves ; on sait au moins sur lesquels » on peut compter. » Les soldats assistaient, muets, immobiles, à cette scène attendrissante ; ils auraient fait ce que leurs officiers auraient voulu qu'ils fissent ; les officiers eux-mêmes auraient agi différemment, s'ils eussent été libres et livrés à leur généreux instinct ; mais Decaen, Harispe et le préfet étaient là !..... Après quelques moments de silence, un officier supérieur s'avance vers la princesse, comme organe de la garnison, et lui dit très-respectueusement, qu'ils ne souffriraient jamais qu'on lui fît la moindre offense. « Il ne » s'agit pas de moi, répliqua la duchesse ; je ne crains rien » au milieu des Français : il s'agit du service du roi. — » Dans tout ce que nos chefs nous commanderont pour le » bien de la patrie, répliqua-t-il, nous obéirons toujours ; mais » nous n'acceptons pas la guerre civile, et nous ne nous bat- » trons pas contre nos frères. »

A ces mots, Madame détourna les regards et se fit conduire à la seconde caserne, dont l'esprit était encore plus mauvais. Des cris offensants vinrent mourir à ses oreilles, et elle vit bien que le nom de Napoléon y était toujours avec les prestiges de ses souvenirs. De là, elle se rendit au Château-Trompette ; c'était la dernière épreuve de sa patience et de son courage. Elle y pénétra par les voûtes et les ponts-levis de cet antique monument de Vauban, et trouva tous les soldats sous les armes. Ils donnèrent quelques marques d'impatience à la vue de la princesse qui venait solliciter leur fidélité et les pousser à abandonner leurs affections les plus chères ; elle entendit leurs murmures, elle s'aperçut des gestes d'improbation de la part de quelques officiers qui agissaient d'intelligence avec Decaen et Clausel ; son âme intrépide ne repoussa pas la coupe de ces nouvelles amertumes, et, abreuvée de chagrins de voir que tout était perdu, que ses espérances étaient déçues, elle leva au ciel ses yeux mouillés de larmes et s'écria avec tristesse : « O Dieu ! il est cependant bien cruel, après vingt ans » d'infortune et d'exil, de s'expatrier encore ! Je n'ai pas » cessé cependant, sur la terre étrangère comme sur les » marches du trône, de faire des vœux pour le bonheur de » la patrie ! car je suis Française, moi, ajouta-t-elle avec un » regard et un sentiment qui ne pouvaient plus se contenir ; » je suis Française, je tiens mes serments et je crois à l'hon- » neur, quoique je ne sois qu'une faible femme ! Et vous..... » allez....., vous n'êtes pas Français !!! »

Quelques misérables se mirent à murmurer tout haut ; leurs menaces s'adressaient à la garde nationale, mais elles atteignaient indirectement la princesse elle-même. Alors un seul officier, indigné de la conduite de ses camarades, tire l'épée, sort des rangs, et s'écriant avec force : *Ah ! c'en est trop, je ne vous quitterai pas !* et va se ranger du côté de Madame. Elle s'en aperçut, et, d'un regard où se peignait la reconnaissance, lui donna à comprendre qu'elle le remerciait de sa noble conduite. D'autres officiers allaient l'imiter, mais les soldats rompirent leurs rangs ; des cris inconvenants se firent entendre, et la duchesse, après avoir contemplé un moment cette insolente soldatesque avec une dédaigneuse fierté, s'éloigna du

Livre VIII.
Chap. 2.
—
1815.

théâtre de ces scènes, emportant avec elle le désespoir de sa cause, la conviction d'être entourée de traîtres, des déceptions imprévues, sans une faible lueur d'espérance pour l'avenir !

Le cœur déchiré, l'esprit bouleversé à la vue de ses nouveaux malheurs, cette infortunée princesse se rendit, à trois heures après midi, sur les quais, où était réunie la garde nationale pour obéir à ses ordres et demandant, à grands cris, que la garnison lui remît les forts et qu'on lui donnât l'ordre de combattre les impériaux à La Bastide. Elle passa dans les rangs de la milice urbaine, avec une fierté que ses malheurs n'avaient jamais pu abattre, et, le deuil sur la physionomie, le désespoir dans le cœur, elle adressa à ses amis ces dernières paroles : « Je viens vous demander une dernière preuve d'af-
» fection : promettez-moi d'obéir à tout ce que je vous deman-
» derai. — Nous le jurons ! s'écrie la foule, qui croyait recevoir
» l'ordre d'attaquer Clausel. — Eh bien ! reprend la duchesse,
» je viens de visiter et d'interroger les troupes ; elles sont de
» cœur à nos ennemis. Ni ma présence, ni ma voix, ni mes
» reproches n'ont pu les rappeler à leur devoir ; combattre,
» ce ne serait que vous faire immoler, vous et vos enfants, pour
» une cause trahie. Vous avez assez fait pour l'honneur de la
» ville et de votre cause, résignez-vous ; réservez au roi, mon
» oncle, des amis fidèles pour des temps plus heureux ! Je
» prends tout sur moi et je vous ordonne de déposer les ar-
» mes. — Non, non ! répondirent des milliers de voix ; nous
» voulons mourir pour la liberté du pays, pour le gouverne-
» ment que nous avons proclamé les premiers, pour le roi,
» pour vous ! »

En présence de ces scènes si émouvantes et en même temps si consolantes pour son cœur navré du triste spectacle d'une garnison mutinée et insolente, elle voulut contenir ses larmes qui s'élançaient de ses yeux et tombaient sur ses joues malgré les efforts qu'elle faisait pour maîtriser ses émotions : officiers et soldats, tous se pressaient autour de la bonne duchesse ;

elle leur tendait les mains, qu'ils baisaient affectueusement; le peuple mêlait ses larmes à celles de Madame et de ses amis : c'était une lutte de tendresse et de chagrins, de dévoûment et de regrets, de tristesse et d'espérance. On la pressa, on la supplia de leur permettre de faire justice des aventuriers de l'autre rive : « Non, non, dit-elle, je vous prie de ne plus son-
» ger à la défense de Bordeaux; vos efforts seraient superflus,
» j'en suis certaine. Je répondrai au roi du sacrifice, aussi pé-
» nible pour mon cœur que pour le vôtre, que je suis obligé
» d'exiger de vous comme le seul moyen qui me reste de sau-
» ver une ville qui m'est si chère et de conserver au roi des
» sujets qui, je l'espère, lui prouveront de nouveau et sous
» peu leur amour. »

La duchesse rentra au palais, escortée par une foule immense diversement impressionnée : les uns s'abandonnaient à leur douleur et à leurs regrets; les autres vomissaient des imprécations dont les objets étaient des traîtres hypocritement cachés dans le cortége de leur victime. A peine arrivée au palais, M. de Montmorency vint la prévenir qu'il venait d'être informé, par M. Laclaverie, adjudant de la garde nationale, que Clausel désirait parler au parlementaire, M. de Martignac, et l'engagea à l'envoyer chercher. Martignac, brisé de tant de courses, de tant de peines et de fatigues, s'était jeté sur un lit pour réparer ses forces; on l'appelle, il se rend au palais, où Madame lui communique les malheureux détails dont nous venons de parler, et lui dit : « Vous allez trouver Clausel sur
» l'autre rive; vous lui direz que, dans un temps plus heu-
» reux, je l'avais distingué; qu'il m'a souvent assuré, alors,
» de son dévoûment et de son affection; que je lui en demande
» une preuve en faveur de la bonne ville de Bordeaux. Vous
» lui direz que je lui tiendrai compte de ce qu'il fera pour les
» Bordelais, beaucoup plus que si c'était pour moi-même. »

Martignac partit pour remplir cette nouvelle mission et pour prévenir Clausel que, le lendemain, on lui enverrait une dé-

Livre VIII.
Chap. 2.
—
1815.

putation pour régler tout ce qui concernait son entrée en ville.

Arrivé sur le port, M. de Martignac fut surpris du trouble et de l'agitation qui y régnaient. Il s'arrêta un peu au milieu de ces flots de peuple qui se pressaient, venaient, allaient et se heurtaient en désordre. « J'appris, dit-il, qu'après le départ » de Madame, des hommes armés s'étaient portés à des vio- » lences extrêmes contre M. le général Decaen et M. de Puy- » ségur, qui s'étaient cependant retirés sans accident. J'appris » aussitôt, avec autant de surprise que de douleur, que le capi- » taine Troplong, ayant voulu s'éloigner avec sa compagnie, » suivant l'ordre de S. A. R., avait été menacé, arrêté, et, » enfin, frappé de mort, par des hommes de ce bataillon dont » j'ai eu déjà occasion de parler.

» Au milieu des grands intérêts dont j'étais occupé, des » grands événements qui se passaient autour de moi, je ne » pus entendre, sans verser des larmes, le récit funeste de » la mort de ce brave jeune homme, que le fer ennemi avait » respecté huit ans dans les combats, et qui venait d'expirer, » sur le sol qui l'avait vu naître, victime de nos discordes » civiles! » *Note 24.*

Après avoir payé un tribut de regrets et de larmes à la mémoire du malheureux Troplong, M. Martignac traversa la rivière et trouva Clausel qui se promenait sur le port. Le général l'accueillit avec bienveillance, mais il croyait avoir raison d'être mécontent, parce qu'on lui avait dit que la duchesse avait cherché à fomenter la discorde entre les citoyens et provoquait la guerre entre la garnison et la garde nationale (1). Le rapport était faux et absurde; le cœur de la princesse n'aurait jamais autorisé des conseils meurtriers. M. de Martignac

---

(1) Dans le *Moniteur* du 5 avril 1815, il est dit que la garde nationale tira, d'après les ordres de Madame, sur les troupes de ligne de Clausel, à La Bastide! L'auteur de ce mensonge officiel aurait pu savoir que la Garonne, dans cet endroit, avait plus de cinq cents mètres de largeur à cette époque: la fusillade eût été ridicule et sans but.

désabusa le général et lui donna l'assurance qu'elle avait ordonné à la garde nationale de déposer les armes et de ne pas entreprendre une lutte inutile; il lui dit que, malgré les ordres de Madame, la garde voulait absolument résister ; mais que l'ordre de S. A. R. avait fait taire toutes les répugnances, et que la fusillade qu'on avait entendue, n'était que la dernière et faible expression de l'effervescence qui allait s'éteindre. Il s'acquitta ensuite de la commission verbale de S. A. R. ; mais Clausel lui répondit que la recommandation de Madame était inutile, attendu que ses devoirs, d'accord avec ses sentiments, mettaient la ville de Bordeaux et ses habitants en parfaite sûreté. Il consentit, non sans quelque peine, à attendre jusqu'au lendemain, à neuf heures. « La garde nationale, dit-il, » peut être composée de braves; mais elle compte sur le petit » nombre de mes soldats pour se promettre la victoire, en » cas de conflit. Elle a tort; je n'ai pas besoin de ma troupe; » j'entrerai, s'il est nécessaire, seul dans la ville; depuis plu- » sieurs jours la garnison m'obéit et n'obéit qu'à moi. » En voulez-vous une preuve? ajouta-t-il avec vivacité, venez avec moi! Et, s'avançant un peu plus loin sur le bord de l'eau, il fit arborer le drapeau tricolore, et, à l'instant même, un drapeau semblable parut sur la tour du Château-Trompette.

Martignac prit congé du général et rentra en ville. En débarquant, il fut entouré, pressé, interrogé sur les dispositions de Clausel ; l'agitation était à son comble : les officiers s'interposaient pour empêcher une collision et prévenir un massacre ; les régiments, croyant que la garde nationale et le peuple allaient les attaquer, se firent ouvrir les portes de la caserne et allèrent se ranger sur les places publiques. Des vociférations furieuses contre Decaen et les traîtres s'entendaient de toutes parts, et tout, tant l'irritation populaire était grande, semblait annoncer des projets meurtriers et une catastrophe prochaine.

Madame trouva l'absence de M. Martignac très-longue; elle

Livre VIII.
Chap. 2.
—
1813.

Livre VIII. Chap. 2. — 1815.

craignait qu'on ne le retînt comme ôtage et elle le vit rentrer avec plaisir. Il lui rendit compte de sa mission; elle en parut satisfaite, et, en l'engageant à aller prendre du repos, elle lui dit : « Vous avez eu, depuis deux jours, bien des fatigues, bien des dangers; je vous assure que je n'oublierai jamais ce que vous avez fait pour moi. »

Madame ordonna les préparatifs du départ; elle fit entrer les généraux et plusieurs personnages distingués, et leur dit : « Je vous remets, Messieurs, la place; c'est vous qui devez » me répondre de la sûreté de cette ville et de ses habitants; » maintenez vos troupes et préservez Bordeaux de tout dés- » ordre : vous l'avez en votre pouvoir. — Oui, oui, s'é- » crièrent les généraux, en levant les mains; oui, nous le » jurons! — Non, non, répond-elle avec un geste de pitié » et de dédain; non, je ne vous demande pas de serments, » on m'en a fait assez, je n'en veux plus! » Pauvre femme, jouet de l'impitoyable fortune, depuis son berceau jusqu'à sa tombe! elle avait le droit de prononcer ce mot dédaigneux en présence des hommes qu'il dut faire rougir à l'instant!... Peu de personnes ont vu, comme elle, jusqu'où peuvent aller la méchanceté, l'ingratitude et la versatilité des hommes! Princesse héroïque, *le seul homme de sa race,* s'écria Napoléon, en apprenant de Clausel sa noble conduite à Bordeaux! Elle avait contracté, dès l'enfance, dit Villemain, la majesté du malheur, dans sa prison, au Temple, et par son partage de l'agonie de sa mère; son sort était malheureux, glorieux parfois, toujours en lutte avec la fortune; très-souvent humiliée, rarement heureuse et presque toujours mélancolique, sa vie ne fut qu'action et réaction, une suite continue de plaisirs fugitifs et de peines constantes, un passage momentané des joies d'un moment à un état habituel de tristesse et de larmes. Sa mort ressembla à sa vie. « A l'exemple de mes parents, dit-elle en » mourant, je pardonne de toute mon âme et sans exception » à tous ceux qui ont pu me nuire et m'offenser, demandant

Son testament.

» sincèrement à Dieu d'étendre sur eux sa miséricorde, aussi
» bien que sur moi-même, et le suppliant de m'accorder le
» pardon de mes fautes.

» Je remercie tous les Français qui sont restés attachés à
» ma famille et à moi, des preuves de dévoûment qu'ils nous
» ont données, des souffrances et des peines qu'ils ont subies
» à cause de nous.

» Je prie Dieu de répandre ses bénédictions sur la France,
» que j'ai toujours aimée, au milieu même de mes plus amères
» afflictions. »

On connaît les orages qui assaillirent son berceau; nous venons d'écrire un triste, mais glorieux épisode de sa vie, les années 1814 et 1815 à Bordeaux! Temps d'épreuves accablantes! Un triste *adieu* à dire encore à la France et la désespérante perspective d'un exil, peut-être sans fin! Que dire en présence de ces pages? Se taire et admirer, ou répéter avec Châteaubriand, que Dieu avait déposé au fond de cette belle âme « un trésor de magnanimité et de religion, que les pro-
» digalités du malheur n'ont pu tarir! »

Les préparatifs de départ se firent avec empressement; il tardait à S. A. R. de quitter ces scènes déchirantes où la trahison et la fidélité étaient aux prises. La nuit s'approchait; c'était un voile dont la nature voulait couvrir ce spectacle émouvant et tragique : le sang avait coulé! c'en était trop pour la princesse. Elle sortit sans bruit, à la faveur des ténèbres; mais on la suivit, on l'entoura, on voulut la retenir. On lui renouvela ce serment de fidélité que les vrais Bordelais ont si religieusement conservé dans leurs cœurs; on la pria, on la supplia de rester; elle répondit par ses pleurs et ses sanglots, à leurs sanglots et à leurs pleurs; elle leur tendit la main, on la baigna de larmes; elle les encouragea à la résignation et à la fidélité; elle les remercia avec effusion; elle leur jeta son panache blanc, qu'on déchira et qu'on se partagea avec le respect dû aux choses saintes, avec tout l'enthousiasme de l'amour; enfin, pour se dérober à ces scènes de désespoir, à cette consternation profonde, elle ordonna de marcher, et cria aux fidèles Bordelais : « *Adieu, mes amis; quand je re-* » *viendrai, je vous reconnaîtrai tous; oui, tous. Adieu!* »

Il est impossible de décrire ces scènes, ou même d'en donner une juste idée; ce sont de ces choses qu'on voit sans pouvoir parler; la douleur rend muet; on le sent bien, mais on ne saurait jamais le peindre.

Beaucoup de jeunes gens de Bordeaux allèrent l'escorter jusqu'à Pauillac; elle y entendit la messe le lendemain matin, admit M. Lynch et quelques autres amis à sa table, puis elle monta à bord de la corvette anglaise, le *Wanderer,* qui la porta à Saint-Sébastien, en Espagne. M. Lynch s'embarqua sur le navire marchand anglais, le *William Sibbald,* et arriva à Plymouth le 13 avril.

En partant de Bordeaux, la duchesse avait promis d'y revenir. Quand, après la chute de Napoléon, la députation bordelaise lui fut présentée, elle lui renouvela la même promesse et la réalisa bientôt après. En arrivant dans nos murs, elle fit publier une proclamation qui est trop flatteuse, trop honorable pour notre cité, pour ne pas être reproduite, au moins en partie, dans notre travail : « Bordelais, dit-elle » dans une proclamation, je vous ai promis, en vous quittant, » de revenir auprès de vous le plus promptement possible; » ce temps, trop long pour mes souhaits, est enfin arrivé; je » reviens au milieu de vous, me confiant à la loyauté d'une » ville si célèbre par sa fidélité inviolable à son souverain » légitime, et qui, dans des temps bien douloureux pour mon » cœur, m'a donné tant de preuves de son attachement. »

CHAPITRE III.

Entrée de Clausel à Bordeaux. — Protestation de Lainé. — État de la ville. — Honneurs militaires rendus au corps de Troplong. — Clausel fait réparer le château-Trompette. — Raideur de Clausel vis-à-vis des Bordelais. — Sa rigueur. — Le roi rentré en France. — Conduite adoucie de Clausel. — Les frères Faucher de La Réole. — Conduite de Clausel. — Son départ précipité et clandestin de Bordeaux.

Le lendemain, 2 avril, on alla prévenir le général Clausel que Madame était partie et que les autorités étaient prêtes à recevoir ses ordres. Il leur envoya les dépêches ministérielles avec des officiers d'ordonnance pour le maintien de la tranquillité. Bientôt après, une députation arriva pour lui donner l'assurance qu'il était reconnu en ville comme gouverneur de la 11ᵉ division militaire et pour s'entendre avec lui sur les mesures à prendre pour l'entrée de ses troupes. Clausel répondit qu'il entrerait sans crainte, sans escorte ; il le fit et fut reçu sur le port par la garnison, ayant à sa tête le général Decaen, et au milieu de toute la population et de douze mille hommes de la garde nationale tous armés. Cependant, une sourde agitation régnait dans la ville ; la duchesse venait de partir ; un sentiment de pitié la suivait, l'amour la regrettait et l'espérance soupirait après son retour.

Dans ces tristes conjonctures, il ne faut pas oublier l'un de nos plus célèbres compatriotes, Lainé. Président de la Chambre des députés, il dédaigna de fuir ; deux fois proscrit, il ne fut pas intimidé. « Ce citoyen, dit Lamartine (tom. III), qui » résumait en lui la violence faite à la représentation na- » tionale, sentit que sa tête devait répondre à la tyrannie de

Livre VIII.

1815.

» la dignité de la patrie vaincue. » C'est lui qui publia, dans le temps, cette protestation et la fit afficher partout en France :

« Au nom de la nation française et comme Président de la
» Chambre de ses représentants, je déclare protester contre
» tous décrets par lesquels l'oppresseur de la France prétend
» prononcer la dissolution des Chambres. En conséquence, je
» déclare que tous les propriétaires sont dispensés de payer
» des contributions aux agents de Napoléon Bonaparte et que
» toutes les familles doivent se garder de fournir, par voie de
» conscription ou de recrutement quelconque, des hommes
» pour sa force armée. Puisqu'on attente d'une manière si
» outrageante aux droits et à la liberté des Français, il est de
» leur devoir de maintenir individuellement leurs droits. De-
» puis longtemps dégagés de tout serment envers Napoléon
» Bonaparte et liés par leurs vœux et leurs serments à la pa-
» trie et au roi, ils se couvriraient d'opprobre aux yeux des
» nations et de la postérité, s'ils n'usaient pas des moyens qui
» sont au pouvoir des individus. Chaque histoire, en conser-
» vant une reconnaissance éternelle pour les hommes qui,
» dans tous les pays libres, ont refusé tout secours à la tyran-
» nie, couvre de son mépris les citoyens qui oublient assez
» leur dignité d'hommes pour se soumettre à de méprisables
» agents. C'est dans la persuasion que les Français sont assez
» convaincus de leurs droits pour m'inspirer un devoir sacré,
» que je fais publier la présente protestation, qui, au nom des
» honorables collègues que je préside et de la France qu'ils
» représentent, sera déposée dans des archives, à l'abri des
» atteintes du tyran, pour y avoir recours au besoin.

» Comme le duc d'Otrante, se disant ministre de la police,
» m'outrage assez pour me faire savoir que je peux rester en
» sûreté à Bordeaux et vaquer aux travaux de ma profession,
» je déclare que si son maître et ses agents ne me respectent
» pas assez pour me faire mourir dans mon pays, je les mé-
» prise trop pour recevoir leurs outrageants avis. Qu'ils sa-

» chent qu'après avoir lu, le 20 mars, dans la salle des
» séances, la proclamation du roi, au moment où les soldats
» de Bonaparte entraient dans Paris, je suis venu dans le pays
» qui m'a député, que j'y suis à mon poste, sous les ordres
» de Madame la duchesse d'Angoulême, occupé à conserver
» l'honneur et la liberté d'une partie de la France, en atten-
» dant que le reste soit délivré de la plus honteuse tyrannie
» qui ait jamais menacé un grand peuple. Non, je ne serai
» jamais soumis à Napoléon Bonaparte, et celui qui a été ho-
» noré de la qualité de chef des représentants de la France,
» aspire à l'honneur d'être en son pays la première victime
» de l'ennemi du roi, de la patrie et de la liberté (ce qui n'ar-
» rivera pas), s'il était réduit à l'impuissance de contribuer à
» la défendre. »

Livre VIII. Chap. 3. — 1815.

Cette protestation était blâmée par les uns, appréciée, louée par les autres et admirée de tous; on y voyait un cœur froissé dans ses affections les plus intimes, un ton de dignité qui convenait au président de la Chambre des députés, mais en même temps un acte intempestif, dangereux, et qui entraînait après lui la plus terrible responsabilité, sans pouvoir produire un effet désirable. Cette protestation, dit M. Villemain, resta, sinon sans écho, du moins sans puissance. Lainé ne craignait rien; il se croyait dans son droit; il avait conscience de ses devoirs, et l'attitude noble qu'il avait prise ne contribua pas peu à affermir les royalistes dans leur attachement à la maison de Bourbon. Il partit pour la Hollande; mais les cœurs des Bordelais répondaient au noble cœur de Lainé, quoique absent; il avait trouvé partout de fidèles échos et partout on avait juré un dévoûment inaltérable à la princesse; on ne pouvait pas voir avec plaisir le général Clausel à sa place et chargé par Bonaparte de diriger la marche de l'administration nouvelle. Le morne aspect de la ville contrastait avec l'exaltation des troupes qui bénissaient et glorifiaient l'étoile de Bonaparte et se promettaient le retour des

Souvenirs contemporains, II, 166.

époques mémorables de Marengo et d'Austerlitz. Une collision était à craindre; il fallait le tact, toute la prudence de Clausel pour maintenir dans une juste harmonie ces éléments si divers, si hétérogènes, dont le plus léger choc ou contact pouvait produire une violente explosion.

Témoin journalier de la désaffection des Bordelais, Clausel craignait un soulèvement général; l'exaspération était à son comble et si forte, que les troupes de ligne ne paraissaient pas suffisantes pour réprimer les élans du royalisme bordelais, ou même pour contenir le peuple dans les limites nécessaires de la paix, de la soumission et du devoir. En entrant en ville, son premier soin fut de faire inhumer, avec les honneurs militaires, le malheureux capitaine Troplong, assassiné la veille; c'était, aux yeux de la raison, un acte de justice; Troplong était dans le cas de ceux qui meurent en activité de service. Aux yeux de la politique, c'était une avance faite à l'opinion royaliste, un acte qui semblait proclamer Clausel comme homme impartial, juste appréciateur des hommes de cœur et de conscience, qui se dévouent à leur cause et qui accomplissent leurs devoirs.

Voyant que l'exaspération des Bordelais ne se calmait pas, Clausel visita, en compagnie de M. Fauchet, arrivé le 4 avril, en qualité de préfet, les murs du Château-Trompette, et en fit réparer les brèches par des ouvrages en maçonnerie. Craignant de laisser ses troupes dans les casernes de la ville, exposées à une attaque nocturne de la part de la population antipathique de Bordeaux, il aurait voulu les loger dans cette forteresse, où elles seraient à l'abri d'un coup de main. On ne pouvait pas voir ces troupes ni les officiers en ville; ils étaient l'objet de l'animadversion publique, des sujets de raillerie et de sarcasme; on composa des chansons, des épigrammes et des vaudevilles pour les vexer et les tourner en ridicule; Clausel lui-même paraissait souvent sur les tréteaux populaires et rien ne pouvait réconcilier les Bordelais, riches et pauvres,

avec le régime bonapartiste. Le commerce, qui avait repris quelque activité, était de nouveau paralysé ; l'industrie n'avait plus besoin d'ouvriers, les pauvres ne trouvaient plus d'ouvrage, et la misère se propageait tous les jours, de plus en plus, avec la rapidité d'une épidémie contagieuse. La raideur inflexible de Clausel ne contribua pas peu à maintenir et à étendre cette effervescence populaire ; homme sévère, il ne transigeait pas avec le devoir ; il croyait intimider, il ne fit qu'exaspérer et élargir la plaie. « Je ne pouvais et je n'a-
» vais eu, en effet, d'autres intentions, dit-il, en faisant armer
» les remparts en ruine de ce simulacre de citadelle, que de
» contenir, en l'intimidant, cette partie du peuple tour à
» tour instrument et victime des factions. »

Clausel le disait, mais personne ne le croyait ; on était généralement persuadé que ces réparations étaient entreprises dans des vues hostiles aux Bordelais et comme un moyen de se venger de leur fidélité aux Bourbons. Les agents de Clausel étaient plus impopulaires que lui-même ; leur imprudence, leur sévérité déplacée, leurs paroles acerbes et outrageantes sentaient trop la tyrannie pour ne pas froisser la naturelle susceptibilité des Bordelais. Ils voyaient des crimes où il n'y avait que de légères fautes, des insultes dans les plaisanteries, des complots dans les réunions et des ennemis dans tous les coins de Bordeaux. Leurs rapports étaient gros d'appréhensions et de récits mensongers ; les désordres dont ils se plaignaient n'existaient que dans leur imagination, et le régime qu'ils impatronisaient à Bordeaux devenait trop odieux pour ne pas soulever d'indignation tous les cœurs et tous les bras. Les commissaires de police, se trouvant en rapport immédiat avec le peuple, étaient devenus les objets de mille taquineries offensantes ; à chaque pas, ils entendaient les cris de : *Vive le roi* retentissant derrière les murs, dans les mansardes et dans les lieux impénétrables ; les perroquets même étaient devenus royalistes et répétaient ce cri séditieux aux oreilles des pas-

*Livre VIII. Chap. 3.
1815.*

Exposé justificatif de la conduite de M. le lieutenant général comte Clausel, p. 42.

sants. Les femmes de la halle, les poissardes, les marchandes ambulantes étaient devenues fanatiques de royalisme, et les rues toujours paisibles de Bordeaux ne retentissaient, en présence de ces agents subalternes de l'autorité impériale, que de paroles hostiles au régime nouveau (1).

Clausel se vante de sa modération envers les royalistes, « qui, pour ne pas leur être nuisible, devait être cachée sous » la forme d'une apparente sévérité, » et prétend que son indulgence envers eux était blâmée par les ministres. Ce langage convenait à la nouvelle position de Clausel ; le roi était alors arrivé à Paris et ce général voulait rentrer en grâce auprès du souverain légitime et des royalistes. Les éloges qu'il se décerne à lui-même n'ont pas, que nous sachions, été ratifiés par les Bordelais, quoiqu'il en dise ; le ministre lui ordonna des mesures de rigueur contre les *royalistes séditieux* ; c'était le droit du pouvoir ; la *sédition* est toujours punissable. Mais nous a-t-on donné les noms des *royalistes séditieux* ? On savait bien que les Bordelais étaient royalistes ; mais on a oublié de nous dire quand, comment ou par qui la sédition avait été provoquée à Bordeaux. M. Clausel alla plus loin que le ministre lui-même, il s'était borné à prescrire des mesures contre les *séditieux*, c'est-à-dire contre les Bordelais qui se révolteraient ou se soulèveraient contre le Pouvoir ; le général se

(1) Un jour le commissaire du quartier, en passant au marché, entendit des femmes qui parlaient du roi et désiraient son retour, se promettant mutuellement qu'elles crieraient de toutes les forces de leurs poumons : *Vive le roi !* Le commissaire s'approche et leur dit de se taire, sinon qu'il les ferait empoigner. Tout étonnées, elles le regardent et lui disent : Qu'avons-nous dit, Monsieur ? — Vous avez dit : *Vive le roi !* Elles se retournent en riant vers la foule, et s'écrient : Il ne veut pas que nous disions : *Vive le roi !* Une poissarde arrive et demande ce que c'est ; les autres répètent le mot : *Vive le roi !* et le cri séditieux se renouvelle d'un coin du marché à l'autre. Eh bien ! Monsieur, continuent-elles, non, nous ne dirons plus : *Vive le roi !* il ne faut plus dire : *Vive le roi !* Des centaines de marchandes répètent ce cri, toujours affirmant qu'elles ne le diraient plus, tout en le répétant jusqu'à assourdir le maladroit commissaire, qui s'échappa, enfin, tout honteux, mais heureux de se dérober à la moquerie de ces commères.

mit à son aise et, se donnant plus de liberté d'action contre les paisibles Bordelais, ordonna des mesures de répression contre les *délits ayant leurs causes dans les opinions politiques*. Il ne s'agit plus ici d'une *sédition* ou d'un soulèvement des citoyens ; il y est question seulement de délits grands ou petits dont les opinions politiques pouvaient être la cause génératrice, et c'était lui seul qui devait déterminer la nature des délits en proclamant la couleur de l'opinion ! Il dit que ces *mesures* étaient *adoucies dans l'exécution ;* il vaudrait mieux pouvoir dire qu'elles l'étaient dans leur principe, et aucun Bordelais, que nous sachions, ne s'est aperçu de la douceur des mesures tant vantées du général Clausel, ni dans leur principe, ni dans leur exécution. Sur la fin de juin, il se montra plus bienveillant et plus *adouci* envers les Bordelais ; on savait bien pourquoi. L'orage grondait dans le lointain, et la puissance de Napoléon touchait à son déclin ; il y avait un autre maître en perspective.

Sur ces entrefaites, il reçut de Paris des aigles qui devaient être données aux troupes, au Champ-de-Mai ; le jour était fixé pour leur en faire la remise. Mais, ayant appris confidentiellement le désastre de Waterloo, arrivé le 15 juin (1), il retarda la cérémonie, et prit, il l'avoue lui-même, les plus

---

(1) Au nom de Waterloo, arrêtons-nous, car, comme le dit Biron, nous marchons dans le sang des braves, sur la poussière d'un empire ! Nous sommes sur le tombeau où gisent pêle-mêle, les généreux enfants de la France et les débris du monde réuni, pour les humilier dans cette plaine homicide, où l'aigle plana avec orgueil et, de ses serres sanglantes, déchira, dans sa chute, le sol humecté du sang de la France et de celui de l'Europe unis contre le moderne Alexandre :

> Stop... for thy tread is on an empire's dust !
> . . . .
> The grave of France, the deadly Waterloo !...
> In pride of place, there last the eagle flew,
> There torn with bloody talon the rent plain,
> Pierced by the shaft of banded nations through....
>
> (Childe Harold's, *Pilgrimage,* canto III, 17, etc.)

grands soins pour empêcher que le bruit des événements arrivés en France, depuis le 18 juin, ne pénétrât dans les casernes. On commença à comprendre la temporisation du général ; on demanda à grands cris les aigles, et, pour ne pas être accusé de duplicité ou de trahison, il fut obligé de les remettre aux troupes. On apprit bientôt après la nouvelle officielle de la rentrée du roi à Paris ; c'en était fait de l'Empire ; mais les impérialistes, en général, se soumirent et furent maintenus en place. Clausel resta à son poste, dit-il, pour maintenir la tranquillité à Bordeaux et pour ne pas livrer à toutes sortes d'hommes, par un départ précipité, la ville dont l'Empereur l'avait chargé. Voilà, selon lui, les motifs honorables de sa conduite ; d'autres prétendent qu'il agissait ainsi dans l'espérance d'obtenir, en temps et lieu, sa grâce et le pardon de sa défection. En comprimant, par la terreur, l'élan royaliste de Bordeaux ; en y maintenant le foyer du bonapartisme ; en faisant mine de résister et de faire partager ses sentiments par l'armée des Pyrénées, il s'imaginait que le roi lui ferait faire quelque proposition dont il pourrait tirer parti. Cette manière d'expliquer ses sentiments paraîtra naturelle, quand on aura vu sa conduite postérieure.

Le 12 juillet, les journaux de Paris apportèrent la nouvelle de l'arrivée du roi dans la capitale : Bordeaux répondit à cet événement par des cris de : *Vive le roi!* Des rassemblements se formèrent sur les places publiques ; mais une seule chose semblait offusquer les regards de la population, c'était le drapeau tricolore flottant encore sur le Grand-Théâtre. Sur un ordre donné à M. Boisson, adjudant de place, par le général Pagot, on descendit le drapeau tricolore, qui fut à l'instant remplacé par le drapeau royaliste ; on croyait apaiser, par cette sage mesure, l'impatience bien naturelle d'un peuple dévoué au roi Clausel, informé de ce qui s'était passé, se rendit sur la place de la Comédie, qui était encombrée de monde et fit mettre aux arrêts le courageux Boisson, qui faillit être traduit devant un conseil de guerre ; un bataillon du 66ᵉ, sorti de la caserne de Saint-Raphaël, arriva bientôt après sur le lieu avec ordre de disperser la foule ; elle était compacte, curieuse, et peu docile aux injonctions des soldats ; elle se retirait devant la force, sur un point, et se reformait sur un autre ; mais il n'y eut point d'agression de sa part. Les soldats, furieux de voir le drapeau blanc sur le théâtre, se précipitèrent sur les groupes inoffensifs, et, les dispersant à coups de de crosse et de baïonnette, firent feu, sans les sommations légales, sur ces curieux, dont le seul tort consistait à ne pas se cacher en présence de cette soldatesque furieuse, dirigée par Clausel, qui savait que Bonaparte avait été vaincu, et que le roi était rentré en France ! Un homme inoffensif tomba sous le plomb meurtrier de ces pauvres militaires ! le tort ne leur en appartient pas ; il ne peut flétrir que la mémoire de Clausel ! Plusieurs individus furent blessés à coups de baïonnette et tous menacés de la mort. Voyant que les choses allaient avoir une mauvaise tournure et qu'il lui serait impossible de prendre une attitude en rapport avec ses prétentions de se faire pardonner ou acheter, Clausel convoqua les notables et fit preuve devant eux de la plus grande bienveillance, des meilleures intentions possibles ; mais le lendemain il vit arriver chez lui des commissaires du roi, M. Alexandre de Saluces, M. le colonel, comte de Lastours, et le baron de Montalembert, pour faire reconnaître l'autorité royale dans la ville. Clausel convint avec eux de toutes les mesures à prendre ; mais, sous le prétexte de ne pas provoquer une trop grande secousse par une transition brusque d'un régime à un autre, et, peut-être, dans l'espérance de quelque vicissitude de la fortune, il ne fit enlever le drapeau tricolore que dans la nuit du 20, et la nuit suivante on mit à sa place les couleurs du roi. Dans son entretien avec les commissaires, il parla beaucoup de sa prudence pendant son administration et demanda un délai de quelques jours pour descendre le drapeau tricolore ; on le lui accorda, comme nous venons de le dire; il voulait être le dernier en France à arborer le drapeau blanc; cette répugnance n'était que voilée; il croyait pouvoir la faire passer aux yeux du nouveau Gouvernement comme un acte de prudence en faveur des Bordelais et se montrer lui-même digne, par sa sollicitude pour tous les intérêts, de la reconnaissance du roi. Il se trompait dans ses calculs; la famille royale ne l'avait que trop bien traité. Il avait été nommé chevalier de Saint-Louis le 1er juin 1814, grand-officier de la Légion-d'Honneur le 23 août de la même année, comte le 31 décembre, et grand-croix de la Légion-d'Honneur le 14 février 1815. A tant de bonté, Clausel ne répondit que par sa défection, la violation de son serment de fidélité à son roi et par son oubli des devoirs de la reconnaissance. Le roi, par ordonnance du 24 juillet 1815, ordonna son arrestation et sa traduction devant un conseil de guerre. Avant de connaître cette décision, Clausel s'efforça de mettre dans ses intérêts les commissaires du roi, surtout M. Alexandre de Saluces; il les engagea fortement à écrire à Mgr le duc d'Angoulême, sous l'impression de la peinture qu'il leur avait faite de ses efforts pour maintenir la tranquillité; c'était une planche à la faveur de laquelle il croyait échapper à un complet naufrage. Ces Messieurs répondirent par lettre, le 19 juillet et le 22, qu'ils attendaient le retour des députés qu'on avait envoyés à Paris et qu'ils n'avaient pas encore un rapport exact à faire sur la situation de la ville; mais ces lettres ne renfermaient rien d'acerbe, rien de blessant; c'était la froide réserve et les convenances respectueuses de la diplomatie.

Le 24 juillet, M. le commissaire du roi, Alexandre de Saluces, publia une proclamation où, annonçant aux Bordelais que la France toute entière était soumise au roi, il les invitait à arborer partout le drapeau blanc et ordonna que tous les fonctionnaires civils et administratifs reprissent les postes qu'ils occupaient avant les Cent-Jours.

Le 23, tous les gardes nationaux furent rappelés et allèrent relever tous les postes, excepté celui du château, où Clausel commandait, mais où il fut remplacé par l'honnête Boisson, qui avait descendu le drapeau tricolore du théâtre et que Clausel avait menacé de faire traduire devant un conseil de guerre.

Dans ce temps, les frères Faucher, de La Réole, représentaient le principe de la liberté ; mais la liberté, enchaînée au char de triomphe de Bonaparte, perdit les deux frères, qui transférèrent leur dévoûment au nouveau Cyrus et se mirent à son service. Ces deux hommes avaient poussé le fanatisme de la liberté bien loin ; La Réole, comme tout le pays, craignait l'exaltation de leurs idées et se courbait sous leur férule dictatoriale. Bazas même redoutait leur fanatisme ; et leur visite, annoncée dans cette ville pendant les mauvais jours de 1815, avait suffi pour faire naître une panique générale ; avec eux, on craignait de voir arriver la guillotine ; on les regardait comme des terroristes déguisés, les amis de Robespierre ! on se trompait sur leur compte ; ils étaient plus humains qu'on ne croyait, dignes d'une meilleure réputation et surtout d'un moins malheureux sort. Nés à la même heure, de la même mère, dans la ville de La Réole, le 20 mars 1759, leur ressemblance était si parfaite, sous tous les rapports des traits, de la taille et du son de la voix, que leur mère même ne pouvait distinguer l'un de l'autre, dans leur jeunesse, qu'à la couleur de leurs vêtements. Il leur arrivait quelquefois, pour mettre à l'épreuve la sagacité maternelle, de changer ces indices révélateurs de leurs individualités respectives et ils s'amusaient des méprises et des étranges *quiproquo* de leurs parents, qui donnaient lieu à des scènes divertissantes. L'âge viril modifia un peu cette ressemblance ; mais elle resta toujours singulièrement frappante.

Ces deux frères jumeaux, Constantin et César, furent élevés ensemble ; ils firent les mêmes études avec un égal succès, et, entrés ensemble au service, dans le même corps,

Livre VIII. Chap. 3.
1815.

Am. Thierry, *Résumé, etc.*

passèrent par les mêmes grades, furent nommés adjudants-généraux, puis généraux de brigade sur le même champ de bataille à l'armée du Nord. Leur existence, leur genre de vie, leurs plaisirs et leurs peines furent toujours les mêmes ; ni le danger, ni l'intérêt, ni les passions, ni les opinions politiques si divergentes de l'époque ne les séparèrent un moment dans le cours de leur vie ; on ne pouvait pas dire que l'un avait plus d'esprit, de courage, de talent que l'autre ; c'étaient deux individualités tellement identifiées que chacune faisait deux et toutes les deux n'étaient qu'une ; c'était bien à eux que l'on pouvait appliquer les paroles dont Michel Montaigne se servit pour peindre l'amitié qui existait entre lui et Étienne de la Boëtie : « Leurs âmes, confondues par un mélange en-
» tier et universel, s'effaçaient l'une dans l'autre ; on n'y
» voyait qu'une âme et l'on ne trouvait point le nœud qui les
» avait liées....; leurs existences, leurs volontés n'avaient
» rien d'individuel et restaient perdues dans leurs fusions. »
César et Constantin furent blessés à Fontenay ; mais Constantin, moins atteint par la blessure, couvrit son frère de son corps, lui sauva la vie, pansa sa plaie, le conduisit et le soigna à Niort et ne retourna à l'armée que lorsque son frère fut en état d'y paraître à son côté. Enthousiastes de la liberté, républicains de mœurs, de sentiments et de caractère, ces deux frères avaient embrassé le parti des Girondins ; c'était, à leur avis, la portion la plus raisonnable de la Convention, la seule qui pût comprendre les vrais intérêts de la liberté et la nécessité de l'ordre. Accusés de fédéralisme, ils furent arrêtés et condamnés à la peine de mort, par le Tribunal de Rochefort. Ils entendirent la sentence avec un stoïcisme philosophique, et marchèrent au supplice avec une impassibilité et un calme vraiment héroïques ; mais, parvenus au pied de l'échafaud, un ordre arriva de surseoir à l'exécution ; quelques minutes de plus, c'eût été trop tard. Le procès fut révisé dans un temps plus calme, quand la passion ne s'arrogeait pas le droit de s'as-

seoir au Tribunal ou d'inspirer la sentence des juges, et un nouvel arrêt rendit à la liberté les deux illustres jumeaux, qui, en 1789, avaient professé le plus grand respect pour Louis XVI (1). Ils rentrèrent au service ; mais, voyant avec désespoir que le premier Consul allait fonder l'Empire sur les ruines de la République, ils donnèrent leur démission et vécurent pendant quinze ans, à Bordeaux, des produits d'une petite maison de commerce qu'ils y établirent en société.

En 1815, César fut nommé représentant à la Chambre des députés ; il refusa cet honneur, par le seul motif que son frère ne le partageait pas avec lui. Constantin, élu maire de La Réole, lui fit comprendre qu'il s'agissait, en acceptant, d'accomplir le devoir d'un bon citoyen, et le détermina à le remplir ; mais les armées alliées mirent bientôt fin à la puissance de Bonaparte, et César revint auprès de Constantin, qui reçut de Clausel le commandement de La Réole. Les deux frères servaient avec joie une cause qu'ils avaient abandonnée autrefois, et La Réole était devenue un centre où convergeaient tous les mouvements de la vallée de la Garonne, depuis Bordeaux jusqu'à Marmande.

Leur arrivée à La Réole causa de grands désordres ; les

---

(1) On vient de publier à Agen deux lettres des frères Faucher ; elles sont adressées aux constituants. Voici en quels termes leurs auteurs s'expriment sur Louis XVI :

« Le roi veut tout le bien que vous désirez ; et si cette nouvelle Constitution fait
» votre bonheur, ce sera celle que son cœur voulait. Dites à nos concitoyens que ja-
» mais meilleur roi ne fut plus digne de leur amour ; dites-leur qu'à la nouvelle des
» désordres inouïs qui déchiraient son cœur, il ne vit que les malheurs de ses su-
» jets, et que, fermant les yeux sur un péril qu'il ne put jamais craindre, il vint sans
» pompe, sans gardes, se jeter dans leurs bras, avec cet abandon touchant qui rend
» sacré, pour eux, cet objet de leur amour ; répétez-leur qu'il cherche sans cesse
» avec cette tendre inquiétude de la bienfaisance le bien à faire, les torts à réparer ;
» qu'il a toujours les yeux ouverts sur leurs besoins et que jamais roi ne justifia
» mieux que lui ce cri des Français dans le malheur : *Ah ! si le roi le savait !*

» CONSTANTIN FAUCHER, CÉSAR FAUCHER.

» Versailles, le 29 juillet 1789. »

bons citoyens furent menacés et poursuivis par des furieux, au service de ces deux hommes, et la ville était devenue, en peu de temps, le théâtre des plus honteuses orgies et des scènes les plus scandaleuses. On prodiguait des outrages aux images du roi ; on se livrait en ville, comme à la campagne, à des actes de concussion, à des vexations de toute espèce ; des soldats armés, escortés par des hommes de la lie du peuple, se répandaient dans les environs pour exercer, avec impunité, des violences contre les royalistes. Toute la France était au roi ; La Réole seule refusa de reconnaître son autorité ; c'était un état flagrant de rébellion dont les Faucher seuls étaient la cause.

Ils adressèrent une proclamation aux La Réolais, ordonnant une fédération générale ou association démocratique, et ils invitèrent à y prendre part tous les acquéreurs des biens nationaux, tous ceux qui craignaient le retour des rentes seigneuriales, des dîmes et des autres droits féodaux ; c'était une pièce incendiaire, une provocation séditieuse à la révolte, un appel à toutes les passions ; cette malheureuse proclamation ne contribua pas peu à leur condamnation.

Informé de l'état des esprits dans la ville et dans les environs de La Réole, M. le ministre Gouvion de Saint-Cyr écrivit le 16 juillet, à Clausel, la lettre suivante :

« J'ai l'honneur de vous prévenir que, d'après les disposi-
» tions prises et arrêtées par le roi, MM. les frères Faucher,
» ex-généraux de brigade provisoires, doivent cesser toute
» fonction militaire et rentrer dans la position où ils étaient
» à l'époque du 20 mai dernier.

» Je fais connaître à MM. Faucher qu'ils doivent rentrer
» dans leurs foyers. »

Les frères Faucher ne tinrent pas compte de cette injonction de l'autorité compétente, et nous n'avons rien trouvé qui pût nous convaincre que Clausel les avait engagés à rentrer dans le devoir ; ils ne faisaient que suivre la ligne de conduite

de leur chef, Clausel, gouverneur de la 11e division militaire ; ils lui écrivirent même une lettre en date du 27 juillet, où ils nous donnent à comprendre que, jusques même dans leur aveugle résistance, ils regardaient Clausel comme leur chef, leur protecteur et leur ami. « Général, lui disent-ils, vous
» commandez encore, et, jusqu'au dernier moment, nous vous
» rendrons compte de la situation des contrées que vous avez
» confiées à notre commandement, etc., etc. » Ils avouent que l'*exercice* légal de leurs *fonctions avait cessé depuis la journée du 21 juillet,* et cependant, le 27, ils parlent encore à leur chef, à Clausel, de leur commandement qu'ils exerçaient bien illégalement ! Ils se plaignirent de M. Deynaud, comme chef du détachement des volontaires royaux ; c'était à tort, car c'était M. Johnston qui le commandait. Ils signalèrent aussi à Clausel M. de Menou, MM. Durand-Laubessa, Durand-Lavison, cousin de M. de Pirly, sous-préfet, qui, appuyé par M. Du Hamel, de Castets, était l'âme des tracasseries qu'ils éprouvaient, disaient-ils.

Livre VIII.
Chap. 3.
—
1815.
Mémorial bordelais, n° 437.

Cet état de choses continuait encore le 23, au préjudice de la paix et contradictoirement aux ordres formels du gouvernement. Enfin, le sous-préfet de La Réole informa le commissaire du roi, M. Alexandre de Saluces, de la situation affreuse de la ville et de l'arrondissement de La Réole, par suite des menées et des instigations des frères Faucher ; il était temps d'y porter remède ; M. de Saluces envoya une copie de la missive du sous-préfet au général Clausel, avec la lettre suivante, datée de Bordeaux le 23, à huit heures du matin :

« Général, j'ai l'honneur de vous transmettre copie de la
» lettre que je reçois du sous-préfet de La Réole.

» Si vous le jugez à propos, j'y enverrai un fort détache-
» ment de volontaires royaux à cheval, qui y prêteront main-
» forte, pour le rétablissement de l'ordre.

» Je vais m'occuper aujourd'hui, de concert avec le maré-
» chal-de-camp, comte Maxime de Puységur, inspecteur des

» gardes nationales dans ce département, de la réorganisation
» des dites gardes nationales dans les campagnes, etc. »

Clausel approuva tout ; mais il conseilla l'envoi préalable de deux individus convenables dont le langage serait appuyé, au besoin, par des volontaires. M. de Saluces lui écrivit le soir même la lettre suivante :

« Général, M. Desfourniel, que j'ai désigné pour aller à La
» Réole précéder le détachement de cavalerie que nous y
» envoyons pour assurer le calme, aura l'honneur de vous
» demander de lui nommer l'officier que vous jugerez conve-
» nable de lui adjoindre, mesure que je crois indispensable,
» si vous n'en jugez pas autrement. »

Toutes ces mesures furent exécutées ; elles étaient sages et auraient dû produire un salutaire effet sur l'esprit des frères Faucher. C'était tout le contraire. Leur influence dans le pays, le dévoûment réel ou fictif des gardes nationales leur firent croire à la possibilité de la résistance ; ils résolurent de défendre, pied à pied, le poste qui leur avait été confié, et finirent par se barricader dans leur maison comme dans une citadelle. C'était une folie qu'ils expièrent plus tard par la mort. Traduits devant une commission militaire, plusieurs avocats de Bordeaux refusèrent de se charger de leur défense ; l'un d'eux ne voulut pas même prendre communication des pièces de ce procès ; ils se défendirent eux-mêmes avec une admirable éloquence ; chacun se fit l'avocat de l'autre. Ils furent condamnés à mort le 24 septembre, comme coupables d'avoir retenu un commandement militaire qui leur avait été retiré ; d'avoir commis un attentat dont le but était d'exciter la guerre civile et d'armer les citoyens les uns contre les autres. S'étant pourvus en cassation devant le Conseil de révision, le barreau de Bordeaux se réunit et désigna quatre de ses membres pour prendre la défense de ces malheureux ; c'étaient MM. Émérigon, Denucé, Gergerès et Albespy. Le Conseil de révision, présidé par M. de Puységur, maréchal-de-camp, confirma, le 26, le jugement de l'avant-veille et les condamna conjointement et solidairement aux frais du procès. Ils écoutèrent l'arrêt de mort avec une impassibilité étonnante ; pas une larme ne vint mouiller leurs paupières, et le même courage, le même sang-froid, la même indépendance signalèrent leurs derniers moments. Ces deux frères jumeaux eurent une vie, une gloire et une destinée communes ; la même mère, la même heure, la même ville les virent naître ; la même cause produisit leur mort, la même sentence, le même Tribunal, les mêmes juges décidèrent de leur sort. Condamnés à mort, la seule émotion qu'ils manifestèrent fut de se serrer plus étroitement dans leurs bras entrelacés ; ils marchèrent au supplice en se donnant le bras, avec la même fermeté qu'ils avaient montrée à Rochefort ; ils refusèrent de se laisser bander les yeux, et regardant pour ainsi dire la mort en face, ils furent frappés du plomb mortel, qui les atteignit au même endroit ; la mort ne sépara point ce que la nature avait fait identique. Jamais peut-être le monde n'avait vu ni ne verra le phénomène d'une âme partagée, en quelque sorte, entre deux corps parfaitement semblables ; deux êtres humains, à qui il fut donné d'avoir la même origine, les mêmes traits, les mêmes goûts, les mêmes succès, les mêmes malheurs, en un mot, la même existence physique et morale.

Que faisait Clausel pendant tout ce temps ? Il se prêtait aux mesures générales ordonnées par le commissaire du roi ; son lieutenant général même, le baron d'Armagnac, n'était pas initié dans ses secrets. M. le maréchal-de-camp Pagot écrivit, le 26 juillet, à M. le Lieutenant général : « que Mme » la duchesse d'Angoulême, pouvant arriver d'un moment à » l'autre à Bordeaux, il est indispensable de prendre des me- » sures pour garantir la sûreté de la princesse pendant sa » marche dans le département, et pour lui faire rendre les » honneurs dus à son rang.

» Je vous préviens, mon général, que, n'ayant pas eu con-

» naissance des mouvements faits par les troupes, dans l'é-
» tendue de mon commandement, j'ignore leur emplacement
» et leur situation, et que je ne peux rien faire, dans cette
» importante circonstance, si vous n'avez la bonté de me
» fixer. »

Le baron d'Armagnac n'en savait rien, pas plus que M. Pagot ; il écrivit à Clausel, général en chef, et, après lui avoir fait connaître les désirs du maréchal et ses questions, il lui dit :

« Comme je n'en suis pas plus instruit que lui, je vous prie,
» mon général, de me faire connaître vos intentions sur les
» dispositions que vous croirez devoir prendre pour recevoir
» la princesse, et de me faire fournir la situation et l'empla-
» cement des troupes. »

Comment expliquer cet incroyable désordre? Clausel absorbait les pouvoirs de ses subalternes ; son lieutenant général, son maréchal-de-camp ignoraient le mouvement des troupes et rien n'était fait pour recevoir la duchesse, qui, d'après un avis transmis par le préfet au maréchal-de-camp Pagot, devait arriver d'un instant à l'autre dans nos murs.

N'était-ce pas au général en chef que le préfet aurait dû adresser cet avis? et s'il le fit, pourquoi s'écarter des formes hiérarchiques, pour en adresser une copie à M. Pagot, qui aurait dû la recevoir de Clausel, par l'entremise du baron d'Armagnac? C'est que la conduite équivoque de Clausel inspirait aux autorités civiles, non seulement des doutes, mais des craintes réelles ; on avait plus de confiance dans le maréchal-de-camp que dans le général en chef, et son inaction devant la ridicule échauffourée des frères Faucher ne faisait que confirmer ces légitimes appréhensions. On voit bien que le roi n'avait que trop de raison d'être mécontent de la conduite équivoque de Clausel dans ces moments si critiques, et que celui-ci, par ses mesures évasives et plus que douteuses, ne méritait que trop d'être traduit devant un Conseil de guerre.

Cette vérité paraîtra plus évidente encore, si l'on veut bien peser la portée de la lettre que le commandant de l'escadre de S. M. Britannique, dans la Gironde, écrivit à Clausel, le 16 ; on y remarque ces paroles : « D'après les circonstances où » nous nous trouvons, j'ai résolu d'envoyer à Bordeaux le ca- » pitaine Palmer, qui commande en second sous mes ordres, » afin qu'il fasse sentir à Votre Excellence, qu'en acceptant » la Constitution qui a rétabli le roi et en arborant le drapeau » blanc, il en résulterait les conséquences les plus heureuses » pour votre pays. En vous faisant cette proposition, je n'i- » gnore ni les forces qui sont encore à votre disposition, ni les » talents militaires qui vous distinguent ; mais, après tout, gé- » néral, la puissance dépend des circonstances, et elles sont » assez graves pour que je me permette de vous les représen- » ter de la manière la plus forte.

» J'ai à mon bord M. le comte de Lastours et M. le baron » de Montalembert, tous deux possédant la confiance du roi » et ayant les pouvoirs nécessaires de traiter avec vous ; réu- » nissons-nous donc pour une œuvre aussi désirable et faisons » de notre mieux pour consolider cette paix qui vient enfin » soulager le monde, etc., etc. »

Clausel répondit à M. Palmer, capitaine de la frégate *Pactolus,* mais d'une manière un peu évasive, ce qui donna lieu à une autre lettre de Palmer, en date du 18, où la vérité perce plus que jamais ; la voici :

« Général, j'ai eu l'honneur de recevoir votre lettre ce ma- » tin, et comme je suis fortement influencé par le désir de » préserver la tranquillité publique et surtout par celui de » vous voir à même de vous déclarer pour Louis XVIII, je » prends la liberté de vous représenter de nouveau combien » ce service important de votre part serait apprécié par Sa » Majesté Très-Chrétienne, et combien, au contraire, il perdrait » de son mérite, s'il n'a lieu qu'à une époque plus reculée.

» Je ne chercherais pas ainsi à vous convaincre sur un su-

Livre VIII.
Chap. 3.

1815.

» jet qui vous touche si essentiellement, si je ne voyais pas
» que, dans l'état présent des affaires, vous pouvez adopter
» cette conduite de la manière la plus honorable, car tout le
» pays semble se déclarer pour le roi; et, par la lettre ci-jointe,
» vous apprendrez que le général Bertrand, commandant le
» département de la Charente-Inférieure, a suivi l'impulsion
» générale et a arboré le drapeau blanc. Sous peu de jours,
» une force considérable peut arriver ici, ce qui augmente-
» rait considérablement toutes les difficultés et occasionnerait
» une inutile effusion de sang. Cherchons donc à prévenir des
» malheurs que nous serions les premiers à déplorer; d'ail-
» leurs, en négociant avec une force trop faible pour entrer
» en compétition avec celle que vous commandez, votre con-
» duite n'en sera que plus marquante et plus généreuse, puis-
» qu'elle ne sera alors que le résultat de votre amour pour
» votre pays et de votre désir pour le bonheur de vos conci-
» toyens, etc., etc. »

On n'était pas sûr de la fidélité de Clausel; on le ménageait pour ne pas se créer des embarras, et c'est dans ces sentiments que le comte de Coetlosquet, maréchal-de-camp, nommé commandant du département de la Charente-Inférieure et envoyé extraordinaire du roi dans les départements de l'Ouest, écrivit de La Rochelle, le 20 juillet, à Clausel, une lettre où nous remarquons avec quel soin on évitait de froisser la susceptibilité de ce général.

« ...... Monseigneur le comte de Gouvion Saint-Cyr, inti-
» mement convaincu que c'est le manque de nouvelles cer-
» taines qui suspend en ce moment toute déclaration formelle,
» m'a autorisé à vous envoyer un officier qui, jouissant de sa
» confiance, puisse vous rendre compte, mon général, de ce
» que vous désirez connaître......, etc. »

On ne manquait pas de nouvelles certaines; mais le gouvernement royal se gardait bien de blesser des hommes qui, par leur soumission à leur souverain légitime, pouvaient rentrer en grâce et se faire pardonner leur défection. Le 25 juillet, Clausel publia un ordre de jour, dans lequel « il té- » moigna sa satisfaction aux autorités civiles et militaires des » 11e et 20e divisions militaires, qui, dans les moments diffi- » ciles, ont montré l'énergie qui pouvait seule maintenir la » discipline, le bon ordre, la tranquillité publique, et faire » reconnaître l'autorité du roi avec la dignité convenable. » Il excita les autorités à faire arrêter les militaires qui abandonnaient leurs drapeaux et qui, par cette infraction aux lois, pouvaient affaiblir l'action de la force publique nécessaire au maintien de l'ordre. C'était le dernier acte officiel de Clausel dans nos murs; il quitta Bordeaux le 28 clandestinement, pour échapper à l'irritation des Bordelais dont il avait comprimé l'élan royaliste par un despotisme oriental. Après son départ, le lieutenant général d'Armagnac et le maréchal-de-camp Pagot prirent possession du Château-Trompette, et, quelques jours plus tard, le commandement en fut confié au courageux Boisson.

CHAPITRE IV.

M. de Tournon, préfet. — De nouveaux députés nommés. — Le 21 janvier, jour d'un deuil général. — Nobles paroles de M. Desèze à cette occasion. — Une nouvelle Municipalité à Bordeaux. — La démolition du Château-Trompette. — Les Quinconces. — Les bains. — L'historique du pont de Bordeaux.

Livre VIII.
—
1815.

Napoléon partait pour l'exil sans avoir l'espoir de jamais revoir les rives de la France. En effet, six ans plus tard il rendit son dernier soupir à Sainte-Hélène, sur un aride rocher, à dix-neuf cents lieues de la France, au milieu de la mer ! Avant de paraître devant le Roi des rois, l'Arbitre éternel des grands et des petits, cet autre Alexandre qui avait fait surgir du sein de la plus turbulente démocratie un trône comme un défi aux vieilles monarchies de l'Europe, cet homme dont la tête avait été ceinte de la triple auréole du guerrier, du législateur et de l'homme d'État; cette étonnante figure, qui avait favorisé l'essor national et imprimé à toutes ses créations un caractère de grandeur et de magnificence inconnu depuis Louis XIV, cet homme exhala, avec son dernier soupir, ces lugubres et solennelles paroles, qui ressemblaient à une malédiction contre ses geôliers, les Anglais : « J'étais venu, disait-
» il, m'asseoir au foyer britannique ; je demandais une loyale
» hospitalité : contre tout ce qu'il y a de sacré sur la terre,
» on me répondit par les fers. J'eusse reçu un autre accueil
» d'Alexandre, de l'empereur François, du roi de Prusse lui-
» même; mais il appartenait à l'Angleterre de surprendre,
» d'entraîner les rois, et de donner au monde le spectacle
» inouï de quatre grandes puissances s'acharnant sur un seul
» homme. C'est le ministère anglais qui a choisi ce rocher,

» où se consume en moins de trois ans la vie des Européens, » pour y achever la mienne par un assassinat. Le gouver- » nement britannique m'a assassiné longuement, en détail, » avec préméditation, et l'infâme Hudson-Lowe a été l'exé- » cuteur des hautes-œuvres. Ce gouvernement finira, un jour, » comme la superbe république de Venise ! Quant à moi, » mourant sur cet affreux rocher, *je lègue l'opprobre de ma* » *mort à la Maison régnante d'Angleterre!!*...... » Quelques années plus tard, la reine Victoria vint répandre, en présence de Napoléon III, des larmes hypocrites sur la tombe du plus grand homme des temps anciens et modernes !

Napoléon enchaîné, que pouvaient faire ses amis? Ils se retirèrent tristes ! Clausel venait de quitter Bordeaux, et les Bourbons étaient arrivés pour cicatriser les plaies de la patrie. Il s'agissait de tout réorganiser, de reconstituer sur d'autres bases l'édifice politique. La députation des Cent-Jours (1) n'ayant plus de mandat régulier, il fallait la remplacer par une autre plus en rapport avec les vœux de la population et les besoins du pouvoir légitime. M. de Tournon, qui avait servi Bonaparte en qualité de préfet du département du Tibre, venait d'être installé préfet de la Gironde le 28 juillet ; le roi légitime ne répudiait pas les services des illustrations bonapartistes; il en rencontra plusieurs qui crurent pouvoir changer de couleurs sans changer de sentiments, et qui avaient appris à s'accommoder de tous les événements, de toutes les circonstances politiques auxquelles les bizarres péripéties de la France pourraient les mêler. Le nouveau préfet fit publier l'ordonnance royale pour la convocation des colléges électo-

Livre VIII.
Chap. 4.
—
1815.

---

(1) Les députés des Cent-Jours étaient MM. Aubert, Campaignac, conseiller de réfecture; Dufourc, général de brigade; Dufour-Labarthe, négociant; Duranteau, 'aucher, sous-préfet de La Réole; Garreau, Jay, homme de lettres; Moutardier, avo- at; Perrin.

raux ; celui de la Gironde s'ouvrit le 28 août, sous la présidence du duc d'Angoulême (1).

La nouvelle année arriva avec la perspective d'une longue paix et d'un oubli complet des divisions intestines passées : l'oubli et l'union semblaient former le vœu général, comme ils étaient le besoin de l'époque. Il y avait bien des désastres à réparer, bien des plaies à cicatriser, bien des forfaits à expier ! Le plus grand, c'était, sans contredit, celui du 21 janvier, le meurtre de l'infortuné Louis XVI ! La Chambre des députés se saisit avec empressement d'une motion à cet égard ; elle fut portée à la Chambre des pairs, le 9 janvier, et là, elle rencontra une voix généreuse qui apprécia, avec une noble mais contristante éloquence, cette proposition expiatoire d'un deuil général. Cette voix, c'était celle de Desèze, cet enfant de Bordeaux, l'immortel défenseur du roi-martyr ! Il avait, au péril de sa vie, disputé aux factieux la tête de son souverain ! Les passions populaires étaient plus fortes que la raison, insensées comme un délire : il ne réussit pas ; mais il fut le premier à proclamer le deuil de la France, et les nobles accents de ce généreux Bordelais doivent trouver leur place dans l'histoire de la ville du 12 mars :

« Messieurs, dit Desèze avec un accent de tristesse, vous
» croyez bien que moi, qui ai le cœur déchiré depuis tant
» d'années par le souvenir de l'inutilité même de mes efforts
» dans la cause sacrée ; moi, dont la douleur sera éternelle,
» je ne réclame pas la parole uniquement pour appuyer une
» mesure d'expiation qui, hélas ! n'a aucun besoin de secours
» et qui, en elle-même, est si juste, si sage, si nécessaire,
» si conforme au vœu national, si ardemment sollicitée depuis
» longtemps par les vrais Français, qu'il est bien impossible

---

(1) Les députés nommés le 28 août 1816 étaient MM. Dufort, Dussumier-Fonbrune, négociant, Lainé, le comte de Marcellus, le marquis de Lur-Saluces, de Pontet, propriétaire.

» qu'elle rencontre ou qu'elle éprouve la moindre contradic-
» tion parmi vous. Mais puisque ce moment est enfin arrivé,
» Messieurs, je ne veux pas le laisser passer sans saisir cette
» grande occasion de vous révéler, dans cette majestueuse
» enceinte, un fait dont moi seul, peut-être, j'ai connaissance
» et qui, en même temps qu'il entre précisément dans cette
» mesure dont l'objet surtout est de laver la nation française
» de la calomnieuse imputation d'avoir pris une part, au moins
» tacite, au crime affreux qui lui a coûté tant de sang et de
» larmes, est trop honorable pour elle pour rester ignoré plus
» longtemps.

Livre VIII.
Chap. 4.
—
1816.

» Je vais vous reporter, Messieurs, à une époque bien dé-
» plorable; mais il faut que vous ayez le courage d'y remonter
» un instant avec moi.

» A cette époque si fatale pour la France, et je puis dire
» aussi pour le monde, où quelques hommes si indignes de ce
» nom et qui déshonoraient si honteusement la nature humaine,
» conçurent l'idée du plus atroce des parricides, ils conçu-
» rent aussi l'exécrable projet d'y associer le peuple français.
» Ils ne portaient pas, dans ce moment-là, le délire jusqu'à oser
» prendre sur eux le forfait tout entier ; ils auraient voulu
» que la France en partageât l'éternel opprobre avec eux.
» Mais, malgré tous les maux qu'ils avaient déjà faits à cette
» France, qu'ils avaient rendue leur victime, et à quelque
» excès qu'ils eussent dépravé l'opinion, ils n'étaient pas sûrs
» que le peuple français consentît à se rendre coupable, par
» son approbation, de complicité dans leur horrible attentat.
» Ils avaient le désir de lui soumettre leur jugement; ils cher-
» chaient à éloigner d'eux la terrible responsabilité de ce ju-
» gement dans les siècles à venir; ils auraient voulu qu'il fût
» ratifié par le corps même de la nation; mais ils n'osaient pas
» s'exposer à solliciter cette ratification, sans être certains d'a-
» vance de l'événement. Ils cherchèrent donc à s'en assurer :
» ils envoyèrent dans la plupart des départements des com-

» missaires expressément chargés de sonder, en secret, les
» esprits et de découvrir quel pourrait être le résultat des
» recours qu'on se permettrait de tenter. Dans d'autres dépar-
» tements, ils se contentèrent d'écrire aux autorités qu'ils
» avaient créées et de leur demander aussi la même instruc-
» tion. Mais heureusement pour la France, Messieurs, toutes
» les réponses furent les mêmes de toutes les parties de sa
» vaste étendue, et les preuves les plus authentiques en ont
» passé sous mes yeux. On leur déclara que s'ils avaient l'é-
» pouvantable audace de juger leur roi et encore plus celle
« de le condamner, et qu'on réunît partout les assemblées
» primaires pour leur soumettre cette condamnation, elle ne
» serait jamais ratifiée. Alors, Messieurs, ne pensant plus à
» corrompre la nation sur ce point, ils cherchèrent à se cor-
» rompre en quelque sorte entre eux; ils travaillèrent à réunir
» dans leur sein, en faveur de leur opinion, un nombre pré-
» dominant de suffrages, et ils y parvinrent. Ce fut le 15 jan-
» vier qu'ils posèrent et agitèrent cette question fameuse :
» *Le jugement de la Convention nationale contre Louis sera-*
» *t-il soumis à la ratification du peuple?*

» Pendant que cette question s'agitait, Messieurs, on avait
» l'espérance que la nécessité de la ratification du peuple
» pourrait être admise. Les défenseurs du roi, du moins,
» trompés par leur zèle, avaient eux-mêmes cette opinion;
» le roi la partageait avec eux. Ce monarque infortuné me
» chargea même, alors, de faire un mémoire pendant la nuit
» et au moment où l'on procédait à l'appel nominal sur cette
» question, pour pouvoir l'adresser sur-le-champ aux assem-
» blées primaires, dès qu'elles seraient réunies. Je fis ce mé-
» moire, Messieurs!........ Mais, le lendemain, le résultat de
» l'appel nominal fut connu et toute la France apprit que
» deux cent quatre-vingt-trois voix seulement votaient en
» faveur du droit qu'on était forcé de lui reconnaître, et que
» quatre cent vingt-quatre avaient rejeté son intervention.....

» Ainsi se consomma contre la nation ce crime particulier » qui devait conduire au crime plus épouvantable encore d'une » condamnation sans appel contre le plus juste, le plus ver- » tueux et le meilleur des rois que le ciel eût peut-être jamais » montré à la terre. »

Livre VIII.
Chap. 4.
—
1816.

Nous ne résisterons pas au plaisir que nous éprouvons et que tout cœur bordelais éprouvera avec nous, en lisant les sublimes paroles que le même Desèze prononça, la même année, à la rentrée de la Cour de cassation, le jour même qu'on inaugura, dans la salle d'audience de la section civile, la statue de Louis XVIII. Nous ne citerons ici que la fin de ce discours, si substantiel, si éloquent et si approprié aux circonstances :

« Et nous-mêmes, Messieurs, dit-il, dans l'exercice de nos » devoirs, quand nous voudrons nous encourager, nous for- » tifier, agrandir encore nos pensées, portons nos regards sur » cette image sacrée, élevée au-dessus de nos têtes; retra- » çons-nous tous les bienfaits du prince qu'elle représente » d'une manière si vive ; rappelons-nous toutes ses vertus ; » disons-nous à nous-mêmes : Le monarque est là ! il nous » regarde, il nous examine, il nous juge, il lit au fond de » nos consciences : c'est donc à nous de faire qu'il ne puisse » jamais voir que les intentions les plus pures, comme il ne » verra jamais dans nos cœurs tout entiers que l'amour le » plus religieux et le plus profond. »

Par suite de l'ordonnance royale du 13 janvier, on installa, le 24 avril, une nouvelle Municipalité (1) composée de roya-

---

(1) La Municipalité était composée ainsi qu'il suit : M. le vicomte de Gourgues, maire ; MM. Arnoux, Beaubens, Dutrouilh, Furtado, Labrouc, Mondenard.

C'est à cette administration que la société de médecine crut devoir adresser des plaintes renouvelées en 1817 et les années suivantes, contre l'existence d'un abattoir dans la rue du Mû, au centre de la ville. Après de longs débats et des études sérieuses, on finit par transférer, en 1832, l'abattoir du moyen-âge dans un nouveau bâtiment qu'on fit construire derrière le Grand-Séminaire, sur le plan et sous la direction de M. Durand, architecte. Ce nouvel abattoir occupe un espace de 13,221 mètres et a coûté plus de 800,000 fr.

listes distingués, et le 25 septembre on fit l'ouverture du Collége électoral (1).

Dans cet intervalle, on s'occupait beaucoup et souvent du Château-Trompette : les uns désiraient le conserver, les autres ne pouvaient pas se résigner à voir, au centre de la ville, une forteresse inutile pour la défense de la place, onéreuse pour les finances de la cité par les réparations qu'elle exigeait, et un danger permanent pour la population si l'ennemi venait à s'y établir. Comme beaucoup d'autres, M. Lainé, nommé préfet de la Gironde à la rentrée des Bourbons, comprit la nécessité de démolir ce vieux château, dont l'utilité avait paru problématique à Napoléon Ier, à son passage à Bordeaux, en 1808.

Convaincu que la démolition de ce fort contribuerait puissamment à la décoration de la ville, Napoléon, par un décret du 25 août 1808, ordonna qu'il fût démoli et que le terrain et les matériaux fussent abandonnés à la ville sous des conditions qu'on regarda comme trop onéreuses : c'était d'acheter, avec le produit des ventes, l'hôtel Saige, pour servir de préfecture, de pourvoir aux grosses réparations de Saint-André et au logement de l'archevêque et du séminaire diocésain, et à la construction d'un Dépôt de mendicité. Le produit présumé des ventes était évalué à 4,800,000 fr.; on ne crut pas cette somme suffisante pour les charges que le décret imposait à la ville.

Les choses en restèrent là jusqu'à la Restauration : M. Lainé se rendit l'écho du peuple bordelais et demanda, dans un rapport adressé à Louis XVIII, la démolition du Château-Trompette et la cession, à titre gratuit, du terrain et des matériaux à la ville. Le roi, par son ordonnance du 5 septembre, accorda à la ville l'autorisation de vendre le terrain

---

(1) Les députés nommés par le Collége électoral de Bordeaux, le 25 septembre, furent MM. Dussumier-Fonbrune, Lainé, de Marans, de Marcellus et de Pontet.

et les matériaux, pour payer les dettes qu'elle avait contractées, et pourvoir au paiement des premiers travaux, à la formation des établissements d'utilité publique, tels qu'une vaste place et des promenades publiques, etc., etc. D'autres ordonnances ont réglé le mode à suivre pour la vente des terrains du Château-Trompette et les émissions des obligations que la ville fut autorisée à faire pour une somme de 2,129,000 fr. payable sur le produit de cette vente.

Le 20 décembre suivant, on commença à démolir le vieux château construit par Charles VII, pour contenir dans le devoir les turbulents Bordelais, et agrandi par Vauban, en 1670, au préjudice des propriétaires voisins, dont on démolit les maisons, dans un périmètre de cent toises, pour former, d'après les arrêts du Conseil d'État du 24 novembre 1675 et du 21 mars 1676, tout autour une superbe esplanade, mais sous la condition que les propriétaires seraient indemnisés intégralement par l'administration municipale. Pour rembourser les particuliers expropriés, la Municipalité fut autorisée, par deux autres arrêts du 8 juin et du 25 septembre 1676, à augmenter les divers droits que la ville percevait. La Municipalité paya tout et indemnisa les réclamants; elle devint propriétaire de l'emplacement, mais elle n'acheta pas les matériaux du fort.

On comprit facilement qu'il fallait éclairer et moraliser le peuple; nos longues dissensions avaient détruit toutes les croyances, et la religion seule était enfin reconnue, non seulement comme le ciment, mais la base même de l'ordre social. Le peuple, appelé aux pieds des autels par de pieux missionnaires, ayant à leur tête un illustre et vénérable enfant de Bordeaux, M. de Rauzan, marqua son retour à la foi de Saint-Louis et de Louis XVI par les réparations éclatantes des désordres passés. Le 25 avril 1819, à la suite d'une procession superbe, on planta, derrière le chevet de Saint-André, une croix que tous, riches et pauvres, les hommes sans places et les fonctionnaires publics, ambitionnaient l'honneur de porter chacun à leur tour : c'était une cérémonie imposante; Bordeaux n'avait rien vu de semblable. Nous en parlerons dans notre *Histoire ecclésiastique de Bordeaux*. En 1831, on enleva cette croix. Mais, comme tout est action et réaction dans cette vie, une troupe de comédiens, avec un répertoire infâme, vint remplacer, du temps de la toute-puissance de M. Decazes, les pieux missionnaires de la Foi et détruire leurs œuvres !

Dans ce temps, des mécontents, ayant à leur tête Randon, ancien douanier, couvaient dans les ténèbres les idées libérales; c'était la démocratie renaissante. La conspiration avait de nombreuses ramifications à la capitale comme en province; elle fut découverte. Randon et cinq de ses coaccusés furent condamnés par la Cour d'assises de la Gironde, le 22 mai 1817, à la mort, et les autres à diverses peines.

Reconnue maîtresse du terrain du Château-Trompette, l'administration le fit niveler peu à peu, et, au mois de janvier 1818, elle fit planter les allées latérales qui bordent les deux côtés de la place des Quinconces, sur une longueur de deux cent quatre-vingts mètres et sur une largeur de quatre-vingts; ces allées sont éclairées, la nuit, par seize candélabres de bronze. La terrasse paraissait nue; il fallait quelque construction qui pût en diversifier l'aspect et rompre agréablement une trop monotone uniformité. On y fit ériger, en 1829, deux colonnes rostrales, d'une forme gracieuse, de vingt mètres d'élévation et surmontées de statues représentant le commerce et la navigation, œuvres de M. Manceau, sur un plan fourni par M. Poitevin, architecte, et de quatre reverbères qui servent de phares pour éclairer le port. Ces colonnes portent, sculptées sur leurs flancs, des proues de navires antiques, avec quelques autres sortes d'ornementations.

Aux extrémités des allées latérales de cette magnifique place, on fit construire, en 1826, deux beaux établissements de bains qui réunissent toutes les commodités désirables et servent de décoration à cette portion du quai. Ces bains devaient remplacer deux autres établissements semblables, qui, d'après une délibération des jurats, du 20 août 1763, avaient été construits sous les noms de *Bains du Chapeau-Rouge* et *Bains Orientaux*. Un peu plus au nord, et comme pour relier désormais à la ville ce grand quartier des Chartrons, qui en était, pour ainsi dire, séparé comme une ville distincte, on construisit, en 1824, l'*Entrepôt du Commerce*, vaste et singulier édifice, dont la forme extérieure, sans grâce, sans ornements architecturaux, n'a rien qui frappe le regard de l'observateur; cette lourde masse de pierres ne s'harmonise nullement avec les belles constructions qui l'encadrent de tous côtés. Elle ne suffit pas aux besoins du commerce.

C'est au commencement de cette année qu'on résolut de hâter la construction du Pont, dont on négligeait les travaux et qui ne s'élevait qu'avec une désolante lenteur. Depuis plus d'un siècle, on désirait unir, par un pont, les deux rives de la Garonne; mais la nature alluviale du sol, la rapidité du courant, la profondeur et la largeur de la rivière, mille circonstances, mille considérations semblaient s'opposer à la réalisation du vœu des Bordelais.

Vers l'an 1775, l'intendant de la province s'occupait beaucoup de la construction d'un pont pour relier les deux rives de la Garonne. On lui proposa plusieurs projets, entre autres celui d'établir des bateaux reliés les uns aux autres et fixés par des piles en charpente. L'intendant Dupré de Saint-Maur avait adopté cette idée, émise et défendue par un sieur Chevalier, avocat au Parlement; mais les directeurs du commerce de Guienne s'y opposèrent énergiquement, comme devant nuire au commerce, à l'agriculture et à la grande navigation.

Le corps de ville désirait établir un pont sur bateaux liés entre eux par des chaînes et tenus aux extrémités par des ancres.

L'administration des ponts-et-chaussées insistait, en 1776, sur la construction d'un pont en pierre, et prétendait, d'après les idées de M. Valframbert, ingénieur, que si le Gouvernement voulait acheter les terrains avoisinants sur le pied de leur valeur actuelle, il trouverait, en les revendant, dans l'augmentation que prendrait la valeur de ces terrains, par suite de la construction d'un pont, de quoi se dédommager bien amplement de la dépense, qui pourrait aller à vingt millions, tout compris, acquisition du terrain et construction du pont. M. de Tourny y avait bien réfléchi ; mais mal appuyé, presque jamais encouragé et souvent contrarié par les jurats et le Parlement, il recula devant ce travail gigantesque que les circonstances d'alors paraissaient rendre impossible.

Un jour, on proposa au maréchal de Richelieu d'attacher son nom à la construction d'un pont sur la Garonne : « Vous » aurez, lui disait-on, la gloire d'en poser la première pierre. » — « J'aimerais mieux, répondit-il, en voir poser la dernière. » Cependant quelque difficile que fût l'entreprise, elle ne parut point inexécutable. En 1772, M. de Trudaine, intendant général des finances, avait conçu le projet d'établir des ponts en pierre sur la Garonne et la Dordogne, et faciliter ainsi les communications entre Bordeaux et Libourne. M. de Voglie, ingénieur, fut chargé d'en faire les études ; mais son rapport grossissait les difficultés de manière à les faire paraître insurmontables. On renonça au projet de M. de Trudaine.

Les arts ont marché, et la science hydraulique avait fait de si grands progrès que la construction d'un pont sur la Garonne ne paraissait plus offrir une difficulté sérieuse. Plusieurs projets furent mis en avant : on proposa, de nouveau, de faire un pont de bateaux ou en charpente ; mais on fit valoir, avec raison, le danger d'un incendie et des débâcles, et les embarras de la navigation fluviatile et maritime. En 1782, M. Dupré de Saint-Maur songea encore à établir un pont devant Bordeaux ; mais se voyant mal secondé, il abandonna son projet dont les Bordelais n'appréciaient pas les avantages.

Napoléon Ier, à son passage à Bordeaux, en 1808, comprit la nécessité d'y avoir un pont; son génie, qui savait triompher des obstacles et qui trouvait que le mot *impossible* n'était pas français, ordonna, par son décret du 25 avril 1808, la construction d'un pont sur la Garonne, à Bordeaux. M. Tannai, ingénieur ordinaire, fut chargé de faire le sondage du lit de la Garonne et de reconnaître le lieu le plus sûr et le plus convenable pour asseoir les piles du pont. Après avoir sondé le terrain devant la place Royale et vis-à-vis la cale de la Manufacture, on reconnut que le lieu le plus convenable était celui où le Pont est actuellement établi. C'était en ligne directe avec la porte Bourgogne, dont la Municipalité essaya de changer le nom en l'appelant l'*Arc Napoléon*. Du haut du Pont, l'œil devait embrasser la magnifique et uniforme façade que termine la Bourse, ces longs quais si animés, si pleins de vie, cette forêt de mâts qui flotte sur la Garonne, et, du côté opposé, les coteaux verdoyants de Lormont, Cenon et Bouillac, rideau ondulé et immense de verdure, de vignes, de bois et diversifié agréablement par des villas coquettement assises sur les flancs ou la croupe de ces monts, vis-à-vis le magnifique *port de la Lune*, qui se déploie en arc à leurs pieds. Cette perspective magnifique, ces scènes agrestes, sont partagées en deux par l'avenue de Paris, qui, partant du Pont en ligne directe, sur une longueur de près de quatre kilomètres, à travers les plaines fertiles de Queyries, vous conduit, par une pente douce, sur le plateau qui domine la ville et la délicieuse vallée de la Garonne, et d'où se présentent à vos regards le plus magnifique panorama que l'on puisse trouver en France, Bordeaux, ses quais si pleins d'animation, son fleuve, ses vaisseaux, son admirable Pont, que l'art a jeté sur la Garonne, ses monuments, ses églises gothiques avec leurs majestueux clochers, leurs légères et élégantes flèches, et le tableau enchanteur de ses délicieux alentours.

Livre VIII.
Chap. 4.
—
1816.

D'après les ordres de Napoléon, dont la volonté inflexible était alors la loi de la France, le Pont fut commencé en 1810; il devait être en bois, porté par deux culées en maçonnerie et par cinquante-deux palées en charpente; il devait avoir cinq cent trente mètres de longueur, et une seule travée mobile devait ouvrir le passage aux embarcations mâtées ; c'eût été assez pour les besoins de la guerre, mais ce n'était pas assez pour le génie des arts. Le devis portait une dépense de deux millions de francs.

Ce projet avait, aux yeux des ingénieurs, le grave inconvénient de n'être que quelque chose de provisoire. M. de Vauvilliers succéda, en 1811, à M. Didret, et ne demanda pas mieux que de faire quelque chose de définitif. M. Deschamps, inspecteur divisionnaire, adopta ses idées à cet égard, et, dans le but de modifier le projet originaire, présenta à M. Molé, directeur général des ponts-et-chaussées, un nouveau plan, d'après lequel le tablier devait se reposer sur vingt massifs en pierre, comprenant dix-neuf voûtes ou cintres en charpente. M. Molé adopta ce nouveau plan, et l'année suivante, M. Gary, préfet, posa, avec le cérémonial accoutumé, en présence des autorités et des ingénieurs, la première pierre de la seconde pile, le 6 décembre 1812 (1). Mais l'impôt frappé sur la ville par le décret du 30 janvier 1812 fut détourné de sa destination, et les travaux ne furent continués que lentement; ils furent presque suspendus.

A la rentrée du roi, en 1814, on ne voyait que les deux culées et six piles (trois de chaque côté de la rivière) élevées au niveau des eaux basses. Louis XVIII ordonna l'achèvement de l'entreprise; elle marcha lentement encore à cause de l'état obéré des finances; mais il fut arrêté, en 1815, que les arches seraient construites en fer. Comme les travaux languissaient faute de fonds, M. Balguerie, voulant réaliser le vœu des

---

(1) La première pile avait été fondée l'année précédente.

Bordelais, se rendit à Paris auprès de M. Lainé, enfant de Bordeaux, alors ministre de l'intérieur. Il lui exposa les difficultés de l'entreprise, sollicita la création d'une compagnie d'actionnaires qui s'engagerait à achever le Pont, au moyen d'un capital de deux millions et demi, réalisable par une émission de deux mille cinq cents actions, de mille francs chacune. M. Balguerie, pour rassurer le ministre sur le résultat de l'entreprise, signa, en son nom personnel, l'engagement de fournir cette somme : il comptait sur le concours de ses concitoyens, les négociants de Bordeaux (1). Le Gouvernement, par une loi du 12 avril 1818, accepta l'offre faite par MM. Balguerie, Sarget et C°.

Le ministre s'empressa de donner suite à cette affaire : les statuts et la soumission furent approuvés le 17 novembre 1817, et, grâce aux actionnaires, le pont de Bordeaux, qualifié de projet extravagant, allait bientôt après devenir une réalité.

Comme les voûtes en charpente exigeraient des réparations continuelles, on décida, le 17 mars 1819, que le pont serait construit tout entier en pierres de taille, entrelacées de briques fabriquées avec la vase de la Garonne. Cette proposition fut adoptée par M. Becquey ; mais il fut décidé qu'avant de commencer les arches, on soumettrait chaque pile à l'épreuve d'un chargement de près de quatre millions de kilogrammes.

L'épreuve réussit au-delà de toutes les espérances, et les travaux furent continués avec ardeur et constance, et, grâce au dévoûment des actionnaires, au génie de M. Becquey, à l'intelligente inspection de M. Deschamps, à l'activité de M. le

---

(1) Le Gouvernement fit à la Compagnie des actionnaires la concession du péage du pont pendant quatre-vingt-dix-neuf ans, à dater du premier janvier 1822. Le produit en devait tenir lieu du remboursement du capital. Le péage rapporta en 1854.

Piétons..................F. 217,008 35 c.
Voitures, chevaux, etc... 166,346 00

F. 383,354 35 c.

préfet, de Tournon, on parvint à jeter sur la Garonne ce magnifique joug que ses eaux impétueuses s'étaient toujours refusées à porter.

La dernière pierre des autres arches fut posée par le préfet le jour de Saint-Louis (25 avril 1821). Le 29 du mois de septembre, anniversaire de la naissance du duc de Bordeaux, le public fut admis à passer à pied sur le pont provisoire qui avait servi à la construction du pont en pierre, et le 30 décembre, la Compagnie fut mise en possession du péage; mais la maçonnerie étant encore fraîche, on refusa, pendant quatre mois, de laisser passer de lourdes charges, et enfin, le 1er mai 1822, il fut livré au public. Son tablier était alors entièrement achevé et consolidé.

On voit avec quelle admirable activité, avec quelle louable habileté on poussa et acheva cette conception grandiose qui a été appelée avec raison le monument du siècle. Pour en perpétuer le souvenir, on fit frapper une médaille en argent, de forme octogone, ayant sur une face le buste du roi, avec l'exergue: *Ludovico Decimo Octavo Rege;* au revers se voyait la puissance créatrice du Gouvernement, symbolisée par un Hercule et le génie du Commerce, se prêtant un mutuel appui, avec cette devise : *Alter ab altero.* Cette médaille fut exécutée par Andrieux, célèbre graveur, originaire de Bordeaux.

On assure que la dépense totale de ce magnifique pont s'élevait à plus de six millions et demi de francs.

Le pont est composé de dix-sept arches en maçonnerie de pierres de taille et de briques, reposant sur seize piles et deux culées en pierre. Les sept autres du milieu ont les mêmes dimensions : elles ont chacune vingt-six mètres quarante-neuf centimètres de diamètre; les autres sont de dimensions graduellement décroissantes. L'ouverture de la première et de la dernière arche n'est que de vingt mètres quatre-vingts centimètres. Les piles ont quatre mètres vingt centimètres d'épaisseur et sont couronnées d'un cordon et d'un chaperon. Elles se raccordent avec la douelle des voûtes, au moyen d'un voussoir qui donne plus de grâce et de légèreté à l'ensemble du monument, et une plus grande facilité à l'écoulement des eaux et au passage des corps flottants. Dans l'élévation géométrale, ces voussoirs en pierre sont extra-dossés sur le dessin d'un archivolte. La pierre et la brique sont disposées, sous la voûte, de manière à simuler des caissons d'architecture. Sur le tympan, entre les arches, on sculpta le chiffre royal, entouré d'une couronne de chêne; on l'ôta en 1830, comme si, en dégradant les monuments, on pouvait imposer silence à l'histoire! Au-dessus de ces ornements, règne une corniche à médaillons d'un style noble, gracieux et sévère.

A chaque extrémité du pont se voient deux pavillons à portiques et colonnes d'ordre dorique. Le parapet a un mètre cinq centimètres de hauteur, du côté de la chaussée; la largeur de chaque trottoir est de deux mètres cinquante centimètres; celle de la chaussée est de neuf mètres quatre-vingt-six centimètres, et la largeur totale du pont est de quatorze mètres quatre-vingt-six centimètres.

Une pente très-légère, partant de la cinquième arche de chaque côté, facilite le raccordement de la chaussée avec les places sur les deux rives et favorise l'écoulement des eaux. La chaussée ne repose pas immédiatement sur les voûtes des arches; cette masse, en apparence si lourde, est allégée par une multitude de galeries intérieures, semblables à des cloîtres prolongés, qui communiquent entre elles d'un bout du pont à l'autre. Par le moyen de ces galeries intérieures, qui forment l'intervalle entre les deux voûtes, on peut explorer l'état des arches, réparer les dégradations commises, prévenir des accidents, démolir et reconstruire des parties des voûtes superposées, et cela sans interrompre la circulation des voitures. Il existe même, sous les trottoirs, une longue galerie continue, par laquelle on songeait, dans le temps, à faire arriver et distribuer en ville les eaux, d'une très-bonne qualité, qui se trouvent sur les coteaux de la rive droite. Ces avantages sont propres au port de Bordeaux et ne se voient nulle autre part en France. On peut dire que, sous tous les rapports, le Pont de Bordeaux a un caractère monumental et original, qui ne souffre le rapprochement d'aucun ouvrage du même genre.

Pour apprécier tout le grandiose de ce bel ouvrage, nous plaçons ici un tableau de ses dimensions comparées avec celles des principaux ponts de l'Europe :

PONTS	Longueur du Pont entre les culées.	Largeur entre les parapets.	Nombre des arches.	Diamètre des arches.	Épaisseur des piles.
De Bordeaux sur la Garonne.....	486m 68c	14m 86c	17	26m 49c	4m 21c
De Waterloo sur la Tamise.......	377 »	12 80	9	36 »	6 »
De Tours sur la Loire............	434 18	11 60	15	24 40	4 87
De La Guillotière sur le Rhône..	570 »	7 60	18	très-inég.	inégale.
De Dresde sur l'Elbe............	441 »	10 45	18	16 70	10 »

Il faut observer qu'au pont de La Guillotière, comme à celui du Saint-Esprit, plusieurs arches sont inutiles et reposent sur les rivages ou sur des îles. Mais ce n'est ni par le nombre ni par le diamètre des arches que le beau pont de Bordeaux se recommande à l'attention des hommes de l'art ; ils doivent considérer la profondeur de l'eau, la rapidité des courants, la mobilité incessante du lit de la rivière, la nature alluviale du sol : voilà quelques-unes des difficultés qui ont mis à l'épreuve le talent des ingénieurs de Bordeaux et qu'ils ont su vaincre. La Garonne a une profondeur de sept, huit et même de dix mètres dans certains endroits. Deux fois par jour, la marée vient gonfler ses eaux jusqu'à cinq et six mètres de hauteur, et ses courants, pendant le flux et le reflux, ont souvent une vitesse de trois mètres par seconde. Le fond de la Garonne se compose de sable et de vase que les courants déplacent facilement et qui forment des bancs dans certaines parties de son lit. Pour asseoir et consolider les bases des piles, sur ce sol sans consistance, il fallut battre à coups de mouton, dans l'emplacement de chaque pile, deux cent cinquante pieux de bois de pin, pour les y faire pénétrer jusqu'à huit ou dix mètres, afin d'atteindre à un fond résistant.

Ces pieux furent coupés à plusieurs mètres sous les basses marées; puis, par le moyen d'un grand caisson à fond plat et de forme pyramidale, on établit les premières assises de la pile; jetée pour ainsi dire au moule, la première assise fut descendue, avec le caisson, sur les pieux destinés à la porter. Un pavé général, à pierres libres, recouvre le lit de la rivière, dans tous les chéneaux des arches; ces enrochements, enveloppés et agglutinés par la vase qui se rassemble dans leurs interstices, forment une couche impénétrable à l'action corrosive des eaux et assurent la durée du pont.

Ce beau pont, s'élevant sur le fleuve dans des proportions si belles, si imposantes, a été comparé, dans un distique latin, à Vénus sortant autrefois des vagues écumantes de la mer :

Per luta, Burdigalo nitidus pons flumine surgit,
Spumoso quondam sic Aphrodita mari.

Nous n'entreprendrons pas ici la description des nouveaux procédés et des machines dont on s'est servi et dont la cloche à plonger n'est pas la moins curieuse.

Cette invention date de deux siècles; elle a commencé à devenir usuelle, en Angleterre, il y a un demi-siècle, grâce au courage entreprenant de Spalding et aux intéressants perfectionnements de Smeaton.

La cloche à plonger fut inventée par Sturmius, professeur allemand. Ses premières idées furent développées par un Américain, William Philips, qui voulait recueillir les richesses jetées à la mer en 1598, lorsque la flotte espagnole fut dispersée par le comte d'Essex. Cet essai, imparfait, fut perfectionné par M. de Villeneuve, en France, et plus tard par l'Anglais Smeaton, qui se servit, pour renouveler l'air, d'une pompe pneumatique.

La première épreuve de cette machine, à Bordeaux, fut faite par M. Billaudel, gendre de M. Deschamps, le 12 juillet 1820; elle réussit parfaitement; depuis, la cloche a servi pour visiter les bases des piles et pour constater l'état des enrochements. On l'a employée aussi avec succès à dépécer des carcasses de bâtiments coulés et à les faire sortir des atterrissements dont elles étaient enveloppées, au grand préjudice de la navigation de la rivière.

Outre la médaille dont nous avons déjà parlé, on en a frappé deux autres, qui, renfermées dans une boîte en plomb, ont été déposées dans la clef de la neuvième arche; l'une d'elles présente, d'un côté, le buste du roi Louis XVIII, et, au revers, la vue d'une partie du pont, la figure colossale de Neptune, qui semble ordonner aux eaux de se courber, enfin, sous la puissance de l'art; au-dessous, la nymphe de la Garonne s'étonne du majestueux joug que le génie de l'homme lui impose pour la première fois, avec la légende : *Garumna primum ad Burdigalam subacta.*

Sur l'autre médaille se voit l'inscription suivante :

PONT DE BORDEAUX.

DIX-SEPT ARCHES;

LA DERNIÈRE ARCHE

A ÉTÉ FERMÉE LE 25 AOUT 1821,

JOUR DE SAINT-LOUIS,

EN PRÉSENCE DE M. LE COMTE DE TOURNON,

PRÉFET DU DÉPARTEMENT DE LA GIRONDE,

LOUIS XVIII RÉGNANT;

SON EXCELLENCE LE COMTE SIMÉON ÉTANT MINISTRE DE L'INTÉRIEUR;

M. BECQUEY, CONSEILLER D'ÉTAT, DIRECTEUR GÉNÉRAL

DES PONTS-ET-CHAUSSÉES ET DES MINES;

M. DESCHAMPS, INSPECTEUR DIVISIONNAIRE

DES PONTS-ET-CHAUSSÉES

DIRIGEANT LES TRAVAUX.

1er Décembre 1821.

Sur une tablette en cuivre, renfermée dans la première

pierre de la seconde pile, posée le 6 décembre 1812, on fit graver l'inscription suivante : Livre VIII. Chap. 4.
1818.

POSTQUAM
UTRAMQUE GARUMNÆ RIPAM
IMPOSITO PONTE CONTINERI
DECREVISSET
DIE XXVI MENSIS JUNII MDCCCX,
IN FIDELEM BURDIGALAM
PATERNA MOTUS PROVIDENTIA
NAPOLEO MAGNUS,
GALLIARUM IMPERATOR,
ITALIÆ REX,
QUI SIMUL EX INFINITIS EXTITIT VICTORIIS
ET FŒDERIS RHENANI PROPUGNATOR,
ATQUE PATRONUS
ET HELVETICI FŒDERIS SUPREMUS ARBITER;
PRIMUM HUIC PONTI LAPIDEM FUNDAVIT,
A. G. GARI, BARO, PROVINCIÆ PRÆFECTUS,
DIE VI MENSIS DECEMBRIS MDCCCXII,
DUM COMES DE MONTALIVET,
COMMUNIA IMPERII INTERIORIS NEGOTIA
ADMINISTRATOR REGERET;
DUM COMES MOLÉ
AD UNIVERSAM
PONTIUM VIARUMQUE PUBLICARUM,
CURATIONEM SUSTINENDAM
DIRECTOR INVIGILARET.
PRÆSENTES ADERANT :
COMES LYNCH, PRÆTOR ET ALMÆ CIVITATIS ÆDILES;
ET DESCHAMPS, PER DECIMAM DIVISIONEM
AD INSPICIENDA HUJUSCEMODI OPERA DELEGATUS;
ET PONTIS IPSIUS ARTIFEX C. VAUVILLIERS.

La plupart des détails donnés dans cet article sont extraits du *Guide de l'étranger à Bordeaux*, par M. de Lamothe.

CHAPITRE V.

Le duc de Richelieu à Bordeaux. — Fait don à l'administration des hospices des 50,000 fr. dont le Gouvernement l'avait gratifié, comme récompense nationale de ses services. — Nouvel hôpital. — Les bienfaiteurs de l'hôpital de Saint-André. — Nouvelles institutions. — Caisse d'épargnes. — Bateaux à vapeur. — Dépôt de mendicité. — Mort du duc de Berry. — Le berceau des Dames de la halle. — Naissance du duc de Bordeaux. — Vers de Victor Hugo et de Lamartine. — Médaille frappée à cette occasion. — La statue de Montesquieu inaugurée. — Projet d'un nouveau Palais-de-Justice. — Ouverture d'un lazaret. — Le télégraphe. — L'Entrepôt. — La statue de M. de Tourny. — Mort de Mgr d'Aviau. — Ouverture des bains. — Statue de Louis XVI. — Découverte de quelques antiquités. — Les jésuites remplacés à Bordeaux par le Petit-Séminaire. — Hiver très-froid. — Révolution de 1830.

Livre VIII.
1819.

Au mois de février, on vit arriver à Bordeaux le duc de Richelieu ; c'était en quelque sorte un Bordelais de plus, car quelques écrivains croient qu'il y est né, quoique quelques autres prétendent qu'il naquit à Paris le 25 septembre 1767 (1). Son père était duc de Fronsac, dans le Bordelais, et son grand-père était le maréchal de Richelieu, qui fut si longtemps gouverneur de la Guienne. Pour lui, Bordeaux était un pays qu'il affectionnait comme sa patrie ; partout il retrouvait des souvenirs de sa famille. Longtemps au service de la Russie, gouverneur civil et militaire d'Odessa, en 1803, estimé par tous les princes du continent, Richelieu rentra en France en 1814, avec le roi, et fut, après la défaite de Napoléon Ier, en 1815, nommé président du Conseil par Louis XVIII. Peu satisfait de

---

(1) Si nous en croyons Bernadau, d'après une médaille publiée par M. de Puymaurin, Richelieu serait né à Bordeaux pendant que son grand-père était gouverneur de Guienne. Nous ne le croyons pas.

la marche des idées et du nouveau système qui régnait en France, il donna sa démission et fut remplacé par M. Decazes, qui, s'appuyant à droite et à gauche par une malheureuse politique de bascule, eut le talent de déplaire à tous les partis et le malheur de nuire à la cause des Bourbons. La loyauté et la noblesse de Richelieu le firent regretter, autant que l'élévation de ses vues, son habileté administrative et son dévoûment à son roi ; il fut honoré de titres et de décorations ; mais les deux Chambres, s'associant aux pensées du roi, le gratifièrent, à titre de récompense nationale, d'une rente de 50,000 fr. ; c'était le plus bel éloge qu'on pût faire du duc de Richelieu. Se trouvant alors à Bordeaux, le duc répondit à cette honorable nouvelle, qu'on lui avait transmise de Paris : « Qu'il serait » trop fier d'un témoignage de bienveillance donné par le roi, » avec le concours des deux Chambres, pour le refuser ; mais » que, comme il s'agissait de lui décerner, aux frais de l'État, » une récompense nationale, il ne pouvait se résoudre à voir » ajouter, à cause de lui, quelque chose aux charges qui » pesaient sur la nation. »

Ayant appris plus tard que la générosité des Chambres l'avait emporté sur son noble désintéressement, quoiqu'il n'eût que 12,000 fr. de rente, il fit don à l'administration civile de Bordeaux de ces 50,000 fr., sous la condition qu'on construirait, dans un lieu moins insalubre, un autre hôpital à la place de l'ancien hospice de Vital-Carle, qui menaçait ruine. Une ordonnance royale du 14 autorisa le maire et la commission des hospices à accepter cette donation ; mais le duc de Richelieu étant mort bientôt après (16 mai 1821), la ville ne retira de la générosité du donateur que la somme de 130,251 fr. 89 c. Cependant, héritière de la pension de Richelieu, elle résolut de la réaliser ; elle en avait, longtemps avant 1819, conçu le projet, et Napoléon lui-même, en 1808, dans une réunion où il avait fait appeler le maire et les adjoints, leur fit sentir la nécessité de construire un nouvel hôpital plus en rapport avec les besoins de la population et dans d'autres conditions de salubrité.

Il s'agissait alors de choisir le local. L'administration jeta les yeux sur le terrain où s'élevait la plate-forme de Sainte-Eulalie et où se réunissaient les frondeurs du temps de Condé, en 1654; on l'appelait l'*Ormée*, à cause des ormeaux qui s'y trouvaient. Les travaux furent commencés en 1825 et, conduits avec une activité louable, furent entièrement achevés en moins de quatre années.

La population annuelle moyenne de l'ancien hôpital, rue des *Trois-Conils*, d'après un relevé général des comptes, depuis 1816 à 1827, a été de quatre cent quarante malades; dans l'hospice Richelieu, il y a sept cent cinquante lits; on peut, en cas de besoin pressant, y en mettre d'autres; il y a encore dix-huit chambres pour les malades payants.

Ce magnifique bâtiment, d'une forme quadrilatère, dont les côtés ont un développement de cent quarante-trois mètres sur cent vingt-quatre, est d'une architecture simple et grave; il se compose du rez-du-chaussée et d'un premier étage, que couronnent des courbes servant de séchoirs et se divise en cinq corps-de-logis, s'étendant parallèlement du levant au couchant et coupés en deux parties égales par une grande cour et quatre petites cours; on y a établi plusieurs préaux pour la promenade ou les exercices des convalescents, et, sur les façades latérales, des galeries vitrées qui servent de ventilateurs. Cet hôpital est pourvu de toutes les usines nécessaires à un établissement semblable; elles se trouvent dans la partie méridionale du bâtiment. Dans une de ces usines, on admire la construction ingénieuse d'une machine à vapeur, qui sert à élever l'eau d'un grand puits et à la distribuer dans toutes les parties de l'édifice; c'est aussi par elle qu'on met en mouvement un moulin à blé qui approvisionne de farine toutes les boulangeries des hôpitaux de Bordeaux. Le puits peut fournir, par vingt-quatre heures, mille quatre cents barriques d'eau, dont un tiers suffit aux besoins de la maison ; le restant, avec les eaux pluviales, est tenu en réserve pour servir en cas d'incendie.

Tous les travaux et le mobilier ont coûté, dit Bernadau, 1,907,326 fr. 88 c.

Le 5 novembre 1829, on commença à transférer les malades de l'ancien hôpital de Saint-André dans le nouveau.

Sur le côté nord se trouve la façade principale de l'hôpital. Au milieu, en face du Palais-de-Justice, se voit un porche décoré de quatre colonnes et d'autant de pilastres d'ordre dorique. Aux deux côtés sont les portes d'entrée de la maison. Près de l'une de ces portes, sous la première galerie qui borde la grande cour intérieure, on lit sur une plaque de marbre ces inscriptions historiques :

L'hôpital de Saint-André, fondé en 1390, par le vénérable Vital-Carle, prêtre et grand chantre de l'église métropolitaine de Bordeaux, exista jusqu'en 1829, vis-à-vis la cathédrale, sur le bord méridional de la Devèze.

En 1538, Nicolas Boyer, chevalier, vicomte de Pomiers, consacra à son agrandissement la majeure partie de sa fortune.

En 1819, le duc de Richelieu affecta à sa reconstruction, sur le terrain donné par la ville, la récompense nationale que lui décerna la loi du 11 février.

La ville de Bordeaux pourvut au complément de la dépense.

La commission des hospices proposa la construction et la fit exécuter, étant en fonction, de 1820 à 1829. MM. J.-V. Desfourniel, vice-président de la commission ; A^{te} Ravez, L. Fabre, P. Portal, A^{te} Sarget, J.-B. Loriague, D. Béchade, Duprat, A^{te} Journu, administrateurs ; J.-B. Pelauque, secrétaire ; J. Peyre, directeur général, agent comptable ;

Étant ministres de l'intérieur MM. vicomte Lainé, comte Siméon, comte Corbières, vicomte de Martignac ; préfets, MM. comte de Tournon, comte de Breteuil, baron d'Haussez ; maires, MM. vicomte de Gourgues, vicomte Duhamel ; archevêques, MM^{grs} d'Aviau du Bois-de-Sanzai, le cardinal de Cheverus.

En 1826, la construction commença sur le plan et sous la direction de M. Burguet, architecte, couronné au concours ; inspecteur des travaux, M. Rochet ; entrepreneurs, MM. Gabaud et Lalanne ; concurrents distingués par le jury du concours, MM. Marchebens, Poitevin et Robert.

En 1829, inauguration du monument.

La commission des hospices de 1842, interprète de la reconnaissance publique, a placé cette inscription.

On y voit d'autres inscriptions commémoratives qui constatent les noms des nouveaux bienfaiteurs ; elles sont ainsi conçues :

1828.

Simon Monsarat, négociant à Bordeaux, a légué aux hospices une somme de 30,000 fr.

1831.

Jean Verneuilh, négociant à Bordeaux, a légué aux hospices une maison située rue des Faussets et une autre maison située rue des Argentiers.

1841.

Jean-Antoine Chaumel, négociant, a fait, aux hospices de Bordeaux, un legs de 12,000 fr.

1842.

Jean-Louis Letelhier, ancien négociant, a laissé à l'hôpital Saint-André, à l'hospice des Incurables et au Mont-de-Piété, l'universalité de ses biens.

Près de la porte de la première salle du rez-de-chaussée, à gauche de la grande cour de l'hôpital, on lit cette inscription :

« En 1842, cette salle a été consacrée à la mémoire de M. Jacques-Antoine Verdeilhan-Desfourniel, décédé en 1828, vice-président de la commission des hospices, en reconnaissance de ses constants efforts pour l'édification de ce monument ; on l'appelle la *Salle Desfourniel.* »

La première salle du premier étage s'appelle la *Salle Mathieu;* l'inscription suivante en donne la raison :

L'an 1840, M. J.-B. Mathieu, ancien notaire, officier de la Légion-d'Honneur, premier adjoint à M. le Maire, voulant préserver les malades et les Sœurs des courants d'air, parfois mortels, qui régnaient dans les passages latéraux des salles de cette maison, a consacré une somme de 12,000 fr. à les faire couvrir et vitrer.

M. Mathieu ne se borna pas à cette générosité envers cette maison des pauvres; il fonda une autre rente annuelle et perpétuelle, pour fournir des secours aux convalescents en voie de complète guérison, qui, à leur sortie, seraient privés d'*asile et des moyens immédiats de subsistance*; la distribution de ces secours fut laissée à la consciencieuse discrétion de la supérieure des Sœurs de Saint-Vincent-de-Paule qui desservent l'hospice.

Dans le préau qui sépare les deux premières salles de l'hôpital, on a recueilli le tombeau de M. Boyer, l'un des plus grands bienfaiteurs de la maison; on y voit aussi les noms de quelques autres bienfaiteurs de l'ancien hôpital de Saint-André; mais on regrette de ne pas y rencontrer un tombeau ou quelque cénotaphe en l'honneur de cet homme de bien, ce vrai ami des pauvres, qui fonda l'hôpital de Saint-André. Il y avait, dans cet ancien hospice, une salle réservée pour les militaires malades. Lorsqu'il s'agissait du second édifice, le Gouvernement fit bâtir, dans la banlieue, un hôpital militaire.

On trouvera le testament de Vital-Carle et d'autres détails intéressants sur l'hôpital de Saint-André, dans notre *Histoire ecclésiastique du diocèse de Bordeaux*.

Nous ne devons pas passer sous silence les généreuses dispositions testamentaires de M. Nathaniel Jonhston, négociant, en date du 7 juin 1838, qui légua aux pauvres de Bordeaux huit cent mille francs, et une autre somme pareille aux hôpitaux de la ville. On a pu attaquer son testament, mais on n'en détruira pas le souvenir.

L'époque à laquelle nous sommes arrivés fut féconde en nobles institutions de toutes sortes. Grâce à M. Balguerie et à quelques amis, on fonda, en 1819, la Banque de Bordeaux, établissement éminemment utile dans une ville de commerce comme la nôtre; elle fut autorisée par une ordonnance royale du 23 novembre 1818, et ses bureaux furent ouverts le premier juillet 1819. A côté de cet utile établissement et sous sa direction, on organisa une caisse d'épargnes et de prévoyance ; la Banque rendait de grands services au commerce. La caisse d'épargnes est une institution toute philanthropique ou plutôt charitable : on y reçoit les épargnes des pauvres et on les fait valoir dans l'intérêt de ceux qui désirent les faire fructifier. Parmi les fondateurs et protecteurs de cette bonne œuvre, se trouvent les noms les plus honorables de notre cité, à côté de ceux de Madame la duchesse d'Angoulême, de M. le duc de Richelieu, de M. le baron d'Haussez, ancien préfet de la Gironde et plus tard ministre de Charles X. C'est un devoir pour l'historien de transmettre à la postérité reconnaissante les noms des fondateurs de la caisse d'épargnes : au moyen de cette excellente institution, les classes peu aisées apprennent, par de sages économies, à améliorer leur position et à s'assurer un meilleur avenir.

NOTE 25.

Grâce à l'esprit d'association, les Bordelais possédaient déjà un grand nombre d'institutions importantes ; des Compagnies se formèrent pour toutes les entreprises, et, tout en contribuant au bien-être matériel des habitants, elles imprimèrent un très-grand mouvement aux arts et à la marche progressive des idées industrielles. Une Compagnie se forma pour l'établissement des bateaux à vapeur sur la Garonne, jusqu'à Langon (1) ; le premier bateau, appelé la *Garonne,* fut lancé le 3 août 1818 ; il réalisa des bénéfices énormes que le *Henri IV* vint partager l'année suivante. En 1821, on lança le *Français ;* en 1822, l'*Estafette,* et en 1823, le *Sully* et la *Confiance* vinrent lutter de vitesse avec les anciens et demander une part des bénéfices, qui allaient en augmentant, en facilitant de plus en plus le trajet de Bordeaux à Langon et *vice-versâ.* En 1826, les Réolais réunirent un certain nombre d'actionnaires et

---

(1) En 1818, l'Académie des sciences et belles-lettres de Bordeaux décerna une médaille d'or à M. Church, qui établit le premier bateau à vapeur sur la Garonne.

firent faire deux autres bateaux à vapeur, le *Réolais* et le *Lot-et-Garonne*. Cette concurrence, qui avait provoqué une baisse dans le prix des places, fut maintenue jusqu'en 1827. Alors eut lieu la fusion des deux Compagnies, sous le nom de la *Compagnie Bordelaise*. Mais en 1828, il se forma une société dite des *Deux-Rives*, composée de propriétaires des deux rives de la Garonne. Comme la *Garonne* avait cessé en 1826, pour cause de vétusté, et le *Français* en 1829 pour la même raison, cette nouvelle société, qui n'avait d'abord que le *Jeune-Henri*, formé d'une coque neuve et de la machine du *Henri IV*, augmenta son matériel en 1829, par la construction de l'*Union*; mais, quelque temps après, sa chaudière fit explosion; le *Jeune-Henri* fut forcé d'interrompre son service. La *Compagnie Bordelaise* resta seule, sans rivale, jusqu'en 1832.

Depuis lors, ces entreprises ont éprouvé des sorts divers et d'étranges vicissitudes dont l'historique n'entre pas dans le cadre de notre travail.

A cette époque (1820), la mendicité était considérée comme la lèpre des sociétés modernes : plusieurs habitants de Bordeaux résolurent de l'éteindre dans cette ville, et de faire un appel à la charité publique pour avoir les ressources nécessaires à la réalisation de leur philanthropique projet, et dont la conception était due à Napoléon. Le résultat de cette démarche dépassa leurs espérances : on dressa une liste de souscription dont le *minimum* devait être de seize francs; et le produit de cette liste, à la tête de laquelle se mit M. le baron d'Haussez, préfet, suffit pour faire face aux dépenses de cette nouvelle création. Depuis le 1er juin 1827, le Dépôt de mendicité, dans la rue Terre-Nègre, est en pleine activité et subsiste par les ressources de la charité publique; il renferme plus de trois cents lits, et l'on y reçoit tous les malheureux qui n'ont ni asile, ni moyens de subsistance. On les occupe à des travaux manuels, en conformité avec leurs goûts et leurs anciennes habitudes ou professions; on leur donne une partie du prix provenant de leurs travaux, pour les mettre à même de se procurer quelques adoucissements particuliers. Un Comité, nommé dans une assemblée générale des souscripteurs, est chargé de l'administration de la maison.

En 1854, on y fit construire une chapelle et des ouvroirs. Il s'y trouve environ quatre cents individus.

Mais l'événement le plus grave de cette époque, le plus affligeant pour le cœur de tous les amis de l'ordre et de la prospérité de la France, fut, sans contredit, l'assassinat de l'infortuné duc de Berry, le dimanche au soir, 13 février 1820, à la porte de l'Opéra, à Paris. Cette triste nouvelle jeta Bordeaux dans une morne stupeur; c'était une consternation générale! On voyait alors jusqu'où pouvait se porter la malice des ennemis des Bourbons! on voulait frapper, à la racine, cette majestueuse tige séculaire; on voulait tarir la source du sang de Saint-Louis et de Henri IV, en frappant celui qui semblait devoir perpétuer leur race. Le *libéralisme* était alors le mot de ralliement de la démagogie; c'était une idée libérale qui avait aiguisé le poignard de Louvel! Le duc de Berry fut la première victime de ces misérables qui, tout en paraissant soumis aux princes légitimes, juraient une haine profonde aux Bourbons et à tous les rois du monde. Le 13 février 1820, date funèbre! tâche indélébile! encore une de ces profondes et sanglantes souillures dont le mauvais génie de nos révolutions a marqué plus d'une page de notre histoire, plus d'une place de nos cités, plus d'un champ de notre sol fécondé par d'illustres martys!

Sombre et cruel enseignement écrit en sanglants caractères, dont la formidable éloquence retentit plus haut que toutes les voix humaines, et dont le langage pénètre toutes les âmes, émeut tous les cœurs, soulève toutes les consciences!

Laissons parler Châteaubriand :

« Déjà six de ses parents avaient péri. Pourquoi l'égorger

» encore, le rechercher, lui innocent, lui si loin du trône, » vingt-sept ans après la mort de Louis XVI ? Ce cœur, tout » percé du poignard, n'a pu trouver un seul murmure ; pas » une parole amère n'est échappée à l'admirable prince. » Époux, fils, père et frère, en proie à toutes les souffrances » du corps, il ne cesse de demander la grâce de l'*homme* qu'il » n'appelle pas même son assassin ! »

Livre VIII. Chap. 5.
—
1820.

Une pensée douloureuse, en effet, semblait dominer seule, entre toutes celles qui devaient assaillir les derniers instants d'un prince, alors presque le dernier rejeton d'une race illustre, *héritier du plus beau royaume de la terre* : la main d'un Français indigne de ce nom l'avait frappé !

A cette certitude, si cruelle pour un prince profondément animé du sentiment national, ces trois mots émanés du cœur, paroles sublimes ! répondirent : « Pardon pour l'homme ! »

Telles furent les dernières paroles, la volonté suprême de ce noble prince. Sublime testament d'un héros de race royale ! paroles si chrétiennes et si dignes du noble sang que déjà la mort glaçait dans ses veines.

Qui ne se sentirait ému de douleur et pénétré d'admiration à la seule pensée, au souvenir même d'un si pur héroïsme ? Qui ne saurait comprendre ce qu'il y a de véritablement beau ? qui pourrait mesurer tout ce qu'il y a de religieusement magnanime dans cette humble soumission à la volonté de Dieu, dans ce détachement profond, entier, des humaines et royales grandeurs ! Sublimes et chrétiennes vertus qui pouvaient seules donner au fils de tant de rois la force d'accepter, sans exprimer un regret, sans proférer une plainte, sans faire entendre un murmure, cette mort la plus cruelle de toutes celles que donne le poignard d'un assassin !

Mais le neveu de Louis XVI, devait-il, lui aussi, mourir victime de nos vieilles discordes ? Hélas ! oui ; et, comme le roi martyr, sa dernière pensée fut une prière pour la France, son dernier soupir un pardon.

Livre VIII.
Chap. 5.
—
1820.

Avant de rendre le dernier soupir, le prince demanda avec instance, comme nous l'avons dit, le pardon de son meurtrier, et dit, à son épouse éplorée, de se ménager pour l'enfant qu'elle portait dans son sein. La Révolution crut que la noble et antique lignée de Saint-Louis, de Louis XIV, allait disparaître pour toujours dans la tombe ; mais le ciel déjoua ces infernales espérances et garda pour la France le duc de Bordeaux, auquel le ciel a réservé une si étonnante vicissitude de fortune ! C'est Moïse sauvé des eaux ; triste destinée ! Ne verra-t-il que de loin la terre promise ? Confiante dans la Providence, la France se mit en prière, pour que le ciel nous accordât un héritier de l'illustre race de tant de rois ; les Bordelais ne restèrent pas en arrière de cet élan national ; ils commencèrent, dans l'église de Saint-Michel, une neuvaine à cette intention, et, le jour même de cet archange (29 septembre), le ciel, touché des ferventes supplications de tant de Français journellement groupés aux pieds des autels, déjoua les projets des régicides, couronna les espérances de la France et lui donna cet enfant de miracle, auquel Bordeaux est fier d'avoir donné son nom. Il serait difficile de décrire l'allégresse des Bordelais et des Français en général, à la naissance de ce nouveau rejeton de la race des Bourbons ; les journaux de l'époque s'en sont rendus les échos ; les poètes même, Victor Hugo, alors célèbre par la pureté de son royalisme, Lamartine, le père et parrain de l'avorton républicain de 1848, et plusieurs autres moins célèbres dans les fastes du Parnasse que dans les annales révolutionnaires de leur patrie, ont épanché, sur la France heureuse et reconnaissante envers Dieu, le trop-plein de leurs admirables inspirations ; c'étaient de magnifiques couronnes tressées par les Muses et posées sur le berceau de l'enfant par ces voyants d'Orient, ces *vates* de nos jours, étoiles filantes, qui, après avoir jeté une lueur brillante mais passagère, sont tombées du ciel dans la fange de la démocratie. Nous donnons dans une note les nobles accents du plus magnifique lyrisme dont Victor Hugo et Lamartine ont salué la naissance du duc de Bordeaux. (*Note* 26.)

Convaincues que le ciel exaucerait les prières de la France et qu'il donnerait un héritier à la famille royale, si longtemps et si cruellement éprouvée, les dames de la halle de Bordeaux, toujours royalistes, toujours amies de la religion et des Bourbons, avaient conçu la pensée de faire confectionner un magnifique berceau pour l'enfant que des millions de voix pieuses demandaient au ciel. Les dons volontaires du dévoûment le plus pur les mirent à même d'exécuter leur projet; trois d'entre elles, députées par les autres, se mirent en route pour Paris, le 10 septembre, et furent admises, le 16 du même mois, à présenter leurs hommages et leur magnifique berceau à la duchesse de Berry, qui leur fit un accueil bienveillant; elles furent ensuite présentées au roi par M. Desèze, pair de France et premier président de la Cour de cassation. Louis XVIII les reçut avec bonté et leur adressa quelques paroles dans le patois bordelais. On frappa, à cette occasion, une médaille d'or, de grand module, portant d'un côté le buste de la duchesse de Berry, et au revers, l'inscription gasconne : « *La may dau noubet Henric-Dieu-Donnat, à
» los de Bourdeou et les brabes bourdelèses qu'an pourtat lou
» brez oun drom lou hillet dau Bearnez duc de Bourdeou.* »

On fit remettre des exemplaires de cette médaille aux personnes qui avaient contribué aux dépenses faites à l'occasion de ce berceau, et les trois représentantes des Dames de la halle de Bordeaux reçurent, chacune, ces médailles attachées à une chaîne d'or; elles étaient fières de cette décoration et la portaient dans les grandes solennités. On les appelait les *dames du berceau* (1).

---

(1) Les députés élus le 14 novembre 1820 furent MM. Béchade, négociant, Duhamel aîné, de Saluces. — Le 5 du même mois, les arrondissements avaient élu

Ici nous touchons à la fin de notre travail; nous sommes à la veille de 1830 et de la catastrophe de juillet, qui bouleversa si profondément la France et arrêta longtemps la marche ascensionnelle de sa prospérité. Nous ne croyons pas devoir parler des clubs clandestins de Bordeaux, ni des réunions anti-bourbonniennes des libéraux d'alors, ni des publications provocatrices des journaux du temps; nous n'en sommes pas assez éloignés et il ne convient pas d'en évoquer les tristes souvenirs! Nous nous bornerons donc à enregistrer, dans ces dernières pages, les faits et les événements les plus remarquables qui puissent paraître offrir quelque intérêt aux lecteurs, pendant les dernières années de la Restauration.

Le 4 février 1822, on inaugura, dans une salle du Palais-de-Justice, la statue de Montesquieu, dont le roi venait de faire présent à la ville. La Cour royale, qui avait siégé, ainsi que le Tribunal de première instance, dans l'ancien palais archiépiscopal (mairie), fut installée, le 20 janvier 1820, dans l'ancien collége de Guienne, qu'on avait fait restaurer et approprier à sa nouvelle destination. En 1808, Napoléon songea un instant à faire construire, sur l'emplacement du Château-Trompette, un nouveau Palais-de-Justice; mais les circonstances politiques du temps et les vicissitudes de sa fortune arrêtèrent l'exécution de ce projet, et l'emplacement où, d'après la proposition de M. Balguerie, on voulut, en 1819 et 1820, faire construire des docks, a reçu une autre destination. On jeta alors les yeux sur l'emplacement de l'ancien château ou *Fort du Hâ*, où l'on a édifié un magnifique palais, dont le plan et la distribution intérieure ont été loués par les uns et sévèrement critiqués par les autres; ce palais a coûté près de deux millions, y

---

MM. Dussumier, Lainé, de Marcellus, de Pontet, Ravez. — M. de Saluces, démissionnaire, fut remplacé à la Chambre des députés par M. le vicomte de Gourgues, élu le 9 mars 1821.

compris les dépenses accessoires, depuis qu'on en a fait l'ouverture en 1846 (1). (*Note* 27.)

Le 12 juillet 1822, on fit l'ouverture d'un lazaret, sur la côte de Trompeloup, près de Pauillac, en présence de M. le comte de Breteuil, qui avait remplacé M. de Tournon dans la préfecture de la Gironde, depuis le 4 février.

La guerre d'Espagne exigea, dans le Midi, la surveillance des hommes dévoués. Le comte de Bois-Bertrand arriva à Bordeaux, en qualité de commissaire général de police extraordinaire, le 27 mars, et, dans le courant du même mois, on mit en activité la nouvelle ligne télégraphique de Paris à Bayonne. Le 6 avril suivant, on reçut à Bordeaux la duchesse d'Angoulême, qui y séjourna cinq mois ; pendant ce temps, elle fit quelques excursions dans les départements circonvoi-

---

(1) Ce magnifique palais, avec ses dépendances, occupe une surface de 7,985 mètres, sur une façade de 145 mètres 67 centimètres de longueur, avec un péristyle de 46 mètres sur 6 mètres 60 centimètres de largeur, d'ordre dorique grec, en retraite sur deux motifs saillants, décorés de quatre statues colossales, dues au ciseau de Maggesi, et représentant : à droite Malesherbes et d'Aguesseau ; à gauche, Montesquieu et l'Hospital. Dans le vestibule de la Cour, on voit la statue de Montesquieu, exécutée par M. Raggi et inaugurée le 4 février 1822. La deuxième Chambre de la Cour est ornée des bustes de Molé, de Cujas, et des portraits de Lamoignon, Dudon, Leberthon, Dupaty, Domat, Lainé. Dans la quatrième Chambre, se voient les bustes de Portalis, de Dumoulin, les portraits de Achille, de Harlay, Henrion de Pansey, Romain Desèze, Rateau, Pothier, Ferrère ; il y manque ceux de Ravez et de Peyronnet.

Dans la première Chambre du Tribunal, on remarque les portraits de Tronchet, Malleville, Proudhon, Toullier.

Dans la deuxième Chambre, sont les portraits de Lavie et de Brezets ; et dans la troisième Chambre, ceux de d'Albessard et de La Rose.

Dans la bibliothèque des avocats, on remarque les bustes de G. Brochon, Martignac père, Martignac fils, Lainé, Ferrère, Duranteau, Saget, Jean Desèze.

Le 2 mars 1820, le couronnement de la porte septentrionale de Saint-André fut renversé en partie sous la voûte, au moment de la bénédiction du Saint-Sacrement. Quelques personnes y ont été tuées, d'autres dangereusement blessées par la chute des pierres.

Le 2 août, on inaugura la nouvelle église de Saint-Nicolas-de-Graves.

Le télégraphe fut établi sur le clocher de Saint-Michel ; on l'a démoli en 1855 ; il a été remplacé par le télégraphe électrique.

Livre VIII. Chap. 5.
1822.
NOTE 27.

1823.

Lamothe, *Guide de l'étranger, etc.*, page 80.

sins. Au mois de novembre, le duc d'Angoulême arriva dans nos murs, après avoir contribué avec gloire à la restauration de Ferdinand, roi d'Espagne, au grand désappointement des libéraux français, qui avaient fait déployer le drapeau tricolore sur la frontière, pour provoquer une défection parmi les soldats du roi. Ces soldats restèrent fidèles à Louis XVIII. Ce prince mourut le 16 octobre 1824, regretté des uns, peu aimé des autres, estimé de tous comme habile politique, roi diplomate et homme d'esprit. M. d'Haussez était alors préfet de la Gironde depuis le 24 mai 1824, et le vicomte Duhamel, maire de Bordeaux depuis le 7 décembre de l'année précédente. Tous les corps constitués assistèrent, le 25 octobre, à une messe de *requiem* pour le repos de Sa Majesté.

Les colléges électoraux furent convoqués pour le 26 février et le 8 mars. Les députés d'arrondissements étaient MM. Dussumier-Fontbrune, Duhamel, Gautier, négociant, de Gerès, sous-préfet de Lesparre. Le grand collége de Bordeaux élut MM. de Gourgues, de Peyronnet, avocat, comme membres de la Chambre des députés.

Le 15 novembre, on fit l'ouverture de l'Entrepôt réel dont nous allons parler plus bas, et, l'année suivante, on inaugura, le 27 juillet, la statue de Tourny, que le Conseil général avait votée en l'honneur de cet illustre intendant qui a laissé tant de précieux souvenirs à Bordeaux. On érigea ce monument commémoratif sur la place Saint-Germain, où se trouvait la porte de ce nom, entre quatre tours crénelées et surmontées d'une plate-forme avec des guérites; sur le socle de cette statue on lisait cette inscription, qu'on dégrada en 1830 :

A
LOUIS-FRANÇOIS AUBERT DE TOURNY,
INTENDANT DE LA PROVINCE DE GUIENNE, DEPUIS 1743
JUSQU'EN 1758,
LA POSTÉRITÉ RECONNAISSANTE.

Sur le côté opposé, se voit cette inscription :

> CE MONUMENT, VOTÉ PAR LE CONSEIL GÉNÉRAL
> DU DÉPARTEMENT DE LA GIRONDE,
> ÉTANT PRÉFET M. LE COMTE TOURNON,
> A ÉTÉ INAUGURÉ LE 27 JUILLET 1825,
> ÉTANT PRÉFET M. LE BARON D'HAUSSEZ.

Le 12 juillet 1826 mourut le vénérable archevêque Mgr d'Aviau, le modèle des prélats catholiques; il fut remplacé par Mgr de Cheverus, ancien évêque de Boston, aux États-Unis.

Le 1er août, on fit l'ouverture des bains publics, bâtis par une compagnie, et le 25 suivant, jour de Saint-Louis, on posa solennellement la première pierre d'un piédestal pour la statue de Louis XVI, sur la place des Quinconces, qui devait porter le nom de cet infortuné roi. On fit faire cette statue au moyen d'une souscription ouverte depuis la fin de 1824; elle est encore à Paris; elle appartient aux Bordelais, qui ne cessent de la réclamer pour la place qu'elle était destinée à orner.

On découvrit dans ce mois, en fouillant les ruines de l'ancienne salle de l'Intendance, plusieurs cippes et pierres tumulaires, avec des inscriptions latines, dont l'une, gravée sur le marbre et en assez bon état de conservation, reportait son origine au 22 juillet de l'an 224 de notre ère. Elle était ainsi conçue :

Tutelæ Aug., C. Octavius Vitalis, ex voto posuit L^s D. ex. D. D. dedicavit 10 kal. Iul.; Iuliano II et Crispino Cols.

A la tutèle d'Auguste, Catus Octavius Vitalis érigea (ce monument) dans un lieu donné par un décret des décurions, et le dédia le 10 des calendes de juillet; étant consuls Julian pour la seconde fois et Crispinus.

On acheva en 1827 de construire, sur un plan nouveau,

la fontaine de la rue Royale, celle d'Audèje, et les deux fontaines de la Grave, dépendantes de la *font-d'or*.

Une ordonnance royale ayant dissous le Corps législatif, les colléges électoraux, convoqués dans les arrondissements le 18 novembre 1827, élurent comme députés MM. Balguerie aîné, Balguerie junior, Lur-Saluces, Martel, Gautier. La lutte était commencée entre le Gouvernement et les libéraux : le ministère avait désigné cinq candidats au choix des électeurs; ils n'en prirent que deux.

Le grand collége de Bordeaux élut MM. Duffour-Dubessan, Legris-Lassalle, Ravez; mais M. Ravez étant créé pair de France, le grand collége élut, pour le remplacer, M. Jean-Jacques Boscq.

Le 14 juillet 1828, la duchesse de Berry arriva à Bordeaux dans l'intention de visiter les départements de l'Ouest; elle séjourna cinq jours dans nos murs, posa la première pierre de la fontaine de la place Royale, et aussi, pour la forme, celle des colonnes rostrales des Quinconces, qui étaient commencées.

A cette époque, les jésuites, sous le nom de Pères de la Foi, refusèrent de prêter un serment qui répugnait à leur conscience ; ils furent obligés de fermer leur collége. Le Petit-Séminaire de Bazas y fut transféré le 5 novembre, sous la conduite du vénérable M. Lacombe, que la plupart des membres du sacerdoce actuel ont regretté comme un ami et un bienfaiteur, et que, dans le langage de leur respectueuse et filiale reconnaissance, ils appelaient leur père! Les jésuites partirent pour l'exil; le roi, qui avait signé l'ordonnance de leur expulsion, les suivit bientôt après!.....

Cette nouvelle année commence sous de mauvais auspices; l'horizon se rembrunit de toutes parts : mille signes précurseurs annoncent l'orage, et de tristes pressentiments préparent les esprits à la révolution de 1830. M. le baron d'Haussez est appelé, par le roi, au ministère de la marine; le vicomte de Curzay le remplace dans la préfecture de la Gironde, le 14 septembre, et s'aperçoit bien vite des difficultés qui l'attendaient dans des circonstances si critiques. La nature semblait conspirer avec les mécontents pour aggraver la position des autorités à Bordeaux : tout le mois de décembre était accompagné d'un froid intense ; mais le 25 il augmenta ; le 27, la Garonne commença à charrier des glaçons énormes, et le lendemain, le baromètre marquait dix degrés de Réaumur. Après un froid âpre et insupportable, la rivière fut prise dans les trois quarts de sa largeur, et cet état alarmant se maintint jusqu'au 6 janvier 1830. A Langon, on passait la Garonne sur la glace, et plus haut, vers Marmande, elle était assez épaisse, assez forte pour soutenir des charrettes, pesamment chargées, que des bœufs traînaient d'une rive à l'autre de la Garonne. On organisa partout des ateliers ; on distribua du pain, du bois, des vêtements aux pauvres ; on s'épuisa en sacrifices de toutes sortes ; on versa dans les bureaux de bienfaisance et dans les réduits les plus obscurs des pauvres honteux, des aumônes abondantes ; et jamais on n'a pu mieux constater l'inépuisable charité des dames de Bordeaux, que pendant cette déplorable année. M. de Curzay, préfet, se distingua par la plus admirable activité et par une générosité exemplaire en faveur des pauvres et des classes peu aisées de la cité. Il apprit, plus tard, que, s'il comptait sur leur reconnaissance, il faut attendre, non des hommes, mais de Dieu, la récompense des bienfaits ! Mais laissons à quelque plume plus libre que la nôtre, la tâche de raconter tous les faits de 1830 (1), sans prévention, sans passion. Nous croyons que ce temps est encore trop près de

Livre VIII. Chap. 5.

1829.

1830.

---

(1) Le 24 juin 1830 eurent lieu de nouvelles élections. Les arrondissements élurent pour députés, MM. J.-J. Boscq, Gautier, Balguerie, Martel, de Saluces.

Le grand collége élut, le 4 juillet, MM. Duffour-Dubessan, Legris-Lassalle, Dariste, médecin ; le Corps législatif fut convoqué pour le 3 août. M. de Saluces, ayant refusé le mandat de ses commettants, fut remplacé par M. Galos père, qui le fut à son tour par M. Jay.

nous pour pouvoir en parler avec indépendance et impartialité; nous n'aimons pas à rouvrir une plaie qui saigne encore, ni à plonger notre regard dans un abîme entr'ouvert où nous rencontrerions des noms que nous savons respecter et aimer ! Nous avons sur notre bureau de tristes révélations sur les affaires révolutionnaires de ce temps à Bordeaux ; mais souvenons-nous du philosophe qui disait : « Si j'avais ma main » pleine de vérités, je me garderais bien de l'ouvrir ! » Elles heurteràient quelques vaniteuses susceptibilités et soulèveraient peut-être des récriminations amères. Abstenons-nous de marcher sur des charbons ardents que recouvre une légère couche de cendres. Nous serions heureux de dire le bien que nous savons de quelques-uns ; mais pourquoi s'empresser de révéler le mal que nous aurions à dire des autres? Et, au bout du compte, est-ce que tous les partis politiques n'ont pas des torts à se reprocher ?

CHAPITRE VI.

Particularités historiques du commencement du XIXe siècle. — Dépôt de mendicité. — Asile des aliénés. — Bureaux de bienfaisance. — Société maternelle. — Caisse d'épargnes. — Mont-de-Piété. — L'église de Saint-Martial. — Académie de Bordeaux. — Cabinet d'histoire naturelle. — Sociétés diverses. — Saint-André réparé. — Les tabacs. — Une sous-préfecture créée à Bordeaux. — Société de secours mutuels. — Les crèches. — Entrepôt réel. — Banque de Bordeaux. — — Manufacture de tabac. — Les Pénitenciers. — Hôpital militaire. — Caserne des Fossés. — Les vins de Bordeaux. — Le Jardin-des-Plantes. — Médailles découvertes à Talence.

Il existe dans le département deux asiles d'aliénés : l'un à Bordeaux et l'autre à Cadillac. Celui de Bordeaux occupe un emplacement connu, aux XVIIe et XVIIIe siècles, sous le nom d'*Enclos d'Arnaud Guiraud;* il fut d'abord consacré aux gens malades de la peste qui ravageait souvent notre ville. Les aliénés qu'on recevait à la Manufacture furent logés, à dater du commencement du XVIIIe siècle, dans l'asile dont nous parlons. Depuis le 18 juillet 1845, les hommes sont envoyés à Cadillac et les femmes à Bordeaux.

En 1845, M. le docteur du Pallan fonda, au Bouscat, un asile pour les aliénés. C'est une maison élégante, bien aérée; on y reçoit, d'après l'autorisation de l'autorité administrative, vingt-huit hommes et douze femmes. Le prix de la pension est de 1,500 fr.

Bordeaux a l'avantage de posséder plusieurs bureaux de bienfaisance établis dans divers quartiers de la ville, et agissant sous le contrôle d'un bureau central. Outre ces bureaux, on y voit en activité la société de Saint-Vincent-de-Paul, animée de l'esprit de son patron, et contribuant puissamment à la moralisation des classes pauvres et au bien de l'ordre

Livre VIII.
—
1830.
Asile
des aliénés.

Bureaux
de bienfaisance

social et religieux. Il y a, en outre, des sociétés paroissiales composées de dames charitables. On assure que ces sociétés distribuent, tous les ans, près de 200,000 fr. en médicaments, soupes, bois de chauffage, vêtements, etc.

Société maternelle.

En 1805, on créa une société de charité maternelle, composée d'un certain nombre de dames, dans chaque paroisse ; elle distribue tous les ans pour 50,000 fr., entre de pauvres femmes, en trousseaux, frais d'accouchement, mois de nourrices, etc., etc. Le secrétariat est établi quai de Bacalan, 38.

Caisse d'épargnes.

En 1847, a été construit, sous la direction de M. Duphot, architecte, le bâtiment occupé par la Caisse d'épargnes et de prévoyance, autorisée par une ordonnance du 24 mars 1849 ; il se trouve à l'angle des rues des Trois-Conils et Beaubadat.

Mont-de-Piété.

Le 2 septembre 1801, fut fondé à Bordeaux, dans l'ancien hôtel de M. Leberthon, dernier premier-président du Parlement, par un arrêté préfectoral, le Mont-de-Piété. Cet établissement fut approuvé et confirmé par un décret de l'empereur Napoléon, en date du 30 juin 1806. Les statuts furent approuvés par ordonnance royale du 25 juin 1847. On assure que la valeur des engagements est de deux millions environ par an.

L'église de Saint-Martial.

Jusqu'en 1804, le quartier de Bacalan était sans église ; mais M. l'abbé Drivet acheta le local où se tenait le bal anglais et l'appropria aux besoins du culte. L'église de cette paroisse y fut inaugurée par Monseigneur d'Aviau, le 11 juillet 1804. Le propriétaire, l'abbé Drivet, curé de cette paroisse, la céda à la ville par acte du 11 août 1821, moyennant une rente annuelle et perpétuelle de six cents francs ; mais le bâtiment menaçait ruine. On vendit cette vieille église de la rue Poyenne, en vertu d'une ordonnance du 30 avril 1838, et on fit construire, tout près, un nouveau sanctuaire très-modeste, sur le plan fourni par M. Bonfin, architecte. Il fut béni et livré au culte en 1841.

On a fait bâtir, sous la direction de M. Burguet, architecte, un clocher à côté de l'église, en 1853.

Le 15 novembre 1809, la Cour de justice criminelle tint sa première audience dans l'ancien couvent des Minimes.

On organisa l'Académie de Bordeaux en 1809, ainsi que les autres établissements d'instruction qui en dépendent, et l'on en créa plusieurs autres d'une grande utilité pour le public bordelais. Par un arrêté du maire, du 10 octobre 1810, il fut ouvert une bibliothèque magnifique, qui, aujourd'hui, renferme près de 200,000 ouvrages; c'est l'une des plus belles de France; un cabinet d'histoire naturelle; un dépôt d'antiques; un observatoire; une école de dessin, à laquelle M. Doucet, ancien orfèvre à Paris, légua par testament, en 1809, une belle collection de tableaux et d'estampes, avec une rente annuelle de cinq cents francs; un jardin botanique et une galerie de tableaux; une société maternelle; le marché aux vins, établi sur le port, aux Chartrons, entre la Font-d'Or et la porte de la Grave, en remplacement de celui qui existait sur le quai du Chapeau-Rouge, et pour lequel marché la Municipalité dressa un règlement de police intérieure, le 21 décembre 1811; les poids publics réglementés; le Tribunal des douanes établi; la Cour impériale remplaçant, les 8 et 12 juin 1811, le Tribunal civil; les fondements du Pont jetés, etc., etc. On commença les fouilles de la terre, sur la place des Salinières, le premier jour d'octobre 1810, pour préparer la première assise du Pont, qui, d'après le plan d'alors, devait s'élever sur quatorze arches à voûtes plates en fer, supportées par des piles en pierre. On adopta un autre plan; nous en parlerons plus tard.

Le cabinet d'histoire naturelle présente une belle collection des objets des trois règnes de la nature. On en doit une grande partie à la générosité de M. Journu-Aubert, comte de Tustal, pair de France, qui céda à la ville son cabinet, commencé par son père, augmenté, enrichi par lui-même, et si beau, que Dargenville le cite dans ses ouvrages.

Le dépôt d'antiques n'est pas bien riche en objets curieux : on y voit l'autel votif érigé en l'honneur d'Auguste, par la reconnaissance des Bituriges-Vivisques, les premiers habitants de Bordeaux.

Quant au jardin de botanique, nous lui consacrerons un article particulier.

Sociétés diverses. — Il s'est formé dans ces derniers temps, à Bordeaux, d'autres sociétés qui ne subsistent que par le zèle des fondateurs et de leurs amis, telles que la Société Philomathique, la Société Linnéenne, la Société de Chimie. La Société Philomathique encourage le progrès des sciences, des arts et de l'industrie; elle a institué des cours publics, sur diverses branches des sciences physiques et morales, et concourt, par des expositions annuelles des produits de l'industrie locale, à leur perfectionnement. C'est à cette Société que l'on doit les cours publics et gratuits de lecture, d'écriture, de calcul, de comptabilité, de grammaire française, de géographie et d'histoire. On compte plus de quinze cents jeunes gens qui suivent ces cours avec assiduité et profit.

Réparations de Saint-André. — Pendant l'été de 1810, on commença les réparations de Saint-André; on restaura la nef sur un plan uniforme et avec plus de régularité entre les différents ordres d'architecture qui régnaient dans les pilastres et les colonnes. On fit une porte d'entrée au fond de l'église; on refit à neuf les flèches des deux cloîtres, dans les parties endommagées par la foudre et les ouragans.

Les Tabacs. — Le 27 décembre, l'administration des Droits-Réunis apposa les scellés sur les tabacs appartenant à des marchands, afin de réserver, pour le compte du Gouvernement, la vente exclusive de cette marchandise, à compter du 1ᵉʳ de l'an 1811. La vente du tabac avait été libre depuis vingt ans. Le public témoigna beaucoup de mécontentement à ce sujet.

Le 16 juin 1811, on créa une sous-préfecture pour l'arrondissement de Bordeaux.

Quant aux affaires religieuses, nous en parlerons ailleurs ; le pieux archevêque s'occupait sans relâche de l'organisation de son diocèse et de la réforme de son clergé. Mandé à Paris pour le Concile, avec tous les évêques de France et d'Italie, il quitta Bordeaux le 24 mai. La première séance fut indiquée pour le 20 ; mais nous parlerons de toutes ces circonstances dans la notice biographique que nous consacrerons à ce vénérable pontife.

Il existe à Bordeaux plusieurs sociétés de secours mutuels ; il y en a au moins dix. Leur existence et la régularité de leurs opérations sont assurées par le décret du 26 mars 1852.

On a fondé des crèches à Bordeaux en 1847 ; il y en a qui sont devenues des salles d'asile : on y reçoit les petits enfants. Il y a en ville quatorze salles d'asile où sont reçus les enfants de deux à six ans : elles rendent de grands services aux familles indigentes. La ville possède plusieurs autres établissements charitables, tous fondés depuis le commencement du dix-neuvième siècle, tels que les maisons des orphelines (il y en a cinq) ; la maison de refuge pour les vieillards, dite du *Bon-Pasteur*, à Caudéran ; l'asile des vieillards, fondé par les Petites-Sœurs des pauvres, de nos jours, à l'extrémité de la rue Judaïque, et un autre à Mérignac, où sont reçus les vieillards des deux sexes, qui attendent leur entrée dans les hospices civils de la ville.

Depuis la cessation du blocus continental, dirigé par Napoléon Ier, contre les intérêts de l'Angleterre, le commerce de Bordeaux a pris d'étonnants développements. On comprenait la nécessité d'avoir un entrepôt des marchandises ; le Gouvernement ne voulait pas d'entrepôts fictifs, et la réalisation des vœux du commerce paraissait devoir exiger des dépenses énormes. Malgré toutes les difficultés, M. Balguerie-Stuttemberg, à qui Bordeaux doit beaucoup de ses améliorations, insista auprès de la Chambre de commerce, et, par une ordonnance du 26 juin 1822, on fit un emprunt de 800,000 fr. pour l'établissement projeté, dont la construction et le plan furent confiés à l'habileté de M. l'ingénieur Deschamps. Ce premier emprunt fut insuffisant; on en fit un autre de quatre cent mille francs, en vertu d'une ordonnance royale du 13 juillet 1825. Le bâtiment, quoique vaste, fut jugé insuffisant; un autre emprunt de 300,000 fr. fut autorisé par ordonnance du 24 mai 1847, et un second bâtiment fut construit derrière le premier, sous la direction de M. Burguet, architecte.

Le bâtiment de la rue Esprit-des-Lois, où se trouve la Banque de Bordeaux depuis son établissement en 1818, date du dernier quartier du XVIIIe siècle (1775), et fut bâti par M. Latour-Fégère, sur le plan et sous la direction de M. l'architecte Lhote. C'est dans ce local que se trouvait la Caisse d'épargnes jusqu'en 1848, époque à laquelle la Banque de Bordeaux fut réunie à celle de Paris. L'hôtel appartenait, en dernier lieu, à M. de Lacolonilla, qui le céda à la Banque.

En 1849, Sur les instantes sollicitations du Conseil du comptoir de Bordeaux, la Banque de France s'occupa de la construction d'un nouvel hôtel dont la distribution intérieure serait plus commode et plus en rapport avec sa destination. Dans la même rue, presque en face, on acheta un emplacement bien spacieux ; M. Crétin, architecte de la Banque de Paris, fut envoyé pour dresser le plan et le projet d'un bâtiment à ériger, dans les conditions désirées. Les travaux furent commencés et exécutés sous l'intelligente direction et l'active surveillance de M. Duphot, architecte du comptoir de Bordeaux.

En 1824, on appropria à la Manufacture des tabacs un grand bâtiment, près de Belleville, appartenant à M. Schuller, qui le vendit au Gouvernement. On y fit construire des magasins et des ateliers immenses, où l'on voit travailler plus de cinq cents ouvriers des deux sexes.

Outre la prison départementale du Fort du Hâ, il y a deux autres lieux de détention : le Pénitencier Saint-Jean et le Pénitencier Sainte-Philomène. Ce sont des maisons de correction et en même temps de bienfaisance. Le premier a pris naissance en 1836, grâce au zèle de M. l'abbé Dupuch, qui, à la suite d'un naufrage de pêcheurs sur la côte d'Arcachon, recueillit les orphelins et pourvut à leur subsistance, tout en leur donnant une éducation chrétienne.

Dans une maison de correction, sise rue Lalande, se trouvent cent cinquante enfants condamnés par les tribunaux. On les exerce aux professions auxquelles ils montrent quelque aptitude et certaines dispositions. En 1841, on annexa au Pénitencier un établissement agricole à Villenave-d'Ornon, où l'on voit, outre les pauvres orphelins, cent jeunes détenus qui reçoivent des instructions pratiques relatives à l'agriculture et à l'horticulture.

On reçoit les jeunes orphelines et les jeunes filles détenues dans le Pénitencier Sainte-Philomène. Cette maison fut fondée d'abord dans la rue Mercière, par M. Lalanne, négociant; elle a été transférée à Caudéran. On y peut recevoir une centaine de filles.

En 1841, on acheta, au nom de l'État, pour en faire un hôpital militaire, l'ancienne blanchisserie Saint-Nicolas, fondée en 1834 par MM. Cluzel et Guibert, et construite sur un plan dressé par M. Durand, architecte.

Le Collége de la Madeleine, construit par les jésuites, sur les Fossés, devint l'hôtel de la Mairie en 1808, et une caserne en 1835.

De tout temps, les Bordelais tenaient à la réputation de leurs vins; la qualité valait mieux pour eux que la quantité, et aucun soin n'était négligé, aucune précaution oubliée pour leur conserver la haute opinion que l'on en avait conçue tant à l'étranger qu'en France. C'est en partie dans cette vue qu'on défendait jadis de commencer les vendanges avant que

Livre VIII.
Chap. 6.
—
1830.

la Jurade se fût assurée de la maturité du raisin et n'en eût proclamé le ban au son de la grosse cloche. Cette défense fut renouvelée en 1700, avec une pénalité plus forte, et tout contrevenant était condamné à une amende considérable, quelquefois à mille livres.

Vins de Bordeaux.

Malgré cette sollicitude pour la qualité du vin, les jurats se voyaient, la plupart du temps, dans l'impossibilité d'en empêcher la falsification. Le mal consistait, selon les uns, dans le mode de vinification; selon d'autres, dans le *coupage* ou mélange des vins étrangers au sol et d'un goût très-différent, sans cette saveur, ce parfum qu'on appelle *bouquet* dans le pays. Les Anglais furent les premiers à s'en plaindre, et le roi défendit d'en acheter avant le mois de décembre. Cette mesure portait trop de préjudice au commerce de Bordeaux pour ne pas exciter des réclamations : on assura que la prétendue falsification ou mélange des vins de Bordeaux n'était qu'une calomnie mise en circulation pour nuire au commerce français. Tout cela ne fit pas taire les plaintes; les Anglais ne venaient que rarement demander des vins au commerce de Bordeaux ; mais les Français, par représailles, n'allaient plus qu'après Pâques acheter, en Angleterre, de la morue et du poisson salé; ils ne faisaient plus leurs provisions d'étoffes de drap qu'après la Saint-Jean. Cette vengeance commerciale nuisait trop aux intérêts des deux nations pour durer longtemps. Les affaires reprirent bientôt après leur cours habituel.

On achetait alors les vins du Languedoc et de plusieurs autres contrées méridionales, pour la place de Bordeaux. Ce commerce était contraire aux statuts de la ville et nuisible à ses intérêts. Les jurats y voyaient un abus, qu'il était nécessaire d'extirper ; sur leurs remontrances, le Parlement rendit un arrêt qui remit en vigueur un ancien statut, qui défendait aux bourgeois de Bordeaux d'acheter des vins du Haut-Pays ou des lieux étrangers au diocèse de Bordeaux, avant le 1er décembre. Cette mesure parut préjudiciable au commerce;

quatre-vingt-dix-neuf négociants se réunirent pour obvier aux graves inconvénients qui pourraient en résulter, et supplièrent la Chambre de commerce de se pourvoir au Conseil d'État pour faire casser cet arrêt du Parlement.

Étonnés, indignés même de cette résistance, les jurats, poussés peut-être par quelques membres du Parlement aussi irrités qu'eux, prirent une délibération secrète, par laquelle les quatre-vingt-dix-neuf opposants étaient déclarés indignes et incapables d'être admis, parmi les bourgeois, de commander aux milices de la ville, de remplir aucune charge municipale, ou même d'être convoqués aux assemblées politiques, de profiter d'aucune des grâces que la Jurade était en droit d'accorder ; il fut convenu et ordonné, en outre, que, pour la moindre faute, ces quatre-vingt-dix-neuf négociants seraient traités avec toute la rigueur possible. Pour perpétuer le souvenir de cette lutte fâcheuse, on dressa une liste des opposants, pour être communiquée, en secret, à tous les nouveaux jurats ! ! !.....

Chose étrange ! cette haineuse et inqualifiable délibération fut strictement observée, dans tous les points, pendant onze années consécutives, et jamais le secret juré ne fut violé !

Cependant la liberté du commerce occupait tous les esprits et l'on ne pouvait pas comprendre cette singulière législation qui, pour écarter toute concurrence en faveur des vins du Bordelais, défendait de faire descendre les vins du Languedoc à Bordeaux avant la Saint-Martin, et de les vendre avant le 1er décembre. C'était favoriser une partie de la France aux dépens d'une autre, et soumettre les vins du Haut-Pays à diverses formalités, telles que celles de visite, de transbordement, d'entrepôt, etc., etc. L'édit du mois d'avril 1779 leva tous les obstacles et autorisa la libre circulation des vins et des céréales. Grâces à Louis XVI, les entraves créées par des intérêts de localité cessèrent pour faire place au bien général, et la liberté, qui avait été l'exception, est devenue le droit

Livre VIII. Chap. 6.
1830.

Guienne monumentale, tom. III.

Livre VIII.
Chap. 6.
—
1830.
Les vivres très-chers.

Registres secrets.

commun. Cet édit fut enregistré au Parlement de Bordeaux, le 3 septembre suivant.

Dans ce temps, le prix des bestiaux et des denrées de toute sorte étant très-élevé, les bouchers et les boulangers demandèrent à élever le taux de la viande et du pain. D'après un arrêt du Parlement, en 1720, les jurats portèrent le prix du bœuf à quatorze sous, le mouton à quinze, le veau à dix-sept sous la livre *carnassière,* et les boulangers furent autorisés à prélever, par boisseau de blé, quarante-quatre sous au lieu de trente-six.

On commença alors à bâtir, sur les quais, des magasins à blé; mais l'exportation de grains était défendue; il fallait avoir l'autorisation des jurats. Il était enjoint aux négociants qui envoyaient des grains en Espagne, de rapporter la moitié du prix en argent monnayé ou en lingots.

Pour éviter les inconvénients des accaparements, il était défendu aux boulangers d'acheter, par eux-mêmes ou par l'intermédiaire d'un tiers, les farines importées à Bordeaux, sous peine de confiscation et de cinq cents livres d'amende. On faisait tout ce qu'on pouvait pour empêcher ou pour extirper les abus; cependant, il en existait de bien fâcheux et d'une nature tellement nuisible au commerce, que l'on fut obligé de convoquer une assemblée de notables, afin de prévenir le retour de pareils désordres. On y fit les règlements suivants :

« Les courtiers feront désormais, en personne, le fret des
» navires, dont ils tiendront un registre exact et signé du
» fréteur; s'il n'y a de frété qu'une partie du navire, il en
» sera affiché un avis, afin que l'autre partie puisse l'être, et le prix de ce second fret ne pourra être plus élevé que celui du premier.

» Quant aux bourgeois, ils auront le privilége de fréter
» pour leur propre compte, sans avoir recours au ministère
» des courtiers.

» Il est expressément défendu d'aller, sous aucun prétexte, au devant des navires qui entrent en rade, soit pour traiter avec eux de frets, soit pour acheter leur chargement.

» Lorsqu'un navire aura reçu son chargement, le courtier ou le bourgeois qui l'aura effectué en donnera lui-même quittance et sera tenu de déposer, au bureau du roi, un état général du chargement signé par le maître du navire. »

On a fait, en février 1857, une découverte très-importante sous le rapport de la science numismatique, au Noviciat des Frères des écoles chrétiennes, à Talence. En creusant un trou au jardin, pour en extraire du sable, on a trouvé, à soixante-dix centimètres de profondeur, un nombre de pièces romaines en bronze, de moyen et petit module, à l'effigie des derniers empereurs romains. Il est impossible de déterminer à quelle époque ces médailles furent déposées dans cet endroit; c'était probablement du temps de l'invasion des Barbares, comme le fait observer le journal *la Guienne*, à qui nous empruntons ces détails.

Le projet qu'on a conçu depuis quelque temps de convertir le Jardin-Public en Jardin-des-Plantes et qu'on a réalisé aujourd'hui, nous fournit une occasion de donner l'historique de ce local, ne fût-ce que pour retracer d'anciens et agréables souvenirs.

Le quartier où se trouve le Jardin-Public était complètement isolé de la ville, avant l'arrivée de M. de Tourny; on n'y voyait que quelques petites prairies, des pièces de terre en culture et quelques rangées de vigne; on appelait ce lieu *los pradets* et il faisait partie du quartier où, en temps de guerre, on faisait entrer la nuit les troupeaux qui paissaient dans les environs. Par suite d'une demande faite par les jurats, le Conseil d'État, par son arrêt du 23 avril 1746, autorisa la création d'un jardin public de 10 à 12 arpents dans ce lieu; mais, d'après l'arrêt, on ne pouvait employer à ce jardin que 80,000 liv., ainsi perçues : 55,000 liv. prises sur le produit de la vente des emplacements, et 25,000 liv. prises sur les économies. Cet arrêt portait la date du 15 janvier 1747, mais il ne fut enregistré au Parlement que le 28 du même mois.

Jusqu'alors, les Chartrons formaient un vaste bourg, une ville distincte de celle de Bordeaux. Tourny conçut le projet de les rapprocher, de les unir même, par le moyen d'un jardin public et de ses promenades ombreuses. Les 55,000 liv. provenant de la vente des emplacements situés tout autour, furent destinées à l'établissement d'une fontaine, mais cette somme ne parut pas suffisante. M. de Tourny leur donna une autre destination, celle de la formation du jardin. Le peuple qui n'avait pas de bonne eau se mit à crier contre l'intendant; les jurats, contrariés par lui, s'en rendirent les échos; riches et pauvres se mirent à murmurer tout haut; mille obstacles se présentaient, mille réclamations s'élevèrent de tous côtés, tout semblait concourir, avec la mauvaise volonté de l'Administration inhabile, à empêcher la réalisation des grandes conceptions du génie. Homme juste, impartial et consciencieux, Tourny écouta les plaintes des uns, les réclamations des autres et apprécia bien les besoins de tous. Si on lui donnait de bonnes raisons, il s'empressait de leur faire droit; mais il repoussait les sottes remontrances de l'inhabileté, de la jalousie, et de la mauvaise foi, et, agissant comme un médiateur juste et impartial, comme un arbitre conciencieux, il rendait justice à qui de droit, et protégeait les vrais intérêts de la ville contre les absurdes prétentions et les sottes exigences d'une imprévoyante ignorance. Convaincu de l'excellence de son projet et du bien qui devait en résulter un jour, au lieu de douze arpents, il en prit trente et au lieu de 80,000 liv. il en dépensa 300,000, pour le complet achèvement de son entreprise grandiose, selon le plan et sous la direction de M. Portier aîné, habile architecte.

Les jurats y épuisèrent leurs ressources et présentèrent de nouvelles requêtes, de plus sévères remontrances; mais l'habile intendant n'y répondit que par de nouveaux travaux. Les jurats auraient voulu examiner l'utilité et l'opportunité de tant de mesures onéreuses ; M. de Tourny, écartant tous ces bavardages administratifs, agissait pendant que les autres parlaient. « Son activité, sa hardiesse et son énergie, dit un écrivain, suffisaient à tout, surmontaient tous les obstacles et laissaient dans la stupeur des magistrats (le Parlement) jaloux de leurs priviléges, qui s'éclipsaient devant le génie, tout étonnés qu'on osait faire le bien à Bordeaux et aux Bordelais, malgré eux et leurs jurats. »

Loin de s'arrêter devant ces mesquines tracasseries, M. de Tourny ne détournait pas un instant son regard du but qu'il voulait atteindre ; il savait qu'il avait derrière lui des détracteurs haineux et jaloux, et devant lui une aveugle opposition qui s'efforçait, dans les ténèbres, de lui susciter des embarras et de lui créer des difficultés ; il voyait à côté de lui quelques sympathies rares, timides et discrètes ; mais, pour lui, la seule, la meilleure réponse, c'était le cœur qui désirait le bien et la volonté qui l'exécutait. Le projet était tout philanthropique, comme il paraît par le texte de l'arrêt du 23 août 1746, où il est dit que : « Il ne manque à cette ville de Bordeaux que
» d'avoir un jardin où les habitants de l'un et l'autre sexe,
» puissent, dans les beaux jours, jouir du plaisir de la pro-
» menade ; qu'en même temps qu'un pareil jardin contri-
» buerait en général à entretenir la santé des dits habitants,
» et à détourner beaucoup d'entre eux d'autres amusements
» moins innocents, il deviendrait, dans de certaines heures,
» le *rendez-vous* naturel des négociants, et leur faciliterait
» des opérations de commerce au profit du bien public. »

Cette pensée était certainement bonne ; mais c'était, ce nous semble, une idée bien singulière que celle de faire de ce jardin une Bourse en plein air où des négociants pussent parler sucre, café, vins et trois-six ! c'eût été, sous le point de vue commercial, quelque chose qui ressemblerait au jardin d'Academus, où Platon et ses disciples philosophaient, en se promenant dans des allées ombreuses et au milieu de fleurs. La suite ne répondit pas à la pensée créatrice de l'intendant ; mais le jardin fut fait ; c'était tout ce qu'il voulait. Il fit ouvrir plusieurs rues qui aboutissaient et convergeaient toutes vers ce point, ordonna la plantation de belles allées d'arbres et la construction de trois péristyles pour abriter, au besoin, les promeneurs et dont l'un les mettait en vue des exercices d'un manége qu'il avait fait construire pour l'instruction gratuite de jeunes gens auxquels le service de la cavalerie pourrait offrir quelques attraits. Cet établissement, qu'on appelait d'abord l'*Académie royale d'équitation,* fut dirigé d'abord par le célèbre Bourgelet et plus tard par un écuyer distingué, M. Merlet ; sur le fronton de ce péristyle, on admire un superbe bas-relief, représentant le char du soleil, que Bordeaux doit au ciseau du célèbre Francen ; mais ces trois péristyles ne sont plus ouverts au public auquel Tourny les avait destinés.

Ce grand jardin a servi pour toutes les réunions populaires de Bordeaux, pour toutes les réjouissances officielles, où le peuple oublie un instant ses peines et ses misères, pour s'étourdir un moment dans l'ivresse des plaisirs. Au mois de mai 1784, on y fit partir un aréostat ; mais cette espérance eut une issue déplorable. Le 26 juillet suivant, MM. Darbelet, Chalifour et Desgranges eurent le courage, il faudrait peut-être dire la témérité, de tenter une nouvelle expérience aréostatique ; le ballon, qui avait 15 mètres de diamètre, les emporta dans la commune de Pugnac, près de Bourg, où ils effectuèrent leur descente, sans accident, sans danger. C'est dans ce jardin que l'on vit se réunir, le 20 juillet 1789, plus de 30,000 citoyens, qui, électrisés par les harangueurs du jour, Fonfrède et *consors*, délibérèrent de former dans notre cité une garde nationale, à l'instar de celle de Paris.

On reconnaissait alors comme aujourd'hui les talents et les

mérites de Tourny ; mais, quelque puissante que fût sa volonté, il se vit souvent contraint de céder aux circonstances. Il aurait voulu donner à ce jardin plus de régularité symétrique ; mais il ne pouvait pas tout faire ; il le décora de son mieux, y établit des berceaux de verdure et y créa des ombrages délicieux ; il y mit un jardinier soigneux, des sentinelles aux portes, et publia des ordonnances rigoureuses contre les dégradations et leurs auteurs ; mais, quelques années plus tard, cette louable sévérité de l'autorité dégénéra en concessions, qui, à leur tour, engendrèrent des désordres et de regrettables empiètements et hâtèrent la ruine de ce lieu de plaisance. C'est dans ce jardin que, par un baptême républicain, on appelait le *Champ de Mars,* que les Bordelais, terrorifiés par nos proconsuls, s'assemblaient tous les ans, célébraient l'anniversaire de la prise de la Bastille, le 10 août 1792, la chute de Robespierre et toutes les fêtes nationales ; c'est là qu'on établit les autels de la patrie, que les serments civiques furent prononcés et les banquets célébrés ; c'est là qu'on inaugura, dans le pays, au milieu des fleurs odoriférantes, cette sanglante révolution qui, saluée en naissant de cris de joie populaires, a fini par dévorer des fortunes et se vautrer dans le sang de l'élite des Bordelais. Les fleurs et les arbustes étaient devenus inutiles ; tout était à la guerre ; les péristyles tombaient en ruine, les charmilles coupées, de gros arbres sciés, les allées dégradées, le magnifique parterre du centre détruit, etc., etc. Toutes ces belles choses paraissaient trop aristocratiques ; les républicains ne se plaisaient que dans les ruines, et ce jardin garda son nom de *Champ de Mars* jusqu'à la Restauration, en 1814. Singulière condition que celle de ce jardin de plaisance, créé comme lieu d'amusements innocents et agréables : il a été profané par des hommes de sang, les terroristes de 1793 ! Lieu de paisibles réjouissances, il devint un *Champ de Mars* et garda longtemps ce nom ; il a subi toutes les vicissitudes de la politique, tous les égarements de la raison populaire, tous les caprices des révolutionnaires et des dupeurs du peuple! On y voyait, dans le temps, des vignes, des prés, des pièces de terre en culture, des maisonnettes; plus tard, c'est là qu'allaient promener leur oisiveté les courtisans de Richelieu, les favoris de la fortune; là déclamaient en plein air les fougueux tribuns de 1793, les vils orateurs de nos carrefours, les disciples de Marat, les amis de Lacombe, les adorateurs de la déesse *Raison!* Là paradaient les éblouissantes légions de Napoléon Ier et ses ennemis, les détracteurs de sa gloire, les Anglais, avec l'anti-catholique et l'anti-français Wellington; là, on voyait un temple élevé à Terpsichore; un peu plus tard, dans des jours plus sereins, la pieuse duchesse d'Angoulême, dans tout son bonheur, et, quelques jours après, dans la tristesse et le désespoir! recevant un jour les vœux empressés de ses ennemis déguisés ou de ses amis indécis, qui abandonnèrent, avec la fortune, cette femme forte, l'héroïne de la douleur, l'orpheline du Temple; cette femme au cœur d'homme, dont le regard foudroyait les ingrats qui déshonoraient la ville du 12 mars, qu'elle aimait et qu'elle ne quitta qu'à regret! Là encore courait le peuple égaré, en 1830 et même en 1848, pour célébrer l'inauguration de la seconde République, la naissance de cet avorton, qui vint au monde dans un berceau de fleurs, pour être, bientôt après, étouffé sans regrets dans les prisons ou affamé dans l'exil!

Depuis 1850, on parlait d'y établir le Jardin-des-Plantes. Ce serait une excellente idée et une métamorphose agréable; avec le temps et le concours de nos savants, Bordeaux n'aurait rien à envier au Jardin-des-Plantes de Paris.

Aujourd'hui, les *Quinconces* sont le *rendez-vous* des promeneurs, des convalescents et des enfants surtout, qui s'y livrent, sans contrainte, sans contrôle, à leurs joyeux ébats; on y accourt pour voir les revues militaires et pour admirer les évolutions de nos régiments; on y construit parfois un palais de l'industrie et des arts, et c'est là encore qu'on monte, pour nos deux grandes foires, les barraques des marchands, les tréteaux des acrobates, des saltimbanques, des comédiens et des histrions ambulants ! Que nous sommes loin de Louis XIV, de Vauban et de leur Château-Trompette !

 Le Jardin-Public est devenu aujourd'hui un jardin de plantes, et cette désirable et agréable transformation s'est effectuée avec un succès merveilleux. On y a admis le public cette année (1858), et les Bordelais y trouvent non seulement une promenade délicieuse et instructive, mais aussi les produits infiniment diversifiés de climats divers, des arbustes et des plantes exotiques, les fleurs, les végétaux des régions tropicales et des pays étrangers, et, au milieu de ce jardin, qui est déjà l'un des plus beaux ornements de la cité, on a construit une magnifique serre, dont les proportions grandioses n'ôtent rien à l'élégance; c'est un palais de cristal, avec ses élégants pavillons aux bouts et son dôme construit au milieu sur des proportions imposantes, qui s'harmonisent à merveille avec les autres parties de cette gracieuse construction. On admire déjà dans les pavillons quelques arbustes verts de pays étrangers.

 Le seul défaut qu'on peut trouver dans cette construction, c'est qu'elle coupe en deux le jardin, déjà trop petit, et détruit la perspective d'un côté du jardin à l'autre.

 Au milieu de cette création de l'industrie humaine, où l'art a souvent simulé la nature, une rivière artificielle du plus gracieux effet, qu'on pourrait appeler la *Nouvelle Divona* (1),

---

(1) La *Divona* ou la *Source des Dieux*, du temps des Romains, était considérée comme un bienfait du ciel, et de là vient son nom. Ses eaux, dit Ausone, étaient introduites en ville par des voies mystérieuses et souterraines, et, de leur vaste bassin ou réservoir général de marbre blanc situé derrière Saint-André, là où l'on a bâti le clocher Pey-Berland, elles s'écoulaient par plusieurs canaux dans des directions différentes de la populeuse cité. (Voir notre dissertation sur ce sujet. *Histoire de Bordeaux*, tome I, pages 68 et 622.)

serpente entre des bords ornés de verdure ou de fleurs délicieusement colorées, qui semblent pencher leurs calices vers les limpides eaux de cette nouvelle Aréthuse, pour se mirer dans leur cristal ou se rafraîchir dans l'air qu'elles humectent en passant.

Canal latéral à la Garonne. Nous ne croyons pas devoir oublier dans notre travail le canal latéral à la Garonne; travail gigantesque, c'est le complément de la pensée de Riqueti; il peut, dans nos contrées, être justement considéré comme le monument du XIXe siècle. L'extrait suivant, que nous empruntons à un rapport de M. le préfet de la Gironde, en 1855, renferme tout ce qui pourra intéresser nos lecteurs :

« Le développement du canal latéral à la Garonne est de 209 kilomètres, y compris un embranchement de 11 kilomètres sur Montauban, et la prise d'eau navigable d'Agen, dont la longueur est de 5 kilomètres.

» La pente totale de la ligne principale, qui est de 128 mètres 07 centimètres, est rachetée par 53 écluses.

» Un décret du 24 août 1852 a concédé à la même compagnie les chemins de fer du Midi et le canal latéral à la Garonne. Aux termes du cahier des charges, les portions terminées du canal doivent être remises à la compagnie au fur et à mesure de leur achèvement, et la totalité au 1er avril 1856, au plus tard.

» La durée de la concession est fixée à quatre-vingt-dix-neuf ans, à dater du 24 août 1858, en sorte que l'État rentrera en jouissance de cette voie navigable au 24 août 1957.

» Déjà la compagnie a reçu livraison, le 7 juin 1853, de la partie comprise depuis la Baïse jusqu'à la limite du département de Lot-et-Garonne.

» Dans ce département, en effet, le canal est complètement terminé et ouvert à la navigation, mais avec un tirant d'eau réduit dans les biefs du Mas et de Meilhan.

» Dans le courant de l'année, on a terminé les travaux, et

on a procédé à la mise en eau de la nouvelle voie avec toutes les précautions qu'exige un canal encore frais. On s'est aussi appliqué à trancher les filtrations partout où elles pouvaient exposer les digues à quelque danger de rupture.

» Dans le département de la Gironde, on a achevé les travaux déjà fort avancés de Bassanne, Castillon et Castets; on a aussi exécuté les étanchements, la plantation des digues, l'empierrement des chemins de halage, et procédé à la mise en eau. Tous ces travaux seraient aujourd'hui terminés, si la crue extraordinaire du mois de juin dernier n'y avait causé quelques dégradations. Le dommage a été évalué à 30,000 fr., et l'administration s'est empressée de fournir cette somme. Aussi la réparation des avaries touche-t-elle, aujourd'hui, à son terme.

» Le 9 octobre dernier, quoique les ouvrages ne fussent pas encore complètement achevés, les ingénieurs ont pu ouvrir la navigation, à titre provisoire et avec un tirant d'eau réduit dans quelques biefs à 1 mètre, sur toute la ligne non livrée à la compagnie concessionnaire, entre la Baïse et Castets, et sur un développement de 58 kilomètres. Alors, pour la première fois, les bateaux ont circulé librement dans toute l'étendue du canal et de ses embranchements. Ce premier essai a duré deux mois. Pendant ces deux mois, la masse de marchandises transportées par le canal, entre la Baïse et Castets, a été de . . . . 26,028 tonneaux à la descente, et de. 13,807   —   à la remonte.

Total. . . . 39,835 tonneaux.

» En décembre 1854, cette portion du canal a été fermée au public pour que les ingénieurs pussent parachever les ouvrages dans le voisinage de l'embouchure. Enfin elle a été ouverte le 30 avril dernier, mais toujours à titre provisoire et avec un tirant d'eau de 1 mètre.

» On augmente successivement cette hauteur avec toutes

les précautions que la prudence exige, et les ingénieurs espèrent qu'avant peu le mouillage normal de 2 mètres 20 centimètres sera atteint sur toute la partie non encore livrée à la compagnie.

Le canal aura coûté 61,160,000 fr., dont on aura dépensé 4,956,009 fr. 67 c. dans le département de la Gironde. »

L'introduction et la distribution en ville des eaux provenant des sources du Taillan sont encore une des plus grandes merveilles de l'époque. Les vœux de Bordeaux sont enfin satisfaits, et l'administration qui a mené à bonne fin cette utile et gigantesque entreprise, a de grands droits à la reconnaissance de la génération actuelle et de la postérité.

Le 15 août 1857, la population, heureuse et enchantée, vit jaillir l'eau tant désirée des fontaines monumentales des allées de Tourny et la belle gerbe du bassin de l'hémicycle des Quinconces.

Ce bassin a près de 100 mètres de circonférence, et seulement 50 centimètres de profondeur, à partir du niveau du sol. Il est entouré d'une muraille en béton formant talus, qui saillit de 60 centimètres au-dessus de ce même niveau. Le fond est couvert d'une bonne couche de béton. Les eaux de la gerbe s'élèvent à peu près à la hauteur de 10 mètres et fournissent, dit-on, 160 pouces fontainiers, soit 34 litres par seconde.

Après la messe du 15 août 1857, le cardinal-archevêque se rendit processionnellement de la primatiale à l'hémicycle des Quinconces, pour bénir les eaux provenant des sources du Taillan. La place était magnifiquement ornée de mâts vénitiens ornés d'écussons, entourés de drapeaux, d'oriflammes de toutes couleurs. M. le Maire, dans un discours bien écrit, fit l'historique des projets faits pour introduire des eaux à Bordeaux. Le cardinal-archevêque parla long-temps sur le même sujet, qu'il envisagea sous un point de vue religieux.

Les eaux du Taillan, dont on se sert aujourd'hui à Bordeaux, ne laissent rien à désirer sous le rapport de la qualité et furent signalées comme telles, la première fois, à l'Administration, par M. Jouis; leur volume est évalué à près de 1,000 pouces fontainiers; elles sont à près de 12 mètres d'élévation au-dessus de l'étiage de la Garonne. Reçues d'abord dans un vaste réservoir général, rue Paulin, elles sont conduites, par des canaux souterrains, dans quatre réservoirs particuliers, situés l'un entre les rues Mériadeck et Chapelle-Saint-Martin; un autre, sur la place Sainte-Eulalie; un troisième, rue des Douves; et le quatrième, sur le marché des Chartrons. Ces quatre réservoirs, avec leurs conduits, suffisent abondamment à la distribution des eaux dans toutes les parties de la ville, par mille bornes-fontaines et par les fontaines monumentales de Tourny et de celle de l'hémicycle des Quinconces. Cette dernière sera d'une magnificence admirable, si toutefois la ville l'adopte, comme nous en avons l'espérance; nous en avons vu le modèle réduit chez l'honorable Maggesi, statuaire; ce sera l'un des plus beaux monuments, dans ce genre, qu'on pourra trouver en Europe.

Le projet de ces grands travaux, estimé à cinq millions, a été dressé par M. Mary, inspecteur divisionnaire des ponts-et-chaussées, et M. Devanne, chargé de l'exécution.

Au commencement de 1855, on commença à s'occuper de la construction d'une nouvelle église à Arcachon; mais l'incident le plus remarquable de cette année est sans contredit la belle et solennelle fête du 25 février 1855, en l'honneur de l'Immaculée Conception de la Très-Sainte-Vierge.

Le quai vertical a remplacé les cales inclinées sur une longueur de près de mille mètres, depuis l'angle nord de la place Lainé jusqu'à l'angle sud de l'Hôtel des Douanes. Commencé en 1845, en vertu de la loi du 5 août 1844, ce magnifique travail a été achevé en 1855. On assure que ces travaux coûtent près de quatre millions.

On trouvera d'autres particularités intéressantes dans le

Nouveau Guide de l'Étranger à Bordeaux, publié en 1856 par M. L. de Lamothe, ouvrage aussi instructif qu'utile pour les étrangers qui visitent notre cité, et même pour les habitants natifs de notre ville.

NOTES ET ÉCLAIRCISSEMENTS.

NOTE Ire, page 33.

LE NOUVEAU COMITÉ DE SURVEILLANCE CRÉÉ LE 11 FÉVRIER 1794.

Les citoyens Blancart, de Libourne; Constant, de Lesparre; Laye, de Sainte-Foy; Battu, de Sainte-Foy; Dorgueil, orfèvre; Plenaud, Rideau, directeur de la poste aux lettres; Cogorus et Charles, officiers municipaux de Bordeaux; Michenaude, Gentil Fauché, sellier, tous deux de la section Franklin; Leloue, commis.

La Commission militaire fut ainsi composée : Lacombe, président; Morel, Marquérie, Albert et Lacroix, tous quatre de La Réole; Thomas, de Sainte-Foy; Barreau, de Libourne; Giffey, secrétaire-greffier.

NOTE II, page 44.

SUR LA NOUVELLE ORGANISATION DES ADMINISTRATIONS DU DÉPARTEMENT ET DU DISTRICT, EN 1794, PAR YSABEAU.

L'administration départementale fut composée des citoyens Thomas, de Sainte-Foy, président ou maire; Azevedo, E. Desgranges, teneur de livres; Duvernay, peintre; Lafargue jeune, de Langon; Laumond, de Lesparre; Lamothe, de Blaye; Montville et Serviliers.

L'administration du district fut composée du citoyen R. Meyer, président; Bazerque, Cherteau, Duchâtel, Dupuy, Duret, Lacoste, Laville, ex-juge de paix; Pons, Vielle et Jay jeune, agent national.

NOTE III, page 49.

SUR L'ORGANISATION DES CORPS CONSTITUÉS LE 9 JUILLET, PAR JULLIEN.

La Municipalité fut composée des citoyens Thomas, maire; Alary, Bigeon, marchand drapier; Boissel, Carle, marchand de farines; Car-

NOTES.

vallo, Dalliot, Darblade, J. David, Domecq, Fulchie, Glaise, Jogau, Lafitte aîné, raffineurs; Lataste, Ludes, Roudier, Sage, Seguey, officier de santé; Sergeant, Veyssières, officiers municipaux; Clémenceau, agent national; et Chambert, instituteur, substitut.

Les notables choisis furent les citoyens Banel fils, Barsac, Bouillon, marchand de papier; Casejus, Castanié, Castets, bouchonnier; Champon, tonnelier; Clochard, Couteaux, Dalbespeyre, Duboquet, Dupuy, Fourcade, teinturier; Frigière, Gerbier, Labrunye, tonnelier; Laclaverie, Laclotte aîné, architecte; Lafon, Lamarque, Lannes, traiteur; Magnellin, Mandron, Malavergne, Margaron, Millac, peintre; Millon, Pallard, courtier; Perron, marchand; Petermans, Piot, Pruez, Quantin, vitrier; Saint-Martin, courtier; Siron, Tounens, avoué, et Vinatier, liquoriste; Moutard, secrétaire général; Martineau, trésorier.

Le 23 messidor (11 juillet), il remplaça, par un autre arrêté, le nommé Roudier, qui avait donné sa démission motivée par Champon. Il conserva Sergeant à la mairie; il en avait fait un municipal, et désigna aussi, pour remplir les fonctions de notables, les citoyens Palard, Laclotte aîné; Boyer, menuisier; Deyme, Malavergne, Cantau, tonnelier; Margaron, Gaubric et le citoyen Gewis, qui remplaçait Casejus, que ses fonctions d'officier de santé, à l'armée, avaient obligé de donner sa démission.

Nous avons déjà donné le portrait de ce monstre, dont le tyrannique joug pesa si longtemps sur les épaules des Bordelais, et qui fit couler tant de larmes dans notre cité. Nous allions oublier un singulier document de ce petit despote, qui organisa, en 1794, les corps constitués de Bordeaux. — On y verra une nouvelle preuve de la férocité du sanguinaire Jullien. Cette pièce, comme tant d'autres que nous avons publiées, n'a jamais été éditée.

« Marc-Antoine Jullien, membre de la commission exécutive de l'instruction publique, envoyé par le comité de salut public à Bordeaux.

» Considérant que l'établissement de jeux et d'exercices publics, tels que ceux dont l'histoire des anciennes républiques nous offre l'exemple, convient à la République française; qu'il peut concourir puissamment, par l'influence du physique sur le moral, à perfectionner le système d'une bonne éducation nationale; que les jeunes républicains appelés à ces jeux publics deviendront sains, robustes, courageux, adroits, s'enflammeront les uns les autres d'une émulation généreuse, d'un brûlant amour de la gloire, et surtout du civique désir de se préparer à servir un jour leur pays; que l'égalité, la fraternité, la justice, toutes les vertus républicaines qui devront présider à ces jeux frapperont de bonne heure les âmes des citoyens de leçons et d'exemples utiles, et feront germer dans la génération qui s'élève les bons principes, les heureuses habitudes, les penchants vertueux qu'étouffa trop longtemps un régime corrupteur et corrompu.

» Considérant que, pour arriver à l'établissement de ces jeux, et en attendant leur organisation définitive, dont pourra s'occuper sous peu la Commission d'instruction publique, il importe de faire des essais préparatoires qui puissent diriger dans ce travail et montrer la route la plus utile à suivre; considérant que les jeux provisoirement établis doivent, dès ce moment, augmenter, dans les cœurs des jeunes citoyens, l'horreur de la tyrannie, en même temps qu'ils les forment à l'adresse et au courage, arrête ce qui suit :

» ARTICLE 1er. — Il sera provisoirement établi, dans la commune de Bordeaux, un jeu public décadaire, connu sous le nom de *la Mort aux Tyrans*.

» ART. 2. — Les jeunes républicains de quatorze à seize ans seront successivement réunis au Champ-de-Mars; ils recevront des officiers municipaux chargés de présider aux jeux, des arcs et des flèches qui, transmis de mains en mains, leur serviront à abattre *une tête couronnée* qui sera leur BUT.

» ART. 3. — Le tête sera faite de manière que les différentes parties soient susceptibles de se détacher les unes des autres et que plusieurs des concurrents puissent participer aux prix; tous les autres détails d'exécution en sont laissés à la Municipalité.

» ART. 4. — Le principal mérite sera de renverser la couronne, et le vainqueur aura pour récompense l'arc et la flèche avec lesquels il aura obtenu la victoire. Son nom sera proclamé dans l'assemblée du peuple.

» ART. 5. — La commune entière sera invitée à assister aux jeux, dont l'heure et le lieu seront publiquement annoncés.

» ART. 6. — La Municipalité, chargée de prendre tous les moyens convenables pour l'exécution du présent arrêté, devra nommer trois de ses membres pour présider au jeu, en rendre la célébration plus solennelle et décerner le prix au vainqueur.

» ART. 7. — Le présent arrêté sera envoyé aux différents districts du département du Bec-d'Ambès, qui sont autorisés à en faire usage en admettant les modifications que les localités pourraient exiger.

» Art. 8. — La Municipalité de Bordeaux rendra compte de l'exécution du présent arrêté au représentant du peuple Garnier de Saintes, en mission dans le département du Bec-d'Ambès, qui est invité à vouloir favoriser et perfectionner l'établissement de ce jeu, qui ne sera point étranger à l'instruction publique dans ce département.

» Bordeaux, le 12 thermidor, l'an II de la République française, une et indivisible. Signé : Jullien. »

NOTE IV, page 132.

SUR LA FÊTE CIVIQUE RELATIVE A L'UNION DE LA RÉPUBLIQUE FRANÇAISE AVEC LES ÉTATS-UNIS DE L'AMÉRIQUE, LE 10 FRUCTIDOR (27 AOUT 1794).

On se rendra à la Maison-Commune, d'où partira le cortége. Le rendez-vous général sera au Champ-de-Mars, où seront une montagne et un Autel de la Patrie ; là on exécutera des chants en musique : le représentant du peuple donnera le baiser de fraternité et d'union au consul des États-Unis de l'Amérique.

Le rendez-vous des citoyens sera au Champ-de-Mars. Dès les quatre heures de l'après-midi, le représentant du peuple, le consul des États-Unis, les capitaines américains, tous les corps constitués, civils et militaires, les consuls des pays avec qui nous ne sommes pas en guerre, les députés du club national, les députés de l'arrondissement de chaque section, les députés des citoyens autrefois de couleur, les députés de l'hospice, se rendront le jour de la fête, à la Maison-Commune, ainsi que les jeunes citoyens et citoyennes qui seront envoyés par leurs sections.

Marche du cortége.

Il sortira, à cinq heures très-précises, de la Maison-Commune, passera sur les fossés, droit à la porte des Salinières, sur la rivière, au quai Marat, à Tourny, de là au Champ-de-Mars : il entrera par la porte ci-devant Royale. La garde nationale bordera la haie au Champ-de-Mars, dans le même ordre qu'à la fête dernière.

Composition du cortége.

1. Un corps de cavalerie.
2. Les tambours.
3. Une musique militaire.
4. Un peloton d'infanterie ou de hussards, au nombre de deux cents, mais sans armes.

5. Les Invalides.

6. Une musique de violons.

7. Un jeune citoyen, habillé de blanc, bonnet rouge, portera une bannière où seront inscrits ces mots : *Fête de l'Union.*

Deux jeunes citoyens et citoyennes seront à ses côtés, dans le même costume que lui, et une branche d'olivier à la main.

8. Des agriculteurs avec leurs compagnes; ils auront chacun un outil analogue à l'agriculture, et les citoyennes porteront des paniers remplis de diverses productions de la terre.

9 Vingt-huit jeunes citoyennes, habillées de blanc, une branche d'olivier à la main.

10. Le représentant du peuple, le consul des États-Unis, marcheront de front et auront chacun une branche d'olivier à la main.

11. Quatorze jeunes citoyennes, même costume que les précédentes, marcheront de sept en sept et de front.

12. Toutes les autorités constituées, civiles et militaires, les consuls seront tous décorés de leurs marques distinctives; les députés, soit du club National, des sections ou de toute autre députation quelconque, formeront un groupe et marcheront tous pêle-mêle, de six en six et de front, avec chacun une branche d'olivier à la main.

13. Quatorze jeunes citoyennes, même costume que les précédentes.

14. Un jeune citoyen, habillé de blanc et bonnet rouge, portera une bannière où seront inscrits ces mots : *Ils propageront la liberté sur la mer et sur la terre.*

15. Les marins seront à la suite, ainsi que les ouvriers des ateliers de l'artillerie, du salpêtre et autres.

16. Un jeune citoyen portera une bannière où seront ces mots : *Espoir de la Patrie.* Elle ralliera autour d'elle tous les jeunes citoyens des différentes classes ou pensions et autres, mais tous en bonnet rouge; ils se muniront d'une branche de laurier.

17. La garde soldée, sans armes.

18. La cavalerie terminera la marche.

Le reste de ce programme concerne le placement, les autorités et les corps politiques, les pièces que la musique devait faire entendre et celles qu'on devait jouer au spectacle. Tout devait se terminer par un banquet et des toasts politiques dont le dernier était : *A la destruction de Londres!*

Après le repas, dit le citoyen maire Thomas, le bal aura lieu au temple de l'Être suprême (l'église de Notre-Dame), qui sera illuminé, et l'on y dansera toute la nuit.

Le plan de la fête fut fait et présenté au Conseil général de la commune par le citoyen Clochard, architecte.

NOTE V, page 176.

SUR LA NOUVELLE ORGANISATION DES CORPS CONSTITUÉS A BORDEAUX, LE 16 BRUMAIRE, PAR YSABEAU, AN III (6 NOVEMBRE 1794).

Administration départementale.

Peyre-Brune, de Cadillac, président; Lamothe aîné, de Blaye; Lafargue, de Bazas; Chauvin fils, de Libourne; Laumond jeune, de Lesparre; Duboscq, courtier d'eau-de-vie; Pierre Teyssier, aux allées de Tourny; Mémoire, rue du Petit-Cancera.

Administration du District.

Basile Brun, président, rue du Parlement; Lacoste, rue des Lauriers, 2; Ducastel, rue de Castillon; Château, chemin de Bègles; Fontane, rue Cornac, 7; Fringues, rue Beaubadat; Robraher aîné, rue du Couvent, aux Chartrons; Bahn, façade des Chartrons; Étienne, rue Carpenteyre; Gabalde, rue de l'Égalité; Johnston père, pavé des Chartrons; Galineau, agent national; Lafourcade.

Comité de surveillance.

Casteran, officier de santé; Chaigneau, de Lormont; Dorville, Duthel, contrôleur à la Monnaie; Ferrand, de Bassens; Labarde, curé de Sadirac; Lambert, de Quinsac; Pinet, au Sablonat; Rosille, d'Arès; Reynaud, Sabrier, place Sainte-Colombe; Trompenat, du Taillan.

La Municipalité.

Ferrière-Colk, maire; Clémenceau, agent national; Tastet, substitut; Lorando, rue Saint-Remi, trésorier.

Les officiers municipaux étaient : Alexis Benoît, pavé des Chartrons; Boscq aîné, remplacé par Boyer fils; Bouillon, marchand de papiers; Champon, Clochard, architecte; J. David, cours d'Albret; Flichs, au Manége, remplacé par David Eyma; Léon Granier, Galley, remplacé par Laffitte aîné; Goislon, fossés des Tanneurs; D. Guestier, négociant, remplacé par Lagrange fils; Gignoux, Lataste, Martin, Mac-Daniel, Nicolas, officier de santé; Olivier, Piot, Saint-Martin père; Pierre Testas, remplacé par Cellier Soissons; Hugues

Vignes, remplacé par Bigeon; Clémenceau, agent national; Tastet, substitut.

Les Notables.

Argentier, Aymé, Baraton, menuisier; Berneval, Boisson, Bouluguet père, remplacé par Cluchet; Bourgelas, marchand; Brisson, Brocq, Camusat, Cassaigne, coutelier; Cérille-Ducros, Cheret, orfèvre; Charriol, cordonnier; Delbos, courtier de navires, remplacé par Lasserre; Dierx père; Ducasse, gaînier; Dufour, remplacé par Delmestre fils; Durand, avoué; David Eyma, négociant; Fauché, cordonnier; Gentil-Faucher, sellier; Fauconnier, architecte; Girard, architecte; Graves aîné, remplacé par Mestre; Guillemin, Jardin, sculpteur; Magnelin, Marcilliager, Margeon, cordier; Marion, chapelier, remplacé par Turgis; Marquiset, vitrier; Mathalm, Mignard, aubergiste; Montcassin, cloutier; Omond, détacheur; Pinard, papetier-imprimeur; Porthman, Sicard, bijoutier; Thomas, doreur; Ublement, Vallet, horloger, remplacé par Lacour.

Tribunal civil du District.

Barennes, président; Dupac, Lassime, Lousteau-Lamothe, Brochon père; Simon, Boy, commissaire national. Leurs suppléants furent Fardet, Fleury, Cassagnes, Linard.

Tribunal criminel.

Jautard, de Lesparre, président; Reynaud, accusateur public.
On ne fit pas de changement dans le Tribunal de commerce.

NOTE VI, page 210.

SUR LA NOUVELLE ORGANISATION DES CORPS CONSTITUÉS, PAR BORDAS, LE 5 JANVIER 1795.

Administration du district : Bahn, Battut, Denucé, avocat; Dubos-Rachel, Duchâtel, Dupuy, Duverger, homme de loi; Estienne, Frinques, Lacoste, Lafourcade, J.-B. Nairac, négociant, et Galliman, agent national.

Cette administration avait le droit de nommer son président.

Comité de surveillance.

Les citoyens Boué, courtier; Louis Courtès, cultivateur; Dorville, Frigière, Gaubry, fondeur; Guignon, marchand; Lelom, Pallard, Sabrier, Ségur aîné; Trompenat, Vinatier, marchand liquoriste.

NOTES.

La Municipalité.

Les citoyens Ferrère-Colk, maire; Alary, Bigeon, marchand drapier; Bonniot, négociant; Bouillon, marchand; Carles, marchand; Carvallo, négociant; Champon, tonnelier; Colas aîné, marchand de fer; Durand, David Eyma, Gleyze, écrivain; Goislon, homme de loi; Léon Granier, Laclaverie, négociant; Laclotte, Laffitte aîné, raffineur; Risteau, négociant; Seguy, officier de santé; Cellier-Soissons, Troplong, négociant, tous officiers municipaux.

Monneric jeune, avoué, agent national; Chambert, substitut.

Notables.

Les citoyens Aymez, Azevedo, Bardon, Berneval, Bertrand, quincailler; Bonus, négociant; Bouluguet, Boyer, menuisier; Jacob Boyer, négociant; Brisson, Cesil-Dernos, Couteaux, Dalbespeyre, Detam, charpentier; Dubourg, négociant; Dubreuil, avoué; Ducasse, Fauconnier, architecte; Faucher, Jeanti-Faucher, Ferbos, Fourgues, Fulchic, aubergiste; Gerbier, forgeron; Girard, Guillermain, Jullien, marchand; Lagrifouille, marchand; Lamarque, tailleur; Lannes, Lartigue, architecte; Lubbert, négociant; Mandron, Marcilliager, Mathieu, notaire, défenseur officieux; Millac, Perron, marchand; Peterman, Quentin, Saint-Martin, Teyssandier.

Le Conseil général de la commune avait le droit de nommer son président.

NOTE VII, page 239.

SUR LA NOUVELLE ORGANISATION DES ADMINISTRATIONS DE BORDEAUX, PAR TREILHARD ET BOUSSION, le 7 mars 1795.

Administration du département.

Chicou-Bourbon, négociant; Labroust, Lafargue, Peyrebrune, Raynaud.

Au District.

Bahn, Denucé, Duchâtel, Lacoste, Maignol, agent national.

Comité de surveillance.

Aladenise, négociant; Boué, courtier; Boulan, vitrier; Chabiran, courtier; Courtez, Dorville, Duprat, Champes, libraire; Sabrier, Segur, Trompenat du Taillan, Montgardeau, commis du comité.

Tribunal criminel.

Barennes, président; Perrier, accusateur public.

Tribunal civil.

Simon, président; Deslix, Gallineau Lassime, Lousteau-Lamothe, Rateau, juges; Bechade (Vital), commissaire national. Les suppléants étaient : Linars, Montaubricq et Nau cadet.

Tribunal de commerce.

Maccarthy, président; Charles Brunaud, Jacques Laffitte. Les suppléants étaient : Daniel Guestier, Loriaque fils aîné, Mathias Corbière, Ferrière-Colk fils; Salomon-Antoine Cardose.

La Municipalité.

Ferrière-Colk, maire; Alexis Bonniot, négociant; Bigeon, marchand drapier; Bouillon, marchand; Carle, marchand; Champou, tonnelier; Colas, marchand de fer; Dalmont, cultivateur; Durand, ci-devant avoué; David Ayma, armateur; Goislon, homme de loi; Léon Granier, Laffitte, Olivier, Piersot, tailleur; Piot, marchand; Risteau, négociant; Saint-Martin, assureur; Cellier-Soissons, Jacob Boyer, négociant; Troplong, négociant.

Monnerie jeune, agent national; Cassagne, ci-devant défenseur officieux, substitut; Lorando, trésorier.

Les Notables.

Aymez, Barathon, menuisier; Beaulieu, Bellot, négociant; Berneval, Brisson, vinaigrier; Bertrand, quincailler; Brugevin, Couteaux, tonnelier; Césille-Ducros, François Domingel, négociant; Dubreuil, ci-devant avoué; Dubouilh, négociant; Ducape, Fauconnier, architecte; Jean Faucher, Ferbos, cultivateur; Fourquet père; Fulchy, aubergiste; Gaubert, raffineur; Girard, architecte; Louis Jullien, Lagrange, Lagrifouilh, marchand; Lamarque tailleur; Lambert-Sudreau, Lubbert, négociant; Lartigue, architecte; Magnelin, Mathieu, Micheau, marchand de vin; Noulabadé, négociant; Quentin, vitrier; Rousseau, menuisier; Teyssandier, négociant; Bonus, négociant; Bouluguet, Boyer, menuisier; Bonaffé-Delance, négociant; Dalbespeyre.

NOTE VIII, page 243.

NOUVELLE ORGANISATION DE L'ADMINISTRATION DÉPARTEMENTALE, PAR BESSON.

Le citoyen Peyrebrun, président; Barrière, de Cabanac; Crozilhac, négociant; Duchâtel, Labrouste, Lardeau, de Libourne; Méran, de

Blaye; Partarrieu, de Bazas; Raynaud, administrateur; Chollet, procureur général, syndic.

Le 21 juin, il réorganisa tous les corps constitués, ainsi qu'il suit :

Au Département.

Les citoyens Chicou-Bourbon, Denucé, Duchâtel, Duplantier, Dumas-Boisgrammont, Labrouste, Partarrieu, Villebois, administrateur; Galineau, procureur général, syndic.

Au District.

Coudal, propriétaire; Dupuy, Duverger, Martignac père.

Au Tribunal civil.

Simon, Desby, Lousteau-Lamothe, Montaubricq, Perrens, Rateau, juges; Nau, commissaire national.

La Municipalité.

Ferrière-Colk, maire; Bigeon, Bonniot, Bonafé, Boyer, Champon, Colas, Dulamon, Durand, Eyma, Goislon, Granier, Olivier, Pierson, Piot, Rey, Saint-Martin, officiers municipaux; Monnerie, procureur de la commune; Duthoya, avoué, substitut.

Les Notables.

Allard, Bartaon, Couteaux, Bertrand, Dubouilh, Dubreuil, Ducasse, Ferbos, Fermat, Gaubert, Gérard, Fayet, Jullien, Lacaze, Lagrange, Lagrifouille, Lamarque, Lartigue, Latus, Magnelin, Montan, Mathieu, Micheau, Nairac, Nauté, Otard, Pujol, Sudreau, Teyssandier.

NOTE IX, page 278.

SUR L'ORDRE A OBSERVER DANS LA MARCHE DU CORTÉGE POUR LA FÊTE DES ÉPOUX, LE 29 AVRIL 1796.

1° La cavalerie, sur quatre de front. 2° Tambours. 3° Musique militaire. 4° Détachements de la garde nationale et de la garnison, marchant par pelotons. 5° Les jeunes enfants de l'un et de l'autre sexes, vêtus en blanc, porteront des corbeilles de fleurs et les sèmeront sur le passage des époux. 6° Les époux de cinquante ans. 7° Les époux nouvellement unis. 8° Les nouveaux époux. 9° Des tambours. 10° Les défenseurs de la patrie, blessés aux armées, portant à la main une branche de laurier. 11° Un corps de canonniers avec deux canons. 12° Les invalides. 13. Un corps d'infanterie. 14° Les deux trompettes de la commune. 15° Un peloton de la garde soldée sur deux rangs. 16. Les

— 574 —

autorités constituées, les fonctionnaires publics, l'état-major de la garnison et les officiers de santé. 17° Un peloton de la garde soldée, sur deux rangs. 18° Trois compagnies de la garnison borderont la haie. 19° Les professeurs des écoles centrales. 20° Les instituteurs des écoles primaires et leurs élèves. 21° La gendarmerie terminera la marche.

Le bataillon qui n'était pas du cortége devait se rendre au Champ-de-Mars ; la cavalerie devait s'y ranger de droite et de gauche ; l'artillerie, près la porte du Nord ; l'infanterie, sur une éminence de quatre à cinq pieds de hauteur, devait former le carré du Champ de Mars. La musique militaire à droite de l'Autel de la Patrie, et la symphonie à gauche ; les défenseurs de la patrie, assis sur deux lignes de chaises, de chaque côté de l'Autel, et les jeunes filles et les jeunes garçons placés sur les marches circulaires de l'Autel.

L'estrade de l'Autel devait être occupée par les autorités civiles et militaires, par ceux qui devaient prononcer des discours et par les époux. On devait commencer par une salve de sept coups de canon ; ensuite la musique devait jouer un air patriotique ; puis venait la cérémonie du renouvellement des mariages de 50 ans, avec la célébration de ceux des nouveaux époux, qui devait être suivie d'une seconde salve de sept coups de canons, de quelques airs patriotiques, de discours analogues à la fête, des hymnes : *Mourir pour la Patrie!* et l'*Hymne de la Liberté!* Le tout devait finir par une troisième salve d'artillerie ; après quoi, le cortége devait reprendre sa marche dans le même ordre qu'il avait observé en venant, et s'en retourner à la Maison-Commune par le cours, la place Nationale, devant le Département, la rue du Hâ, les Fossés et à la Mairie.

L'orchestre des théâtres de Bordeaux était réuni à l'Autel de la Patrie, les rues balayées, les boutiques fermées et la porte de la Maison-Commune, la porte des Salinières et celle de l'entrée du Champ de Mars, élégamment ornées de festons, guirlandes, fleurs, etc.

Pour la fête de l'*Agriculture*, l'ordre était le même, à l'exception, toutefois, de ce que nous avons indiqué dans le texte, page 279.

NOTE X, page 281.

PROGRAMME DES FÊTES DE LA LIBERTÉ, DES 9 et 10 THERMIDOR AN IV (27 et 28 juillet 1796).

Première journée.

1° Le 9, les administrations, la commission du Directoire exécutif et tous les corps constitués, escortés par la garde nationale, partiront de la Maison-Commune.

2° Ils seront précédés de six groupes ; le premier, composé de pères de famille ; le deuxième, de mères de famille ; le troisième, de jeunes gens de dix-huit ans au moins ; le quatrième, de jeunes filles à peu près du même âge ; le cinquième, d'enfants mâles, et le sixième, d'enfants de l'autre sexe. Les hommes et les femmes tiendront à la main une branche de chêne ; les chapeaux seront ornés de rubans tricolores.

3° Le cortége se rangera, sur la place publique, autour de l'Autel de la Patrie ; il y aura sur l'Autel des sabres, des haches et des massues, et un faisceau de plusieurs drapeaux aux trois couleurs.

4° A l'extrémité opposée de la place, on verra un trône et les emblèmes de la royauté, un sceptre, une couronne, un écusson armorié et un cahier sur lequel seront inscrits ces mots en titre : *Constitution de 1791.*

5° Après un discours du président, analogue à l'objet de la fête, il sera chanté une hymne renfermant une invocation à la liberté.

6° Les six groupes recevront, des mains du président de l'administration, les armes déposées sur l'Autel ; ils se porteront rapidement, au son d'une musique guerrière, à l'autre extrémité de la place, et le trône s'écroulera, sous leurs coups redoublés, pour rappeler que l'abolition de la royauté est due au courage du peuple entier. Cette cérémonie se fera au son des fanfares, au bruit d'une décharge de mousqueterie et aux cris répétés de : *Haine à la tyrannie! Vive la liberté!*

7° Les six groupes reviendront déposer leurs armes sur l'Autel de la Patrie. Le président remettra à chacun d'eux un drapeau, en prendra un lui-même, et, accompagné des corps constitués, il ira le planter sur les débris du trône. Les six groupes imiteront son exemple.

8° Le cortége se remettra en marche pour retourner à la Maison-Commune, et les danses commenceront sur la place publique.

Seconde journée.

1° Le lendemain, le cortége, partant de la Maison-Commune, se rangera également autour de l'Autel de la Patrie ; il posera sur l'Autel des guirlandes de feuillages, des fleurs et un flambeau allumé.

2° A l'extrémité opposée de la place, on verra un nouveau trône, formé des débris du premier, recouvert d'un manteau aux trois couleurs et surmonté des emblèmes de la tyrannie décemvirale, un masque, un bandeau, des poignards et des torches, et un cahier sur lequel seront inscrits ces mots en titre : *Constitution de 1795.*

3° Le président prononcera un discours, qui sera suivi d'un hymne renfermant une invocation à la liberté.

4° Le président prendra le flambeau allumé sur l'Autel de la Patrie, accompagné des présidents des différents corps constitués et suivi de six groupes; il se portera, au son d'une musique guerrière, à l'autre extrémité de la place, dépouillera le trône du manteau tricolore et y mettra le feu, pour rappeler que l'abolition de la tyrannie triumvirale est due particulièrement au courage des dépositaires de l'autorité. Cette cérémonie se fera au bruit d'une décharge d'artillerie, au son des fanfares et aux cris répétés de : *Haine à la tyrannie! Vive la liberté! Vive la République!*

5° Le président reviendra près de l'Autel, y placera avec solennité le livre de la Constitution républicaine et en lira le dernier article à haute voix. Les six groupes et le peuple entier répondront à cette lecture par ce cri : *Vive la Constitution! Vive la République!*

6° Pendant cette dernière cérémonie, deux membres de chaque corps constitué, escortés d'un détachement de la garde nationale, iront chercher la statue de la Liberté et la reconduiront à l'extrémité de la place, sur les débris des trônes détruits.

7° Le président prendra sur l'Autel les guirlandes; il en gardera une et distribuera les autres aux six groupes. Le cortége s'avancera vers l'autre extrémité de la place, et le président et les six groupes suspendront leurs guirlandes à la statue de la Liberté.

8° Le cortége reviendra à la Maison-Commune, et des danses s'établiront autour de l'Autel de la Patrie et de la statue de la Liberté.

NOTE XI, page 290.

LES ADMINISTRATIONS RECONSTITUÉES PAR MOITIÉ EN MARS 1797, PAR LES SECTIONS.

1ᵉʳ Arrondissement. — Les citoyens Mareilhac, président; Foucaud-Beauregard, Lartigue, Montan aîné, Thompson, Vidal, Fieffé. Ce dernier faisait les fonctions de commissaire du Directoire exécutif.

2ᵉ Arrondissement. — Les citoyens Lartigue, président; Bazanac, Bécheau, Campaignac, Gaubert, Laffitte-Dupont, Martin fils, Mathieu, commissaire du Directoire exécutif.

3ᵉ Arrondissement. — Lucadou, président; Balguerie fils, Bouland, Geraud, Guibbaud, Letellier; Papin, Lagarde, commissaire du Directoire exécutif.

NOTES.

Le bureau ou l'administration centrale du département se composait des citoyens Aubert, Castainguet, Chalup, Partarrieu, Maugeret, commissaire.

Le 17 avril, l'Assemblée électorale nomma députés, en remplacement des députés sortants du Corps législatif, pour le *Conseil des Anciens*, le citoyen de Lavie, et pour le *Conseil des Cinq-Cents*, les citoyens Albespy, avocat; Béchade-Cazeau, Corban, négociant; Lynch, propriétaire à Pauillac; Prévot de la Croix, ex-ordonnateur de la marine.

NOTE XII, page 302.

LES NOUVELLES ADMINISTRATIONS MUNICIPALES INSTALLÉES LE 21 MARS 1798.

1ᵉʳ Arrondissement (Nord). — Les citoyens Lartigue, président; Batu, Boisville, Combrouse, Fulchie, Martin, Rochefort, Fieffé, commissaires du Directoire exécutif.

2ᵉ Arrondissement (Sud). — Becheau, président; Cadilhou, Campaignac, Curcier, Laborde, Laclaverie, Oré, Latapy, commissaires du Directoire exécutif.

3ᵉ Arrondissement (Centre). — Lucadou, président; Boulau, Guibau, Letellier, Mazois, Papin, administrateurs; Lagarde, commissaire du Directoire exécutif.

Les membres de l'administration centrale furent Balguerie, président; Partarrieu, Brun, Clémenceau, Seguy, La Hary, commissaires du gouvernement.

Le Bureau central se composait des citoyens Balguerie, Durand, Lartigue, Thounens, commissaires du Directoire exécutif.

L'Assemblée électorale termina ses opérations le 18 avril 1798, en nommant, pour le Conseil des Anciens, les citoyens Barennes, Tentayron, négociant; Dubourg, propriétaire dans le Blayais; et pour le Conseil des Cinq-Cents, les citoyens Bergoing, Constant, propriétaire en Médoc; Couzard, Duplantier, Grandmaison, marchand; Lafargue, Perrier, accusateurs publics.

NOTE XIII, page 307.

DISCIPLINE DE LA FÊTE DE L'ANNIVERSAIRE DE LA FONDATION DE LA RÉPUBLIQUE FRANÇAISE, CÉLÉBRÉE LE 22 SEPTEMBRE 1798 A BORDEAUX.

L'administration du Bureau central du canton de Bordeaux, en exécution de la loi du 14 fructidor an V, qui ordonne que l'anniversaire de la fondation de la République sera célébré sur tout son territoire.

Arrête, ouï le commissaire du Directoire exécutif.

ARTICLE PREMIER.

Le dernier jour complémentaire, au coucher du soleil, la cloche du canton, le canon du fort de la Révolution et des vaisseaux de la rade annonceront la fête.

Le 1er vendémiaire, dès le point du jour, la cloche du canton, les canons du fort de la Révolution et des bâtiments en rade, commenceront la fête.

Tous les bâtiments seront pavoisés complètement; leurs canons, ainsi que ceux du fort, tireront d'heure en heure, toute la journée; la cloche du canton sonnera également d'heure en heure toute la journée.

Chaque chef de bataillon sera tenu d'ordonner à tous les tambours de son bataillon de se réunir à six heures du matin et à neuf, et de parcourir ensemble, en battant des dianes, toutes les rues de leurs quartiers respectifs.

ARTICLE 2.

Disposition du Champ-de-Mars.

Il sera tracé par des jalons et des rubans tricolores deux lignes droites et parallèles, qui commenceront au mur de la terrasse et se réuniront à une ligne droite parallèle au derrière de l'Autel de la Patrie, tracée à une distance qui sera déterminée par l'ingénieur du Bureau central.

Ces lignes circonscriront l'enceinte de l'emplacement que le cortége devra occuper exclusivement. Elles seront bordées de gardes nationales.

L'Autel de la Patrie sera élevé sur l'estrade existante.

Il sera élevé, entre l'estrade et la ligne d'enceinte du derrière, une obélisque à la République, portant sur ses faces les décrets relatifs à sa fondation et autres inscriptions analogues.

Des portions de cercle seront formées, en avant de l'Autel de la Patrie, en bas de l'estrade, au moyen de quelques poteaux et de rubans tricolores; l'intérieur sera garni de chaises.

Quatre tribunes seront élevées sur les lignes d'enceinte en direction diagonale de l'estrade, pour recevoir quatre lecteurs qui, pendant la fête, auront à répéter ensemble les discours qui seront prononcés sur l'Autel de la Patrie et au même instant.

Immédiatement après que les discours auront été prononcés, un ballon s'élèvera de dessus la terrasse, en face de l'Autel de la Patrie ; en conséquence, toutes les dispositions nécessaires y seront faites, et pour qu'il n'y ait ni confusion, ni désordre pendant les préparatifs, la porte de la terrasse sera fermée.

L'ascension du ballon, monté de deux aéronautes, sera annoncée par une décharge d'artillerie, musique et chants d'allégresse.

Enfin, des groupes de chaises seront disposés à l'avance, pour recevoir le cortége à son arrivée et le placer, sans confusion, dans l'ordre ci-après détaillé :

ARTICLE 3.
Réunion du cortége.

A dix heures du matin, les vingt-huit vieillards représentant la cité se rendront à l'administration du Bureau central, et de là, précédés de leurs bannières, ils se rendront au Département avec les membres du Bureau central, accompagnés de la garde soldée.

Toutes les autorités constituées, et tous ceux qui devront faire partie du cortége, seront rendus au Département, à onze heures précises.

Dès que le cortége sera totalement réuni, il se mettra en marche pour se rendre au Champ-de-Mars, en passant par la rue Guillaume-Tell, la rue du Hâ, les Fossés, les quais, le Chapeau-Rouge, les allées de Tourny et le grand cours ; il entrera au Champ-de-Mars par la porte au bas de la terrasse.

ARTICLE 4.
Ordre et marche du cortége.

1º Un corps de cavalerie, précédé des trompettes et d'une bannière portant ces mots : *Fête de la fondation de la République.*

2º Un corps de canonniers traînant leurs canons, précédé d'une bannière portée par l'un d'eux, ayant pour inscription : *Contre les rois ligués, nous dirigeons la foudre.*

3º Un groupe de tambours.

4º Les défenseurs de la patrie, blessés au combat.

5º Un peloton de garde nationale.

6º Quinze jeunes gens vigoureux, en uniforme de garde national, armés d'un sabre et portant chacun une bannière dédiée aux armées de la République. Ils seront choisis dans les sections de la cité, et marcheront en file sur deux lignes.

7° Une urne cinéraire, renfermant les cendres des héros morts pour la liberté, portée sur un palanquin par quatre jeunes filles vêtues de blanc, ayant leurs cheveux enlacés d'une couronne de fleurs blanches et portant chacune une couronne de cyprès à la main. Elles seront précédées de quatre jeunes filles, également vêtues, qui porteront l'urne à tour de rôle, et suivies de quatre autres jeunes filles, aussi sous le même costume, portant une grande corbeille remplie de feuilles de lauriers et de fleurs, qu'elles jetteront sur l'urne pendant la marche.

8° Musique militaire.

9° Groupes d'artistes et de savants, précédés d'une bannière ayant cette inscription : *Ils furent guidés par la philosophie*. Entre eux et la bannière, les *Droits de l'Homme* seront portés sur deux piques par un blanc et un nègre.

10° Vingt-huit vieillards, précédés d'une bannière portant pour inscription : *Aux vingt-huit Sections*. Au milieu d'eux, et à tour de rôle, ils porteront le livre de la Constitution sur un brancard.

11° Un groupe de colons de toutes couleurs.

12° Musique militaire.

13° Un char de triomphe traîné par six chevaux, harnachés à l'antique, portant la statue de la République et divers attributs de ses triomphes.

14° Un peloton de la garde nationale.

15° Les membres du Bureau de bienfaisance et la commission administrative des hospices.

16° Les professeurs de l'école centrale, le jury d'instruction publique, les instituteurs des écoles primaires et particulières avec leurs élèves.

17° Les commissaires de police.

18° Les juges de paix et leurs assesseurs.

19° Le Tribunal et le Bureau consultatif du commerce ; le Tribunal correctionnel ; les Tribunaux civils et militaires.

20° Les directions de l'enregistrement, des poudres et salpêtres, de la monnaie, de la douane, de la poste aux lettres, de la régie nationale, l'administration forestière.

21° L'administration de la marine.

22° Le commandant des mouvements maritimes.

23° L'administration municipale *extrà-muros*.

24° Les administrations municipales des trois arrondissements.

NOTES.

25° Grand corps de musique vocale et instrumentale, exécutant des strophes par station.

26° Le Bureau central, précédé des officiers du port et de quatre commissaires de police.

27° Le général commandant la place, avec l'état-major et les commissaires des guerres.

28° Les consuls et agents des puissances neutres ou alliées de la République.

29° L'administration du département de la Gironde.

30° Six cents hommes de la garde nationale, bordant la haie, accompagnant le cortége.

31° La garde soldée.

32° La gendarmerie fermera la marche.

ARTICLE 5.

Ordre que le cortége devra observer au Champ de Mars.

La cavalerie se rangera dans les contre-allées de droite et de gauche; l'artillerie ira se placer au-devant de la porte de la rue du Jardin-Public; la garde nationale, la troupe de la garnison, la garde soldée, se rangeront dans l'ordre qui sera indiqué à leurs commandants respectifs par des commissaires.

Les quinze guerriers représentant les armées de la République se placeront debout et formeront deux lignes de file le long des murs de rampe.

Les jeunes filles monteront les gradins de l'estrade et de l'Autel de la Patrie, déposeront sur l'Autel l'urne contenant les cendres des héros, la couvriront de guirlandes et de couronnes, et se placeront debout, aux quatre angles, par groupes de trois.

Les savants auront une place désignée entre l'Autel de la Patrie et le char de triomphe.

Les vingt-huit vieillards iront déposer le livre de la Constitution sur l'Autel de la Patrie, et reviendront ensuite s'asseoir sur les gradins de l'estrade, qui seront couverts d'un tapis.

Toute la musique se placera sur l'estrade, au derrière, et le plus loin possible de l'Autel.

Le char de triomphe sera placé en face de l'Autel de la Patrie, au-devant des savants.

Après le char, le groupe de colons, ayant au milieu d'eux les *Droits de l'Homme*.

Enfin, les différentes autorités constituées, les administrations civiles et militaires, les états-majors de toute arme, occuperont les portions de cercle tracées en avant de droite et de gauche de l'estrade.

A midi précis, vingt-un coups de canon annonceront que la fête va commencer.

ARTICLE 6.

Lorsque le cortége sera placé ainsi qu'il est écrit ci-dessus, l'orchestre exécutera des airs patriotiques.

Le président de l'administration centrale du Département prononcera un discours qui sera suivi de l'exécution de l'hymne à la Liberté.

Il proclamera ensuite le nom de ceux qui, dans l'armée, ont exposé leur vie pour sauver celle de leurs concitoyens, ou qui, par des actions héroïques, ont bien mérité de la patrie. Les lecteurs placés aux quatre tribunes répèteront les noms des citoyens qui auront été proclamés.

Cette proclamation sera suivie d'une fanfare.

Immédiatement après, les citoyens qui auront des discours préparés les prononceront.

L'artillerie fera une seconde décharge de sept coups de canon; l'orchestre exécutera l'hymne : *Veillons au salut de l'Empire!* et le *Chant du Départ!*

La fête sera terminée par une troisième décharge d'artillerie de sept coups de canon.

Le cortége reprendra sa marche dans le même ordre, jusqu'au Département, et passera par le grand cours de Tourny, la place Nationale et la rue Bouffard. Le soir, les édifices publics seront illuminés.

Les citoyens sont invités d'illuminer également leurs maisons en témoignage de l'allégresse que doit inspirer le souvenir de cette journée immortelle, où la Convention nationale décréta spontanément, à l'instant où le soleil entrait dans le signe de la Balance, l'abolition de la royauté, et fonda la République sur les bases de l'égalité.

Le Champ de Mars sera illuminé; des orchestres seront placés pour les danses dans les tribunes des lecteurs.

Les restaurateurs sont invités à dresser des tables dans le boulingrin, afin que les citoyens qui devraient se réunir en banquets civiques, puissent le faire commodément.

Bordeaux, en séance du Bureau central, le 29 fructidor an VI de la République française, une et indivisible.

Les administrateurs du Bureau central : P. BALGUERIE, DURAND.

J.-B. THOUNENS, *commissaire du Directoire exécutif.*

E. LARROQUE, *secrétaire en chef.*

NOTE XIV, page 309.

FÊTE DE LA SOUVERAINETÉ DU PEUPLE, LE 18 FÉVRIER 1799.

Paris, le 30 pluviôse an VII de la République française, une et indivisible.

Le Ministre de l'intérieur aux administrations centrales et municipales de la République.

Citoyens administrateurs,

L'arrêté du Directoire exécutif du 23 de ce mois, fixe le mode de célébration de la fête de la Souveraineté du Peuple. L'exécution m'en est confiée; je la recommande à votre zèle; il vous inspirera sans doute, et c'est de ce foyer que vous tirerez tous les moyens qui peuvent ajouter à l'éclat de cette solennité, suivant les ressources de chaque commune.

La fête du 30 ventôse est imposante, et par son objet, et par l'époque à laquelle elle se rapporte.

De là le caractère grave et religieux de cette fête. Que les citoyens s'y pénètrent du sentiment de leur dignité et de l'étendue des devoirs que leur impose l'exercice prochain du plus auguste de leurs droits. Ce sentiment doit se manifester dans l'ordre de la pompe, dans la marche du cortége, dans la tenue décente et grave des acteurs et des spectateurs, dans le choix des images et des allégories, dans les chants et les hymnes, dans les cérémonies, dans les exercices, les jeux, etc., de manière que toutes les parties et tous les éléments de la fête, coordonnés entre eux et dirigés vers le but politique de cette institution, déposent dans les esprits et dans les cœurs les impressions profondes que le législateur s'est proposé d'y graver.

Dans les autres fêtes, le tumulte de la joie, son trouble heureux, l'ivresse impétueuse du cœur et de l'esprit, se font peut-être remarquer d'avantage. Ici doit dominer le recueillement inséparable de la méditation qu'inspirent ces grands objets et leurs résultats.

Un chœur ou des chants religieux se feront entendre pendant la marche. L'ordonnance de cette pompe est remise aux talents des artistes, à votre vigilance et à votre direction, au zèle et au respect des citoyens. Tout doit y rappeler des idées de grandeur : l'ordre qu'elle présentera doit être, en quelque sorte, l'image instructive et parlante de celui que la société a droit d'attendre de la sagesse des élections.

L'honneur de porter les tables de la Constitution, les inscriptions, etc., ne sera accordé qu'aux citoyens qui se seront distingués par leur dévoûment et leur amour pour la République et la Constitution de l'an III, aux hommes utiles et vertueux, aux savants, aux artistes, aux jeunes élèves qui donnent de justes espérances, aux défenseurs de la patrie.

Les inscriptions seront tracées sur des bannières richement décorées et élevées de manière que tous les regards et tous les esprits puissent les saisir.

Les temples décadaires seront ornés de tout le luxe pieux et moral que peut étaler le patriotisme. Les citoyens aisés s'honoreront sans doute d'y faire porter volontairement, et sur le simple vœu que je me plais à leur exprimer, toutes les décorations ou tous les objets qui pourront ajouter à l'éclat de la solennité ou à la commodité des spectateurs, des tapis, des siéges, des tentures, des statues, des lustres, etc., etc.

Un détachement de la garde nationale et des groupes de citoyens, placés au-devant des portes du temple, s'avanceront et rendront des honneurs au cortége, au moment où il paraîtra, s'écarteront devant lui et iront se placer à sa suite.

L'intention de l'arrêté du Directoire a été de faire servir les beaux-arts à l'embellissement de cette fête; il est à désirer que les artistes puissent rendre les images ou plutôt les idées suivantes.

Au fond ou au centre du temple sera placée la statue de la Souveraineté du Peuple, portant sur la tête l'attribut de l'immortalité, et tenant dans ses mains un cercle et le sceptre antique : elle sera debout. La statue du peuple sera assise devant elle, couronnée de chêne et de laurier, figurée par un adolescent, tenant d'une main des épis et de l'autre un niveau.

La base qui supportera ces deux statues, sera ornée de têtes d'éléphants, symbole de la force.

A leurs pieds sera enchaîné le monstre du despotisme, armé d'un poignard brisé, et s'efforçant de ressaisir des rouleaux épars, intitulés : *Capitulaires, Décrétales, Maximes du droit royal, pamphlets de Burk*. Un des personnages des groupes, un homme de lettres, allumera un flambeau au feu sacré qui doit brûler sur des trépieds, devant la statue de la Souveraineté, et, arrachant des mains du despotisme les écrits des vils fauteurs de la tyrannie, livrera ces rouleaux aux flammes.

L'objet de la fête de la Souveraineté du Peuple tient à des idées politiques et métaphysiques; il est important de les rendre sensibles. On avait employé dans cette vue, l'année dernière, l'image du faisceau,

NOTES.

que la réunion de ses traits rend indestructible : cet emblême peut être reproduit avec succès ; mais il faut peut-être y ajouter des explications plus précises. Par exemple, il sera utile et instructif de tracer sur les bannières ou sur les murs des temples, ces distinctions élémentaires, prises du contrat social : « Le corps politique, cette personne publique qui se forme par l'union des autres, prenait autrefois le nom de cité, et prend maintenant celui de république ou de *corps politique*, lequel est appelé par ses membres, *État*, quand il est passif ; *Souverain*, quand il est actif ; *Puissance*, en le comparant à ses semblables. A l'égard des associés, ils prennent collectivement le nom de *peuple*, et s'appellent en particulier *citoyens*, comme participant à l'autorité souveraine, et *sujets*, comme soumis aux lois de l'État. »

Ce passage rappelle que *Rousseau* fut le premier écrivain (1) qui proclama dans notre langue les principes de la Souveraineté du Peuple. Ces principes n'ont été développés et analysés que par les écrivains modernes ; les Grecs et les Romains leur rendirent hommage, mais sans les reconnaître formellement dans leurs écrits et dans leur législation. Cette théorie du pacte social, trouvée de nos jours, a fait naître le système représentatif, qui a manqué jusqu'à présent à toutes les tentatives des peuples pour se former en république. Grâces à cette théorie et à ce système, la liberté a été assise sur une base inébranlable, contre laquelle sont venus et viendront se briser les efforts des derniers tyrans coalisés.

Hommage soit donc rendu à l'auteur immortel du *Contrat social !*

Hommage soit aussi rendu aux élus du peuple qui ont défendu ou défendront sa souveraineté !

Citoyens administrateurs, c'est par cette volonté souveraine, à laquelle vous allez rendre hommage, que vous existez ; c'est elle qui brisa les chaînes de quatorze siècles d'oppression ; c'est elle qui fonda la liberté et l'égalité, ces deux pierres angulaires des républiques ; c'est elle qui enfanta les triomphes de la France et qui lui donna une Constitution.

Vous aurez donc soin de tenir, pendant le cours de toute la cérémonie, les faisceaux abaissés devant l'image de la Souveraineté du Peuple.

Vous prendrez toutes les dispositions convenables pour que les for-

(1) Avant lui, *Althusius, Hotman, Ulric Huber, Buchanan* et *Lock* en tracèrent la théorie.

mules prescrites aux orateurs dans l'arrêté du Directoire, et surtout la proclamation relative aux élections, soient prononcées d'une manière distincte, entendues de tous les citoyens et écoutées religieusement.

Le but particulier que s'est proposé le législateur, en instituant cette fête, est d'élever, d'enflammer l'âme et l'esprit des citoyens, de les remplir du sentiment de leur propre dignité, de les disposer par ce moyen à ne faire que des choix qui les honorent eux-mêmes, à fonder ainsi pour jamais la gloire et le bonheur de la République.

En effet, citoyens, ouvrez les annales des peuples, vous vous convaincrez de cette vérité, que c'est à la sagesse et à la pureté des suffrages qu'est attaché le destin des républiques. Rome, Athènes, Carthage, s'élevèrent lorsque la vertu et les talents étaient les seuls titres aux emplois; elles périrent lorsque la corruption générale s'étendit aux élections.

C'est ainsi que le gouvernement perfide et machiavélique qui trompe, embrase et déchire l'Europe, le cabinet de Saint-James, n'a attenté à la liberté des autres peuples qu'après avoir détruit le fantôme de la liberté anglaise, en achevant de ruiner le système déjà vicié des élections mal réparties, dont l'époque dépend des caprices ou des calculs de son roi, dont le tarif est dans les mains de ses ministres, et dont le trafic se fait publiquement dans ses tavernes.

Mais c'est en vain qu'il voudrait, par ses intrigues, verser en France, avec son or, les poisons qu'il a fait naître dans son île, la corruption, la vénalité, le mépris des vertus et des lois, et toutes les calamités résultant de la subversion des principes qui doivent garantir le libre exercice de la Souveraineté du Peuple et la pureté de ses choix.

Les Français déconcerteront ces horribles calculs : cette importante victoire remportée dans l'intérieur, sera la suite, le gage et le prélude de celles que la République continuera de remporter au dehors. Les élections de l'an VII justifieront ainsi ce passage si remarquable de la proclamation du Directoire, par lequel je finis ma lettre :

La meilleure manière de forcer les ennemis à la paix, c'est de faire de bons choix.

Ce seul texte, bien senti, développe suffisamment toutes les réflexions que doit faire naître la fête du 30 ventôse : je le livre à vos méditations. J'espère que toutes les administrations seront attentives à l'objet de ma lettre, et que j'en recueillerai les preuves dans les récits qui me seront adressés par les départements, de la manière dont la Souveraineté du Peuple aura été célébrée dans toutes les communes de leurs arrondissements respectifs.

Je sais bien que chaque commune ne peut se conformer littéralement à tous les détails que je viens de prescrire, pour remplir les vues du Directoire exécutif; mais il n'en est aucune où l'on ne doive célébrer cette fête du mieux qu'il sera possible, et se préparer par elle aux assemblées qui doivent avoir lieu le lendemain 1er germinal. Les élections sont la grande affaire de tous les Français : le législateur a voulu les y disposer par une cérémonie religieuse. N'oublions rien pour la rendre touchante et pour mettre le peuple à portée de recueillir les fruits d'une institution vraiment républicaine.

Salut et fraternité. FRANÇOIS (de Neufchâteau).

NOTE XV, page 310.

FÊTE DE LA JEUNESSE.

Paris, 7 mars 1799.

Le Ministre de l'intérieur, aux administrations centrales et municipales.

Citoyens administrateurs,

Une pensée philosophique a présidé à l'ordonnance du système des fêtes. Elles sont politiques ou morales. Les premières ont pour but de rappeler à l'universalité des citoyens, par des images imposantes, le sentiment de leur dignité, de leurs droits et de leurs devoirs, ou de solenniser les époques mémorables et les grands souvenirs des triomphes de la République. Les autres présentent des tableaux moins vastes, mais gracieux, mais revêtus de l'intérêt le plus touchant : elles retracent les vertus des différents âges, des professions diverses; elles répandent et approprient l'instruction à toutes les époques, à toutes les circonstances les plus marquantes de la vie : et c'est ainsi que l'institution des fêtes contribue à former à la fois l'homme et le citoyen.

L'amour de la patrie et de la Constitution, le sentiment de la fraternité, doivent animer les fêtes politiques; ces sentiments se retrouvent dans les fêtes morales, mêlés à des leçons.

La Fête de la Jeunesse n'est pas sans doute la moins intéressante de ces fêtes morales. L'époque sentimentale de cette fête associe le printemps de la vie à celui de l'année, et la philosophie se plaît à entrevoir et à cultiver les germes des fruits que doivent donner ces fleurs heureuses que le soleil de la liberté éclaire, échauffe et développe.

« L'idée d'une fête de la jeunesse est empruntée des républiques anciennes. Les Athéniens célébraient aussi au printemps leurs *Éphébées*, qui n'étaient autre chose que la fête des jeunes gens, lesquels étaient admis à prêter alors le serment de vivre et de mourir pour la patrie. Ce peuple ingénieux avait suivi les règles d'une profonde politique dans l'institution de ses solennités vraiment nationales. Ceux qui ne verraient dans ces fêtes si touchantes par leur objet que des cérémonies purement religieuses, se tromperaient étrangement sur les motifs qui portèrent les peuples de la Grèce à les célébrer. C'étaient vraiment des institutions sociales et des preuves d'une civilisation perfectionnée, mais qui ne pouvaient s'adapter avec succès qu'aux réunions d'un peuple libre. Les Français ont eu raison d'imiter cette institution antique, depuis qu'ils ont repris leur égalité primitive. Il est donc important de donner à ces fêtes un caractère solennel, propre à graver dans les esprits les impressions salutaires, les leçons instructives et les sentiments vertueux que les législateurs ont voulu consacrer. »

Le caractère de cette fête doit se tirer naturellement de toutes les idées accessoires et de la multitude de sentiments moraux, d'images gracieuses, d'espérances douces et consolantes que cette institution aimable et touchante réveille.

Vous en trouverez les principales dispositions dans l'arrêté du Directoire exécutif, du 19 ventôse an IV (*Bulletin* 32, n° 23).

Ces dispositions sont :

1° L'armement des jeunes gens parvenus à l'âge de seize ans ;

2° L'inscription sur le registre des citoyens, des jeunes gens parvenus à l'âge de vingt-un ans, et la délivrance de la carte civique à chacun d'eux ;

3° Les récompenses à accorder aux élèves qui se seront distingués dans les écoles nationales.

Mais ne vous contentez pas de distribuer des prix aux talents, donnez des récompenses aux jeunes gens qui, par des actes de piété filiale, auront mérité cet honneur, ou plutôt félicitez publiquement les auteurs de leurs jours : la palme que les enfants auraient méritée, déposez-la entre les mains de leurs vieux parents. Que le sentiment embellisse particulièrement cette fête et que la vertu en soit le luxe et l'ornement.

Honorez non seulement le goût pour l'étude et les succès dans les arts, mais encore la simplicité des mœurs, la régularité de la conduite, l'amour du travail, la modestie, la tempérance, etc. S'il fallait classer ces prix, il semble qu'ils devraient être distribués dans l'ordre suivant :

Aux Vertus !
Aux Mœurs !
Aux Talents !

Cette proclamation solennelle doit être un des actes les plus brillants de la fête, ainsi qu'un de ses plus utiles résultats.

Saisissez l'occasion de l'armement des jeunes citoyens, pour payer un juste tribut d'éloges à cette brave jeunesse, dont l'ardeur guerrière a devancé ou suivi l'appel que faisait à leur courage la mère-patrie ; opposez à ce tableau celui de l'égoïsme et de la lâcheté de ceux qui, refusant de participer aux triomphes de la République, ont trompé leur destinée, abjuré le nom de Français, trahi leurs devoirs, leurs serments, et déshérité leurs familles et eux-mêmes de la part de gloire qu'ils avaient droit d'espérer.

Placez les noms des premiers sur un monument d'honneur ; les noms des derniers vont s'attacher d'eux-mêmes à un poteau d'infamie.

Ce contraste peut offrir aux poètes la matière d'un chant civique.

Rendez surtout sensibles, par le langage si puissant des images et des emblèmes, les vérités dont il est si important de déposer les germes dans ces âmes vierges et tendres.

Combien doit être chère à la jeunesse une Constitution pour laquelle les pères ont fait tant de sacrifices, et dont les enfants doivent recueillir tous les fruits !

La jeunesse est la saison de la vie qui s'écoule le plus vite ; mais c'est aussi l'âge dont l'emploi peut rendre le reste de la vie plus heureux ou plus malheureux : quel sujet de réflexions !

La replantation des arbres de la liberté qui n'auraient pas été plantés dans les fêtes précédentes ou qui auraient péri, peut devenir un accessoire touchant et un emblème expressif.

Une loi de la Convention nationale, du 3 pluviôse de l'an II, ordonne qu'il sera replanté des arbres de la liberté dans les communes où ces emblèmes précieux auraient péri. Cette replantation doit avoir lieu dans cette saison, plus favorable que toutes autres à la reprise des arbres. Quelle époque plus convenable peut-on choisir à cet effet que celle d'une fête où l'élite de la jeunesse sera elle-même chargée de planter cet arbre chéri, dont les progrès futurs rappelleront aux citoyens l'image attendrissante de la fête nationale où il aura été planté ! Chaque nouveau printemps renouvellera cette idée. Tout homme ayant un cœur sensible, tout digne amant de sa patrie, ne pourra passer devant cet arbre sacré, ne pourra voir de loin ses rameaux, sans éprouver un doux tressaillement. Tous les ans l'arbre verdira, et avec lui croîtra l'amour de la liberté, qui doit fleurir ainsi que lui sous l'égide de la Constitution. Heureux les jeunes gens pour qui la révolution s'est faite, qui pourront recueillir un jour le prix de nos sacrifices et se reposer paisiblement, dans leur vieillesse, à l'ombre du chêne protecteur qu'ils se ressouviendront d'avoir planté dans leur enfance!

Citoyens administrateurs, songez que cette fête ne doit pas seulement présenter un rassemblement fraternel, une pompe brillante; elle a un but plus direct et plus utile. Tout doit être dirigé vers l'enthousiasme patriotique; la morale et l'instruction : qu'aux regards de cette jeunesse qui s'élève sous les auspices de la liberté qu'elle est destinée à défendre et à honorer, tout présente l'image des vertus publiques et particulières; qu'ils apprennent à respecter leur patrie, leur famille et eux-mêmes. Montrez-leur aussi les bienfaits inestimables de l'instruction, cette vie de l'âme, ce flambeau de la raison. S'il n'y a que les peuples vertueux qui sachent conserver la liberté, il n'y a que les peuples éclairés qui sachent la connaître et l'apprécier. Oui, jeunes Français, il est encore d'autres armes que celles dont vous avez frappé les ennemis de la République; vous devez triompher aussi dans la double carrière des connaissances et des vertus.

Voyez la patrie présente au milieu de vous, les palmes dans les mains, vous désignant le temple de l'honneur civique, vous montrant les colonnes sur lesquelles vos noms peuvent être inscrits un jour par la reconnaissance nationale. Voyez les larmes d'attendrissement couler des yeux de vos pères, qui ont placé leur triomphe dans le vôtre, et pour qui vos succès sont le prix des sacrifices que leur a coûtés la glorieuse conquête de la liberté. Ah! que ce spectacle vous fasse faire un retour sur vous-mêmes! qu'il vous engage à réfléchir sur votre position et sur vos devoirs! Chacun de vous peut être fils, frère, parent, camarade, élève. Ces relations diverses vous imposent des obligations différentes envers vos compagnons, vos parents et vos maîtres. Enfin, vous touchez au moment de choisir un état; c'est un devoir à remplir envers la patrie. Vous allez devenir citoyens : comprenez bien la dignité de ce titre; la première obligation qu'il vous impose, c'est de vous rendre utiles par un métier, une profession, un emploi bien entendu de vos facultés naturelles. L'essence de la société est que chacun y travaille, et c'est surtout dans une république que l'avantage général réclame de chaque homme la portion d'activité et de force qu'il a reçue.

NOTES.

Malheur à l'oisif qui se retire de tous les devoirs, de toutes les charges de la société, pour s'en approprier tous les agréments et les droits! il abdique à la fois sa famille et sa patrie.

Tels sont les textes que je laisse à développer aux magistrats et aux orateurs qui parleront dans la Fête de la Jeunesse. Puissent-ils faire sur leurs jeunes auditeurs une profonde impression, et leur faire remporter de cette fête un souvenir dont l'influence se fasse remarquer dans le reste de leur carrière!

Salut et fraternité. FRANÇOIS (de Neufchâteau).

NOTE XVI, page 311.

FÊTE DES ÉPOUX.

Paris, le 10 avril 1799.

Le Ministre de l'intérieur, aux administrations centrales et municipales.

Citoyens administrateurs,

Je continue à parcourir avec vous la série philosophique et touchante de nos fêtes nationales. Ce sujet a pour moi un attrait spécial, et si je pouvais parvenir à bien rendre ce que je sens, je vous transmettrais des instructions dignes de ces lois imposantes et de ces sages arrêtés que je dois vous développer; mais, quoique je demeure fort au-dessus de l'idée que je m'en fais, je dois prouver mon zèle en excitant le vôtre, et ce devoir de ma place, d'accord avec le penchant de mon cœur, ne souffre ni retard, ni excuse.

Dans le système moral de nos fêtes, celle des Époux succède à celle de l'Adolescence; et, par ce rapprochement, le législateur indique à une jeunesse trop souvent égarée par de faux et stériles plaisirs, les sources de la véritable volupté dans ce lien sacré qui donne du corps à l'amour en le fondant sur la vertu.

Lorsque la corruption semble universelle; lorsque, abjurant l'aimable pudeur, cette parure de l'innocence naïve, ce charme plus puissant que la beauté même et plus séduisant encore que la grâce, une foule abusée cherche dans les plus frivoles illusions ou dans les égarements les plus coupables, le fantôme d'un bonheur toujours fugitif, suivi des dégoûts et des remords, et dans lequel on ne rencontre trop souvent que le mépris public et que sa ruine particulière, il est beau d'opposer aux tableaux de la dépravation celui de la simplicité des vertus domestiques, de cette félicité sans trouble que le sentiment embellit, que la raison confirme, où les devoirs ennoblissent et épurent les plaisirs, où les plaisirs tempèrent l'austérité des devoirs les plus saints et où l'état le plus heureux de la vie se trouve sous la sauvegarde des bonnes mœurs.

La société doit particulièrement honorer cette institution, à laquelle elle doit sa force, son lustre, et peut-être son origine; cette institution dont elle a fixé ensuite les bases, d'accord avec la nature, qui, après avoir conduit l'être sensible, par l'attrait du plaisir, à former ces liens, l'y retient par l'habitude et les charmes de la reconnaissance, par les soins communs et délicieux que l'éducation physique et morale des enfants impose au père et à la mère, dont l'amour, dirigé vers ces nouveaux objets, semble passer pour lors à un autre bonheur.

La morale, vengée et consolée, sourit à ces tableaux. Le mariage, cette union sainte et légitime, en étendant et en resserrant les nœuds des familles, assure leur repos et leur honneur; il arrête l'homme sur la pente des vices et met un frein à la dissolution des mœurs; il crée à l'être frivole ou corrompu de nouveaux sentiments et des vertus qu'il ne soupçonnait pas encore. Oui, l'homme est un citoyen plus digne et plus recommandable, du moment où il acquiert le titre de père de famille; il sent alors, par les nouveaux soins qui lui sont imposés, les obligations qu'ils a contractées envers la grande famille dont il fait partie; il ne vit plus pour lui seul; il a besoin du bonheur des autres, et sa sensibilité éveillée s'étend de ses enfants à ses semblables et de sa famille à la société. Alors l'objet de ses affections, sa compagne, ajoute au charme fugitif et périssable de la beauté celui des vertus qui ne s'efface jamais, le seul dont le temps ne puisse flétrir l'éclat; et c'est ainsi qu'elle s'assure un nouvel empire et qu'elle attache au cœur même de son époux la chaîne dont leurs enfants viennent resserrer les nœuds en les couvrant de fleurs.

Tels sont les rapports moraux qu'il convient d'indiquer dans les discours et de développer par des emblèmes et des allégories.

Il est un rapport politique non moins important : ces principes de vertus modestes et intérieures, d'ordre, de décence, d'économie, etc., se lient essentiellement à ceux du gouvernement républicain. De là, ces honneurs, ces priviléges, ces distinctions accordés par les anciens législateurs à la sainteté des mariages; de là, la censure du célibat, ce fruit de l'égoïsme et du libertinage qui corrompt la société et l'appauvrit en même temps, qui était puni chez les Grecs, et qui, chez les Ro-

NOTES.

mains, ne commença de prévaloir qu'à la fin de la République; de là, la législation motivée du divorce, remède nécessaire dont l'existence prévient celle du mal qu'il doit guérir, au sujet de quoi Montaigne a si bien dit : *Jamais les mariages ne furent chose plus sainte et plus sacrée que lorsqu'il eut facilité de les rompre;* de là, les peines infligées à l'adultère, considéré comme portant le trouble et le désordre au sein des familles et dans l'état des citoyens, et peut-être, après l'homicide, le plus punissable des crimes, puisqu'il est à la fois le plus cruel de tous les vols et le plus sanglant des outrages.

Si l'institution du mariage fut honorée et protégée par toutes les législations, elle doit l'être particulièrement par la nôtre. Non seulement cette institution se rapporte à ses principes; non seulement le mariage est une des conditions que notre loi fondamentale exige de la part des citoyens élus pour s'asseoir au Conseil des Anciens, mais seul il doit former cette génération forte et pure qui conservera et qui honorera la Constitution républicaine.

C'est par l'éducation que les pères disposeront des brillantes destinées de leurs enfants et, par suite, de celles de l'État. Heureux celui à qui on pourra adresser ces paroles : *Citoyen, la société te sait gré ; elle te félicite d'avoir donné à la patrie un citoyen, un homme préparé aux travaux de l'agriculture et des arts, et également propre à défendre la République dans les tourments de la guerre et à embellir par ses mœurs les douceurs de la paix* (1).

Voilà une partie des idées et des espérances, des images et des leçons que la loi a voulu rappeler aux républicains, lorsqu'elle a ordonné qu'on célébrât, le 10 floréal, la Fête des Époux.

L'arrêté du Directoire exécutif du 27 germinal an IV (*Bulletin 40,* n° 326), vous indique les principales dispositions de l'ordonnance de cette fête.

Distinguer les personnes mariées qui, par quelque action louable, auront mérité de servir d'exemple à leurs concitoyens, ou qui, déjà chargées de famille, ont adopté un ou plusieurs orphelins; inviter à la fête les jeunes époux unis pendant le mois précédent et pendant la première décade de floréal; y donner des places d'honneur aux vieillards accompagnés de leurs enfants et petits-enfants, etc., telles sont les principales dispositions de cet arrêté.

---

(1) C'est à peu près le sens des fameux vers de Juvénal :

Gratum est quod patriæ civem populo que dedisti, etc., etc.

Vous les étendrez par tous les moyens que votre zèle éclairé pourra vous suggérer ou qui naissent des considérations que je viens de vous développer.

Placez avec honneur le buste du précepteur d'Émile au milieu d'un groupe de mères et d'enfants; rendez honneur aux mères qui nourrissent, aux pères qui sont instituteurs.

Rappelez la mémoire et présentez, s'il est possible, les images de Cornélie, mère des Gracques; de Porcie, d'Aricie, d'Éponine.

Répétez, célébrez les traits touchants de tendresse conjugale que l'histoire nous a conservés.

Ne vous bornez pas à honorer l'héroïsme, le dévoûment, le courage, les vertus brillantes; payez aussi un juste tribut aux vertus obscures, à l'économie, à la tempérance, aux vertus douces et modestes, à la décence, à la pudeur, à la foi dans les engagements, etc.

Couronnez les parents dans leurs enfants en accordant quelque distinction à ceux dont les fils se sont illustrés dans la carrière du patriotisme, des lettres et des arts; à ceux dont les enfants ont volé à la défense de la patrie et dont le sang a coulé, ou qui se sont honorés par des actions héroïques et généreuses; à ceux aussi dont les filles se sont distinguées par leurs vertus.

Invitez les directeurs de spectacles à donner pendant ce jour des pièces morales, telles que le *Père de famille*, le *Préjugé à la mode*, le *Bourru bienfaisant*.

Vouez au mépris, à l'animadversion publique, les mauvaises mœurs, la séduction, la débauche, l'oubli des devoirs, tous ces vices nés dans la corruption de la monarchie, et que la morale républicaine doit proscrire et faire disparaître. Que cette fête prenne le caractère auguste et touchant qui lui convient. Elle rappelle à la fois les images les plus douces et les plus imposantes, l'amour pur et ses ineffables jouissances, la tendresse maternelle, le bonheur et les soins de la paternité, les égards réciproques, le partage des plaisirs et des peines, qui centuple les premiers et atténue les derniers; les principes de l'éducation des enfants, enfin tous les devoirs de père et de mère de famille.

Que les emblèmes, les chants, les discours, rendent ces grandes vérités sensibles à tous les esprits et chères à tous les cœurs.

Le mariage a trois objets : le bonheur des époux, l'éducation des enfants, la conservation de la société; sachez le faire envisager sous ce triple rapport.

Orateurs citoyens, vous ne serez point dans le cas de ces rhéteurs

NOTES.

du fanatisme qui, s'étant voués par état à un célibat corrupteur, n'étaient pas dignes de parler de l'amour conjugal.

Vous trouverez dans vos cœurs mêmes la source pure et abondante des sentiments qu'inspire la Fête de l'Hymen et les paroles les plus propres à les faire goûter.

Si vous aviez besoin d'un texte, ouvrez les *Essais de Montaigne*, et, dans son style plein de grâce, de vérité et d'énergie, voyez ce qu'il a si bien dit pour relever le mariage : « Il a, pour sa part, l'utilité, la justice, l'honneur et la constance; c'est une douce société de vie, pleine de confiance et d'un nombre infini de bons, de solides offices et obligations mutuelles. A le bien façonner, il n'est point de meilleure pièce dans la société. Aucune femme qui en savoure le goût ne voudra tenir lieu de maîtresse à son mari. »

Le chapitre VII de l'*Économique de Xénophon* (1) pourrait aussi servir de texte aux discours à prononcer dans la Fête des Époux. Les modernes n'ont rien dit de mieux raisonné ni de plus persuasif; mais ils ont démontré par des calculs exacts que l'on vit plus longtemps dans l'état du mariage que dans celui du célibat. Confirmez par ce fait le vœu de la nature.

Présentez surtout le tableau touchant des soins consolateurs que les époux se doivent, qu'ils donnent à leurs enfants et que leurs enfants leur rendront un jour.

L'arbre aux rameaux étendus que la vigne enlace, dont l'ombrage tutélaire dispense la fraîcheur sur de jeunes et tendres plantes qui croissent, s'élèvent et couronnent de fleurs ses branches chargées de fruits délicieux, telle est l'image des bienfaits du lien conjugal.

En rendant un juste hommage au sexe qui donne, charme et console la vie, n'oubliez pas ce mot d'un homme éloquent et vertueux : *Sans les femmes; les deux extrémités de la vie seraient sans secours, et le milieu sans plaisirs* (2).

Ramenez les femmes, par les exemples mêmes qu'elles ont donné, aux vertus simples et modestes; présentez la peinture effrayante des

---

(1) Cicéron traduisit l'*Économique de Xénophon;* on trouve dans Columelle plusieurs fragments de cette traduction, et, entre autres, une assez grande partie (chap. VII) sur le *mariage.* Il commence ainsi : *Maritale conjugium sic comparatum est à naturâ, ut non solum jucundissima, verum etiam utilissima vitæ societas iniretur, etc.* On pourra consulter aussi l'*Esprit des Lois,* tome III, chap. XX, etc.

(2) Thomas.

malheurs publics et particuliers qu'entraînent la dissolution des mœurs et l'oubli de la foi des engagements.

Livrez au mépris ceux qui font de cet état, d'où dépend le bonheur de la vie entière, un vil trafic d'intérêt, et qui mettent un calcul à la place d'un sentiment.

Rendez enfin à cette institution la dignité qu'elle n'obtient que dans les républiques ; vengez-la des insultes que lui fit la légèreté française sous la monarchie, où l'on répandit sur les objets les plus respectables le vernis d'une coupable frivolité.

Puissent les peintures sentimentales ramener aux routes de la vertu ceux qui sont assez malheureux pour s'en écarter ! Puisse l'image du bonheur des époux augmenter celui dont ils jouissent, leur apprendre à le mieux servir, à leur rendre leurs devoirs plus précieux et plus chers, les diriger dans l'éducation de leurs enfants, et enfin créer une classe nouvelle d'hommes sensibles, de pères et de mères de famille respectables et de citoyens éprouvés, qui, par l'exercice des vertus particulières, se préparent à exercer un jour toutes les vertus publiques !

Tels sont, citoyens administrateurs, les vœux que je vous confie et que vous aiderez à réaliser.

Je compte sur le soin que vous prendrez pour embellir la Fête des Époux; mais avant de finir ma lettre, je crois devoir vous indiquer et vous recommander un détail précieux qui peut rendre tout à la fois cette cérémonie et plus touchante et plus utile : ce serait, citoyens, de ne pas oublier, dans ces jours d'allégresse, qu'il est des êtres malheureux. Ah ! sans doute il est digne du bon esprit républicain de les faire participer par un moyen quelconque à nos fêtes nationales.

Oui, ce sont les jours de ces fêtes que vous devez choisir pour faire voir à la jeunesse, pour visiter vous-mêmes les asiles de la misère, et les prisons et les hospices, surtout ceux où l'on recueille ces enfants infortunés, victimes ou de la mort, ou de l'indigence, ou de la barbarie des auteurs de leurs jours. Est-il dans la nature des êtres plus à plaindre? Rien ne peut, dans le monde, suppléer aux effets de l'amour maternel, et ils en sont privés. Ils sont perdus dans ces hospices où il est impossible de pourvoir convenablement et à leur nourriture et à leur éducation. Que cette idée est déchirante ! que ce spectacle est douloureux ! qu'il serait beau de parvenir à donner à chacune de ces victimes des parents et une famille qui soigneraient leur existence et les attacheraient à la société par le don d'un état et la double culture des talents et des mœurs !

NOTES.

L'adoption, heureusement permise par nos lois, présente à cet égard à tous les citoyens un moyen bien facile de suppléer à l'impuissance de la bienfaisance publique par les actes divins d'une bienfaisance privée.

Emparez-vous de cette idée, citoyens administrateurs ; excitez, provoquez, appelez à grands cris sur ces pauvres enfants la sensibilité de vos concitoyens. Non, non, ils ne seront point sourds à la voix de l'humanité ; il s'en trouvera, je l'espère, et dans tous les cantons, il s'en trouvera, dis-je, qui se chargeront de quelqu'une de ces infortunées et innocentes créatures. Que ces adoptions orneront solennellement la Fête des Époux ! Quel plus délicieux spectacle pourra s'offrir aux yeux du grand peuple ? Il fera tressaillir les entrailles de tous les pères et tous les cœurs de toutes les mères ; il intéressera et la pitié de la jeunesse et la raison de l'âge mûr ; enfin, il donnera à nos fêtes nationales le véritable caractère que le législateur voulut leur imprimer, puisqu'il en fera le théâtre d'une bienfaisance éclairée, le triomphe de la nature et le règne de la vertu.

Salut et fraternité.   FRANÇOIS (de Neufchâteau).

NOTE XVII, page 311.

FÊTE DE LA RECONNAISSANCE.

Paris, le 10 mai 1799.

Le Ministre de l'intérieur aux administrations centrales et municipales de la République.

Citoyens administrateurs,

Vous avez dû remarquer que dans les différentes fêtes que vous venez de célébrer, l'intention du législateur a toujours été de placer le plaisir à côté de la vertu et de prouver que le plus doux et le plus pur des sentiments s'associe à l'exercice des devoirs.

Ces jouissances délicieuses pour une âme honnête, cette volupté morale, sont particulièrement affectées à la vertu que je vous rappelle aujourd'hui par la fête de la *Reconnaissance*.

La reconnaissance est la dette commune de l'humanité. Eh ! qui ne tressaille à ce nom touchant ! qui de nous ne songe aussitôt aux êtres respectables dont il reçut le bienfait de l'existence, à la nourrice qui allaita son enfance, à la tendresse ineffable d'une mère, aux sollicitudes d'un père vertueux, aux sages leçons de l'instituteur qui conduisit ses premiers pas dans la carrière des sciences et des vertus, aux compagnons de ses jeunes années, devenus ses amis dans son âge mûr; à l'épouse modeste et sensible dont les charmes et la vertu font son bonheur, aux caresses de ses enfants, enfin à cette chaîne de bienfaits que la nature, les hommes et la société ont étendue autour de lui !

Oui, chaque moment de notre existence nous rappelle ces obligations sacrées : en effet, *les deux extrémités de la vie ont besoin de la pitié de nos semblables;* et c'est la société qui en protége et en embellit le cours. La société ne subsiste que des services mutuels que les hommes se rendent; c'est un commerce de bienfaits. Ainsi, l'ingratitude, le plus exécrable des vices, est la destruction de toute union sociale : tout nous fait donc une loi de la reconnaissance.

C'est elle qui resserre les liens de cette fraternité qui doit unir tous les hommes; c'est elle qui alimente notre sensibilité et qui nous dispose à la bienfaisance par un juste retour à la commisération pour le malheur que nous avons éprouvé; à la philanthropie, qui transporte à l'espèce ce qu'on ne peut acquitter envers l'individu; enfin, à toutes les vertus douces, à tous les sentiments tendres et consolateurs.

Aussi chez les anciens, nos modèles et nos maîtres en tout genre, le mot consacré à exprimer la reconnaissance, considérée comme un acte, comme un devoir religieux, s'appelait *piété*.

Qu'elle est auguste cette religion du malheur et de la reconnaissance ! et qu'il est beau de ranimer de pareilles institutions !

De là aussi ce respect pour les animaux agriculteurs, pour l'arbre hospitalier, pour les pénates protecteurs, pour les lieux témoins de quelque heureux événement.

De là cette tendresse que l'on transporte à des objets inanimés et insensibles, mais qui s'animent pour nous par les souvenirs, et qui nous deviennent chers par le charme impérieux et magique de toutes les sensations qui viennent se recomposer autour d'eux; de là cette vénération pour les tombeaux, ce respect pour l'image sacrée d'un père, pour le meuble dont il se servait; de là cette fidélité à exécuter ses volontés dernières.

C'est la reconnaissance qui révéla à l'homme une divinité ; c'est elle aussi qui remplit les temples d'offrandes et qui couvrit les autels de sacrifices.

Cette vertu est dans le cœur de l'homme, quoi qu'en disent des sophistes sombres, et dont le cœur glacé ne s'est jamais ouvert au plaisir d'aimer.

NOTES.

C'est même pour modérer l'effusion naturelle de ce sentiment que les législateurs, dans les républiques bien constituées, se sont occupés, non de réprimer, mais de régulariser l'expression de la reconnaissance publique. Et alors, se liant aux rapports politiques, elle doit être réservée aux grandes masses de citoyens et non à quelques hommes (si ce n'est après leur mort, et lorsqu'ils ont constamment mérité, par des vertus, un culte public de gratitude). Elle doit être réservée aux vertus solides et non aux talents séducteurs; aux vertus de toute la vie et non à celles d'une année, d'un jour, d'un moment.

La reconnaissance publique se manifeste par de grandes solennités, par les déclarations du Corps législatif, les proclamations, les pompes funèbres, les éloges, etc.

Citoyens administrateurs, disposez toutes les âmes à s'ouvrir dans cette fête aux sentiments les plus affectueux, par des scènes touchantes et par les plus simples emblèmes. L'enfant qui étend en souriant ses petits bras vers le sein qui l'a nourri, la vigne qui s'enlace au chêne et suspend des fruits sur son feuillage, les fleurs qui couronnent une source tombante, le fleuve qui rapporte à la mer les eaux qu'il en a empruntées, l'animal aimable et fidèle qui meurt en léchant la main qui l'a nourri, etc., toutes ces images de la nature sont de très-expressives allégories de la reconnaissance.

Les animaux eux-mêmes en donnent des leçons à l'homme. Il n'est pas permis d'oublier le lion d'*Androclès*.

Que dans ce jour les enfants offrent des couronnes à leurs parents et les élèves des palmes à leurs instituteurs.

Placez sur des bannières ou sur le marbre des temples, des maximes relatives à la bienfaisance et à la reconnaissance, et tirées de nos meilleurs écrivains, telles que ce vers de *Voltaire* :

<blockquote>Qu'il est beau, qu'il est grand de faire des ingrats!</blockquote>

Ces lignes de *Duclos* :
Si chacun faisait tout le bien qu'il peut faire sans s'incommoder, il n'y aurait point de malheureux.

Le *Traité des Bienfaits*, par *Sénèque*, surtout le troisième livre (traduction de *Lagrange*), pourra vous offrir une foule de sentences.

Mais c'est surtout dans votre cœur, dans votre sensibilité, citoyens administrateurs, et vous, orateurs et poètes, que vous puiserez l'éloquence de vos discours.

Promettez et vouez reconnaissance à ces défenseurs généreux de la patrie, dont le sang a coulé pour la cause sacrée de la liberté ; et s'il se trouve à cette fête quelques vieux soldats de la République, mutilés, couverts d'honorables blessures, honorez dans sa personne le courage héroïque de nos frères d'armes. Tel a été surtout l'objet de l'arrêté du Directoire qui a prescrit le mode de célébration de cette fête. *(Arrêté du 20 floréal an IV, Bulletin 45, n° 387.)* Mais ce n'est pas uniquement aux vertus militaires que vous devez l'hommage du sentiment né des bienfaits ; promettez et vouez reconnaissance aux magistrats qui prendront pour modèle les vertus d'*Aristide* et de *Caton*, aux philosophes qui consacrent leurs veilles, leurs talents et leur vie à pratiquer et à enseigner la vertu.

Proclamez avec honneur les noms des citoyens qui ont bien mérité de leur commune, en s'occupant, à l'exemple des Romains, de consacrer leurs richesses à des objets d'utilité publique.

Proclamez le nom de ceux qui ont fait élever à leurs frais une fontaine publique, ouvert un chemin ou planté des arbres sur la route du voyageur, etc. ; et saisissez cette occasion d'inspirer à vos concitoyens une émulation philanthropique, de leur révéler ces nobles jouissances attachées à la bienfaisance, et de leur enseigner enfin cet heureux emploi de la fortune, ce luxe patriotique qui n'est connu que dans les États libres.

Proclamez avec honneur le nom de ceux qui élèvent des ateliers et des manufactures, où le pauvre trouve des moyens d'occupation et de subsistance ; les noms de ceux qui assurent aux femmes, aux vieillards, aux enfants, du feu et des travaux pendant l'hiver, ou qui fondent des établissements pour recevoir les malades et les infirmes.

Proclamez enfin le nom de ces respectables philanthropes qui, dans tous les pays, s'occupent d'améliorer le sort des hommes. Ne vous informez pas de quelle nation ils sont ; ne voyez que leurs bienfaits envers l'humanité.

Enfin, citoyens administrateurs, ne vous contentez pas de rappeler la bienfaisance et la reconnaissance par des discours ; mettez en action le plus touchant spectacle, faites parmi vos concitoyens des collectes, ou invitez-les à vous faire passer volontairement des secours pour tant de malheureux qui gémissent sous le poids de la nécessité.

Choisissez ce jour pour fonder des sociétés de bienfaisance ; chargez surtout les femmes, les enfants, les vieillards, du pieux ministère de soulager l'infortune ; surveillez seulement l'application de ces secours, afin qu'ils soient équitablement répartis ; surtout faites distribuer ces secours en nature.

NOTES.

C'est par des bienfaits qu'il faut marquer le 10 prairial, époque fixée par la loi du 3 brumaire, pour la Fête de la Reconnaissance. C'est l'exercice des vertus qui doit l'embellir : les bénédictions des malheureux, voilà sa pompe; les cris du cœur, les larmes de l'attendrissement, voilà son intérêt; la sensibilité, voilà son charme.

Salut et fraternité. FRANÇOIS (de Neufchâteau).

P. S. En attendant que nos poëtes aient pu seconder la morale publique par la composition de pièces appropriées aux grands objets de nos fêtes nationales, vous inviterez les directeurs de spectacles à donner ceux des ouvrages de théâtre existants qui sont les plus propres à nourrir ces sentiments dans l'âme des spectateurs, tels que l'*Indigent*, le *Bienfait anonyme*, etc., etc.

NOTE XVIII, page 346.

LES NOUVELLES ADMINISTRATIONS MUNICIPALES, INSTALLÉES LE 30 MARS 1799.

Municipalité du Nord. — Les citoyens Rochefort, président; Bergerot, Comberry, Clochard, Martin, Peyrotte, Robert, administrateurs; Boisville, commissaire du Directoire exécutif.

Du Sud. — Citoyens Béchcau, président; Aly, Azevedo, Cadilhon, Curcier jeune, Laborde, Laclaverie, administrateurs; Latapy, commissaire du gouvernement.

Du Centre. — Citoyens Giraud, président; Beraud, Larroque, Mousencal, Pajoin, Drousson, Gacher, administrateurs; Letellier fils aîné, commissaire.

NOTE XIX, page 372.

LES NOMS DES ÉPOUX BORDELAIS DOTÉS ET MARIÉS EN MÊME TEMPS QUE NAPOLÉON ET MARIE-LOUISE.

Époux.	*Épouses.*
Pierre Saincrit.	Pétronille Duséré.
Jean Labat.	Marie Martin-Lestonat.
B^d Lanus.	Catherine Mangeot.
Jacques Zucchi.	Marie Monteau.
Antoine Cabirau.	Jeanne Frappier.
Bertrand Vinsotte.	Jeanne Rollet.
Bertrand Piron.	Marguerite Denis.

Époux.	*Épouses.*	NOTES.
Bernard Thibaudeau.	Marguerite Durand.	
Jean-Baptiste Extrême.	Magdeleine Tiffon.	
Martin Reix.	Françoise Goyeau.	

NOTE XX, page 372.

LES NOMS DES ÉPOUX MARIÉS LE 9 JUIN 1811, A L'OCCASION DU BAPTÊME DU FILS DE NAPOLÉON.

1. Guillaume Pontet, ancien voltigeur au 7me régiment d'infanterie légère, natif de Sainte-Hélène, arrondissement de Bordeaux, et Élisabeth Lafond, née à Bordeaux, demeurant au chemin du Médoc, n° 30.

2. Gabriel Corbu, dit *Corbleu*, natif de Saint-Esprit (Landes), près Bayonne, demeurant aux casernes, et Marguerite Touche, native de Cadaujac, près Bordeaux, demeurant rue du Cahernan (Sainte-Catherine).

3. Jean-Baptiste-Marie Drouaillet, ancien dragon du 4me régiment, natif de Gray (Haute-Saône), demeurant aux casernes, et Agnès Ursule, native de Marseille, demeurant rue Villeneuve, n° 5.

4. Pierre Constantin, ancien sergent au 114me régiment d'infanterie, natif de Perriès (Lot-et-Garonne), demeurant aux casernes, et Marguerite Bourrieu, de la commune de Salles (Gironde), demeurant rue Sainte-Eulalie.

5. Mathieu Bugard, ancien chasseur de la 28me demi-brigade; infanterie légère, natif de Bordeaux, demeurant aux casernes, et Marie Durand, née au Pian, arrondissement de La Réole, demeurant rue du Loup.

6. Mathieu Pauqui, ancien fusilier du 79me régiment d'infanterie de ligne, natif de Basens (Lot-et-Garonne), demeurant aux casernes, et Jeanne Mouche, née à Bordeaux, y demeurant, rue Saint-Martin.

7. Jacques-François Barbeyron, ancien fusilier du 100me régiment de ligne, natif de Saint-Michel-des-Montagnes (Dordogne), demeurant rue Frère, et Marguerite Touret, née à Bordeaux, demeurant rue Frère.

8. Morillon Giraudeau, ancien caporal au 52me régiment d'infanterie de ligne, natif de Saurats, demeurant chemin du Sablonat, et Marie Flougerac, née à Saint-Macaire, demeurant chemin du Sablonat.

9. Bernard Soustre, ancien poulieur de l'arsenal de Rochefort, né

à Bordeaux, demeurant rue Pichadey, et Marie Latournerie, née à Bordeaux, demeurant rue Saumenude.

10. Jean Simon, ancien caporal du 10ᵐᵉ régiment de ligne, natif de Bordeaux, demeurant rue Cantemerle, et Marie Grillet, née à Bordeaux, demeurant rue Mirabeau, Terre-Nègre, Saint-Seurin.

Des voitures devaient prendre les époux la veille (8 juin) et les conduire à la mairie, dont la salle était décorée d'inscriptions et d'emblèmes et des chiffres de Leurs Majestés, les portes ornées de festons de verdure, une jonchée à la porte et toute la façade illuminée. Arrivés dans la cour de l'Hôtel-de-Ville, au son du tambour et des fanfares, les époux devaient être conduits dans la salle au son d'une musique militaire, et après les formalités civiles du mariage et la remise des dots et un brillant concert, être reconduits avec solennité chez eux. Le lendemain, la même cérémonie pour les conduire à dix heures à Saint-André, où le corps municipal et tous les fonctionnaires, ainsi que les parents des époux, devaient avoir des places réservées. En sortant de Saint-André, on devait se rendre aux amusements du Champ-de-Mars, puis à *Plaisance*, où un banquet les attendait. Ensuite venaient le festin, des danses, des amusements de toute sorte, et le tout terminé par un beau feu de joie dans les jardins de l'établissement de Plaisance, près la Chartreuse.

NOTE XXI, page 383.

ORGANISATION DE L'INSTITUT ROYALISTE (SOUS LE NOM D'INSTITUT PHILANTHROPIQUE), FORMÉ A BORDEAUX, EN VERTU DE LA LETTRE DE SON ALTESSE ROYALE MONSIEUR, ADRESSÉE A Mᵐᵉ LA MARQUISE DE DONISSAN, EN 1796.

M. Dupont, commissaire du roi.

Conseil intime et secret.

Mᵐᵉ la marquise de Donissan, MM. Dudon père et fils, Deynaud, Magnan, Pepin, l'abbé Jagault, voyageur envoyé en Angleterre auprès de S. A. Monsieur; Queyriaux aîné, chargé de la correspondance et des rapports.

Conseil général.

MM. Brochon père, Duchêne de Beaumanoir, Gassiot, Gibert de Moras, Duboucher, Laville, notaire; Brossac, secrétaire.

Présidents d'arrondissements.

MM. Cosse, Letellier, Latour.

Chefs d'arrondissements à Bordeaux.

MM. Dupouy, Estebenet, Archebold, Marmajour, Hons, Bergeret, Barbe.

Adjoints.

MM. Decours, Arnauzan, Devaux, Laborde.

Trésorier et Payeur.

M. Prunier. (M. Dumas, agent de change, lui fut adjoint pour les opérations de la comptabilité.)

Chefs d'arrondissements hors de Bordeaux.

En Médoc : MM. Magnol et Moreau.

A La Teste : M. Turquault.

Bordeaux et les arrondissements fournissaient 10,000 hommes.

État-major.

M. Le duc de Lorges, général en chef; il devait rentrer en France.
MM. Papin, général commandant la division de la Gironde.
    De Maillan, major général.
    Pascal Sabès.
    Em. Labarthe, chef d'état-major.
    Détravaux, adjoint au chef d'état-major et voyageur.
    Queyriaux aîné, } aides-de-camp et secrétaires de l'état-major.
    Sévène,
    D'Hyribarens, } aides-de-camp.
    Paris d'Auch,
    Gaultier, major attaché à l'état-major.
    J. Sébastien Rollac, capitaine-adjoint à l'état-major, chargé des poudres et des cartouches.
    Barrière-Laberne, capitaine à St-Macaire et adjoint à l'état-major.
    Boyer et Clairval, aumôniers.
    Archebold, médecin.
    Jonquet, chirurgien.

Régiments en activité à Bordeaux.

Artillerie.

M. Pascal Sabès, chef d'artillerie, adjudant général. (Six pièces de canon.)

Cavalerie.

MM. de La Complay, chef supérieur; de Ségur, colonel; Toupé-

NOTES.   Lavalette, major; Gaumondie-Lachaufrerie, aide-major; Roger, capitaine de la compagnie des guides à cheval; Pitar-Laclotte, lieutenant. — (600 hommes effectif.)

Infanterie.

MM. Merlhe, colonel; Paris, lieutenant-colonel; Gauthier, major; Bacqué, adjudant et chargé de distribuer les ordres; Ducru, quartier-maître; Anglade, aumônier.

Compagnie d'élite, servant d'éclaireurs.

MM. Latour-Olanier, capitaine; Estrade, lieutenant et voyageur; Destang, sous-lieutenant.

Ils avaient dans cette compagnie toute la riche jeunesse de Bordeaux, ardente et courageuse, prête à courir partout pour arracher à la mort les victimes des tyrans révolutionnaires.

Compagnies.

Capitaines. — MM. Verdale, Chaliva, Eyquem, Dervieux, Gérus, Renard, Malartic, Angaud, Faget aîné, négociant.

Lieutenants. — MM. Gaudin, Véran, Périer, Dupuch, Pleu, Ficuzal, Lavidalie, Faget jeune, négociant.

Régiments sédentaires.

MM. De Meslon, colonel; D'Arcanson, lieutenant-colonel; Seignouret, major.

Capitaines. — MM. Beaulieu père, Poupard, Devaux, Chabrilla, Deschamps, Dubosc, Sabès aîné, frère du général; Andrieux, Rollac, adjoint à l'état-major.

Lieutenants. — MM. Brussac, Laffitte, Bersac, Roquet père, Planet.

Nous regrettons de ne pouvoir pas donner les noms de tous les officiers.

En Médoc : MM. Descharmes, commandant; Maquet, major, chef d'arrondissement; Moreau, aide-major, chef d'arrondissement; Taffard de Saint-Germain, capitaine.

NOTE XXII, page 427.

ATTESTATION DE LORD DALHOUSIE, EN FAVEUR DE M. BONTEMPS-DUBARRY.

« J'atteste avec plaisir, sur la demande qui m'a été faite de la part
» de M. Bontemps-Dubarry, chef d'escadron, actuellement à Paris,
» que, depuis sa mission auprès de Son Altesse Royale Monseigneur le

» duc d'Angoulême, à Saint-Sever, et sa négociation auprès de Son
» Excellence M. le duc de Wellington, qui fut suivie de l'envoi d'une
» partie des troupes anglaises à Bordeaux, dont je commandais l'ar-
» rière-garde, j'ai toujours voulu, depuis mon commandement en chef
» des troupes à Bordeaux, ainsi que Monseigneur le duc d'Angoulême,
» que M. de Bontemps-Dubarry se joignît à l'état-major dans les mou-
» vements qui devinrent nécessaires pour débloquer les ports de Branne
» et de Saint-André-de-Cubzac. J'ajoute que, soit par ce que j'ai vu
» de lui, ou par ce que j'ai lu de lui, dans sa correspondance, à raison
» de ces deux mouvements, j'ai jugé de ses moyens, de son intelli-
» gence et particulièrement de son courage, par sa conduite dans l'af-
» faire qui eut lieu à Saint-Germain, près de Cubzac. Je lui réitère ici
» avec satisfaction les sentiments de mon estime particulière.
» A Bordeaux, le 14 juillet 1844.
» *Signé* : DALHOUSIE, lieutenant-général. »

NOTE XXIII, page 445.

LES DISPOSITIONS DU PROGRAMME POUR LA RÉCEPTION DE LEURS ALTESSES ROYALES, LE 5 MARS 1815.

1° Dimanche prochain, 5 du courant, tous les bâtiments de la rade, sans exception, seront tenus d'avoir le pavillon de poupe de leur nation, depuis le lever jusqu'au coucher du soleil. Ceux qui sont guindés devront être pavoisés complètement, et s'ils ont leur artillerie montée, ils répéteront les salves du navire servant d'amiral, ayant la plus grande attention de ne tirer le canon qu'après que le brigantin de Leurs Altesses Royales les aura dépassés.

2° Les propriétaires de canots, couralins ou autres petites embarcations, sont invités à les faire orner de guirlandes et banderoles ; ils seront libres de parcourir ainsi la rade, mais il ne sera permis à aucun d'approcher le brigantin de Leurs Altesses ; ils devront s'en tenir à la distance d'au moins trente mètres (cent pieds).

3° Pour éviter les événements fâcheux qui pourraient résulter de l'imprudence de ceux qui entreraient en trop grand nombre dans ces embarcations, il est défendu aux patrons de recevoir plus de six personnes dans leurs couralins ou autres canots ; et, dans les autres bateaux, quelle que soit leur grandeur, au-dessus de dix tonneaux, plus de trente personnes.

4° Les patrons ou propriétaires de ces bateaux qui se permettraient d'en prendre un plus grand nombre, seront punis administrativement.

5° Il est défendu aux barques et aux autres embarcations de mouiller entre les deux lignes de navires, afin que le passage du brigantin de Leurs Altesses Royales soit libre.

6° Aucune embarcation ne pourra stationner ni aborder à la cale du Chapeau-Rouge, depuis midi jusqu'après le débarquement de Leurs Altesses Royales; il en sera de même de la cale de La Bastide, sur la rive droite.

7° Le fermier du passage sera tenu d'avoir tous ses bateaux au complet; il formera un équipage particulier, ce jour-là, pour les bateaux plats, et prendra même des bateaux supplémentaires, pour que la suite et les équipages de Leurs Altesses n'éprouvent aucun retard; il se conformera, pour le nombre des personnes à recevoir dans ses bateaux, à l'article 3.

8° Tous les quais et la chaussée, sur toute l'étendue du port, devront être débarrassés de toutes marchandises et matériaux.

9° Dès le matin, tous les monuments publics auront arboré le drapeau blanc et seront ornés de guirlandes et de festons.

10° Toutes les maisons du port ainsi que des rues où passera le cortége, seront décorées.

11° Leurs Altesses Royales devront débarquer à la cale du Chapeau-Rouge; une colonne placée près de la cale annoncera le point de débarquement.

12° Un salon de réception sera préparé pour recevoir Leurs Altesses.

13° La place du Chapeau-Rouge sera limitée par une enceinte.

14° Après avoir été complimentées, Leurs Altesses seront invitées à monter dans leur voiture, et le cortége se dirigera vers la rue du Chapeau-Rouge.

15° Au moment du passage de Leurs Altesses près de la place de la Comédie, un orchestre placé sur la terrasse de ce monument accompagnera un chant analogue à la circonstance.

16° Le cortége montera la rue de l'Intendance, longera la place Dauphine, en tournant à gauche, entrera dans la rue Dauphine, descendra le cours d'Albret et aboutira au palais par la rue et la place Rohan.

17° Les rues où passera le cortége devront être débarrassées de tout objet qui pourrait y gêner la circulation.

18° Depuis deux heures jusqu'à cinq, aucune voiture ne pourra circuler ni stationner dans les rues où doit passer le cortége.

19° Il ne sera construit sur la voie publique, dans aucun lieu du passage, ni amphithéâtres, ni gradins, pour éviter les accidents qui pourraient en être la suite.

20° Les propriétaires des bains dits du Chapeau-Rouge, bains orientaux, et les cafés à la suite, ne pourront recevoir que le nombre de personnes que la police aura permis. Il sera placé devant leurs portes des gardes, à leurs frais, pour maintenir l'exécution de la mesure qui leur aura été prescrite.

21° Il est expressément défendu de monter sur les toitures des boutiques de la foire, non plus sur celles des petites barraques environnantes.

22° Les voitures qui ne font pas partie du cortége du palais de Leurs Altesses Royales ne pourront s'y rendre que par les rues des Remparts, des Trois-Conils, et par les rues qui aboutissent à la place Rohan. Elles seront tenues d'aller au pas et de prendre la file alternativement en arrivant sur la place du Palais-Royal.

23° Le dimanche, jour de l'arrivée, il y aura illumination générale.

Fait à Bordeaux, en l'Hôtel-de-Ville, le 4 mars 1815.

Le Maire de Bordeaux, le comte DE LYNCH.

NOTE XXIV, page 474.

SUR LA MORT DU CAPITAINE TROPLONG, LE 1ᵉʳ AVRIL 1815.

Les circonstances de cette mort sont diversement rapportées par les écrivains qui s'en sont occupés ; notre impartialité nous force à donner ces opinions divergentes, ainsi que la nôtre, sur leur valeur respective.

Dans le *Bulletin polymathique* (1ᵉʳ mai 1815), qui se publiait à Bordeaux, on lit : « Le 1ᵉʳ avril, dès le matin, la garde nationale et les » volontaires royaux formèrent un carré, sur la rive gauche de la Ga- » ronne, vis-à-vis de La Bastide. A trois heures, Madame la duchesse » d'Angoulême se présenta et dit à la garde de ne rien faire. Cependant » vers les quatre heures, les volontaires royaux firent feu, et M. Trop- » long, membre de la Légion-d'Honneur et capitaine de la première » compagnie des grenadiers de la garde nationale, fut la victime de » l'imprudence ou de la méchanceté. »

Ce récit est très-vague ; il nous donne seulement à comprendre que le coup de fusil partit d'entre les volontaires royaux, ce qui s'accorde assez avec ce qu'en dit M. de Martignac : « Le capitaine Troplong, ayant

» voulu s'éloigner avec sa compagnie, suivant l'ordre de Son Altesse
» Royale, avait été menacé, arrêté et enfin frappé de mort par des
» hommes de ce bataillon (les volontaires royaux) dont j'ai déjà eu occasion de parler. » De ce récit de M. de Martignac, il semble qu'on doive
conclure qu'au lieu d'être une simple imprudence, le coup de fusil qui
tua M. Troplong fut un acte de vengeance politique, le triste résultat de
l'exaltation des volontaires royaux, qui soupçonnaient injustement le
loyal Troplong de vouloir abandonner son drapeau et trahir la cause du
roi !

Voici une autre relation faite par M. de Clarens, commandant des
volontaires royaux au 1er avril, et insérée par lui dans le *Mémorial
bordelais* du 31 juillet 1815.

Dans une lettre adressée à M. de Peyronnet, avec un numéro du
Muséum de l'instruction publique de Bordeaux, où il était dit « que, vers
» les quatre heures, les volontaires royaux firent feu, et que M. Trop-
» long, membre de la Légion-d'Honneur, capitaine de la première
» compagnie des grenadiers de la garde nationale, fut la victime de
» l'imprudence ou de la méchanceté. »

Dans cette lettre, dis-je, l'auteur, M. Clarens, commandant en second des volontaires royaux, dit qu'il dément cette assertion et assure
que « M. Troplong fit une faute que la position critique où l'on se trou-
» vait pouvait seule excuser; il se mit en marche, sans que j'en fusse
» prévenu, et cependant j'étais le commandant de toute la garde natio-
» nale, par l'absence de M. de Pontac, que le bien du service avait
» appelé ailleurs. Le mouvement de cette compagnie s'exécuta, et lors-
» que la tête de colonne arriva à la hauteur de la première file du ba-
» taillon de garde nationale active, elle fut arrêtée par le cri de : *Halte-
» là ! vous ne passerez pas !* Au même instant, un coup de fusil tiré d'une
» fenêtre semblait donner le signal du carnage. MM. de Puységur et
» Troplong furent désignés : M. Troplong fut victime et M. de Puy-
» ségur n'échappa que par une sorte de miracle. Il est certain que les
» trois quarts des coups de fusils furent tirés en l'air par ce bataillon
» de la garde nationale *active*, dont plusieurs volontaires avaient été
» armés seulement le matin ; mais il est faux, il est même impossible
» que la garde nationale ait fait feu sur M. de Puységur et M. Troplong ;
» il est impossible encore que cette action ait été commise par un des
» pompiers de la garde, puisque, par l'ordre de bataille, les deux com-
» pagnies de pompiers se trouvaient placées à l'extrême gauche de toute
» la ligne et, par conséquent, à plus de deux cents pas de l'endroit où

» se sont tirés les coups de fusil. M. Troplong avait commis une faute
» irréparable dans l'assemblée qui eut lieu la veille chez M. de Puysé-
» gur, en disant à M. le général Donadieu qu'il ne comptait pas, pour
» la cause du roi, sur plus du tiers de sa compagnie. Un pareil aveu n'a
» pu que lui faire beaucoup d'ennemis.

» En résumé, il est constant pour moi que ces coups de fusil ont été
» tirés par des hommes envoyés pour exécuter l'infâme projet de faire
» éclater la guerre civile dans Bordeaux et de commettre peut-être le
» plus horrible assassinat. »

Voilà une variante assez embarrassante et inadmissible. A qui persuadera-t-on que M. Troplong, ancien militaire, s'était mis en marche sans en avoir reçu l'ordre? Bernadau assure que M. de Puységur, inspecteur général des gardes nationales du département, avait dit tout haut, d'après les ordres formels de la Duchesse, qu'il fallait se retirer. Dans ce cas, M. le comte de Puységur, général inspecteur des gardes nationales du département, ne fit qu'obéir aux ordres de Madame, et M. Troplong ne peut être coupable d'avoir obéi aux injonctions de son chef, M. de Puységur. C'est donc à tort que M. de Clarens accuse M. Troplong d'avoir fait une faute : commandant des volontaires accusés de ce meurtre, il s'efforce de les disculper, et, pour cela, il rejette le tort sur la malheureuse victime qui n'avait fait qu'accomplir un devoir et qui ne pouvait plus réclamer contre une imputation injuste.

M. de Clarens affirme que le coup de fusil était parti d'une fenêtre près de la porte de la Grave; mais de quelle fenêtre? à qui appartenait-elle? Il assure que MM. de Puységur et Troplong furent désignés; mais par qui et à qui? Comment le savait-il? Et s'il le savait, pourquoi n'en prévint-il pas l'autorité compétente? Tout cela nous paraît vague, conjectural et inadmissible.

Mais voici Bernadau qui nous assure que Madame réunit auprès d'elle un conseil militaire et que M. Troplong y fit observer que les régiments de ligne ne partageaient pas le dévoûment de la garde nationale, et y ajouta d'autres observations sensées. Mais où a-t-il puisé ses renseignements sur les observations sensées de M. Troplong? Comment a-t-il osé dire que M. Troplong avait parlé d'une manière si étrange devant la Duchesse? Comment a-t-il pu dire que M. Troplong, simple capitaine, avait été appelé au conseil de la princesse? Comment excuser son troisième mensonge, que le conseil militaire fut tenu chez la Duchesse?

En vérité, on reste confondu, interdit à la vue de cet échafaudage de tant de suppositions gratuites, de tant d'erreurs presque palpables, de tant d'assertions improbables et absurdes. La vérité est que la Duchesse avait dit qu'il ne fallait plus résister ; elle en était convaincue par sa visite aux casernes. Cette volonté positive et raisonnée fut apportée à la garde nationale par M. de Puységur, qui donna l'ordre de se retirer pour protéger le départ de Madame ; que le capitaine Troplong, par suite de cet ordre, se mit en marche à la tête de sa compagnie, et qu'en arrivant à la hauteur de la première file du bataillon des volontaires royaux, il y fut arrêté par les cris de : *Halte-là ! vous ne passerez pas !* Que M. Troplong ayant relevé avec son sabre la baïonnette qu'un volontaire présenta pour l'empêcher de passer plus loin, reçut en même temps deux balles qui pénétrèrent jusqu'aux poumons et qu'on essaya en vain d'extraire lorsqu'on l'eut porté dans la maison paternelle, rue *Devise-Saint-Pierre.*

Les officiers avaient été convoqués la veille, non pas chez la princesse, comme le dit Bernadau, mais chez M. de Puységur, par les soins du général Decaen ; presque tous les officiers opinèrent pour la résistance et affirmèrent que les habitants étaient décidés à repousser la force par la force et même à attaquer Clausel. M. Troplong, qui commandait la première compagnie des grenadiers de la garde nationale, fut appelé à son tour à donner son avis. Moins courtisan que beaucoup d'autres, il le fit avec une généreuse franchise qui lui coûta la vie. Il dit que si la garde nationale était réellement dévouée, la garnison ne l'était pas ; que la divergence des sentiments était manifeste, et qu'en cas d'attaque, la garde nationale devait naturellement craindre d'avoir à lutter, tout à la fois, contre les troupes de Clausel et les régiments de ligne de la garnison, qui, prenant la défense de leurs frères d'armes, la surprendrait par derrière. Il ajouta, avec une noble franchise, que, bien qu'il fût sûr du patriotisme de sa compagnie, il ne répondait pas qu'elle prît en entier les armes, lorsqu'il la conduirait au feu, parce qu'il y en avait la moitié, composée de marchands et d'artisans, tous pères de famille, qui hésiteraient à compromettre leur avenir et celui de leurs familles, dans une affaire avec des troupes réglées, et, enfin, que les observations qu'il venait de faire sur sa compagnie pouvaient s'appliquer à bien d'autres de la garde nationale.

M. Troplong avait fait les guerres de l'Empire ; il avait conquis ses grades et ses décorations sur les champs de bataille ; on le soupçonnait d'être contre la cause du roi ; il n'était que loyal et sincère, et M. David Johnston, capitaine d'une autre compagnie, dit au frère du regrettable

Troplong, quelques jours plus tard : « Votre malheureux frère avait
» raison; j'ai compté sur toute ma compagnie, et, au moment de les
» mener au feu, je n'en ai réuni qu'un tiers à peu près. »

Le nom du meurtrier et sa demeure n'ont jamais été connus; aucune recherche n'a été faite, aucune enquête ordonnée, aucun témoin entendu; la triste fin du loyal et regrettable capitaine Troplong est enveloppée de mystères ! Il est mort en chrétien et en bon Français : il portait sur sa poitrine, au moment où les deux balles la percèrent, la croix, avec l'effigie du père des Bourbons, et sur son front, la cocarde blanche des rois de France.

On peut compter sur l'exacte vérité de ces détails; je les tiens de l'honorable frère du trop malheureux capitaine; il était présent sur les lieux et devait bien savoir au juste ce qui s'y passait.

NOTE XXV, page 526.

NOMS DES FONDATEURS ET BIENFAITEURS DE LA CAISSE D'ÉPARGNES ET DE PRÉVOYANCE DE BORDEAUX.

MM.

Albrecht et Delbruck.
Angoulême (la duchesse d').
Archbold.
Bahans (Pierre).
Balguerie aîné (J.-J.).
Balguerie (Adolphe).
Baour (Pierre).
Baour (Jean-Louis).
Barennes (Jacques-Germain).
Beaubens (Alexis).
Bethmann (veuve).
Billaudel.
Bizat Junior (Pierre).
Blanc-Dutrouilh (Romain).
Bonnafé et fils.
Bosc et C°.
Bosc (Pierre) fils aîné.
Boué (P.-A.-L.).
Bouglé (Étienne-Marc).
Bouquet (Jean).

MM.

Breteuil (le comte de).
Brown (David).
Brown (David) fils.
Brun (Joseph).
Brunet (Louis-Jules).
Bryas (marquis de).
Cabarus.
Camescasse père.
Castéja (Pierre).
Carayon-Latour (baron).
Carricaburu (Léon).
Chaine (Michel).
Chaumel (Antoine).
Chicou-Bourbon (Pierre).
Clamagéran aîné (Jean).
Conteneuilh (Victorin de).
Couderc (Étienne).
Courcau (J.-B.).
Curcier (Étienne).
Danduran (Alexandre).

NOTES.

MM.

David aîné (François).
Debans l'aîné.
Decazes (le duc).
Delbos (veuve) et fils.
Delbos (Théodore).
Delessert (Benjamin et François).
Deschamps.
Desfourniels (Jacques-Antoine).
Desmoulins.
Destor (Pierre-Vincent).
D'Haussez (baron).
Dowling (T.).
Dowling (J.-J.).
Dowling père (Jacques).
Dufort (André).
Duffour (veuve).
Duffour-Debarthe (J.-B.).
Duffour-Dubergier.
Dupouy (Jean).
Dupuch (Jean-Barthélemy).
Durand aîné (Jean).
Durou (Mathieu).
Dussumier et Ce.
Duthil (J.-A.).
Duval (Louis).
Duvergier j^{ne} (J^h-Julien-Marie).
Exshau (Jules).
Faure (Charles).
Féger-Kerhuel (Henri-Ch.-Franç.)
Feytit (Arnaud-Pierre-Émile).
Foussat.
Foussat fils aîné (William).
Galos (Jacques).
Gautier (Alexandre).
Gautier et Ce.
Gourgues (vicomte de).
Grangeneuve jeune (Maurice).
Guérin-Malagué.

MM.

Guestier (Daniel).
Guilhem (Jacques).
Guilhou (D.).
Guilhou aîné.
Harmensen (veuve) Brezets et Ce.
Hovy (H.) et Ce.
Johnston (David).
Johnston (William).
Johnston (Nathaniel) et fils.
Jona (Jones).
Lacoste (le comte de).
Lainé (le vicomte).
Larrigaudière et fils.
Lawton père (Guillaume).
Lawton (Édouard).
Leblond (Jacques).
Lefébure (Jean-Marie).
Lefebvre de Cheverus, archevêq.
Lestapis frères.
Letellier aîné.
Letellier (Jean-Franç.-Joseph).
Longchamps (Casimir-Pennier de)
Lopès-Dubec (Benjamin).
Lopès-Dubec (Félix).
Lopès-Dubec (David).
Loriague (A.).
Maccarthy Junior (John-Bap).
Mac-Daniel.
Maillères père.
Maillères fils aîné.
Marbotin de Conteneuilh, baron.
Mareilhac et Ce.
Martignac fils (le vicomte de).
Mathieu (Jean-Baptiste).
Mérillon (J.-Auguste).
Mollier (Jean-Pierre).
Monbadon (comte de).
Noguey (P.).

MM.
Otard.
Paris (Jean).
Pelletreau (J.-A.).
Pettersen (Gustave).
Phélan (Bernard).
Philippon (Antoine).
Pontet (de).
Portal (baron).
Portal (Paul).
Preissac (le comte de).
Raba frères.
Ravez (G.-O.).
Richelieu (le duc de).
Rodrigues (Moïse).
Rodrigues et Perpignan.
Rubichon (Eugène).

MM.
Salles fils et Thieubert.
Sarget (baron).
Sauvage (Pierre).
Savin (Pierre-Joseph).
Schroder et Schyler.
Schycler (Jean-Georges).
Sers (baron).
Sorbé fils.
Tardieu (J.-B.).
Tournon (le comte de).
Udriet (Jean-Pierre-Henri).
Verdonnet (David-Jonas).
Vignes (Hugues).
Villeneuve-Durfort (F.-J. de).
Von Hemert F^{res}, d'Egmont et C°.
Wetzel (Jean-David).

NOTE XXVI, page 531.

VERS DE VICTOR HUGO, A L'OCCASION DE LA NAISSANCE DU DUC DE BORDEAUX.

Il y a trente-huit ans depuis que l'héritier des Bourbons fut donné à la France : le poignard de Louvel, qui croyait tarir la source du sang royal, ne fut autre chose qu'une idée démocratique. La révolution crut qu'avec l'auguste victime elle allait faire disparaître la race des anciens rois de France; le berceau d'Henri, duc de Bordeaux, vint miraculeusement déjouer ces coupables espérances. La muse de Victor Hugo, qui, hélas! est aujourd'hui tombée dans la boue, puisait ses inspirations sublimes dans le ciel; son lyrisme était, pour ainsi dire, divin, comme celui de Lamartine; ils partageaient alors l'allégresse générale et, organes de l'amour de la France et de sa reconnaissance envers le ciel, ils épanchaient leur joie dans ces vers que nous croyons devoir reproduire. Écoutons la muse de Victor Hugo :

NAISSANCE DU DUC DE BORDEAUX.

I.

O joie! ô triomphe! ô mystère!
Il est né l'Enfant glorieux,
L'Ange que promit à la terre
Un martyr partant pour les cieux!

NOTES.

L'avenir voilé se révèle.
Salut à la flamme nouvelle
Qui ranime l'ancien flambeau !
Honneur à ta première aurore,
O jeune lis qui viens d'éclore,
Tendre fleur qui sors d'un tombeau !

C'est Dieu qui l'a donné, le Dieu de la prière :
La cloche, balancée aux tours du sanctuaire,
Comme aux jours du repos, y rappelle nos pas.
C'est Dieu qui l'a donné, le Dieu de la victoire ! —
Chez les vieux martyrs de la gloire
Les canons ont tonné comme au jour des combats.

Ce bruit si cher à ton oreille,
Joint aux voix des temples bénits,
N'a-t-il donc rien qui te réveille,
O toi qui dors à Saint-Denis ?
Lève-toi ! Henri doit te plaire
Au sein du berceau populaire :
Accours, ô père triomphant !
Enivre sa lèvre trempée,
Et viens voir si ta grande épée
Pèse aux mains du royal enfant.

Honneur au rejeton qui deviendra la tige !
Henri, nouveau Joas, sauvé par un prodige,
A l'ombre de l'autel, croîtra vainqueur du sort ;
Un jour, de ses vertus notre France embellie,
A ses sœurs, comme Cornélie,
Dira : Voilà mon fils, c'est mon plus beau trésor.

II.

O toi, de ma pitié profonde
Reçois l'hommage solennel,
Humble objet des regards du monde,
Privé du regard paternel !
Puisses-tu, né dans la souffrance,
Et de ta mère et de la France
Consoler la longue douleur !
Que le bras divin t'environne,
Et puisse, ô Bourbon, la couronne
Pour toi ne pas être un malheur !

Oui, souris, Orphelin, aux larmes de ta mère ;
Écarte, en te jouant, ce crêpe funéraire
Qui voile ton berceau des douleurs du cercueil ;

Chasse le noir passé qui nous attriste encore ;
    Sois à nos yeux comme une aurore !
Rends le jour et la joie à notre ciel en deuil.

    Ivre d'espoir, ton Roi lui-même,
    Consacrant le jour où tu nais,
    T'impose, avant le saint baptême,
    Le baptême du Béarnais.
    La Veuve t'offre à l'Orpheline !
    Vers toi, conduit par l'Héroïne,
    Vient ton Aïeul en cheveux blancs ;
    Et la foule, bruyante et fière,
    Se presse à ce Louvre, où naguère,
    Muette, elle entrait à pas lents.

Guerriers, peuples, chantez ; Bordeaux, lève ta tête,
Cité qui, la première, aux jours de la conquête,
Rendue aux fleurs de lis, as proclamé ta foi.
Et toi, que le Martyr aux combats eût guidée,
    Sors de ta douleur, ô Vendée !
Un roi naît pour la France, un soldat naît pour toi.

IV.

    Rattachez la nef à la rive :
    La Veuve reste parmi nous,
    Et de sa patrie adoptive
    Le ciel lui semble enfin plus doux.
    L'espoir à la France l'enchaîne :
    Aux champs où fut frappé le chêne
    Dieu fait croître un faible roseau.
    L'amour retient l'humble colombe ;
    Il faut prier sur une tombe,
    Il faut veiller sur un berceau.

    Mais que les deux volcans s'éveillent !
    Que le souffle du Dieu jaloux
    Des sombres géants qui sommeillent
    Rallume enfin l'ardent courroux ;
    Devant les flots brûlants des laves,
    Que seront ces hautains esclaves,
    Ces chefs d'un jour, ces grands soldats ?
    Courage ! ô vous, vainqueurs sublimes !
    Tandis que vous marchez aux crimes,
    La terre tremble sous vos pas !

Reste au sein des Français, ô fille de Sicile !
Ne fuis pas, pour des bords d'où le bonheur s'exile,

NOTES.

Une terre où le lis se relève immortel ;
Où du Peuple et des Rois l'union salutaire
N'est point cet hymen adultère
Du trône et des partis, des camps et de l'autel.

V.

Nous ne craignons plus les tempêtes !
Bravons l'horizon menaçant :
Les forfaits qui chargeaient nos têtes
Sont rachetés par l'innocent !
Quand les nochers dans la tourmente,
Jadis voyaient l'onde écumante
Entr'ouvrir leur frêle vaisseau,
Sûrs de la clémence éternelle,
Pour sauver la nef criminelle,
Ils y suspendaient un berceau.

Octobre 1820. VICTOR HUGO.

ODE DE M. LAMARTINE, SUR LA NAISSANCE DU DUC DE BORDEAUX.

Il vient quand les peuples victimes
Du sommeil de leurs conducteurs,
Errent au penchant des abîmes
Comme des troupeaux sans pasteurs !
Entre un passé qui s'évapore,
Vers un avenir qui s'ignore,
L'homme nage dans un chaos !
Le doute égare sa boussole,
Le monde attend une parole,
La terre a besoin d'un héros !

Courage ! c'est ainsi qu'ils naissent !
C'est ainsi que dans sa bonté
Un Dieu les sème ! ils apparaissent
Sur des jours de stérilité !
. . . .

Sacré berceau ! frêle espérance
Qu'une mère tient dans ses bras !
Déjà tu rassures la France ;
Les miracles ne trompent pas !
Confiante dans son délire,
A ce berceau déjà ma lyre
Ouvre un avenir triomphant ;
Et, comme ces rois de l'Aurore,
Un instinct que mon âme ignore,
Me fait adorer un enfant !

NOTES.

Jeté sur le déclin des âges,
Il verra l'empire sans fin,
Sorti de glorieux orages,
Frémir encor de son déclin.
Son glaive aux champs de la victoire
Nous rappellera la mémoire
Des destins promis à Clovis,
Tant que le tronçon d'une épée,
D'un rayon de gloire frappée,
Brillerait aux mains de ses fils !

Sourd aux leçons efféminées
Dont le siècle aime à les nourrir,
Il saura que les destinées
Font roi pour régner ou mourir;
Que des vieux héros de sa race
Le premier titre fut l'audace,
Et le premier trône un pavois;
Et qu'en vain l'humanité crie,
Le sang versé pour la patrie
Est toujours la pourpre des rois !

Lamartine.

NOTE XXVII, page 533.

SUR LE NOUVEAU PALAIS-DE-JUSTICE. — LA DÉPENSE.

	Évaluation des devis.	Travaux exécutés.
Fouilles de terre............	7,668f 18c	34,134f 60c
Maçonnerie, fondation.....	122,647 20	220,107 58
Id. élévation......	479,863 88	540,718 24
Charpenterie.............	131,394 24	191,192 13
Couverture..............	48,862 87	51,476 44
Carrelage...............	9,498 30	13,697 52
Plâtrerie...............	44,675 02	86,114 81
Menuiserie..............	58,680 46	98,577 47
Serrurerie..............	40,154 80	73,041 97
Peinture et vitrerie........	30,631 31	30,004 79
Marbrerie..............	4,550 »	6,000 »
	998,626f 26c	1,344,762f 52c
Sous la déduction du rabais de 13 par 100....		156,769 02
Reste pour dépense résultant de l'adjudication..		1,187,993f 50c

NOTES.

En dehors des travaux portés sur le devis, il en survint d'autres très-importants qui ont grossi le compte que nous venons de donner et qui figurent dans le compte général, comme dépenses imprévues, telles que celles-ci :

1° Canal de dérivation des eaux de l'hôpital. . . .	11,735f	34c
2° Démolition d'un mur sous terre.	19,828	94
3° Quatre statues par M. Maggesi.	24,000	»
4° Massif des statues dégrossi.	23,080	77
5° Baraque pour ces statues.	10,974	17
6° Deux statues pour le grand escalier.	1,200	»
7° La voûte du perron et regard.	5,901	15
8° Mur de clôture sur la rue des Minimes.	1,494	94
9° Démolition des maisons.	2,424	29
10° Installation provisoire de la Cour d'assises. . .	5,285	51
11° Grille en fer devant la façade.	12,600	»
12° Dallage en marbre du pas-perdu.	21,366	»
13° Sculpture d'ornements.	15,000	»
14° Trottoirs.	4,000	»
15° Tables de marbre à la façade.	5,000	»
16° Décoration du comble du pas-perdu.	4,000	»
17° Dallage en bitume des cours.	7,500	»
18° Statues de la salle des pas-perdus.	10,000	»
19° Bustes dans diverses salles.	6,000	»
20° Peintures pour décors.	6,800	»
21° Appareil de chauffage.	16,000	»
22° Appareil d'éclairage.	3,000	»
23° Tentures, estrades, bancs.	83,743	85
24° Mobilier.	110,448	»
25° Honoraires de l'architecte.	58,625	30
Total.	470,268f	89c

Sous la rubrique, *dépenses générales*, on trouve encore :

1° Acquisition des terrains.	187,473f	»c
2° Frais d'inspection des travaux.	16,000	»
3° Indemnité aux anciens entrepreneurs.	54,480	41
4° Indemnité aux entrepreneurs actuels.	59,807	»
5° Intérêts et frais de l'emprunt.	75,000	»
Total.	392,820f	41c

Sur cela il faut déduire la somme de 44,702 fr. 48 c., valeur des

— 617 —

vieux matériaux, et l'on aura connaissance des dépenses qu'a nécessitées la construction du nouveau Palais-de-Justice.

NOTES.

NOTE XXVIII, page 549.

MÉDAILLES TROUVÉES A TALENCE, EN 1857.

N° 1. — Une pièce au type de Maximus Daza, ayant pour légende, du côté de la tête : *Maximinus nobili, cæs*. Au revers : *Genio populi Romani*. (Sans marque d'atelier monétaire.)

Guienne.
Février 1857.

N° 2. — Type : tête laurée, buste cuirassé. — Légende : *Imp. Diocletianus Aug*. (Sans marque monétaire.) Même revers que le n° 1.

N° 3. — Tête laurée, buste cuirassé. — Légende : *Imp. Constantinus Aug*. Revers : *Genio populi Romani*. Exergue : P. L. G.

N° 4. — Tête laurée, à droite, buste cuirassé. — Légende : *Imp. Maximinus Aug*. Revers : *Genio populi Romani*. Exergue : P. T. R.

N° 5. — (Petit module.) — Tête radiée, buste cuirassé. — Légende : *Imp. C. Numerianus Aug*. Revers : Mars portant un trophée d'une main et une lance de l'autre. Légende : *Mars Victor*. (Sans marque monétaire.)

N° 6. — Tête laurée, à droite, buste cuirassé. — Légende : *Imp. Constantinus P. F. Aug*. Revers : buste radié du soleil. Légende : *Soli invicto comiti*. Dans le champ : F. T.

N° 7. — Tête laurée, à droite, buste cuirassé. — Légende : *Imp. Maximinus P. F. Aug*. Revers : *Genio pop. Rom*. Exergue : P. T. R.

N° 8. — Tête laurée, à droite, buste cuirassé. — Légende : *Constantinus P. F. Aug*. Revers : Mars debout, cuirassé et armé d'une lance et d'un bouclier. — Légende : *Marti conservatori*. Exergue : P. T. R.

N° 9. — Tête laurée, buste cuirassé. — Légende : *Imp. Licinius P. F. Aug*. Revers : *Genio pop. Rom*.

— En nettoyant les nombreuses pièces de monnaies romaines trouvées dans le jardin du Noviciat des Frères des Écoles chrétiennes, à Talence, on en découvre tous les jours de plus précieuses, destinées à figurer parmi les collections les plus rares formées après de longues et laborieuses recherches, par les savants qui s'occupent de numismatique.

Voici la désignation de onze nouvelles médailles, dont quelques-unes sont des plus rares :

BRONZE MOYEN.— N° 1. Type : Tête laurée, à droite, buste cuirassé.

NOTES. — Légende : *Divo. Constantio. Pio.* Revers : Autel allumé, orné de deux aigles. — Légende : *Memoria Felix.* Exergue : P. L. N.

N° 2. — Tête laurée, à droite, buste cuirassé. — Légende : *Imp. Constantinus P. F. Aug.* Revers : Mars combattant. — Légende : *Marti Patri Propugnatori.* Exergue : P. T. R.

N° 3. — Tête laurée, à droite, buste découvert. — Légende : *Constantinus fil. Aug.* Revers : Génie debout marchant à gauche. — Légende : *Genio Augusti.* Dans le champ, un croissant et un A. Exergue : S. T. S.

PETITS BRONZES. — N° 4. — Tête casquée, à droite, buste cuirassé, armé d'hast et bouclier. — Légende : *Constantinus P. Aug.* Revers : l'Empereur portant un globe sur sa main gauche, et de l'autre tenant une lance en arrêt. Dans le champ, une étoile. — Légende : *Principi Juventutis.* Exergue : P. L. N.

N° 5. — Tête radiée, à gauche, buste cuirassé, un sceptre à la main. — Légende : *Imp. Diocletianus Aug.* Revers : Jupiter marchant à droite, portant l'arme d'hast de la main gauche, et de l'autre, présentant une boule surmontée d'une victoire. A ses pieds, un aigle. — Légende : *Jovi Aug.* Exergue : A.

N° 6. — Tête nue, à droite, buste cuirassé. — Légende : *Fl. Cl. Constantinus Jun. N. C.* Revers : César, debout, armé d'une lance transversale et tenant un globe. — Légende : *Principi Juventutis.* Exergue : A. T. R.

N° 7. — Tête diadêmée, à droite, buste découvert. — Légende : *Imp. Maxentius P. F. Aug.* Revers : Rome assise dans un temple, tenant un globe de la main droite. — Légende : *Conserv. Vrb. Suæ.* Exergue : S. T.

N° 8. — Tête radiée, à droite, buste cuirassé. — Légende : *Imp. Probus Aug.* Revers : deux personnages se donnant la main. — Exergue : XX. I.

N° 9. — Tête radiée, à droite, buste cuirassé. — Légende : *M. Aur. Carinus nob. Cæs.* Revers : le César debout tenant un globe et une arme d'hast. — Légende : *Principi Juventut.* Sans marque monétaire.

N° 10. — Tête radiée, à droite, buste cuirassé. — Légende : *Imp. postumus P. F. Aug.* Revers : une femme debout richement drapée. — Légende : *providentia Aug.* Sans marque monétaire.

N° 11. — Tête radiée, à droite, buste cuirassé. — Légende : *Aurelianus Aug.* Revers : le Soleil debout. — Légende : *Oriens Aug.* Sans marque monétaire

— Le nettoiement des médailles romaines trouvées dans le jardin du Noviciat des Frères, à Talence, a fait découvrir, cette semaine, plusieurs pièces d'un type différent, dont la désignation suit :

Argent. — 1. Légende : *Imp. C. P. LIC. Valerianus Aug.* — Type : buste radié, à droite. — Revers : *Apolini Prog. pug.* Apollon, debout, tirant de l'arc à droite.

Petit bronze saussé. — 2. Type : tête radiée, à droite, buste cuirassé. — Légende : *Imp. C. Postumus P. F. Aug.* — Revers : *Pax. Aug.* La Paix debout, à droite. Dans le champ : P.

3. Type : tête radiée, à droite. — Légende : *Imp. C. Claudius Aug.* — Revers : *Salus Aug.* Hygiée donnant à manger à un serpent dressé sur un autel.

4. Type : buste corné, à droite, sur un croissant. — Légende : *Severina Aug.* — Revers : *Concordiæ militum.* Femme debout tenant deux enseignes de cohortes. — Exergue : XXT.

5. Type : tête radiée, à droite, buste cuirassé. — Légende : *Imp. C. Florianus Aug.* — Revers : *Providentia Aug.* La Providence debout, tenant une baguette et une corne d'abondance; à ses pieds, un globe. — Exergue : XXI.

6. Type : tête radiée, à droite, buste cuirassé. — Légende : *Imp. Carus P. F. Aug.* — Revers : *Pax exercitii.* La Paix debout près d'une enseigne. — Exergue : PXXI.

7. Type : tête radiée, à droite, buste drapé. — Légende : *Imp. C. Fulquietus P. F. Aug.* — Revers : *Jovi conservatori.* Jupiter assis à gauche, tenant l'arme d'hast; devant lui et à ses pieds, l'aigle. Dans le champ : une étoile.

8. Type : tête radiée, à droite, buste cuirassé. — Légende : *Imp. C. Allectus P. F. Aug.* — Revers : *Lætitia Aug.* Une femme debout tenant à la main droite une couronne et de l'autre une flèche baissée. — Dans le champ : S. P. — Exergue : C.

Bronze moyen. — 9. Type : tête laurée, à droite, buste cuirassé. — Légende : *Fl. Val. Severus nob. Cæs.* — Revers : *Genio populi Romani.* Génie debout. Dans le champ : S. F. — Exergue : PTR.

10. Type : tête et buste nu. — Légende : *Imp. Maxentius Divorolumo et filio.* — Revers : *Æterna memoria.* Temple avec six colonnes et dôme surmonté d'un oiseau. — Exergue : Mostt.

De plus, 13 différentes pièces de Dioclétien; 3 de Carinus; 2 de Numerianus; 6 d'Aurelianus.

TABLE DES MATIÈRES

DU PREMIER & DU DEUXIÈME VOLUME DE LA SECONDE PARTIE.

(Le premier chiffre, I ou II, désigne le volume; le second, chiffre arabe, indique la page.)

A

ACADÉMIE (l') organisée, II, page 541.
ADMINISTRATION départementale, I, 56; nouvelles, II, 176; une nouvelle administration, II, 239; elle est changée, II, 243; son arrêté sur les théâtres, II, 266; trois administrations, II, 275; celle du centre public une proclamation, II, 295.
ADRESSE des Bordelais, I, 288; autre adresse, II, 147; une autre adresse, 154; adresse de reconnaissance, II, 177; adresse du comité révolutionnaire à Bordeaux, II, 186; une autre, 199; adresse à la Convention, 255; adresse aux officiers et soldats de la 114e demi-brigade de la Gironde, II, 293; adresse de la Municipalité au duc d'Angoulême, II, 437; adresse des volontaires royaux à Bordeaux, II, 439.
ALIÉNÉS (asile des), II, 539.
AMENDES des proconsuls (leur emploi), II, 5.
AMPHITHÉATRE de Saint-Côme, II, 557.
ANGELUS, défendu de le sonner, II, 205.
ANGLETERRE. Richesse de son clergé, I, 66; la paix avec l'Angleterre, II, 536.
ANGLAIS détestés, II, 301; arrêtés à Bordeaux, 302.
ANGOULÊME (le duc d'), II, 389; est escorté de MM. de La Rochejaquelein, Bontemps-Dubarry, 406; sa proclamation, II, 413, 415; son conseil composé des notabilités bordelaises, II, 423; part pour Paris, II, 434; le duc et la duchesse à Bordeaux, II, 445, Note 25; la duchesse convoque son conseil, 452; un autre conseil, 460, 467; son langage à Decaen, II, 468; se rend aux casernes, 469; elle ordonne à la garde nationale de déposer les armes, II, 472; son langage aux généraux, II, 476; appréciée par Napoléon, *ibid.*; ses adieux aux Bordelais, II, 478; revint à Bordeaux, II, 535.
ANDRÉ (St-), cathédrale réparée, II, 542.
AQUITAINE (la place d'), appelée place de la Convention, 258.
ARBRE DE LA LIBERTÉ, I, 224, II, 21; détruit, 284.
ARMAGNAC (général d'), II, 493.
ASSEMBLÉES primaires, II, 261.
ASSIGNATS, I, 60; quantité d'assignats en circulation, II, 207; leur valeur en 1796, II, 274; remplacés par des mandats territoriaux, 275.

B

BAINS, II, 509, 535.
BARYSE parle contre Tallien, II, 218, etc.
BANQUE de Bordeaux, II, 544.
BARENNES, son langage, I, 76, 103, 137.
BARNAVE, sa fin, I, 467.
BASTILLE (fête anniversaire de la prise de la), II, 51.
BATANCHON (l'abbé), son discours, I, 59.
BATEAUX à vapeur, II, 526.
BAUDOT et YSABEAU à Bordeaux, I, 330; leur conduite, 351; ils vont à La Réole, 353; leur lettre aux Bordelais, 336; leur réponse, 361; leur lettre à la Convention, 363; leur langage sur Bordeaux et les Bordelais, 509; Baudot à Bordeaux, II, 24, 136; les Bordelais à l'arrivée du duc d'Angoulême, II, 401, etc.
BAZAS, I, 333; famine, II, 68; son petit séminaire transféré à Bordeaux, II, 537.
BECQUEY, II, 513.
BERCEAU, II, 531.
BERESFORD, II, 386, etc., marche sur Bordeaux, II, 398; sa réponse à M. Lynch, II, 404, 405; sa duchesse à Wellington, II, 408.

— 622 —

Berry (duchesse de) à Bordeaux, II, 536.
Bertrand, maire de Bordeaux, son portrait, 505, II, 31; sa conduite, II, 31, 182; ses vols, 197.
Besson, représentant, à Bordeaux, II, 242.
Bibliothèque publique, II, 541 et suite.
Biens nationaux, I, 53, 61; leurs vente et produit, II, 54.
Bizat, II, 169, 171.
Blaye révolutionnaire, I, 124; bonapartiste, II, 430, 449.
Blutel, agent national à Bordeaux, II, 212.
Boisson, II, 486, 489.
Bonaparte, II, 321, etc., premier consul, II, 322; le préfet veut lui élever une statue sur la place Dauphine, II, 337; empereur, 344.
Bontemps-Dubarry, II, 38, 384, 385.
Bordas, II, 179; son langage, 185; son discours, 191; il remplace Ysabeau à Bordeaux, II, 180; son éloge des Bordelais, 185; il fait arrêter des terroristes, 188; il parle après Martignac, 191; son discours au club, II, 201; son arrêté en faveur des détenus, 204; sa proclamation, 209; son discours, 214; est maltraité, 220; est remplacé par Treilhard.
Bordeaux (état des esprits à), I, 1, 2, 16; lettre des Bordelais au roi, I, 5; une autre au ministre, I, 13; une autre lettre aux électeurs, I, 21; secours envoyés à Montauban, I, 50; revenus et charges de la ville, 61; violence contre les catholiques, 217; leur ardeur pour la guerre, 238, 244; état des esprits, 245; députés bordelais à Paris, 245; état de Bordeaux, 250; en 1793, 260; discordes à Bordeaux, 272; opinion des jacobins de Paris sur les Bordelais, 478; les Bordelais foulés par les proconsuls, 497; tout change de nom : départements, jours, semaines, 505; état de Bordeaux pendant la terreur, II, 1, 2, etc.; Bordeaux misérable, 29, 30; état des esprits à la mort de Lacombe, 116; sacrifices de Bordeaux, 121; discordes à Bordeaux, 201; sacrifices des Bordelais, II, 216; haine contre Ysabeau, Tallien, Jullien, etc., II, 223; population en 1796, II, 274; trois arrondissements dans Bordeaux, II, 275; état de Bordeaux, 285; assemblée à Bordeaux pour favoriser une expédition en Irlande, II, 299; discorde, II, 318; lettre des administrateurs aux Bordelais, au sujet du premier consul, II, 322 et 323, et de Bordeaux en 1800, II, 332; vœux des Bordelais pour l'Empire, 346; les princes espagnols à Bordeaux, II, 566;

on conspire pour les mettre en liberté, *ibid*.; députés de Bordeaux à Paris, II, 371.
Bouquet découvre la source des malheurs de Bordeaux, II, 216; son langage, 225.
Bourbons, leurs amis, II, 383.
Bourgogne (porte de), II, 330.
Brassard, II, 433.
Brasseries, II, 358.
Brivazac, II, 368.
Brune (le général), I, 477.
Bureaux de bienfaisance, II, 339.
Burke, son opinion sur Mirabeau, I, 154.

C

Café national, la préfecture (la délibération au), I, 35.
Calendrier républicain est de rigueur, II, 303.
Cartes de sûreté, II, 302.
Catholiques (les) demandent la liberté des cultes, I, 186.
Cazales et Maury se prononcent pour M. Dudon, 38.
Cenon (le curé de), I, 131.
Champ-de-Mars, les femmes y vont, I, 173; assemblée au Champ-de-Mars, 178; banquet, 240.
Champion de Cicé, sa conduite, I, 69, 77; son rapport, 78; la conduite des démocrates de Bordeaux à son égard, 87; est calomnié, 90.
Charles, terroriste, ses vols, II, 196.
Chartreux persécutés, I, 134.
Chateau-Trompette, II, 357; doit être démoli, *ib.*, 506.
Chaudron-Rousseau. *Voir* Ysabeau.
Chauffeurs, II, 285.
Cheverus, archevêque, II, 535.
Christoly (le curé de Saint-), I, 125.
Clausel marche sur Bordeaux, II, 449, etc., à Bordeaux, 479, 482 et suite.
Clergé, son état en 1790, I, 63, etc.; sa Constitution civile, 70, 105; il est tracassé, 76; il se justifie, 113; réfute ses ennemis, 118; clergé de Blaye, 125.
Clermont-Tonnerre, I, 41.
Cloche à plongeur, II, 517.
Club, I, 48, 53, etc.; sa puissance, 207; club national, sa puissance, II, 195; sont appelés *Cercles*, II, 300; club de la Grand'Quille Saint-Michel, II, 317.
Collége, II, 342.
Colonnes rostrales, II, 508.
Côme (Saint-) amphithéâtre de, II, 357.
Commerce (Chambre de), sa conduite, 274.
Commission populaire de Bordeaux, I, 318, etc.; ses membres déclarés traîtres, 323; le décret rendu contre les Bordelais révoqués, II, 174; la com-

mission des Sept, II, 189; commission militaire, II, 22; commission des Trois, 53; commission des Sept, 210; cette dernière est dissoute, 231.

COMITÉ des Douze, I, 233; des subsistances, 282, 294; comité révolutionnaire, II, 186.

CONCORDAT, II, 338.

CONSEIL des 150, I, 5; conseil général, 256; son adresse, 345; sa proclamation, II, 13; conseil général en 1800, II, 332; conseil des Cinq-Cents, II, 305.

CONSTITUTION nouvelle, I, 191; une autre, II, 260.

CONVENTION établie à la demande de Vergniaud, I, 246; son décret contre la commission populaire de Bordeaux, 329; ordonne une enquête sur les désordres et pillages de Bordeaux, II, 157.

CORDELIERS. Les catholiques demandent à se réunir dans leur église, I, 186.

CORPS législatif, II, 326; en 1807, 349.

COURRIER républicain, son cri de vengeance, II, 212.

COUVENTS évacués, I, 189.

CRÈCHES, II, 543.

CROIX de fleurs pour la veille de la Saint-Jean, II, 303; Croix (Sainte-) la porte de, II, 343.

CROZILLAC. Voir Fonfrède, sa lettre, 253.

CULTES (liberté des) rétablis par Bonaparte, II, 324.

CURÉS constitutionnels, leurs noms, I, 152, 230.

CUSTINE (le général), sa lettre à Grangeneuve, 313.

D

DALHOUSIE, II, 427.

DAMES (les) sont anti-républicaines, II, 252, etc.; les dames du berceau, II, 531.

DANREMONT, sa lettre aux Bordelais, 345.

DAUPHINE (place) appelée place Nationale, 250.

D'AVIAU, archevêque, II, 339, etc., 407; sa mort, II, 535.

D'AUGEARD mandé à Paris, I, 38, 39, etc.

DAX. Napoléon à Dax, II, 335.

DECAEN, son ordre du jour, II, 431, 447, etc.; sa conduite, II, 450, 451, etc.; son langage, II, 461, etc.

DEGRANGES, son rapport, II, 53.

DÉPARTEMENTS formés, I, 53; celui du Bec-d'Ambès reprend son nom de Gironde, II, 244.

DÉPUTÉS de Bordeaux aux États généraux en 1789, 4; en 1791, I, 179; à la Convention, 255; les députés de Bordeaux. Voir leurs noms, Notes, 517; députés en 1795, II, 260; députés en 1802, II, 312.

DÉPUTÉS en 1827.

DÉSÈZE défend Dudon, I, 38; sa lettre aux Bordelais, 175; son courageux langage contre la mort de Louis XVI, 266.

DESÈZE, 442, etc., 454, etc., 502 et suite.

DESFIEUX, sa conduite, I, 54, 338.

DIRECTOIRE du district, son adresse, I, 175; son adresse aux Bordelais, 180.

DISETTE à Bordeaux, I, 269.

DOMINIQUE (l'église de Saint-), aujourd'hui N.-D., transformée en temple de la Raison, II, 18, etc.

DONISSAN, II, 381, 382.

DOUZE (comité de). Voir Commission.

DUC de Bordeaux, comte de Chambord, II, 530 et suite.

DUC de Berry. Voir Berry.

DUCHESSE de Berry à Bordeaux, II, 536.

DUDON (discours de), I, 23; sa réponse, ib.; il expose l'état du pays, I, 31; Dudon fils demande à plaider pour son père arrêté, 38, 366, 372; lettre de Dudon fils, 484, II, 382.

DUBOIS, préfet, II, 334.

DUCOS fait effacer l'effigie royale, I, 246. Voir Fonfrède, sa vie, 446; lettre de Mme Lavaud-Ducos, 510.

DUPUY (l'abbé) tué par les jacobins, I, 227.

DURAS (le duc de) emprisonné, I, 190.

DURANTHON, sa lettre à l'abbé Langoiran, I, 71; sa lettre aux Minimettes, 72; sa conduite, 94; ministre, sa lettre aux tribunaux, 212.

DUVIGNEAU porte l'adresse à Paris, 286.

E

ÉCOLES rouvertes, II, 262.

EGLISES supprimées, I, 150, 206.

ELECTEURS (les) de Bordeaux, I, 4, 18, 19; leur influence, 28, 29.

ÉLOI (Saint-). Voir Lespiaut.

EMIGRÉS. Les noms des émigrés de la ville et du département. Voir le supplément au premier volume (2e partie); ils rentrent, II, 339.

ENTREPÔT réel, II, 334.

EPARGNES (caisse d'), II, 526, 540, Note 23.

ÉQUITATION (école d'), II, 369.

ETAULIERS (bataille d'), II, 430.

ÊTRE suprême, existe de par Robespierre, II, 20, etc.

EULALIE (Sainte-), Voir Montsec, le curé assermenté de, 174; désordre à un enterrement, 207 et 209; le curé réprimandé, 250.

F

FAMINE à Bordeaux, 269.

FAUCHER (les frères), II, 489 et suite.

FAUCHET, préfet, II, 349.
FECH (le cardinal), II, 370.
FÉDÉRATION, I, 57 ; le serment, 58.
FEMMES républicaines, I, 169, etc.; enrégimentées, 210 ; leur langage, 263, etc.; leur lettre sur la mort de Louis XVI, 267 ; leur conduite, 272, 336, 371.
FERDINAND, roi d'Espagne, et Napoléon, II, 362, etc.
FERRÈRE, II, 402, etc., 425 ; son isolement, II, 434 ; son entrevue avec Lainé, ibid.
FÊTE du 10 août, II, 11, 80, 81 ; de l'anniversaire de la chute de Robespierre, 248; du 21 janvier, II, 264 ; fête des époux, 277 ; fête de l'agriculture, II, 279 ; de la liberté, 281 ; des vieillards, 281 ; fête du mois de mai, II, 303 ; les jours de fête les fonctionnaires habillés très-négligemment ; ils en sont réprimandés, II, 306; fête de l'anniversaire de la fondation de la république, 307 ; de la souveraineté du peuple, 309 ; de la jeunesse, 310 ; des époux, 311 ; de la reconnaissance, 311 ; fête de la paix avec l'Angleterre, II, 336 ; du couronnement de Napoléon, 347.
FEUILLANTS (couvent des) devient un collège, II, 342.
FILHOL de Marans, II, 460, etc.
FINANCES (état des) à Bordeaux en 1795, II, 254, 256.
FOI (les Dames religieuses de la) supprimées, 252.
FONTAINE de la place Royale, II, 336.
FONFRÈDE, son langage, I, 36, 203 ; ses lettres aux Bordelais, 221 ; sa lettre contre le clergé, 234 ; son caractère et celui de Crozillac, 235 ; son langage contre le roi, 248 ; sa réponse à l'adresse des Bordelais, 290 ; sa réponse au sujet des provisions, 299; sa lettre sur le départ du duc d'Orléans, 299 ; sa tristesse, 303; paroles de Fonfrède en faveur des Girondins, 319, 326, etc.; sa vie, 433.
FONFRÈDE-BOYER, II, 271.
FONTENAY (Mme) et Tallien, II, 25, 34 ; sa note à Tallien, 69.
FOUCHÉ, ministre, ennemi des royalistes de Bordeaux, II, 320.
FRANCE. L'état général de la France, d'après le ministre, II, 290.
FRANKLIN (la section) toute-puissante, I, 343, etc.
FRÈRES de la Doctrine chrétienne, I, 132.
FUMEL, maire, I, 103.

G

GALÉRIENS envoyés à Bordeaux pour y développer l'esprit républicain, 371.
GALLINEAU, ses révélations, II, 181.
GARDE d'honneur à Bordeaux, II, 378.
GARNIER de Saintes, II, 48, 51, 53 ; son discours, 57 ; sa proclamation, 64 ; convoque les commerçants, 66 ; ce qu'il dit contre Lacombe et au club, 75, 77, etc.
GARREAU et PAGANEL, leur langage, I, 292, 298; ce que dit Garreau, II, 185 ; discours de Garreau, II, 185.
GENSONNÉ, son discours, I, 61, 63, 104 et 107; sa vie, 429.
GIRONDE (le département de la) s'appelle Département du Bec-d'Ambès, I, 46.
GIRONDINS, I, 276, etc.; arrêtés, 311 ; quelques-uns s'échappent, 313 ; détails sur les Girondins, leur vie et leur mort, 461.
GODOY, II, 360.
GOURSAC, maire de Toulouse, assassiné, II, 289.
GOURGUES (de), maire, II, 304.
GRANGENEUVE, I, 239; sa lettre au général Custine, 314 ; sa vie, 434.
GUADET, sa réponse à Legendre, I, 291 ; son courageux langage en présence des jacobins de Paris, 310 ; sa vie, 440.

H

Hâ (les prisons du fort du), II, 373.
HENRI IV, son panache blanc porté par les dames au théâtre, II, 233.
HOPITAL Richelieu, II, 521 et suite.
HOVY, sa noble conduite, II, 468.
HIVER rigoureux, II, 357.

I

IMPÉRATRICE à Bordeaux, II, 353.
IRLANDE, ce qu'elle a souffert et ce qu'en dit Michelet, II, 297 ; expédition projetée pour l'Irlande, II, 299.
INTENDANCE. Antiquités découvertes dans l'ancienne salle de l'Intendance, II, 353.
IZON (désordres à), I, 30.

J

JACOBINS de Paris, leur lettre, I, 219 ; leur lettre aux amis de Bordeaux, 234 ; les jacobins désolés, II, 147 ; ils s'agitent, 179.
JARDIN botanique, II, 356.
JOSÉPHINE à Bordeaux, II, 352.
JULLIEN, II, 46, 49; son discours, 50, 362.
JURY populaire, II, 73.

L

LACOMBE, I, 131 ; son tribunal de sang,

— 625 —

498; la conduite de Lacombe, 499, 506, 511, etc.; les noms de ses victimes, II. Voir le supplément, II, 35; est dénoncé, II, 57, 62 ; son procès, sa mort et celle de ses complices, II, 91, 167; son discours, 57; sa vie, 74, 91 ; son procès, son discours, 94, etc.; l'acte d'accusation, 98; condamné à mort, 111 ; sa conduite, 112, 167.
Lacombe, curé de Saint-Paul, I, 192; son discours, 193; ses sentiments, 196.
Laclaverie, II, 473.
Lacroix, sa brochure sur la nécessité de revenir à la royauté, II, 206.
Lafon-Blaignac, II, 455.
Lainé, II, 402, etc., 413, 447, etc., son langage, II, 461 ; sa lettre à Clausel, 461 ; sa proclamation comme président à la Chambre des députés, 480, 481.
La Garde, femme de Lacombe, II, 170.
Lalande (hôtel de), I, 45.
Lalande, curé de Saint-Michel, sa conduite, I, 159, etc.
Lamarque parle contre les voleurs, II, 217.
Lamourous (Mlle de), II, 356.
Landar, abbé, maltraité par les jacobins, I, 133.
Langoiran (l'abbé), I, 69, 71 ; sa réponse à Duranthon, 72, 98, etc., etc., 108 ; est persécuté, 202, 205; il est arrêté avec Dupuy et Panctier, 225; il est tué, 227, 230.
Lanne (le général) à Bordeaux, II, 301; désordres au théâtre à son occasion, 301.
La Réole, 333, les représentants à La Réole, 370, etc.
La Rochejaquelein , II, 382, 384, 386.
Lazaret, II, 533.
Léognan (le curé de), I, 97.
Lespiaut, curé de Saint-Éloi, I, 94.
Libourne, Lacombe et la guillotine à Libourne, I, 315; saturnales de cette ville, 234.
Livre-Rouge (le), I, 477.
Lormont, on y dénonce des voleurs, II, 211.
Loterie (la première) à Bordeaux, II, 334.
Louis XV, sa statue détruite, I, 241; Louis XVI, 175; sa mort, 266; son écu effacé, 246.
Louis XVIII, sa lettre à M. Lynch, II, 426.
Lynch, maire de Bordeaux, II, 369; va à Paris, 394 ; à Bordeaux, 401; son discours à Beresford , II, 403, 405; sa proclamation , II , 409 ; sa lettre à Wellington, II, 418 ; proclamation du maire, II, 445, 448, etc., etc.

M

Magdeleine (religieuses de la) supprimées, 252.
Mai (fête du mois de), II, 303.
Maison de force. Voir Couvent.
Marac (le château de), à Bayonne, II, 363.
Marat, sa liste, 334, 368; déifié, 368.
Mallet, II, 434 et suite.
Marcellus réhabilité, II, 127.
Mars (le douze), II, 400.
Marché (le grand) créé, II, 331 ; des Chartrons, II, 335.
Marché aux animaux, II, 287.
Mandats territoriaux émis à la place des assignats, II, 275.
Martial (l'église de Saint-), II, 540.
Martignac, son discours, II, 189 ; préside une fête, II, 214, 454 ; son entretien avec Clausel, II, 466, 473.
Masques défendus, II, 286.
Maternelle (Société), II, 540.
Maugeret dément les calomniateurs de Bordeaux, II, 270.
Maury. Voir Gazales; son discours, I, 42.
Mendicité, II, 356, 527 et suite.
Merci (les religieuses de la) , 91.
Médailles trouvées à Talence, II.
Métropole de l'Ouest, Bordeaux, I, 70.
Mexant (Saint-), 106; le curé, 129.
Michel (l'église de Saint-) affectée aux théophilantropes, II, 316.
Michel (curé constitutionnelle de Saint-), I, 159.
Michel Montaigne, ses cendres chez les Feuillants, II, 333.
Minimettes, I, 75.
Mirabeau, sa mort, I, 152, 153. Voir Burk.
Mirandal Mathieu, I, 316 ; sa conduite, 317.
Miséricorde (la Maison de la), II, 356.
Mitié à Bordeaux, II, 57, 146.
Monnaies (hôtel des), vol de 200 piastres, I, 335.
Montbadon (Lafaurie), maire de Bordeaux, II, 348, 356.
Moncey (le général) fait l'éloge de la 114me demi-brigade, composée des enfants de la Gironde, II, 273.
Montauban (troubles à), I, 34, 49.
Montmorency, son langage républicain, I, 37; son rapport, 44.
Mont-de-Piété établi, II, 335.
Montsec, curé de Sainte-Eulalie, I, 95.
Monségur. Voir Ramon.
Montesquieu, sa statue , II, 368.
Mont-de-Piété, II, 540.
Montmorency, II, 450.
Moscou, II. 377.

2e Part. b. 40

MUNICIPALITÉ, 1, 46; nouvelle, 95; ses cris de détresse, 296; sa lettre aux Girondins, 309; sa douleur à l'arrestation des Girondins, 313; nouvelle municipalité, 357; sa lettre à Baudot, 359; sa délibération en 1793, sous Bertrand, maire, 482; une curieuse délibération, 513; les différentes municipalités organisées à Bordeaux. *Voir* les *Notes*, 517; son adresse à la mort de Robespierre, 72; une seule municipalité, II, 348.
MUSÉE créé, II, 334.
MUSCADINS, nom donné aux jeunes gens de Bordeaux par les jacobins, 481.

N

NAIRAC écrit aux Bordelais, 175.
NAPOLÉON triomphe partout, II, 295; médite une descente en Angleterre ou en Irlande, II, 297; consul à vie, II, 339; sa fête, II, 348; Napoléon à Bordeaux, 354; sa conduite à l'égard de MM. Thierry, Delest et Lacroix, II, 354; il part pour Bayonne, II, 355, 359; son reproche au préfet de la Seine, II, 360; il part pour Paris, II, 366; son mariage dissous, II, 369; son mariage, *ibid.*; il réunit les États pontificaux à l'Empire, II, 375; nouvelle de sa rentrée en France, II, 446; sa malédiction sur l'Angleterre, II, 50; Napoléon et Charles VII d'Espagne, II, 361 et suite.
NECKER, son opinion sur les terroristes, II, 7.
NÉGOCIANTS de Bordeaux, leur langage, I, 45, II, 4; leurs sacrifices, II, 7.
NYON, représentant à Bordeaux, II, 184.
NOTRE-DAME (église de), II, 360.

O

OMBRIÈRE (château de l'), II, 342.
ORPHELINES. *Voir* Couvent, 356.

P

PACAREAU, I, 127, 135; sa lettre au Pape, I, 156; son langage, 160.
PAGANEL. *Voir* Garreau.
PAGOT (général), II, 496 et suite.
PALAIS-DE-JUSTICE, II, 532 et suite.
PALMER, II, 497.
PARLEMENT poussé à la révolution, I, 2, 3; il voit la fin de sa puissance, I, 27.
PANETIER, prêtre, arrêté, I, 227.
PARMENTIER, assassiné, II, 240.
PASQUIER, son langage, I, 372.
PARTARRIEU, ses paroles, II, 295; ses paroles contre les signes religieux, II, 315.

PÉNITENCIERS, II, 544.
PEYREN-D'HERVAL. *Voir* Baudot ou Ysabeau; sa physionomie, sa vie, 406; II, 9, 35.
PEYRONNET, II, 402, etc., 453, etc., etc.
PIE VII en France, II, 346, etc.
PIERRE-PIERRE, commissaire-général, fit du bien à Bordeaux, II, 327.
PIERRE (le curé de Saint-), Toucas-Payen, II, 137.
PLÉNIPOTENTIAIRES de la république assassinés, II, 312.
PONT projeté par Napoléon, II, 357, 377, 509, 513 et suite.
PONTAC (de), II, 453, etc., etc.
PORCHER, son rapport en faveur des Bordelais, II, 157.
PORTE de la Grave, II, 343; de Sainte-Croix, *ibid.*; de Bourgogne, 350.
PRADT (l'abbé de), ce qu'il dit de Napoléon à Bayonne, II, 365.
PRÉFECTURE installée à l'hôtel Saige, 1,56
PRÊTRES non assermentés sont demandés et estimés, I, 166, etc., etc.; les prêtres constitutionnels méprisés, 207; les prêtres très-nombreux à Bordeaux en 1792, 209; sont persécutés, 210, 220; leur triste état en 1793, 294; leurs plaintes à Ysabeau, II, 124; prêtres en détention, 60, 123; on exige d'eux une déclaration, 246; leur état en 1795, II, 263, 270; nouvelle persécution, II, 290, etc., etc.
PRINCES (les) espagnols à Bordeaux, II, 366.
PRISONNIERS, leur pétition, II, 124.
PRISONS du fort du Hâ, II, 373.
PUYSÉGUR, II, 474.

R

RAISON (la déesse), I, 368; sa fête, II, 12, etc., etc.
RAMON, ses vols à Monségur, II, 211.
RANDON, II, 508.
RAUZAN (l'abbé), II, 507.
RAVEZ, président de la Société de la jeunesse, sa réponse, 349, 356.
RELIGION; on accorde des églises pour y rétablir le culte, II, 245.
RELIGIEUSES, leur conduite, I, 131; persécutées, 204; maltraitées à Libourne, 254; plusieurs mises en liberté, II, 238.
REMI (Saint-); régiment de Saint-Remi, 23.
REPRÉSENTANTS; leur langage sur Bordeaux, II, 15; leur arrêté, II, 227; noms de ceux envoyés à Bordeaux, 231.
REY, complice de Lacombe, II, 167, etc.
RICHELIEU (le duc de) à Bordeaux, II, 520.

— 627 —

ROBESPIERRE, son langage extraordinaire, I, 146; son opinion sur Tallien, II, 40; sa conduite lâche, sa mort, 70.
ROLLAND, sa lettre aux tribunaux, I, 218; reçut les Girondins, 279; sa femme, 374.
ROME (le roi de), II, 375; opinion de Napoléon sur la résidence du Pape à Rome, II, 376, 402, etc., etc.

S

SAIGE parle au nom du Conseil municipal, I, 300; lit une adresse à Garreau, 300; sa mort, 508; son hôtel devant la préfecture, II, 357.
SAINTE-FOY, I, 333.
SALUCES Eugène, II, 318; Alexandre, II, 404.
SANS-CULOTTES, leur lettre à la municipalité, I, 338.
SCRUTIN épuratoire, I, 369.
SECTIONS, I, 54; leur adresse en faveur des Girondins, 282; les noms des différentes sections. Voir *Note*, page 525.
SÉMINAIRES, II, 357; le petit séminaire, II, 357.
SÉNATEURS en 1807, II, 349.
SERMENT politique remplacé par une déclaration d'honneur en faveur de Bonaparte, II, 324.
SERS, président du Conseil général, son langage, 285; il fut excepté de l'amnistie générale, 175.
SŒURS de la charité supprimées, I, 200, II, 356.
SEURIN (Saint-), le vicaire presque mort de faim, I, 495.
SOCIÉTÉ. *Voir* Club; Franklin, 541; sociétés royalistes, II, 300; sociétés philanthropiques et instructives, II, 540; sociétés de secours mutuels, II, 543.
SOULT (le maréchal), II, 389; sa proclamation, *ibid*.
SOUS-PRÉFECTURE de Bordeaux, II, 543.
SYNAGOGUE des juifs, II, 377.

T

TABACS, II, 542, 544.
TABLEAUX de la famille royale.*Note*, page 526.
TAFFARD (de Saint-Germain), II, 383.
TALLIEN à Libourne, sa lettre aux jacobins à Paris, 479, etc.; opinion de Cambon sur Tallien, 481, 487; son origine, sa vie, 496; sa conduite, 507; ses commencements, II, 6; sa lettre, 30; parle à Paris en faveur de Bordeaux, 37; sa colère contre Robespierre, 41, 69; faillit être assassiné, 143; Tallien accusé de *modérantisme*, II, 27; son hypocrite moralité et celle de Lacombe, etc., II, 28, 29; son arrêté, 30; Tallien assassiné, 144.
TAXES ou impôts onéreux et difficiles à faire rentrer, II, 257, 285.
TÉLÉGRAPHE, II, 542, 544.
TEMPLE de l'Être suprême, II, 340; ses ruines, 345.
TERREUR en action, I, 368, II, 2, 3, etc.; se renouvelle, 47, 61.
TERRORISTES à Bordeaux. *Voir* le supplément au premier volume (2me partie); ils s'agitent, II, 268.
THÉATRE (désordre au), II, 232 et 249; désordre au théâtre, rue du Mirail, II, 265; Théâtre-Français ouvert, II, 334.
THÉOPHILANTHROPES, leur culte à Bordeaux, II, 316.
THIBAUDEAU, préfet, II, 327, 334.
THOMAS, maire, II, 51.
TOUCAS-POYEN. *Voir* Saint-Pierre; son langage, I, 137, etc., etc.
TOULOUSE, II, 397.
TOURNON (de), préfet, II, 501.
TOURNY, sa statue, II, 535.
TREILHARD à Bordeaux, I, 316. *Voir* Mirandel; sa conduite à Bordeaux, 317; sa prudence au théâtre, où les dames portaient le panache d'Henri IV, II, 234; son discours au temple de l'Etre-suprême, II, 233.
TRIBUNAL civil établi, I, 61; de commerce, 258; ses tableaux dénoncés, II, 28; tribunal civil créé, II, 326.
TROPLONG, II, 474. *Note* 24; II, 482.
TUSTEL, son réquisitoire, II, 13.

V

VALSUZENAY, préfet, II, 465.
VAYRES (désordres à), I, 30; le château devient un hôpital militaire, II, 368.
VERGNIAUD, son discours, I, 149; sa lettre aux Bordelais, 305; sa lettre pour être jugé, 325; prononce le verdict de mort de Louis XVI, 375; sa vie, 378.
VERSAILLES (le club de), I, 23.
VICTIMES.*Voir* le supplément au premier volume (2me partie).
VISITANDINES (le couvent des) devient collège, II, 343.
WELLINGTON, II, 385; son langage, 387; sa lettre au duc d'Angoulême, II, 395; ce qu'il dit aux Bordelais plus tard, II, 396; sa lettre au duc d'Angoulême, II, 416; sa lettre à Beresford, 419; sa manière de voir, II, 420; renonce aux droits de la guerre sur les bâtiments en rade, II, 438.

Y

YSABEAU. *Voir* Baudot; ils recrutent une armée à La Réole, I, 374; leur lettre à la Convention, 482; leur arrêté, 487; leurs faste et exigences, 494; son langage à l'égard des Bordelais, 499; leur comité de surveillance établi, 501; lettre d'Ysabeau et de Tallien, 507; ses vols, II, 32; sa lettre à Tallien, II, 38; sa lettre à Lacombe, 46; son langage à la chute de Lacombe, 80; son arrêté, 86; son langage au club, 87; sa conduite à la mort de Lacombe, 117, etc.; il visite les prisons, 125; sa lettre au comité de surveillance, 133; ses mesures pour les biens des émigrés, 138; sa proclamation, 140; son discours au club, 145; calomnié, il va à Agen, 149; sa lettre à la Convention en faveur de Bordeaux, 152; ses lettres aux Bordelais, 162; est remplacé par Bordas, 179.

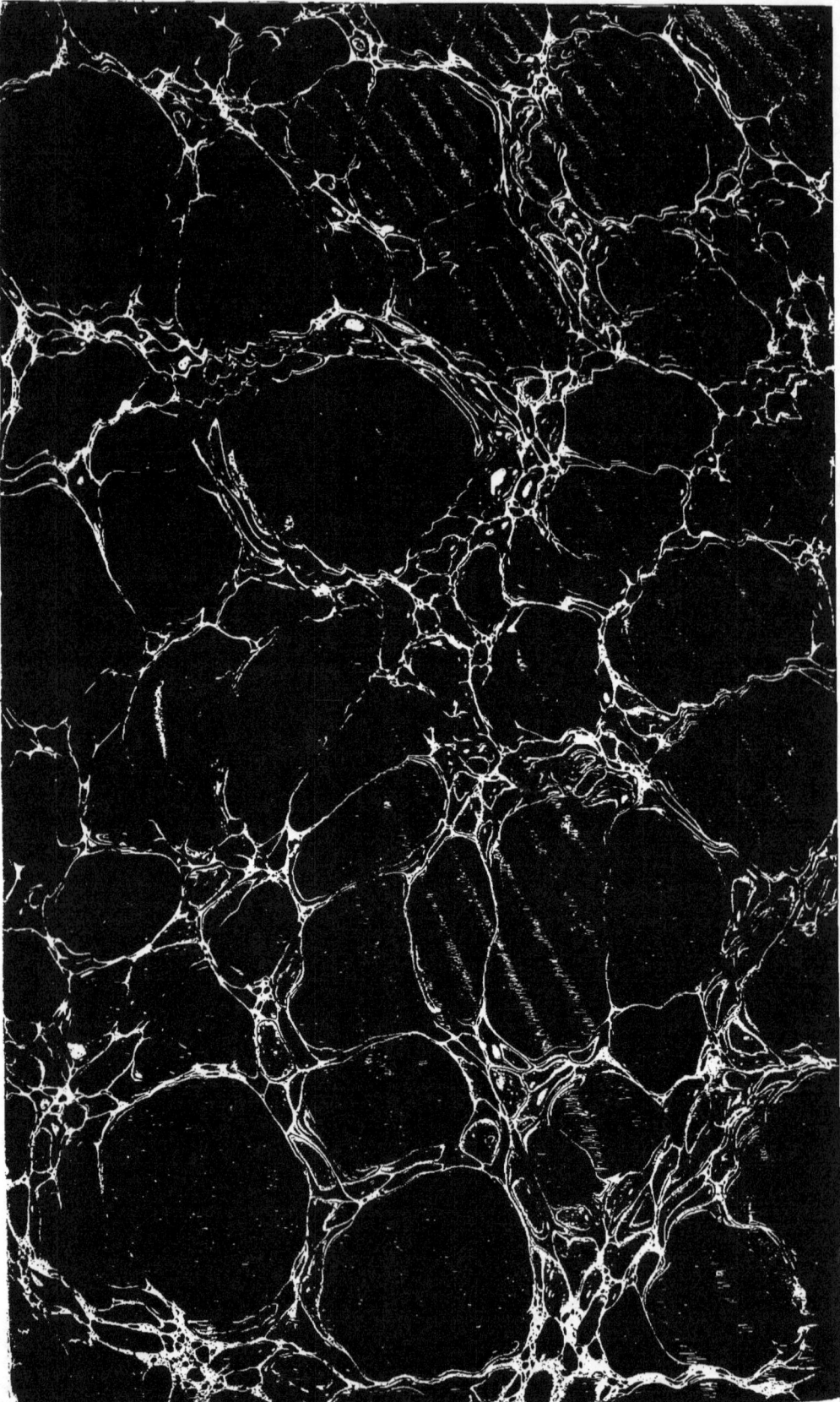